Manfred Bornhofen · Martin C.

Buchführung 2
DATEV-Kontenrahmen 2019

Abschlüsse nach Handels- und Steuerrecht
Betriebswirtschaftliche Auswertung
Vergleich mit IFRS

31., überarbeitete und aktualisierte Auflage

Springer Gabler

Studiendirektor, Dipl.-Hdl.
Manfred Bornhofen
Koblenz, Deutschland

WP, StB, CPA, Dipl.-Kfm.
Martin C. Bornhofen
Düsseldorf, Deutschland

ISBN 978-3-658-28256-1
ISBN 978-3-658-28257-8 (eBook)
DOI 10.1007/978-3-658-28257-8

Die Deutsche Nationalbibliothek verzeichnet diese Publikation in der Deutschen Nationalbibliografie; detaillierte bibliografische Daten sind im Internet über http://dnb.d-nb.de abrufbar.

Springer Gabler

Lektorat: Irene Buttkus
Korrektorat: Inge Kachel-Moosdorf
Layout und Satz: workformedia | Frankfurt am Main

Springer Gabler ist ein Imprint der eingetragenen Gesellschaft Springer Fachmedien Wiesbaden GmbH und ist Teil von Springer Nature
Die Anschrift der Gesellschaft ist: Abraham-Lincoln-Strasse 46, 65189 Wiesbaden, Germany

Ihr Bonus als Käufer dieses Buches

Als Käufer dieses Buches können Sie kostenlos unsere Flashcard-App „SN Flashcards" mit Fragen zur Wissensüberprüfung und zum Lernen von Buchinhalten nutzen. Für die Nutzung folgen Sie bitte den folgenden Anweisungen:

1. Gehen Sie auf **https://flashcards.springernature.com/login**
2. Erstellen Sie ein Benutzerkonto, indem Sie Ihre Mailadresse angeben, ein Passwort vergeben und den Coupon-Code einfügen.

MOREMEDIA

Ihr persönlicher „SN Flashcards"-App Code 77354-F6698-48DB0-40667-69E0C

Sollte der Code fehlen oder nicht funktionieren, senden Sie uns bitte eine E-Mail mit dem Betreff **„SN Flashcards"** und dem Buchtitel an **customerservice@springernature.com.**

Vorwort zur 31. Auflage

Die Buchführung 2 erscheint im **Februar** eines jeden Kalenderjahres. Zusammen mit der jeweils im Juni erscheinenden Buchführung 1 decken die beiden Werke die grundlegenden Inhalte der Buchführung in **stets aktueller und verständlicher Form** ab.

Während die Buchführung 1 die Grundlagen der Buchführung für Industrie- und Handelsbetriebe behandelt, erläutert und erklärt die Buchführung 2

- die Abschlüsse nach Handels- und Steuerrecht,
- die betriebswirtschaftliche Auswertung dieser Abschlüsse sowie
- einen Vergleich der diesen Abschlüssen zugrunde liegenden Regeln mit IAS/IFRS.

NEU mit der Lern-App Springer Nature Flashcards! Ab der aktuellen 31. Auflage bietet Ihnen die Buchführung 2 **kostenlosen Zugang** zu der Lern-App Springer Nature Flashcards. Die App ermöglicht Ihnen **interaktives Lernen** und unterstützt Sie **mit zusätzlichen Fragen** beim Erfassen und Wiederholen der Lerninhalte. Zudem erscheint die gesamte Bornhofen Edition **mit eBook inside**, um Ihnen das **digitale Arbeiten** (z.B. durch Verlinkung mit weiterführenden Materialien) zu erleichtern - **relevante und innovative Mehrwerte** für alle Lehrenden und Lernenden.

Die 31., überarbeitete Auflage der Buchführung 2 berücksichtigt den **vollständigen Rechtsstand** des Jahres **2019.** Damit wird sichergestellt, dass z.B. die handelsrechtlichen Abschlüsse und Steuerbilanzen zum 31.12.2019 sachlich richtig erstellt werden können.
Rechtsänderungen gegenüber dem Vorjahr bzw. Änderungen, die sich ab 2019 ergeben, sind durch senkrechte Randlinien gekennzeichnet. Darüberhinaus sind sämtliche in dieser Auflage berücksichtigten Rechtsänderungen (z.B. **Jahressteuergesetz 2018, Jahressteuergesetz 2019, Gesetz zur steuerlichen Förderung des Mietwohnungsneubau**) in **Anhang 1** tabellarisch mit ihren Fundstellen zusammengefasst.

Zahlreiche erläuternde **Schaubilder**, **Beispiele**, **Wiederholungsfragen** und zu lösende **Übungsaufgaben** - basierend auf dem Rechtsstand des Jahres 2019 - unterstützen den Lernerfolg. Für **registrierte Dozenten** stehen unter https://www.springer.com/de/book/9783658282561 Schaubilder zur Herstellung von Folien zum **Download** bereit.

Zur Erleichterung der Erfolgskontrolle wird in umfangreichen Kapiteln bereits nach einzelnen Abschnitten unter dem Stichwort „**Übung**" auf die entsprechenden Wiederholungsfragen und Übungsaufgaben hingewiesen. Die „**Zusammenfassenden Erfolgskontrollen**" bieten die Möglichkeit, Inhalte vorhergehender Kapitel in die laufende Erfolgskontrolle einzubeziehen.

Aufgrund der zahlreichen **Vernetzungen**, die sich zwischen dem **Steuerrecht und** dem **Rechnungswesen** ergeben, wird mit einem **besonderen Symbol** (siehe Seite VI) auf Schnittstellen zu den Werken **Steuerlehre 1** und **2** sowie zur **Buchführung 1** und innerhalb der **Buchführung 2** hingewiesen. Somit wird ein optimaler Lernerfolg im Kontext Steuerrecht und Rechnungswesen auf stets aktueller Rechtslage gewährleistet.

Der Buchführung 2 liegen die DATEV-Kontenrahmen **SKR 04** und **SKR 03, gültig ab 2019**, zugrunde. Diese beiden sind nicht nur die in der Praxis am häufigsten verwendeten Kontenrahmen, sondern gleichzeitig mit anderen Kontenrahmen (z.B. **GKR** und **IKR**) kompatibel. Der SKR 04 und der SKR 03 sind mit Zustimmung der DATEV eG am Ende des Buches abgedruckt.

Vor dem Hintergrund der zunehmenden Bedeutung der **International Financial Reporting Standards (IFRS)** wird im Kapitel C. ein grundlegender Vergleich dieser Normen zum HGB gezogen - ein Überblick, der als Einführung in die Materie der IFRS dient.

Für die Lösungen der zahlreichen Übungsaufgaben ist ein **Lösungsbuch** erhältlich (ISBN 978-3-658-28288-2). Neben den Lösungen zum Lehrbuch der Buchführung 2 enthält das Lösungsbuch **zusätzliche Aufgaben mit Lösungen** zur Vertiefung Ihres Wissens.

Manfred Bornhofen†
Martin C. Bornhofen

Hyperlinks

Die **eBook-Ausgabe** der Buchführung 2 bietet Ihnen **sorgfältig ausgewählte Verlinkungen** zu Gesetzestexten, BMF-Schreiben u.v.m. Im eBook erkennen Sie diese Links an der blauen Einfärbung des Textes.

Alle Verlinkungen wurden bei Redaktionsschluss (15. Januar 2020) sorgfältig überprüft und waren zu diesem Zeitpunkt aktuell und valide.

Für Veränderungen, die die Betreiber der angesteuerten Webseiten nach dem 15. Januar 2020 an ihren Inhalten vornehmen oder für mögliche Entfernungen solcher Inhalte übernehmen der Verlag und die Autoren keinerlei Gewähr.

Zudem haben der Verlag und die Autoren auf die Gestaltung und die Inhalte der externen gelinkten Seiten keinerlei Einfluss genommen und machen sich deren Inhalte nicht zu eigen.

Wir freuen uns über Ihre Hinweise und Anregungen an **customerservice@springer.com.**

Erläuterungen zu den in diesem Buch verwendeten Symbolen

▌	Die mit einer senkrechten Randlinie versehenen Seiten kennzeichnen die Rechtsänderungen gegenüber dem Vorjahr bzw. Änderungen, die sich ab 2019 ergeben.
B 1	Das Symbol **B 1** verweist auf die **Buchführung 1**, 31. Auflage.
B 2	Das Symbol **B 2** verweist auf die **Buchführung 2**, 31. Auflage.
S 1	Das Symbol **S 1** verweist auf die **Steuerlehre 1**, 40. Auflage.
S 2	Das Symbol **S 2** verweist auf die **Steuerlehre 2**, 40. Auflage.
A L	Das Symbol **A L** verweist auf das **Lösungsbuch** zur **Buchführung 2**, 31. Auflage, und darin enthaltene zusätzliche Aufgaben mit Lösungen.

A. Abschlüsse nach Handels- und Steuerrecht

1 Einführung in Abschlüsse und Aufgaben des Bilanzrechts 1
1.1 Begriff 1
1.2 Aufgaben 1
1.2.1 Handelsrechtliche Aufgaben 1
1.2.2 Steuerrechtliche Aufgaben 2
1.3 Zusammenfassung und Erfolgskontrolle 3

2 Rechtliche Grundlagen 4
2.1 Handelsrechtliche Vorschriften 4
2.1.1 Historische Entwicklung 4
2.1.2 Das Dritte Buch des HGB 5
2.1.2.1 Aufbau 5
2.1.2.2 Aufstellung, Prüfung, Offenlegung und Fristen des Abschlusses 7
2.1.3 Grundsätze ordnungsmäßiger Buchführung 24
2.1.3.1 Grundsatz der Klarheit und Übersichtlichkeit 24
2.1.3.2 Grundsatz der Richtigkeit und Willkürfreiheit 24
2.1.3.3 Grundsatz der Vollständigkeit 25
2.1.3.4 Saldierungsverbot 25
2.1.3.5 Grundsatz der Bilanzidentität 26
2.1.3.6 Grundsatz der Fortführung der Unternehmenstätigkeit 26
2.1.3.7 Grundsatz der Einzelbewertung 26
2.1.3.8 Grundsatz der Vorsicht 26
2.1.3.9 Grundsatz der periodengerechten Aufwands- und Ertragsabgrenzung 27
2.1.3.10 Ansatz- und Bewertungsstetigkeit 28
2.2 Steuerrechtliche Vorschriften 28
2.3 Erfolgskontrolle 29

3 Abschlussarbeiten und abschlussvorbereitende Buchungen 34
3.1 Inventur 35
3.1.1 Handelsrechtliche Regelungen 35
3.1.1.1 Inventurarten 36
3.1.1.2 Inventurdurchführung 39
3.1.2 Steuerrechtliche Regelungen 40
3.2 Andere Abschlussarbeiten 40
3.3 Abschlussvorbereitende Buchungen 40
3.4 Erfolgskontrolle 42

4 Zeitliche Abgrenzung von Aufwendungen und Erträgen 44
4.1 Handelsrechtliche Regelungen 44
4.1.1 Aktive Rechnungsabgrenzung 44
4.1.2 Passive Rechnungsabgrenzung 48
4.1.3 Sonstige Vermögensgegenstände 51
4.1.4 Sonstige Verbindlichkeiten 54
4.1.5 Abgrenzung und Umsatzsteuer 55

4.1.5.1 Abgrenzung und Vorsteuer ... 55
4.1.5.2 Abgrenzung und Umsatzsteuer ... 58
4.2 Steuerrechtliche Regelungen ... 59
4.3 Zusammenfassung und Erfolgskontrolle ... 60

Zusammenfassende Erfolgskontrolle ... 63

5 Grundlagen der Bilanzierung ... 65
5.1 Ansatz in der Bilanz ... 65
5.1.1 Handelsbilanz ... 65
5.1.1.1 Vermögensgegenstände ... 65
5.1.1.2 Schulden ... 66
5.1.1.3 Rechnungsabgrenzungsposten ... 69
5.1.1.4 Eigenkapital ... 69
5.1.1.5 Bilanzierungswahlrechte ... 70
5.1.1.6 Bilanzierungshilfen ... 70
5.1.1.7 Bilanzierungsverbote ... 70
5.1.2 Steuerbilanz ... 71
5.1.2.1 Wirtschaftsgüter ... 71
5.1.2.2 Abgrenzung des Betriebsvermögens ... 72
5.2 Bewertung in der Bilanz ... 73
5.2.1 Handelsbilanz ... 73
5.2.1.1 Erstbewertung ... 73
5.2.1.2 Folgebewertung ... 79
5.2.2 Steuerbilanz ... 83
5.2.2.1 Erstbewertung ... 83
5.2.2.2 Folgebewertung ... 84
5.3 Ausweis und Anhangangaben ... 85
5.4 Erfolgskontrolle ... 86

6 Bilanzierung des Anlagevermögens ... 91
6.1 Bilanzierung des abnutzbaren Anlagevermögens ... 91
6.1.1 Immaterielle Vermögensgegenstände ... 92
6.1.1.1 Handelsbilanz ... 92
6.1.1.2 Steuerrechtliche Besonderheiten ... 95
6.1.2 Sachanlagen ... 96
6.1.2.1 Handelsbilanz ... 96
6.1.2.2 Steuerrechtliche Besonderheiten ... 108
6.1.3 Außerplanmäßige Abschreibungen ... 122
6.1.3.1 Handelsbilanz ... 122
6.1.3.2 Steuerrechtliche Besonderheiten ... 124
6.1.4 Zusammenfassung und Erfolgskontrolle ... 126

Zusammenfassende Erfolgskontrolle ... 134

6.2 Bilanzierung des nicht abnutzbaren Anlagevermögens ... 137
6.2.1 Handelsrecht ... 137
6.2.1.1 Ansatz ... 137
6.2.1.2 Bewertung ... 137
6.2.2 Steuerrechtliche Besonderheiten ... 138
6.2.3 Zusammenfassung und Erfolgskontrolle ... 139

Zusammenfassende Erfolgskontrolle ... 142
6.3 Anlagenverzeichnis ... 145
6.3.1 Zweck des Anlagenverzeichnisses ... 145
6.3.2 Aufbau und Inhalt des Anlagenverzeichnisses ... 145
6.3.3 Erfolgskontrolle ... 148
Zusammenfassende Erfolgskontrolle ... 152

7 Bilanzierung des Umlaufvermögens ... 154
7.1 Allgemein ... 154
7.1.1 Handelsrecht ... 154
7.1.2 Steuerrechtliche Besonderheiten ... 154
7.2 Bilanzierung der Vorräte ... 155
7.2.1 Handelsrecht ... 155
7.2.1.1 Durchschnittsbewertung ... 155
7.2.1.2 Bewertung nach bestimmten Verbrauchsfolgen ... 156
7.2.1.3 Aus dem Börsen- oder Marktpreis abgeleiteter Wert bzw. beizulegender Wert ... 157
7.2.2 Steuerliche Besonderheiten ... 159
7.2.3 Erfolgskontrolle ... 161
7.3 Bilanzierung der Forderungen ... 163
7.3.1 Handelsrecht ... 163
7.3.1.1 Buchmäßige Einteilung der Forderungen ... 164
7.3.1.2 Einzelbewertung ... 164
7.3.1.3 Pauschalwertberichtigung ... 172
7.3.1.4 Kombinierte Einzel- und Pauschalwertberichtigung ... 175
7.3.2 Steuerrechtliche Besonderheiten ... 177
7.3.3 Erfolgskontrolle ... 177
7.4 Bilanzierung der Wertpapiere des Umlaufvermögens ... 182
7.4.1 Handelsrecht ... 182
7.4.1.1 Ansatz und erstmalige Bewertung ... 182
7.4.1.2 Folgebewertung ... 182
7.4.2 Steuerrechtliche Besonderheiten ... 183
7.4.3 Erfolgskontrolle ... 184
Zusammenfassende Erfolgskontrolle ... 185

8 Bilanzierung der Verbindlichkeiten ... 188
8.1 Handelsrecht ... 188
8.1.1 Bewertungsvorschriften ... 188
8.1.2 Bewertungsbesonderheiten ... 188
8.1.2.1 Fremdwährungsverbindlichkeiten ... 188
8.1.2.2 Darlehensabgeld ... 190
8.2 Steuerrechtliche Besonderheiten ... 193
8.2.1 Bewertungsvorschriften ... 193
8.2.2 Bewertungsbesonderheiten ... 193
8.2.2.1 Fremdwährungsverbindlichkeiten ... 193
8.2.2.2 Darlehensabgeld ... 194
8.3 Erfolgskontrolle ... 195

9 Rückstellungen 198
9.1 Handelsrecht 198
9.1.1 Bildung von Rückstellungen 198
9.1.2 Entwicklung gebildeter Rückstellungen 199
9.1.3 Abzinsung langfristiger Rückstellungen 201
9.2 Steuerrechtliche Besonderheiten 202
9.3 Erfolgskontrolle 203
Zusammenfassende Erfolgskontrolle 206
10 Bilanzierung des Eigenkapitals 209
10.1 Bilanzierung der Entnahmen und Einlagen 209
10.1.1 Entnahmen 209
10.1.1.1 Begriff der Entnahme 209
10.1.1.2 Bewertungsvorschriften 210
10.1.1.3 Umsatzsteuerliche Behandlung der Entnahmen 213
10.1.1.4 Buchen der Entnahmen 214
10.1.2 Einlagen 217
10.1.2.1 Begriff der Einlagen 217
10.1.2.2 Bewertungsvorschriften 217
10.1.2.3 Buchen der Einlagen 218
10.1.3 Zusammenfassung und Erfolgskontrolle 219
Zusammenfassende Erfolgskontrolle 222
10.2 Rücklagen 225
10.2.1 Handelsrecht 225
10.2.1.1 Offene Rücklagen 225
10.2.1.2 Stille Rücklagen (Stille Reserven) 228
10.2.2 Steuerrechtliche Besonderheiten 229
10.2.2.1 Rücklage für Ersatzbeschaffung 230
10.2.2.2 Rücklage für Investitionen nach § 6b EStG 233
10.3 Erfolgskontrolle 236
11 Latente Steuern 238
11.1 Ansatz und Bewertung 238
11.2 Bilanzierung latenter Steuern 240
11.2.1 Aktive latente Steuern 240
11.2.2 Passive latente Steuern 241
11.3 Erfolgskontrolle 242
12 Gesellschaftsabschlüsse 244
12.1 Abschluss und Gewinnverteilung bei der OHG 244
12.1.1 Berechnung der Gewinn- bzw. Verlustanteile 244
12.1.2 Buchen der Gewinn- bzw. Verlustanteile sowie der Entnahmen und Einlagen 246
12.1.3 Abschluss der Gesellschafterkonten 250
12.2 Abschluss und Gewinnverteilung bei der KG 251
12.2.1 Berechnung der Gewinn- bzw. Verlustanteile 251
12.2.2 Buchen der Gewinn- bzw. Verlustanteile sowie der Entnahmen und Einlagen 253
12.2.3 Abschluss der Gesellschafterkonten 255

12.3 Abschluss und Gewinnverteilung bei der GmbH ... 256
12.3.1 Rechnungslegungsvorschriften ... 256
12.3.2 Gewinnausschüttung ... 258
12.4 Erfolgskontrolle ... 262

13 Wechsel der Gewinnermittlungsart ... 267
13.1 Gewinnermittlungsarten und Wechselgründe ... 267
13.2 Ergebnisberichtigungen beim Wechsel ... 267
13.3 Erfolgskontrolle ... 270

B. Betriebswirtschaftliche Auswertung

1 Sachliche Abgrenzung ... 272
1.1 Grundbegriffe des betrieblichen Rechnungswesens ... 272
1.1.1 Auszahlungen und Einzahlungen ... 272
1.1.2 Ausgaben und Einnahmen ... 272
1.1.3 Aufwendungen und Erträge ... 275
1.1.4 Kosten und Leistungen ... 278
1.2 Erfolgskontrolle ... 284

2 Auswertung des Jahresabschlusses ... 287
2.1 Aufbereitung der Bilanz ... 287
2.1.1 Aufbereitung der Aktivseite der Bilanz ... 288
2.1.2 Aufbereitung der Passivseite der Bilanz ... 289
2.2 Umrechnung der absoluten Zahlen der Bilanz in Prozentzahlen ... 291
2.3 Bilanzkennzahlen ... 291
2.3.1 Kennzahlen zur Vermögensstruktur ... 292
2.3.2 Kennzahlen zur Kapitalstruktur ... 293
2.3.3 Kennzahlen zur Investierung ... 294
2.3.4 Kennzahlen zur Liquidität ... 295
2.3.4.1 Statische Liquidität ... 295
2.3.4.2 Dynamische Liquidität ... 297
2.3.5 GuV-Kennzahlen ... 299
2.3.6 Rentabilität ... 301
2.3.6.1 Kapitalrentabilität ... 301
2.3.6.2 Umsatzrentabilität ... 303
2.4 Erfolgskontrolle ... 303

3 Verprobung mittels steuerlicher Kennzahlen ... 308
3.1 Wirtschaftlicher Umsatz ... 309
3.2 Waren-/Materialeinsatz ... 309
3.3 Rohgewinn I (Handelsbetriebe) ... 309
3.4 Rohgewinn II (Handwerks- und gemischte Betriebe) ... 311
3.5 Allgemeine sachliche Betriebsaufwendungen ... 311
3.6 Wirtschaftlicher Reingewinn ... 311
3.7 Erfolgskontrolle ... 312

Prüfungsfälle ... 313

C. Vergleich zu Abschlüssen nach IFRS

1 Allgemein 323

2 Merkmale der IFRS 324

3 Abschlüsse nach IFRS 327
3.1 Aufgaben 327
3.2 Bestandteile 327

4 Grundzüge der Bilanzierung nach IFRS 329
4.1 Allgemein 329
4.2 Zugrunde liegende Annahmen 329
4.3 Qualitative Anforderungen 329

5 Generelle Ansatz- und Bewertungsvorschriften 332
5.1 Generelle Ansatzvorschriften 332
5.2 Generelle Bewertungsvorschriften 333
5.2.1 Allgemein 333
5.2.2 Erstbewertung 333
5.2.3 Folgebewertung 334

6 Erfolgskontrolle 335

Anhang 1 Aktuelle Rechtsänderungen - Übersicht 338

Anhang 2 DATEV-Kontenrahmen SKR 04 340

Anhang 3 DATEV Kontenrahmen SKR 03 375

Stichwortverzeichnis 411

Bornhofen - das Konzept 417

Abkürzungsverzeichnis

A	=	Abschnitt
AB	=	Anfangsbestand
AEAO	=	Anwendungserlass zur AO
AfaA	=	Absetzung für außergewöhnliche Abnutzung
AfA	=	Absetzung für Abnutzung
AG	=	Aktiengesellschaft
AK	=	Anschaffungskosten
AktG	=	Aktiengesetz
aLuL	=	aus Lieferungen und Leistungen
AN	=	Arbeitnehmer
ANK	=	Anschaffungsnebenkosten
AO	=	Abgabenordnung
AR	=	Ausgangsrechnung
AV	=	Anlagevermögen
BA	=	Bundesanzeiger, Betriebsausgaben
BdF	=	Bundeminister der Finanzen
BFH	=	Bundesfinanzhof
BGB	=	Bürgerliches Gesetzbuch
BiLMoG	=	Bilanzrechtsmodernisierungsgesetz
BiLMoG-ReFE	=	BiLMoG-Referentenentwurf
BilReG	=	Bilanzrechtsreformgesetz
BilRUG	=	Bilanzrichtlinie-Umsetzungsgesetz
BiRiLiG	=	Bilanzrichtlinien-Gesetz
BMF	=	Bundesministerium der Finanzen
BMJ	=	Bundesministerium der Justiz
BpO	=	Betriebsprüfungs-Ordnung
BStBl	=	Bundessteuerblatt
BV	=	Betriebsvermögen
BWA	=	Betriebswirtschaftliche Auswertung
DATEV	=	Datenverarbeitungsorganisation des steuerberatenden Berufes in der Bundesrepublik Deutschland eG
DB	=	Der Betrieb
eBanz	=	elektronischer Bundesanzeiger
EBIT	=	Earnings Before Interests and Taxes
EBITA	=	Earnings Before Interests, Taxes and Amortization
EBITDA	=	Earnings Before Interests, Taxes, Depreciation and Amortization
eG	=	eingetragene Genossenschaft
EGAO	=	Einführungsgesetz zur Abgabenordnung
EGHGB	=	Einführungsgesetz zum Handelsgesetzbuch
EHUG	=	Gesetz über elektronische Handelsregister und Genossenschaftsregister sowie das Unternehmensregister
e.K.	=	eingetragener Kaufmann/eingetragene Kauffrau
EK	=	Eigenkapital
ER	=	Eingangsrechnung
EStDV	=	Einkommensteuer-Durchführungsverordnung
EStG	=	Einkommensteuergesetz

EStH	=	Amtliches Einkommensteuer-Handbuch
EStR	=	Einkommensteuer-Richtlinien
EU	=	Europäische Union
EuroBilG	=	Euro-Bilanzgesetz
EUSt	=	Einfuhrumsatzsteuer
EV	=	Eigenverbrauch
EWWU	=	Europäische Wirtschafts- und Währungsunion
FA	=	Finanzamt
Fifo	=	First in first out
FK	=	Fremdkapital
GewSt	=	Gewerbesteuer
GKR	=	Gemeinschaftskontenrahmen der Industrie
GmbH	=	Gesellschaft mit beschränkter Haftung
GoB	=	Grundsätze ordnungsmäßiger Buchführung
GoBS	=	Grundsätze ordnungsmäßiger DV-gestützter Buchführungssysteme
GoS	=	Grundsätze ordnungsmäßiger Speicherbuchführung
GuVK	=	Gewinn- und Verlustkonto
GWG	=	geringwertiges Wirtschaftsgut
H	=	Hinweise, Haben
HAÜ	=	Hauptabschlussübersicht
HB	=	Handelsbilanz
HGB	=	Handelsgesetzbuch
HK	=	Herstellungskosten
HR	=	Handelsregister
HRefG	=	Handelsrechtsreformgesetz
IAS	=	International Accounting Standards
IASB	=	International Accounting Standards Bord
IFRIC	=	International Financial Reporting Interpretations Committee
IFRS	=	International Financial Reporting Standards
IKR	=	Industriekontenrahmen
KapCoRiLiG	=	Kapitalgesellschaften- und Co-Richtlinie-Gesetz
KapG	=	Kapitalgesellschaft
KG	=	Kommanditgesellschaft
KGaA	=	Kommanditgesellschaft auf Aktien
KHBV	=	Krankenhaus-Buchführungsverordnung
KiSt	=	Kirchensteuer
KSt	=	Körperschaftsteuer
Lifo	=	Last in first out
LSP	=	Leitsätze für die Preisermittlung
LSt	=	Lohnsteuer
LStDV	=	Lohnsteuer-Durchführungsverordnung
MicroBilG	=	Kleinstkapitalgesellschaften-Bilanzrechtsänderungsgesetz
MoMiG	=	Gesetz zur Modernisierung des GmbH-Rechts und zur Bekämpfung von Missbräuchen
ND	=	Nutzungsdauer
OFD	=	Oberfinanzdirektion
OHG	=	offene Handelsgesellschaft
PflegeVG	=	Pflege-Versicherungsgesetz

PublG	=	Publizitätsgesetz
R	=	Richtlinie
RefE	=	Referentenentwurf
rkr.	=	rechtskräftig
Rz.	=	Randziffer
S	=	Soll
SachbezV	=	Sachbezugsverordnung
SB	=	Schlussbestand
SBK	=	Schlussbilanzkonto
SKR	=	Spezialkontenrahmen
sL	=	sonstige Leistungen
SolZ	=	Solidaritätszuschlag
SolZG	=	Solidaritätszuschlaggesetz
StB	=	Steuerbilanz
StBereinG	=	Steuerbereinigungsgesetz
StEntlG	=	Steuerentlastungsgesetz 1999/2000/2002
UG	=	Unternehmergesellschaft
UntStFG	=	Unternehmensteuerfortentwicklungsgesetz
USt	=	Umsatzsteuer
UStBG	=	Umsatzsteuer-Binnenmarktgesetz
UStG	=	Umsatzsteuergesetz
USt-IdNr.	=	Umsatzsteuer-Identifikationsnummer
UV	=	Umlaufvermögen
vBP	=	vereidigter Buchprüfer
VermBG	=	Vermögensbildungsgesetz
VoSt	=	Vorsteuer
VSt	=	Vermögensteuer
vwL	=	vermögenswirksame Leistungen
VZ	=	Veranlagungszeitraum
WG	=	Wechselgesetz
WoBauFG	=	Wohnungsbauförderungsgesetz
WoPG	=	Wohnungsbau-Prämiengesetz
WP	=	Wirtschaftsprüfer
WpHG	=	Wertpapierhandelsgesetz
WSt	=	Wechselsteuergesetz
ZM	=	Zusammenfassende Meldung

A. Abschlüsse nach Handels- und Steuerrecht

1 Einführung in Abschlüsse und Aufgaben des Bilanzrechts

1.1 Begriff

Mit dem Begriff „**Abschluss**" wird üblicherweise der Abschluss der Bücher und Konten des Rechnungswesens bezeichnet. In der Praxis wird häufig auch der Begriff „**Bilanz**" gleichbedeutend mit dem Begriff „Abschluss" verwendet. Zu unterscheiden ist zwischen **internen** und **externen** Abschlüssen.

Interne Abschlüsse werden für Unternehmensangehörige, meist die Unternehmensführung, aufgestellt. Diese Abschlüsse müssen **nicht** notwendigerweise in Übereinstimmung mit geltenden Rechtsvorschriften erstellt werden. Sie dienen ausschließlich der Information der Unternehmensführung und basieren auf dem **internen** Rechnungswesen.
Externe Abschlüsse wenden sich an Außenstehende des Unternehmens und sind in Übereinstimmung mit **geltenden Rechtsvorschriften** aufzustellen. Diese Rechtsvorschriften können **nationale oder internationale** Normen sein.

Bei den **nationalen** (deutschen) Normen unterscheidet man zwischen dem **Handelsrecht** und dem **Steuerrecht**. Wird der Abschluss auf der Grundlage des Handelsrechts erstellt, wird er auch **Jahresabschluss** genannt. Handelt es sich bei den zugrunde liegenden Rechtsvorschriften um solche des Steuerrechts, spricht man üblicherweise von der **Steuerbilanz**.

Internationale Normen der Abschlusserstellung können z.B. die **International Financial Reporting Standards (IFRS)** sein. Gemeinsam ist den Abschlüssen, dass sie den **Erfolg** eines Rechnungszeitraumes (z.B. eines Jahres) ermitteln. In Abhängigkeit der zugrunde liegenden Bestimmungen unterscheiden sich die Abschlüsse aber in ihren Zielen und Inhalten.

Auf Grundlage des Handelsrechts und der IFRS kann weiterhin zwischen Einzel- und Konzernabschluss unterschieden werden. Der **Einzelabschluss** bezieht sich lediglich auf ein **rechtlich** selbständiges Unternehmen, während der **Konzernabschluss** die **wirtschaftliche** Einheit mehrerer rechtlich selbständiger Unternehmen abbildet. Spricht man vom (handelsrechtlichen) Jahresabschluss, ist stets der Einzelabschluss gemeint.

Die Ausführungen in diesem Buch beziehen sich vor allem auf Abschlüsse nach **Handels- und Steuerrecht**. Am Ende des Buches werden die wesentlichen Unterschiede zwischen den zuvor dargestellten handelsrechtlichen Bestimmungen und den IFRS kurz erläutert.

1.2 Aufgaben

1.2.1 Handelsrechtliche Aufgaben

Der **handelsrechtliche** Jahresabschluss ist Teil des betrieblichen Rechnungswesens und hat bestimmte Aufgaben des betrieblichen Rechnungswesens zu erfüllen.

Einzelheiten zu den **Aufgaben** des betrieblichen Rechnungswesens enthält Abschnitt 1.2 der **Buchführung 1**, 31. Auflage 2019, S. 2. B 1

Im Speziellen hat der Jahresabschluss die Aufgabe, die am Unternehmen interessierten Personengruppen über die wirtschaftliche Lage des Unternehmens zu informieren (**Informationsfunktion**). Zu diesen Personengruppen gehören neben der Unternehmensführung vor allem die Anteilseigner, Kreditgeber, Arbeitnehmer, Lieferanten und Kunden. Gemäß § 264 Abs. 2 HGB hat der Jahresabschluss ein den tatsächlichen Verhältnissen entsprechendes Bild der Vermögens-, Finanz- und Ertragslage des Unternehmens unter Beachtung der Grundsätze ordnungsmäßiger Buchführung zu vermitteln. Diese Aufgabe erfüllen sowohl der **Einzel-** als auch der **Konzernabschluss**.
Vor allem bei Kapitalgesellschaften kommen dem Jahresabschluss weitere Aufgaben zu. So dient hier die Gewinnermittlung im Rahmen der Jahresabschlusserstellung als Grundlage für die Bemessung ergebnisabhängiger Einkommenszahlungen, wie z.B. Dividenden und Erfolgsbeteiligungen (**Zahlungsbemessungsfunktion**). Diese Aufgabe erfüllt ausschließlich der **Einzelabschluss**. Bei der Bemessung des ausschüttbaren Gewinns stehen der **Gläubigerschutz** und der Schutz des Unternehmens im Vordergrund.

1.2.2 Steuerrechtliche Aufgaben

Die **Steuerbilanz** wird ausschließlich aufgestellt, um die Steuerbemessungsgrundlagen für die Einkommensteuer (ESt) oder die Körperschaftsteuer (KSt) sowie die Gewerbesteuer (GewSt) zu ermitteln (**Steuerbemessungsfunktion**).

S 2 — Einzelheiten zur Einkommensteuer, Körperschaftsteuer und Gewerbesteuer erfolgen in der **Steuerlehre 2**, 40. Auflage 2020.

Die Erstellung der Steuerbilanz basiert dabei - soweit steuerliche Vorschriften keine anderen Regelungen enthalten - auf den **handelsrechtlichen** Vorschriften. Somit hat das Handelsrecht Einfluss auf die Steuerbilanz (sog. **Maßgeblichkeitsprinzip**).

Bestimmte steuerliche Vergünstigungen konnten **bis zum Inkrafttreten des Bilanzrechtsmodernisierungsgesetzes (BilMoG)** bei der Erstellung der Steuerbilanz **nur** berücksichtigt werden, wenn die zugrunde liegenden Sachverhalte **auch im handelsrechtlichen Abschluss** entsprechend der steuerrechtlichen Vorschriften dargestellt wurden. Nahm der Ersteller der Steuerbilanz diese steuerrechtlichen Vergünstigungen in Anspruch und passte er die Behandlung der Sachverhalte im handelsrechtlichen Abschluss entsprechend an, kam es zu einer Einflussnahme der Steuerbilanz auf den handelsrechtlichen Abschluss (sog. **umgekehrte Maßgeblichkeit**).

Mit dem **Bilanzrechtsmodernisierungsgesetz** (BilMoG) wurde die **umgekehrte Maßgeblichkeit** für **nach** dem **31.12.2009 beginnende** Geschäftsjahre **abgeschafft**.

1.3 Zusammenfassung und Erfolgskontrolle

1.3.1 Zusammenfassung

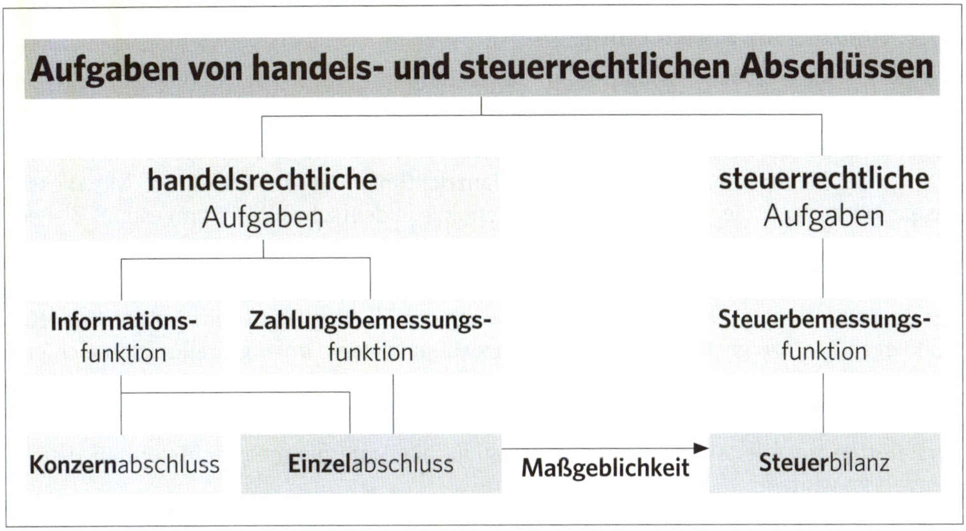

1.3.2 Erfolgskontrolle

Wiederholungsfragen

1. Was ist mit dem Begriff „Abschluss" gemeint?
2. Welche Arten von Abschlüssen kennen Sie?
3. Worauf bezieht sich der Einzelabschluss?
4. Worauf bezieht sich der Konzernabschluss?
5. Welche Aufgaben verfolgen Abschlüsse nach Handels- und Steuerrecht?
6. Was bedeutet das Maßgeblichkeitsprinzip?
7. Was verstand man unter umgekehrter Maßgeblichkeit?
8. Durch welches Gesetz wurde die umgekehrte Maßgeblichkeit aufgehoben?

Aufgaben

AUFGABE 1

In welchem Fall gilt das Maßgeblichkeitsprinzip?

1. Der Kaufmann Walter Schmitt, Stuttgart, muss in seiner Handelsbilanz eine Rückstellung für drohende Verluste aus schwebenden Geschäften bilden. Nach dem EStG ist die Bildung einer solchen Rückstellung nicht zulässig.
2. Die Walz und Müller OHG, Karlsruhe, schreibt in der handelsrechtlichen Buchführung die Pkws über eine begründete Nutzungsdauer von 8 Jahren ab. Steuerlich sollen die Fahrzeuge über eine betriebsgewöhnliche Nutzungsdauer von 6 Jahren abgeschrieben werden.

AUFGABE 2

Die Wichtig AG, Berlin, erstellt einen Konzernabschluss nach IFRS. Daneben wird auch ein HGB-Einzelabschluss erstellt.

Begründen Sie die Vorgehensweise der Wichtig AG.

2 Rechtliche Grundlagen

2.1 Handelsrechtliche Vorschriften

2.1.1 Historische Entwicklung

Das **Handelsgesetzbuch (HGB)** trat am **01.01.1900** in Kraft und wurde im Laufe der Zeit immer wieder den wirtschaftlichen Bedürfnissen angepasst.

Prägend für die handelsrechtlichen Vorschriften zur Erstellung von Jahresabschlüssen war das am 01.01.1986 in Kraft getretene **Bilanzrichtlinien-Gesetz (BiRiLiG)**. Mit diesem Gesetz wurden u. a. die 4. sowie die 7. EG-Richtlinie in deutsches Recht umgesetzt. Ziel der Umsetzung der 4. und der 7. EG-Richtlinie war die Harmonisierung der Rechnungslegung in den damaligen Mitgliedstaaten der Europäischen Union.

Der deutsche Gesetzgeber nahm die Umsetzung der EG-Richtlinien zum Anlass, das **HGB** grundlegend neu zu gestalten und das Bilanzrecht in seinem Umfang, Geltungsbereich und Detaillierungsgrad wesentlich zu verändern.

Neu eingerichtet wurde das **Dritte Buch des HGB**, in dem die handelsrechtlichen Vorschriften zur Aufstellung von Abschlüssen für alle Unternehmensrechtsformen zusammengefasst wurden.

Mit dem Gesetz zur Modernisierung des Bilanzrechts (**Bilanzrechtsmodernisierungsgesetz - BilMoG**) erfuhr das HGB 2009 seine stärkste Änderung seit dem BiRiLiG. Das BilMoG verfolgt die Zielsetzung, mit dem modernisierten HGB eine vollwertige, aber kostengünstigere und einfache **Alternative zu den International Financial Reporting Standards** (IFRS) darzustellen. Die IFRS sind von deutschen Unternehmen für deren Konzernabschlüsse **verpflichtend** anzuwenden, sofern sie **kapitalmarktorientiert** sind. Daneben können die IFRS **freiwillig** von Unternehmen für Konzernabschlüsse (§ 315e Abs. 3 HGB) und bei Einzelabschlüssen für Offenlegungszwecke (§ 325 Abs. 2a HGB) angewendet werden.

Neben einer attraktiven Alternative zu den IFRS werden mit dem BilMoG eine **Deregulierung** und **Kostensenkung** vom Gesetzgeber angestrebt, von denen vor allem **kleine und mittelständische Unternehmen** profitieren sollen.

Die letzte wesentliche Änderung erfuhr das HGB durch das **Bilanzrichtlinie-Umsetzungsgesetz (BilRUG)**. Das BilRUG wurde am 10.07.2015 verabschiedet und ist am 23.07.2015 in Kraft getreten. Mit dem BilRUG wurde eine EU-Bilanzrichtlinie aus 2013, die die 4. und die 7. EU-Richtlinie ersetzt, in deutsches Recht umgesetzt. Das Gesetz ist verpflichtend für Geschäftsjahre anzuwenden, die **nach dem 31.12.2015 beginnen**; bei kalendergleichen Geschäftsjahren somit erstmals **2016**.

Eine zentrale Änderung des BilRUG besteht in der **Anhebung der Schwellenwerte für die Einstufung als mittelgroße Kapitalgesellschaft,** wodurch kleine Unternehmen entlastet werden sollen. Daneben führte das BilRUG eine **geänderte Definition der Umsatzerlöse**, Anpassungen bei der **Darstellung der GuV** sowie Änderungen einzelner **Anhangangaben** ein.

Neben dem für alle Unternehmensrechtsformen gültigen HGB gibt es Gesetze, die von Unternehmen bestimmter Rechtsformen (z. B. **GmbHG**, **AktG**) und bestimmter Größe (**PublG**) zu beachten sind.

2.1.2 Das Dritte Buch des HGB

2.1.2.1 Aufbau

Das Dritte Buch des HGB (§§ 238 - 342e HGB) ist in **sechs Abschnitte** aufgeteilt.

Der **1. Abschnitt** des Dritten Buches des HGB (§§ 238 - 263 HGB) gilt für **alle Kaufleute**, d. h. für Einzelkaufleute, Personengesellschaften (z. B. OHG, KG) und Kapitalgesellschaften (AG, GmbH, KGaA).
Geregelt werden zunächst die Buchführungspflicht und die Aufstellung des Inventars. Daran schließen sich allgemeine Vorschriften zum Jahresabschluss an. Anschließend werden Ansatz- und Bewertungsvorschriften geregelt. Den ersten Abschnitt schließen Regelungen zur Aufbewahrung und Vorlage sowie landesrechtliche Vorschriften ab.

Der **2. Abschnitt** des Dritten Buches des HGB (§§ 264 - 335c HGB) enthält ergänzende Vorschriften für **Kapitalgesellschaften** sowie für **bestimmte Personenhandelsgesellschaften** (z. B. GmbH & Co. KG).
Der erste Unterabschnitt beschäftigt sich mit dem Jahresabschluss und dem Lagebericht. Nach allgemeinen Vorschriften folgen Bestimmungen zu den Rechenwerken Bilanz und Gewinn- und Verlustrechnung. Daneben enthält der erste Unterabschnitt spezielle Bewertungsvorschriften und Bestimmungen zum Anhang und Lagebericht. Die weiteren Unterabschnitte umfassen Vorschriften zum Konzernabschluss und Konzernlagebericht, zur Prüfung, zur Offenlegung u. Ä., zu Formblättern sowie zu Straf- und Bußgeldern.

Ob für **Personenhandelsgesellschaften** die Rechnungslegungsvorschriften für Einzelkaufleute oder die für Kapitalgesellschaften anzuwenden sind, ist von der Ausgestaltung der **Haftungsverhältnisse** abhängig.

Personenhandelsgesellschaften	
mit natürlicher Person als **Vollhafter** (z. B. **OHG**, **KG**)	**ohne** natürliche Person als **Vollhafter** (z. B. **GmbH & Co KG**) = Personenhandelsgesellschaften i. S. d. § 264a HGB
Rechnungslegung nach dem 1. Abschnitt des 3. Buches	Rechnungslegung nach dem 1. **und** 2. Abschnitt des 3. Buches
Behandlung wie **Einzelkaufleute**	Behandlung wie **Kapitalgesellschaften**

Der **3. Abschnitt** des Dritten Buches des HGB (§§ 336 - 339 HGB) enthält ergänzende Vorschriften für eingetragene Genossenschaften (eG).
Der **4. Abschnitt** des Dritten Buches des HGB (§§ 340 - 341y HGB) enthält ergänzende Vorschriften für Unternehmen bestimmter Geschäftszweige.
Der **5. Abschnitt** des Dritten Buches des HGB (§§ 342 - 342a HGB) enthält Vorschriften über ein privates Rechnungslegungsgremium; Rechnungslegungsbeirat.
Der **6. Abschnitt** des Dritten Buches des HGB (§§ 342b - 342e HGB) enthält Vorschriften über die Prüfstelle für Rechnungslegung.

Die folgende Übersicht verdeutlicht den Aufbau des **Dritten Buches des HGB**:

1. Abschnitt:	**Vorschriften für alle Kaufleute**		
	1.1	Buchführung, Inventar	§§ 238-241a
	1.2	Eröffnungsbilanz, Jahresabschluss	§§ 242-256a
		1.2.1 Allgemeine Vorschriften	§§ 242-245
		1.2.2 Ansatzvorschriften	§§ 246-251
		1.2.3 Bewertungsvorschriften	§§ 252-256a
	1.3	Aufbewahrung und Vorlage	§§ 257-261
	1.4	Landesrecht	§§ 262-263
2. Abschnitt:	**Ergänzende Vorschriften für Kapitalgesellschaften sowie bestimmte Personenhandelsgesellschaften**		
	2.1	Jahresabschluss und Lagebericht	§§ 264-289f
		2.1.1 Allgemeine Vorschriften	§§ 264-265
		2.1.2 Bilanz	§§ 266-274a
		2.1.3 Gewinn- und Verlustrechnung	§§ 275-278
		2.1.4 Anhang	§§ 284-288
		2.1.5 Lagebericht	§§ 289-289f
	2.2	Konzernabschluss und Konzernlagebericht	§§ 290-315e
	2.3	Prüfung	§§ 316-324a
	2.4	Offenlegung, Veröffentlichung und Vervielfältigung, Prüfung durch das Registergericht	§§ 325-329
	2.5	Formblätter	§ 330
	2.6	Straf- und Bußgeldvorschriften, Zwangsgelder	§§ 331-335c
3. Abschnitt:	**Ergänzende Vorschriften für eG**		§§ 336-339
4. Abschnitt:	**Ergänzende Vorschriften für Unternehmen bestimmter Geschäftszweige**		§§ 340-341y
5. Abschnitt:	**Privates Rechnungslegungsgremium; Rechnungslegungsbeirat**		§§ 342-342a
6. Abschnitt:	**Prüfstelle für Rechnungslegung**		§§ 342b-342e

ÜBUNG →
1. Wiederholungsfragen 1 bis 4 (Seite 29),
2. Aufgabe 1 (Seite 30)

2.1.2.2 Aufstellung, Prüfung, Offenlegung und Fristen des Abschlusses

2.1.2.2.1 Rechnungslegungsvorschriften der Einzelkaufleute und Personenhandelsgesellschaften mit natürlicher Person als Vollhafter

2.1.2.2.1.1 Aufstellungspflichten

Sämtliche Kaufleute haben nach § 242 Abs. 1 HGB die Pflicht, zu Beginn ihres Handelsgewerbes und für den Schluss eines jeden Geschäftsjahres einen Abschluss aufzustellen.

Während der Abschluss zu Beginn des Handelsgewerbes lediglich aus einer Bilanz (**Eröffnungsbilanz**) besteht, umfasst der **Jahresabschluss** für den Schluss eines Geschäftsjahres gemäß § 242 Abs. 3 HGB neben der **Bilanz** auch eine **Gewinn- und Verlustrechnung** (**GuV**).

Einzelkaufleute sind von der handelsrechtlichen Pflicht zur Buchführung und Aufstellung eines Jahresabschlusses **befreit**, sofern sie an **zwei aufeinander folgenden Abschlussstichtagen** folgende Schwellenwerte **nicht überschreiten** (§§ 241a, 242 Abs. 4 HGB):

- **Umsatz** **600.000 € und**
- **Jahresüberschuss** **60.000 €.**

Im Fall der **Neugründung** tritt die Befreiung bereits ein, wenn die vorgenannten Schwellenwerte am **ersten** Abschlussstichtag nach der Neugründung nicht überschritten werden (§ 241a Satz 2 HGB).

Mit dieser Befreiungsregelung soll es **Einzelkaufleuten**, die unter die Schwellenwerte fallen, ermöglicht werden, ihren Gewinn durch eine **Einnahmenüberschussrechnung** i.S.d. § 4 Abs. 3 EStG zu ermitteln.

BEISPIEL

Der ehemalige Kellner Hans Müller pachtet im August 2019 eine Gastwirtschaft, die er auf eigene Rechnung bewirtschaftet. Er beschäftigt 15 Mitarbeiter. Müller erzielt zum 31.12.2019 einen Umsatz von 400.000 € und einen Jahresüberschuss (Gewinn) von 25.000 €. Die Werte hat er durch eine Einnahmenüberschussrechnung ermittelt.

Hans Müller ist als **Einzelkaufmann** von der handelsrechtlichen Pflicht zur Buchführung und Aufstellung eines Jahresabschlusses **befreit**, weil er die Schwellenwerte am **ersten** Abschlussstichtag nicht überschritten hat (§ 241a Satz 2 HGB). Er ist jedoch aufzeichnungspflichtig und kann weiterhin seinen Gewinn durch die Einnahmenüberschussrechnung ermitteln.

Einzelheiten zu den **Buchführungs- und Aufzeichnungspflichten** erfolgen in der **Buchführung 1**, 31. Auflage 2019, S. 7 ff. B 1

2.1.2.2.1.1.1 Bilanz

In der Bilanz sind das **Anlagevermögen**, das **Umlaufvermögen**, das **Eigenkapital**, die **Schulden** sowie die **Rechnungsabgrenzungsposten** gesondert auszuweisen (§ 247 Abs. 1 HGB). Die Schulden können dabei in **Rückstellungen** und **Verbindlichkeiten** unterteilt werden. Diese gesondert auszuweisenden Posten sind hinreichend aufzugliedern (§ 247 Abs. 1 HGB). Ein konkretes Gliederungsschema wird für diese Rechtsformen **nicht** vorgeschrieben. Anhaltspunkte für eine hinreichende Aufgliederung der Bilanz lassen sich aus den Gliederungsvorschriften für Kapitalgesellschaften gewinnen (§ 266 Abs. 2 und 3 HGB).

Demnach könnte die Bilanz-Gliederung einer **Nicht-Kapitalgesellschaft** wie folgt aussehen:

Aktiva	**Bilanzgliederung** einer **Nicht-Kapitalgesellschaft** Passiva
A. Anlagevermögen: I. Immaterielle Vermögensgegenstände: 1. entgeltlich erworbene Software; 2. Geschäfts- und Firmenwert; II. Sachanlagen: 1. Grundstücke und Bauten; 2. technische Anlagen und Maschinen; 3. Betriebs- und Geschäftsausstattung; III. Finanzanlagen: 1. Beteiligungen; 2. Wertpapiere des Anlagevermögens. **B. Umlaufvermögen:** I. Vorräte: 1. Roh-, Hilfs- und Betriebsstoffe; 2. fertige Erzeugnisse und Waren; II. Forderungen u. sonst. Vermögensgegenst.: 1. Forderungen aus Lieferungen und Leistungen; 2. sonstige Vermögensgegenstände; III. Wertpapiere: 1. sonstige Wertpapiere; IV. Kassenbestand, Bundesbankguthaben, Guthaben bei Kreditinstituten und Schecks. **C. Rechnungsabgrenzungsposten.**	**A. Eigenkapital:** (bei Personengesellschaften mit einer natürlichen Person als Vollhafter gegliedert nach Vollhaftern und Teilhaftern) **B. Rückstellungen:** 1. Rückstellungen für Pensionen; 2. Steuerrückstellungen; 3. sonstige Rückstellungen. **C. Verbindlichkeiten:** 1. Verbindlichkeiten gegenüber Kreditinstituten; 2. Verbindlichkeiten aus Lieferungen und Leistungen; 3. Verbindlichkeiten aus der Annahme gezogener Wechsel und der Ausstellung eigener Wechsel; 4. sonstige Verbindlichkeiten. **D. Rechnungsabgrenzungsposten.**

Inwieweit die Posten Anlagevermögen, Umlaufvermögen usw. aufzugliedern sind, wird von der **Größe eines Unternehmens** abhängen. Je größer ein Unternehmen ist, desto weitgehender wird die Aufgliederung vorzunehmen sein.
Erreicht das Unternehmen schließlich die Größenmerkmale des **Publizitätsgesetzes**, so sind die Gliederungsvorschriften für (große) Kapitalgesellschaften verbindlich (§ 5 Abs. 1 Satz 2 PublG).

Unter der Bilanz sind die in § 251 HGB genannten **Haftungsverhältnisse** zu vermerken, soweit sie nicht bereits auf der Passivseite der Bilanz ausgewiesen werden.
Die nach § 251 HGB anzugebenden Haftungsverhältnisse umfassen:

- Verbindlichkeiten aus der Begebung und Übertragung von Wechseln (sog. Wechselobligo),
- Verbindlichkeiten aus Bürgschaften, Wechsel- und Scheckbürgschaften,
- Verbindlichkeiten aus Gewährleistungsverträgen,
- Haftungsverhältnisse aus der Bestellung von Sicherheiten für fremde Verbindlichkeiten.

Das zur Bilanzgliederung der Einzelkaufleute und Personenhandelsgesellschaften (mit einer natürlichen Person als Vollhafter) Gesagte gilt sinngemäß auch für **Steuerpflichtige, die nach § 141 AO buchführungspflichtig** sind (§ 141 Abs. 1 Satz 2 AO).

2.1.2.2.1.1.2 Gewinn- und Verlustrechnung

Einzelkaufleute und Personenhandelsgesellschaften mit einer natürlichen Person als Vollhafter haben für den **Schluss** eines jeden Geschäftsjahres eine Gegenüberstellung der Aufwendungen und Erträge des Geschäftsjahres (**Gewinn- und Verlustrechnung**) aufzustellen (§ 242 Abs. 2 HGB).

Für diese Unternehmen, die nicht unter das Publizitätsgesetz fallen, ist **kein bestimmtes Gliederungsschema** der Gewinn- und Verlustrechnung (GuV) vorgeschrieben.
Die Gewinn- und Verlustrechnung kann sowohl in **Kontoform** als auch in **Staffelform** aufgestellt werden. Die Gliederung kann nach dem **Gesamtkostenverfahren** (GKV) oder nach dem **Umsatzkostenverfahren** (UKV) erfolgen.
Beim Gesamtkostenverfahren werden den gesamten Aufwendungen die gesamten Erträge eines Geschäftsjahres gegenübergestellt. Dadurch ergibt sich eine **Bruttodarstellung** nach Aufwands- und Ertrags**arten**. Beim Umsatzkostenverfahren werden den Umsatzerlösen die zur Erzielung dieser Umsatzerlöse angefallenen Aufwendungen gegenübergestellt. Die nicht zur Erzielung der Umsatzerlöse angefallenen Aufwendungen sind auszugrenzen, wodurch sich eine **Nettodarstellung** ergibt.

In Anlehnung an das Schema für Kapitalgesellschaften könnte die **Gliederung** der GuV eines Einzelkaufmanns bzw. einer Personenhandelsgesellschaft mit einer natürlichen Person als Vollhafter nach dem **GKV** wie für **große Kapitalgesellschaften** (siehe Seite 10) aussehen.

Einzelkaufleute und Personenhandelsgesellschaften mit einer natürlichen Person als Vollhafter, die unter das **Publizitätsgesetz** fallen (**Großunternehmen**), haben ihre Gewinn- und Verlustrechnung grundsätzlich nach den Vorschriften des HGB für **große Kapitalgesellschaften** auszurichten (§ 5 Abs. 1 Satz 2 PublG).

Gliederung der Gewinn- und Verlustrechnung nach dem Gesamtkostenverfahren (GKV) für große Kapitalgesellschaften (§ 275 **Abs. 2** HGB)

1. Umsatzerlöse
2. Erhöhung oder Verminderung des Bestandes an fertigen und unfertigen Erzeugnissen
3. andere aktivierte Eigenleistungen
4. sonstige betriebliche Erträge
5. Materialaufwand:
   a) Aufwendungen für Roh-, Hilfs- und Betriebsstoffe
   b) Aufwendungen für bezogene Leistungen

= **Rohergebnis**

6. Personalaufwand:
   a) Löhne und Gehälter
   b) soziale Abgaben und Aufwendungen für Altersvorsorge und für Unterstützung
7. Abschreibungen:
   a) auf immaterielle Gegenstände des Anlagevermögens und Sachanlagen
   b) auf Vermögensgegenstände des Umlaufvermögens, soweit diese die in der Kapitalgesellschaft üblichen Abschreibungen überschreiten
8. sonstige betriebliche Aufwendungen

= **Betriebsergebnis**

9. Erträge aus Beteiligungen, davon aus verbundenen Unternehmen
10. Erträge aus anderen Wertpapieren und Ausleihungen des Finanzanlagevermögens, davon aus verbundenen Unternehmen
11. sonstige Zinsen und ähnliche Erträge, davon aus verbundenen Unternehmen
12. Abschreibungen auf Finanzanlagen und Wertpapiere des Umlaufvermögens
13. Zinsen und ähnliche Aufwendungen, davon an verbundene Unternehmen

= **Finanzergebnis**

14. Steuern vom Einkommen und vom Ertrag

15. Ergebnis nach Steuern

16. sonstige Steuern

17. Jahresüberschuss/Jahresfehlbetrag

ÜBUNG →
1. Wiederholungsfragen 5 bis 8 (Seite 29),
2. Aufgaben 2 und 3 (Seite 30)

2.1.2.2.1.2 Prüfungs- und Offenlegungspflichten

Einzelkaufleute und Personenhandelsgesellschaften mit einer natürlichen Person als Vollhafter sind grundsätzlich **nicht verpflichtet**, ihren Jahresabschluss prüfen zu lassen und offenzulegen.

Sie können jedoch durch das **Publizitätsgesetz** (PublG) zur Prüfung und Offenlegung des Jahresabschlusses verpflichtet sein, wenn für **drei aufeinander folgende Bilanzstichtage mindestens zwei** der nachstehenden Größenmerkmale zutreffen (§ 3 Abs. 1 Nr. 1 i. V. m. § 1 Abs. 1 PublG):

1.	**Bilanzsumme**	**mehr als 65 Mio. Euro,**
2.	**Umsatzerlöse**	**mehr als 130 Mio. Euro,**
3.	**Arbeitnehmer**	**mehr als 5.000.**

BEISPIEL

Die **X-OHG** betreibt in Köln einen Einzelhandelsbetrieb. Bei der **X-OHG** liegen für die Jahre 2017, 2018 und 2019 folgende Größenmerkmale vor:

Jahre	Bilanzsumme €	Umsatzerlöse €	Arbeitnehmer Anzahl
2017	66 Mio.	131 Mio.	2.000
2018	68 Mio.	135 Mio.	2.200
2019	70 Mio.	136 Mio.	2.400

Die **X-OHG** ist **verpflichtet**, ihren Jahresabschluss 2019 **prüfen** zu lassen und **offenzulegen**, weil an **drei** aufeinander folgenden Bilanzstichtagen **zwei** der maßgebenden Merkmale (Bilanzsumme und Umsatzerlöse) überschritten sind.

2.1.2.2.1.3 Fristen

Die Bilanz und die Gewinn- und Verlustrechnung sind innerhalb der einem **ordnungsmäßigen Geschäftsgang entsprechenden Zeit** aufzustellen (§ 243 Abs. 3 HGB).

Die „einem ordnungsmäßigen Geschäftsgang entsprechende Zeit" wird vom Bundesfinanzhof (BFH) auf **keine bestimmte Frist** festgelegt.

In neueren Urteilen tendiert der BFH zu einer **Höchstfrist** für Einzelkaufleute und Personenhandelsgesellschaften mit einer natürlichen Person als Vollhafter von **einem Jahr**.

ÜBUNG →
1. Wiederholungsfragen 9 und 10 (Seite 29),
2. Aufgabe 4 (Seite 31)

2.1.2.2.2 Rechnungslegungsvorschriften der Kapitalgesellschaften und Personenhandelsgesellschaften ohne natürliche Person als Vollhafter

Für **Kapitalgesellschaften** sind hinsichtlich der Handelsbücher zunächst die Vorschriften der §§ 238 bis 263 HGB (**1. Abschnitt** des Dritten Buches des HGB) von Bedeutung. Darüber hinaus müssen sie die ergänzenden Vorschriften der §§ 264 bis 335c HGB (**2. Abschnitt** des Dritten Buches des HGB) beachten.

Personenhandelsgesellschaften **ohne** eine natürliche Person als Vollhafter (z. B. **GmbH & Co. KG**) werden **wie Kapitalgesellschaften** behandelt (§ 264a HGB).

2.1.2.2.2.1 Größenklassen

Das HGB unterscheidet **vier Größen** von Kapitalgesellschaften (§§ 267 und 267a HGB):

1. **kleinste** Kapitalgesellschaften (**Kleinstkapitalgesellschaften**),
2. **kleine** Kapitalgesellschaften,
3. **mittelgroße** Kapitalgesellschaften und
4. **große** Kapitalgesellschaften.

In Abhängigkeit der **Größenklassen** werden **bestimmte Anforderungen** an den Jahresabschluss gestellt bzw. können **bestimmte Erleichterungen** in Anspruch genommen werden.

Die Einordnung in eine der Größenklassen erfolgt grundsätzlich nur dann, wenn an den Abschlussstichtagen von **zwei aufeinander folgenden Geschäftsjahren zwei** der folgenden **Merkmale über- oder unterschritten** werden (§§ 267 und 267a HGB):

Kapitalgesellschaften	**Bilanzsumme**	**Umsatzerlöse**	**Arbeitnehmer**
kleinste	bis 350.000 €	bis 700.000 €	bis 10
kleine	über 350.000 € bis 6.000.000 €	über 700.000 € bis 12.000.000 €	über 10 bis 50
mittelgroße	über 6.000.000 € bis 20.000.000 €	über 12.000.000 € bis 40.000.000 €	über 50 bis 250
große	über 20.000.000 €	über 40.000.000 €	über 250

Bei **Neugründung**, Verschmelzung oder Umwandlung ist bereits der **erste Abschlussstichtag** entscheidend. Die Größenklassen sind **auch für** die Personenhandelsgesellschaften im Sinne des § 264a HGB **maßgeblich**.
Als **große** Kapitalgesellschaften gelten **unabhängig von der Größe kapitalmarktorientierte** Kapitalgesellschaften (§ 267 Abs. 3 Satz 2 HGB). **Kapitalmarktorientierte Kapitalgesellschaften** sind solche, die einen Markt im Sinne des Wertpapierhandelsgesetzes (WpHG) in Anspruch nehmen (§ 264d HGB). Hierzu zählen Kapitalgesellschaften, **deren Wertpapiere** (z.B. Aktien oder Schuldverschreibungen) **an einer Börse** in einem Mitgliedstaat der EU zum amtlichen Handel beantragt oder zugelassen sind.

Von der Einordnung als **Kleinstkapitalgesellschaft** sind **(Finanz-)Holdinggesellschaften** und andere Investment- und Unternehmensbeteiligungsgesellschaften **ausgeschlossen** (§ 267a Abs. 3 HGB). Als **Finanzholdinggesellschaft** gelten Holdinggesellschaften, deren einziger Zweck das Erwerben, Verwalten und Veräußern von Beteiligungen ist, ohne tatsächlich in die betrieblichen Entscheidungen der Beteiligungen einzugreifen.

2.1.2.2.2.2 Aufstellungspflichten

Im Gegensatz zu Einzelkaufleuten und Personenhandelsgesellschaften **mit** einer natürlichen Person als Vollhafter (z.B. OHG, KG) besteht bei **Kapitalgesellschaften** und Personenhandelsgesellschaften ohne natürliche Person als Vollhafter (z.B. GmbH & Co KG) der Jahresabschluss aus **Bilanz**, **Gewinn- und Verlustrechnung** sowie einem **Anhang**. Kleinstkapitalgesellschaften können nach § 264 Abs. 1 Satz 5 HGB unter bestimmten Voraussetzungen auf die Erstellung eines Anhangs verzichten (Wahlrecht).

Neben dem Jahresabschluss müssen Kapitalgesellschaften und Personenhandelsgesellschaften ohne natürliche Person als Vollhafter grundsätzlich einen **Lagebericht** aufstellen (§ 264 Abs. 1 i. V. m. § 264a HGB).

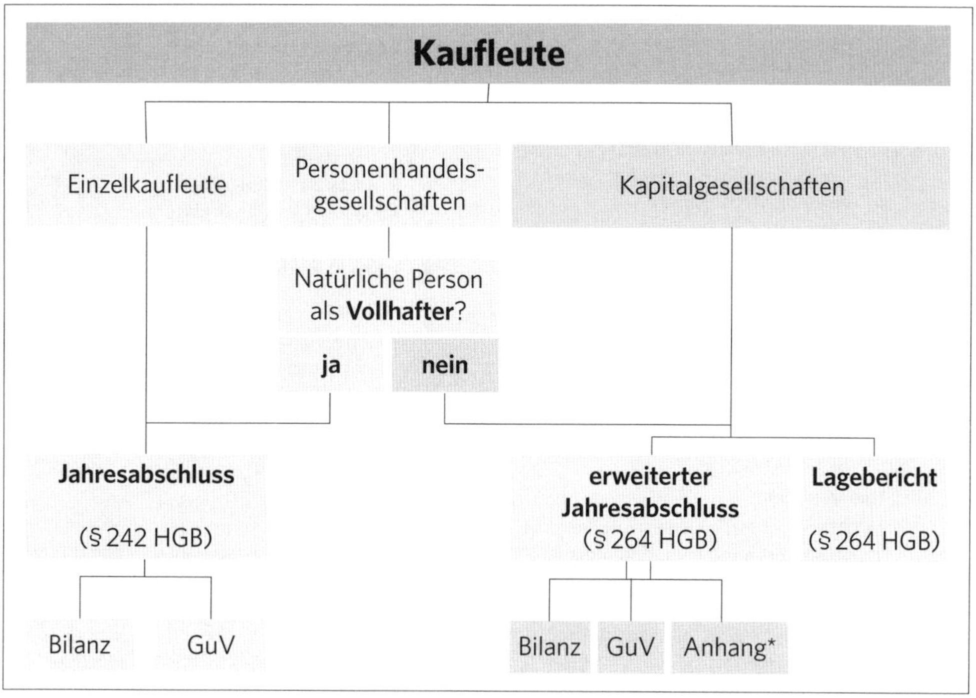

*** Wahlrecht für Kleinstkapitalgesellschaften unter den Voraussetzungen des § 264 Abs. 1 Satz 5 HGB**

Kapitalmarktorientierte Kapitalgesellschaften, die **nicht** zur Aufstellung eines **Konzernabschlusses** verpflichtet sind, haben den Jahresabschluss um eine **Kapitalflussrechnung** und einen **Eigenkapitalspiegel** zu erweitern.

Hinsichtlich der Erstellung einer **Segmentberichterstattung** besteht für diese Unternehmen ein **Wahlrecht** (§ 264 Abs. 1 Satz 2 HGB).

ÜBUNG →	1. Wiederholungsfragen 11 bis 14 (Seite 29), 2. Aufgaben 5 bis 7 (Seite 31)

2.1.2.2.2.2.1 Bilanz

Die Bilanz der Kapitalgesellschaften und der Personengesellschaften i. S. d. § 264a HGB ist in **Kontoform** aufzustellen (§ 266 Abs. 1 Satz 1 i. V. m. § 264a HGB).

Große und mittelgroße Kapitalgesellschaften haben die im **Gliederungsschema** des § 266 Abs. 2 und 3 HGB genannten Posten der Aktiv- und Passivseite gesondert und in der vorgeschriebenen Reihenfolge auszuweisen (§ 266 Abs. 1 **Satz 2** HGB).

Aktiva **Bilanz-Gliederung** für **große** und **mittelgroße Kapitalgesellschaften** Passiva

A. Anlagevermögen:

I. Immaterielle Vermögensgegenstände:

1. Selbst geschaffene gewerbliche Schutzrechte u. ähnl. Rechte u. Werte;
2. Entgeltlich erworbene Konzessionen, gewerbliche Schutzrechte und ähnl. Rechte und Werte sowie Lizenzen an solchen Rechten und Werten;
3. Geschäfts- oder Firmenwert;
4. geleistete Anzahlungen;

II. Sachanlagen:

1. Grundstücke, grundstücksgleiche Rechte und Bauten einschließlich der Bauten auf fremden Grundstücken;
2. technische Anlagen und Maschinen;
3. andere Anlagen, Betriebs- und Geschäftsausstattung;
4. geleistete Anzahlungen und Anlagen im Bau;

III. Finanzanlagen:

1. Anteile an verbundenen Unternehmen;
2. Ausleihungen an verb. Unternehmen;
3. Beteiligungen;
4. Ausleihungen an Unternehmen, mit denen ein Beteiligungsverh. besteht;
5. Wertpapiere des Anlagevermögens;
6. sonstige Ausleihungen.

B. Umlaufvermögen:

I. Vorräte:

1. Roh-, Hilfs- und Betriebsstoffe;
2. unfertige Erzeugnisse, unfertige Leistungen;
3. fertige Erzeugnisse und Waren;
4. geleistete Anzahlungen;

II. Forderungen u. sonst. Vermögensg.:

1. Forderungen aus Lieferungen und Leistungen;
2. Forderungen gegen verbundene Unternehmen;
3. Ford. gegen Untern., mit denen ein Beteiligungsverhältnis besteht;
4. sonstige Vermögensgegenstände;

III. Wertpapiere:

1. Anteile an verbundenen Unternehmen;
2. sonstige Wertpapiere;

IV. Kassenbestand, Bundesbankguthaben, Guthaben bei Kreditinstituten und Schecks.

C. Rechnungsabgrenzungsposten.

D. Aktive latente Steuern.

E. Aktiver Unterschiedsbetrag aus der Vermögensverrechnung.

A. Eigenkapital:

I. Gezeichnetes Kapital;

II. Kapitalrücklage;

III. Gewinnrücklagen;

1. gesetzliche Rücklage;
2. Rücklage für Anteile an herrschenden oder mehrheitlich beteiligten Unternehmen;
3. satzungsmäßige Rücklagen;
4. andere Gewinnrücklagen;

IV. Gewinnvortrag/Verlustvortrag;

V. Jahresüberschuss/Jahresfehlbetrag.

B. Rückstellungen:

1. Rückstellungen für Pensionen und ähnliche Verpflichtungen;
2. Steuerrückstellungen;
3. sonstige Rückstellungen.

C. Verbindlichkeiten:

1. Anleihen, davon konvertibel;
2. Verbindlichkeiten gegenüber Kreditinstituten;
3. erhaltene Anzahlungen auf Bestellungen;
4. Verbindlichkeiten aus Lieferungen und Leistungen;
5. Verbindlichkeiten aus der Annahme gezogener Wechsel und der Ausstellung eigener Wechsel;
6. Verbindlichkeiten gegenüber verbundenen Unternehmen;
7. Verbindlichkeiten gegenüber Unternehmen, mit denen ein Beteiligungsverhältnis besteht;
8. sonstige Verbindlichkeiten,
   davon aus Steuern,
   davon im Rahmen der sozialen Sicherheit.

D. Rechnungsabgrenzungsposten.

E. Passive latente Steuern.

Kleine Kapitalgesellschaften können die **Bilanz** in **verkürzter Form** aufstellen (§ 266 Abs. 1 **Satz 3** HGB). In dieser **verkürzten Form** brauchen **nur** die mit **Buchstaben** und **römischen Zahlen** bezeichneten Posten des Gliederungsschemas (von Seite 14) gesondert und in der vorgeschriebenen Reihenfolge aufgenommen zu werden.

Aktiva	**Bilanz-Gliederung** einer **kleinen Kapitalgesellschaft**	Passiva
A. Anlagevermögen I. Immaterielle Vermögensgegenstände II. Sachanlagen III. Finanzanlagen		**A. Eigenkapital** I. Gezeichnetes Kapital II. Kapitalrücklage III. Gewinnrücklagen IV. Gewinnvortrag/Verlustvortrag V. Jahresüberschuss/Jahresfehlbetrag
B. Umlaufvermögen I. Vorräte II. Forderungen und sonstige Vermögensgegenstände III. Wertpapiere IV. Kassenbestand, Bundesbankguthaben, Guthaben bei Kreditinstituten und Schecks		**B. Rückstellungen** **C. Verbindlichkeiten**
C. Rechnungsabgrenzungsposten		**D. Rechnungsabgrenzungsposten**
D. Aktive latente Steuern		**E. Passive latente Steuern**
E. Aktiver Unterschiedsbetrag aus der Vermögensverrechnung		

Kleinstkapitalgesellschaften können nach § 266 Abs. 1 **Satz 4** HGB eine **verkürzte Bilanz** aufstellen, die **nur** die mit **Buchstaben** bezeichneten Posten umfasst (Wahlrecht).

Aktiva	**Bilanz-Gliederung** einer **Kleinstkapitalgesellschaft**	Passiva
A. Anlagevermögen		**A. Eigenkapital**
B. Umlaufvermögen		**B. Rückstellungen**
C. Rechnungsabgrenzungsposten		**C. Verbindlichkeiten**
D. Aktive latente Steuern		**D. Rechnungsabgrenzungsposten**
E. Aktiver Unterschiedsbetrag aus der Vermögensverrechnung		**E. Passive latente Steuern**

In der Bilanz ist zu jedem Posten der entsprechende Betrag des **vorhergehenden** Geschäftsjahres anzugeben (§ 265 Abs. 2 Satz 1 HGB).

Ein **Posten** der Bilanz, der **keinen Betrag** ausweist (sog. **Leerposten**), braucht **nicht** aufgeführt zu werden, es sei denn, dass im vorhergehenden Geschäftsjahr unter diesem Posten ein Betrag ausgewiesen wurde (§ 265 Abs. 8 HGB).

ÜBUNG → Wiederholungsfragen 15 und 16 (Seite 29)

2.1.2.2.2.2.2 Gewinn- und Verlustrechnung

Kapitalgesellschaften und Personenhandelsgesellschaften i.S.d. § 264a HGB sind bei der Aufstellung der **Gewinn- und Verlustrechnung** an bestimmte **gesetzlich festgelegte Vorgaben** gebunden.
Sie haben die Gewinn- und Verlustrechnung in **Staffelform** nach dem **Gesamtkostenverfahren oder** dem **Umsatzkostenverfahren** aufzustellen (§ 275 Abs. 1 Satz 1 HGB).

Die in den beiden Gliederungsschemata des § 275 **Abs. 2** HGB (**Gesamt**kostenverfahren) und § 275 **Abs. 3** HGB (**Umsatz**kostenverfahren) genannten Posten sind von großen Kapitalgesellschaften in der **angegebenen Reihenfolge** und **gesondert** auszuweisen.

B 2 Das **Gliederungsschema** der Gewinn- und Verlustrechnung nach dem Gesamtkostenverfahren für **große** Kapitalgesellschaften wurde auf Seite 10 dargestellt.

Für **kleine und mittelgroße** Kapitalgesellschaften bestehen **Erleichterungen** (§ 276 HGB).

Sie dürfen beim Gesamtkostenverfahren die Posten „**Umsatzerlöse**" **bis** „**Materialaufwand**", beim Umsatzkostenverfahren die Posten „**Umsatzerlöse**" **bis** „**Bruttoergebnis vom Umsatz**" **und** „**Sonstige betriebliche Erträge**" zu einem Posten unter der Bezeichnung „**Rohergebnis**" (siehe Seite 10) zusammenfassen (§ 276 Sätze 1 und 2 HGB).

Gliederung der **Gewinn- und Verlustrechnung** nach dem **Gesamtkostenverfahren** für **kleine und mittelgroße Kapitalgesellschaften**
1. Rohergebnis
2. Personalaufwand
3. Abschreibungen
4. sonstige betriebliche Aufwendungen
5. Erträge aus Beteiligungen, davon aus verbundenen Unternehmen
6. Erträge aus anderen Wertpapieren und Ausleihungen des Finanzanlagevermögens, davon aus verbundenen Unternehmen
7. sonstige Zinsen und ähnliche Erträge, davon aus verbundenen Unternehmen
8. Abschreibungen auf Finanzanlagen und auf Wertpapiere des Umlaufvermögens
9. Zinsen und ähnliche Aufwendungen, davon an verbundene Unternehmen
10. Steuern vom Einkommen und vom Ertrag
11. Ergebnis nach Steuern
12. sonstige Steuern
13. Jahresüberschuss/Jahresfehlbetrag.

Kleinstkapitalgesellschaften im Sinne des § 267a HGB können nach § 275 Abs. 5 HGB eine **verkürzte GuV** aufstellen, die aus den folgenden **acht** Posten besteht (**Wahlrecht**).

Gliederung der **Gewinn- und Verlustrechnung** nach dem **Gesamtkostenverfahren** für **Kleinstkapitalgesellschaften**
1. Umsatzerlöse, 2. sonstige Erträge, 3. Materialaufwand, 4. Personalaufwand, 5. Abschreibungen, 6. sonstige Aufwendungen, 7. Steuern, 8. **Jahresüberschuss/Jahresfehlbetrag**.

Wird von diesem Wahlrecht Gebrauch gemacht, können die Erleichterungen der Darstellung eines Rohergebnisses **nicht** in Anspruch genommen werden (§ 276 Satz 2 HGB).

ÜBUNG → Wiederholungsfragen 17 und 18 (Seite 29)

2.1.2.2.2.2.3 Anhang

Kapitalgesellschaften und Personenhandelsgesellschaften i.S.d. § 264a HGB haben den Jahresabschluss grundsätzlich um einen **Anhang** zu erweitern.

Eine **Ausnahme** besteht für **Kleinstkapitalgesellschaften** im Sinne des § 267a HGB. Diese können auf die Aufstellung eines Anhangs verzichten, wenn sie - sofern zutreffend - bestimmte Angaben zu Haftungsverhältnissen (§ 268 Abs. 7 HGB) sowie der Geschäftsleitung gewährten Vorschüssen und Krediten (§ 285 Nr. 9c) HGB) **unter der Bilanz** machen. Im Falle einer AG sind diese Angaben um Informationen über eigene Aktien (§ 160 Abs. 3 Satz 2 AktG) zu erweitern (§ 264 Abs. 1 **Satz 5** HGB). Sollte bei Kleinstkapitalgesellschaften der Abschluss kein der Vermögens-, Finanz- und Ertragslage entsprechendes Bild vermitteln, sind ebenfalls **unter der Bilanz** zusätzliche Angaben zu machen (§ 264 Abs. 2 **Satz 4** HGB).

Der Anhang bildet mit der Bilanz und der Gewinn- und Verlustrechnung eine **Einheit** (**erweiterter Jahresabschluss**; § 264 Abs. 1 i.V.m. § 264a HGB).

Der Anhang **ergänzt** Bilanz und Gewinn- und Verlustrechnung (**Ergänzungsfunktion**).

Im Anhang werden **Erläuterungen** zur Bilanz und Gewinn- und Verlustrechnung gegeben (**Erläuterungsfunktion**). Angaben zu den einzelnen Posten der Bilanz und GuV sind in der Reihenfolge der einzelnen Posten der Bilanz und GuV darzustellen (§ 284 Abs. 1 HGB). Welche Erläuterungen im Einzelnen zu machen sind, ergibt sich aus den **§§284 bis 288HGB**.

Zu **erläutern** sind z.B. Bilanzierungs- und Bewertungsmethoden, Umrechnungen von Fremdwährungsbeträgen in Euro, Angaben zu Bewertungsvereinfachungen (§ 284 HGB), die in der Bilanz ausgewiesenen Verbindlichkeiten, Aufgliederungen der Umsatzerlöse sowie die durchschnittliche Anzahl der Beschäftigten (§ 285 HGB). Gesonderte Erläuterungspflichten bestehen für außergewöhnliche und periodenfremde Posten (§ 285 Nrn. 31 und 32 HGB).

Für **kleine und mittelgroße** Kapitalgesellschaften bestehen **Erleichterungen** (§ 288 HGB).

Der Anhang soll auch auf Vorgänge von besonderer Bedeutung nach dem Schluss des Geschäftsjahres bis zum Zeitpunkt der Aufstellung des Abschlusses (sog. **Nachtragsbericht**) eingehen (§ 285 Nr. 33 HGB).

Die Entwicklung der einzelnen Posten des Anlagevermögens (sog. **Anlagengitter** oder Anlagenspiegel) ist verpflichtend im Anhang darzustellen (§ 284 Abs. 3 HGB).

Nach § 284 Abs. 3 HGB sind im **Anlagengitter** zu den einzelnen Posten des Anlagevermögens folgende Angaben zu machen:

	AK/HK der am **Beginn** des Geschäftsjahres vorhandenen Anlagegüter
+	**Zugänge** des Geschäftsjahres zu AK/HK
-	**Abgänge** des Geschäftsjahres zu AK/HK
+/-	**Umbuchungen** während des Geschäftsjahres zu AK/HK
+	**Zuschreibungen** des Geschäftsjahres
-	**Abschreibungen** gesamt (**kumuliert**)

Kleine Kapitalgesellschaften brauchen **kein Anlagengitter** aufzustellen (§ 288 Abs. 1 HGB). Die **Abschreibungen des Geschäftsjahres** sind im Anlagengitter anzugeben.

BEISPIEL

Die **A-GmbH**, deren Geschäftsjahr mit dem Kalenderjahr übereinstimmt, verfügt am 31.12.2018 u.a. über folgende **Anlagegegenstände**:

1.	unbebaute Grundstücke (Zugang 2016):		Anschaffungskosten	50.000 €
2.	Lkw (Zugang 2016):		Anschaffungskosten	100.000 €
		-	Abschreibung 2016	20.000 €
		-	Abschreibung 2017	20.000 €
		-	Abschreibung 2018	20.000 €
			Wert 31.12.2018	40.000 €

In **2019** ist u.a. folgender **Zugang** zu verzeichnen:

Pkw		Anschaffungskosten	30.000 €
	-	Abschreibung 2019	5.000 €
		Wert 31.12.2019	25.000 €

Im **Anlagengitter 2019** werden diese Vermögensgegenstände unter Einbeziehung der **Abschreibung 2019** und der **Bilanzwerte zum 31.12.2019** wie folgt berücksichtigt:

Anlage-vermögen	historische AK/HK €	Zugänge + €	Abgänge - €	Umbuchungen +/- €	Zuschreibungen + €	Abschreibungen **gesamt** - €	**Abschreibungen 2019** - €	**Bilanzwert 31.12. 2019** €
Grundstücke	50.000							50.000
Betriebs- und Geschäftsausstattung								
Lkw	100.000					80.000	20.000	20.000
Pkw		30.000				5.000	5.000	25.000

Ähnlich wie mit den Angaben zum Anlagevermögen ist mit den zahlreichen Angaben zu den **Forderungen und Verbindlichkeiten** zu verfahren (§ 268 Abs. 4 und 5 HGB). Für diese Angaben werden sog. **Forderungsspiegel** und **Verbindlichkeitsspiegel** erstellt.
Durch das **BilRUG** wurden **weitere Angabepflichten** eingeführt. Danach sind im Jahresabschluss ebenfalls die **Firma, der Sitz, das Registergericht** und die **Nummer**, unter der die Gesellschaft im Handelsregister eingetragen ist, anzugeben (§ 264 Abs. 1a HGB). Sinnvollerweise sind diese Angaben **zu Beginn des Anhangs** zu machen; bei Kleinstkapitalgesellschaften bietet sich die Überschrift der Bilanz an.
Die in § 251 HGB genannten **Haftungsverhältnisse** sind **verpflichtend im Anhang** zu vermerken. **Kapitalgesellschaften** dürfen Haftungsverhältnisse **nicht** zusammen **in einem Betrag** angeben, sondern müssen sie **gesondert** nennen (§ 268 Abs. 7 HGB).

Liegt ein **Anhang** vor, so ist der **Steuererklärung** eine Abschrift beizufügen (§ 60 Abs. 3 EStDV).

ÜBUNG →	1. Wiederholungsfragen 19 und 20 (Seite 29), 2. Aufgabe 8 (Seite 31)

2.1.2.2.2.2.4 Lagebericht

Kapitalgesellschaften und Personenhandelsgesellschaften i. S. d. § 264a HGB haben neben dem erweiterten Jahresabschluss grundsätzlich einen **Lagebericht** aufzustellen (§ 264 Abs. 1 i. V. m. § 264a HGB). **Kleine Kapitalgesellschaften** brauchen den Lagebericht **nicht** aufzustellen (§ 264 Abs. 1 **Satz 4** HGB). **Gleiches** gilt für **Kleinstkapitalgesellschaften** sowie für Einzelkaufleute und Personenhandelsgesellschaften, die unter das **Publizitätsgesetz** fallen.

Liegt ein Lagebericht vor, so ist er der **Steuererklärung** beizufügen (§ 60 Abs. 3 EStDV).

Aufgaben des Lageberichts sind es,

- den **Geschäftsverlauf** (z. B. Investitionen, Kostenentwicklung, Umsatzentwicklung, Beschäftigungsgrad, Kapazitätsauslastung, Personalentwicklung)
  sowie
- die **Lage der Gesellschaft** (z. B. Marktstellung, Auftragsbestand, Ausstattung mit Eigen- und Fremdkapital, Aussagen über Rentabilität, Liquidität, Finanzierung)

so darzustellen, dass ein den **tatsächlichen Verhältnissen entsprechendes Bild** vermittelt wird (§ 289 **Abs. 1** HGB).
Zu diesem Zweck erfolgt im Lagebericht eine **wirtschaftliche Gesamtbeurteilung** der Situation der Gesellschaft aus Sicht der Unternehmensleitung. Der Lagebericht erfüllt somit vor allem eine **Informationsfunktion**.

Während der Jahresabschluss (einschließlich Anhang) überwiegend vergangenheitsorientiert ist, soll der Lagebericht **zukunftsorientiert** sein. Hierzu soll insbesondere der sogenannte **Prognosebericht** beitragen, in dem die **voraussichtliche Entwicklung** mit ihren wesentlichen **Chancen und Risiken** zu beurteilen und zu erläutern ist.

Im Einzelnen ist auf folgende Sachverhalte verpflichtend einzugehen:

Inhalt des Lageberichts nach §289 HGB

Abs. 1

- S. 1: Darstellung von Geschäftsverlauf, Geschäftsergebnis und Lage der Gesellschaft
- S. 2, 3: Analyse des Geschäftsverlaufs, der Lage und der finanziellen Leistungsindikatoren
- S. 4: Beurteilung und Erläuterung der voraussichtlichen Entwicklung mit ihren wesentlichen Chancen und Risiken

Abs. 2

- Nr. 1a: Risikomanagementziele und -methoden
- Nr. 1b: Risiken bei der Verwendung von Finanzinstrumenten
- Nr. 2: Forschung und Entwicklung
- Nr. 3: Zweigniederlassungen
- Nr. 4: Grundzüge des Vergütungssystems (bei börsennotierten AGs)

Abs. 3

Analyse der nichtfinanziellen Leistungsindikatoren

Die Analyse der nichtfinanziellen Leistungsindikatoren (z.B. Umwelt- und Arbeitnehmerbelange) haben **nur große** Kapitalgesellschaften durchzuführen.

Kapitalmarktorientierte Kapitalgesellschaften, insbesondere börsennotierte Aktiengesellschaften, haben über wesentliche Merkmale des **internen Kontrollsystems** und des **Risikomanagementsystems** im Hinblick auf den Rechnungslegungsprozess zu berichten (§ 289 Abs. 5 HGB) sowie eine sog. **Erklärung zur Unternehmensführung** (§ 289f HGB) abzugeben. Die Erklärung zur Unternehmensführung **kann** auch auf der **Internetseite der Gesellschaft** veröffentlicht werden. In diesen Fällen ist in den Lagebericht ein **Verweis** auf die Internetseite aufzunehmen. Die Erklärung zur Unternehmensführung beeinhaltet die Entsprechenserklärung nach § 161 AktG und z.B. Erläuterungen zur **Arbeitsweise des Vorstands und des Aufsichtsrates** sowie Angaben zu Zielgrößen hinsichtlich des **Frauenanteils** in Führungsebenen.

Insbesondere kapitalmarktorientierte Kapitalgesellschaften, welche die **Größenkriterien großer Kapitalgesellschaften** erfüllen **und mehr als 500 Mitarbeiter** beschäftigen, haben eine sog. „**nichtfinanzielle Erklärung**" (nfE) zu veröffentlichen (§ 289b Abs. 1 HGB). Diese Erklärung **kann** in den Lagebericht aufgenommen werden **oder** im Rahmen eines **gesonderten nichtfinanziellen Berichtes** veröffentlicht werden (§ 289b Abs. 3 HGB). In der nichtfinanziellen Erklärung ist z.B. auf **Umwelt-**, **Arbeitnehmer-** und **Sozialbelange** sowie die Achtung der **Menschenrechte** und die Bekämpfung von **Korruption und Bestechung** einzugehen (§ 289c Abs. 2 HGB).

ÜBUNG → Wiederholungsfrage 21 (Seite 29)

2.1.2.2.2.3 Prüfungspflichten

Die Prüfung des Jahresabschlusses durch einen externen Abschlussprüfer dient dem Zweck, die **Übereinstimmung** der Buchführung und des Abschlusses **mit dem Gesetz** und gegebenenfalls der Satzung oder dem Gesellschaftsvertrag des Unternehmens zu überprüfen (§ 317 HGB). Ob der Abschluss **verpflichtend** zu prüfen ist, hängt von der **Größe** der Gesellschaft ab (§ 316 Abs. 1 HGB).

Das Ergebnis der Prüfung hält der Abschlussprüfer in einem Vermerk zum Jahresabschluss, dem sog. „**Bestätigungsvermerk**", fest (§ 322 Abs. 1 HGB). Sind nach dem abschließenden Ergebnis der Prüfung **keine Einwendungen** zu erheben, so erteilt der Abschlussprüfer einen **uneingeschränkten Bestätigungsvermerk**.

In dem **uneingeschränkten Bestätigungsvermerk** ist u.a. zu erklären, dass

> die von dem Abschlussprüfer nach § 317 HGB durchgeführte Prüfung zu **keinen Einwendungen** geführt hat und dass der von den gesetzlichen Vertretern der Gesellschaft aufgestellte **Jahresabschluss** (Konzernabschluss) aufgrund der bei der Prüfung gewonnenen Erkenntnisse des Abschlussprüfers nach seiner Beurteilung den gesetzlichen Vorschriften entspricht und unter Beachtung der Grundsätze ordnungsmäßiger Buchführung (**GoB**) ein den **tatsächlichen Verhältnissen entsprechendes Bild** der Vermögens-, Finanz- und Ertragslage des Unternehmens (Konzerns) vermittelt (§ 322 Abs. 3 Satz 1 HGB).

Sind **Einwendungen** zu erheben, so hat der Abschlussprüfer den Bestätigungsvermerk nach § 322 Abs. 3 Satz 1 HGB **einzuschränken** oder **zu versagen** (§ 322 Abs. 4 HGB).

Die **Prüfungspflichten** lassen sich wie folgt zusammenfassen:

Größe der Kapitalgesellschaften und Personenhandelsgesellschaften i.S.d. § 264a HGB	Prüfungspflicht
kleinste	nein
kleine	nein
mittelgroße	ja
große	ja

Abschlussprüfer können grundsätzlich **nur Wirtschaftsprüfer** (WP) **oder Wirtschaftsprüfungsgesellschaften** (WPG) sein (§ 319 Abs. 1 HGB). Bei **mittelgroßen GmbHs** oder mittelgroßen Personenhandelsgesellschaften i.S.d. des § 264a HGB können **auch vereidigte Buchprüfer** (vBP) **oder Buchprüfungsgesellschaften** Abschlussprüfer sein.

Wird eine verpflichtende Prüfung **nicht** durchgeführt, kann der Jahresabschluss **nicht festgestellt** werden und ist somit **nichtig**.

2.1.2.2.2.4 Offenlegungspflichten

Je nach Einordnung in die entsprechende **Größenklasse** ergeben sich für Kapitalgesellschaften und Personenhandelsgesellschaften i.S.d. § 264a HGB **unterschiedliche Offenlegungspflichten**.

Offenlegungspflichtige Unternehmen müssen ihre Jahresabschlussunterlagen **elektronisch** beim Betreiber des elektronischen Bundesanzeigers (eBanz), der Bundesanzeiger Verlagsgesellschaft mbH, Köln, einreichen (§ 325 Abs. 1 HGB). Diese Unterlagen sind unter **www.bundesanzeiger.de** kostenlos online abrufbar.

Kleinstkapitalgesellschaften können ihre Offenlegungspflichten durch **Hinterlegung ausschließlich ihrer Bilanz** beim elektronischen Bundesanzeiger erfüllen (§ 326 Abs. 2 HGB). Voraussetzung für die Inanspruchnahme dieses Wahlrechtes ist die **Mitteilung der Einhaltung der Größenkriterien des § 267a HGB** an den elektronischen Bundesanzeiger. Im Falle der Hinterlegung kann die Bilanz **nicht mehr im Internet** eingesehen werden. Es besteht allerdings die Möglichkeit, **auf Antrag eine Kopie** gegen eine Gebühr in Höhe von 4,50 € zu erhalten (§ 9 Abs. 6 HGB).

Wenn die Unterlagen nicht rechtzeitig oder unvollständig beim elektronischen Bundesanzeiger eingehen, leitet das Bundesamt für Justiz von Amts wegen ein Ordnungsgeldverfahren ein. Für **Verstöße** drohen **Ordnungsgelder von 2.500 bis 25.000 Euro**.

Die **Offenlegungspflichten** lassen sich wie folgt zusammenfassen:

Größe der Kapitalgesellschaften und Personenhandelsgesellschaften i. S. d. § 264a HGB	Umfang der Offenlegungspflicht			
	Bilanz	GuV	Anhang	Lagebericht
kleinste (Hinterlegung)	ja	nein	nein	nein
kleine	ja	nein	ja	nein
mittelgroße	ja	ja	ja	ja
große	ja	ja	ja	ja

Für **kleine** und **mittelgroße** Gesellschaften besteht die Möglichkeit, eine verkürzte Version des Jahresabschlusses zu veröffentlichen. **Mittelgroße** Unternehmen können von der Erleichterung nach § 327 HGB und **kleine** Gesellschaften von der Erleichterung nach § 326 HGB Gebrauch machen.

Der Jahresabschluss und der Lagebericht sind in ihrer **festgestellten Fassung** offenzulegen. Daneben sind bei **Pflichtprüfungen** auch der Bestätigungs- bzw. Versagungsvermerk offenzulegen (§ 325 Abs. 1 HGB). Ist im Jahresabschluss nur der Vorschlag für die Ergebnisverwendung enthalten, ist der **Beschluss über die Ergebnisverwendung** nach seinem Vorliegen offenzulegen (§ 325 Abs. 1 b HGB).

Aktiengesellschaften haben darüber hinaus noch den Prüfungsbericht des Aufsichtsrates gem. § 171 Abs. 2 AktG sowie die ggf. nach § 161 AktG vorgeschriebene Erklärung zur Beachtung des sog. **Deutschen Corporate Governance Kodex** (DCGK) zu veröffentlichen.

Unternehmen, die als Tochterunternehmen in den **Konzernabschluss** eines Mutterunternehmens mit Sitz in der EU bzw. des EWR einbezogen werden, können **unter bestimmten Voraussetzungen** auf die Offenlegung verzichten (§§ 264 Abs. 3 und 264b HGB). Auch für die **Aufstellung und Prüfung** des Abschlusses gibt es für solche Unternehmen unter den Voraussetzungen der §§ 264 Abs. 3 und 264b HGB **Erleichterungen**.

ÜBUNG → Wiederholungsfragen 22 bis 25 (Seite 29)

2.1.2.2.2.5 Fristen

Die Aufstellungs- und Offenlegungspflichten sind innerhalb bestimmter **Fristen** zu erfüllen. Während die Aufstellungspflichten in § 264 HGB geregelt sind, beinhaltet § 325 HGB die Offenlegungspflichten.

Je nach Einordnung in die entsprechende **Größenklasse** ergeben sich für Kapitalgesellschaften und Personenhandelsgesellschaften i. S. d. § 264a HGB **unterschiedliche Fristen**:

Größe der Kapitalgesellschaften und Personenhandelsgesellschaften i. S. d. § 264a HGB	Zeitraum für	
	Aufstellung	Offenlegung
kleinste und kleine	6 Monate	12 Monate
mittelgroße und große	3 Monate	12 Monate

Kapitalmarktorientierte Unternehmen haben ihren Jahresabschluss innerhalb der ersten **vier Monate** des neuen Geschäftsjahres offenzulegen (§ 325 Abs. 4 HGB).

2.1.2.2.3 Zusammenfassung

Rechtsform und Größe	Aufstellungs-pflicht	Prüfungs-pflicht	Offenlegungs-pflicht	Frist	
				Aufstellung	Offenlegung
Einzelkaufleute und Personenhandelsgesellschaften (**nicht** i. S. d. § 264a), die **nicht** dem PublG unterliegen	Bilanz, GuV [§ 242 (3)]	nein [§ 316 (1)]	nein [§ 325 (1)]	12 Monate (BFH)	—
Kapitalgesellschaften und Personenhandelsgesellschaften (**i. S. d. § 264a**)					
• kleinste	Bilanz, GuV [§ 264 (1)]	nein [§ 316 (1)]	Hinterlegung der Bilanz [§ 326 (2)]	6 Monate [§ 264 (1) Satz 3]	12 Monate [§ 325 (1a)]
• kleine	Bilanz, GuV, Anhang [§ 264 (1)]	nein [§ 316 (1)]	verkürzte Version von Bilanz und Anhang [§ 325 (1) i. V. m. § 326]	6 Monate [§ 264 (1) Satz 3]	12 Monate [§ 325 (1a)]
• mittelgroße	Bilanz, GuV, Anhang und Lagebericht [§ 264 (1)]	ja [§ 316 (1)]	verkürzte Version von Bilanz, GuV und Anhang sowie Lagebericht [§ 325 (1) i. V. m. § 327]	3 Monate [§ 264 (1) Satz 2]	12 Monate [§ 325 (1a)]
• große	Bilanz, GuV, Anhang und Lagebericht [§ 264 (1)]	ja [§ 316 (1)]	Bilanz, GuV und Anhang sowie Lagebericht [§ 325 (1)]	3 Monate [§ 264 (1) Satz 2]	12 Monate [§ 325 (1a)]

ÜBUNG → 1. Wiederholungsfragen 26 und 27 (Seite 29),
2. Aufgaben 9 bis 11 (Seite 32 f.)

2.1.3 Grundsätze ordnungsmäßiger Buchführung

Gemäß § 243 Abs. 1 HGB ist der Jahresabschluss nach den Grundsätzen ordnungsmäßiger Buchführung (GoB) aufzustellen. Bei dem Begriff „Grundsätze ordnungsmäßiger Buchführung" handelt es sich um einen sog. **unbestimmten Rechtsbegriff**, da sich im HGB keine Definition dieser ordnungsmäßigen Grundsätze befindet.

Die Grundsätze ordnungsmäßiger Buchführung stellen **allgemein anerkannte Regeln** über das Führen der Handelsbücher und das Erstellen des Jahresabschlusses dar. Sie **ergänzen das HGB** und dienen als **Auslegungsgrundlage**, wo Gesetzeslücken bestehen und einzelne Vorschriften eine Auslegung notwendig machen.

Zu unterscheiden ist zwischen Grundsätzen ordnungsmäßiger Buchführung, die in das HGB aufgenommen wurden (**kodifizierte GoB**) und solchen, die keinen Eingang in das HGB gefunden haben (**nicht kodifizierte GoB**). Auch die nicht im Gesetz berücksichtigten GoB sind verbindlich anzuwenden (= Gewohnheitsrecht).

Folgende Grundsätze ordnungsmäßiger Buchführung sind in den **ersten Abschnitt des Dritten Buches des HGB** aufgenommen worden:

Grundsatz	Fundstelle im HGB
Klarheit und Übersichtlichkeit	§§ 238 Abs. 1 Satz 2, 243 Abs. 2
Richtigkeit und Willkürfreiheit	§ 239 Abs. 2
Vollständigkeit	§§ 239 Abs. 2, 246 Abs. 1
Saldierungsverbot	§ 246 Abs. 2
Bilanzidentität	§ 252 Abs. 1 Nr. 1
Fortführung der Unternehmenstätigkeit	§ 252 Abs. 1 Nr. 2
Einzelbewertung	§ 252 Abs. 1 Nr. 3
Vorsicht	§ 252 Abs. 1 Nr. 4
Realisationsprinzip	§ 252 Abs. 1 Nr. 4
Imparitätsprinzip	§ 252 Abs. 1 Nr. 4
Periodenabgrenzung	§ 252 Abs. 1 Nr. 5
Ansatz- und Bewertungsstetigkeit	§§ 246 Abs. 3, 252 Abs. 1 Nr. 6

2.1.3.1 Grundsatz der Klarheit und Übersichtlichkeit

Der Grundsatz der Klarheit und Übersichtlichkeit (§ 243 Abs. 2 HGB) verlangt, dass die Buchführung und der Jahresabschluss **verständlich** sind. Verständlichkeit bedeutet in diesem Zusammenhang, dass die Rechnungslegung für einen sachverständigen Dritten ohne größere Mühe **nachvollziehbar** ist (§ 238 Abs. 1 Satz 2 HGB). Daher sind die Geschäftsvorfälle und Posten im Jahresabschluss **eindeutig zu bezeichnen** und **übersichtlich darzustellen**.

Die Vorgabe von Gliederungsvorschriften für Bilanz (§ 266 HGB) und Gewinn- und Verlustrechnung (§ 275 HGB) ist ein Ausfluss des Grundsatzes der Klarheit und Übersichtlichkeit.

2.1.3.2 Grundsatz der Richtigkeit und Willkürfreiheit

Nach diesem in § 239 Abs. 2 HGB enthaltenen Grundsatz haben die in der Rechnungslegung dargestellten Geschäftsvorfälle den Tatsachen zu entsprechen. Der Grundsatz verlangt weiterhin, dass die Darstellung der Geschäftsvorfälle in der Buchführung und dem Jahresabschluss in **Übereinstimmung mit den Rechnungslegungsvorschriften** erfolgt.

Die Willkürfreiheit ist vor allem bei **Schätzungen** von Bedeutung. Schätzungen sind gemäß dieses Grundsatzes auf der Grundlage von realistischen Annahmen vorzunehmen.

2.1.3.3 Grundsatz der Vollständigkeit

Der Grundsatz der Vollständigkeit verlangt, dass **alle buchführungspflichtigen Sachverhalte** in der Buchführung und dem Jahresabschluss berücksichtigt werden (§ 239 Abs. 2 HGB). Als buchführungspflichtig sind alle Vorgänge anzusehen, die Vermögensänderungen bewirkt haben. Daher lässt sich u.a. das Aufstellen eines Inventars auf den Grundsatz der Vollständigkeit zurückführen.

Für die einzelnen Bestandteile des Jahresabschlusses (z.B. Bilanz und GuV) bedeutet dieser Grundsatz, dass ihre **Inhalte vollständig darzustellen** sind. In der Bilanz sind alle Vermögensgegenstände, Schulden und Rechnungsabgrenzungsposten aufzuführen; die Gewinn- und Verlustrechnung hat alle Aufwendungen und Erträge zu enthalten (§ 246 Abs. 1 HGB).

Stichtag für die Berücksichtigung der buchführungspflichtigen Sachverhalte ist der Tag, zu dem die Bilanz erstellt wird, der **Bilanzstichtag** (z.B. der 31.12.). Umstände, die **am Bilanzstichtag bereits vorlagen**, aber erst **nach** diesem Stichtag und **vor** Aufstellung des Abschlusses bekannt werden (**wertaufhellende Tatsachen**) sind ebenfalls zu berücksichtigen.

BEISPIEL

Der buchführende Gewerbetreibende A erstellt im März 2020 seine Bilanz zum 31.12.2019. Er hat am Bilanzstichtag eine Forderung an den Kunden B. Erst jetzt (im März 2020) erfährt er, dass B bereits im **Dezember 2019** zahlungsunfähig war.

A **muss** diesen Umstand in seiner Bilanz zum 31.12.2019 **berücksichtigen** und eine Wertberichtigung der Forderung vornehmen.

Im Gegensatz zu wertaufhellenden Tatsachen treten bei **wertbegründenden Tatsachen** die Umstände oder Ereignisse **nach** dem Bilanzstichtag ein. Wertbegründende Tatsachen sind **nicht im Jahresabschluss** zu berücksichtigen. Bei wesentlichen Ereignissen nach dem Bilanzstichtag kann aber eine Pflicht zur Erläuterung im **Anhang** bestehen (Nachtragsbericht).
Neben den buchführungspflichtigen Sachverhalten erstreckt sich die Vollständigkeit auch auf **alle sonstigen Informationen**, die notwendig sind, um ein den tatsächlichen Verhältnissen entsprechendes Bild der Lage des Unternehmens zu geben. Diese sonstigen Informationen können beispielweise in den **Anhangangaben** enthalten sein.

2.1.3.4 Saldierungsverbot

Nach dem in § 246 Abs. 2 HGB enthaltenen Saldierungsverbot dürfen in der Bilanz Posten der Aktivseite **nicht** mit Posten der Passivseite **verrechnet** werden. In der Gewinn- und Verlustrechnung dürfen Aufwendungen nicht mit Erträgen verrechnet werden.

Das Saldierungsverbot unterstützt somit auch die Forderung nach Klarheit.

Eine **Ausnahme** zum Saldierungsverbot enthält § 246 Abs. 2 Satz 2 HGB. Danach sind Vermögensgegenstände, die dem Zugriff aller übrigen Gläubiger entzogen sind und ausschließlich zur Erfüllung von Schulden aus Altersversorgungsverpflichtungen dienen, mit diesen zu verrechnen (z.B. **Rückdeckungsansprüche im Zusammenhang mit Pensionsverpflichtungen**). Für einen aktiven Unterschiedsbetrag ist ein eigener Posten im Bilanzgliederungsschema („E. Aktiver Überhang aus der Vermögensverrechnung") vorgesehen.

2.1.3.5 Grundsatz der Bilanzidentität

Der Grundsatz der Bilanzidentität (auch Grundsatz des Bilanzzusammenhangs oder der formellen Bilanzkontinuität genannt) schreibt vor, dass die **Eröffnungsbilanz** eines Geschäftsjahres mit der **Schlussbilanz** des vorangegangenen Geschäftsjahres übereinstimmen muss (§ 252 Abs. 1 Nr. 1 HGB).

2.1.3.6 Grundsatz der Fortführung der Unternehmenstätigkeit

Der Grundsatz der Unternehmensfortführung (auch **Going-Concern-Prinzip** genannt) besagt, dass bei der Bewertung der Vermögensgegenstände und Schulden im Jahresabschluss von der Fortführung der Unternehmenstätigkeit auszugehen ist, solange dem keine tatsächlichen oder rechtlichen Gegebenheiten entgegenstehen (§ 252 Abs. 1 Nr. 2 HGB).
Der Wert eines Vermögensgegenstandes kann verschieden hoch sein, je nachdem, ob man von der Fortführung des Unternehmens oder seiner Stilllegung ausgeht. So wird z. B. bei einer geplanten Stilllegung eines Unternehmens vor allem die Bewertung des Anlagevermögens mit anderen Werten (**Liquidationswerten**) erfolgen als bei der Fortführung des Unternehmens.

2.1.3.7 Grundsatz der Einzelbewertung

Die in der Bilanz enthaltenen Vermögensgegenstände und Schulden sind grundsätzlich **einzeln zu bewerten** (§ 252 Abs. 1 Nr. 3 HGB).
Der Grundsatz der Einzelbewertung findet dort seine **Grenzen**, wo die Einzelbewertung aus praktischen Gründen nicht durchführbar ist (z. B. chemische Flüssigkeiten haben sich vermischt) oder zu einem nicht vertretbaren Arbeitsaufwand führt (z. B. bei Schrauben und Nägeln in hoher Anzahl).
Deshalb darf auch bei der Bilanzierung von **Erleichterungen** Gebrauch gemacht werden, die bei der Inventur zugelassen sind (§ 256 Satz 2 HGB). Dazu gehören die **Festbewertung** (§ 240 Abs. 3 HGB) und die **Gruppenbewertung** (§ 240 Abs. 4 HGB).

Im Zusammenhang mit **Sicherungsgeschäften** sieht das HGB als Ausnahme zum Einzelbewertungsgrundsatz die Bildung von **Bewertungseinheiten** unter bestimmten Voraussetzungen ausdrücklich vor (§ 254 HGB).

2.1.3.8 Grundsatz der Vorsicht

Der **Grundsatz der Vorsicht** besagt, dass die Vermögensgegenstände und die Schulden **vorsichtig** zu bewerten sind (§ 252 Abs. 1 **Nr. 4** HGB). Das bedeutet allgemein, dass die **Aktivposten** eher **niedriger** und die **Passivposten** eher **höher** anzusetzen sind, um keine zu optimistische Lage des Unternehmens darzustellen. Dies ist auf den Gedanken des **Gläubigerschutzes** zurückzuführen, durch den der ausschüttbare Gewinn begrenzt wird.
Die vorsichtige Bewertung darf allerdings nicht dazu führen, dass Vermögensgegenstände bilanzpolitisch unterbewertet werden und durch die Unterbewertung übermäßige (sogenannte) **stille Reserven** geschaffen werden. Eine solche Vorgehensweise stellt eine falsche Interpretation des Vorsichtprinzips dar und verstößt vor allem gegen den Grundsatz der Richtigkeit und Willkürfreiheit.

Der Grundsatz der Vorsicht wird umgesetzt durch das **Realisationsprinzip** und das **Imparitätsprinzip**.

2.1.3.8.1 Realisationsprinzip

Nach dem Realisationsprinzip dürfen **Gewinne erst** ausgewiesen werden, **wenn** sie durch Verkauf oder Entnahme verwirklicht (**realisiert**) sind (§ 252 Abs. 1 Nr. 4 HGB).

BEISPIEL

Die Hünermann GmbH & Co KG, Köln, hat Ende 2019 ein Erzeugnis für **1.000 €** hergestellt, das Anfang 2020 mit einem Gewinn von 200 € verkauft wird.

Das Erzeugnis ist in der Bilanz zum 31.12.2019 mit **1.000 €** auszuweisen. Der Gewinn wird erst in **2020** durch Umsatz **realisiert** und ist deshalb erst in 2020 auszuweisen.

MERKE → Nicht realisierte Gewinne dürfen grundsätzlich nicht ausgewiesen werden.

Eine **Ausnahme** zum Realisiationsprinzip besteht bei der Umrechnung von **Fremdwährungsforderungen und -verbindlichkeiten** in Euro. Unrealisierte Währungsumrechnungsgewinne werden nach § 256a HGB ausgewiesen, wenn die **Restlaufzeit weniger als ein Jahr** beträgt.

2.1.3.8.2 Imparitätsprinzip

Im Gegensatz zu der Behandlung von Gewinnen sind nicht realisierte Verluste **sofort erfolgswirksam** zu berücksichtigen.

BEISPIEL

Sachverhalt wie zuvor mit dem Unterschied, dass der **Wert** des Erzeugnisses am Bilanzstichtag nur noch 900 € beträgt und das Erzeugnis in 2020 für 900 €, d.h. mit einem **Verlust** von 100 € verkauft wird.

Das Erzeugnis ist in der Bilanz zum 31.12.2019 mit **900 €** auszuweisen. Der Verlust wird zwar erst durch den Verkauf in **2020 realisiert**, dennoch ist er schon 2019 auszuweisen.

MERKE → Nicht realisierte Verluste müssen sofort ausgewiesen werden.

Somit liegt bei der Behandlung von nicht realisierten Gewinnen und nicht realisierten Verlusten eine **Ungleichheit** (**Imparität**) vor, warum man auch vom **Imparitätsprinzip** spricht.

Zwei Ausprägungen des Imparitätsprinzips sind das **Niederstwertprinzip** für die Bewertung von Vermögensgegenständen und das **Höchstwertprinzip** für Verbindlichkeiten, die später im Zusammenhang mit den Bewertungsvorschriften für die einzelnen Bilanzposten erläutert werden.

2.1.3.9 Grundsatz der periodengerechten Aufwands- und Ertragsabgrenzung

Dieser Grundsatz besagt, dass Aufwendungen und Erträge dem Geschäftsjahr zuzurechnen sind, in dem sie **wirtschaftlich verursacht** wurden.

Auf den Zeitpunkt der entsprechenden Ausgaben oder Einnahmen kommt es **nicht** an (§ 252 Abs. 1 Nr. 5 HGB).

BEISPIEL

Der Einzelkaufmann Holz hat im Dezember 2019 die Miete für Januar 2020 gezahlt.

Die Miete, verursacht in 2020, ist Aufwand des Geschäftsjahres 2020 und deshalb diesem Geschäftsjahr zuzurechnen.

2.1.3.10 Ansatz- und Bewertungsstetigkeit

Der Grundsatz der Stetigkeit der Bewertungsmethoden besagt, dass zwischen verschiedenen Bewertungsmöglichkeiten, die der Bilanzierende hat, **nicht willkürlich gewechselt** werden darf (§ 252 Abs. 1 Nr. 6 HGB).

BEISPIEL

Der Gewerbetreibende Lenz hat bisher bei der Bewertung der Fertigerzeugnisse bestimmte Verwaltungskosten freiwillig und zulässigerweise beim Bilanzansatz berücksichtigt. In einem besonders guten Gewinnjahr möchte er diese Verwaltungskosten außer Ansatz lassen.

Dies ist **nicht zulässig**. Es liegt ein Verstoß gegen den Grundsatz der Bewertungsstetigkeit vor.

Der Bilanzierende muss das einmal von ihm gewählte Bewertungsverfahren beibehalten, es sei denn, **wirtschaftlich vernünftige Gründe** sprechen für einen Verfahrenswechsel (§ 252 Abs. 2 HGB).

Auch die **Ausübung von Aktivierungswahlrechten** (**Ansatzstetigkeit**) muss im Zeitablauf beibehalten werden (§ 246 Abs. 3 HGB).
Durch die Anwendung des Grundsatzes der Ansatz- und Bewertungsstetigkeit wird die **Vergleichbarkeit** der Jahresabschlüsse im Zeitverlauf gewährleistet und werden **willkürliche Gewinnverlagerungen verhindert**.

ÜBUNG →	1. Wiederholungsfrage 28 (Seite 29), 2. Aufgaben 12 bis 15 (Seite 33)

2.2 Steuerrechtliche Vorschriften

Personen, die nach den §§ 140 und 141 AO buchführungspflichtig sind, haben nach § 5 Abs. 1 EStG eine jährliche Steuerbilanz aufzustellen.

B 1	Einzelheiten zur Buchführungspflicht nach den §§ 140 und 141 AO erfolgen im Abschnitt 2.1.2 der **Buchführung 1**, 31. Auflage 2019, S. 9 ff.

Als **Steuerbilanz (StB)** bezeichnet man eine Bilanz, die den **steuerrechtlichen** Vorschriften entspricht (§ 60 Abs. 2 Satz 2 EStDV).
Falls keine steuerlichen Bestimmungen etwas anderes vorschreiben, ist die Steuerbilanz nach den handelsrechtlichen Grundsätzen ordnungsmäßiger Buchführung (GoB) aufzustellen. Somit sind die handelsrechtlichen Regelungen auch für die Steuerbilanz verbindlich (sog. **Maßgeblichkeitsprinzip**).

Handels- und Steuerbilanz **können** übereinstimmen, **müssen** es aber nicht.
Stimmen Handels- und Steuerbilanz überein, spricht man von einer **Einheitsbilanz**.
Unterschiedliche Wertansätze in Handels- und Steuerbilanz sind eine **Folge** der unterschiedlichen **Zwecke**, denen beide Bilanzen dienen.

Durch die Gesetzgebung in jüngster Vergangenheit haben sich die handels- und steuerrechtlichen Ansatz- und Bewertungsvorschriften und damit Handels- und Steuerbilanz zunehmend auseinander entwickelt.
Zuletzt wurde diese Entwicklung durch das **Bilanzrechtsmodernisierungsgesetz** (BilMoG) bestätigt, wodurch die **umgekehrte Maßgeblichkeit aufgehoben** wurde. Damit sind bestimmte steuerliche Bewertungen in der Handelsbilanz nicht mehr möglich, wodurch eine **Einheitsbilanz** in vielen Fällen **nicht mehr erreichbar** ist.

ÜBUNG →	Wiederholungsfragen 29 bis 32 (Seite 29)

2.3 Erfolgskontrolle

Wiederholungsfragen

1. Welche Gesetze können für die Rechnungslegung neben dem HGB von Bedeutung sein?
2. In wie viele Abschnitte ist das Dritte Buch des HGB unterteilt?
3. Für welche Geschäftsjahre waren die Änderungen des BilRUG erstmals anzuwenden?
4. Welchen Abschnitt des Dritten Buches des HGB müssen Kapitalgesellschaften und bestimmte Personenhandelsgesellschaften zusätzlich beachten?
5. Was versteht man unter dem Jahresabschluss nach § 242 Abs. 3 HGB?
6. Wie verfahren Nicht-Kapitalgesellschaften in der Praxis hinsichtlich der Gliederung ihrer Bilanz?
7. Was ist nach § 251 HGB unter der Bilanz zu vermerken?
8. Wie verfahren Nicht-Kapitalgesellschaften in der Praxis hinsichtlich der Gliederung ihrer Gewinn- und Verlustrechnung?
9. Sind Einzelkaufleute und Personenhandelsgesellschaften, die nicht von § 264a HGB erfasst werden, grundsätzlich nach dem HGB verpflichtet, ihren Jahresabschluss prüfen zu lassen und offenzulegen?
10. Innerhalb welcher Frist ist der Jahresabschluss von Einzelkaufleuten und Personenhandelsgesellschaften aufzustellen?
11. Was versteht man handelsrechtlich unter einer Kleinstkapitalgesellschaft?
12. Was versteht man handelsrechtlich unter einer kleinen Kapitalgesellschaft?
13. Was versteht man handelsrechtlich unter einer mittelgroßen Kapitalgesellschaft?
14. Was versteht man handelsrechtlich unter einer großen Kapitalgesellschaft?
15. Für welche Kapitalgesellschaften gilt die Bilanzgliederung des § 266 HGB?
16. Für welche Kapitalgesellschaften gilt die verkürzte Form der Bilanzgliederung?
17. In welcher Form müssen Kapitalgesellschaften die Gewinn- und Verlustrechnung aufstellen?
18. Welche Erleichterungen gibt es für kleinste, kleine und mittelgroße Kapitalgesellschaften hinsichtlich der Gliederung der Gewinn- und Verlustrechnung?
19. Welche Funktionen hat der Anhang?
20. Unter welchen Voraussetzungen brauchen Kleinstkapitalgesellschaften keinen Anhang aufzustellen?
21. Welche Aufgaben hat der Lagebericht nach § 289 Abs. 1 HGB zu erfüllen?
22. Unterliegen kleinste und kleine Kapitalgesellschaften der Prüfungspflicht?
23. Welchen Zweck verfolgt die Prüfung des handelsrechtlichen Abschlusses?
24. Von wem müssen mittelgroße und große Kapitalgesellschaften ihre Rechnungslegungsunterlagen prüfen lassen?
25. Welche Informationen haben große Kapitalgesellschaften offenzulegen?
26. Innerhalb welcher Frist haben große Kapitalgesellschaften ihren Jahresabschluss zu erstellen?
27. Innerhalb welcher Frist haben große Kapitalgesellschaften ihren Jahresabschluss, den Anhang und den Lagebericht offenzulegen?
28. Was versteht man unter den Grundsätzen ordnungsmäßiger Buchführung?
29. Wer hat eine Steuerbilanz aufzustellen?
30. Was versteht man unter einer Steuerbilanz?
31. Was versteht man unter einer Einheitsbilanz?
32. Welche Änderungen haben sich für die Einheitsbilanz durch das BilMoG ergeben?

Aufgaben

AUFGABE 1

Die Steuerberater A und B schließen sich in Koblenz zu einer Steuerberatungsgemeinschaft in der Rechtsform einer Gesellschaft des bürgerlichen Rechts (Personengesellschaft) zusammen.

Welche Vorschriften des HGB hat die GbR hinsichtlich der Handelsbücher zu beachten?

AUFGABE 2

Die endgültige Saldenbilanz des Einzelkaufmanns Egon Becker, Hannover, weist zum 31.12.2019 folgende Beträge aus, die mit dem Inventar übereinstimmen:

Bebaute Grundstücke	20.000 €
Geschäftsbauten	400.000 €
Bank-Guthaben	23.000 €
Lkw	40.000 €
Sonstige Betriebsausstattung	7.000 €
Sonstige Geschäftsausstattung	8.000 €
Warenbestand	80.000 €
Bankdarlehen	100.000 €
Kasse	10.000 €
Forderungen aus Lieferungen und Leistungen	20.000 €

Erstellen Sie die Bilanz zum 31.12.2019 nach dem handelsrechtlichen Gliederungsschema.

AUFGABE 3

Die endgültige Saldenbilanz des Einzelkaufmanns Jürgen Rudolf, München, weist zum 31.12.2019 folgende Beträge aus:

Außerordentliche Aufwendungen	7.770 €
Zinsaufwendungen (Bankzinsen)	2.480 €
Abschreibungen auf Sachanlagen	60.540 €
Außerordentliche Erträge	4.300 €
Zinserträge (Bankzinsen)	150 €
Wareneingang	1.304.880 €
Erhaltene Boni	19.900 €
Löhne und Gehälter	77.450 €
Gesetzliche soziale Aufwendungen	31.800 €
Raumkosten	23.680 €
Gewerbesteuer	11.210 €
Kfz-Steuer	2.100 €
Fahrzeugkosten	18.270 €
Erlöse	1.600.850 €

Erstellen Sie die Gewinn- und Verlustrechnung nach dem handelsrechtlichen Gliederungsschema (Gesamtkostenverfahren).

AUFGABE 4

Egon Theis führt in Köln ein Großhandelsgeschäft als Einzelkaufmann. Sein Unternehmen hatte eine Bilanzsumme zum 31.12.2017 von 70 Mio. €, zum 31.12.2018 von 75 Mio. € und zum 31.12.2019 von 80 Mio €.
Die Umsatzerlöse betrugen 2017 130 Mio. €, 2018 135 Mio. € und 2019 120 Mio. €.
Die durchschnittliche Anzahl der Arbeitnehmer - ohne Auszubildende - betrug 2017 4.100, 2018 4.300 und 2019 4.500.

Ist Egon Theis verpflichtet, seinen Jahresabschluss zum 31.12.2019 offenzulegen? Begründen Sie Ihre Antwort.

AUFGABE 5

Die Kusmanovic GmbH, Ludwigsburg, beschäftigte in den vergangenen zwei Geschäftsjahren durchschnittlich 45 Mitarbeiter, die Bilanzsummen betrugen 4 Mio. € bzw. 4,5 Mio. € und die Umsatzerlöse 9,5 Mio. € bzw. 10 Mio. €. Die Geschäftsanteile sind in den Händen der Familie Kusmanovic.

Ist die Kusmanovic GmbH eine kleinste, kleine, mittelgroße oder große Kapitalgesellschaft? Begründen Sie Ihre Antwort.

AUFGABE 6

Die Kusmanovic AG, Ludwigsburg, beschäftigte in den vergangenen zwei Geschäftsjahren durchschnittlich 45 Mitarbeiter, die Bilanzsummen betrugen 4 Mio. € bzw. 4,5 Mio. € und die Umsatzerlöse 9,5 Mio. € bzw. 10 Mio. €. Die Aktien der AG haben einen börsennotierten Wert in Höhe von 45 €/Aktie.

Ist die Kusmanovic AG eine kleinste, kleine, mittelgroße oder große Kapitalgesellschaft? Begründen Sie Ihre Antwort.

AUFGABE 7

Die Bretzfelder GmbH & Co. KG, Stuttgart, hat zum Bilanzstichtag eine Bilanz und eine Gewinn- und Verlustrechnung erstellt. Der Bilanzbuchhalter des Unternehmens behauptet, dass der Jahresabschluss der Personengesellschaft vollständig ist.

Widerlegen Sie diese Aussage mithilfe des HGB.

AUFGABE 8

Die B-GmbH, Kiel, deren Geschäftsjahr mit dem Kalenderjahr übereinstimmt, verfügte am 31.12.2018 u.a. über folgende Anlagengegenstände:

1.	Unbebaute Grundstücke (Zugang 2016)	AK 80.000 €
2.	Lkw (Zugang 2018)	AK 100.000 €
	Die Abschreibung beträgt ab 2018 jährlich	20.000 €

In 2019 hat die B-GmbH u.a. folgende Anlagegüter angeschafft:

1.	Pkw	AK 50.000 €
	Die Abschreibung beträgt 2019	8.330 €
2.	Maschine	AK 90.000 €
	Die Abschreibung beträgt 2019	9.000 €

Erstellen Sie (nach dem Muster von Seite 18) ein Anlagengitter zum 31.12.2019.

AUFGABE 9

Der Steuerberater Karl Listig, Dresden, betreut schon seit Jahren die New Deal AG in Riesa, Sachsen, und erledigt u.a. die Lohnbuchhaltung. Nach den Kriterien des § 267 HGB überschreitet die nicht kapitalmarktorientierte AG ab dem Geschäftsjahr 2019 zum zweiten Mal hintereinander die Kriterien als kleine Kapitalgesellschaft und ist daher als mittelgroße Kapitalgesellschaft zu behandeln; zuvor wurde sie als nicht prüfungspflichtige kleine Kapitalgesellschaft behandelt.
Der Vorstandsvorsitzende der AG, Gottlieb Treu, beauftragt den Steuerberater Listig mit der Prüfung des Jahresabschlusses 2019 gemäß § 317 HGB.

Prüfen Sie, ob der Steuerberater Listig den Auftrag ausführen darf.

AUFGABE 10

Prüfen Sie, ob und in welchem Umfang die Kapitalgesellschaften 1 bis 6 aufstellungs-, prüfungs- und offenlegungspflichtig sind.

1. Die A-GmbH, Mainz, hatte eine Bilanzsumme zum 31.12.2018 von 2,435 Mio. € und zum 31.12.2019 von 3,450 Mio. €. Die Umsatzerlöse betrugen 2018 5,718 Mio. € und 2019 6,533 Mio. €. Die durchschnittliche Anzahl der Arbeitnehmer - ohne Auszubildende - hat 2018 30 und 2019 35 betragen.
2. Sachverhalt wie im Fall 1 mit dem Unterschied, dass die Gesellschaft nicht in der Rechtsform einer GmbH, sondern in der einer GmbH & Co. KG geführt wird.
3. Die B-GmbH, Köln, hatte eine Bilanzsumme zum 31.12.2018 von 10,335 Mio. € und zum 31.12.2019 von 11,141 Mio. €. Die Umsatzerlöse betrugen 2018 20,350 Mio. € und 2019 21,586 Mio. €.
   Die durchschnittliche Anzahl der Arbeitnehmer - ohne Auszubildende - hat betragen 2018 230 und 2019 hat sich die Anzahl der Beschäftigten wie folgt entwickelt:

31.03.2019	210 Arbeitnehmer,
30.06.2019	215 Arbeitnehmer,
30.09.2019	245 Arbeitnehmer,
31.12.2019	270 Arbeitnehmer.

4. Die C-GmbH, München, hatte eine Bilanzsumme zum 31.12.2018 von 22,346 Mio. € und zum 31.12.2019 von 24,644 Mio. €. Die Umsatzerlöse haben betragen 2018 49,688 Mio. € und 2019 49,775 Mio. €. Die Anzahl der Arbeitnehmer - ohne Auszubildende - hat durchschnittlich betragen 2018 325 und 2019 350.
5. Die D-AG, Bonn, deren Aktien an den deutschen Börsen zum amtlichen Handel zugelassen sind, hatte eine Bilanzsumme zum 31.12.2018 von 7,350 Mio. € und zum 31.12.2019 von 8,336 Mio. €.
   Die Umsatzerlöse haben betragen 2018 12,581 Mio. € und 2019 14,250 Mio. €.
   Die Anzahl der Arbeitnehmer - ohne Auszubildende - hat durchschnittlich betragen 2018 225 und 2019 230.
6. Die E-GmbH, Koblenz, hatte eine Bilanzsumme zum 31.12.2018 von 300.000 € und zum 31.12.2019 von 330.000 €. Die Umsatzerlöse betrugen 2018 500.000 € und 2019 650.000 €. Die durchschnittliche Anzahl der Arbeitnehmer betrug 2018 18 und 2019 20.

AUFGABE 11

Welche Fristen haben die Gesellschaften der Aufgabe 10 (Seite 32) bei der Aufstellung und Offenlegung ihrer Jahresabschlüsse einzuhalten?

AUFGABE 12

Karl Klein betreibt in Mainz den Textilgroßhandel Klein e.K. In seiner Bilanz ist das Anlage- und Umlaufvermögen in einer Position „Vermögen" auf der Aktivseite zusammengefasst. Außerdem führt er auf der Passivseite die Verbindlichkeiten vor dem Eigenkapital auf.

Prüfen Sie, gegen welche Grundsätze ordnungsmäßiger Buchführung verstoßen wird.

AUFGABE 13

Welche Grundsätze ordnungsmäßiger Buchführung werden in den folgenden sechs Beispielen angesprochen?

1. Der Jahresabschluss hat sämtliche Vermögensgegenstände zu enthalten.
2. Die Wertansätze der Eröffnungsbilanz des Wirtschaftsjahres müssen mit den Wertansätzen der Schlussbilanz des Vorjahres übereinstimmen.
3. Die angewandten Bewertungsmethoden müssen in der Regel von Jahresabschluss zu Jahresabschluss beibehalten werden.
4. Bei der Bewertung ist von der Fortführung der Unternehmenstätigkeit auszugehen.
5. Forderungen und Verbindlichkeiten dürfen in der Bilanz nicht verrechnet werden.
6. Aufwendungen und Erträge sind in dem Geschäftsjahr zu erfassen, zu dem sie wirtschaftlich gehören.

AUFGABE 14

Der bilanzierende Gewerbetreibende Walter Flott, Mannheim, hat in seinem Anlagevermögen einen Lagerplatz aktiviert, den er im Jahre 1993 für umgerechnet 120.000 € angeschafft hat. Der Lagerplatz wird weiterhin betrieblich genutzt.
Zweifelsfrei hat der Lagerplatz am 31.12.2019 einen Wiederbeschaffungswert in Höhe von 200.000 €, der auch dem Einzelveräußerungspreis entspricht.
Weil Herr Flott die „stillen Reserven" seines Betriebsvermögens aufdecken will, aktiviert er den Lagerplatz in der Bilanz zum 31.12.2019 mit 200.000 €; er ist der Meinung, dass dies dem „Realisationsprinzip" entspricht.

Stimmen Sie dieser Auffassung zu?

AUFGABE 15

Der Kaufmann Lutz Konrad, Frankfurt, weist in seiner Bilanz zum 31.12.2019 eine kurzfristige Fremdwährungsforderung aLuL in Höhe von 125.000 € aus. Die Forderung ist im November 2019 entstanden. Sie wurde mit dem aktuellen Umrechnungskurs bewertet und mit 120.000 € gebucht. Nach § 256a HGB ist die Bewertung zum 31.12.2019 korrekt.

Welcher Grundsatz ordnungsmäßiger Buchführung wurde in diesem Fall gesetzlich außer Kraft gesetzt?

Weitere Aufgaben mit Lösungen finden Sie im **Lösungsbuch** der Buchführung 2. A L

3 Abschlussarbeiten und abschlussvorbereitende Buchungen

Im Zuge der Erstellung des Jahresabschlusses wird der **Erfolg** des Geschäftsjahres ermittelt. Der Erfolg kann positiv (**Gewinn**) oder negativ (**Verlust**) sein. Er wird bei doppelter Buchführung mit Bestandsaufnahme in **zweifacher Weise** ermittelt, und zwar durch

- **Betriebsvermögensvergleich** und
- Gegenüberstellung der **Aufwendungen und Erträge**.

Der **Erfolg** wird im Rahmen des **Betriebsvermögensvergleichs** wie folgt ermittelt:

	Betriebsvermögen am Schluss des Wirtschaftsjahres
-	Betriebsvermögen am Schluss des vorangegangenen Wirtschaftsjahres
=	Unterschiedsbetrag
+	Entnahmen
-	Einlagen
=	**Erfolg** (Gewinn/Verlust)

Die Abschlussarbeiten dienen dazu, sowohl das **Betriebsvermögen** mit den **Entnahmen und Einlagen** als auch die **Aufwendungen und Erträge** zutreffend zu erfassen.

Der **handelsrechtliche** Erfolg wird in den seltensten Fällen mit dem **steuerrechtlichen** Erfolg übereinstimmen. Zum einen stimmen die handelsrechtlichen Ansatz- und Bewertungsvorschriften nicht immer mit den steuerrechtlichen Bestimmungen überein. Zum anderen ist die **Übernahme abweichender steuerrechtlicher Wertansätze** durch die Abschaffung der umgekehrten Maßgeblichkeit im Zuge des **Bilanzrechtsmodernisierungsgesetzes** (BilMoG) **ausgeschlossen**.

Der handelsrechtliche Erfolg kann aber durch Berücksichtigung der aus den abweichenden steuerrechtlichen Bestimmungen resultierenden Erfolgsauswirkungen an den steuerrechtlichen Erfolg **angepasst** werden (§ 60 Abs. 2 **Satz 1** EStDV). Eine solche **steuerrechtliche Anpassungsrechnung** könnte beispielsweise wie folgt aussehen:

		€	€
	handelsrechtlicher Erfolg		XXX
-	ergebnis**mindernde** steuerrechtliche Unterschiede		
	z. B. aktivierte Aufwendungen für selbst geschaffene immaterielle Vermögensgegenstände	XXX	
	erhöhte Absetzung durch Sonderabschreibung	XXX	XXX
+	ergebnis**erhöhende** steuerrechtliche Unterschiede		
	z. B. Aufwendungen für drohende Verluste aus schwebenden Geschäften	XXX	
	Gewerbesteuer	XXX	XXX
=	**steuerrechtlicher Erfolg**		XXX

Alternativ kann neben dem handelsrechtlichen Jahresabschluss (Handelsbilanz) ein steuerrechtlicher Abschluss (Steuerbilanz) erstellt werden (§ 60 Abs. 2 Satz 2 EStDV). In der Steuerbilanz werden dann die steuerrechtlichen Wertansätze berücksichtigt.

Für die Erfassung der **Ergebnisunterschiede zwischen Handels- und Steuerbilanz** stehen in den DATEV-Kontenrahmen die **statistischen** Konten **9984** (9984) **Gewinnkorrektur nach §60 Abs.2 EStDV** und **9985** (9985) **Gegenkonto zu 9984** (9984) zur Verfügung.

ÜBUNG →
1. Wiederholungsfragen 1 bis 6 (Seite 42),
2. Aufgabe 1 (Seite 42)

Im Folgenden werden entsprechend der steuerrechtlichen Anpassungsrechnung zunächst die **handelsrechtlichen** Bestimmungen erläutert. Anschließend werden die **steuerrechtlichen** Besonderheiten dargestellt.

3.1 Inventur

3.1.1 Handelsrechtliche Regelungen

Um sicherzustellen, dass alle Vermögensgegenstände und Schulden im Jahresabschluss erfasst werden, ist für den Schluss eines jeden Geschäftsjahres eine **Bestandsaufnahme** (**Inventur**) durchzuführen (§ 240 Abs. 2 HGB).

Eine **Ausnahme** von der Pflicht zur Inventur besteht - wie auch bei der Buchführungspflicht - für **Einzelkaufleute**, die an **zwei aufeinander folgenden Abschlussstichtagen** die **beiden** folgenden Schwellenwerte **nicht überschreiten** (§ 241a HGB):

- **Umsatz** **600.000 Euro und**
- **Jahresüberschuss** **60.000 Euro**.

Durch die **Inventur** sollen alle **Vermögensteile und Schulden mengenmäßig** und **wertmäßig** erfasst werden. Die **Erfassung** erfolgt entweder durch **körperliche** Bestandsaufnahme oder durch **buchmäßige** Aufnahme.

Auf eine **jährliche körperliche** Bestandsaufnahme der beweglichen Gegenstände des Anlagevermögens **kann verzichtet werden, wenn** jeder Zugang und jeder Abgang in ein **Bestandsverzeichnis** eingetragen wird und aufgrund dieses Verzeichnisses die am Abschlussstichtag vorhandenen Gegenstände ohne Weiteres ermittelt werden können (§ 241 Abs. 2 HGB). Diese Gegenstände werden dann zum Abschlussstichtag durch eine sog. **Buchinventur** festgestellt.

Einzelheiten zum **Bestandsverzeichnis** (**Anlagenverzeichnis**) erfolgen im Abschnitt 6.3 „Anlagenverzeichnis", S. 145 ff. B 2

Unkörperliche Gegenstände (z.B. Forderungen, Schulden) werden ebenfalls durch **Buchinventur** festgestellt. Grundlage dieser Inventur sind in der Regel die Neben- und Hilfsbücher der Buchführung (z.B. das **Kontokorrentbuch**).

3.1.1.1 Inventurarten

Folgende **Arten** der Inventur sind gesetzlich zugelassen:

1. **Stichtaginventur** (§ 240 Abs. 1 HGB),
2. **permanente Inventur** (§ 241 Abs. 2 HGB),
3. **zeitverschobene Inventur** (§ 241 Abs. 3 HGB),
4. **Stichprobeninventur** (§ 241 Abs. 1 HGB).

3.1.1.1.1 Stichtaginventur

Die **Stichtaginventur** ist eine körperliche Bestandsaufnahme für einen bestimmten Tag (z.B. 31.12.).

Die Inventur **für** den Stichtag braucht nicht **am** Stichtag vorgenommen zu werden. Sie muss aber **zeitnah** sein, d.h. in der Regel innerhalb einer Frist von **zehn Tagen** vor oder nach dem Abschlussstichtag (**ausgeweitete Stichtaginventur**) durchgeführt werden.
Dabei muss sichergestellt sein, dass die Bestandsveränderungen zwischen dem Tag der Bestandsaufnahme und dem Abschlussstichtag anhand von Belegen oder Aufzeichnungen ordnungsgemäß berücksichtigt werden.

Ein **Nachteil** der Stichtaginventur ist, dass die mengenmäßige Bestandsaufnahme innerhalb einer kurzen Zeitspanne durchgeführt werden muss.

3.1.1.1.2 Permanente Inventur

Die **permanente** (dauernde) **Inventur** vermeidet diesen Nachteil der Stichtaginventur.

Sie ist insbesondere für die Aufnahme des **Vorratsvermögens** (Roh-, Hilfs- und Betriebsstoffe, Waren, unfertige und fertige Erzeugnisse) **bedeutsam**, weil für das bewegliche Anlagevermögen beim Vorhandensein einer Anlagenkartei die bereits erwähnte Erleichterung besteht.

Bei der **permanenten Inventur des Vorratsvermögens** werden die Bestände ganz oder teilweise nach Art und Menge zum Abschlussstichtag anhand von **Lagerbüchern** oder **Lagerkarteien** festgestellt.

Die folgenden **Voraussetzungen** müssen jedoch erfüllt sein:

1. In den **Lagerbüchern** (Lagerkarteien) müssen alle Bestände und alle Zugänge und Abgänge einzeln nach Tag, Art und Menge eingetragen sein.
2. In jedem Wirtschaftsjahr (Geschäftsjahr) muss mindestens einmal durch **körperliche** Bestandsaufnahme geprüft werden, ob das Vorratsvermögen, das in den Lagerbüchern oder Lagerkarteien ausgewiesen wird, mit den tatsächlich vorhandenen Beständen übereinstimmt.
3. Über die Durchführung und das Ergebnis der körperlichen Bestandsaufnahme sind Aufzeichnungen (**Protokolle**) anzufertigen, die unter Angabe des Zeitpunkts der Aufnahme von den aufnehmenden Personen zu unterzeichnen sind.

Der Vorteil der permanenten Inventur besteht darin, dass sich die körperliche Bestandsaufnahme nicht auf den Abschlussstichtag konzentriert, sondern dass sie auf das ganze Jahr verteilt wird.

3.1.1.1.3 Zeitverschobene Inventur

Eine Erleichterung für viele Betriebe (insbesondere für Einzelhandelsbetriebe) ist die **zeitverschobene Inventur**.

Bei ihr wird der Bestand durch Stichtaginventur oder permanente Inventur auf einen Zeitpunkt innerhalb der **letzten drei Monate vor** (vorgelagerte Inventur) oder der **ersten zwei Monate nach** dem **Abschlussstichtag** festgestellt (nachgelagerte Inventur).

Der **festgestellte Bestand** wird nach Art und Menge in einem **besonderen Inventar** verzeichnet und auf den Tag der Bestandsaufnahme (Inventurstichtag) nach allgemeinen Grundsätzen bewertet.

Der sich ergebende **Gesamtwert des Bestandes** wird dann **wertmäßig** (nicht mengenmäßig) auf den Abschlussstichtag **fortgeschrieben** bzw. **zurückgeschrieben** (§ 241 Abs. 3 HGB).

Die Formel für die **Fortschreibung** des Warenbestands bei vorgelagerter Inventur lautet:

	Wert des Warenbestands am Inventurstichtag (z. B. 15.11.)
+	Wert des Wareneingangs in der Zeit vom Inventurstichtag bis zum Abschlussstichtag (z. B. 15.11. bis 31.12.)
-	Wert der verkauften Waren, bewertet zum Einstandspreis (= **Wareneinsatz**) im selben Zeitraum
=	**Wert des Warenbestands** am Abschlussstichtag (z. B. 31.12.)

Bei der Fortschreibung wird der **Wareneinsatz** in der Regel rechnerisch aus den Verkaufserlösen ermittelt.

	Verkaufserlöse
-	(durchschnittlicher) **Rohgewinn**
=	(rechnerischer) **Wareneinsatz**

Die **Verkaufserlöse** für die Zeit vom Inventurstichtag bis zum Abschlussstichtag ergeben sich aus der **Buchführung** (z. B. Konto „**4200** (8200) **Erlöse**").

Der **durchschnittliche Rohgewinn** kann mithilfe des **Rohgewinnsatzes**, der aus den Zahlen des vergangenen Jahres ermittelt wird, berechnet werden.

$$\textbf{Rohgewinnsatz} = \frac{(\text{Verkaufserlöse} - \text{Wareneinsatz}) \times 100}{\text{Verkaufserlöse}}$$

BEISPIEL 1

Aus den Unterlagen des Einzelkaufmanns Mayer, Trier, ergibt sich für das Geschäftsjahr 2019 Folgendes:

Verkaufserlöse	720.000 €,
Wareneinsatz	480.000 €.

Der **Rohgewinnsatz** wird wie folgt ermittelt:

$$\textbf{Rohgewinnsatz} = \frac{(720.000\,€ - 480.000\,€) \times 100}{720.000\,€} = \underline{\mathbf{33\,1/3\,\%}}$$

Ist der **Rohgewinnsatz** bekannt, kann mithilfe dieses Satzes der **Wareneinsatz** rechnerisch aus den Verkaufserlösen ermittelt werden.

BEISPIEL 2

Der Einzelkaufmann Mayer, Trier, dessen Abschlussstichtag der 31.12. ist, hat durch zeitlich verlegte Inventur für 2019 folgende Werte ermittelt:

Warenbestand lt. Inventur am 01.11.2019	50.000 €,
Wareneingang vom 01.11. bis 31.12.2019	80.000 €,
Verkaufserlöse vom 01.11. bis 31.12.2019	30.000 €,
Rohgewinnsatz	**33 ⅓ %**.

Der **Wert des Warenbestands** am Abschlussstichtag (31.12.2019) wird durch **Fortschreibung** wie folgt berechnet:

	Wert des Warenbestands am Inventurstichtag (01.11.2019)		50.000 €
+	**Wert des Wareneingangs** (01.11. bis 31.12.2019)		80.000 €
			130.000 €
-	**Wareneinsatz** (01.11. bis 31.12.2019)		
	Verkaufserlöse (01.11. bis 31.12.2019)	30.000 €	
	- Rohgewinn (33 ⅓ % von 30.000 €)	- 10.000 €	- 20.000 €
=	**Wert des Warenbestands** am 31.12.2019		**110.000 €**

Die Formel für die **Rückrechnung** des Warenbestands bei nachgelagerter Inventur lautet:

	Wert des Warenbestands am Inventurstichtag (z. B. 15.02.)
-	Wert des Wareneingangs in der Zeit nach dem Abschlussstichtag bis zum Inventurstichtag (z. B. 01.01. bis 15.02.)
+	Wert der verkauften Waren, bewertet zum Einstandspreis (= **Wareneinsatz**) im selben Zeitraum
=	**Wert des Warenbestands** am Abschlussstichtag (z. B. 31.12.)

Wie bei der Fortschreibung so wird auch bei der Rückrechnung der **Wareneinsatz** grundsätzlich rechnerisch aus den Verkaufserlösen ermittelt.

BEISPIEL

Der Einzelkaufmann Müller, Bonn, dessen Abschlussstichtag der 31.12. ist, hat durch zeitlich verlegte Inventur folgende Werte ermittelt:

Warenbestand lt. Inventur am 15.02.2020	100.000 €,
Wareneingang vom 01.01. bis 15.02.2020	35.000 €,
Verkaufserlöse vom 01.01. bis 15.02.2020	45.000 €,
Rohgewinnsatz	**25 %**.

Der **Wert des Warenbestands** am Abschlussstichtag (31.12.2019) wird durch **Rückrechnung** wie folgt berechnet:

	Wert des Warenbestands am Inventurstichtag (15.02.2020)		100.000 €
-	**Wert des Wareneingangs** (01.01. bis 15.02.2020)		35.000 €
			65.000 €
+	**Wareneinsatz** (01.01. bis 15.02.2020)		
	Verkaufserlöse (01.01. bis 15.02.2020)	45.000 €	
	- Rohgewinn (25% von 45.000 €)	- 11.250 €	33.750 €
=	**Wert des Warenbestands** am 31.12.2019		**98.750 €**

Der **Unterschied** zur permanenten Inventur besteht darin, dass die Bestandsveränderungen zwischen Inventurstichtag und Abschlussstichtag nicht im Einzelnen nach Art und Menge aufgezeichnet werden, sondern der Gesamtwert der Veränderungen erfasst und zum Inventurbestand hinzugerechnet bzw. davon abgezogen wird.

3.1.1.1.4 Stichprobeninventur

Unter bestimmten Voraussetzungen ist die **Stichprobeninventur** als Methode der Bestandsaufnahme gesetzlich zugelassen (§ 241 Abs. 1 HGB).

Nach dieser Methode darf bei der Inventur der Bestand der Vermögensgegenstände nach Art, Menge und Wert auch mithilfe anerkannter mathematisch-statistischer Methoden aufgrund von Stichproben ermittelt werden.

Der Aussagewert des auf diese Weise aufgestellten Inventars muss dem Aussagewert eines aufgrund einer körperlichen Bestandsaufnahme aufgestellten Inventars gleichkommen.

Kennzeichen einer Stichprobeninventur ist, dass **nicht alle** Lagerbestände aufgenommen werden. **Nur** ein Teil der Vorräte (eine **Stichprobe**) wird **körperlich** aufgenommen.

Mithilfe dieser Stichprobe werden Aussagen über den Inventurwert des **gesamten** Vorratsvermögens getroffen.

3.1.1.2 Inventurdurchführung

Die **Durchführung der Inventur** bedarf einer sorgfältigen Planung und Vorbereitung, um zu gewährleisten, dass einerseits alle Bestände vollständig und richtig erfasst sowie andererseits Doppelaufnahmen vermieden werden.

Den mit der Bestandsaufnahme betrauten Mitarbeitern werden deshalb meist genaue schriftliche **Inventurrichtlinien** ausgehändigt, aus denen z.B. die einzelnen **Aufnahmebereiche**, die dafür **Verantwortlichen**, die **Aufnahmeverfahren**, die **Aufnahmezeiten** und die **Aufnahmekontrollen** zu ersehen sind.

Zu den Abschlussarbeiten gehört neben der **mengenmäßigen** Erfassung der Vermögensteile und Schulden auch deren **Bewertung**. Die Bewertung des Vermögens und der Schulden wird in den folgenden Kapiteln ausführlich dargestellt.

Das Ergebnis der mengen- und wertmäßigen Erfassung aller Vermögensteile und Schulden wird im **Inventar** festgehalten. Die Werte des Inventars werden in die **Jahresbilanz** übernommen.

3.1.2 Steuerrechtliche Regelungen

Steuerrechtlich gibt es **keine abweichenden Besonderheiten** zu den handelsrechtlichen Regelungen. Die steuerrechtlichen Regelungen finden sich insbesondere in § 141 AO sowie den **Einkommensteuerrichtlinien**, z. B. R 5.3 EStR 2012.

ÜBUNG →	1. Wiederholungsfragen 7 bis 15 (Seite 42), 2. Aufgaben 2 bis 5 (Seite 42 f.)

3.2 Andere Abschlussarbeiten

Zu den Abschlussarbeiten kann auch die Anfertigung einer **Hauptabschlussübersicht** gehören. Sie dient u.a. der rechnerischen Kontrolle aller getroffenen Buchungen und der Vorbereitung des Abschlusses aller Konten.

Außerdem gehören zu den **Abschlussarbeiten**

- die **Überprüfung der Erfolgskonten** hinsichtlich der richtigen **zeitlichen Erfassung** aller Aufwendungen und Erträge,
- die **Bereinigung aller Aufwandskonten** von privatanteiligen Aufwendungen (z.B. Kfz-Kosten),
- die **Berechnung der Absetzung für Abnutzung (AfA)** bzw. Abschreibungen auf das Anlagevermögen.

Schließlich gehören zu den Abschlussarbeiten **auch** alle **abschlussvorbereitenden Buchungen**, der **Abschluss der Konten** selbst und die formgerechte **Erstellung** der **Jahresbilanz** sowie der **Gewinn- und Verlustrechnung** nach den üblichen Gliederungsschemata.

3.3 Abschlussvorbereitende Buchungen

Im Rahmen der doppelten Buchführung werden zum **Beginn** des Geschäftsjahres die **Anfangsbestände** auf den entsprechenden Konten **vorgetragen**. Die mit der „Konteneröffnung" zusammenhängenden Buchungen werden **Eröffnungsbuchungen** genannt.
An die Eröffnungsbuchungen schließen sich die Buchungen der laufenden Geschäftsvorfälle (= „**laufende Buchungen**") an.

Zum **Schluss** des Geschäftsjahres werden alle Konten abgeschlossen.

Die mit dem Abschluss der Konten zusammenhängenden Buchungen werden, wenn sie eines der Abschlusskonten **Schlussbilanzkonto (SBK)** oder **GuV-Konto (GuVK)** berühren, als **Abschlussbuchungen** bezeichnet.

Nach den laufenden Buchungen und **vor** den Abschlussbuchungen ist eine Reihe von Buchungen zu treffen, die den Abschluss der Bestandskonten und Erfolgskonten vorbereiten.

Diese Buchungen werden als **abschlussvorbereitende Buchungen** (häufig auch als vorbereitende Abschlussbuchungen) bezeichnet.

Aus diesem System von Buchungen ergibt sich der folgende **Buchungskreislauf**:

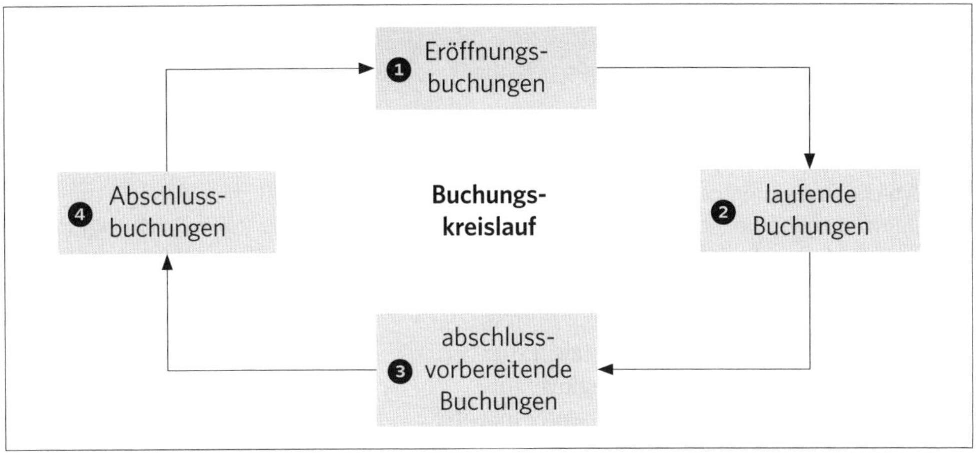

Zu den **abschlussvorbereitenden Buchungen** gehören z. B.

- der Abschluss des **Vorsteuerkontos** und des USt-Vorauszahlungskontos über das Umsatzsteuer-Konto,
- der Abschluss der **Privatkonten** über das Eigenkapitalkonto,
- der Abschluss der **Skonti-Konten** und **Boni-Konten** über das Konto Wareneingang bzw. das Konto Umsatzerlöse,
- der Abschluss der **Anschaffungsnebenkosten-Konten** über das Konto Wareneingang,
- die Buchungen der **Inventurdifferenzen**, d. h. der Unterschiede zwischen Soll- und Istbeständen,
- die Buchungen der **zeitlich abzugrenzenden** Aufwendungen und Erträge,
- die Abgrenzung von **betrieblichen und privaten** Aufwendungen,
- die Buchungen der **Abschreibungen** auf das Anlagevermögen,
- die Buchungen der **Abschreibungen** auf Forderungen.

Wie für alle anderen Buchungen so gilt auch für die **abschlussvorbereitenden Buchungen** der Grundsatz:

Keine Buchung ohne Beleg!

Die **abschlussvorbereitenden Buchungen** können in der **Hauptabschlussübersicht** in einer besonderen Spalte, die häufig auch als **Umbuchungsspalte** gekennzeichnet ist, festgehalten werden. Diese Spalte folgt hinter der vorläufigen Saldenbilanz.

Aus der **vorläufigen** Saldenbilanz wird dann unter Berücksichtigung der **abschlussvorbereitenden Buchungen** die **endgültige** Saldenbilanz entwickelt.

Einzelheiten zur **Hauptabschlussübersicht** erfolgen im Abschnitt 3.11 der **Buchführung 1**, 31. Auflage 2019, S. 162 ff. B 1

ÜBUNG →
1. Wiederholungsfragen 16 bis 18 (Seite 42),
2. Aufgabe 6 (Seite 43)

3.4 Erfolgskontrolle

Wiederholungsfragen

1. Auf welche Weise kann der handelsrechtliche Erfolg eines Geschäftsjahres ermittelt werden?
2. Wie wird der Erfolg im Rahmen des Betriebsvermögensvergleichs ermittelt?
3. Welchem Zweck dienen die Abschlussarbeiten?
4. Welche Beziehung besteht zwischen handels- und steuerrechtlichem Erfolg?
5. Durch welches Gesetz wurde die Übernahme steuerrechtlicher Werte in die Handelsbilanz ausgeschlossen?
6. Wie kann der handelsrechtliche Erfolg auf den steuerrechtlichen Erfolg übergeleitet werden?
7. Welche Inventurarten sind gesetzlich zugelassen?
8. Was versteht man unter Stichtaginventur?
9. Was versteht man unter permanenter Inventur?
10. Welcher Unterschied besteht zwischen Stichtaginventur und permanenter Inventur?
11. Was versteht man unter der zeitverschobenen Inventur?
12. Wie wird der Wareneinsatz bei der zeitverschobenen Inventur in der Regel ermittelt?
13. Was versteht man unter dem Rohgewinnsatz?
14. Was versteht man unter der Stichprobeninventur?
15. Unterscheiden sich die steuerrechtlichen von den handelsrechtlichen Regelungen zur Inventur?
16. Welche Tätigkeiten gehören zu den Abschlussarbeiten? Nennen Sie Beispiele.
17. Welche Buchungen gehören zum Buchungskreislauf?
18. Welche Buchungen gehören zu den abschlussvorbereitenden Buchungen? Nennen Sie Beispiele.

Aufgaben

AUFGABE 1

Die Bretzfeld OHG , Bonn, weist in ihrem Jahresabschluss einen Jahresüberschuss in Höhe von 100.000 € aus. Eine Rückstellung für drohende Verluste aus schwebenden Geschäften in Höhe von 70.000 € hat das handelsrechtliche Ergebnis gemindert.
Außerdem hat die OHG einen nicht realisierten Gewinn aufgrund einer Währungsumrechnung (§ 256a HGB) in Höhe von 40.000 € als Ertrag ausgewiesen.

Ermitteln Sie aufgrund der vorgegebenen Daten den steuerlichen Gewinn der Bretzfeld OHG und nehmen Sie erforderliche Buchungen auf den statistischen Konten vor.

AUFGABE 2

Der Einzelkaufmann Stefan Frey, Simmern (Hunsrück), dessen Abschlussstichtag der 31.12. ist, hat durch zeitverschobene Inventur für 2019 folgende Werte ermittelt:

Warenbestand lt. Inventur am 01.11.2019	100.000 €
Wareneingang vom 01.11. bis 31.12.2019	160.000 €
Wareneinsatz vom 01.11. bis 31.12.2019	180.000 €

Ermitteln Sie den Wert des Warenbestands zum 31.12.2019.

AUFGABE 3

Die buchführende Gewerbetreibende Beate Hörter, Kiel, deren Abschlussstichtag der 31.12. ist, hat durch zeitverschobene Inventur für 2019 folgende Werte ermittelt:

Warenbestand lt. Inventur am 16.11.2019	150.000 €
Wareneingang vom 16.11. bis 31.12.2019	85.000 €
Verkaufserlöse vom 16.11. bis 31.12.2019	110.000 €
Rohgewinnsatz	35 %

Ermitteln Sie den Wert des Warenbestands zum 31.12.2019.

AUFGABE 4

Die buchführende Gewerbetreibende Bettina Dany, Frankfurt, deren Abschlussstichtag der 31.12. ist, hat durch zeitverschobene Inventur folgende Werte ermittelt:

Warenbestand lt. Inventur am 15.02.2020	200.000 €
Wareneingang vom 01.01. bis 15.02.2020	70.000 €
Wareneinsatz vom 01.01. bis 15.02.2020	75.000 €

Ermitteln Sie den Wert des Warenbestands zum 31.12.2019.

AUFGABE 5

Die buchführende Gewerbetreibende Kerstin Knopp, München, deren Abschlussstichtag der 31.12. ist, hat durch zeitverschobene Inventur folgende Werte ermittelt:

Warenbestand lt. Inventur am 31.01.2020	50.000 €
Wareneingang vom 01.01. bis 31.01.2020	25.000 €
Verkaufserlöse vom 01.01. bis 31.01.2020	33.000 €
Verkaufserlöse vom 01.01. bis 31.12.2019	360.000 €
Wareneinsatz vom 01.01. bis 31.12.2019	240.000 €

Ermitteln Sie den Wert des Warenbestands zum 31.12.2019.

AUFGABE 6

Welche der nachstehenden Tätigkeiten gehört nicht zu den Abschlussarbeiten? Kreuzen Sie die richtige Lösung an.

(a) Berechnung der Tantieme des Geschäftsführers
(b) Durchführung der Inventur
(c) Erstellung der Einkommensteuererklärung
(d) zeitliche Abgrenzung von Aufwendungen und Erträgen

Weitere Aufgaben mit Lösungen finden Sie im **Lösungsbuch** der Buchführung 2. A | L

4 Zeitliche Abgrenzung von Aufwendungen und Erträgen

Bei der Erstellung des handelsrechtlichen Jahresabschlusses ist darauf zu achten, dass die Aufwendungen und Erträge **periodengerecht erfasst** werden (Grundsatz der periodengerechten Aufwands- und Ertragsabgrenzung). Diese Forderung wird durch die zeitliche Abgrenzung von Aufwendungen und Erträgen erreicht. Die **zeitliche Abgrenzung** dient dazu, die Aufwendungen und Erträge den Geschäftsjahren zuzuordnen, in denen sie **wirtschaftlich verursacht** werden.

Zum Zwecke der zeitlichen Abgrenzung enthält die Handelsbilanz vier Posten:

1. **Aktiver Rechnungsabgrenzungsposten,**
2. **Passiver Rechnungsabgrenzungsposten,**
3. **Sonstige Vermögensgegenstände,**
4. **Sonstige Verbindlichkeiten.**

Der **handelsrechtliche Grundsatz** der periodengerechten Aufwands- und Ertragsabgrenzung **gilt** über das Maßgeblichkeitsprinzip **auch für die Steuerbilanz** (§ 5 Abs. 1 EStG). Daher ist auch für steuerliche Zwecke eine zeitliche Abgrenzung von Aufwendungen und Erträgen vorzunehmen. Dabei ergeben sich **bei einzelnen Sachverhalten Unterschiede** zur handelsrechtlichen Behandlung, die unter den steuerrechtlichen Besonderheiten am Ende dieses Kapitels erläutert werden.

4.1 Handelsrechtliche Regelungen

4.1.1 Aktive Rechnungsabgrenzung

Nicht jede Ausgabe (Zahlung) in einem Geschäftsjahr stellt gleichzeitig auch **Aufwand** dieses Geschäftsjahres dar.

Eine **Ausgabe** kann **zum Teil oder ganz Aufwand** eines **späteren** Geschäftsjahres sein.

BEISPIEL

Der buchführende Gewerbetreibende A, dessen Geschäftsjahr mit dem Kalenderjahr übereinstimmt, mietet ab 01.11.2019 ein Ladenlokal. Die Miete ist nach dem Mietvertrag vierteljährlich **im Voraus zu zahlen** und beträgt für drei Monate **3.000 €**.
A zahlt die Miete pünktlich am 01.11.2019 bar.

Buchungssatz zum 01.11.2019:

Sollkonto	Betrag (€)	Habenkonto
6310 (4210) Miete	3.000,00	**1600** (1000) Kasse

Buchung zum 01.11.2019:

S	**6310** (4210) **Miete**		H
1)	3.000,00		

S	**1600** (1000) **Kasse**		H
		1)	3.000,00

Das **Konto Miete** weist nun eine **Ausgabe** in Höhe von 3.000 € aus, die zum **Teil Aufwand** des Geschäftsjahres **2019 (2.000 €) und zum Teil Aufwand** des Geschäftsjahres **2020 (1.000 €)** darstellt, weil die Gegenleistung für die Mietausgabe in beiden Geschäftsjahren in Anspruch genommen wird.
Würde das Mietkonto mit dem Saldo von 3.000 € über das GuVK abgeschlossen, wäre der Mietaufwand um 1.000 € zu hoch.
Deshalb muss der Teil der Mietausgabe, der **Aufwand** des Geschäftsjahres **2020** ist (1.000 €), von dem Mietaufwand des Jahres 2019 **abgegrenzt** werden.
Die **1.000 €** bezeichnet man als aktiven **Rechnungsabgrenzungsposten**.

Die **abzugrenzenden Beträge**, die erst **im nächsten Geschäftsjahr Aufwand** darstellen, werden für derartige Rechnungsabgrenzungsposten auf das Konto

1900 (0980) **Aktive Rechnungsabgrenzung**

umgebucht.

BEISPIEL

Sachverhalt wie zuvor

Der **abzugrenzende Betrag** (1.000 €) **wird zum Abschlussstichtag von dem Aufwandskonto** (Miete) **auf** das Konto „**1900** (0980) Aktive Rechnungsabgrenzung" **umgebucht**.

Buchungssatz zum 31.12.2019:

Sollkonto	Betrag (€)	Habenkonto
1900 (0980) Aktive RA	1.000,00	**6310** (4210) Miete

Buchung zum 31.12.2019:

S	**1900** (0980) **Aktive RA**		H
2)	**1.000,00**		

S	**6310** (4210) **Miete**		H
1)	3.000,00	2)	**1.000,00**

Auf dem Konto Miete – und damit letztlich auf dem GuVK – steht jetzt als Saldo der **Mietaufwand** des Geschäftsjahres **2019** in Höhe von **2.000 €**.

Das Konto „**1900** (0980) **Aktive Rechnungsabgrenzung**" wird über das **SBK abgeschlossen**.

Da dieser **Posten** auf der **Aktivseite** der Bilanz ausgewiesen wird, bezeichnet man ihn als **aktiven** Rechnungsabgrenzungs**posten**.

Anstatt die Rechnungsabgrenzung **erst zum Abschlussstichtag** zu buchen, kann sie auch **schon bei** der Buchung der entsprechenden **Ausgabe** vorgenommen werden.

BEISPIEL

Sachverhalt wie zuvor

Buchungssatz zum 01.11.2019:

Sollkonto	Betrag (€)	Habenkonto
6310 (4210) Miete	2.000,00	
1900 (0980) Aktive RA	1.000,00	
	3.000,00	**1600** (1000) Kasse

Buchung zum 01.11.2019:

S	**6310** (4210) **Miete**	H
	2.000,00	

S	**1600** (1000) **Kasse**	H
		3.000,00

S	**1900** (0980) **Aktiva RA**	H
	1.000,00	

Im neuen Jahr (2020) wird das Konto **1900** (0980) „Aktive Rechnungsabgrenzung" mit dem Saldo des alten Jahres eröffnet.

BEISPIEL

Im Beispielfall wird das Konto „**1900** (0980) Aktive Rechnungsabgrenzung" zum 01.01.2020 mit **1.000€** auf der Sollseite **eröffnet**.

Da diese **1.000€** Aufwand des Geschäftsjahres **2020** darstellen, sind in 2020 die 1.000€ im Zeitpunkt der wirtschaftlichen Verursachung (31.01.2020) auf das Konto „**6310** (4210) Miete" umzubuchen, wodurch der aktive Rechnungsabgrenzungsposten aufgelöst wird.

Buchungssatz zum 31.01.2020:

Sollkonto	Betrag (€)	Habenkonto
6310 (4210) Miete	1.000,00	**1900** (0980) Aktive RA

Buchung zum 31.01.2020:

S	**6310** (4210) **Miete**		H
3)	**1.000,00**		

S	**1900** (0980) **Aktiva RA**		H
SV (AB)	**1.000,00**	3)	**1.000,00**

Nicht nur Mietausgaben können für aktive Rechnungsabgrenzungen infrage kommen, sondern auch **andere Ausgabearten**, wie z.B. **Zinsen**, **Versicherungsprämien**, **Kfz-Steuer**, **Damnum**.

Neben der betriebswirtschaftlichen Notwendigkeit besteht auch eine **rechtliche Verpflichtung**, Rechnungsabgrenzungsposten zu bilden. Die **handelsrechtliche** Verpflichtung ergibt sich dabei aus § 250 Abs. 1 Satz 1 HGB. Danach sind **Ausgaben vor** dem Abschlussstichtag, soweit sie **Aufwand** für eine bestimmte Zeit **nach** diesem Tag darstellen, als Rechnungsabgrenzungsposten auf der Aktivseite der Bilanz auszuweisen (Aktivierungs**pflicht**).

Die Voraussetzung der „**bestimmten Zeit**" ist nur erfüllt, wenn die Zeit, der die abzugrenzenden Ausgaben als Aufwand zuzurechnen sind, **kalendermäßig** festliegt und nicht nur geschätzt wird.

Aktive Rechnungsabgrenzungsposten sind demnach grundsätzlich an **drei Voraussetzungen** gebunden:

1. an einen **Zahlungsvorgang** (**Ausgabe**) **vor** dem Abschlussstichtag,
2. an die **Erfolgswirksamkeit** (**Aufwand**) dieses Vorgangs **nach** dem Abschlussstichtag und
3. daran, dass es sich um einen Aufwand für eine **bestimmte Zeit** nach dem Abschlussstichtag handelt.

Aktive Rechnungsabgrenzungsposten, die diese drei Voraussetzungen erfüllen, gehören zu den sog. **transitorischen Rechnungsabgrenzungsposten** (lat. transire = hinübergehen), weil die entsprechende Ausgabe des abgelaufenen Geschäftsjahres aufwandsmäßig in das neue Geschäftsjahr „hinübergeht".

Neben den gemäß § 250 Abs. 1 HGB verpflichtend zu bildenden aktiven Rechnungsabgrenzungsposten **darf** auch das in § 250 Abs. 3 HGB genannte **Disagio** unter den aktiven Rechnungsabgrenzungsposten erfasst werden (Aktivierungs**wahlrecht**).
Als **Disagio** (oder Damnum) bezeichnet man den **Unterschiedsbetrag** zwischen dem **Rückzahlungs**betrag **und** dem **niedrigeren Ausgabe**betrag eines aufgenommenen Darlehens.

BEISPIEL

A nimmt zur Finanzierung einer Maschine ein Bankdarlehen über 100.000 € auf.
Die Bank behält bei der Auszahlung ein Disagio in Höhe von 2 % der Darlehenssumme ein und schreibt A 98.000 € auf dessen laufendem Bankkonto gut.

A muss **100.000 €** zurückzahlen (= Rückzahlungsbetrag), also passivieren. Das Disagio des A beträgt 2.000 € (Rückzahlungsbetrag 100.000 € - Auszahlungsbetrag 98.000 €).

Handelsrechtlich darf der **Unterschiedsbetrag zwischen** dem Erfüllungsbetrag (= Rückzahlungsbetrag) und dem niedrigeren Ausgabebetrag als **Rechnungsabgrenzungsposten aktiviert** werden (§ 250 Abs. 3 Satz 1 HGB); er **kann** aber **auch** im Jahr der Darlehensaufnahme **in voller Höhe** als **Aufwand** gebucht werden (**Wahlrecht**).

Bei Ausübung des Aktivierungswahlrechtes wird das **Damnum** auf dem **speziellen Rechnungsabgrenzungskonto**

1940 (0986) **Damnum/Disagio**

aktiviert und über die Laufzeit des Darlehens verteilt.

ÜBUNG →	1. Wiederholungsfragen 1 und 2 (Seite 60), 2. Aufgabe 1 (Seite 61)

4.1.2 Passive Rechnungsabgrenzung

Nicht jede Einnahme (Zahlung) eines Geschäftsjahres stellt gleichzeitig auch einen **Ertrag** dieses Jahres dar.

Eine **Einnahme** kann zum Teil oder auch ganz **Ertrag eines späteren Geschäftsjahres** sein.

BEISPIEL

Der buchführende Gewerbetreibende B, dessen Geschäftsjahr mit dem Kalenderjahr übereinstimmt, hat ab 01.11.2019 für drei Monate einen Lagerplatz für insgesamt 3.000 € vermietet und vereinbart, dass die Miete sofort im Voraus zu zahlen ist.
Der Mieter zahlt die 3.000 € pünktlich am 01.11.2019 bar.

Einnahme	**2019 = 3.000€**		**2020 = 0€**
		Bilanzstichtag	
wirtschaftliche Verursachung	1.000 € November 2019	1.000 € Dezember 2019	1.000 € Januar 2020
	01.11.2019 – 30.11.2019	30.11.2019 – **31.12.2019**	**31.12.2019** – **31.01.2020**
Ertrag	**2019 = 2.000€**		**2020 = 1.000€**

Buchungssatz zum 01.11.2019:

Sollkonto	Betrag (€)	Habenkonto
1600 (1000) Kasse	3.000,00	**4860** (2750) Grundstückserträge

Buchung zum 01.11.2019:

S	**1600** (1000) **Kasse**		H
1)	3.000,00		

S	**4860** (2750) **Grundstückserträge**		H
		1)	3.000,00

Das **Konto Grundstückserträge** weist nun eine Einnahme in Höhe von 3.000 € aus, die **zum Teil Ertrag** des Geschäftsjahres **2019 (2.000€)** und **zum Teil Ertrag** des Geschäftsjahres **2020 (1.000€)** darstellt, weil B seine Leistung in beiden Geschäftsjahren erbringt.
Würde das Konto Grundstückserträge so abgeschlossen, wie es sich jetzt zeigt, wäre der Grundstücksertrag um 1.000 € zu hoch.
Deshalb muss der Teil der Mieteinnahme, der **Ertrag** des Geschäftsjahres **2020** darstellt (1.000 €), vom Grundstücksertrag des Jahres 2019 **abgegrenzt** werden.

Die **abzugrenzenden Beträge** werden für derartige Rechnungsabgrenzungsposten auf das Konto

3900 (0990) **Passive Rechnungsabgrenzung**

umgebucht.

BEISPIEL

Sachverhalt wie zuvor

Buchungssatz zum 31.12.2019:

Sollkonto	Betrag (€)	Habenkonto
4860 (2750) Grundstückserträge	1.000,00	**3900** (0990) Passive RA

Buchung zum 31.12.2019:

S **4860** (2750) **Grundstückserträge** H

S		H	
2)	**1.000,00**	1)	3.000,00

S **3900** (0990) **Passive RA** H

S		H	
		2)	**1.000,00**

Auf dem Konto Grundstückserträge - und damit letztlich auf dem GuVK - steht jetzt als **Saldo** der **Mietertrag** des Geschäftsjahres **2019** in Höhe von **2.000 €**.

Das Konto „**3900** (0990) **Passive Rechnungsabgrenzung**" wird über das **SBK abgeschlossen**.

Anstatt der **Buchung zum Abschlussstichtag**, können die Rechnungsabgrenzungsposten auch schon bei **Buchung der** entsprechenden **Einnahmen** erfasst werden.

BEISPIEL

Sachverhalt wie zuvor

Buchungssatz zum 01.11.2019:

Sollkonto	Betrag (€)	Habenkonto
1600 (1000) Kasse	3.000,00	
	2.000,00	**4860** (2750) Grundstückserträge
	1.000,00	**3900** (0990) Passive RA

Buchung zum 01.11.2019:

S **1600** (1000) **Kasse** H

S	H
3.000,00	

S **4860** (2750) **Grundstückserträge** H

S	H
	2.000,00

S **3900** (0990) **Passive RA** H

S	H
	1.000,00

Im neuen Jahr (2020) wird das Konto „**3900** (0990) **Passive Rechnungsabgrenzung**" mit dem Saldo des alten Jahres **eröffnet**.

BEISPIEL

Im Beispielfall wird das Konto „**3900** (0990) Passive Rechnungsabgrenzung" zum 01.01.2020 mit **1.000€** im Haben **eröffnet**.

Da diese **1.000€ Grundstücksertrag** des Geschäftsjahres **2020** darstellen, sind die 1.000 € im Zeitpunkt der wirtschaftlichen Verursachung (31.01.2020) auf das Konto „**4860** (2750) Grundstückserträge" umzubuchen, wodurch der passive Rechnungsabgrenzungsposten aufgelöst wird.

Buchungssatz zum 31.01.2020:

Sollkonto	Betrag (€)	Habenkonto
3900 (0990) Passive RA	1.000,00	**4860** (2750) Grundstückserträge

Buchung zum 31.01.2020:

S	**3900** (0990) **Passive RA**		H
3)	**1.000,00**	SV (AB)	1.000,00

S	**4860** (2750) **Grundstückserträge**		H
		3)	**1.000,00**

Nicht nur für Mieteinnahmen, sondern auch für **andere Einnahmearten** können passive Rechnungsabgrenzungen infrage kommen, z. B. für **Zinseinnahmen**, **Diskonteinnahmen**.

Auch für die Bildung von **passiven** Rechnungsabgrenzungsposten besteht neben der betriebswirtschaftlichen Notwendigkeit eine **rechtliche Verpflichtung**.
Die **handelsrechtliche** Verpflichtung ergibt sich dabei aus § 250 Abs. 2 HGB.
Danach sind **Einnahmen vor** dem Abschlussstichtag, soweit sie **Ertrag** für eine **bestimmte Zeit nach** diesem Tag darstellen, als Rechnungsabgrenzungsposten auf der Passivseite der Bilanz anzusetzen. Der Begriff der bestimmten Zeit ist wie bei den aktiven Rechnungsabgrenzungsposten auszulegen.

Auch die passiven Rechnungsabgrenzungsposten sind daher an **drei Voraussetzungen** gebunden:

1. an einen **Zahlungsvorgang (Einnahme) vor** dem Abschlussstichtag,
2. an die **Erfolgswirksamkeit (Ertrag)** dieses Vorgangs nach dem Abschlussstichtag und
3. daran, dass es sich um einen Ertrag für eine **bestimmte Zeit nach** diesem Stichtag handelt.

Passive Rechnungsabgrenzungsposten gehören zu den sog. **transitorischen Rechnungsabgrenzungsposten** (lat. transire = hinübergehen), weil die entsprechende Einnahme des abgelaufenen Geschäftsjahres ertragsmäßig in das neue Geschäftsjahr „hinübergeht".
Im Gegensatz zu den aktiven Rechnungsabgrenzungsposten besteht bei den passiven kein **handelsrechtliches Wahlrecht**, weitere Sachverhalte unter diesem Posten zu erfassen.

ÜBUNG →
1. Wiederholungsfrage 3 (Seite 60),
2. Aufgabe 2 (Seite 61)

4.1.3 Sonstige Vermögensgegenstände

Ertrag, der in dem Jahr, zu dem er wirtschaftlich gehört, **noch nicht** zu einer **Einnahme** führt, sondern erst nach dem Abschlussstichtag, ist als **sonstiger Vermögensgegenstand** zu bilanzieren, soweit sich aus dem zugrunde liegenden Geschäftsvorfall bereits eine **Forderung** ergeben hat.

Ertrag vor dem Abschlussstichtag, **Einnahme nach** dem Abschlussstichtag
= Sonstiger Vermögensgegenstand

BEISPIEL

Der buchführende, nicht kirchensteuerpflichtige Gewerbetreibende A, dessen Geschäftsjahr mit dem Kalenderjahr übereinstimmt, hat gegenüber der Bank B eine Darlehensforderung. Die Zinsen sind halbjährlich nachträglich jeweils am **01.07. und 01.01. fällig**. Die Bank schreibt die Zinsen in Höhe von **1.000€ brutto** für das 2. Halbjahr 2019 zum 01.01.2020 gut.

Einnahme	2019 = 0€	**2020 = 1.000€**
		Bilanzstichtag
wirtschaftliche Verursachung	1.000€ Juli - Dezember 2019	0€ Januar 2020
	01.07.2019	**31.12.2019** **31.01.2020**
Ertrag	**2019 = 1.000€**	2020 = 0€

Die **Zinsen** einschließlich der Steuergutschrift stellen **Ertrag** des Geschäftsjahres **2019** dar und sind deshalb auch buchmäßig im **abgelaufenen Geschäftsjahr** zu erfassen. Da die entsprechende **Einnahme** erst **nach** dem Abschlussstichtag erfolgt, hat A **am** Abschlussstichtag einen **sonstigen Vermögensgegenstand** in Form einer Forderung an die Bank und das Finanzamt.

Buchungssatz zum 31.12.2019:

Sollkonto	Betrag (€)	Habenkonto
1300 (1500) Sonst. Vermögensgegenstände	1.000,00	**7100** (2650) Zinserträge

Buchung zum 31.12.2019:

S **1300** (1500) **Sonst. Vermögensgegenstände**	H
1) 1.000,00	

S **7100** (2650) **Zinserträge**	H
	1) 1.000,00

Das Konto „**1300** (1500) **Sonstige Vermögensgegenstände**" wird über das **SBK abgeschlossen**.

Im neuen Geschäftsjahr (2020) wird das Konto „**1300** (1500) **Sonstige Vermögensgegenstände**" im Soll mit dem Saldo des alten Jahres **eröffnet**.

BEISPIEL

Nach Abzug der Abgeltungsteuer von 25 % (250 €) und des SolZ von 5,5 % (13,75 €) werden die Zinsen für 2019 in Höhe von 736,25 € **netto** zum 01.01.2020 dem Bankkonto gutgeschrieben (siehe auch Seite 53).

Buchungssatz zum 01.01.2020:

Sollkonto	Betrag (€)	Habenkonto
1800 (1200) Bank	736,25	**1300** (1500) Sonst. Vermögensgegenstände
2150 (1810) Privatsteuern	263,75	**1300** (1500) Sonst. Vermögensgegenstände

Buchung zum 01.01.2020:

S	**1800** (1200) **Bank**	H
2)	**736,25**	

S	**1300** (1500) **Sonst. Vermögensgegenstände**		H
SV (AB)	1.000,00	2)	**1.000,00**

S	**2150** (1810) **Privatsteuern**	H
2)	**263,75**	

Bei den als sonstige Vermögensgegenstände erfassten Abgrenzungsposten liegt die Einnahme **im neuen Geschäftsjahr**, der Ertrag ist aber dem **abgelaufenen Geschäftsjahr** zuzuordnen. Sie werden als **antizipative Rechnungsabgrenzungsposten** (lat. antizipieren = vorwegnehmen) bezeichnet, da sie die künftigen Zahlungen bereits vorwegnehmen. Diese Rechnungsabgrenzungsposten sind **handelsrechtlich** in der Bilanz zu aktivieren (**Aktivierungspflicht**). Ein weiteres Beispiel für **antizipative Rechnungsabgrenzungsposten** sind **aufgelaufene Zinsen**. Als „**aufgelaufene Zinsen**" bezeichnet man Zinsen festverzinslicher Wertpapiere für die Zeit vom Beginn des laufenden Zinszahlungszeitraums bis zum Bilanzstichtag.

BEISPIEL

Der Zinszahlungszeitraum eines festverzinslichen Wertpapiers im Nennwert von 10.000 € läuft vom **30.09.2019** bis **31.03.2020.** Das Wertpapier ist mit 8 % zu verzinsen. Bilanzstichtag ist der **31.12.2019**. Die Zahlung erfolgt am **31.03.2020**.

Zum 31.12.2019 sind **200 €** (10.000 € x 8 % x $^{3}/_{12}$) Zinsen **brutto** aufgelaufen.

Buchungssatz zum 31.12.2019:

Sollkonto	Betrag (€)	Habenkonto
1300 (1500) Sonst. Vermögensgegenstände	200,00	**7100** (2650) Zinserträge

Buchung zum 31.12.2019:

S	**1300** (1500) **Sonst. Vermögensgegenstände**		H
1)	200,00		

S	**7100** (2650) **Zinserträge**		H
		1)	200,00

Bankabrechnung zum 01.04.2020:

	Bruttozinsen (8 % von 10.000 € für ½ Jahr)	400,00 €	100,000 %
-	KapESt (25 % von 400 €)	- 100,00 €	- 25,000 %
-	SolZ (5,5 % von 100 €)	- 5,50 €	- 1,375 %
=	**Netto**zinsen (Bankgutschrift)	294,50 €	= **73,625 %**

Buchungssatz zum 01.04.2020:

Sollkonto	Betrag (€)	Habenkonto
1800 (1200) Bank	200,00	**1300** (1500) Sonst. Vermögensgegenstände
1800 (1200) Bank	94,50	**7100** (2650) Zinserträge
2150 (1810) Privatsteuern	105,50	**7100** (2650) Zinserträge

Buchung zum 01.04.2020:

S	**1800** (1200) **Bank**		H
2)	**294,50**		

S	**1300** (1500) **Sonst. Vermögensgegenstände**		H
SV (AB)	200,00	2)	**200,00**

S	**2150** (1810) **Privatsteuern**		H
2)	**105,50**		

S	**7100** (2650) **Zinserträge**		H
		2)	**94,50**
		2)	**105,50**

Eine ausführliche buchmäßige Darstellung der Zins- und Dividendenerträge erfolgt in den Abschnitten 6.6.2 und 6.6.3 der **Buchführung 1**, 31. Auflage 2019, S. 311 ff. B 1

Zu den **sonstigen Vermögensgegenständen** gehören neben den antizipativen Posten **auch noch andere Posten** wie z.B. **Guthaben bei Lieferern**, **Forderungen an Personal**, **Steuerüberzahlungen** und **kurzfristige Darlehensforderungen**.

4.1.4 Sonstige Verbindlichkeiten

Im abgelaufenen Geschäftsjahr entstandener **Aufwand**, der erst **nach** dem Bilanzstichtag zu einer **Ausgabe** führt, ist als **sonstige Verbindlichkeit** zu bilanzieren, soweit sich aus dem zugrunde liegenden Geschäftsvorfall bereits eine **Verbindlichkeit** ergeben hat.

Aufwand vor dem Abschlussstichtag, **Ausgabe nach** dem Abschlussstichtag
= Sonstige Verbindlichkeit

BEISPIEL

Der buchführende Gewerbetreibende D, dessen Geschäftsjahr mit dem Kalenderjahr übereinstimmt, hat ein Ladenlokal gemietet. Er zahlt die Monatsmiete für Dezember 2019 in Höhe von **2.000 €** erst am **04.01.2020** durch Banküberweisung.

Die **Miete** stellt **Aufwand** des Geschäftsjahres **2019** dar und ist deshalb auch buchmäßig im **alten Jahr** zu erfassen. Da die entsprechende **Ausgabe** erst im **neuen Jahr** erfolgt, hat D am Abschlussstichtag eine **sonstige Verbindlichkeit**.

Buchungssatz zum 31.12.2019:

Sollkonto	Betrag (€)	Habenkonto
6310 (4210) Miete	2.000,00	**3500** (1700) Sonstige Verbindlichkeiten

Buchung zum 31.12.2019:

S	**6310** (4210) **Miete**	H
1)	2.000,00	

S	**3500** (1700) **Sonstige Verbindlichkeiten**	H
	1)	2.000,00

Das Konto „**3500** (1700) **Sonstige Verbindlichkeiten**" wird über das **SBK abgeschlossen**. Im **neuen Jahr** wird es im Haben mit dem Saldo des alten Jahres **eröffnet**.

BEISPIEL

Sachverhalt wie im Beispiel zuvor. Die Miete wird am 04.01.2020 durch Bank überwiesen.

Buchungssatz zum 04.01.2020:

Sollkonto	Betrag (€)	Habenkonto
3500 (1700) Sonstige Verbindlichkeiten	2.000,00	**1800** (1200) Bank

Buchung zum 04.01.2020:

S	3500 (1700) Sonstige Verbindlichkeiten		H
2)	**2.000,00**	SV (AB)	2.000,00

S	1800 (1200) Bank		H
		2)	**2.000,00**

Bei den als sonstige Verbindlichkeiten erfassten Abgrenzungsposten liegt die Ausgabe **im neuen Geschäftsjahr**, der Aufwand ist aber dem **abgelaufenen Geschäftsjahr** zuzuordnen. Sie werden daher ebenfalls als **antizipative Rechnungsabgrenzungsposten** bezeichnet, da sie die künftigen Zahlungen bereits vorwegnehmen.
Handelsrechtlich sind diese Abgrenzungsposten in der Bilanz zu passivieren (**Passivierungspflicht**).

Zu den **sonstigen Verbindlichkeiten** gehören neben den antizipativen Posten auch noch **andere Posten**, wie z.B. **Guthaben von Kunden**, **Anzahlungen von Kunden**, **einbehaltene Lohn- und Kirchensteuer**, **kurzfristige Darlehensverbindlichkeiten**.

ÜBUNG →
1. Wiederholungsfragen 4 und 5 (Seite 60),
2. Aufgabe 3 (Seite 61)

4.1.5 Abgrenzung und Umsatzsteuer

Abzugrenzende Aufwendungen und Erträge können mit Umsatzsteuer in Zusammenhang stehen. Der Zusammenhang besteht, wenn den abzugrenzenden Aufwendungen und Erträgen **steuerpflichtige Umsätze** zugrunde liegen. Zu unterscheiden ist zwischen der bei Aufwendungen zu berücksichtigenden **Vorsteuer** und der bei Erträgen zu berücksichtigenden **Umsatzsteuer**.
Die buchmäßige Behandlung der Vorsteuer richtet sich nach § 15 Abs. 1 UStG (Voraussetzungen für den Vorsteuerabzug); die buchmäßige Behandlung der Umsatzsteuer nach § 13 Abs. 1 UStG (Entstehung der Steuerschuld).

Eine Darstellung der buchmäßigen Behandlung der Vorsteuer und Umsatzsteuer erfolgt im Abschnitt 3.9.2 der **Buchführung 1**, 31. Auflage 2019, S. 112 ff. B 1

4.1.5.1 Abgrenzung und Vorsteuer

Im Folgenden wird auf die Vorsteuerbeträge aus Rechnungen von anderen Unternehmern (§ 15 Abs. 1 Nr. 1 UStG) kurz eingegangen.

Eine ausführliche Darstellung des Vorsteuerabzugs erfolgt im Kapitel 13 der **Steuerlehre 1**, 40. Auflage 2019, S. 361 ff. S 1

Grundsätzlich ist für den Zeitpunkt des Vorsteuerabzugs entscheidend, dass die Leistung **ausgeführt und** die **Rechnung** mit Steuerausweis zugegangen ist.
Nach § 15 Abs. 1 Nr. 1 Satz 2 UStG ist hingegen die Vorsteuer bereits vor Ausführung einer Leistung abziehbar, wenn eine **Anzahlungsrechnung** mit dem gesonderten Steuerausweis vorliegt **und** die **Anzahlung** geleistet ist.

Da die abziehbare Vorsteuer **erfolgsneutral** ist, gehört sie **nicht** zu den **aktiven Rechnungsabgrenzungsposten**.

Die **abziehbare Vorsteuer** ist auf dem **Vorsteuer-Konto** zu buchen und mit der Umsatzsteuer (Traglast) zu verrechnen.

BEISPIEL

Der Unternehmer A, Bonn, erhält am 04.07.2019 die **Rechnung** für die Wartung seiner Maschine für die Zeit vom **01.07.2019 bis 30.06.2020** über 3.000 € + **570 € USt** = 3.570 €, die er vereinbarungsgemäß sofort durch die Bank **überweist**.

Die **Vorsteuer** ist für den Monat Juli **2019 abziehbar**, weil eine Rechnung mit offenem Steuerausweis vorliegt und die Zahlung im Juli 2019 geleistet wurde.

Buchungssatz bei Überweisung:

Sollkonto	Betrag (€)	Habenkonto
6460 (4800) Instandhaltung	3.000,00	
1406 (1576) Vorsteuer 19 %	570,00	
	3.570,00	**1800** (1200) Bank

Buchung bei Überweisung:

S	**6460** (4800) **Instandhaltung**		H
1)	3.000,00		

S	**1800** (1200) **Bank**		H
		1)	3.570,00

S	**1406** (1576) **Vorsteuer 19%**		H
1)	570,00		

Da die Hälfte des Aufwands (1.500 €) wirtschaftlich im **neuen Geschäftsjahr** verursacht wird, ist zum Bilanzstichtag ein aktiver Rechnungsabgrenzungsposten zu bilden. Die zum Zeitpunkt der Zahlung abziehbare Vorsteuer bleibt dabei unberücksichtigt.

Buchungssatz zum 31.12.2019:

Sollkonto	Betrag (€)	Habenkonto
1900 (0980) Aktive RA	1.500,00	**6460** (4800) Instandhaltung

Buchung zum 31.12.2019:

S	**1900** (0980) **Aktive RA**		H
2)	**1.500,00**		

S	**6460** (4800) **Instandhaltung**		H
1)	3.000,00	2)	**1.500,00**

Soweit die angefallene Vorsteuer **noch nicht abziehbar** ist, wird sie auf das Konto

1434 (1548) **Vorsteuer im Folgejahr abziehbar**

gebucht.

BEISPIEL

Die Kosten der Wartung einer Computeranlage für die Zeit vom **01.07.2019 bis 30.06.2020** in Höhe von 2.000 € + **380 € USt** = 2.380 € werden vereinbarungsgemäß erst am **10.07.2020 in Rechnung gestellt**.

Die **Vorsteuer** ist im Dezember 2019 noch **nicht abziehbar**, weil die Rechnung noch nicht zugegangen ist. Der Abzug ist erst im Juli 2020 möglich. Für den in 2019 wirtschaftlich entstehenden Aufwand in Höhe von 1.000 € sowie die anteilige Vorsteuer (190 €) ist zum Bilanzstichtag eine **sonstige Verbindlichkeit** zu passivieren.

Buchungssatz zum 31.12.2019:

Sollkonto	Betrag (€)	Habenkonto
6470 (4805) Instandhaltung	1.000,00	
1434 (1548) VoSt im Folgejahr abziehbar	190,00	
	1.190,00	**3500** (1700) Sonst. Verbind.

Buchung zum 31.12.2019:

S	**6470** (4805) **Instandhaltung**	H
	1.000,00	

S	**3500** (1700) **Sonstige Verbindlichk.**	H
		1.190,00

S	**1434** (1548) **VoSt i. Folgejahr abziehb.**	H
	190,00	

Buchungssatz 2020:

Tz.	Sollkonto	Betrag (€)	Habenkonto
1.	**1406** (1576) Vorsteuer 19 %	190,00	**1434** (1548) VoSt im Folgejahr abziehbar
2.	**6470** (4805) Instandhaltung	1.000,00	
	1406 (1576) Vorsteuer 19 %	190,00	
		1.190,00	**3500** (1700) Sonstige Verbindlichkeiten

Buchung 2020:

S	**1434** (1548) **VoSt i. Folgejahr abziehb.**		H
SV	190,00	1)	**190,00**

S	**3500** (1700) **Sonstige Verbindlichk.**		H
		SV	1.190,00
		2)	**1.190,00**

S	**1406** (1576) **Vorsteuer 19%**	H
1)	**190,00**	
2)	**190,00**	

S	**6470** (4805) **Instandhaltung**	H
2)	**1.000,00**	

4.1.5.2 Abgrenzung und Umsatzsteuer

Bei der Abgrenzung der Umsatzsteuer ist hinsichtlich des Entstehungszeitpunktes der Umsatzsteuer zwischen **Soll**besteuerung (Besteuerung nach **vereinbarten** Entgelten), **Ist**besteuerung (Besteuerung nach **vereinnahmten** Entgelten) und **Mindest-Istbesteuerung** zu unterscheiden.

Die **Umsatzsteuer** entsteht bei der **Sollbesteuerung** mit Ablauf des Voranmeldungszeitraums, in dem die Leistungen **ausgeführt** worden sind (§ 13 Abs. 1 Nr. 1a Satz 1 UStG).
Bei der Abgrenzung von **Erträgen des abgelaufenen Geschäftsjahres**, die erst im **neuen Jahr** zu **Einnahmen** führen, ist deshalb auch die Umsatzsteuer zu berücksichtigen, soweit es sich um steuerpflichtige Leistungen handelt.

BEISPIEL

Ein Vermieter hat auf die Steuerfreiheit seiner Vermietungsumsätze nach § 9 UStG verzichtet. Am Abschlussstichtag schuldet ein Mieter, der Unternehmer ist, noch die **Miete für Dezember 2019** in Höhe von 1.000 € + **190 € USt** = 1.190 €.

Die Umsatzsteuer ist im Dezember 2019 entstanden, weil die Leistung im Dezember 2019 ausgeführt worden ist. Am Abschlussstichtag ist ein sonstiger Vermögensgegenstand in Höhe von 1.190 € zu aktivieren.

Buchungssatz zum 31.12.2019:

Sollkonto	Betrag (€)	Habenkonto
1300 (1500) Sonst. Vermögensgegenstände	1.190,00	
	1.000,00	**4860** (2750) Grundstückserträge
	190,00	**3806** (1776) Umsatzsteuer

Buchung zum 31.12.2019:

S **1300** (1500) **Sonst. Vermögensgegenstände**	H
1.190,00	

S **4860** (2750) **Grundstückserträge**	H
	1.000,00

S **3806** (1776) **Umsatzsteuer 19 %**	H
	190,00

Bei der **Istbesteuerung** (Besteuerung nach **vereinnahmten** Entgelten) **und** bei der **Mindest-Istbesteuerung** entsteht die **Umsatzsteuer** für Leistungen mit Ablauf des Voranmeldungszeitraums, in dem die Entgelte **vereinnahmt** worden sind (§ 13 Abs. 1 **Nr. 1b** und § 13 Abs. 1 **Nr. 1a Satz 4** UStG).

ÜBUNG →
1. Wiederholungsfragen 6 und 7 (Seite 60),
2. Aufgabe 4 (Seite 62)

4.2 Steuerrechtliche Regelungen

Unterschiede zu den handelsrechtlichen Regelungen ergeben sich steuerrechtlich bei den **aktiven Rechnungsabgrenzungsposten**.

Auch steuerrechtlich besteht die **grundsätzliche** Verpflichtung zur Bildung von aktiven Rechnungsabgrenzungsposten. Die steuerrechtliche Verpflichtung ergibt sich dabei aus **§ 5 Abs. 5 Satz 1 Nr. 1 EStG**.
Als **Ausnahme** zu diesem Grundsatz besteht im Gegensatz zum Handelsrecht für folgende Sachverhalte, für die ein **handelsrechtliches** Aktivierungs**verbot** besteht, steuerrechtlich eine Aktivierungs**pflicht** (§ 5 Abs. 5 Satz 2 EStG):

1. als Aufwand berücksichtigte **Zölle und Verbrauchsteuern**, soweit sie auf am Abschlussstichtag auszuweisende Vermögensgegenstände des Vorratsvermögens entfallen,
2. als Aufwand berücksichtigte **Umsatzsteuer** auf am Abschlussstichtag auszuweisende oder von den Vorräten offen abgesetzte Anzahlungen.

Diese Posten erfüllen in der Regel nicht die Voraussetzung des bestimmten Zeitbezugs eines aktiven Rechnungsabgrenzungspostens und sind daher als eine vom Gesetzgeber steuerrechtlich verpflichtende Ausnahme zu verstehen, die im Zuge des Bilanzrechtsmodernisierungsgesetzes **nicht** an die handelsrechtlichen Regelungen **angeglichen** wurde.

Durch die unterschiedliche Behandlung in Handels- und Steuerbilanz ergeben sich bei diesen Sachverhalten auch **Unterschiede** zwischen dem **handelsrechtlichen** und dem **steuerrechtlichen Erfolg** des Geschäftsjahres (handelsrechtlicher Begriff) bzw. des Wirtschaftsjahres (steuerrechtlicher Begriff).

BEISPIEL

Der buchführende Gewerbetreibende U hat in seiner **Handelsbilanz** zum 31.12.2019 **Zölle** in Höhe von **12.000 €** auf am Abschlussstichtag vorhandene Vorräte als **Aufwand** erfasst. Der **handelsrechtliche Erfolg** zum Endes des Wirtschaftsjahres am 31.12.2019 beträgt **228.000 €**.

Steuerrechtlich sind diese Aufwendungen für Zölle in der Steuerbilanz **zu aktivieren**. Entsprechend ist der **steuerrechtliche** Erfolg um 12.000 € **höher** als der handelsrechtliche und lässt sich durch eine **steuerrechtliche Anpassungsrechnung** (siehe Seite 34) wie folgt berechnen:

		€
	handelsrechtlicher Erfolg	228.000
+	ergebnis**erhöhende** steuerrechtliche Unterschiede als Aufwand berücksichtigte Zölle auf Vorratsvermögen	+ 12.000
=	**steuerrechtlicher** Erfolg	**240.000**

Für die **übrigen zeitlichen Abgrenzungen** von Aufwendungen und Erträgen besteht **steuerrechtlich – ebenso wie handelsrechtlich** – eine **Ansatzpflicht** (z. B. für passive Rechnungsabgrenzungsposten gemäß § 5 Abs. 5 Satz 1 Nr. 2 EStG).

ÜBUNG → Wiederholungsfrage 8 (Seite 60)

4.3 Zusammenfassung und Erfolgskontrolle

4.3.1 Zusammenfassung

Zeitliche Abgrenzung von Aufwendungen und Erträgen

Arten der zeitlichen Abgrenzung	**vor** dem Abschlussstichtag	**nach** dem Abschlussstichtag
Aktiver Rechnungsabgrenzungsposten	**Ausgabe**	Aufwand
Passiver Rechnungsabgrenzungsposten	**Einnahme**	Ertrag
Sonstige Vermögensgegenstände	Ertrag	**Einnahme**
Sonstige Verbindlichkeiten	Aufwand	**Ausgabe**

MERKE →

Bei aktiven und passiven **Rechnungsabgrenzungsposten** liegt die **Zahlung vor** dem **Abschlussstichtag**.
Bei den **übrigen zeitlichen Abgrenzungen** liegt die **Zahlung** immer **nach** dem **Abschlussstichtag**.

4.3.2 Erfolgskontrolle

Wiederholungsfragen

1. Welchen Zweck verfolgt die Rechnungsabgrenzung?
2. An welche drei Voraussetzungen ist die Bildung eines aktiven Rechnungsabgrenzungspostens gebunden?
3. An welche drei Voraussetzungen ist die Bildung eines passiven Rechnungsabgrenzungspostens gebunden?
4. Welche Abgrenzungsposten werden unter den sonstigen Vermögensgegenständen erfasst?
5. Welche Abgrenzungsposten werden unter den sonstigen Verbindlichkeiten erfasst?
6. Was ist insbesondere hinsichtlich des Zeitpunkts des Vorsteuerabzugs zu beachten?
7. Wann entsteht die Umsatzsteuer?
8. Welche Unterschiede bestehen bei der zeitlichen Abgrenzung zwischen den handels- und den steuerrechtlichen Regelungen?

Aufgaben

AUFGABE 1

a) Nennen Sie die Buchungssätze für die folgenden Geschäftsvorfälle im alten Jahr (2019). Die Rechnungsabgrenzung wird nicht sofort gebucht.
b) Nennen Sie die zum Abschlussstichtag (31.12.2019) erforderlichen Buchungssätze für die zeitliche Abgrenzung.
c) Nennen Sie die Buchungssätze für die Auflösung der aktiven Rechnungsabgrenzung im neuen Jahr (2020).

		€
1.	Zum 1. April überweisen wir die Kfz-Versicherung für ein Jahr im Voraus durch die Bank	1.200,00
2.	Zum 1. Oktober überweisen wir die Miete für ein halbes Jahr im Voraus durch die Postbank	3.600,00
3.	Zum 1. Februar überweisen wir Darlehenszinsen für ein Jahr im Voraus durch die Bank	720,00
4.	Zum 1. Dezember geben wir unserer Bank einen Besitzwechsel zum Diskont. Der Wechselbetrag lautet über 8.000 €. Die Bank berechnet für 90 Tage Diskont.	390,00

AUFGABE 2

a) Nennen Sie die Buchungssätze für die folgenden Geschäftsvorfälle im alten Jahr (2019). Die Rechnungsabgrenzung wird nicht sofort gebucht.
b) Nennen Sie die zum Abschlussstichtag (31.12.2019) erforderlichen Buchungssätze für die zeitliche Abgrenzung.
c) Nennen Sie die Buchungssätze für die Auflösung der passiven Rechnungsabgrenzung im neuen Jahr (2020).

		€
1.	Am 01.11.2019 wird uns die Geschäftsraummiete für ein Vierteljahr im Voraus bar gezahlt	4.500,00
2.	Die Bank schreibt uns zum 01.10.2019 nach Abzug der KapESt und des SolZ fällige Zinsen für ein halbes Jahr im Voraus gut, netto	1.987,87
3.	Am 05.12.2019 senden wir einem Kunden eine Diskontrechnung über für die Zeit vom 01.12.2019 bis 01.03.2020. Der Kunde überweist den Rechnungsbetrag am 09.12.2019 auf unser Bankkonto.	600,00

AUFGABE 3

Der Gewerbetreibende Markus Wagner, Stuttgart, hat in seiner Bilanz zum 31.12.2019 richtigerweise eine aktive Rechnungsabgrenzung in Höhe von 30.000 € ausgewiesen, weil er schon am 01.09.2019 die Miete für eine Lagerhalle für zwei Jahre im Voraus bezahlt hat.

a) Berechnen Sie den Wert der Monatsmiete.
b) Bilden Sie den notwendigen Buchungssatz für das Geschäftsjahr 2020.

AUFGABE 4

Bilden Sie die Buchungssätze im alten (2019) und im neuen Jahr (2020) für folgende Geschäftsvorfälle:

		€
1.	F hat am 31.12.2019 noch die Dezember-Miete in Höhe von für ein vermietetes Betriebsgrundstück zu bekommen. Der Mieter überweist den Betrag am 09.01.2020 auf das Konto der Postbank.	3.000,00
2.	F hat am 31.12.2019 noch die Dezember-Miete in Höhe von für einen gemieteten Ausstellungsraum zu zahlen. Er überweist den Betrag am 03.01.2020 durch die Bank.	500,00
3.	G hat bei seiner Bank ein Festgeldkonto und ein Girokonto. Mit der Bank hat G vereinbart, dass die Zinsen des Festgeldes auf sein Girokonto überwiesen werden. Am 31.12.2019 hat G noch Zinsen für das 2. Halbjahr 2019 in Höhe von netto zu bekommen. Nach Abzug der KapESt und des SolZ überweist die Bank den Betrag im Januar 2020 auf das Girokonto des G.	1.104,37
4.	G schuldet am 31.12.2019 noch Zinsen von für ein kurzfristiges Darlehen des 2. Halbjahres 2019. Er überweist den Betrag am 03.01.2020 durch die Bank.	800,00
5.	H hat die Gehaltszahlungen für Dezember 2019 noch nicht gebucht, weil die Bankbelastungen erst am 03.01.2020 erfolgten.	
	Bruttogehälter	24.000,00
	- Lohnsteuer/Solidaritätszuschlag	- 3.800,00
	- Kirchensteuer	- 324,00
	- Sozialversicherungsbeiträge (AN-Anteil)	- 4.200,00
	= Banküberweisung	?
	AG-Anteil zur Sozialversicherung, noch nicht abgeführt	4.000,00

AUFGABE 5

Bilden Sie die Buchungssätze für folgenden Geschäftsvorfall:

Wir schulden am 31.12.2019 noch das Bezugsgeld einer Fachzeitschrift für die Monate Oktober bis Dezember 2019 in Höhe von 45 € netto zuzüglich 7 % USt.

Wie ist im alten Jahr (2019) zu buchen, wenn

a) die Rechnung am 20.12.2019 eingeht?
b) die Rechnung am 21.01.2020 eingeht?

In beiden Fällen wird die Rechnung am 04.02.2020 beglichen.

A L Weitere Aufgaben mit Lösungen finden Sie im **Lösungsbuch** der Buchführung 2.

Zusammenfassende Erfolgskontrolle

Die Unternehmerin Gaby Aller betreibt in Westerburg seit Jahren ein Keramik-Studio. Sie ermittelt ihren Gewinn für ihr Einzelunternehmen nach § 5 EStG. Das Wirtschaftsjahr entspricht dem Kalenderjahr. Die Firma ist im Handelsregister eingetragen. Gaby Aller führt für steuerliche Zwecke eine von der handelsrechtlichen Buchhaltung getrennte Anlagenbuchhaltung. Im Rahmen der Abschlussarbeiten für die Erstellung des Jahresabschlusses zum 31.12.2019 sind folgende Feststellungen und Angaben zu berücksichtigen. Gaby Aller hat zum 31.12.2019 folgende Summenbilanz erstellt:

	Summenbilanz	
	Soll (€)	Haben (€)
0520 (0320) Pkw	13.186,00	
0675 (0485) Wirtschaftsgüter (Sammelposten)	358,64	
0690 (0490) Sonstige Betriebs- und Geschäftsausstattung	34.888,00	
1140 (3980) Bestand Waren	45.943,83	
1300 (1500) Sonstige Vermögensgegenstände		
1406 (1576) Vorsteuer 19 %	13.480,94	431,03
1600 (1000) Kasse	145.868,95	133.917,90
1800 (1200) Bank	126.835,09	135.764,90
1900 (0980) Aktive Rechnungsabgrenzung	1.466,27	1.466,27
2000 (0800) Eigenkapital		1.473,56
2100 (1800) Privatentnahmen	13.414,71	562,01
3160 (0640) Verbindlichkeiten gegenüber Kreditinstituten	8.707,57	89.368,97
3300 (1600) Verbindlichkeiten aLuL	87.683,87	91.723,52
3500 (1700) Sonstige Verbindlichkeiten	385,80	385,80
3806 (1776) Umsatzsteuer 19 %	4.148,48	19.020,65
4200 (8200) Erlöse	262,55	127.004,18
4639 (8924) Verwendung von Gegenständen für Zwecke außerhalb des Unternehmens ohne USt (Kfz-Nutzung)		
4645 (8921) Verwendung von Gegenständen für Zwecke außerhalb des Unternehmens 19 % USt (Kfz-Nutzung)		
5200 (3200) Wareneingang	89.524,78	7.570,82
6030 (4190) Aushilfslöhne		
6040 (4199) Pauschale Steuer für Aushilfen		
6220 (4830) Abschreibung auf Sachanlagen		
6222 (4832) Abschreibung auf Kfz		
6264 (4862) Abschreibung auf den Sammelposten Wirtschaftsgüter		
6300 (4900) Sonstige betriebliche Aufwendungen	3.011,57	180,09
6305 (4200) Raumkosten	4.180,01	
6310 (4210) Miete		
6400 (4360) Versicherungen	1.775,90	
6500 (4500) Fahrzeugkosten	2.783,89	
6600 (4610) Werbekosten	980,22	
6800 (4910) Porto	423,00	
6805 (4920) Telefon	659,50	
6815 (4930) Bürobedarf	468,89	
6827 (4957) Abschluss- und Prüfungskosten	914,26	
7310 (2110) Zinsaufwendungen für kurzfristige Verbindlichkeiten	3.451,61	
7320 (2120) Zinsaufwendungen für langfristige Verbindlichkeiten	4.065,37	
	608.869,70	608.869,70

Abschlussangaben	€
1. Warenbestand lt. Inventur	49.622,83
2. Abschreibungen auf Pkw	3.955,00
3. Abschreibungen auf sonstige Betriebs- und Geschäftsaustattung	4.601,00
4. Aller nimmt zum 31.12.2019 eine Pool-Abschreibung nach § 6 Abs. 2a EStG vor.	
5. Am 1. April 2019 wurde die Kfz-Versicherung in Höhe von für ein Jahr im Voraus bar gezahlt und auf das Konto „**6500** (4500) Fahrzeugkosten" gebucht.	1.054,60
6. Der betriebliche Pkw wird lt. Fahrtenbuch zu 30 % für private Zwecke verwendet. Von den Fahrzeugkosten einschließlich der AfA entfallen 80 % auf Kosten, bei denen der Vorsteuerabzug möglich war, und 20 % auf Kosten, bei denen der Vorsteuerabzug nicht möglich gewesen ist.	
7. Für die private Nutzung des betrieblichen Telefons hat das Finanzamt bei der letzten Außenprüfung 30 € monatlich angesetzt. Für das Jahr 2019 ist von dem gleichen Betrag auszugehen. Die Vorsteuer wurde beim Eingang der Telefonrechnungen ordnungsgemäß gekürzt.	
8. Die Unternehmerin schuldet zum 31.12.2019 noch Aushilfslöhne in Höhe von	6.960,00
9. Außerdem schuldet die Unternehmerin zum 31.12.2019 noch die pauschale Lohnsteuer, den Solidaritätszuschlag und die pauschale Kirchensteuer für die Aushilfen in Höhe von	1.195,38
10. Die Dezembermiete 2019 in Höhe von ist am 03.01.2020 per Bank überwiesen worden.	4.000,00
11. Abschluss der Privatkonten	
12. Abschluss der Umsatzsteuerkonten	

Aufgabe

1. Bilden Sie die Buchungssätze.
2. Ermitteln Sie den Erfolg über T-Konten oder mithilfe einer Hauptabschlussübersicht.

5 Grundlagen der Bilanzierung

5.1 Ansatz in der Bilanz

5.1.1 Handelsbilanz

In der Bilanz sind nach § 246 Abs. 1 HGB sämtliche **Vermögensgegenstände**, **Schulden** und **Rechnungsabgrenzungsposten** anzusetzen (**Grundsatz der Vollständigkeit**). Somit besteht grundsätzlich eine **Aktivierungs-** bzw. **Passivierungspflicht** für alle Sachverhalte, welche die Definition eines dieser drei Elemente der Bilanz erfüllen.

Neben Vermögensgegenständen, Schulden und Rechnungsabgrenzungsposten beinhaltet die Bilanz das **Eigenkapital**.

Beim Ansatz in der Bilanz sind **Bilanzierungswahlrechte**, **Bilanzierungshilfen** und **Bilanzierungsverbote** zu beachten.

5.1.1.1 Vermögensgegenstände

Als **Vermögensgegenstand** bezeichnet man einen

- **wirtschaftlichen Wert**, der
- **selbständig bewertbar** und
- **selbständig verkehrsfähig**

ist.

Der **wirtschaftliche Wert** zeichnet sich dadurch aus, dass dem Unternehmen zukünftig ein **Nutzen** zufließt. Das Kriterium der **selbständigen Bewertbarkeit** verlangt, dass sich ein **geeigneter Maßstab zur Bewertung** für den wirtschaftlichen Wert finden lässt, z.B. Anschaffungs- oder Herstellungskosten. Die **selbständige Verkehrsfähigkeit** ist z.B. gegeben, wenn der wirtschaftliche Wert **einzeln veräußerbar** ist.

Vermögensgegenstände können sowohl **körperlich**, z.B. Maschinen, als auch **nicht körperlich (immateriell)**, z.B. Rechte, sein. Die Vermögensgegenstände untergliedern sich in der Bilanz in **Anlage-** und **Umlaufvermögen**.

Dem **Anlagevermögen** sind dabei die Vermögensgegenstände zuzuordnen, die bestimmt sind, **dauernd dem Geschäftsbetrieb zu dienen** (§ 247 Abs. 2 HGB).
Dementsprechend gehören dem **Umlaufvermögen** alle die Vermögensgegenstände an, die **nicht** dauernd dem Geschäftsbetrieb dienen.

BEISPIEL

Die Werkzeug GmbH erwirbt in 2019 eine neue **Maschine** zum Preis von 20.000 € für die Produktion von Werkzeugen.

Die Maschine stellt einen **Vermögensgegenstand** für die Werkzeug GmbH dar. Die Maschine hat einen **wirtschaftlichen Wert**, da sie durch die Produktion und den Verkauf der mit ihr gefertigten Werkzeuge einen wirtschaftlichen Nutzen für die Werkzeug GmbH hat. Sie ist mit den **Anschaffungskosten** in Höhe von 20.000 € selbständig bewertbar und durch ihre **Einzelveräußerbarkeit** auch selbständig verkehrsfähig. Da die Maschine dazu bestimmt ist, dauernd dem Betriebszweck (Produktion von Werkzeugen) zu dienen, ist sie im Anlagevermögen auszuweisen.

Der Kaufmann erfasst in der Bilanz gem. § 246 HGB die in seinem **Eigentum** befindlichen Vermögensgegenstände. Die Beurteilung, welche Vermögensgegenstände zum Vermögen des Kaufmanns gehören, erfolgt nicht nach rechtlichen, sondern nach **wirtschaftlichen** Gesichtspunkten (**Prinzip der wirtschaftlichen Betrachtungsweise**, § 246 Abs. 1 Satz 2 HGB).
Das **wirtschaftliche Eigentum** äußert sich z.B. darin, dass das Unternehmen über den Vermögensgegenstand verfügen kann, als ob er ihm auch rechtlich gehören würde. Anwendung findet das Prinzip der wirtschaftlichen Betrachtungsweise z.B. beim **Leasing**.

B 1 Einzelheiten zum **Leasing** erfolgen im Abschnitt 6.4 „Leasing" der **Buchführung 1**, 31. Auflage 2019, S. 294 ff.

ÜBUNG → Wiederholungsfragen 1 bis 3 (Seite 86)

5.1.1.2 Schulden

5.1.1.2.1 Verbindlichkeiten

Schulden umfassen Verbindlichkeiten und Rückstellungen. Unter **Verbindlichkeiten** versteht man

- **bestehende** oder **hinreichend sicher** erwartete **Belastungen des Vermögens**,
- die auf einer rechtlichen oder wirtschaftlichen **Leistungsverpflichtung** des Unternehmens beruhen und
- **selbständig bewertbar**

sind.

BEISPIEL

Die Werkzeug GmbH erwirbt in 2019 eine Maschine zum Preis von 20.000 € **auf Ziel**.

Die Verpflichtung zur Zahlung des Kaufpreises stellt eine **Verbindlichkeit** dar. Die **ausstehende Zahlung** von 20.000 € ist eine Belastung des Vermögens der Werkzeug GmbH. Durch den **Kaufvertrag** besteht eine rechtliche Zahlungsverpflichtung, die in Höhe des **Kaufpreises** (20.000 €) selbständig bewertbar ist.

5.1.1.2.2 Rückstellungen

Für eine **Verpflichtung**, die zwar **dem Grunde**, aber **nicht** der **Höhe und/oder Fälligkeit** nach feststeht, ist eine **Rückstellung** zu bilden. Dadurch, dass Höhe und/oder Fälligkeit der Verpflichtungen nicht genau bekannt sind, unterscheiden sich die Rückstellungen von den **Verbindlichkeiten**.

Die Verpflichtungen können sowohl gegenüber fremden Dritten (**Rückstellungen für ungewisse Verbindlichkeiten**) als auch gegenüber dem eigenen Unternehmen (**Aufwandsrückstellungen**) bestehen.

Bei den **Rückstellungen für ungewisse Verbindlichkeiten** ist zwischen **rechtlichen** und **wirtschaftlichen** Verpflichtungen gegenüber Dritten zu unterscheiden.

Bei den **rechtlichen** Verpflichtungen handelt es sich um einklagbare, das heißt rechtlich erzwingbare Verpflichtungen, die aufgrund von **Verträgen** oder **Gesetzen** bestehen. Zu diesen Rückstellungen gehören z.B. Steuerrückstellungen, Garantierückstellungen und Pensionsrückstellungen.

BEISPIEL

Die Werkzeug GmbH rechnet für **2019** mit einer Gewerbesteuerabschlusszahlung (Nachzahlung) von **3.000€**. Der Betrag von 3.000 € wurde als GewSt-Rückstellung errechnet. Er stellt handelsrechtlich (nicht steuerrechtlich) **Aufwand** des Jahres **2019** dar.

Die Steuerverbindlichkeit besteht am Abschlussstichtag zwar **dem Grunde nach**, denn die Gewerbesteuer entsteht mit Ablauf des Erhebungszeitraums, für den sie geschuldet wird, aber ihre genaue **Höhe** und **Fälligkeit** werden erst durch den Gewerbesteuerbescheid für 2019 festgesetzt und in 2020 bekanntgegeben.

Die **wirtschaftliche** Verpflichtung zur Bildung einer Rückstellung besteht nicht aufgrund eines Vertrages, sondern erwächst aus dem **üblichen Geschäftsablauf** des Unternehmens. Hierzu gehören Rückstellungen für Gewährleistungen, die das Unternehmen freiwillig erbringt, um seine Kundenbeziehungen zu verstärken (sog. **Kulanzrückstellungen**). Rückstellungen für ungewisse Verbindlichkeiten sind **handelsrechtlich verpflichtend** zu bilden.

Aufwandsrückstellungen beruhen nicht auf Verpflichtungen gegenüber Dritten, sondern werden für **innerbetriebliche** (Vorsorge-) **Maßnahmen**, wie z.B. im abgelaufenen Geschäftsjahr unterlassene Reparaturen, gebildet. Aufwandsrückstellungen stellen sicher, dass der Aufwand dem Geschäftsjahr zugeordnet wird, in dem er wirtschaftlich verursacht worden ist und basieren somit auf dem **Grundsatz der periodengerechten Erfolgsermittlung**. Aufwandsrückstellungen sind **nur** für folgende Sachverhalte zu bilden (Passivierungs**pflicht**):

- unterlassene **Instandhaltungen**, die **innerhalb der ersten drei Monate** des neuen Geschäftsjahrs nachgeholt werden, und
- unterlassene **Abraumbeseitigung**.

Neben Rückstellungen für ungewisse Verbindlichkeiten und Aufwandsrückstellungen sieht das HGB eine Passivierungs**pflicht** für **Rückstellungen für drohende Verluste aus schwebenden Geschäften** vor (§ 249 HGB). Die Bildung solcher Rückstellungen ist ein Ausfluss des **Imparitätsprinzips**.

ÜBUNG → Wiederholungsfragen 4 bis 7 (Seite 86)

In der **Übersicht** auf der folgenden Seite werden die wesentlichen Merkmale der handelsrechtlichen Rückstellungen nochmals zusammengefasst.

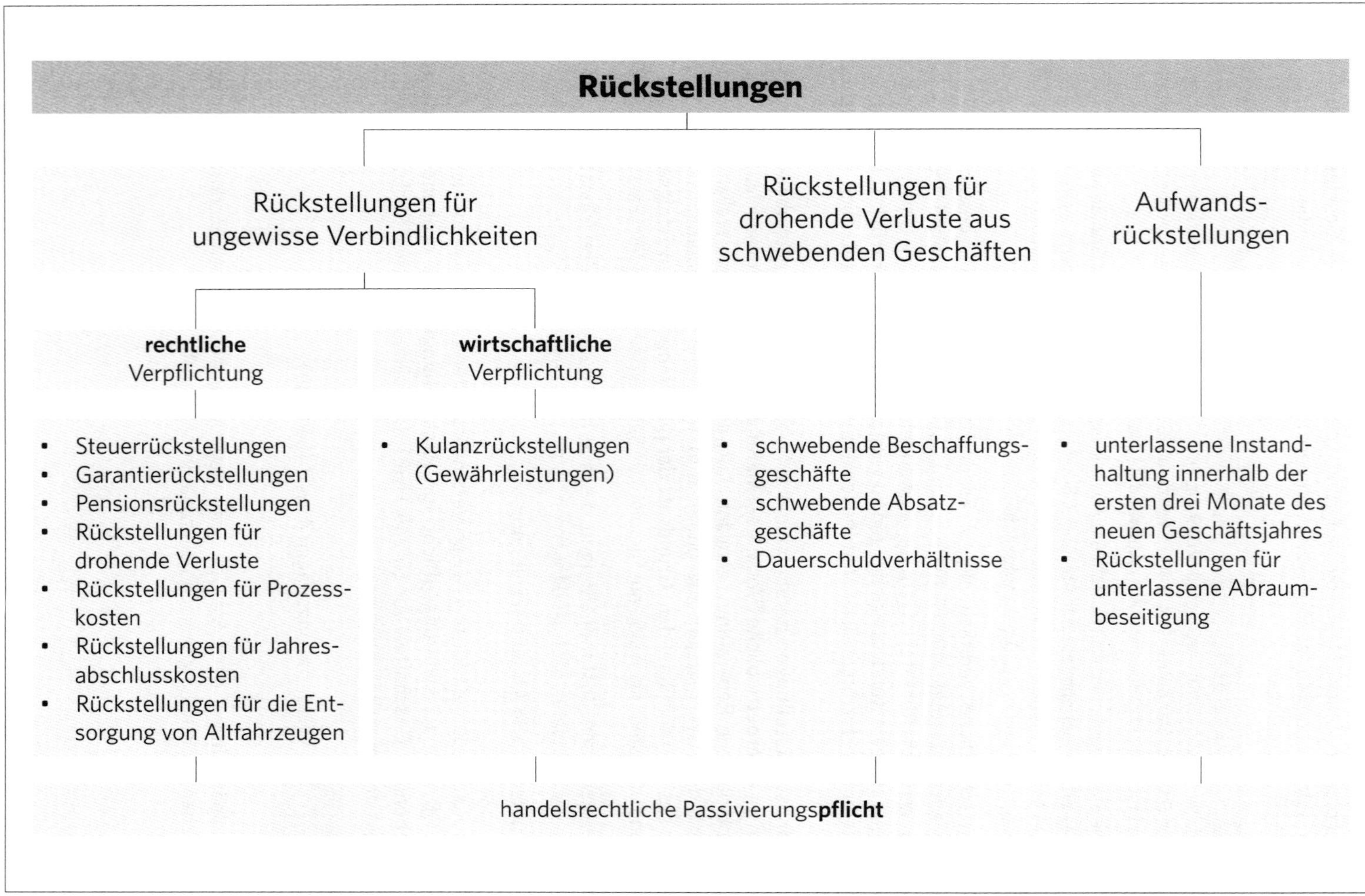
Rückstellungen
Rückstellungen für ungewisse Verbindlichkeiten
Rückstellungen für drohende Verluste aus schwebenden Geschäften
Aufwandsrückstellungen
rechtliche Verpflichtung
wirtschaftliche Verpflichtung
Steuerrückstellungen
Garantierückstellungen
Pensionsrückstellungen
Rückstellungen für drohende Verluste
Rückstellungen für Prozesskosten
Rückstellungen für Jahresabschlusskosten
Rückstellungen für die Entsorgung von Altfahrzeugen
Kulanzrückstellungen (Gewährleistungen)
schwebende Beschaffungsgeschäfte
schwebende Absatzgeschäfte
Dauerschuldverhältnisse
unterlassene Instandhaltung innerhalb der ersten drei Monate des neuen Geschäftsjahres
Rückstellungen für unterlassene Abraumbeseitigung
handelsrechtliche Passivierungspflicht

5.1.1.3 Rechnungsabgrenzungsposten

In den Bilanzposten „Aktive Rechnungsabgrenzungsposten" und „Passive Rechnungsabgrenzungsposten" sind lediglich die sogenannten **transitorischen Rechnungsabgrenzungsposten** zu erfassen (Aktivierungs- bzw. Passivierungs**pflicht**).
Daneben **darf** unter den aktiven Rechnungsabgrenzungsposten **auch** das in § 250 Abs. 3 HGB genannte Disagio erfasst werden (Aktivierungs**wahlrecht**).

Einzelheiten zu Rechnungsabgrenzungsposten erfolgten bereits im Kapitel 4 „Zeitliche Abgrenzung von Aufwendungen und Erträgen", S. 44 ff. B 2

5.1.1.4 Eigenkapital

Das Eigenkapital sind jene Mittel, die **von den Eigentümern** des Unternehmens zu dessen Finanzierung zur Verfügung gestellt werden oder als **erwirtschafteter Gewinn** im Unternehmen gelassen und nicht ausgeschüttet werden.

Zu unterscheiden ist zwischen dem **variablen** und dem **konstanten Eigenkapital**. Die Zusammensetzung des Eigenkapitals und damit seine Darstellung ist daneben maßgeblich von der **Rechtsform des Unternehmens** abhängig.

Bei **Einzelunternehmen** und (den vollhaftenden Gesellschaftern von) **Personenhandelsgesellschaften** ist das **variable Eigenkapital** von besonderer Bedeutung. Im variablen Eigenkapital werden grundsätzlich die im Wirtschaftsjahr vorgenommenen Einlagen und Entnahmen sowie der erwirtschaftete Gewinn oder Verlust berücksichtigt.

Bei **Kapitalgesellschaften** stellt das **konstante Eigenkapital** das Kapital dar, auf das die Haftung der Gesellschafter für die Verbindlichkeiten der Kapitalgesellschaft gegenüber Gläubigern beschränkt ist (§ 272 Abs. 1 HGB). Das konstante Eigenkapital der Kapitalgesellschaften wird gemäß § 266 Abs. 3 HGB im Allgemeinen **gezeichnetes Kapital** genannt. Es bleibt solange unverändert (konstant), bis die Anteilseigner eine **Kapitalerhöhung** oder eine **Kapitalherabsetzung** beschließen. Bei der AG hat dieser Beschluss durch die Hauptversammlung zu erfolgen, bei der GmbH durch die Gesellschafterversammlung.
Das gezeichnete Kapital wird bei der Aktiengesellschaft als **Grundkapital** (§ 152 Abs. 1 AktG) und bei der GmbH als **Stammkapital** (§ 42 Abs. 1 GmbHG) bezeichnet.

Veränderungen des Eigenkapitals, die nicht auf Kapitalerhöhungen oder -herabsetzungen, sondern auf **erwirtschafteten und nicht ausgeschütteten Gewinnen oder Verlusten** beruhen, werden im **variablen Eigenkapital** der Kapitalgesellschaft erfasst. Das variable Eigenkapital umfasst die Gewinnrücklagen, den Gewinn- oder Verlustvortrag sowie den Jahresüberschuss oder -fehlbetrag.

Bei **anderen Rechtsformen mit Haftungsbeschränkungen** (z. B. **KG**) existieren ebenfalls ein konstantes und ein variables Eigenkapital.

Einzelheiten zum konstanten und variablen Eigenkapital erfolgen im Kapitel 12 „Gesellschaftsabschlüsse", S. 244 ff. B 2

Buchhalterisch stellt das Eigenkapital die **Differenz** aus dem **Vermögen** und dem **Fremdkapital** dar.
Das **Vermögen** besteht in den Aktivposten der Bilanz; das **Fremdkapital** umfasst die Rückstellungen, die Verbindlichkeiten sowie die passiven Rechnungsabgrenzungsposten.

ÜBUNG → Wiederholungsfragen 8 bis 10 (Seite 86)

5.1.1.5 Bilanzierungswahlrechte

Bilanzierungswahlrechte stellen eine **Ausnahme** zum Grundsatz der Vollständigkeit dar. Sie ermöglichen dem Abschlussersteller nach seinem Ermessen, bestimmte Posten auf der Aktiv- oder Passivseite der Bilanz zu erfassen.

Die Bilanzierungswahlrechte umfassen das Aktivierungswahlrecht für ein Disagio sowie für **selbst geschaffene immaterielle Vermögensgegenstände des Anlagevermögens** (§ 248 Abs. 2 HGB).

Bei selbst geschaffenen immateriellen Vermögensgegenständen des Anlagevermögens ist zwischen **Forschungs- und Entwicklungskosten** zu unterscheiden.

Während **Forschungskosten** als **Aufwand** zu erfassen sind, besteht für **Entwicklungskosten** unter bestimmten Voraussetzungen ein **Aktivierungswahlrecht** (§ 248 Abs. 2 i. V. m. § 255 Abs. 2a HGB).

Für **vor** der Anwendung des **Bilanzrechtsmodernisierungsgesetzes** (BilMoG) ausgeübte **Bilanzierungswahlrechte**, die zu einer Aktivierung oder Passivierung bestimmter Vermögensgegenstände und Schulden geführt haben, sieht das BilMoG ein Beibehaltungswahlrecht vor (Übergangsvorschriften des Art. 67 EGHGB). Hierzu können z. B. gebildete Sonderposten mit Rücklageanteil (§ 247 Abs. 3 i. V. m. § 273 HGB a. F.) und Aufwandsrückstellungen (§ 249 Abs. 1 und 2 HGB a. F.) gehören. Das BilMoG ist am 29. Mai 2009 in Kraft getreten.

5.1.1.6 Bilanzierungshilfen

Bilanzierungshilfen stellen in gewisser Weise ebenfalls **Bilanzierungswahlrechte** dar. Sie ermöglichen es dem Abschlussersteller, **bestimmte Aufwendungen**, die **nicht** die Definition des Vermögensgegenstandes erfüllen, in die Bilanz aufzunehmen.

Einziger Anwendungsfall ist momentan das **Ansatzwahlrecht** für **aktive latente Steuern**.

5.1.1.7 Bilanzierungsverbote

Bilanzierungsverbote stellen ebenfalls eine **Ausnahme** zum Grundsatz der Vollständigkeit dar. Durch Bilanzierungsverbote werden grundsätzlich bilanzierungsfähige Sachverhalte, welche die Definition von Vermögensgegenständen und Schulden erfüllen, ausdrücklich vom Ansatz in der Bilanz ausgeschlossen.

Die handelsrechtlichen **Bilanzierungsverbote** umfassen:

Handelsrechtliche Bilanzierungsverbote

Aktivierungsverbote

- Aufwendungen für die **Gründung des Unternehmens** (§ 248 Abs. 1 Nr. 1 HGB)
- Aufwendungen für die **Beschaffung des Eigenkapitals** (§ 248 Abs. 1 Nr. 2 HGB)
- Aufwendungen für den **Abschluss von Versicherungsverträgen** (§ 248 Abs. 1 Nr. 3 HGB)

Passivierungsverbote

- andere als im Gesetz genannte **Rückstellungen** (§ 249 Abs. 3 HGB)

ÜBUNG → Wiederholungsfragen 11 bis 13 (Seite 86)

5.1.2 Steuerbilanz

5.1.2.1 Wirtschaftsgüter

In der **Steuerbilanz** werden neben dem Eigenkapital und den Rechnungsabgrenzungsposten positive und negative **Wirtschaftsgüter** erfasst.

Der steuerrechtliche Begriff des **positiven Wirtschaftsgutes** unterscheidet sich grundsätzlich **nicht** von dem handelsrechtlichen Begriff des **Vermögensgegenstandes**.
Ebenso unterscheidet sich der steuerrechtliche Begriff des **negativen Wirtschaftsgutes** grundsätzlich **nicht** von dem handelsrechtlichen Begriff der **Verbindlichkeiten**.

Die **handelsrechtlichen** Aktivierungs- und Passivierungs**pflichten sowie die -verbote** gelten grundsätzlich über den **Maßgeblichkeitsgrundsatz** auch für die Steuerbilanz. Im Gegensatz zum Handelsrecht ist der Ansatz von **Rückstellungen für drohende Verluste aus schwebenden Geschäften** steuerrechtlich allerdings **nicht zulässig** (§ 5 Abs. 4a EStG). Die **Gewerbesteuer** stellt keine Betriebsausgabe dar, die den steuerrechtlichen Erfolg mindern darf (§ 4 Abs. 5b EStG).

Bilanzierungswahlrechte sowie Bilanzierungshilfen bestehen steuerrechtlich nicht. Für die **handelsrechtlichen Aktivierung**swahlrechte **vor** Anwendung des BilMoG besteht **steuerrechtlich** jeweils eine **Aktivierungspflicht**, d.h., diese Posten **müssen** in der Steuerbilanz angesetzt werden, z.B. ein Disagio (BFH-Urteil vom 21.04.1988, IV R 47/85, BStBl 1989 II S. 722).
Für die **handelsrechtlichen Aktivierung**swahlrechte bestehen steuerrechtlich Aktivierungs**verbote**, z.B. für selbst geschaffene immaterielle Vermögensgegenstände des Anlagevermögens (§ 5 Abs. 2 EStG).

5.1.2.2 Abgrenzung des Betriebsvermögens

Erfasst werden in der Steuerbilanz die Wirtschaftsgüter des **Betriebsvermögens**. Die Beurteilung, welche Wirtschaftsgüter zum Betriebsvermögen gehören, erfolgt auch steuerrechtlich nicht nach rechtlichen, sondern nach wirtschaftlichen Gesichtspunkten (**Prinzip der wirtschaftlichen Betrachtungsweise**).

Als **wirtschaftlicher Eigentümer** gilt steuerrechtlich, wer den rechtlichen Eigentümer durch vertragstreues Verhalten von der Einwirkung auf das Wirtschaftsgut wirtschaftlich ausschließen kann, sodass er die tatsächliche Herrschaft über das Wirtschaftsgut ausüben kann (§ 39 Abs. 2 Nr. 1 AO).

Steuerrechtlich ist bei **natürlichen Personen** das Betriebsvermögen (BV) vom Privatvermögen (PV) abzugrenzen. Die Finanzverwaltung unterscheidet zu diesem Zwecke innerhalb des Betriebsvermögens zwischen **notwendigem** und **gewillkürtem Betriebsvermögen** und grenzt diesen Bereich vom notwendigen Privatvermögen ab (R 4.2 EStR 2012).

Werden Wirtschaftsgüter vom notwendigen Privatvermögen in das Betriebsvermögen übertragen, bezeichnet man diesen Vorgang als **Einlage** (§ 4 Abs. 1 Satz 8 EStG).
Die Übertragung von Wirtschaftsgütern des Betriebsvermögens in das notwendige Privatvermögen wird als **Entnahme** bezeichnet (§ 4 Abs. 1 Satz 2 EStG).

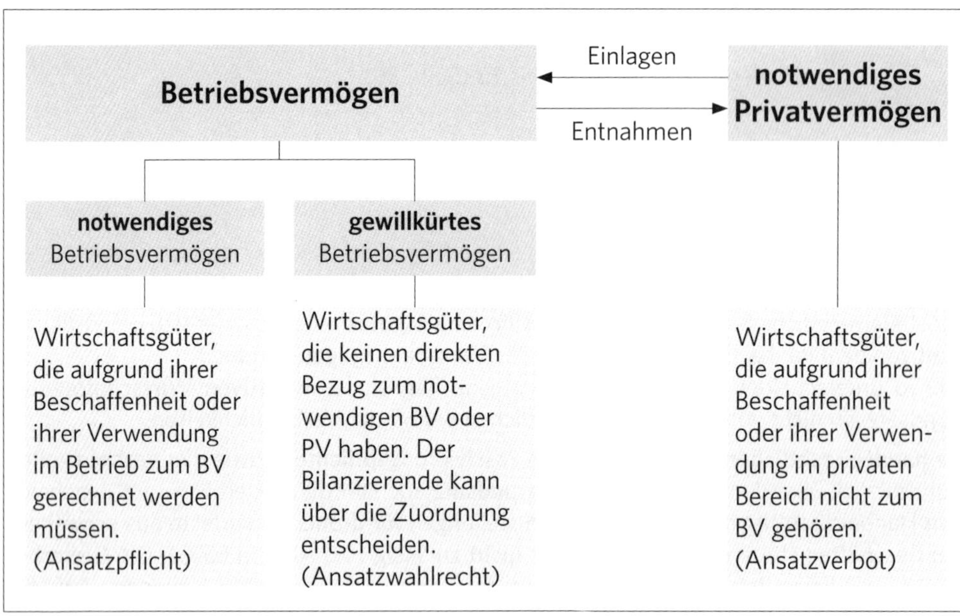

S 2 Einzelheiten zum **Umfang des Betriebsvermögens** erfolgen im 8. Kapitel der **Steuerlehre 2**, 40. Auflage 2020, S. 66 ff.

ÜBUNG →
1. Wiederholungsfragen 14 bis 17 (Seite 86),
2. Aufgaben 1 bis 4 (Seite 87 f.)

5.2 Bewertung in der Bilanz

5.2.1 Handelsbilanz

5.2.1.1 Erstbewertung

Die in die Bilanz aufzunehmenden Posten sind zu bewerten. **Bewertung** bedeutet in diesem Zusammenhang den Bilanzposten einen **Betrag** in Euro (€) **zuzuordnen**.

Das **Handelsrecht** kennt für die erstmalige Bewertung (Erstbewertung oder auch Zugangsbewertung) folgende **Bewertungsmaßstäbe** (§ 253 Abs. 1 HGB):

Bilanzposten	Bewertungsmaßstäbe
Vermögensgegenstände	Anschaffungskosten/Herstellungskosten
Verbindlichkeiten	Erfüllungsbetrag
Rückstellungen	nach vernünftiger kaufmännischer Beurteilung notwendiger Erfüllungsbetrag/Barwert
Altersversorgungsverpflichtungen und damit zu verrechnende Vermögensgegenstände	beizulegender Zeitwert

Kapitalgesellschaften haben gemäß § 272 HGB im Rahmen des Eigenkapitals das **gezeichnete Kapital** mit dem **Nennbetrag** anzusetzen. Der **Nennbetrag**, auch **Nennwert** oder **Nominalwert** genannt, entspricht dem z. B. auf einer Aktie **aufgedruckten Wert**.

Die Bewertungsmaßstäbe werden im Folgenden einzeln erläutert.

5.2.1.1.1 Anschaffungskosten

Die Bewertung **erworbener** Vermögensgegenstände, d. h. von Gegenständen, die aus dem Vermögen eines anderen erlangt worden sind, richtet sich nach den **Anschaffungskosten (AK)**.

Anschaffungskosten sind Aufwendungen, die geleistet werden, um einen Vermögensgegenstand zu erwerben und ihn in einen betriebsbereiten Zustand zu versetzen.
Zu den Anschaffungskosten gehören auch die Nebenkosten.
Anschaffungspreisminderungen sind abzusetzen (§ 255 Abs. 1 HGB).

Die **Anschaffungskosten** ergeben sich aus

	Kaufpreis (Anschaffungs**preis**)
+	**Anschaffungsnebenkosten** (ANK)
-	**Anschaffungspreisminderungen**
=	**Anschaffungskosten** (AK)

Kaufpreis (Anschaffungs**preis**) ist alles, was der Käufer aufwendet, um den Vermögensgegenstand zu erhalten, jedoch abzüglich der anrechenbaren Vorsteuer.

Anschaffungsnebenkosten sind Kosten, die **neben** dem **Kaufpreis** anfallen, z. B.

bei Grundstücken

- Grunderwerbsteuer
  (je nach Bundesland unterschiedlich hoch, z. B. NRW seit 01.01.2015: 6,5 %),
- Notargebühren, netto,
- Grundbuchgebühren,
- Maklerprovision, netto,
- Vermessungsgebühren, netto;

bei anderen Vermögensgegenständen

- Eingangsfrachten, netto,
- Anfuhr- und Abladekosten, netto,
- Eingangsprovisionen, netto,
- Transportversicherungen,
- Montagekosten, netto.

Anschaffungspreisminderungen sind z. B.

- Skonti, netto,
- Rabatte, netto,
- Boni, netto,
- Preisnachlässe, netto.

Nicht zu den **Anschaffungskosten** gehören:

- Geldbeschaffungskosten (Zinsen, Damnum, Wechseldiskont) und die
- anrechenbare Vorsteuer.

BEISPIEL

Ein Bauunternehmer kauft 2019 einen Baukran. Der Verkäufer erteilt folgende Rechnung:

	Baukran, netto	50.000 €
+	19 % USt	9.500 €
=	Rechnungsbetrag	59.500 €

Der Bauunternehmer bezahlt die Rechnung **unter Abzug von 2% Skonto**.

Für den **Transport** des Baukrans vom Verkäufer zum Käufer erteilt der **Frachtführer** dem Bauunternehmer folgende Rechnung:

	Transportkosten, netto	6.000 €
+	19 % USt	1.140 €
=	Rechnungsbetrag	7.140 €

Der Bauunternehmer bezahlt diese Rechnung **ohne Abzug von Skonto**.

Die **Anschaffungskosten** des Baukrans werden wie folgt ermittelt:

	Kaufpreis, netto	50.000 €
+	Anschaffungs**nebenkosten**, netto	6.000 €
-	Anschaffungspreis**minderungen**, netto (2 % von 50.000 €)	- 1.000 €
=	**Anschaffungskosten**	**55.000€**

Die nach § 15 UStG **abziehbare Vorsteuer** gehört **nicht** zu den **Anschaffungskosten** eines Vermögensgegenstandes. Daraus folgt, dass ein **Vorsteuerbetrag, der** nach § 15 UStG **nicht abziehbar ist, grundsätzlich** zu den **Anschaffungskosten** gehört.

Für Kraftfahrzeuge, die für das Unternehmen angeschafft, hergestellt, eingeführt oder innergemeinschaftlich erworben wurden und vom Unternehmer sowohl unternehmerisch als auch für nichtunternehmerische (private) Zwecke genutzt werden, ist die **Vorsteuer** in **voller Höhe** abziehbar.
In Kraftfahrzeuge - auch nachträglich - eingebaute **Navigationsgeräte** oder **Diebstahlsicherungssysteme** gehören zu den **Sonderausstattungen** eines Fahrzeugs und damit zu den Anschaffungskosten des Kraftfahrzeugs.

Bei der **Anschaffung von bebauten Grundstücken** sind die **Anschaffungskosten aufzuteilen** auf den **Grund und Boden und** die **Gebäude**, weil nur der Teil, der auf die Gebäude entfällt, **abgeschrieben** werden kann.

BEISPIEL

Der Steuerpflichtige Stein kauft 2019 ein **bebautes Grundstück** zum **Kaufpreis** von 100.000 €.
Von dem Kaufpreis entfallen 25 % von 100.000 € = 25.000 € auf den Grund und Boden und 75 % von 100.000 € = 75.000 € auf das Gebäude.
Außerdem sind Anschaffungs**nebenkosten** (ANK) in Höhe von 10.000 € angefallen.

Die **Anschaffungskosten** (AK) betragen:

	Kaufpreis	+	ANK	=	**AK**
Grund und Boden	25.000 €	+	2.500 €	=	**27.500€**
Gebäude	75.000 €	+	7.500 €	=	**82.500€**
Summe	100.000 €	+	10.000 €	=	**110.000€**

Die Finanzverwaltung hat eine Arbeitshilfe zur Aufteilung eines Gesamtkaufpreises (Stand 13.05.2019) für ein bebautes Grundstück zur Verfügung gestellt (www.bundesfinanzministerium.de).

ÜBUNG →

1. Wiederholungsfragen 18 bis 22 (Seite 86),
2. Aufgaben 5 bis 8 (Seite 88 f.)

5.2.1.1.2 Herstellungskosten

Für **selbst hergestellte** Vermögensgegenstände richtet sich die Bewertung nach den **Herstellungskosten** (HK).
Selbst hergestellte Vermögensgegenstände sind insbesondere Gegenstände des **Vorratsvermögens** (Erzeugnisse). Aber auch **Gebäude** und selbst geschaffene immaterielle Vermögensgegenstände des Anlagevermögens können selbst hergestellte Vermögensgegenstände sein.

Herstellungskosten sind Aufwendungen, die

- durch den **Verbrauch** von Sachgütern und
- die **Inanspruchnahme** von Diensten

für die **Herstellung** eines Vermögensgegenstandes, seine **Erweiterung** oder für eine über den ursprünglichen Zustand hinausgehende **wesentliche Verbesserung** entstehen (§ 255 Abs. 2 HGB).

Die handelsrechtlichen **Herstellungskosten** umfassen (§ 255 Abs. 2 Satz 2, Abs. 3 HGB):

			€	€
Pflicht		Material**einzelkosten**	.....	
	+	Material**gemeinkosten**	.....	
	=	**Materialkosten**		.....
		Fertigungs**einzelkosten**	.....	
	+	Fertigungs**gemeinkosten**	.....	
	+	fertigungsbedingter **Wertverzehr des AV**	.....	
	=	**Fertigungskosten**		.....
	+	**Sondereinzelkosten der Fertigung**		.....
	=	Wert**unter**grenze der **Herstellungskosten** (HK)		.....
Wahlrecht	+	Verwaltungsgemeinkosten		.....
	+	bestimmte Fremdkapitalzinsen		.....
	=	Wert**ober**grenze der **Herstellungskosten** (HK)		.....

Einzelkosten sind Kosten, die den hergestellten Vermögensgegenständen **direkt** zugerechnet werden können.

Die **Materialeinzelkosten** umfassen den Verbrauch an Roh-, Hilfs- und Betriebsstoffen, sofern dieser Wertverzehr den hergestellten Vermögensgegenständen direkt zurechenbar ist.
Zu den **Fertigungseinzelkosten** gehören insbesondere die Fertigungslöhne, die im Rahmen der Produktion anfallen und den einzelnen Produkten unmittelbar zurechenbar sind.
Die **Sondereinzelkosten der Fertigung** umfassen u.a. Kosten für Modelle und Spezialwerkzeuge, Lizenzgebühren sowie Kosten für Materialprüfungen.

Über die Einzelkosten hinaus sind handelsrechtlich angemessene Teile der **Material- und Fertigungsgemeinkosten** sowie des **Werteverzehrs des Anlagevermögens** (soweit durch die Fertigung veranlasst) verpflichtend in die Herstellungskosten einzurechnen.

Gemeinkosten sind Kosten, die dem hergestellten Vermögensgegenstand nur indirekt, z. B. mithilfe von Zuschlagsätzen (ausgedrückt in Prozenten, bezogen auf die Einzelkosten), zuzurechnen sind.

Zu den **Materialgemeinkosten** und den **Fertigungsgemeinkosten** gehören u. a. die Aufwendungen für folgende Kostenstellen:

- Lagerhaltung, Transport und Prüfung des Fertigungsmaterials,
- Vorbereitung und Kontrolle der Fertigung,
- Werkzeuglager,
- Betriebsleitung, Raumkosten, Sachversicherungen,
- Unfallstationen und Unfallverhütungseinrichtungen der Fertigungsstätten,
- Lohnbüro, soweit in ihm die Löhne und Gehälter der in der Fertigung tätigen Arbeitnehmer abgerechnet werden.

Neben den Pflichtbestandteilen der Herstellungskosten **dürfen** bestimmte **Verwaltungsgemeinkosten** einbezogen werden. Diese **Einbeziehungswahlrechte** umfassen (§ 255 Abs. 2 Satz 3 HGB):

- Kosten der **allgemeinen Verwaltung** (z. B. Aufwendungen für die Geschäftsleitung und das Rechnungswesen)
- angemessene Aufwendungen für
  - **soziale Einrichtungen** des Betriebs,
  - **freiwillige soziale Leistungen** und
  - **betriebliche Altersversorgung**.

Zinsen für Fremdkapital gehören **nicht** zu den Herstellungskosten. Dennoch dürfen sie – als sog. **Bewertungshilfe** – angesetzt werden. Voraussetzung ist, dass es sich um Zinsen für Fremdkapital handelt, das zur Finanzierung der Herstellung eines Vermögensgegenstandes verwendet wird. Diese Zinsen dürfen in der Höhe angesetzt werden, in der sie auf den Zeitraum der Herstellung entfallen. Sie **gelten** dann als Herstellungskosten (§ 255 Abs. 3 HGB).

Forschungs- und **Vertriebskosten** dürfen **nicht** in die Herstellungskosten einbezogen werden (§ 255 Abs. 2 Satz 4 HGB).

Zu den **Herstellungskosten eines Gebäudes** gehören **neben den** reinen **Baukosten** und dem **Architektenhonorar** z. B.:

- die **Kosten des Anschlusses** an das **Strom**versorgungsnetz, das **Gas**netz und die **Wasser-** und **Wärme**versorgung,
- die Kosten für Anlagen zur Ableitung von Abwässern, soweit sie auf die Hausanschlusskosten einschließlich der Kanalstichgebühr entfallen, die der Hauseigentümer für die Herstellung der Zuleitungsanlage vom Gebäude zum öffentlichen Kanal aufwendet (**Kanalanschlusskosten**),
- Aufwendungen für **Fahrstuhl**anlagen,
- Aufwendungen für **Heizungs**anlagen einschließlich Heizkörper.

Nicht zu den **Herstellungskosten** eines **Gebäudes** gehören z. B.:

- Straßenanlieger**beiträge** und Erschließungs**beiträge**,
- Kanalanschluss**gebühren** (Kanal- oder Sielbaubeiträge), für den **erstmaligen Anschluss** an die gemeindlichen Abwasserbeseitigungsanlagen,
- der **Wert der eigenen Arbeitsleistung**.

Straßenanliegerbeiträge, Erschließungsbeiträge und Kanalanschlussgebühren gehören zu den **Anschaffungskosten des Grund und Bodens**.

ÜBUNG →
1. Wiederholungsfragen 23 bis 29 (Seite 86),
2. Aufgaben 9 und 10 (Seite 89)

5.2.1.1.3 Erfüllungsbetrag

Der Erfüllungsbetrag ist gemäß § 253 Abs. 1 Satz 2 HGB auf die Verbindlichkeiten anzuwenden. Er entspricht dem Betrag, den der Schuldner aufbringen muss, um seine Verpflichtung bei deren Fälligkeit zu erfüllen. In seiner Höhe entspricht er grundsätzlich dem **Nennbetrag der Verbindlichkeit**.

5.2.1.1.4 Nach vernünftiger kaufmännischer Beurteilung notwendiger Erfüllungsbetrag

Der nach vernünftiger kaufmännischer Beurteilung notwendige Erfüllungsbetrag gelangt bei **Rückstellungen** zur Anwendung. Er erfordert eine **sachgerechte Schätzung** der zur Erfüllung der Verpflichtung notwendigen Ausgaben. Dabei ist das **Vorsichtsprinzip** zu berücksichtigen. Demzufolge ist der notwendige Erfüllungsbetrag vorsichtig zu schätzen, wonach bei mehreren möglichen Beträgen der höchste zu wählen ist. **Zukünftige Kosten- und Preissteigerungen** sind bei dieser Schätzung **zu berücksichtigen**.

Des Weiteren sind sämtliche **Rückstellungen** mit einer **Fälligkeit** von **mehr als einem Jahr abzuzinsen** und somit mit dem **Barwert** zu bewerten (§ 253 Abs. 2 Satz 1 HGB).
Der **Barwert** stellt den **Gegenwartswert** einer zukünftigen Zahlung dar. Er berechnet sich durch die **Abzinsung** (**Diskontierung**) der in der Zukunft zu leistenden Zahlung.
Die Abzinsung erfolgt bei Rückstellungen für **Altersversorgungsverpflichtungen** (z. B. Pensionsrückstellungen) mit dem der Restlaufzeit entsprechenden **durchschnittlichen Marktzinssatz** der vergangenen **zehn** Geschäftsjahre (§ 253 Abs. 2 Satz 1 HGB).

Im Falle **sonstiger Rückstellungen** ist der durchschnittliche Marktzinssatz für die vergangenen **sieben** Geschäftsjahre heranzuziehen. Diese Zinssätze werden monatlich durch die **Deutsche Bundesbank** bekanntgegeben.

BEISPIEL

Die Radio GmbH mietet neue Geschäftsräume zum 01.01.2019 an. Der Mietvertrag läuft bis zum 31.12.2033. Um die Räumlichkeiten als Radiosender nutzen zu können, wurden zum 01.01.2019 umfangreiche Mietereinbauten vorgenommen, die beim Auszug wieder entfernt werden müssen. Der Rückbau der Mietereinbauten wird voraussichtlich 60.000 € kosten. Der durchschnittliche Marktzinssatz mit einer Restlaufzeit von 14 Jahren soll zum 31.12.2019 5 % betragen. Entsprechend beläuft sich der Abzinsungsfaktor auf 0,5051.

Die Radio GmbH bildet zum 31.12.2019 eine Rückstellung für Rückbauverpflichtungen. Die Rückbaukosten werden dabei auf die Dauer des Mietvertrages verteilt und jährlich angesammelt. Da die Fälligkeit der Rückstellung zum 31.12.2019 mehr als ein Jahr beträgt, ist für 2019 der Jahresbetrag von 4.000 € (60.000 € : 15 Jahre) mit dem Barwert in Höhe von 2.020 € zu erfassen (4.000 € x 0,5051).

5.2.1.1.5 Beizulegender Zeitwert

Der beizulegende Zeitwert kommt - außer bei Finanz- und Kreditinstituten (z. B. Banken) - bei bestimmten Altersversorgungsverpflichtungen (z. B. Pensionszusagen) zur Anwendung. **Altersversorgungsverpflichtungen**, deren Höhe sich nach dem **beizulegenden Zeitwert von Wertpapieren des Anlagevermögens** bestimmt, sind mit dem beizulegenden Zeitwert dieser Wertpapiere anzusetzen, **soweit** er einen **garantierten Mindestbetrag übersteigt**.
Die gem. § 246 Abs. 2 HGB mit den Altersversorgungsverpflichtungen **zu verrechnenden Vermögensgegenstände** sind ebenfalls mit dem **beizulegenden Zeitwert** zu bewerten.

Der **beizulegende Zeitwert** entspricht grds. dem **Marktpreis auf einem aktiven Markt**, z. B. dem Börsenkurs (§ 255 Abs. 4 Satz 1 HGB). Sofern kein aktiver Markt zur verlässlichen Bestimmung des Marktpreises vorliegt, sind **anerkannte Bewertungsmethoden** zur Ermittlung eines Marktpreises heranzuziehen (vgl. § 255 Abs. 4 Satz 2 HGB). Hierzu gehören z. B. der Vergleich mit vereinbarten Marktpreisen bei ähnlichen Geschäftsvorfällen in der jüngsten Vergangenheit sowie das Ertragswertverfahren.

BEISPIEL

Die Saus GmbH, Heidelberg, hat ihrem Geschäftsführer eine **wertpapiergebundene Pensionszusage** erteilt. Danach erhält der Geschäftsführer bei Erreichen des 62. Lebensjahres den Gegenwert des durch die Saus GmbH für ihn angelegten Wertpapier-Depots, **mindestens** aber 100.000 €. Zum 31.12.2019 beträgt der **beizulegende Zeitwert des Wertpapierdepots** 120.000 €.

Die **Höhe** der Altersversorgungsverpflichtung richtet sich nach dem **beizulegenden Zeitwert des Wertpapierdepots** und der beizulegende Zeitwert dieses Depots **überschreitet** den garantierten Mindestbetrag von 100.000 €. Daher ist die Pensionsrückstellung mit dem beizulegenden Zeitwert des Wertpapierdepots in Höhe von 120.000 € anzusetzen.

ÜBUNG →
1. Wiederholungsfragen 30 bis 33 (Seite 86),
2. Aufgabe 11 (Seite 90)

5.2.1.2 Folgebewertung

Im Sinne einer sachgerechten Darstellung der Vermögenslage kann im Zeitablauf die **Änderung der Wertansätze** der Bilanzposten notwendig werden. Dies gilt im Besonderen für die Wertansätze von Vermögensgegenständen, die einem Werteverzehr unterliegen.
Dieser Werteverzehr wird durch Abschreibungen berücksichtigt, die den Wertansatz der betreffenden Bilanzposten mindern. **Abschreibungen** werden in der GuV als **Aufwand** erfasst und führen neben der zutreffenden Darstellung der Vermögenslage zu einer periodengerechten Aufwandsabgrenzung.

Die um die Abschreibung geminderten Anschaffungs- oder Herstellungskosten werden als **fortgeführte Anschaffungs- oder Herstellungskosten** bezeichnet. Zu unterscheiden ist grundsätzlich zwischen der **planmäßigen** und der **außerplanmäßigen** Abschreibung.

5.2.1.2.1 Planmäßige Abschreibung

Bei der **planmäßigen Abschreibung** werden die Anschaffungs- oder Herstellungskosten von Vermögensgegenständen des Anlagevermögens **planmäßig** über die betriebsgewöhnliche Nutzungsdauer **verteilt** (§ 253 Abs. 3 HGB). Der Teil der Anschaffungs- oder Herstellungskosten, der dabei auf **ein** Geschäftsjahr entfällt, wird handelsrechtlich als **Abschreibung** bezeichnet.

BEISPIEL

Die Hochbau GmbH & Co. KG, Regensburg, erwirbt zum 01.01.2019 eine Maschine mit Anschaffungskosten von 30.000 €. Die betriebsgewöhnliche Nutzungsdauer wird auf 6 Jahre geschätzt. Die Maschine wird dem Anlagevermögen zugeordnet.

Die planmäßige Abschreibung für 2019 beträgt 5.000 € (30.000 € : 6 Jahre).

5.2.1.2.2 Außerplanmäßige Abschreibung

Außerplanmäßige Abschreibungen sind vorzunehmen, wenn eine **außergewöhnliche Abnutzung** des Vermögensgegenstandes vorliegt. Eine Abnutzung wird als außergewöhnlich angenommen, wenn sie von der betriebsgewöhnlichen Abnutzung abweicht. Diese außergewöhnliche Abnutzung kann **technisch** (z. B. Brand, Unwetter) oder **wirtschaftlich** (z. B. technischer Fortschritt, Wechsel im Käufergeschmack) bedingt sein.

Um eine solche **außergewöhnliche Abnutzung** festzustellen, werden am Bilanzstichtag den fortgeführten Anschaffungs- und Herstellungskosten **Vergleichswerte** gegenübergestellt.

Zu den Vergleichswerten, die zur Höhe der außerplanmäßigen Abschreibung ermittelt werden müssen, zählen:

Vermögensgegenstände	Vergleichswerte
Anlagevermögen	• der beizulegende Wert (§ 253 **Abs. 3** HGB)
Umlaufvermögen	• der aus dem Börsen- oder Marktpreis abgeleitete Wert (§ 253 Abs. 4 **Satz 1** HGB) • der beizulegende Wert (§ 253 Abs. 4 **Satz 2** HGB)

Beizulegender Wert

Der beizulegende Wert ist **grundsätzlich ausschließlich** für die Vermögensgegenstände des **Anlagevermögens** (§ 253 Abs. 3 HGB) anzuwenden. Für die Vermögensgegenstände des **Umlaufvermögens** ist der beizulegende Wert dann einschlägig, **sofern kein Börsen- oder Marktpreis** festzustellen ist (§ 253 Abs. 4 Satz 2 HGB).

Bei der Berechnung des beizulegenden Wertes für das **Anlagevermögen** werden die **Wiederbeschaffungs-** oder **Wiederherstellungskosten** als Anhaltspunkte verwendet. Bei immateriellen Vermögensgegenständen und Beteiligungen des Anlagevermögens bietet sich der **Ertragswert** als Anhaltspunkt für den beizulegenden Wert an. Der Ertragswert berechnet sich aus der Differenz der Barwerte der künftigen Ein- und Auszahlungen, die im Zusammenhang mit dem betreffenden Vermögensgegenstand stehen. Die Wertuntergrenze stellt der **Einzelveräußerungswert** dar. Dieser Wert scheint vor allem dann als Anhaltspunkt für den beizulegenden Wert geeignet, wenn der Vermögensgegenstand des Anlagevermögens kurze Zeit nach dem Bilanzstichtag verkauft werden soll. Der Einzelveräußerungswert bestimmt sich durch den Einzelverkaufspreis des Vermögenswertes abzüglich bis zum Verkauf anfallender Aufwendungen.

Als Vergleichswert für die Vermögensgegenstände des **Umlaufvermögens** kommt der beizulegende Wert nur infrage, wenn kein Börsen- oder Marktpreis für diese Vermögensgegenstände ermittelt werden kann. Entscheidend für die Auswahl des Maßstabs zur Bestimmung des beizulegenden Wertes ist, ob der **Beschaffungs- oder der Absatzmarkt** für die jeweiligen Vermögensgegenstände des Umlaufvermögens maßgebend ist.
Ist der **Beschaffungsmarkt** einschlägig (z.B. für Roh-, Hilfs- und Betriebsstoffe), erscheinen die **Wiederbeschaffungs-** oder **Reproduktionskosten** als geeigneter Anhaltspunkt.
Ist der **Absatzmarkt** maßgeblich (z.B. bei unfertigen und fertigen Erzeugnissen), empfiehlt sich der **Einzelveräußerungswert** als geeigneter Wertmaßstab.
Bei Vermögensgegenständen, die **weder** dem **Beschaffungs- noch Absatzmarkt** eindeutig zugeordnet werden können (z.B. Handelswaren) ist der **niedrigere Wert** der beiden Märkte heranzuziehen.
Eine **Ausnahme** besteht, wenn die Verwendung des Vermögensgegenstandes eingeschränkt oder sogar ausgeschlossen ist. In diesen Fällen kann der **Schrottwert** als Maßstab zur Feststellung des beizulegenden Wertes dienen.

Aus dem Börsen- oder Marktpreis abgeleiteter Wert

Der aus dem Börsen- oder Marktpreis abgeleitete Wert ist **ausschließlich** zur Ermittlung von Vergleichswerten für das **Umlaufvermögen** anzuwenden.

Der handelsrechtliche **Börsenpreis** ist der an einer amtlich anerkannten Börse amtlich oder im Freiverkehr für eine Ware oder ein Wertpapier festgestellte Preis (Kurs).
Der Ansatz des Börsenpreises setzt voraus, dass tatsächlich Umsätze zu diesem Preis stattgefunden haben. Ein reiner Geld- oder Briefkurs, zu dem keine Umsätze stattgefunden haben, genügt nicht.

Der handelsrechtliche **Marktpreis** ist der Preis, der an einem Handelsplatz für Waren einer bestimmten Gattung von durchschnittlicher Art und Güte zu einem bestimmten Zeitpunkt im Durchschnitt gewährt wurde.

Der aus dem Börsen- oder Marktpreis **abgeleitete Wert** ergibt sich aus dem Börsen- oder Marktpreis **zuzüglich** der **Anschaffungsnebenkosten**, wenn sich die Bewertung nach dem Beschaffungsmarkt richtet. Ist der Absatzmarkt für die Bewertung maßgeblich, handelt es sich um den Börsen- oder Marktpreis **abzüglich noch anfallender Aufwendungen**.

Sofern die **Vergleichswerte unter** den fortgeführten AK/HK liegen, hängt eine außerplanmäßige Abschreibung von der **Zugehörigkeit des Vermögensgegenstandes zum Anlage- oder Umlaufvermögen** ab.

Dabei gilt für die Vermögenswerte des **Umlaufvermögens** eine Abschreibungspflicht (**strenges Niederstwertprinzip**; § 253 Abs. 4 HGB).

Vermögensgegenstände des **Anlagevermögens** sind **nur** zwingend außerplanmäßig abzuschreiben, wenn es sich voraussichtlich um eine **dauerhafte** Wertminderung handelt (**gemildertes Niederstwertprinzip**; § 253 Abs. 3 Satz 5 HGB).

Bei einer voraussichtlich **nicht** dauernden Wertminderung besteht für Vermögensgegenstände des **Finanzanlagevermögens** ein Abschreibungs**wahlrecht** (§ 253 Abs. 3 Satz 6 HGB).
Für **alle anderen Vermögensgegenstände** des Anlagevermögens besteht bei voraussichtlich nicht dauernder Wertminderung ein Abschreibungs**verbot**.

Das nachfolgende Schaubild fasst die handelsrechtlichen Abschreibungsregeln zusammen:

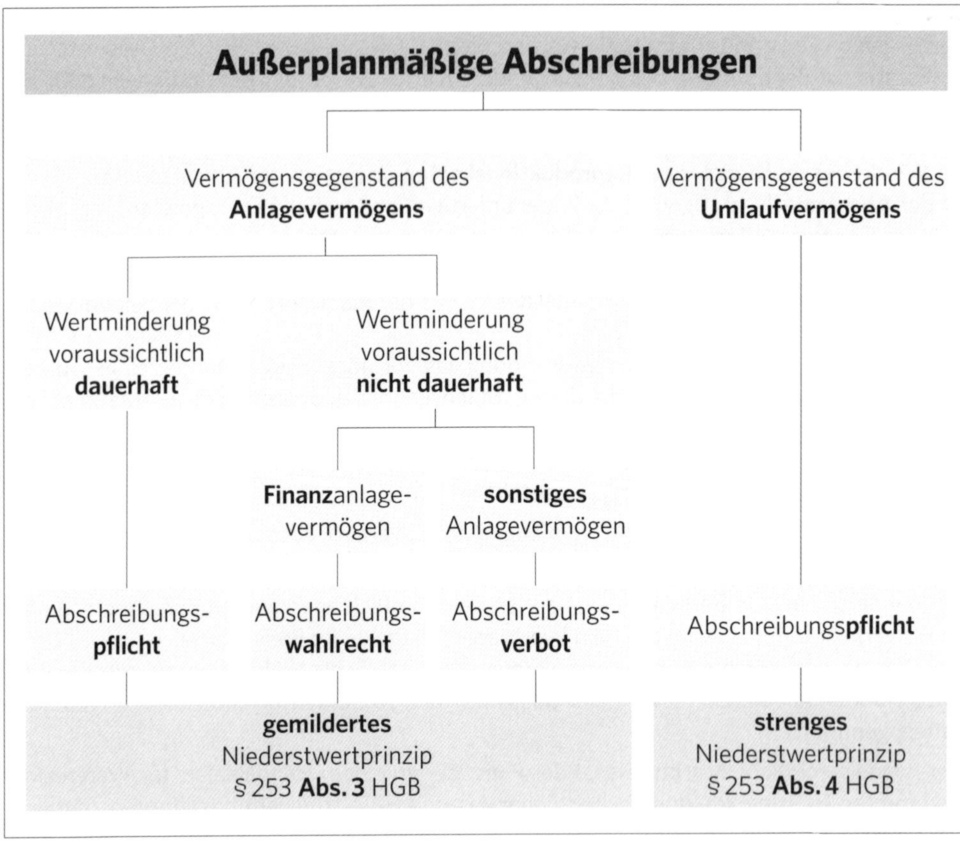

5.2.1.2.3 Wertaufholung

Unter Wertaufholung versteht man die **Erhöhung der Bilanzwerte** von Vermögensgegenständen gegenüber dem vorangegangenen Geschäftsjahr, wenn der Grund für die **außerplanmäßige Abschreibung** weggefallen ist (§ 253 Abs. 5 HGB). Die Wertaufholung durch Erhöhung der Bilanzwerte wird auch **Zuschreibung** genannt.
Obergrenze der Zuschreibungen sind dabei die (**fortgeführten**) **Anschaffungs- oder Herstellungskosten**.

Eine **Ausnahme** besteht ausschließlich für den **Geschäfts- oder Firmenwert**, bei dem der niedrigere Wert zwingend beibehalten werden muss (§ 253 Abs. 5 Satz 2 HGB).

Dem **Wertaufholungsgebot** unterliegen **alle Kaufleute**.

ÜBUNG → Wiederholungsfragen 34 bis 37 (Seite 87)

5.2.2 Steuerbilanz

5.2.2.1 Erstbewertung

Das Steuerrecht kennt für die Erstbewertung **ebenfalls** die Bewertungsmaßstäbe **Anschaffungs- und Herstellungskosten**, **Barwert** sowie den **beizulegenden Zeitwert**. Für **Anschaffungs- und Herstellungskosten** sowie den **beizulegenden Zeitwert** ergibt sich **inhaltlich** grundsätzlich **kein Unterschied**.

Bei den Herstellungskosten besteht für angemessene Teile der Kosten der allgemeinen Verwaltung sowie angemessene Aufwendungen für soziale Einrichtungen des Betriebs, für freiwillige soziale Leistungen und für die betriebliche Altersversorgung i.S.d. § 255 Abs. 2 Satz 3 HGB **auch steuerrechtlich** ein **Wahlrecht** zur Einbeziehung. Dieses steuerrechtliche Wahlrecht ist **übereinstimmend mit dem handelsrechtlichen Wahlrecht auszuüben**, wodurch Abweichungen zwischen Handels- und Steuerbilanz vermieden werden (§ 6 Abs. 1 Nr. 1b EStG).

Hinsichtlich der Anwendung des **Barwertes** besteht steuerrechtlich bei der Bewertung von **Verbindlichkeiten und Rückstellungen grundsätzlich** ein **Abzinsungsgebot**, wenn die **Restlaufzeit** am Bilanzstichtag **12 Monate oder länger** beträgt; dabei ist ein Zinssatz von **5,5 %** zu berücksichtigen (§ 6 Abs. 1 Nr. 3 Satz 1 bzw. Nr. 3a Buchstabe e) EStG). Für **Pensionsrückstellungen** ist ein Zinssatz von **6 %** anzuwenden (§ 6a Abs. 3 Satz 3 EStG).
Ausgenommen von der Abzinsung sind Verbindlichkeiten und Rückstellungen, die **verzinslich** sind oder auf einer **Anzahlung** oder **Vorausleistung** beruhen (§ 6 Abs. 1 Nr. 3 Satz 2 bzw. Nr. 3a Buchstabe e) EStG).
Eine **verzinsliche Verbindlichkeit** liegt vor, wenn ein Zinssatz von **mehr als 0 % vereinbart** ist. Eine Vereinbarung eines Zinssatzes nahe 0 % kann im Einzelfall als missbräuchliche Gestaltung im Sinne des § 42 AO zu beurteilen sein (BMF-Schreiben vom 23.08.1999, BStBl I 1999 S. 818).

Das handelsrechtliche Konzept des **notwendigen Erfüllungsbetrages**, nach dem auch **voraussichtliche Kosten- und Preissteigerungen** bei der Bewertung von Rückstellungen zu berücksichtigen sind, existiert im Steuerrecht **nicht**. Steuerrechtlich sind die Wertverhältnisse **am Bilanzstichtag** maßgeblich, wonach künftige Preis- und Kostensteigerungen **nicht zu berücksichtigen** sind (§ 6 Abs. 1 Nr. 3a Buchstabe f) EStG).

Mit **Ausnahme der Pensionsrückstellungen** darf die Höhe der Rückstellung in der Steuerbilanz den zulässigen Ansatz in der Handelsbilanz **nicht** überschreiten (R 6.11 Abs. 3 Satz 1 EStR 2012).

Über die handelsrechtlichen Bewertungsmaßstäbe hinaus kennt das Steuerrecht den Bewertungsmaßstab des **Teilwerts**. Der Teilwert dient im Rahmen der **Erstbewertung** zur Bewertung der **Einlagen** und **Entnahmen**. Daneben gelangt er im Rahmen der **Folgebewertung** zur Anwendung. Er wird gesetzlich wie folgt beschrieben:

> **Teilwert** ist der Betrag, den ein Erwerber des ganzen Betriebs im Rahmen des Gesamtkaufpreises für das einzelne Wirtschaftsgut ansetzen würde; dabei ist davon auszugehen, dass der Erwerber den Betrieb fortführt (§ 6 Abs. 1 Nr. 1 Satz 3 EStG).

Dem Teilwertbegriff liegt die **Annahme** zugrunde, dass der **Betrieb als Ganzes** an einen Dritten **veräußert** wird. **Solange** jedoch der Betrieb **nicht veräußert** wird, kann der Teilwert nur **geschätzt** werden.

Zur Erleichterung der Schätzung des Teilwerts hat die Rechtsprechung Vermutungen aufgestellt (sog. **Teilwertvermutungen**). Dabei handelt es sich um allgemeine Erfahrungssätze, die im Einzelfall vom Unternehmer widerlegt werden können.

Zur Ermittlung des Teilwerts gelten folgende **Teilwertvermutungen** [H 6.7 (Teilwertvermutungen) EStH]:

1. Im **Anschaffungszeitpunkt und kurze Zeit** danach entspricht der Teilwert den **Anschaffungskosten**.
2. In einem **späteren Zeitpunkt** entspricht der Teilwert bei
   a) **nicht abnutzbaren Anlagegütern** den **Anschaffungskosten**,
   b) **abnutzbaren** Anlagegütern den **um die lineare AfA verminderten Anschaffungskosten**.

   Ändern sich die Preise, treten an die Stelle der Anschaffungskosten die **Wiederbeschaffungskosten**.
3. Bei Wirtschaftsgütern des **Umlaufvermögens** entspricht der Teilwert grundsätzlich den **Wiederbeschaffungskosten**.

Ist das Wirtschaftsgut nicht angeschafft, sondern hergestellt worden, treten an die Stelle der Anschaffungskosten die **Herstellungskosten**.

Die **Wiederbeschaffungs- oder Wiederherstellungskosten** bilden die **obere Grenze** des Teilwerts. Die Wiederbeschaffungskosten stellen den Anschaffungswert eines Vermögensgegenstandes zum Zeitpunkt seiner Wiederbeschaffung dar, d.h. die Anschaffungskosten zum Bilanzstichtag **zuzüglich** der **Anschaffungsnebenkosten**. Bei abnutzbaren Vermögensgegenständen sind die **Abschreibungen** bei den Wiederbeschaffungs- oder Wiederherstellungskosten zu berücksichtigen.
Die **untere Grenze** des Teilwerts ist der **Nettoveräußerungspreis**, d.h. der Preis ohne Umsatzsteuer, der bei einem Verkauf zu erzielen wäre. Er kommt z.B. bei Wirtschaftsgütern in Betracht, die nicht wiederbeschafft werden können.

Der **handelsrechtliche „beizulegende** Wert" i.S.d. § 253 Abs. 3 Satz 5 HGB **entspricht** grundsätzlich dem **steuerrechtlichen** Teilwert.
Einzelheiten mit Beispielen zum Teilwert folgen in den weiteren Kapiteln.

5.2.2.2 Folgebewertung

Anstatt des Begriffs „Abschreibung" verwendet das Steuerrecht die Formulierung „**Absetzung für Abnutzung**" (**AfA**). Auch steuerrechtlich wird zwischen der planmäßigen und der außerplanmäßigen Absetzung für Abnutzung unterschieden. Daneben kennt das Steuerrecht noch weitere Formen von Abschreibungen, z.B. Sonderabschreibungen, die bei den entsprechenden Bilanzposten erläutert werden.

Für Zwecke der außerplanmäßigen AfA wird als steuerrechtlicher **Vergleichsmaßstab** ausschließlich der **Teilwert** angewendet.

Eine **außerplanmäßige AfA** ist grds. sowohl im Anlage- als auch im Umlaufvermögen steuerrechtlich nur zulässig, wenn eine **dauerhafte Wertminderung** vorliegt. Dabei liegt im Gegensatz zum Handelsrecht **grds. keine Pflicht** zum Ansatz des niedrigeren Teilwertes vor (Abschreibungswahlrecht, § 6 Abs. 1 Nr. 1 und Nr. 2 EStG).

Wurde eine **Teilwertabschreibung** zulässigerweise vorgenommen und hat sich der Wert des Wirtschaftsgutes **wieder erhöht**, ist der Steuerpflichtige **verpflichtet**, das Wirtschaftsgut in der **Bilanz** wieder mit dem sich nach § 6 Abs. 1 Nr. 1 **Satz 1** EStG ergebenden Wert (i.d.R. mit den **fortgeführten AK/HK**) anzusetzen. Somit besteht auch steuerrechtlich ein **Wertaufholungsgebot** (§ 6 Abs. 1 Nr. 1 Satz 4 und Nr. 2 Satz 3 EStG).

Im Gegensatz zum Handelsrecht kommt es allerdings **nicht** darauf an, ob die konkreten Gründe für die vorherige Teilwertabschreibung weggefallen sind. Auch eine Erhöhung des Teilwerts **aus anderen Gründen** ist als Wertaufholung zu erfassen (BMF-Schreiben vom 02.09.2016, IV C 6 - S 2171-b/09/10002, Tz. 27).

Weiterführende Erläuterungen mit Beispielen zu den Themen Teilwertabschreibung, dauernde Wertminderung und Wertaufholung enthält das BMF-Schreiben vom 02.09.2016 (IV C 6 - S 2171-b/09/10002), abrufbar im Internet als Anhang 9 der Online-Version der Amtlichen Handbücher (hier EStH) unter https://amtliche-handbuecher.de/Home/home.html.

ÜBUNG →
1. Wiederholungsfragen 38 bis 43 (Seite 87),
2. Aufgaben 12 bis 14 (Seite 90)

5.3 Ausweis und Anhangangaben

Die erfassten und bewerteten Bilanzposten sind in der Bilanz entsprechend einer **bestimmten Gliederung** auszuweisen. Ebenfalls gelten für die Gewinn- und Verlustrechnung (GuV) bestimmte Gliederungsbestimmungen. Die Regelungen des HGB zum Ausweis in Bilanz und GuV sind dabei von der Rechtsform und der Unternehmensgröße abhängig.

In der **Bilanz** haben alle Kaufleute nach § 247 Abs. 1 HGB Anlagevermögen, Umlaufvermögen, Eigenkapital, Schulden und Rechnungsabgrenzungsposten gesondert auszuweisen und diese Posten hinreichend aufzugliedern. In der **GuV** sind die Aufwendungen den Erträgen des abgelaufenen Geschäftsjahres gegenüberzustellen (§ 242 Abs. 2 HGB). Bei dem Ausweis der Posten in Bilanz und GuV sind die **Grundsätze ordnungsmäßiger Buchführung** (GoB) zu beachten.

Kapitalgesellschaften und Personenhandelsgesellschaften **ohne** eine natürliche Person als Vollhafter haben die Aufgliederung der Posten nach den für die Bilanz (§ 266 Abs. 2 und 3 HGB) und GuV (§ 275 Abs. 2 oder 3 HGB) **vorgegebenen Gliederungsschemata** vorzunehmen. Diese Gliederungsschemata sind als **Mindestgliederung** zu verstehen, das heißt, weitere Untergliederungen sind in bestimmten Fällen zwingend.
In § 265 HGB werden darüber hinaus **bestimmte Gliederungsgrundsätze** geregelt. Dazu gehören z.B. die Stetigkeit der Darstellung der Bilanz und GuV (§ 265 Abs. 1 HGB) sowie der zwingende Ausweis der Vorjahresbeträge zu jedem Bilanz- und GuV-Posten (§ 265 Abs. 2 HGB).

Üblicherweise orientieren sich **Einzelkaufleute** und Personenhandelsgesellschaften mit einer natürlichen Person als Vollhafter an den für Kapitalgesellschaften und Personenhandelsgesellschaften i.S.d. § 264a HGB geltenden Gliederungsschemata sowie den Gliederungsgrundsätzen (§ 265 HGB).

Die Aufstellung eines **Anhangs** ist nur für Kapitalgesellschaften und Personenhandelsgesellschaften **ohne** eine natürliche Person als Vollhafter verpflichtend (§ 264 Abs. 1 i.V.m. § 264a Abs. 1 HGB).

Neben **allgemeinen Anhangangaben** (z.B. zu den angewandten Bilanzierungs- und Bewertungsmethoden) sind **Angaben zu einzelnen Posten**, die entweder gesetzlich vorgeschrieben oder für ein den tatsächlichen Verhältnissen entsprechendes Bild der Vermögens-, Finanz- und Ertragslage notwendig sind, zu machen.

Die einzelnen Ausweis- und Anhangangabepflichten werden im Folgenden bei der Behandlung der entsprechenden Posten dargestellt und erläutert.

ÜBUNG →
Wiederholungsfrage 44 (Seite 87)

5.4 Erfolgskontrolle

Wiederholungsfragen

1. Für welche Bilanzposten besteht grundsätzlich eine Ansatzpflicht in der Bilanz?
2. Was ist unter einem Vermögensgegenstand zu verstehen?
3. Wie werden Vermögensgegenstände in der Bilanz untergliedert?
4. Was versteht man unter Verbindlichkeiten?
5. Wodurch unterscheiden sich Rückstellungen von Verbindlichkeiten?
6. Was versteht man unter Aufwandsrückstellungen?
7. Für welche Rückstellungen besteht eine handelsrechtliche Passivierungspflicht?
8. Was versteht man unter dem Eigenkapital?
9. Welche Unterscheidungen können beim Eigenkapital getroffen werden?
10. Was ist buchhalterisch unter dem Eigenkapital zu verstehen?
11. Welche Bilanzierungswahlrechte kennt das HGB?
12. Welche Bilanzierungshilfe kennt das HGB?
13. Welche Bilanzierungsverbote kennt das HGB?
14. Für welche handelsrechtliche Rückstellung besteht ein steuerrechtliches Passivierungsverbot?
15. Wie kann das steuerliche Betriebsvermögen unterteilt werden?
16. Was versteht man unter Einlagen?
17. Was versteht man unter Entnahmen?
18. Welche Bewertungsmaßstäbe kennt das Handelsrecht?
19. Wie werden die Anschaffungskosten im § 255 HGB definiert?
20. Welche Kosten gehören z. B. zu den Anschaffungsnebenkosten?
21. Was sind z. B. Anschaffungspreisminderungen?
22. Wie wird die Vorsteuer bei der Ermittlung der Anschaffungskosten behandelt?
23. Wie werden die Herstellungskosten im § 255 HGB definiert?
24. Welche Kosten bilden die handelsrechtliche Wertuntergrenze der Herstellungskosten?
25. Welche Kosten bilden die handelsrechtliche Wertobergrenze der Herstellungskosten?
26. Was versteht man unter Einzelkosten?
27. Was versteht man unter Gemeinkosten?
28. Was gehört im Einzelnen zu den Herstellungskosten eines Gebäudes?
29. Was gehört z. B. nicht zu den Herstellungskosten eines Gebäudes?
30. Was versteht man unter dem Erfüllungsbetrag?
31. Was versteht man unter dem notwendigen Erfüllungsbetrag?
32. Was versteht man unter dem Barwert?
33. Was versteht man unter dem beizulegenden Zeitwert?

34. Was versteht man unter den fortgeführten Anschaffungs- oder Herstellungskosten?
35. Was versteht man unter dem beizulegenden Wert?
36. Wann ist handelsrechtlich eine außerplanmäßige Abschreibung vorzunehmen?
37. Was versteht man unter Wertaufholung?
38. Welche Unterschiede ergeben sich bei der steuerrechtlichen Erstbewertung im Vergleich zur Erstbewertung nach HGB?
39. Wie wird der Teilwert i.S.d. § 6 Abs. 1 Nr. 1 Satz 3 EStG definiert?
40. Welche Teilwertvermutung besteht für Wirtschaftsgüter des Anlagevermögens im Zeitpunkt der Anschaffung oder Herstellung oder kurze Zeit danach?
41. Welche Teilwertvermutung besteht für abnutzbare Anlagegüter für die auf das Anschaffungsjahr folgenden Bewertungsstichtage?
42. Welche Teilwertvermutung besteht für Wirtschaftsgüter des Umlaufvermögens?
43. Welche Unterschiede ergeben sich bei der steuerrechtlichen Folgebewertung im Vergleich zur Folgebewertung nach HGB?
44. Wer ist verpflichtet, einen Anhang aufzustellen?

Aufgaben

AUFGABE 1

Der Projektingenieur Walter Wichtig hat sein Arbeitsverhältnis bei der Foundation GmbH gekündigt. Die GmbH zahlt ihm bei seinem Ausscheiden eine „Abfindung" in Höhe von 240.000 €; dafür hat sich Walter Wichtig verpflichtet, der GmbH nach seinem Ausscheiden mit seinen bei der GmbH erworbenen Fähigkeiten in den nächsten beiden Jahren weder selbständig noch unselbständig Konkurrenz zu machen. Die GmbH bucht die Abfindungen als Personalaufwendungen.

Prüfen Sie, ob diese Behandlung der Zahlung durch die GmbH richtig ist.

AUFGABE 2

Die Tax GmbH, Stuttgart, hat im Erhebungszeitraum 2019 einen Gewerbeertrag in Höhe von 120.000 €. Der Hebesatz der Gemeinde beträgt 420 %; es wurden für den Erhebungszeitraum 2019 14.000 € Gewerbesteuer-Vorauszahlungen geleistet.

1. Ermitteln Sie die Gewerbesteuerrückstellung zum 31.12.2019.
2. Stellen Sie fest, wie sich die Bildung der Rückstellung auf den handelsrechtlichen Jahresüberschuss und den steuerlichen Gewinn auswirkt.

AUFGABE 3

Die Tax GmbH hat am 01.11.2019 mit der Listig GmbH einen Kaufvertrag über die Lieferung einer Maschine abgeschlossen. Der vertraglich vereinbarte Verkaufspreis soll 200.000 € zzgl. 19 % USt betragen. Die Lieferung soll am 02.03.2020 erfolgen. Aufgrund der gestiegenen Rohstoffpreise und Energiekosten betragen die Selbstkosten der Tax GmbH für die Produktion der Maschine am Bilanzstichtag (und voraussichtlich auch im Zeitpunkt der Lieferung) 230.000 €.

Welche Folgen ergeben sich für die Handels- und Steuerbilanz der Tax GmbH zum 31.12.2019?

AUFGABE 4

Der Angestellte Fleißig der Tax GmbH hat am 31.12.2019 noch Anspruch auf 15 Tage Resturlaub aus dem Jahre 2019. Für Fleißig gelten folgende Daten:
Fleißig wird für 200 Arbeitstage im Jahr bezahlt.

Bruttogehalt/Monat	5.000 €
Arbeitgeberanteil zur Sozialversicherung	1.000 €
Weihnachtsgratifikation	5.000 €
Erfolgsbeteiligung 2019	2.000 €

Prüfen Sie, ob eine Rückstellung gemäß § 249 HGB gebildet werden muss. Ermitteln Sie gegebenenfalls die Höhe der handelsrechtlichen Rückstellung.

AUFGABE 5

Der Gewerbetreibende Schwarz, Koblenz, der zum Vorsteuerabzug berechtigt ist, hat 2019 ein unbebautes Betriebsgrundstück zum Preis von 50.000 € gekauft. An Grunderwerbsteuer hat er hierfür 2.500 € gezahlt. Der Notar hat ihm 1.000 € netto zuzüglich 190 € USt in Rechnung gestellt. An Grundbuchgebühren sind 650 € angefallen. Zur teilweisen Finanzierung dieser Investition hat Schwarz ein Darlehen bei seiner Bank aufgenommen, die ihm im Anschaffungsjahr an Zinsen 3.400 € und an Bearbeitungsgebühren 1.000 € berechnet hat.

Ermitteln Sie die Anschaffungskosten des Grundstücks.

AUFGABE 6

Der Gewerbetreibende Wagner hat 2019 ein bebautes Betriebsgrundstück gekauft. Von dem Kaufpreis entfallen 75.000 € auf den Grund und Boden und 225.000 € auf das Gebäude. Die Anschaffungsnebenkosten betragen insgesamt 15.000 €.

Wie hoch sind

a) die Anschaffungskosten des Grund und Bodens,
b) die Anschaffungskosten des Gebäudes?

AUFGABE 7

Der Gewerbetreibende Thielen, Köln, der zum Vorsteuerabzug berechtigt ist, hat 2019 eine Maschine zum Preis von 20.000 € netto zuzüglich 3.800 € USt gekauft. Den Kaufpreis hat er vereinbarungsgemäß unter Abzug von 2 % Skonto beglichen. An Transportkosten sind 500 € netto zuzüglich 95 € USt angefallen. Für die Transportversicherung hat Thielen 250 € gezahlt. Die Montage der Maschine verursachte 760 € Kosten.

Ermitteln Sie die Anschaffungskosten der Maschine.

AUFGABE 8

Der Gewerbetreibende Kohler, der zum Vorsteuerabzug berechtigt ist, kaufte im Jahr 2019 einen Pkw und erhielt folgende Rechnung (Auszug):

	Preis ab Werk	20.000 €
+	Schiebedach	500 €
+	Überführungskosten	320 €
		20.820 €
-	Nachlass	- 820 €
		20.000 €
+	19 % USt	3.800 €
		23.800 €

Außerdem hat er für den Kfz-Brief und die Zulassung 20 € gezahlt. Der Pkw wird ausschließlich betrieblich genutzt.
Wie hoch sind die Anschaffungskosten des Pkws?

AUFGABE 9

Der Gewerbetreibende Brand legt für ein selbsthergestelltes Erzeugnis folgende Kalkulation vor:

Materialeinzelkosten	400 €
Materialgemeinkosten	80 €
Fertigungseinzelkosten	800 €
Fertigungsgemeinkosten	960 €
Kosten für die allgemeine Verwaltung	60 €
Vertriebsgemeinkosten	150 €
Gewinn	350 €
Umsatzsteuer	392 €

Mit welchem Wert ist das Erzeugnis in der Handels- und Steuerbilanz anzusetzen, wenn Brand einen möglichst niedrigen Gewinn ermitteln will?

AUFGABE 10

Der Gewerbetreibende Bürger hat ein Fabrikgebäude bauen lassen. Der Bau hat folgende Kosten verursacht (alle Beträge ohne USt):

Maurerarbeiten	100.000 €
Schreinerarbeiten	20.000 €
Schlosserarbeiten	10.000 €
Elektrikerarbeiten	30.000 €
Gipserarbeiten	15.000 €
Dachdeckerarbeiten	25.000 €
Anstreicherarbeiten	12.000 €
sonstige Bauhandwerkerarbeiten	18.000 €
Architektenhonorar	20.000 €
Anschlusskosten für Strom und Wasser	12.000 €
Kanalanschlusskosten	8.000 €
Erschließungsbeitrag	15.000 €
Kanalanschlussgebühren	6.000 €

Wie hoch sind die Herstellungskosten des Gebäudes?

AUFGABE 11

Die Tax GmbH hat zum 01.01.2019 auf einem gepachteten Nachbargrundstück eine Lagerhalle errichtet und sich gegenüber dem Verpächter verpflichtet, die Halle zum Ablauf des Pachtvertrags am 31.12.2028 abzureißen. Die Abbruchkosten werden auf 80.000 € geschätzt.

Der Abzinsungssatz gemäß § 253 Abs. 2 HGB soll 4 % betragen. Der daraus resultierende Barwertfaktor beträgt bei einer Restlaufzeit von 9 Jahren entsprechend 0,7026. Für einen Zinssatz von 5,5 % beträgt der Abzinsungsfaktor für 9 Jahre 0,6176.

1. Ermitteln Sie die Höhe der handelsrechtlichen Rückstellung zum 31.12.2019.
2. Ermitteln Sie die Höhe der steuerrechtlichen Rückstellung zum 31.12.2019.

AUFGABE 12

Der Gewerbetreibende Hofmann, der zum Vorsteuerabzug berechtigt ist, hat vor einem halben Jahr Waren für 800 € netto zuzüglich 152 € USt gekauft. Die Waren befinden sich noch in seinem Bestand.

Wie hoch ist der beizulegende Wert bzw. der Teilwert, wenn er die Waren am Bilanzstichtag (31.12.2019) für 750 € netto zuzüglich USt wiederbeschaffen kann?

AUFGABE 13

Der Gewerbetreibende Hansen, der zum Vorsteuerabzug berechtigt ist, hat vor einem halben Jahr Waren für 900 € netto zuzüglich 171 € USt gekauft. Die Waren befinden sich noch in seinem Bestand.

Wie hoch ist der beizulegende Wert bzw. der Teilwert, wenn er die Waren am Bilanzstichtag (31.12.2019) für 950 € netto zuzüglich USt wiederbeschaffen kann?

AUFGABE 14

Der bilanzierende Gewerbetreibende Holger Müller, Karlsruhe, hält Aktien der Wolff AG, Stuttgart. Die Wertpapiere hat er im Jahre 2018 mit Anschaffungskosten in Höhe von 300.000 € erworben und zulässigerweise im Anlagevermögen aktiviert. Am Bilanzstichtag (31.12.2019) hat die Beteiligung einen beizulegenden Wert (= Teilwert) in Höhe von 287.000 €; im Zeitpunkt der Aufstellung des Jahresabschlusses (Frühjahr 2020) einen beizulegenden Wert (= Teilwert) von 310.000 €. Im Steuerrecht ist bei im Anlagevermögen gehaltenen Aktien von einer dauernden Wertminderung auszugehen, wenn die Wertabweichung am Bilanzstichtag größer als 5 % des letzten Bilanzansatzes ist.

Müller buchte wie folgt:

Sollkonto	Betrag (€)	Habenkonto
6210 (4826) Außerpl. Abschreibungen	13.000,00	**0910** (0517) WP des AV

Nach der Buchung erzielte Müller einen handelsrechtlichen Jahresüberschuss in Höhe von 150.000 €.

Beurteilen Sie die Auswirkung auf den steuerlichen Gewinn.

A L Weitere Aufgaben mit Lösungen finden Sie im **Lösungsbuch** der Buchführung 2.

6 Bilanzierung des Anlagevermögens

6.1 Bilanzierung des abnutzbaren Anlagevermögens

Vermögensgegenstände gehören zum **Anlagevermögen**, wenn sie dazu bestimmt sind, dem Betrieb **dauernd zu dienen** (§ 247 Abs. 2 HGB). Vermögensgegenstände des Anlagevermögens können in **abnutzbare** und **nicht abnutzbare** Vermögensgegenstände unterteilt werden.

Abnutzbar sind Vermögensgegenstände in der Regel, wenn ihre Nutzung **zeitlich begrenzt** ist. Zum **abnutzbaren Anlagevermögen** gehören handelsrechtlich

- **immaterielle Vermögensgegenstände** und
- **Sachanlagen**.

Die abnutzbaren Vermögensgegenstände des Anlagevermögens sind handelsrechtlich grundsätzlich mit den **Anschaffungs- oder Herstellungskosten**, **vermindert um** die **Abschreibungen** in der Bilanz anzusetzen (§ 253 Abs. 1 HGB).
Die Abschreibungen können **planmäßig** (= gewöhnlich) oder **außerplanmäßig** (= außergewöhnlich) sein.

Im Rahmen der **planmäßigen** Abschreibung werden die **Anschaffungs- oder Herstellungskosten** auf die betriebsgewöhnliche **Nutzungsdauer verteilt**.
Der **Teil der AK/HK**, der auf **ein** Geschäftsjahr entfällt, wird **handelsrechtlich** als **Abschreibung** bezeichnet.

Die **Verteilung** der AK/HK kann in **gleichen** oder **schwankenden Jahresbeträgen** erfolgen; sie wird von der gewählten **Abschreibungsmethode** bestimmt. Grundsätzlich stehen folgende **Methoden** für die **planmäßige** Abschreibung zur Verfügung:

1. Absetzung für Abnutzung in **gleichen** Jahresbeträgen (**lineare** Abschreibung),
2. Absetzung für Abnutzung in **fallenden** Jahresbeträgen (**degressive** Abschreibung),
3. Absetzung für Abnutzung nach **Maßgabe der Leistung** (**leistungsabhängige** Abschreibung).

Handelsrechtlich besteht ein **grundsätzliches Wahlrecht** zwischen den Abschreibungsmethoden. Die Auswahl hat unter dem Gesichtspunkt der **Informationsfunktion** zu erfolgen. Demnach ist grundsätzlich die Methode zu wählen, welche die Abnutzung des Vermögensgegenstandes am sachgerechtesten widerspiegelt.

Für alle Vermögensgegenstände sollte aus Gründen der Vollständigkeit (§ 246 HGB) bei allen Methoden im letzten Jahr der betriebsgewöhnlichen Nutzungsdauer von den AK/HK eines Vermögensgegenstandes **1 Euro** als **Erinnerungswert** (**Merkposten**) in der Buchführung angesetzt werden.
Dieser Erinnerungswert wird ausgebucht, wenn der Vermögensgegenstand aus dem Betrieb ausscheidet (z. B. durch Verkauf oder Verschrottung).

ÜBUNG → Wiederholungsfragen 1 bis 3 (Seite 127)

6.1.1 Immaterielle Vermögensgegenstände

6.1.1.1 Handelsbilanz

Immaterielle Vermögensgegenstände stellen **körperlich nicht fassbare Gegenstände** dar. Zu den immateriellen Vermögensgegenständen des **Anlagevermögens** zählen z.B. Konzessionen, gewerbliche Schutzrechte, Lizenzen und der Geschäfts- oder Firmenwert (§ 266 Abs. 2 A. I. HGB).

Für **selbst geschaffene** immaterielle Vermögensgegenstände des **Anlagevermögens** besteht seit der Einführung des **Bilanzrechtsmodernisierungsgesetzes** (BilMoG) handelsrechtlich ein Aktivierungs**wahlrecht** (§ 248 Abs. 2 **Satz 1** HGB).
Von dem Aktivierungswahlrecht **ausgeschlossen** (Aktivierungsverbot) sind selbst geschaffene Marken, Drucktitel, Verlagsrechte, Kundenlisten oder vergleichbare immaterielle Vermögensgegenstände des Anlagevermögens (§ 248 Abs. 2 **Satz 2** HGB).

Bei selbst geschaffenen immateriellen Vermögensgegenständen des Anlagevermögens ist zwischen **Forschungs- und Entwicklungskosten** zu unterscheiden. Während **Forschungskosten** als **Aufwand** zu erfassen sind, besteht für **Entwicklungskosten** unter bestimmten Voraussetzungen ein **Aktivierungswahlrecht**.
Bei Ausübung des Aktivierungswahlrechtes lässt sich die Behandlung der Aufwendungen während des Lebenszyklus des Vermögensgegenstandes wie folgt darstellen:

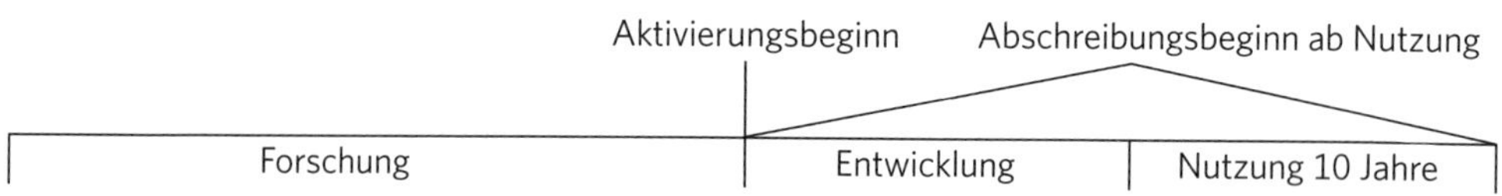

Die Entwicklungskosten können aktiviert werden, wenn mit **hoher Wahrscheinlichkeit** davon ausgegangen werden kann, dass ein Vermögensgegenstand **entsteht**. Diese **Wahrscheinlichkeitseinschätzung** bedarf einer Zukunftsprognose, deren Ausgestaltung **im Gesetz nicht konkretisiert** wird.
Aufgrund der Zielsetzung des BilMoG, eine Annäherung des HGB an die **International Financial Reporting Standards** (**IFRS**) zu erreichen, erscheint der Rückgriff auf den innerhalb der IFRS diese Sachverhalte regelnden IAS 38 „Immaterielle Vermögenswerte" zulässig. Nach IAS 38 wird ebenfalls zwischen Forschung und Entwicklung unterschieden. Der Aktivierungszeitpunkt ist nach IAS 38 gegeben, wenn sämtliche der folgenden Kriterien erfüllt sind (IAS 38.57):

1. technische Realisierbarkeit des Projektes,
2. Absicht des Unternehmens zur Fertigstellung,
3. Fähigkeit zur Nutzung oder zum Verkauf des Vermögenswertes,
4. voraussichtlicher künftiger wirtschaftlicher Nutzen,
5. Verfügbarkeit der notwendigen Ressourcen und
6. verlässliche Messbarkeit der Aufwendungen.

Mit der Einführung des **BilRUG** wird **in Ausnahmefällen** eine Nutzungsdauer gesetzlich vorgeschrieben. **Ab dem 01.01.2016 erworbene** Geschäfts- oder Firmenwerte **und aktivierte** selbst geschaffene immaterielle Vermögensgegenstände (sog. Neufälle) sind über eine Nutzungsdauer von **zehn Jahren** abzuschreiben, wenn eine andere Nutzungsdauer **nicht** verlässlich geschätzt werden kann (§ 253 Abs. 3 Sätze 3 und 4 i.V.m. Art. 75 EGHGB).

Im Folgenden werden die Bilanzierung von **entgeltlich erworbener Software** sowie des **Geschäfts- oder Firmenwertes** dargestellt und erläutert.

6.1.1.1.1 Entgeltlich erworbene Software

Unter **Software** versteht man das selbständig bewertbare Nutzungsrecht für ein Computerprogramm.
Die entgeltlich erworbene Software ist mit den **Anschaffungskosten** zu aktivieren.

Die **Anschaffungskosten** der Software sind auf dem Aktivkonto

0135 (0027) **EDV-Software**

zu erfassen.

Die **Abschreibung** wird als Aufwand auf das Konto

6200 (4822) **Abschreibungen auf immaterielle Vermögensgegenstände**

gebucht.

BEISPIEL

Die **J & L GmbH** kaufte am 04.01.2019 **nicht** standardisierte Software, die speziell nach ihren Anforderungen erstellt worden ist, für **10.000 €** + 1.900 € USt = 11.900 € auf Ziel.
Die Nutzungsdauer der Software beträgt 5 Jahre.

Die **Abschreibung** beträgt jährlich **2.000 €** (10.000 € : 5 Jahre).

Buchungssatz:

Tz.	Sollkonto	Betrag (€)	Habenkonto	Text
1.	**0135** (0027) EDV-Software **1406** (1576) Vorsteuer 19 %	10.000,00 1.900,00	**3300** (1600) Verbindl. aLuL **3300** (1600) Verbindl. aLuL	Kauf
2.	**6200** (4822) Abschr. auf i. VG	2.000,00	**0135** (0027) EDV-Software	AfA

Buchung:

S	**0135** (0027) **EDV-Software**		H
1)	10.000,00	**2)**	**2.000,00**

S	**3300** (1600) **Verbindlk. aLuL**		H
		1)	11.900,00

S	**1406** (1576) **Vorsteuer 19 %**		H
1)	1.900,00		

S	**6200** (4822) **Abschreibungen auf immaterielle Vermögensgegenstände**		H
2)	**2.000,00**		

Trivialsoftware gilt **nicht** als **immaterieller Vermögensgegenstand**, sondern wird als **materieller** Vermögensgegenstand dem **Sachanlagevermögen** zugeordnet. Softwareprodukte, deren Anschaffungskosten **800 Euro netto** nicht übersteigen, gelten als **Trivialsoftware** (R 5.5 Abs. 1 EStR 2012 soll an den geänderten § 6 Abs. 2 EStG angepasst werden.).

ÜBUNG → Wiederholungsfragen 4 bis 7 (Seite 127)

6.1.1.1.2 Geschäfts- oder Firmenwert

Unter dem **entgeltlich erworbenen Geschäfts- oder Firmenwert** versteht man den **Unterschiedsbetrag** zwischen dem Zeitwert der einzelnen Vermögensgegenstände nach Abzug der Schulden und dem **Kaufpreis** für ein Unternehmen (= **derivativer Firmenwert**; § 246 Abs. 1 Satz 4 HGB).

	Kaufpreis
-	Reinvermögen (Vermögen - Schulden)
=	**Geschäfts- oder Firmenwert**

Der **entgeltlich erworbene** Geschäfts- oder Firmenwert gilt als Vermögensgegenstand und unterliegt damit der **Aktivierungspflicht** (§ 246 Abs. 1 Satz 4 HGB).

Der von dem Unternehmer **selbst geschaffene** Firmenwert (**originäre Firmenwert**) darf **nicht** als Aktivposten **angesetzt werden** (§ 248 Abs. 2 Satz 2 HGB).

Der **entgeltlich erworbene** Geschäfts- oder Firmenwert ist **planmäßig** über die voraussichtliche Nutzungsdauer abzuschreiben. Die voraussichtliche Nutzungsdauer ist im **Anhang** anzugeben und zu erläutern (§ 285 Nr. 13 HGB).
Die **Anschaffungskosten** des **entgeltlich** erworbenen Geschäfts- oder Firmenwerts sind auf dem Aktivkonto

0150 (0035) **Geschäfts- oder Firmenwert**

zu erfassen.

Die **Abschreibung** wird als Aufwand auf das Konto

6205 (4824) **Abschreibungen auf den Geschäfts- oder Firmenwert**

gebucht.

Außerplanmäßige Abschreibungen auf den niedrigeren beizulegenden Wert sind grundsätzlich möglich; bei **außerplanmäßigen** Abschreibungen besteht aber ein Wertaufholungs**verbot**.

BEISPIEL

Bei der Gewerbetreibenden Gertrud Schaus ist im Zusammenhang mit einem am 04.01.2019 durchgeführten Unternehmenszusammenschluss ein **entgeltlich erworbener** Geschäfts- oder Firmenwert in Höhe von **300.000 €** entstanden.
Der Geschäfts- oder Firmenwert ist noch nicht gebucht. Die voraussichtliche Nutzungsdauer schätzt Schaus auf **5 Jahre**.
Die **Abschreibung** beträgt jährlich **60.000 €** (300.000 € : 5 Jahre). Die voraussichtliche Nutzungsdauer des Geschäfts- oder Firmenwertes ist im Anhang anzugeben und zu erläutern.

Buchungssatz:

Tz.	Sollkonto	Betrag (€)	Habenkonto
1.	**0150** (0035) Geschäfts- oder Firmenwert	300.000,00	**1800** (1200) Bank
2.	**6205** (4824) Abschreibungen auf den Geschäfts- oder Firmenwert	60.000,00	**0150** (0035) Geschäfts- oder Firmenwert

Buchung:

S	**0150** (0035) **Geschäfts- oder Firmenw.**		H
1)	300.000,00	**2)**	**60.000,00**

S	**1800** (1200) **Bank**		H
		1)	300.000,00

S	**6205** (4824) **Abschreibungen auf den Geschäfts- oder Firmenwert**		H
2)	**60.000,00**		

6.1.1.2 Steuerrechtliche Besonderheiten

Im Gegensatz zum Handelsrecht besteht steuerrechtlich für **selbst geschaffene** immaterielle Wirtschaftsgüter des **Anlagevermögens** ein Aktivierungs**verbot** (§ 5 Abs. 2 EStG).

Hinsichtlich der **Absetzung für Abnutzung (AfA)** ist für entgeltlich erworbene immaterielle Wirtschaftsgüter (z. B. Software und der Geschäfts- oder Firmenwert) steuerrechtlich **ausschließlich** die **lineare AfA-Methode** zulässig.

Trivialsoftware kann als **geringwertiges Wirtschaftsgut** (GWG) **in vollem Umfang** sofort abgeschrieben werden, wenn die Anschaffungskosten **nicht mehr als 800 Euro** betragen (R 5.5 Abs. 1 Satz 3 EStR 2012 soll an den geänderten § 6 Abs. 2 EStG angepasst werden.).

Bei der Berechnung des linearen AfA-Satzes für den **Geschäfts- oder Firmenwert** ist **steuerrechtlich** von einer betriebsgewöhnlichen **Nutzungsdauer** von **15 Jahren** auszugehen (§ 7 Abs. 1 Satz 3 EStG).

BEISPIEL

Der bei der Gewerbetreibenden Gertrud Schaus entstandene Geschäfts- oder Firmenwert (GoF) in Höhe von 300.000 € (Beispiel Seite 94 f.) ist steuerrechtlich über 15 Jahre abzuschreiben. Der handelsrechtliche Jahresüberschuss beträgt zum 31.12.2019 120.000 €.

Im Gegensatz zur jährlichen **handelsrechtlichen Abschreibung** in Höhe von **60.000 €** beträgt die steuerrechtliche **Absetzung für Abnutzung (AfA)** jährlich **20.000 €** (300.000 € :15 Jahre). Entsprechend ist der **steuerrechtliche Erfolg** um 40.000 € **höher** als der handelsrechtliche und lässt sich durch eine **steuerrechtliche Anpassungsrechnung** (siehe Seite 34) wie folgt berechnen:

		€
	handelsrechtlicher Erfolg	120.000
+	ergebnis**erhöhende** steuerrechtliche Unterschiede Differenz der Abschreibungen des Geschäfts- oder Firmenwerts wegen längerer Nutzungsdauer (60.000 € - 20.000 €)	+ 40.000
=	**steuerrechtlicher** Erfolg	**160.000**

Kein Geschäfts- oder Firmenwert i.S.d. § 7 Abs. 1 Satz 3 EStG ist der beim Kauf einer **freiberuflichen** Praxis erworbene **Praxiswert**. § 7 Abs. 1 Satz 3 EStG bezieht sich nur auf den Geschäfts- oder Firmenwert eines **gewerblichen** oder **land- und forstwirtschaftlichen** Unternehmens.
Der **Praxiswert** wurde bisher schon als **abnutzbar** angesehen. Die Abschreibungsdauer einer erworbenen **Einzelpraxis** liegt in der Regel **zwischen 3 und 5 Jahren** (3 Jahre bei einer Arztpraxis).

Ebenso stellt der **Sozietätpraxiswert** ein **abnutzbares** immaterielles Wirtschaftsgut dar. Die Abschreibungsdauer des **Sozietätpraxiswerts** liegt **zwischen 6 und 10 Jahren** [H 7.1 (Praxiswert) EStH].

ÜBUNG → 1. Wiederholungsfragen 8 bis 11 (Seite 127),
2. Aufgaben 1 und 2 (Seite 128 f.)

6.1.2 Sachanlagen

6.1.2.1 Handelsbilanz

Zu den Sachanlagen gehören (§ 266 Abs. 2 HGB)

- **Grundstücke, grundstücksgleiche Rechte und Bauten einschließlich der Bauten auf fremden Grundstücken,**
- **technische Anlagen und Maschinen,**
- **andere Anlagen, Betriebs- und Geschäftsausstattung und**
- **geleistete Anzahlungen und Anlagen im Bau.**

Im Folgenden wird auf die handelsrechtliche Behandlung von bebauten Grundstücken in Form von Gebäuden, von technischen Anlagen und Maschinen sowie von Betriebs- und Geschäftsausstattung in Form von geringwertigen Wirtschaftsgütern eingegangen.

6.1.2.1.1 Gebäude

Ein **Gebäude** ist ein Bauwerk auf eigenem oder fremdem Grund und Boden, das Menschen oder Sachen durch räumliche Umschließung Schutz gegen äußere Einflüsse gewährt, den Aufenthalt von Menschen gestattet, fest mit dem Grund und Boden verbunden, von einiger Beständigkeit und standfest ist.

Die Gebäude sind mit ihren **Anschaffungs- oder Herstellungskosten** in der Bilanz anzusetzen und planmäßig abzuschreiben. Der Wert des **Grund und Bodens** gehört **nicht** zur Bemessungsgrundlage der Gebäudeabschreibung, weil der Grund und Boden nicht der Abnutzung unterliegt.

BEISPIEL

Die Schuster GmbH hat am 04.01.2019 ein bebautes Grundstück erworben. Die AK betragen **250.000€**. Von den AK entfallen auf das **Gebäude 200.000€**. Die voraussichtliche Nutzungsdauer des Gebäudes wird auf 50 Jahre geschätzt.

Die jährliche Abschreibung auf das Gebäude beträgt **4.000€** (200.000 € : 50 Jahre).

Wird ein Gebäude **im Laufe eines Jahres** angeschafft oder hergestellt, kann die **Gebäude-Abschreibung** für das **Erstjahr** nur **zeitanteilig** vorgenommen werden. Für das Jahr der **Veräußerung** gilt Entsprechendes.

Es ist nicht zu beanstanden, wenn **angefangene Monate im Zugangsjahr aufgerundet** und im **Abgangsjahr abgerundet** werden.

BEISPIEL

Die Braun GmbH hat am **16.05.2019** ein Gebäude mit Anschaffungskosten in Höhe von **420.000€** erworben.
Die voraussichtliche Nutzungsdauer des Gebäudes beträgt **50 Jahre**.

Die Braun GmbH kann die lineare Gebäudeabschreibung für 2019 nur **zeitanteilig** in Höhe von **5.600€** (420.000€ : 50 Jahre = 8.400€; für 8 Monate = 8.400€ x $\frac{8}{12}$ = 5.600€) in Anspruch nehmen.

Der **Wert** der Gebäude **vermindert** sich durch ihre **Nutzung**. Diese **Wertminderung** der Gebäude ist **Aufwand**, der auf dem **Aufwandskonto**

6221 (4831) **Abschreibungen auf Gebäude**

erfasst wird.

Die **Gegenbuchung** wird auf dem entsprechenden **Anlagekonto** (z.B. „Fabrikbauten") vorgenommen.

BEISPIEL

Der Gewerbetreibende Baumeister hat am 04.01.2019 ein Fabrikgebäude für **200.000€** erworben. Die voraussichtliche Nutzungsdauer des Fabrikgebäudes beträgt 50 Jahre.
Der Kauf des Gebäudes ist ordnungsgemäß gebucht.

Baumeister schreibt jährlich **4.000€** (200.000€ : 50 Jahre) **linear** für die Abnutzung des Gebäudes ab.

Buchungssatz zum 31.12.2019:

Sollkonto	Betrag (€)	Habenkonto
6221 (4831) Abschreibungen	4.000,00	**0250** (0100) Fabrikbauten

Buchung zum 31.12.2019:

S	**6221** (4831) **Abschreibungen auf Gebäude**	H
	4.000,00	

S	**0250** (0100) **Fabrikbauten**		H
AK	200.000,00		**4.000,00**

ÜBUNG → 1. Wiederholungsfragen 12 bis 16 (Seite 127),
2. Aufgabe 3 (Seite 129)

6.1.2.1.2 Technische Anlagen und Maschinen

6.1.2.1.2.1 Lineare Abschreibung

Bei der **linearen Abschreibung** auf technische Anlagen und Maschinen werden die **AK/HK gleichmäßig** auf die Zeit der betriebsgewöhnlichen Nutzungsdauer verteilt.

Der jährliche Abschreibungs**betrag** ergibt sich, indem man die AK/HK durch die Anzahl der Jahre der betriebsgewöhnlichen Nutzungsdauer dividiert:

$$\textbf{linearer}\text{ Abschreibungs}\textbf{betrag}\text{ (€)} = \frac{\text{AK/HK}}{\text{Nutzungsdauer}}$$

BEISPIEL

Die AK einer Maschine betragen 50.000 €. Die betriebsgewöhnliche Nutzungsdauer beträgt 10 Jahre:

$$\text{jährlicher Abschreibungs}\textbf{betrag}\ (€) = \frac{50.000\ €}{10} = \underline{\textbf{5.000 €}}$$

Der Abschreibungs**satz** ergibt sich, indem man 100 durch die Anzahl der Jahre der betriebsgewöhnlichen Nutzungsdauer dividiert:

$$\textbf{linearer}\ \text{Abschreibungs}\textbf{satz}\ (\%) = \frac{100}{\text{Nutzungsdauer}}$$

BEISPIEL

Sachverhalt wie zuvor

$$\text{AfA-}\textbf{Satz}\ (\%) = \frac{100}{10} = \underline{\textbf{10 \%}}$$

Die **Höhe der Abschreibung** ist somit von den **AK/HK** und der betriebsgewöhnlichen **Nutzungsdauer** des Anlageguts abhängig.

Die **Nutzungsdauer** ist zu Beginn der Nutzung vorsichtig **zu schätzen**. **Anhaltspunkte** für die Schätzung können die **betriebseigenen Erfahrungen** der Vergangenheit und die vom Bundesminister der Finanzen im Einvernehmen mit den obersten Finanzbehörden der Länder aufgrund von Erfahrungen der steuerlichen Außenprüfung herausgegebenen **AfA-Tabellen** sein.

B 1 | Ein Auszug aus der **AfA-Tabelle** für allgemein verwendbare Anlagegüter ist abgedruckt in der **Buchführung 1**, 31. Auflage 2019, S. 87.

Die Abschreibung **beginnt** im Zeitpunkt der Anschaffung oder Herstellung des Vermögensgegenstandes.

Wird ein betrieblich verwendeter **Computer** z.B. durch Einbau einer größeren Festplatte nachträglich **aufgerüstet**, so **erhöht** sich grundsätzlich der im Zeitpunkt des Einbaus maßgebliche **Restwert**.

BEISPIEL

Ein Computer, der im Januar 2017 angeschafft worden ist, wurde im Mai 2018 durch Einbau einer größeren Festplatte nachträglich aufgerüstet. Die betriebsgewöhnliche Nutzungsdauer beträgt drei Jahre.

Der **Abschreibungsbetrag** für 2018 und 2019 wird wie folgt berechnet:

	AK des Computers Januar 2017	4.000,00 €
-	Abschreibung (2017)	- 1.333,00 €
=	Restwert 31.12.2017	2.667,00 €
+	**Einbau einer größeren Festplatte Mai 2018**	+ **1.000,00€**
	neue Bemessungsgrundlage der Abschreibung	
=	Restnutzungsdauer 2 Jahre (3.667 € : 2 = 1.833,50 €)	3.667,00 €
=	AfA (2018 und 2019) jeweils	**1.833,50€**

Werden Anlagegüter **im Laufe** eines Wirtschaftsjahres angeschafft oder hergestellt, so ist die Abschreibung in diesem Wirtschaftsjahr **zeitanteilig** (**pro-rata-temporis**) zu berechnen. Die **zeitanteilige Abschreibung** wird entsprechend beim Ausscheiden eines Anlagegutes **im Laufe** eines Wirtschaftsjahres berechnet.

BEISPIEL

Ein Gewerbetreibender, dessen Wirtschaftsjahr mit dem Kalenderjahr übereinstimmt, kaufte am **03.04.2019** eine Maschine mit AK von 12.000 €. Die betriebsgewöhnliche Nutzungsdauer beträgt 5 Jahre.

Nach der **Pro-rata-temporis-Regel** wird die AfA wie folgt berechnet:

$$\textbf{Jahres}\text{betrag der Abschreibung (€)} = \frac{12.000\text{ €}}{5} = \underline{\textbf{2.400 €}},$$

$$\text{zeitanteiliger AfA-Betrag (€)} = \frac{2.400\text{ €}}{12} = 200\text{ €} \times 9 = \underline{\textbf{1.800 €}}.$$

Der zeitanteilige Abschreibungsbetrag beträgt für 9 Monate 1.800 € (2.400 € x $\frac{9}{12}$).

Wird ein Vermögensgegenstand im **Laufe des Monats** (z. B. zum 15.02.) **angeschafft** oder **hergestellt**, so wird im Allgemeinen eine Aufrundung **auf volle Monate** (z. B. $\frac{11}{12}$) nicht zu beanstanden sein.

BEISPIEL

Sachverhalt wie zuvor mit dem Unterschied, dass die Maschine nicht am 03.04.2019, sondern am **19.04.2019** angeschafft wurde.

Der zeitanteilige Abschreibungsbetrag ist in diesem Fall ebenfalls für 9 Monate zu berechnen.

Beim **Ausscheiden** eines Vermögensgegenstandes im **Laufe des Monats** (z. B. zum 15.02.) erfolgt im Allgemeinen eine **Abrundung auf volle Monate** (z. B. $\frac{1}{12}$).

BEISPIEL

Die Maschine, die am 19.04.2019 für 12.000 € angeschafft wurde, wird am **16.11.2020** verkauft.

Der zeitanteilige Abschreibungsbetrag für das Jahr 2020 beträgt 2.000 € (2.400 € x $\frac{10}{12}$).

ÜBUNG →

1. Wiederholungsfragen 17 bis 20 (Seite 127),
2. Aufgaben 4 bis 6 (Seite 129)

6.1.2.1.2.2 Leistungsabhängige Abschreibung

Bei technischen Anlagen und Maschinen kann die Absetzung auch **nach Maßgabe der Leistung** bemessen werden (**leistungsabhängige Abschreibung**).

Bei der Bemessung der Abschreibung tritt an die Stelle der betriebsgewöhnlichen Nutzungsdauer die betriebsgewöhnliche **Gesamtleistung**, die unter Berücksichtigung der Verhältnisse des Einzelfalles zu schätzen ist.

Der jährliche **Abschreibungsbetrag** ergibt sich, indem man die AK/HK mit der Jahresleistung multipliziert und das Ergebnis durch die Gesamtleistung dividiert:

$$\text{leistungsabhängiger Abschreibungs}\textbf{betrag}\text{ (€)} = \frac{\textbf{AK/HK x Jahresleistung}}{\textbf{Gesamtleistung}}$$

BEISPIEL

Der Unternehmer Mick hat eine Spezialmaschine für 160.000 € (netto) angeschafft, die nur für bestimmte Aufträge eingesetzt wird. Die betriebsgewöhnliche Gesamtleistung der Maschine wird mit 500.000 Zeiteinheiten geschätzt. Im abgelaufenen Jahr wurde die Maschine 75.000 Zeiteinheiten eingesetzt.

Die **leistungsabhängige Abschreibung** beträgt **24.000 €** (160.000 € x 75.000 : 500.000).

ÜBUNG →
1. Wiederholungsfrage 21 (Seite 127),
2. Aufgabe 7 (Seite 129)

6.1.2.1.2.3 Buchen der Abschreibung

Der **Wert** der abnutzbaren Vermögensgegenstände **des Anlagevermögens vermindert sich** durch ihre **Nutzung**. Die **Wertminderung** der technischen Anlagen und Maschinen ist **Aufwand**, der auf den Konten

6220 (4830) **Abschreibungen auf Sachanlagen (ohne AfA auf Kfz und Gebäude)**

oder

6222 (4832) **Abschreibungen auf Kfz**

erfasst wird.

Die **Gegenbuchung** wird auf dem entsprechenden **Anlagekonto** [z.B. „**0440** (0210) Maschinen"] vorgenommen.

BEISPIEL

Eine Maschine ist im Januar 2019 für 30.000 € angeschafft worden. Der Kauf der Maschine ist ordnungsgemäß gebucht. Die Abschreibung in Höhe von 3.000 € ist noch nicht erfasst worden.

Zum 31.12.2019 werden 3.000 € wie folgt abgeschrieben.

Buchungssatz:

Sollkonto	Betrag (€)	Habenkonto
6220 (4830) Abschreibungen	3.000,00	**0440** (0210) Maschinen

Buchung:

S	**6220** (4830) **Abschreibungen**	H
	3.000,00	

S	**0440** (0210) **Maschinen**	H
AK	30.000,00	**3.000,00**

Durch die **Abschreibung** wird auf den Anlagekonten als **Saldo** jeweils der **Restbuchwert** der Anlagegüter ausgewiesen.

ÜBUNG →
1. Wiederholungsfrage 22 (Seite 127),
2. Aufgabe 8 (Seite 130)

6.1.2.1.3 Geringwertige Wirtschaftsgüter

Der Begriff **geringwertige Wirtschaftsgüter** (GWG) stammt aus dem **Steuerrecht** und bezeichnet **bewegliche** Gegenstände des betrieblichen Anlagevermögens, die **selbständig nutzungsfähig** sind und deren Anschaffungs- oder Herstellungskosten bestimmte **Höchstgrenzen** nicht überschreiten.

Aufgrund des **steuerrechtlichen** Ursprungs wird im Folgenden zunächst die steuerrechtliche Behandlung erläutert, bevor anschließend auf die handelsrechtliche Behandlung eingegangen wird.

6.1.2.1.3.1 Steuerrechtliche Behandlung

Die steuerrechtliche Behandlung geringwertiger Wirtschaftsgüter richtet sich zum einen nach der **Einkunftsart** und zum anderen nach bestimmten **betraglichen Höchstgrenzen**. Die nachfolgenden Aussagen beziehen sich auf **Gewinneinkünfte**. Die Behandlung bei Überschusseinkünften wird in einem zusammenfassenden Schaubild dargestellt.

Geringwertige Wirtschaftsgüter i.S.d. § 6 Abs. 2 EStG müssen folgende Voraussetzungen erfüllen:

1. Die Wirtschaftsgüter müssen zum **beweglichen** abnutzbaren Anlagevermögen gehören.
2. Die Wirtschaftsgüter müssen einer **selbständigen Nutzung** fähig sein.
3. Die **AK/HK**, vermindert um einen darin enthaltenen Vorsteuerbetrag, oder der nach § 6 Abs. 1 Nr. 5 oder Nr. 6 EStG an deren Stelle tretende Wert dürfen für das einzelne Wirtschaftsgut **800 Euro (bis zum 31.12.2017: 410 Euro)** nicht übersteigen.

Durch das Gesetz gegen schädliche Steuerpraktiken im Zusammenhang mit Rechteüberlassungen vom 27.06.2017 (BGBl. I S. 2074) wurde die **Wertgrenze** für **nach dem 31.12.2017** angeschaffte, hergestellte oder eingelegte GWG von 410 Euro netto **auf 800 Euro netto** (brutto 952,00 Euro) **angehoben**. Andere in diesem Zusammenhang relevante Wertgrenzen wurden durch das Zweite Gesetz zur Entlastung insbesondere der mittelständischen Wirtschaft von Bürokratie (Zweites Bürokratieentlastungsgesetz) vom 30.06.2017 (BGBl. I S. 2143) - wie nachfolgend erläutert - ebenfalls angepasst.

zu 1. Bewegliche abnutzbare Anlagegüter

Die AK/HK oder der Einlagewert eines abnutzbaren Anlageguts sind dann nach § 6 Abs. 2 EStG begünstigt, wenn es sich um ein **bewegliches** Wirtschaftsgut handelt.

Bewegliche Wirtschaftsgüter können nur

- **Sachen** (§ 90 BGB),
- **Tiere** (§ 90a BGB) und
- **Scheinbestandteile** (§ 95 BGB)

sein (R 7.1 Abs. 2 Satz 1 EStR 2012).

Immaterielle Wirtschaftsgüter gehören **grundsätzlich nicht** zu den **beweglichen** Wirtschaftsgütern [H 7.1 (Bewegliche Wirtschaftsgüter) EStH].

Eine **Ausnahme** stellen sog. **Trivialprogramme** (Standard-Anwender-Software) dar. **Trivialprogramme** gelten als abnutzbare **bewegliche** und selbständig nutzbare Wirtschaftsgüter. **Computerprogramme**, deren Anschaffungskosten **nicht mehr als 800 Euro** betragen, sind stets wie **Trivialprogramme** zu behandeln.

zu 2. Selbständige Nutzungsfähigkeit

Ein Wirtschaftsgut des Anlagevermögens ist einer **selbständigen** Nutzung **nicht** fähig, **wenn** folgende **Voraussetzungen kumulativ vorliegen** (R 6.13 Abs. 1 EStR 2012):

- Das Wirtschaftsgut kann nach seiner betrieblichen **Zweckbestimmung** nur **zusammen** mit anderen Wirtschaftsgütern des Anlagevermögens genutzt werden.
- Das Wirtschaftsgut ist mit den anderen Wirtschaftsgütern des Anlagevermögens in einen ausschließlichen betrieblichen **Nutzungszusammenhang** eingefügt, d.h., es tritt mit den in den Nutzungszusammenhang eingefügten anderen Wirtschaftsgütern des Anlagevermögens nach außen als einheitliches Ganzes in Erscheinung, wobei für die Bestimmung dieses Merkmals im Einzelfall die Feststellung der Verbindung, ihre technische Gestaltung und ihre Dauer von Bedeutung sein können.
- Das Wirtschaftsgut ist **mit den anderen** Wirtschaftsgütern des Anlagevermögens **technisch abgestimmt**.

Computerteile wie Rechner, Drucker, Maus, Tastatur und Monitor erfüllen alle diese drei Voraussetzungen, sodass sie **nicht selbständig nutzungsfähig** sind und damit **keine GWG** (OFD Berlin, Verfügung vom 07.05.1997 -St 422-S2354-1/97-).

Peripheriegeräte sind zwar selbständig bewertungsfähig, **nicht** aber **selbständig nutzungsfähige** Wirtschaftsgüter. Auch wenn ihre Anschaffungskosten nicht mehr als **800 Euro** ausschließlich Umsatzsteuer betragen, sind sie nicht sofort absetzbar.

MERKE →	Peripheriegeräte eines Computers sind **keine** GWG.

zu 3. Höchstgrenze der AK/HK von 800 Euro (bis zum 31.12.2017: 410 Euro)

Für die Beantwortung der Frage, ob bei einem GWG die Grenze von **800 Euro** überschritten ist oder nicht, ist stets von den AK/HK abzüglich eines darin enthaltenen **Vorsteuerbetrags**, also von dem reinen Warenpreis ohne Vorsteuer (Nettowert), auszugehen.

Ob der Vorsteuerbetrag umsatzsteuerrechtlich **abziehbar ist oder nicht**, **spielt** in diesem Fall **keine Rolle** (R 9b Abs. 2 EStR 2012).

6.1.2.1.3.1.1 Anschaffungs- oder Herstellungskosten bis 250 Euro – bis zum 31.12.2017: bis 150 Euro

Für geringwertige Wirtschaftsgüter, deren **Anschaffungs- oder Herstellungskosten netto 250 Euro** (brutto 297,50 €) **nicht übersteigen**, besteht **steuerrechtlich** ein **Wahlrecht**.

Sie können über die **betriebsgewöhnliche Nutzungsdauer abgeschrieben** oder im Jahr der Anschaffung oder Herstellung **in voller Höhe als Betriebsausgaben** angesetzt werden.

BEISPIEL

Der bilanzierende Gewerbetreibende Fritz Müller, Stuttgart, kaufte am 03.04.2019 eine Schreibtischlampe für seinen Betrieb. Der Rechnungsbetrag in Höhe von 240 € zzgl. 19 % USt (insgesamt 285,60 €) wurde bei der Lieferung bar bezahlt.
Müller strebt einen möglichst **niedrigen** steuerrechtlichen Gewinn an.

Müller entscheidet sich, die Schreibtischlampe **in voller Höhe sofort** als **Betriebsausgabe** abzusetzen.

Für **bis zum 31.12.2017** angeschaffte, hergestellte oder eingelegte GWG betrug diese Wertgrenze netto 150 Euro (brutto 178,50 Euro).

6.1.2.1.3.1.2 Anschaffungs- oder Herstellungskosten über 250 Euro bis 1.000 Euro – bis zum 31.12.2017: über 150 Euro bis 1.000 Euro

Für Wirtschaftsgüter, deren Anschaffungs- oder Herstellungskosten **mehr als 250 Euro bis 1.000 Euro** betragen, besteht steuerlich ebenfalls ein Wahlrecht. Für **bis zum 31.12.2017** angeschaffte, hergestellte oder eingelegte GWG betrug die Wertuntergrenze netto 150 Euro (brutto 178,50 Euro) .

Entweder können sie bei AK/HK bis netto 800 Euro (bis zum 31.12.2017: 410 Euro) in voller Höhe als Betriebsausgaben abgesetzt werden. In diesem Falle sind die Wirtschaftsgüter mit AK/HK von netto **über 800 Euro bis 1.000 Euro** (bis zum 31.12.2017: über 410 Euro bis 1.000 Euro) über ihre **betriebsgewöhnliche Nutzungsdauer abzuschreiben**.

Alternativ können sie bei AK/HK von **mehr als 250 Euro bis 1.000 Euro** (bis zum 31.12.2017: mehr als 150 Euro bis 1.000 Euro) in einen **Sammelposten** (Pool) eingestellt werden (§ 6 Abs. 2a **Satz 1** EStG).

Dieser ist im Wirtschaftsjahr seiner Bildung und in den folgenden vier Wirtschaftsjahren **linear** mit jeweils **20 %** abzuschreiben, unabhängig von der betriebsgewöhnlichen Nutzungsdauer der einzelnen Wirtschafsgüter (§ 6 Abs. 2a **Satz 2** EStG). Somit wird aus Vereinfachungsgründen eine durchschnittliche Nutzungsdauer von **fünf** Jahren unterstellt.

Scheidet ein in dem Sammelposten erfasstes Wirtschaftsgut aus dem Unternehmen (z. B. durch Verkauf) aus, wird der Sammelposten **nicht** vermindert (§ 6 Abs. 2a **Satz 3** EStG). Der **Abgang** wird **buchhalterisch nicht berücksichtigt** und ausschließlich durch die Abschreibung des Sammelpostens verarbeitet.

Als weitere Alternative können diese Wirtschaftsgüter über ihre jeweilige **betriebsgewöhnliche Nutzungsdauer** abgeschrieben werden.

Das Wahlrecht ist **für jedes Wirtschaftsjahr einheitlich auszuüben**.

BEISPIEL

Der bilanzierende Gewerbetreibende Holger Schulze, Frankfurt, hat im kalendergleichen Wirtschaftsjahr 2019 folgende bewegliche Anlagegüter auf Ziel erworben:

1. im April einen Schreibtischstuhl	900 € zzgl. 19 % USt,
2. im September einen Schreibtisch	1.000 € zzgl. 19 % USt,
3. im November eine Schreibtischlampe	600 € zzgl. 19 % USt.

Schulze entscheidet sich für die Bildung eines **Sammelpostens**. Da das Wahlrecht **einheitlich** auszuüben ist, muss er **auch** die **Schreibtischlampe**, die ansonsten in voller Höhe als Betriebsausgabe absetzbar gewesen wäre (AK unter netto 800 Euro), dem Sammelposten zuordnen und über fünf Jahre abschreiben.

Zusammenfassung zu Abschnitt 6.1.2.1.3:

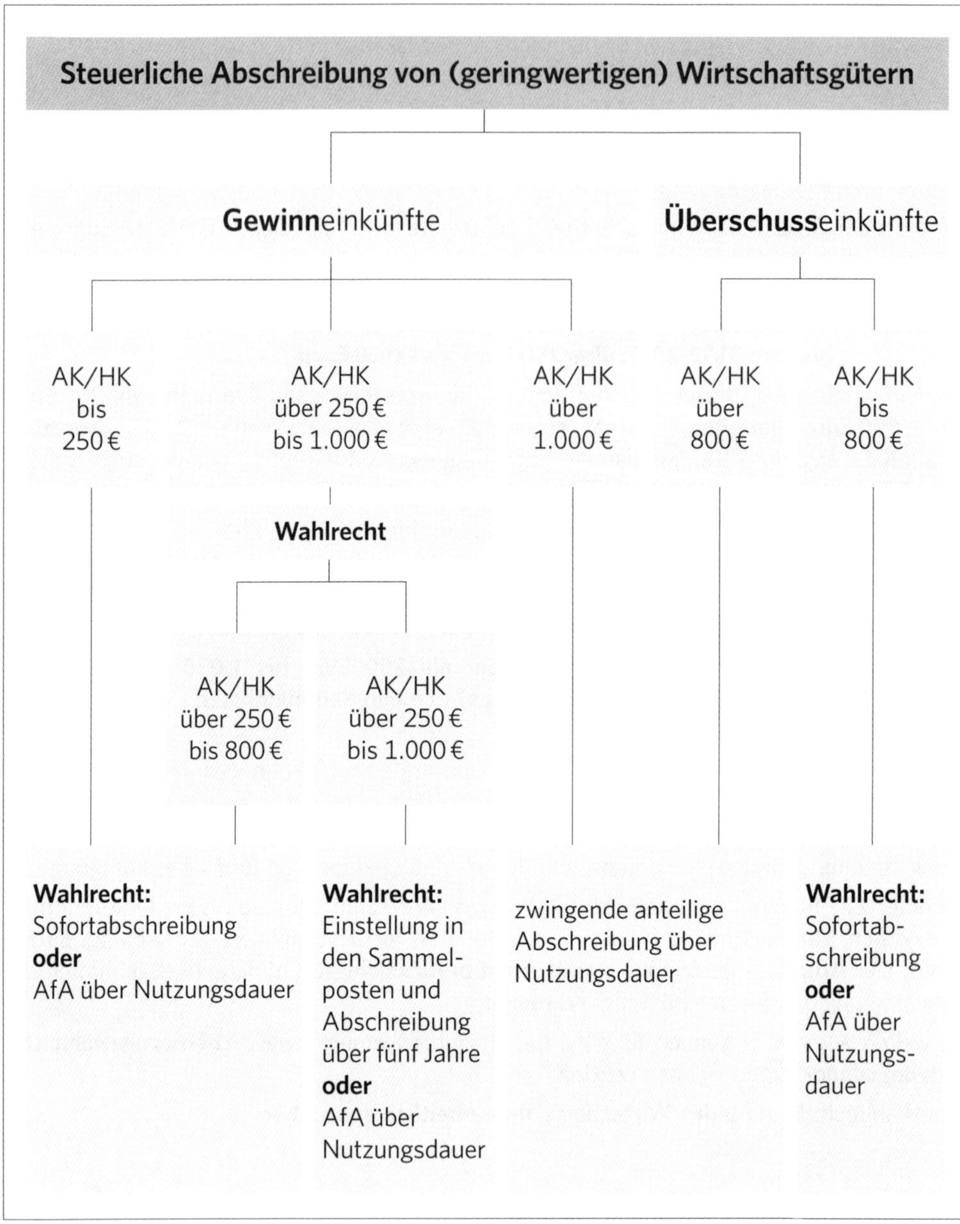

Zweifelsfragen zur bilanzsteuerlichen Behandlung sog. geringwertiger Wirtschaftsgüter nach § 6 Abs. 2 und zum Sammelposten nach § 6 Abs. 2a beantwortet das BMF-Schreiben vom 30.09.2010 (BStBl 2010 I, S. 755 ff.).

ÜBUNG → Wiederholungsfragen 23 und 24 (Seite 127)

6.1.2.1.3.2 Handelsrechtliche Behandlung

6.1.2.1.3.2.1 Sofortabschreibung im Jahr des Zugangs

Das **Handelsrecht** sieht **keine Regelung** für geringwertige Wirtschaftsgüter vor.

Ein sofortige Abschreibung der steuerrechtlichen GWG erscheint handelsrechtlich häufig unter Wesentlichkeitsaspekten **zulässig**. In diesen Fällen wird das Bild insbesondere der Vermögens- und Ertragslage des Unternehmens **nicht wesentlich** dadurch beeinflusst, ob diese Vermögensgegenstände sofort oder über ihre Nutzungsdauer abgeschrieben werden. Die sofortige Abschreibung wird vor allem bei Vermögensgegenständen der **Betriebs- und Geschäftsausstattung** angewendet.

Der DATEV-Kontenrahmen sieht hierfür das Konto

6260 (4855) **Sofortabschreibungen geringwertiger Wirtschaftsgüter**

vor.

BEISPIEL

Sachverhalt wie im Beispiel auf Seite 103

Müller erfasst auch in der Handelsbilanz die Schreibtischlampe als GWG und schreibt sie im Zugangsjahr 2019 in voller Höhe ab.

Buchungssatz:

Sollkonto	Betrag (€)	Habenkonto
6260 (4855) Sofortabschreibungen GWG	600,00	
1406 (1576) Vorsteuer 19 %	114,00	
	714,00	**1600** (1000) Kasse

Buchung:

S **6260** (4855) **Sofortabschreibung GWG**	H
600,00	

S **1600** (1000) **Kasse**	H
	714,00

S **1406** (1576) **Vorsteuer 19%**	H
114,00	

6.1.2.1.3.2.2 Bildung eines Sammelpostens

Der steuerliche **Sammelposten** verstößt gegen den handelsrechtlichen Grundsatz der **Einzelbewertung** (§ 252 Abs. 1 Nr. 3 HGB) und gegen das **Imparitätsprinzip** (§ 252 Abs. 1 Nr. 4 HGB).

Nach Ansicht des Hauptfachausschusses des Instituts der Wirtschaftsprüfer (IDW) kann der **Sammelposten** auch in die **Handelsbilanz** übernommen werden, wenn er von **untergeordneter Bedeutung** ist.

Dies dürfte für die Mehrzahl der Fälle zu vermuten sein. Lediglich bei besonders gelagerten **Ausnahmen**, z. B. im Hotel- und Gaststättengewerbe oder in der Getränkeindustrie, soll der Sammelposten handelsrechtlich über weniger als fünf Jahre abgeschrieben werden, um eine Überbewertung zu vermeiden.

Im DATEV-Kontenrahmen ist für den Sammelposten das Konto

0675 (0485) **Wirtschaftsgüter (Sammelposten)**

vorgesehen.

Die Abschreibung erfolgt bei Bildung des Sammelpostens über das Konto

6264 (4862) **Abschreibungen auf den Sammelposten Wirtschaftsgüter**.

BEISPIEL

Sachverhalt wie im Beispiel auf Seite 103:

Schulze entscheidet sich auch handelsrechtlich einen Sammelposten zu bilden.

Buchungssätze:

Tz.	Sollkonto	Betrag (€)	Habenkonto
1.	**0675** (0485) Sammelposten	900,00	
	1406 (1576) Vorsteuer 19%	171,00	
		1.071,00	**3300** (1600) Verbindlichkeiten aLuL
2.	**0675** (0485) Sammelposten	1.000,00	
	1406 (1576) Vorsteuer 19%	190,00	
		1.190,00	**3300** (1600) Verbindlichkeiten aLuL
3.	**0675** (0485) Sammelposten	600,00	
	1406 (1576) Vorsteuer 19%	114,00	
		714,00	**3300** (1600) Verbindlichkeiten aLuL

Buchungen:

S	**0675** (0485) **Sammelposten**		H
1)	900,00		
2)	1.000,00		
3)	600,00		

S	**3300** (1600) **Verbindl. aLuL**		H
		1)	1.071,00
		2)	1.190,00
		3)	714,00

S	**1406** (1576) **Vorsteuer 19%**		H
1)	171,00		
2)	190,00		
3)	114,00		

Am Ende des Wirtschaftsjahres weist der Sammelposten einen Bestand von **2.500 €** aus, der auf fünf Jahre mit jeweils **500 €** (20 % von 2.500 €) abzuschreiben ist.

Buchungssatz:

Sollkonto	Betrag (€)	Habenkonto
6264 (4862) Abschreibungen Sammelposten	500,00	**0675** (0485) Sammelposten

Buchung:

S **6264** (4862) **Abschr. Sammelposten**	H
500,00	

S **0675** (0485) **Sammelposten**		H
1)	900,00	**500,00**
2)	1.000,00	
3)	600,00	

Abgänge einzelner Wirtschaftsgüter aus dem Sammelposten werden als solche **nicht** erfasst.

BEISPIEL

Holger Schulze verkauft den im September 2019 gekauften Schreibtisch im April 2020 für 963,90 € (inkl. 19 % USt) bar.

Buchungssatz:

Sollkonto	Betrag (€)	Habenkonto
1600 (1000) Kasse	963,90	
	810,00	**4845** (8820) Erlöse aus Verkäufen
	153,90	**3806** (1776) Umsatzsteuer 19%

Buchung:

S **1600** (1000) **Kasse**	H
963,90	

S **4845** (8820) **Erlöse aus Verkäufen**	H
	810,00

S **3806** (1776) **Umsatzsteuer** 19%	H
	153,90

Das ausgeschiedene Wirtschaftsgut aus dem Sammelposten vermindert nicht den Sammelposten. Der Sammelposten wird nach wie vor mit 500 € abgeschrieben.

ÜBUNG →
1. Wiederholungsfragen 25 bis 27 (Seite 127),
2. Aufgaben 9 bis 11 (Seite 130 f.)

6.1.2.2 Steuerrechtliche Besonderheiten

Das **Steuerrecht** unterscheidet folgende **abnutzbare Sachanlagegüter**:

1. **Gebäude und Gebäudeteile**,
2. **unbewegliche Wirtschaftsgüter, die keine Gebäude oder Gebäudeteile sind** (z. B. Außenanlagen bei Betriebsgrundstücken),
3. **bewegliche Wirtschaftsgüter** (z. B. Trivialprogramme, Maschinen, Betriebs- und Geschäftsausstattung).

Im Folgenden wird - mit Ausnahme der bereits dargestellten steuerrechtlichen Regelungen zu geringwertigen Wirtschaftsgütern - auf die steuerrechtlichen Besonderheiten dieser Anlagegüter eingegangen.

6.1.2.2.1 Gebäude

6.1.2.2.1.1 Lineare AfA

Die **lineare Gebäude-AfA** kann vom **Erwerber** oder dem **Bauherrn** bei **allen Gebäuden** vorgenommen werden.

Bei **Gebäuden** ist **steuerrechtlich** hinsichtlich der **linearen** AfA zu unterscheiden zwischen

1. **Wirtschaftsgebäuden**, für die die Abschreibungsdauer 33 Jahre beträgt **und**
2. **allen anderen Gebäuden**, für die die Abschreibungsdauer 50 bzw. 40 Jahre beträgt (R 7.4 Abs. 3 EStR 2012).

Wirtschaftsgebäude sind Gebäude, soweit sie zu einem **Betriebsvermögen** gehören und **nicht Wohnzwecken** dienen und für die der **Bauantrag nach dem 31. März 1985** gestellt worden ist (§ 7 Abs. 4 **Nr. 1** EStG).

Alle anderen Gebäude sind Gebäude, die die Voraussetzungen des § 7 Abs. 4 **Nr. 1** EStG **nicht erfüllen**, d. h. **keine Wirtschaftsgebäude** sind.

Die **lineare Gebäude-AfA** beträgt:

1.	bei **Wirtschaftsgebäuden** (vor 2001: 4 %),	**3%**
2.	bei **allen anderen Gebäuden**, die	
	a) **nach dem 31. Dezember 1924** fertiggestellt worden sind	**2%**
	b) **vor dem 1. Januar 1925** fertiggestellt worden sind	**2,5%**

der **Anschaffungs- oder Herstellungskosten**.

Diese Regelung entspricht einer **Abschreibungsdauer** der Gebäude von **33**, **50 oder 40 Jahren** (R 7.4 Abs. 3 EStR 2012).

Der AfA-Satz von 3 % für Wirtschaftsgebäude gilt auch, wenn der Steuerpflichtige das Gebäude aufgrund eines **nach dem 31.12.2000** abgeschlossenen obligatorischen Vertrages **angeschafft** hat. Bei **hergestellten** Gebäuden gilt der Prozentsatz von 3 %, wenn der Bauantrag nach dem **31.12.2000** gestellt worden ist (§ 52 Abs. 15 EStG).

BEISPIEL

Die Steuerpflichtige Heike Walter, Koblenz, besitzt eine Lagerhalle, die zum Betriebsvermögen gehört und für die der **Bauantrag** im **Juni 2018** gestellt worden ist. Ihre HK haben in **2019 400.000 €** betragen.

Die Lagerhalle ist ein **Wirtschaftsgebäude; die planmäßige Abschreibung beträgt daher 3 % von 400.000 € = 12.000 €/Jahr**.

Beträgt die Nutzungsdauer eines Gebäudes **nachweislich weniger** als **33**, **50 oder 40 Jahre**, können **höhere AfA-Sätze** angewendet werden (§ 7 Abs. 4 **Satz 2** EStG).

In der Steuerbilanz muss der Steuerpflichtige mindestens die lineare AfA nach § 7 Abs. 4 EStG ansetzen.

6.1.2.2.1.2 Degressive AfA

Abweichend von der **linearen** AfA nach § 7 **Abs. 4** EStG kann der Steuerpflichtige unter bestimmten Voraussetzungen auch die **degressive** AfA nach § 7 **Abs. 5** EStG vornehmen.

Bei der **degressiven Gebäude-AfA** sind die jährlichen AfA-Beträge nicht gleich hoch, sondern **fallen in bestimmten zeitlichen Abständen** (**staffeldegressive AfA**).

Nach § 7 **Abs. 5** EStG sind **fünf AfA-Staffeln** zu unterscheiden:

1. **Staffel 81**,
2. **Staffel 85**,
3. **Staffel 89**,
4. **Staffel 96**,
5. **Staffel 04**.

Die Zahlen **81**, **85**, **89**, **96** und **04** bezeichnen die **Jahre**, in denen diese Staffeln **erstmals** anwendbar waren.

Im Jahr der Fertigstellung (Herstellung) oder Anschaffung des Gebäudes ist die **degressive AfA** nach § 7 **Abs. 5** mit dem **vollen Jahresbetrag** abzuziehen, wenn das Gebäude zur **Erzielung von Einkünften** verwendet wird.
Wird das Gebäude **nicht** zur Erzielung von Einkünften verwendet, ist es **zeitanteilig** abzuschreiben (R 7.4 Abs. 2 Satz 1 EStR 2012).

Ein Gebäude ist **fertiggestellt**, wenn die wesentlichen Bauarbeiten abgeschlossen sind und der Bau so weit errichtet ist, dass der Bezug der Wohnung zumutbar ist.
Ein Gebäude ist **nicht fertiggestellt**, wenn Türen, Böden und der Innenputz noch fehlen [H 7.4 (Fertigstellung) EStH].

Bemessungsgrundlage der AfA sind die **Herstellungskosten** oder **Anschaffungskosten** des Gebäudes.

Die **Staffel 04** beispielsweise kann der Steuerpflichtige anwenden, wenn

- das Gebäude **Wohnzwecken** dient,
- der **Bauantrag nach** dem **31.12.2003** und **vor** dem **01.01.2006** gestellt worden ist,
- die **Anschaffung** aufgrund eines **nach** dem **31.12.2003** und **vor** dem **01.01.2006** abgeschlossenen Kaufvertrags erfolgte.

Liegen die **Voraussetzungen** des § 7 Abs. 5 **Nr. 3c** vor, können folgende Beträge abgezogen werden:

1.	in den ersten	10 Jahren jeweils	**4,00 %,**
2.	in den darauf folgenden	8 Jahren jeweils	**2,50 %,**
3.	in den darauf folgenden	32 Jahren jeweils	**1,25 %**

der Herstellungskosten oder der Anschaffungskosten des Gebäudes.

Für das **Jahr der Veräußerung** des Gebäudes darf die **degressive AfA** nach § 7 **Abs. 5 nur zeitanteilig** vorgenommen werden (R 7.4 Abs. 8 EStR 2012).

Der **Übergang** von der **degressiven** Absetzung nach § 7 **Abs. 5 zur linearen** Absetzung nach § 7 **Abs. 4 und umgekehrt** ist **nicht zulässig** [H 7.4 (Wechsel der AfA-Methode bei Gebäuden) EStH].

Seit 2006 ist die **degressive Gebäude-AfA** nach § 7 Abs. 5 Satz 1 **Nr. 3c** EStG für Neufälle **nicht mehr möglich**. Die Vereinheitlichung des Abschreibungssatzes auf **2 %** soll dem tatsächlichen Wertverlust entsprechen.

6.1.2.2.1.3 Sonderabschreibung für Wohnungsneubau § 7b EStG

Mit dem **Gesetz zur steuerlichen Förderung des Mietwohnungsneubaus** (MwNbStFG) wurde in 2019 eine **Sonderabschreibung** beim **Mietwohnungsneubau** eingeführt (§ 7b).

Die Sonderabschreibung kann unter **folgenden Voraussetzungen** genutzt werden:

- Schaffung von **neuem**, bisher nicht vorhandenem **Wohnraum**,
- der **Bauantrag wurde nach dem 31.08.2018** und **vor dem 01.01.2022** gestellt,
- die Anschaffungs- bzw. Herstellungskosten betragen **nicht mehr als 3.000 €/qm Wohnfläche und**
- die Wohnung muss **im Jahr der Anschaffung oder Herstellung und** in den **folgenden 9 Jahren** der entgeltlichen Überlassung zu **Wohnzwecken** dienen.

Werden die Voraussetzungen erfüllt, können **im Jahr der Herstellung/Anschaffung und** in den folgenden **drei** Jahren **jeweils 5 %** der Anschaffungs- bzw. Herstellungskosten als Sonderabschreibung in Anspruch genommen werden.

Die Sonderabschreibung wird dabei **neben der linearen Gebäudeabschreibung** § 7 Abs. 4 Nr. 2a in Höhe von 2 %/Jahr geltend gemacht.

Bemessungsgrundlage der Sonderabschreibung sind die Anschaffungs- bzw. Herstellungskosten, jedoch **maximal 2.000 €/qm Wohnfläche**.

BEISPIEL 1

Der Steuerpflichtige Timo Wurst, Ratingen, erstellte auf seinem Grundstück ein Gebäude mit vier Wohnungen zu je 100 qm Wohnfläche, die ausschließlich zu Wohnzwecken vermietet werden.

Der Bauantrag wurde am 15.10.2018 gestellt. Das Gebäude war mit Ablauf zu Beginn des Monats September 2019 fertiggestellt und ist seither zu Wohnzwecken vermietet.

Die **Herstellungskosten** für das Gebäude belaufen sich auf 744.000 €.

Timo Wurst möchte die höchstmögliche **Abschreibung** in Anspruch nehmen.

Wurst kann neben der linearen Gebäude AfA auch die Sonderabschreibung nach § 7b nutzen, da die Anschaffungskosten mit 1.860 € pro qm (744.000 €/400 qm Wohnfläche) unterhalb der Höchstgrenze von 3.000 €/qm Wohnfläche liegen und der Bauantrag nach dem 31.08.2018 gestellt wurde.

Abschreibung 2019:

	Lineare Gebäude AfA 2 % (§ 7 Abs. 4 Nr. 2a), anteilig ab September 2019: 744.000 x 2 % x 4 : 12		4.960 €
+	Sonderabschreibung 2019 5 % (§ 7b), nicht zeitanteilig 744.000 € x 5 %	+	37.200 €
=	**Gesamt AfA 2019**	=	**42.160 €**

Einzelheiten zur Sonderabschreibung werden in der Steuerlehre 2, 40. Auflage 2020, Einkommensteuer, Abschnitt 9.2.4.3 erläutert. S 2

ÜBUNG →
1. Wiederholungsfragen 28 bis 30 (Seite 127 f.),
2. Aufgaben 12 bis 15 (Seite 131 f.)

In den Schaubildern auf dieser und der folgenden Seite werden die wesentlichen Merkmale der Gebäude-AfA nach § 7 EStG nochmals zusammengestellt (siehe auch **Anhang 1** EStH).

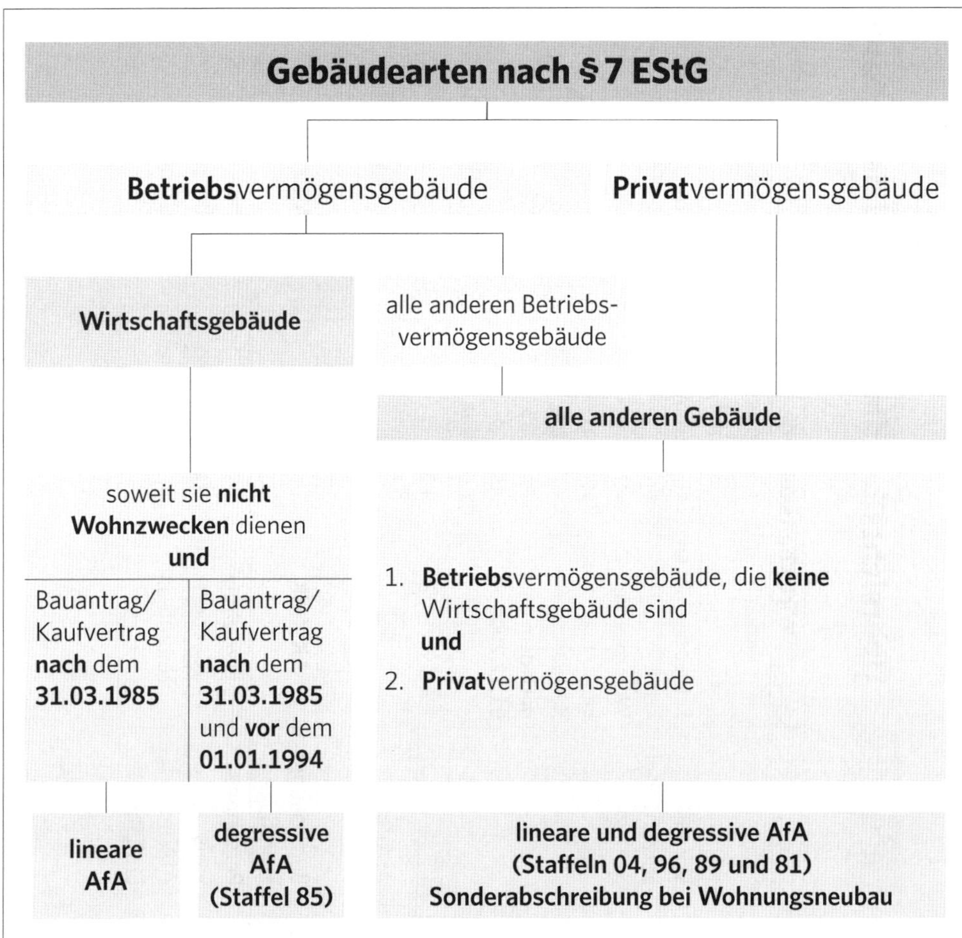

Übersicht über die lineare und degressive Gebäude-AfA nach §7 EStG

	Wirtschaftsgebäude		alle anderen Gebäude					
	linear	**degressiv**	linear		**degressiv***			
		Staffel 85			Staffel 81	Staffel 89	Staffel 96	Staffel 04
Voraus-setzungen	Betriebsvermögen; keine Wohnzwecke; Bauantrag/ Kaufvertrag **nach** dem **31.12.2000**	Betriebsvermögen; keine Wohnzwecke; Bauantrag/ Kaufvertrag **nach** dem **31.03.1985** und **vor** dem **01.01.1994**	fertiggestellt		Bauantrag/ Kaufvertrag	Wohnzwecke; Bauantrag/ Kaufvertrag	Wohnzwecke; Bauantrag/ Kaufvertrag	Wohnzwecke; Bauantrag/ Kaufvertrag
			vor 01.01.1925	**nach** 31.12.1924	**nach** dem 29.07.1981 und **vor** dem 01.01.1995	**nach** dem 28.02.1989 und **vor** dem 01.01.1996	**nach** dem 31.12.1995 und **vor** dem 01.01.2004	**nach** dem 31.12.2003 und **vor** dem 01.01.2006
AfA-Satz	**3%** (vor 2001: 4 %)	4 x 10 % 3 x 5 % 18 x 2,5 %	2,5 %	2 %	8 x 5 % 6 x 2,5 % 36 x 1,25 %	4 x 7 % 6 x 5 % 6 x 2 % 24 x 1,25 %	8 x 5 % 6 x 2,5 % 36 x 1,25 %	10 x 4 % 8 x 2,5 % 32 x 1,25 %
Bemessungs-grundlage	**AK / HK**	**HK / AK**	**AK / HK**		**HK / AK**			
Personen-kreis	Erwerber/ Bauherr	Bauherr/ ggf. Erwerber	Erwerber/ Bauherr		Bauherr/ ggf. Erwerber			
AfA im Erstjahr	zeitanteilig	in voller Höhe	zeitanteilig		in voller Höhe			

* Siehe **Anhang 1** EStH.

6.1.2.2.2 Unbewegliche Wirtschaftsgüter, die keine Gebäude oder Gebäudeteile sind

Zu den **unbeweglichen Wirtschaftsgütern, die keine Gebäude oder Gebäudeteile sind**, gehören nach H 7.1 EStH:

- **Außenanlagen** wie Einfriedungen bei Betriebsgrundstücken;
- **Hof- und Platzbefestigungen**, **Straßenzufahrten** und **Umzäunungen** bei Betriebsgrundstücken, wenn sie nicht ausnahmsweise Betriebsvorrichtungen sind, **nicht** aber Umzäunungen bei Wohngebäuden.

Die unbeweglichen Wirtschaftsgüter, die keine Gebäude oder Gebäudeteile sind, sind mit den **Anschaffungskosten** zu aktivieren und **linear** abzuschreiben. Die degressive AfA-Methode ist nicht zulässig (R 7.1 Abs. 1 **Nr. 3** EStR 2012).

BEISPIEL

Die J & L GmbH hat einen Bauunternehmer beauftragt, die **Umzäunung** des mit dem Fabrikgebäude bebauten Grundstücks vorzunehmen. Die Fertigstellung erfolgte am 04.01.2019. Der Bauunternehmer stellte für seine Leistung **20.000 €** + 3.800 € USt = 23.800 € in Rechnung. Die Nutzungsdauer der Umzäunung kann mit 10 Jahren angenommen werden.

Die steuerliche AfA erfolgt **zwingend** nach der **linearen Methode** und beträgt jährlich **2.000 €** (20.000 € : 10 Jahre).

6.1.2.2.3 Bewegliche Anlagegüter

6.1.2.2.3.1 Degressive Abschreibung

Die **lineare** AfA kann bei **allen abnutzbaren beweglichen Wirtschaftsgütern** angewendet werden. Daneben ist **in bestimmten Zeiträumen auch** eine **degressive AfA** bei beweglichen Anlagegütern möglich gewesen (§ 7 Abs. 2 EStG). Wirtschaftsgüter, die **nach** dem **31.12.2010** angeschafft oder hergestellt wurden, können **nicht** mehr degressiv abgeschrieben werden.

Die folgende Übersicht zeigt die Anwendungszeiträume und AfA-Sätze:

Jahre	degressiver AfA-Satz nach § 7 Abs. 2 EStG
2002 - 2005	100 % : ND x 2, höchstens 20 %
2006 und 2007	100 % : ND x 3, höchstens 30 %
2008	degressive AfA abgeschafft
2009 und 2010	100 % : ND x 2,5, höchstens 25 %
seit 2011	degressive AfA abgeschafft

Bei der degressiven AfA auf bewegliche Anlagegüter werden im Gegensatz zur linearen AfA die **AfA-Beträge** von Jahr zu Jahr **niedriger**. Das übliche Verfahren der degressiven AfA ist die **Buchwertabsetzung**.

Bei der Buchwertabsetzung werden die jährlichen Absetzungsbeträge nach einem **gleich bleibenden Prozentsatz** vom jeweiligen **Buchwert** (**Restbuchwert**) bemessen (**geometrisch-degressive AfA**).

Der degressive AfA-**Satz** für bewegliche Wirtschaftsgüter des Anlagevermögens, die in den Jahren **2009 oder 2010** angeschafft oder hergestellt wurden, ist wie folgt ermittelt worden:

$$\text{degressiver } \mathbf{AfA\text{-}Satz}\ (\%) = \frac{100}{\text{Nutzungsdauer}}\ \mathbf{x\ 2{,}5,\ höchstens\ 25\,\%.}$$

Der anzuwendende **Prozentsatz** durfte **höchstens** das **Zweieinhalbfache des linearen AfA-Satzes** betragen **und 25 % nicht übersteigen** (§ 7 Abs. 2 Satz 2 EStG).

Die Berechnung vom jeweiligen **Restbuchwert** hat zur **Folge**, dass nach Ablauf der betriebsgewöhnlichen Nutzungsdauer die **AK/HK** noch **nicht in voller Höhe abgesetzt** sind.

Da die degressive AfA die **Absetzungszeit** insgesamt aber **nicht verlängern** soll, durfte bzw. darf der zu Beginn des letzten Jahres der betriebsgewöhnlichen Nutzungsdauer vorhandene Restbuchwert in diesem Jahr bis auf den **Erinnerungswert von 1 Euro** abgesetzt werden.

BEISPIEL

Die betriebsgewöhnliche Nutzungsdauer einer Maschine, die am 04.01.2010 mit **AK 10.000 €** gekauft wurde, beträgt **8 Jahre**. Die Maschine soll **degressiv** abgeschrieben werden.

Der **degressive AfA-Satz** (%) wird wie folgt berechnet:

$$\textbf{linearer}\ \text{AfA-Satz}\ (\%) = \frac{100}{8} = \mathbf{12{,}5\,\%}.$$

degressiver AfA-Satz (%) = 12,5 % x 2,5 = 31,25 %, **höchstens 25 %**.

Der **degressive AfA-Satz** (%) beträgt also **25 %**.

Die jährlichen Abschreibungs**beträge** werden wie folgt berechnet:

	Anschaffungskosten	10.000 €
-	AfA 1. Jahr: 25 % von 10.000 €	- 2.500 €
=	Restbuchwert nach dem 1. Jahr	7.500 €
-	AfA 2. Jahr: 25 % von 7.500 €	- 1.875 €
=	Restbuchwert nach dem 2. Jahr	5.625 €
-	AfA 3. Jahr: 25 % von 5.625 €	- 1.406 €
=	Restbuchwert nach dem 3. Jahr	4.219 €
-	AfA 4. Jahr: 25 % von 4.219 €	- 1.055 €
=	Restbuchwert nach dem 4. Jahr	3.164 €
-	AfA 5. Jahr: 25 % von 3.164 €	- 791 €
=	Restbuchwert nach dem 5. Jahr	2.373 €
-	AfA 6. Jahr: 25 % von 2.373 €	- 593 €
=	Restbuchwert nach dem 6. Jahr	1.780 €
-	AfA 7. Jahr: 25 % von 1.780 €	- 445 €
=	Restbuchwert nach dem 7. Jahr	1.335 €
-	AfA 8. Jahr: 25 % von 1.335 € (= 334 €)	**- 1.334 €**
=	**Erinnerungswert** nach dem 8. Jahr	**1 €**

ÜBUNG →

1. Wiederholungsfragen 31 und 32 (Seite 128),
2. Aufgabe 16 (Seite 132)

6.1.2.2.3.2 Leistungsabhängige AfA

Bei beweglichen Anlagegütern kann die Absetzung auch steuerrechtlich unter bestimmten Voraussetzungen **nach Maßgabe der Leistung** bemessen werden (**leistungsabhängige AfA**).

Voraussetzungen für die **steuerrechtliche** Anwendung der Leistungs-AfA sind, dass

1. die Absetzung **wirtschaftlich begründet** ist
   und
2. der auf das einzelne Jahr entfallende Umfang der Leistung **nachgewiesen** wird (§ 7 Abs. 1 Satz 6 EStG).

Die Bemessung der AfA nach Maßgabe der Leistung ist bei solchen beweglichen Anlagegütern **wirtschaftlich begründet**, deren Leistung in der Regel erheblich schwankt und deren Verschleiß dementsprechend wesentliche Unterschiede aufweist.

Ist die Absetzung wirtschaftlich begründet, dann ist die Leistungs-AfA zulässig, wenn der auf das einzelne Anlagegut entfallende Umfang der Leistung **nachgewiesen** wird.
Der **Nachweis** kann z.B. bei einer Spezialmaschine durch ein die Anzahl der Arbeitsvorgänge registrierendes **Zählwerk**, einen **Betriebsstundenzähler** oder bei einem Kraftfahrzeug durch den **Kilometerzähler** geführt werden (R 7.4 Abs. 5 Satz 4 EStR 2012).

Ein **Übergang** von der Leistungs-AfA zur **degressiven** AfA ist **nicht** möglich, **wohl aber** zur **linearen** AfA.

ÜBUNG →	Wiederholungsfrage 33 (Seite 128)

6.1.2.2.4 Steuerliche Investitionsabzugsbeträge und Sonderabschreibungen nach § 7g EStG

§ 7g EStG soll die **Wettbewerbssituation** kleiner und mittlerer Betriebe **verbessern**, indem deren Liquidität und Eigenkapitalbildung unterstützt und die Investitions- und Innovationskraft gestärkt werden.

Um diese Ziele zu erreichen, gewährt § 7g **unter bestimmten Voraussetzungen** Investitionsabzugsbeträge und Sonderabschreibungen.

6.1.2.2.4.1 Investitionsabzugsbeträge

Steuerpflichtige können unter bestimmten Voraussetzungen für die künftige Anschaffung oder Herstellung eines abnutzbaren beweglichen Wirtschaftsguts des Anlagevermögens einen **Investitionsabzugsbetrag** bis zu

40 % der voraussichtlichen Anschaffungs- oder Herstellungskosten

außerbilanziell gewinnmindernd abziehen (§ 7g Abs. 1 Satz 1 EStG).

Das Investitions**objekt** muss im Zeitpunkt des Abzugs **nicht konkret benannt** werden.

Der Investitionsabzugs**betrag** kann innerhalb des Investitionszeitraums **frei verwendet** werden und ist nicht an ein zuvor bestimmtes Investitionsobjekt geknüpft.

Der **Investitionsabzugsbetrag** kann nach § 7g Abs. 1 EStG **nur** in Anspruch genommen werden, **wenn**

1. der **Betrieb** am Schluss des **Wirtschaftsjahres**, in dem der **Abzug** vorgenommen wird, die folgenden **Größenmerkmale** nicht überschreitet:
   a) bei **Gewerbebetrieben** oder der **selbständigen Arbeit** dienenden Betrieben, die ihren Gewinn nach **§ 4 Abs. 1** oder **§ 5** ermitteln, ein **Betriebsvermögen** von **235.000 Euro**,
   b) bei Betrieben der **Land- und Forstwirtschaft** einen **Wirtschaftswert** oder einen Ersatzwirtschaftswert von **125.000 Euro** oder
   c) bei Betrieben im Sinne der Buchstaben a und b, die ihren Gewinn nach **§ 4 Abs. 3** ermitteln, ohne Berücksichtigung des Investitionsabzugsbetrages einen **Gewinn** von **100.000 Euro**;
2. der Steuerpflichtige die Summen der Abzugsbeträge und der nach den Absätzen 2 bis 4 des § 7g EStG hinzuzurechnenden oder rückgängig zu machenden Beträge **nach amtlich vorgeschriebenen Datensätzen per Datenfernübertragung** übermittelt;
3. das abnutzbare bewegliche Wirtschaftsgut mindestens bis zum Ende des dem Wirtschaftsjahr der Anschaffung oder Herstellung folgenden Wirtschaftsjahres in einer inländischen Betriebsstätte des Betriebs **ausschließlich oder fast ausschließlich** (mindestens 90 %) **betrieblich genutzt wird**.

Bei der Ermittlung des Grenzwerts ist auf das Betriebsvermögen abzustellen, das sich am Ende des **laufenden** Wirtschaftsjahrs ergibt.

BEISPIEL

Der Bauunternehmer Willi Bündgen, der seinen Gewinn nach § 5 EStG ermittelt, weist in seiner Steuerbilanz zum 31.12.2018 ein Eigenkapital von 200.000 € aus. Zum 31.12.2019 ist das Eigenkapital in seiner Steuerbilanz auf 255.000 € gestiegen. Willi Bündgen möchte in 2019 einen Investitionsabzugsbetrag in Anspruch nehmen.

Ein **Investitionsabzugsbetrag** kommt für Willi Bündgen als Gewerbetreibender in 2019 **nicht** in Betracht, weil im **laufenden** Wirtschaftsjahr 2019 sein steuerrechtliches **Betriebsvermögen** (= Eigenkapital) **mehr als 235.000 Euro** betragen hat [§ 7g Abs. 1 Nr. 1 Buchstabe a)].

Der **Investitionsabzugsbetrag** kann auch dann in Anspruch genommen werden, wenn dadurch ein **Verlust** entsteht oder sich erhöht (§ 7g Abs. 1 Satz 3 EStG).

Der **Höchstbetrag** für die insgesamt vorzunehmenden Investitionsabzugsbeträge darf im Abzugsjahr und in den drei folgenden Jahren je Betrieb **200.000 Euro** nicht übersteigen (§ 7g Abs. 1 Satz 4 EStG). Der Betrag von 200.000 Euro **vermindert** sich um die in den **drei vorangegangenen Wirtschaftsjahren** berücksichtigten Abzugsbeträge nach § 7g Abs. 1 EStG, die noch nicht „**verbraucht**" worden sind, d.h. nicht wieder gewinnerhöhend hinzugerechnet (§ 7g Abs. 2 EStG) oder rückgängig gemacht wurden (§ 7g Abs. 3 und 4 EStG).

BEISPIEL

Der Gewerbetreibende Müller, der zum Vorsteuerabzug berechtigt ist und die Voraussetzungen des § 7g Abs. 1 erfüllt, plant 2019 die Anschaffung einer Maschine für das Jahr 2022. Nach vorliegendem Angebot wird der voraussichtliche Kaufpreis der Maschine 250.000 € + 47.500 € USt betragen. Der Stand der bereits „verbrauchten" Investitionsabzugsbeträge (IAB) der Vorjahre beträgt 130.000 €.

2019 kann Müller **nur** einen Investitionsabzugsbetrag von 70.000 € in Anspruch nehmen.
Der grundsätzlich maximal mögliche IAB für die geplante Investition beträgt 100.000 € (40 % von 250.000 €). Da jedoch bereits 130.000 € des Höchstbetrages verbraucht sind, verbleibt für diese Investitionsmaßnahme nur noch ein Betrag von 70.000 € (200.000 € - 130.000 €).

Für **steuerliche Zwecke** sind die in Anspruch genommenen Investitionsabzugsbeträge **außerbilanziell** gewinnmindernd abzuziehen.
Handelsrechtlich sind diese Sachverhalte seit dem Wegfall der umgekehrten Maßgeblichkeit durch das Bilanzrechtmodernisierungsgesetz (BilMoG) **nicht zu berücksichtigen**. Entsprechend erfolgt **grundsätzlich keine Erfassung in der Buchhaltung**.
Möchte der Steuerpflichtige die Investitionsabzugsbeträge für steuerliche Zwecke buchhalterisch erfassen, sehen die DATEV-Kontenrahmen folgende **statistische Konten** vor:

9970 (9970) **Investitionsabzugsbetrag §7g Abs. 1 EStG, außerbilanziell (Soll)**

und

9971 (9971) **Investitionsabzugsbetrag §7g Abs. 1 EStG, außerbilanziell (Haben)**
- Gegenkonto zu 9970 -.

Die Investitionsabzugsbeträge sind in den **folgenden drei Jahren** (anteilig) durch Investitionen **zu verbrauchen**. **Ansonsten werden** zum Ende des **dritten** Wirtschaftsjahres, das auf das Wirtschaftsjahr des Abzugs folgt, **nicht** durch Investitionen verbrauchte Investitionsabzugsbeträge **rückgängig** gemacht. Eine vorzeitige Rückgängigmachung vor Ablauf der **dreijährigen Investitionsfrist** ist **zulässig** (§ 7g Abs. 3 EStG).

Folgen im Jahr der Investition

Im **Wirtschaftsjahr der Investition** (Anschaffung/Herstellung) **können** die zuvor in Anspruch genommenen Investitionsabzugsbeträge **gewinnerhöhend außerhalb der Bilanz hinzugerechnet werden** (§ 7g Abs. 2 Satz 1 EStG). Außerdem **kann** eine **gewinnmindernde Kürzung der Anschaffungs- oder Herstellungskosten** des Investitionsguts erfolgen (Aufwandsbuchung). Diese Kürzung gleicht die außerbilanzielle Gewinnerhöhung aus und führt zu einer Minderung der AfA-Bemessungsgrundlage des Investitionsguts (§ 7g Abs. 2 Satz 2 EStG).

BEISPIEL

Der Gewerbetreibende Alsdorf, der in 2019 einen Investitionsabzugsbetrag in Höhe von 100.000 € in Anspruch genommen hat, erwirbt im Januar 2021 eine Maschine für netto 250.000 €. Die Maschine hat eine betriebsgewöhnliche Nutzungsdauer von zehn Jahren.

In **2021 kann** der in 2019 in Anspruch genommene Investitionsabzugsbetrag in Höhe von **100.000 €** dem steuerlichen **Gewinn** außerbilanziell **hinzugerechnet werden** (§ 7g Abs. 2 Satz 1).
Gleichzeitig können - wenn ein möglichst geringer steuerlicher Gewinn angestrebt wird - die steuerlichen Anschaffungskosten der Maschine in 2021 erfolgswirksam um 100.000 € gekürzt werden. Die steuerliche **AfA-Bemessungsgrundlage** wird in diesem Fall **in gleicher Höhe vermindert** (§ 7g Abs. 2 Satz 2 EStG) und beträgt **150.000 €** (250.000 € - 100.000 €).

Alsdorf muss den Investitionsabzugsbetrag im Jahre 2021 nicht hinzurechnen. Er kann ihn auch im Jahre 2022 bei einer anderen Investition hinzurechnen. Macht er auch das nicht, muss er den Abzug des Jahres 2019 in 2022 rückgängig machen.

Wird für **steuerrechtliche Zwecke** eine **von der handelsrechtlichen Buchhaltung getrennte** (Anlagen-) **Buchhaltung** geführt, in der die Investitionsabzugsbeträge buchhalterisch erfasst werden, erfolgen die erfolgswirksamen **Kürzungen** der Anschaffungs- oder Herstellungskosten des Investitionsguts auf den Aufwandskonten

6243 (4853) **Kürzungen der AK/HK gemäß §7g Abs.2 EStG n.F. (ohne Kfz)**

oder

6244 (4854) **Kürzungen der AK/HK gemäß §7g Abs.2 EStG n.F. (für Kfz).**

BEISPIEL

Sachverhalt wie zuvor. Alsdorf erfasst die ausschließlich steuerrechtlich relevanten Investitionsabzugsbeträge in seiner separat geführten **steuerrechtlichen** Anlagenbuchhaltung.

Alsdorf strebt einen **möglichst niedrigen steuerlichen Gewinn** an und mindert in **2021** die Anschaffungskosten um **100.000 €**.

Buchungssatz 2021

Tz.	Sollkonto	Betrag (€)	Habenkonto
1.	**0440** (0210) Maschinen **1406** (1576) Vorsteuer 19 %	250.000,00 47.500,00	**3300** (1600) Verbindlichkeiten aLuL **3300** (1600) Verbindlichkeiten aLuL
2.	**6243** (4853) Kürzungen AK/HK	100.000,00	**0440** (0210) Maschinen
3.	**6220** (4830) Abschreibungen	15.000,00*	**0440** (0210) Maschinen

* Die lineare AfA beträgt 15.000 € (10 % von 150.000 € x 12/12).
Neben der linearen AfA kann noch eine Sonderabschreibung gem. § 7g **Abs. 5** EStG vorgenommen werden (siehe Seiten 119 ff.).

Buchung 2021:

S	**0440** (0210) **Maschinen**		H
1)	250.000,00	2)	100.000,00
		3)	15.000,00

S	**3300** (1600) **Verbindl. aLuL**		H
		1)	250.000,00
		1)	47.500,00

S	**1406** (1576) **Vorsteuer 19%**		H
1)	47.500,00		

S	**6243** (4853) **Kürzungen AK/HK**		H
2)	100.000,00		

S	**6220** (4830) **Abschreibungen**		H
3)	15.000,00		

Die Verringerung der Bemessungsgrundlage bezieht sich auch auf geringwertige Wirtschaftsgüter (**GWG**) i.S.d. § 6 Abs. 2 EStG sowie auf die Bildung eines **Sammelpostens** i.S.d. § 6 Abs. 2a EStG (§ 7g Abs. 2 Satz 2 EStG).
Bei den GWG kann es durch eine Verringerung der Bemessungsgrundlage zu einer Sofortabschreibung kommen, wenn z.B. die Grenze von 800 Euro (bis zum 31.12.2017: 410 Euro) unterschritten wird.

Folgen bei Nichtinanspruchnahme § 7g Abs. 2 Satz 1 (z. B. keine Investition)

Bei Unterlassung der geplanten Investition innerhalb des dreijährigen Investitionszeitraums erfolgt eine **rückwirkende Korrektur des Steuerbescheides** für den Veranlagungszeitraum, in dem der Investitionsabzugsbetrag **gebildet** wurde (§ 7g Abs. 3 EStG).

Durch die rückwirkende Korrektur entstehen **Steuerforderungen**, für die gemäß § 233a AO ab dem 15. Monat nach Ablauf des korrigierten Veranlagungszeitraums **Zinsen** anfallen.

BEISPIEL

Der Gewerbetreibende Alsdorf (Beispiel zuvor) nimmt die geplante Investition bis zum 31.12.2022 **nicht** vor.

Für das Jahr 2022 ergibt sich keine Auswirkung auf die Steuerfestsetzung.
Der **Steuerbescheid** für **2019** wird jedoch geändert und der Gewinn **rückwirkend um 100.000 € erhöht**. **Ab 01.04.2021** ist eine **Verzinsung** der Steuernachzahlung nach § 233a AO vorzunehmen.

Erfolgt eine Investition, aber die tatsächlichen Anschaffungs-/Herstellungskosten sind **niedriger** als die ursprünglich geplanten, dann treten **in Höhe der Differenz** die entsprechenden Rechtsfolgen ein wie bei der fehlenden Investition, es sei denn, der Investitionsabzugsbetrag wird für ein **weiteres** Wirtschaftsgut in Anspruch genommen.

ÜBUNG →
1. Wiederholungsfragen 34 bis 38 (Seite 128),
2. Aufgabe 17 (Seite 132)

6.1.2.2.4.2 Sonderabschreibungen

Steuerpflichtige können unabhängig davon, ob sie den Investitionsabzugsbetrag in Anspruch genommen haben, unter den Voraussetzungen des § 7g Abs. 6 EStG **neben der linearen** Abschreibung im Jahr der Anschaffung oder Herstellung und in den **vier folgenden Jahren** Sonderabschreibungen bis zu **insgesamt**

20 % der Anschaffungs- oder Herstellungskosten

vornehmen (§ 7g Abs. 5 EStG).

Dabei wird die **AfA-Bemessungsgrundlage** um den Investitionsabzugsbetrag nach § 7g Abs. 2 Satz 2 EStG **gemindert**, wenn der Steuerpflichtige ihn in Anspruch nimmt.

Die Steuerpflichtigen können **wählen**, ob sie die Sonderabschreibung von **20 %** bereits **im Jahr der Anschaffung oder Herstellung** voll beanspruchen **oder** auf **fünf Jahre** (Begünstigungszeitraum) gleichmäßig oder ungleichmäßig **verteilen** wollen.

Die **Sonderabschreibung** kann nach § 7g Abs. 6 EStG **nur** in Anspruch genommen werden, **wenn**

1. der **Betrieb** zum Schluss des **Wirtschaftsjahres**, das der Anschaffung oder Herstellung **vorangeht**, die **Größenmerkmale** des § 7g Abs. 1 Satz 2 Nr. 1 EStG **nicht überschreitet** und
2. das **Wirtschaftsgut** im Jahr der Anschaffung oder Herstellung und im darauf folgenden Wirtschaftsjahr in einer inländischen Betriebsstätte des Betriebes des Steuerpflichtigen ausschließlich oder fast ausschließlich (mindestens 90 %) **betrieblich genutzt wird**; § 7g Abs. 4 EStG gilt entsprechend.

Die Sonderabschreibungen können **nicht nur** – wie bisher – **für neue** begünstigte Wirtschaftsgüter in Anspruch genommen werden, sondern auch für **gebrauchte** Wirtschaftsgüter.

Handelsrechtlich ist die Berücksichtigung dieser steuerrechtlichen Sonderabschreibungen seit dem Inkrafttreten des Bilanzrechtsmodernisierungsgesetzes (BilMoG) **nicht zulässig**.

Hat der Steuerpflichtige für das Wirtschaftsgut einen **Investitionsabzugsbetrag in Anspruch genommen** und die steuerrechtlichen Anschaffungs- oder Herstellungskosten entsprechend gemindert, sind die Sonderabschreibungen von den **gekürzten** steuerrechtlichen Anschaffungs- oder Herstellungskosten vorzunehmen.
Dabei ist die betriebsgewöhnliche **Nutzungsdauer** zu beachten. Beträgt die Nutzungsdauer eines Wirtschaftsgutes **mehr als fünf Jahre**, ändern sich vom sechsten Jahr an erstmals die Bemessungsgrundlage und der AfA-Satz (§ 7a Abs. 9 EStG).

BEISPIEL

Eine im Januar 2019 für **100.000 €** zzgl. USt auf Ziel gekaufte Maschine hat eine Nutzungsdauer von **zwölf Jahren**. Die Voraussetzungen für die Inanspruchnahme der Sonderabschreibung nach § 7g EStG sind erfüllt. Der Steuerpflichtige hat in 2018 einen Investitionsabzugsbetrag in Höhe von **20.000 €** für die Maschine in Anspruch genommen.

Die Sonderabschreibungen nach **§ 7g** EStG werden von dem Steuerpflichtigen wie folgt auf den **fünfjährigen Begünstigungszeitraum** verteilt:

2019:	**0 %**	von 80.000 €	=	0,00 €
2020:	**5 %**	von 80.000 €	=	4.000,00 €
2021:	**7 %**	von 80.000 €	=	5.600,00 €
2022:	**8 %**	von 80.000 €	=	6.400,00 €
2023:	**0 %**	von 80.000 €	=	0,00 €
insgesamt:	**20 %**	von 80.000 €	=	**16.000,00 €**

Die **AfA** wird im **fünfjährigen Begünstigungszeitraum** wie folgt vorgenommen:

	AK 2019 (100.000 € - 20.000 €)	80.000 €
	lineare AfA (8,33 % von 80.000 €)	6.667 €
1. Jahr	**Sonder-AfA (0 %** von 80.000 €)	**0 €**
	Restwert 31.12.2019	73.333 €
	lineare AfA (8,33 % von 80.000 €)	6.667 €
2. Jahr	**Sonder-AfA (5 %** von 80.000 €)	**4.000 €**
	Restwert 31.12.2020	62.666 €
	lineare AfA (8,33 % von 80.000 €)	6.667 €
3. Jahr	**Sonder-AfA (7 %** von 80.000 €)	**5.600 €**
	Restwert 31.12.2021	50.399 €
	lineare AfA (8,33 % von 80.000 €)	6.667 €
4. Jahr	**Sonder-AfA (8 %** von 80.000 €)	**6.400 €**
	Restwert 31.12.2022	37.332 €
	lineare AfA (8,33 % von 80.000 €)	6.667 €
5. Jahr	**Sonder-AfA (0 %** von 80.000 €)	**0 €**
	Restwert 31.12.2023	30.665 €

Nach Ablauf des **fünfjährigen Begünstigungszeitraums** bemisst sich gemäß § 7a Abs. 9 EStG die **lineare AfA** nach dem **Restwert** (30.665 €) **und** der **Restnutzungsdauer** (7 Jahre):

$$\text{6. Jahr} \quad \frac{\text{Restwert}}{\text{Restnutzungsdauer}} = \frac{30.665\,€}{7} = \mathbf{4.381\,€}$$

Beträgt die **Nutzungsdauer** eines Wirtschaftsgutes **bis zu fünf Jahren**, kann die **Abschreibungsdauer** durch die Inanspruchnahme der Sonderabschreibung nach **§7g** verkürzt werden.

BEISPIEL

Sachverhalt wie im Beispiel zuvor mit dem Unterschied, dass die **Nutzungsdauer** nur **fünf Jahre** beträgt und die Sonderabschreibung **im ersten Jahr** voll in Anspruch genommen wird.

		AK 2019 (100.000 € - 20.000 €)	80.000 €
	-	lineare AfA (20 % von 80.000 €)	16.000 €
1. Jahr	-	**Sonder-AfA** (**20 %** von 80.000 €)	16.000 €
		Restwert 31.12.2019	48.000 €
2. Jahr	-	lineare AfA (20 % von 80.000 €)	16.000 €
		Restwert 31.12.2020	32.000 €
3. Jahr	-	lineare AfA (20 % von 80.000 €)	16.000 €
		Restwert 31.12.2021	16.000 €
4. Jahr	-	lineare AfA (20 % von 80.000 €)	16.000 €
		Restwert 31.12.2022	0 €

Das Beispiel zeigt, dass das Wirtschaftsgut, obwohl es eine **Nutzungsdauer von fünf Jahren** hat, bereits nach **vier Jahren** abgeschrieben ist.

Wird für **steuerrechtliche Zwecke** eine **von der handelsrechtlichen Buchhaltung getrennte (Anlagen-)buchhaltung** geführt, werden die Sonderabschreibungen nach § 7g Abs. 5 EStG in der steuerrechtlichen Buchhaltung auf den Aufwandskonten

6241 (4851) **Sonderabschreibungen nach §7g Abs. 5 EStG n.F. (ohne Kfz)**

oder

6242 (4852) **Sonderabschreibungen nach §7g Abs. 5 EStG n.F. (für Kfz)**

gebucht.

BEISPIEL

Sachverhalt wie zuvor. Der Steuerpflichtige führt sowohl eine handelsrechtliche als **auch eine steuerrechtliche (Anlagen-)buchhaltung**. Er erfasst die ausschließlich steuerrechtlich relevanten Sonderabschreibungen in seiner **steuerrechtlichen** Anlagenbuchhaltung.

Buchungssatz 2019:

Tz.	Sollkonto	Betrag (€)	Habenkonto
1.	**0440** (0210) Maschinen **1406** (1576) Vorsteuer	100.000,00 19.000,00	**3300** (1600) Verbindlichkeiten aLuL **3300** (1600) Verbindlichkeiten aLuL
2.	**6243** (4853) Kürzungen AK/HK	20.000,00	**0440** (0210) Maschinen
3.	**6220** (4830) Abschreibungen	16.000,00	**0440** (0210) Maschinen
4.	**6241** (4851) Sonderabschreib.	16.000,00	**0440** (0210) Maschinen

Buchung 2019

S	**0440** (0210) **Maschinen**		H
1)	100.000,00	2)	20.000,00
		3)	16.000,00
		4)	16.000,00

S	**3300** (1600) **Verbindl. aLuL**		H
		1)	100.000,00
		1)	19.000,00

S	**1406** (1576) **Vorsteuer 19%**		H
1)	19.000,00		

S	**6243** (4853) **Kürzungen AK/HK**		H
2)	20.000,00		

S	**6220** (4830) **Abschreibungen**		H
3)	16.000,00		

S	**6241** (4851) **Sonderabschreibungen nach §7g Abs. 5 EStG**		H
4)	16.000,00		

ÜBUNG →
1. Wiederholungsfragen 39 bis 41 (Seite 128),
2. Aufgabe 18 (Seite 132)

6.1.3 Außerplanmäßige Abschreibungen

6.1.3.1 Handelsbilanz

Handelsrechtlich besteht bei einer **voraussichtlich dauernden Wertminderung** eine Abschreibungs**pflicht** auf den **niedrigeren beizulegenden Wert**.

B 2 Einzelheiten zum niedrigeren beizulegenden Wert erfolgten bereits im Abschnitt 5.2.1.2.2 „Außerplanmäßige Abschreibung“, S. 80 ff.

Ist die **Wertminderung** voraussichtlich **nicht von Dauer** (= vorübergehende Wertminderung), besteht bei den abnutzbaren Vermögensgegenständen des Anlagevermögens für **alle** Kaufleute ein Abschreibungs**verbot**.

Bei einer voraussichtlich dauernden Wertminderung wird die **außerplanmäßige Abschreibung** gebucht auf dem Konto

6230 (4840) **Außerplanmäßige Abschreibungen auf Sachanlagen**.

BEISPIEL

Der buchführungspflichtige Gewerbetreibende Kögel hat Anfang 2015 eine Maschine für 10.000 € angeschafft, die linear abgeschrieben wird. Der Buchwert zum 31.12.2018 beträgt 6.000 €. Die Nutzungsdauer beträgt 10 Jahre. Die jährliche Abschreibung beträgt 1.000 €.

Zum 31.12.2019 liegt eine voraussichtlich dauerhafte Wertminderung vor. Der beizulegende Wert zum 31.12.2019 beträgt 2.000 €.

Kögel muss zunächst die **planmäßige Abschreibung** und anschließend die **außerplanmäßige Abschreibung** vornehmen.

	Buchwert zum 31.12.2018	6.000 €
-	**planmäßige Abschreibung 2019**	- **1.000 €**
=	fortgeführte AK	5.000 €
-	**außerplanmäßige Abschreibung 2019**	- **3.000 €**
	Buchwert zum 31.12.2019 (= beizulegender Wert)	2.000 €

Buchungssatz 2019:

Tz.	Sollkonto	Betrag (€)	Habenkonto
1.	**6220** (4830) Abschreibungen	1.000,00	**0440** (0210) Maschinen
2.	**6230** (4840) Außerplanmäßige Abschreib.	3.000,00	**0440** (0210) Maschinen

Buchung 2019:

S	**6220** (4830) **Abschreibungen**		H
1)	**1.000,00**		

S	**0440** (0210) **Maschinen**		H
SV	6.000,00	1)	**1.000,00**
		2)	**3.000,00**

S	**6230** (4840) **Außerplanmäßige Abschreibungen**		H
2)	**3.000,00**		

Das Konto „Maschinen" weist nun als Saldo den beizulegenden Wert von 2.000 € aus.

Sind die Gründe für eine außerplanmäßige Abschreibung weggefallen, ist der Buchwert gem. **§ 253 Abs. 5 HGB** bis zur Obergrenze der **fortgeführten AK/HK wieder zu erhöhen** (**Wertaufholungsgebot**). Dieses Wertaufholungsgebot gilt für **alle Kaufleute**.

Eine **Ausnahme** besteht ausschließlich für den **Geschäfts- oder Firmenwert**, bei dem der niedrigere Wert zwingend beibehalten werden muss.
Die **Zuschreibung** wird auf dem entsprechenden **Anlagekonto** (z. B. Maschinen) im **Soll** erfasst und im **Haben** auf dem **Erfolgskonto**

4910 (2710) **Erträge aus Zuschreibungen des Sachanlagevermögens**

gebucht.

BEISPIEL

Zum Anlagevermögen der Klaus Kollmann KG gehört eine Maschine, die im Januar 2017 für 100.000 € angeschafft worden ist. Die Nutzungsdauer beträgt 10 Jahre. Die Maschine wird linear abgeschrieben.
In 2018 ist aufgrund einer dauernden Wertminderung eine außerplanmäßige Abschreibung in Höhe von 50.000 € vorgenommen worden. Der beizulegende Wert der Maschine betrug am 31.12.2018 30.000 €.
In 2019 fallen die Gründe für die vorherige außerplanmäßige Abschreibung weg, sodass eine Wertaufholung bis zur Höhe der fortgeführten Anschaffungskosten erfolgen muss.

Die Maschine wird buchmäßig wie folgt behandelt:

	Anschaffungskosten 2017	100.000 €
-	planmäßige Abschreibung 2017 (10 % von 100.000 €)	- 10.000 €
=	Buchwert 31.12.2017	90.000 €
-	planmäßige Abschreibung 2018 (10 % von 100.000 €)	- 10.000 €
-	**außerplanmäßige Abschreibung 2018**	- **50.000 €**
=	Buchwert 31.12.2018 (= Teilwert)	30.000 €
-	planmäßige Abschreibung 2019 (30.000 € : 8 Jahre Rest-Nutzungsdauer)	- **3.750 €**
+	**Zuschreibung 2019**	+ **43.750 €**
=	Buchwert 31.12.2019	70.000 €
-	planmäßige Abschreibung 2020	- 10.000 €
=	Buchwert 31.12.2020	60.000 €

Buchungssatz 2019:

Sollkonto	Betrag (€)	Habenkonto
0440 (0210) Maschinen	43.750,00	**4910** (2710) Erträge aus Zuschreibungen
6220 (4830) Abschreibungen	3.750,00	**0440** (0210) Maschinen

Buchung 2019:

S **0440** (0210) **Maschinen** H

S		H	
SV	30.000,00	**2)**	**3.750,00**
1)	**43.750,00**		

S **4910** (2710) **Erträge aus Zuschreibungen des Sachanlagevermögens** H

S		H	
		1)	**43.750,00**

S **6220** (4830) **Abschreibungen** H

S		H	
2)	**3.750,00**		

ÜBUNG →
1. Wiederholungsfragen 42 und 43 (Seite 128),
2. Aufgabe 19 (Seite 133)

6.1.3.2 Steuerrechtliche Besonderheiten

6.1.3.2.1 Teilwertabschreibung

Steuerrechtlich ist nach § 6 Abs. 1 Nr. 1 Satz 2 eine **Teilwertabschreibung** nur bei einer **voraussichtlich dauernden Wertminderung** zulässig. Im Gegensatz zum handelsrechtlichen Abschreibungsgebot besteht steuerrechtlich ein Abschreibungswahlrecht.

Bei einer nur **vorübergehenden** Wertminderung ist eine Teilwertabschreibung steuerrechtlich **unzulässig**.

Eine **voraussichtlich dauernde Wertminderung** liegt bei **abnutzbaren Anlagegütern** dann vor, wenn der Wert des jeweiligen Wirtschaftsguts zum Bilanzstichtag mindestens für die halbe Restnutzungsdauer unter dem planmäßigen Restbuchwert liegt (BMF-Schreiben vom 02.09.2016, IV C 6 - S 2171-b/09/10002, Tz. 8).

Wurde eine **Teilwertabschreibung** zulässigerweise vorgenommen und hat sich der Wert des Wirtschaftsgutes **wieder erhöht**, ist der Steuerpflichtige **verpflichtet**, das Wirtschaftsgut in der **Bilanz** wieder mit dem sich nach § 6 Abs. 1 Nr. 1 **Satz 1** EStG ergebenden Wert (i.d.R. mit den **fortgeführten AK/HK**) anzusetzen. Im Gegensatz zum Handelsrecht kommt es **nicht** darauf an, ob die konkreten Gründe für die vorherige Teilwertabschreibung weggefallen sind. Auch eine Erhöhung des Teilwerts **aus anderen Gründen** ist als Wertaufholung zu erfassen (BMF-Schreiben vom 02.09.2016, IV C 6 - S 2171-b/09/10002, Tz. 27). Somit besteht auch steuerrechtlich ein **Wertaufholungsgebot** (§ 6 Abs. 1 Nr. 1 Satz 4 und Nr. 2 Satz 3 EStG).

Weiterführende Erläuterungen mit Beispielen zu den Themen Teilwertabschreibung, dauernde Wertminderung und Wertaufholung enthält das BMF-Schreiben vom 02.09.2016 (IV C 6 - S 2171-b/09/10002), abrufbar im Internet als Anhang 9 der Online-Version der Amtlichen Handbücher (hier EStH) unter https://amtliche-handbuecher.de/Home/home.html.

6.1.3.2.2 Absetzungen für außergewöhnliche Abnutzungen (AfaA)

Absetzungen für außergewöhnliche technische oder wirtschaftliche Abnutzungen (**AfaA**) sind steuerrechtlich **neben** den planmäßigen bzw. gewöhnlichen Absetzungen **zulässig** (§ 7 Abs. 1 **Satz 7** EStG).
Eine Abnutzung ist **außergewöhnlich**, wenn sie von der betriebsgewöhnlichen Abnutzung abweicht. Diese **Abweichung** kann **technisch oder wirtschaftlich** bedingt sein.

Eine außergewöhnliche **technische** Abnutzung kann folgende **Ursachen** haben:

Brand, Unwetter, Explosion, unsachgemäße Bedienung.

Eine außergewöhnliche **wirtschaftliche** Abnutzung kann **verursacht** sein durch

technischen Fortschritt, Wechsel im Käufergeschmack, Änderung der Absatzstruktur.

Während bei der Teilwertabschreibung in der Regel **äußere Einflüsse** entscheidend für die eingetretene Wertminderung sind, setzen die AfaA eine im **Wirtschaftsgut selbst begründete außergewöhnliche Abnutzung** voraus, z.B. bei Beschädigung oder Zerstörung des Wirtschaftsguts sowie den mangelnden wirtschaftlichen Erfolg der Investition in das Wirtschaftsgut.

Die **steuerlichen AfaA** sind nach dem Wortlaut des Gesetzes nur bei solchen Gebäuden zulässig, bei denen die AfA nach der **linearen** Methode (§ 7 Abs. 4 **Satz 3** EStG) bemessen wird. Nach R 7.4 Abs. 11 Satz 2 EStR 2012 ist die Vornahme von Absetzungen für außergewöhnliche Abnutzungen jedoch auch bei Gebäuden nicht zu beanstanden, bei denen von der **degressiven** AfA nach § 7 Abs. 5 EStG Gebrauch gemacht wird.
Eine **AfaA** ist bei Gebäuden z.B. vorzunehmen, wenn ein Gebäude durch **Abbruch**, **Brand** oder **ähnliche Ereignisse** aus dem Betriebsvermögen ausgeschieden ist [H 7.4 (AfaA) EStH].

Ist bei einem Gebäude eine **AfaA** vorgenommen worden, so bemessen sich die Absetzungen für Abnutzung **von dem folgenden Jahr an** nach den **AK/HK** des Gebäudes **abzüglich** des Betrages der **AfaA** (§ 11c Abs. 2 EStDV).

Bei **beweglichen** Anlagegütern sind Absetzungen für außergewöhnliche Abnutzungen steuerlich **nur zulässig**, **wenn** die gewöhnliche AfA **linear oder** nach **Maßgabe der Leistung** bemessen wird (§ 7 Abs. 2 Satz 4 EStG).
Mit Abschaffung der degressiven AfA ab dem **VZ 2011** sind diese Voraussetzungen bei **seit 2011** angeschafften oder hergestellten Wirtschaftsgütern **stets erfüllt**.

Soweit der Grund für die AfaA in späteren Jahren **entfällt**, müssen Steuerpflichtige, die ihren Gewinn nach § 4 Abs. 1 oder § 5 EStG ermitteln, eine entsprechende **Zuschreibung** vornehmen (§ 7 Abs. 1 **Satz 7** EStG).

ÜBUNG →
1. Wiederholungsfrage 44 (Seite 128),
2. Aufgaben 20 bis 22 (Seite 133)

6.1.4 Zusammenfassung und Erfolgskontrolle

6.1.4.1 Zusammenfassung

Bilanzierung des abnutzbaren Anlagevermögens

	Handelsrecht	Steuerrecht	
Erstbewertung	Anschaffungs-/ Herstellungskosten	Anschaffungs-/Herstellungskosten	
Folgebewertung	AK/HK abzgl. Abschreibung (fortgeführte AK/HK)	AK/HK abzgl. Absetzung für Abnutzung (AfA) (fortgeführte AK/HK)	
Abschreibungsmethoden	linear, degressiv oder leistungsabhängig, sofern vereinbar mit den Grundsätzen ordnungsmäßiger Buchführung (GoB)	immaterielle Wirtschaftsgüter:	linear
		Gebäude:	Grundsatz: linear Ausnahme: degressiv
		unbewegliche Wirtschaftsgüter:	linear
		bewegliche Wirtschaftsgüter:	linear, ggf. degressiv oder leistungsabhängig
außerplanmäßige Abschreibung	Abschreibungsgebot bei voraussichtlich dauernder Wertminderung auf den niedrigeren beizulegenden Wert für alle Kaufleute	Abschreibungswahlrecht bei voraussichtlicher dauernder Wertminderung auf den niedrigeren Teilwert für buchführende Gewerbetreibende im Sinne des § 5 Abs. 1 Nr. 1 EStG (§ 6 Abs. 1 Nr. 1 Satz 2 EStG)	
Besonderheiten	• Behandlung von GWG gemäß Steuerrecht bei untergeordneter Bedeutung • keine Übernahme von steuerrechtlichen Sonderabschreibungen etc.	• Wahlrechte zur Behandlung von GWG • Investitionsabzugsbeträge (§ 7g EStG) • Sonderabschreibungen (§ 7g EStG) • Absetzung für außergewöhnliche Abnutzung (AfaA)	

6.1.4.2 Erfolgskontrolle

Wiederholungsfragen

1. Mit welchem Wert sind Vermögensgegenstände des abnutzbaren Anlagevermögens grundsätzlich zu bilanzieren?
2. Was versteht man in diesem Zusammenhang unter Abschreibung?
3. Welche drei Methoden stehen grundsätzlich für die planmäßige Abschreibung zur Verfügung?
4. Welche Vermögensgegenstände kommen als immaterielle (unkörperliche) Vermögensgegenstände des abnutzbaren Anlagevermögens in Betracht?
5. Können selbst geschaffene immaterielle Vermögensgegenstände des Anlagevermögens handelsrechtlich aktiviert werden?
6. Wie werden Forschungs- und Entwicklungskosten bei selbst geschaffenen immateriellen Vermögensgegenständen des Anlagevermögens handelsrechtlich behandelt?
7. Wie ist entgeltlich erworbene Software handelsrechtlich zu behandeln?
8. Was versteht man unter dem Geschäfts- oder Firmenwert?
9. Wie ist der Geschäfts- oder Firmenwert handelsrechtlich zu behandeln?
10. Wie ist der Geschäfts- oder Firmenwert steuerrechtlich zu behandeln?
11. Darf ein sog. originärer Geschäfts- oder Firmenwert aktiviert werden?
12. Was versteht man unter einem Gebäude?
13. Wie sind Gebäude handelsrechtlich in der Bilanz anzusetzen?
14. Wie ist die lineare Gebäude-Abschreibung im Anschaffungs- bzw. Herstellungsjahr zu berechnen?
15. Wie ist die lineare Gebäude-Abschreibung im Veräußerungsjahr zu berechnen?
16. Auf welchem Konto wird die Abschreibung auf Gebäude im Soll gebucht?
17. Wie wird der jährliche lineare Abschreibungsbetrag berechnet?
18. Wie berechnet man den linearen Abschreibungssatz?
19. Für welchen Zeitraum ist die Abschreibung grundsätzlich im Anschaffungs- oder Herstellungsjahr zu berechnen?
20. Für welchen Zeitraum ist die Abschreibung beim Ausscheiden eines beweglichen Anlagegutes zu berechnen?
21. Wie wird der leistungsabhängige Abschreibungsbetrag berechnet?
22. Auf welchen Konten wird die Abschreibung der technischen Anlagen und Maschinen im Soll gebucht?
23. Was versteht man unter einem geringwertigen Wirtschaftsgut i.S.d. § 6 Abs. 2 EStG?
24. Wie kann der Steuerpflichtige geringwertige Wirtschaftsgüter bei der Gewinnermittlung steuerrechtlich behandeln?
25. Wie kann der Steuerpflichtige geringwertige Wirtschaftsgüter bei der Gewinnermittlung handelsrechtlich behandeln?
26. Kann der Sammelposten auch in die Handelsbilanz übernommen werden?
27. Auf welchem Konto wird der Sammelposten im Soll gebucht?
28. Für welche Gebäude beträgt die steuerrechtliche lineare AfA 3 %?

29. Für welche Gebäude beträgt die steuerrechtliche lineare AfA 2 %?
30. Für welche Gebäude beträgt die steuerrechtliche lineare AfA 2,5 %?
31. Das Wievielfache des linearen AfA-Satzes durfte der steuerrechtliche degressive AfA-Satz in 2009 und 2010 höchstens betragen?
32. Seit wann darf die steuerrechtliche degressive AfA für bewegliche Anlagegüter nicht mehr angesetzt werden?
33. Unter welchen Voraussetzungen können bewegliche Anlagegüter steuerrechtlich nach Maßgabe der Leistung abgeschrieben werden?
34. Wie hoch ist der steuerrechtliche Investitionsabzugsbetrag nach § 7g EStG?
35. Wie wird der Investitionsabzugsbetrag im Jahr der Inanspruchnahme berücksichtigt?
36. Wie lange ist der Investitionszeitraum?
37. Wie wird verfahren, wenn die geplante Investition nicht im Investitionszeitraum durchgeführt wird?
38. Wie ist der Investitionsabzugsbetrag im Jahr der Inanspruchnahme und im Jahr der Investition handelsrechtlich zu behandeln?
39. Wie hoch ist die steuerrechtliche Sonderabschreibung nach § 7g EStG?
40. Wie kann die Sonderabschreibung im Begünstigungszeitraum geltend gemacht werden?
41. Ist die Sonderabschreibung nach § 7g Abs. 6 EStG handelsrechtlich zulässig?
42. Wann besteht eine Pflicht zur außerplanmäßigen Abschreibung?
43. Was versteht man unter dem Wertaufholungsgebot?
44. Bei welchen beweglichen Anlagegütern sind steuerrechtliche Absetzungen für außergewöhnliche Abnutzungen zulässig bzw. nicht zulässig?

Aufgaben

AUFGABE 1

Der Steuerpflichtige Arno Lambrich hat am 04.01.2019 ein Unternehmen gekauft. Der Substanzwert aller übernommener Vermögensgegenstände hat 2.170.000 €, der Wert aller übernommener Schulden hat 1.840.000 € betragen. Der von Lambrich durch Banküberweisung gezahlte Kaufpreis belief sich auf 450.000 €. Lambrich kann die Nutzungsdauer des entstandenen Geschäfts- oder Firmenwertes verlässlich auf fünf Jahre schätzen. Der Gewerbetreibende Lambrich hat alle Vermögensgegenstände und Schulden ordnungsgemäß gebucht. Der derivative Geschäfts- oder Firmenwert ist handelsrechtlich noch zu buchen und abzuschreiben.

a) Wie viel Euro beträgt der derivative Geschäfts- oder Firmenwert?
b) Wie ist dieser Wert in der Handelsbilanz zum 31.12.2019 zu behandeln?
c) Wie ist dieser Wert in der Steuerbilanz zum 31.12.2019 zu behandeln?
d) Zeigen Sie die jeweilige Buchwertentwicklung in der Handels- und Steuerbilanz.
e) Bilden Sie die in 2019 erforderlichen Buchungssätze in der Handelsbilanz für den Geschäfts- oder Firmenwert. In welcher Höhe weicht das steuerliche Ergebnis in 2019 aus diesem Sachverhalt ab?

AUFGABE 2

Der Steuerpflichtige Werner Winter ist seit 1986 Inhaber einer Metallwarenfabrik, die er selbst gegründet hat. Er hat den Wert seines Unternehmens zum 31.12.2019 von einem Wirtschaftsprüfer ermitteln lassen. Der Gesamtwert seines Unternehmens beträgt 3.750.000 €. In diesem Betrag ist der Firmenwert mit 250.000 € enthalten.

Wie ist dieser Firmenwert in der Handelsbilanz und der Steuerbilanz zu behandeln?

AUFGABE 3

Das Bürogebäude A, Hamburg, wurde am 25.06.2019 angeschafft. Die AK des Gebäudes (Baujahr 2014, Bauantrag in 2013) haben 460.000 € betragen. Die voraussichtliche Nutzungsdauer des Gebäudes wird auf 40 Jahre geschätzt.

Wie hoch ist die lineare Abschreibung für 2019 und 2020 nach Handels- und Steuerrecht?

AUFGABE 4

Berechnen Sie die lineare Abschreibung für 2019 für folgende bewegliche Anlagegüter.

Anlagegut	Anschaffungsmonat/-jahr	AK (€)	Nutzungsdauer
Pkw Mercedes	09/2018	38.000	5 Jahre
Lkw-Anhänger	02/2019	48.000	6 Jahre
VW-Kombi	08/2019	18.000	4 Jahre
Gabelstapler	12/2019	12.000	5 Jahre
Kompressor	10/2015	5.800	5 Jahre

AUFGABE 5

Der Gewerbetreibende Wegmann, der zum Vorsteuerabzug berechtigt ist, kaufte am 21.03.2019 eine Maschine mit AK von 20.000 €. Die betriebsgewöhnliche Nutzungsdauer der Maschine beträgt vier Jahre.

Berechnen Sie den linearen Abschreibungsbetrag für 2019.

AUFGABE 6

Berechnen Sie den linearen Abschreibungssatz (%) und den linearen Abschreibungsbetrag (€) des 1. Nutzungsjahrs für die beweglichen Anlagegüter A bis E:

Anlagegut	Anschaffungsdatum	Anschaffungskosten	Nutzungsdauer
A	25.01.2019	20.000 €	5 Jahre
B	28.05.2019	10.000 €	4 Jahre
C	06.06.2019	8.000 €	12 Jahre
D	30.12.2019	50.000 €	20 Jahre
E	02.01.2019	4.800 €	10 Jahre

AUFGABE 7

Ein Spezialkraftfahrzeug wurde im Mai 2019 für 120.000 € netto angeschafft. Seine betriebsgewöhnliche Gesamtleistung wird mit 150.000 km geschätzt. Nach dem Kilometerzähler ist das Fahrzeug in 2019 29.167 km gefahren worden.

Berechnen Sie die leistungsabhängige Abschreibung für 2019.

AUFGABE 8

Bilden Sie die Buchungssätze für folgende Abschreibungen:

lineare Abschreibung auf Pkw	6.000 €
lineare Abschreibung auf Maschinen	8.000 €
lineare Abschreibung auf maschinelle Anlagen	12.000 €
leistungsabhängige Abschreibung auf Lkw	22.000 €
lineare Abschreibung auf Wohngebäude	10.000 €

AUFGABE 9

Der Gewerbetreibende Thon hat im Laufe des Jahres 2019 zwei Büroschränke angeschafft. Die Rechnung lautet: 2 Büroschränke zu je 820 € = 1.640 € + 311,60 € USt = 1.951,60 €. Thon hat die Rechnung wie folgt gebucht:

Sollkonto	Betrag (€)	Habenkonto
0650 (0420) Büroeinrichtung	1.640,00	**3300** (1600) Verbindlichkeiten aLuL
1406 (1576) Vorsteuer 19 %	311,60	**3300** (1600) Verbindlichkeiten aLuL

Zehn Tage nach der Lieferung begleicht Thon die Rechnung unter Abzug von 3 % Skonto durch Banküberweisung.

Die betriebsgewöhnliche Nutzungsdauer der Büroschränke beträgt 10 Jahre. Herr Thon strebt einen möglichst niedrigen steuerrechtlichen Gewinn an und möchte Abweichungen zwischen Handels- und Steuerbilanz möglichst vermeiden.

1. Mit welchem Wert kann Thon die Schränke zum 31.12.2019 im handelsrechtlichen Jahresabschluss und in der Steuerbilanz ansetzen?
2. Bilden Sie die erforderlichen Buchungssätze.

AUFGABE 10

Lebensmittelhändler Klaus Puhl e.K. kaufte am 16.08.2019 eine Registrierkasse (betriebsgewöhnliche Nutzungsdauer 6 Jahre). Die ordnungsgemäß ausgestellte Rechnung weist unter anderem den ursprünglichen Bruttopreis in Höhe von 1.140,00 € sowie einen darauf gewährten Rabatt in Höhe von 15 % aus.

Herr Puhl beglich den verbleibenden Rechnungsbetrag unter Abzug von 2 % Skonto.

Herr Puhl strebt einen möglichst niedrigen steuerrechtlichen Gewinn an und möchte Abweichungen zwischen Handels- und Steuerbilanz möglichst vermeiden.

Mit welchem Wert wird Herr Puhl die Registrierkasse in seinem handelsrechtlichen Jahresabschluss und seiner Steuerbilanz zum 31.12.2019 ansetzen?

AUFGABE 11

Der bilanzierende Marko Soldo, Fensterbau in Heilbronn, erwirbt am 03.07.2019 zwei Bürostühle (Nutzungsdauer 10 Jahre) für seinen Betrieb für je 1.100 € netto. Die Eingangsrechnung wird ordnungsgemäß gebucht. Eine unverzügliche Prüfung ergibt, dass ein Bürostuhl leicht beschädigt, aber sonst voll nutzbar ist. Soldo erhält daraufhin von der Baugut GmbH eine Gutschrift in Höhe von 200 € netto für den beschädigten Stuhl.

Den Rechnungsausgleich bucht Soldo wie folgt:

Sollkonto	Betrag (€)	Habenkonto
3300 (1600) Verbindlichkeiten aLuL	2.618,00	
	38,00	**1406** (1576) Vorsteuer 19 %
	200,00	**0650** (0420) Büroeinrichtung
	2.380,00	**1800** (1200) Bank

Soldo strebt einen möglichst geringen steuerrechtlichen Gewinn an und möchte Abweichungen zwischen Handels- und Steuerbilanz möglichst vermeiden.

1. Bilden Sie den notwendigen Korrekturbuchungssatz. Soldo hat sich für die Sammelpostenmethode entschieden.
2. Welche Buchungssätze sind zum Bilanzstichtag notwendig?

AUFGABE 12

Unternehmer Martin Malmann, der zum Vorsteuerabzug berechtigt ist, erwarb am 24.10.2019 eine gebrauchte Lagerhalle (Bauantrag 2005), die 2007 fertiggestellt worden ist, zum Kaufpreis von 400.000 €. Davon entfallen auf den Grund und Boden 100.000 €. An zusätzlichen Kosten fielen an:

• 5 % Grunderwerbsteuer		
• Notargebühren für die Beurkundung des Kaufvertrags	7.650,00 €	
19 % USt	1.453,50 €	9.103,50 €
• Grundbucheintragung		1.030,00 €
• Maklerprovision	12.000,00 €	
19 % USt	2.280,00 €	14.280,00 €

1. Wie hoch sind die Anschaffungskosten der Lagerhalle und des Grund und Bodens?
2. Ermitteln Sie die höchstzulässige steuerrechtliche AfA für 2019.

AUFGABE 13

Bilden Sie für die in der Aufgabe 12 genannte Abschreibung den Buchungssatz für eine eigenständige steuerrechtliche Anlagenbuchhaltung.

AUFGABE 14

Ein Fabrikgebäude ist am 18.07.2019 einschließlich Nebenkosten für 220.000 € (Gebäude 190.000 € und Grund und Boden 30.000 €) gekauft worden. Die Anschaffung des im Jahre 1950 hergestellten Gebäudes wurde ordnungsgemäß gebucht.

1. Ermitteln Sie die steuerrechtliche AfA für 2019.
2. Bilden Sie den Buchungssatz für die AfA für eine eigenständige steuerrechtliche Anlagenbuchhaltung.

AUFGABE 15

Ein Fabrikgebäude ist am 04.10.2019 für 300.000 € (Gebäude 250.000 € und Grund und Boden 50.000 €) gekauft worden. Der Kauf ist ordnungsgemäß gebucht.
Die Erwerbsnebenkosten in Höhe von 18.000 € sind auf das Konto „Grundstücksaufwendungen" gebucht worden.

Die AfA für das 1923 fertiggestellte Fabrikgebäude wurde noch nicht vorgenommen.

1. Ermitteln Sie die steuerrechtliche AfA für 2019.
2. Bilden Sie die erforderlichen Buchungssätze für eine eigenständige steuerrechtliche Anlagenbuchhaltung.

AUFGABE 16

Im Januar 2019 ist auf dem Betriebsgelände der J & L GmbH ein Teil des Bodens für 30.000 € + 5.700 € USt = 35.700 € asphaltiert worden. Die Hofbefestigung ist ein unbewegliches Wirtschaftsgut nach R 7.1 Abs. 1 Nr. 3 EStR 2012 mit einer betriebsgewöhnlichen Nutzungsdauer von 10 Jahren. Die Anschaffung ist ordnungsgemäß gebucht worden.

1. Ermitteln Sie die steuerrechtliche AfA für 2019.
2. Bilden Sie den Buchungssatz der AfA für eine eigenständige steuerrechtliche Anlagenbuchhaltung.

AUFGABE 17

Der vorsteuerabzugsberechtigte Einzelgewerbetreibende Hans Schneider, der seinen Gewinn nach § 5 EStG ermittelt, plant 2019 die Anschaffung einer Maschine für das Jahr 2022. Die Voraussetzungen des § 7g Abs. 1 EStG sind erfüllt. Nach vorliegendem Angebot wird der voraussichtliche Kaufpreis der Maschine brutto 38.080 € betragen. In 2019 nimmt Herr Schneider, der bisher noch keine Investitionsabzugsbeträge gewinnmindernd abgezogen hat, den maximal möglichen Investitionsabzugsbetrag in Anspruch. Im Januar 2022 erwirbt Herr Schneider die Maschine für brutto 35.700 € auf Ziel. Der Gewinn für 2022 soll möglichst niedrig sein.
Die Maschine hat eine betriebsgewöhnliche Nutzungsdauer von 10 Jahren.

1. Wie hoch ist der Investitionsabzugsbetrag in 2019?
2. Bilden Sie die Buchungssätze für die Maschine in 2022 mit AfA nach § 7 Abs. 1 EStG für eine eigenständige steuerrechtliche Anlagenbuchhaltung.
   Herr Schneider möchte den Investitionsabzugsbetrag nicht auf den statistischen Konten erfassen.
3. Welche Auswirkung hat dieser Vorgang auf den Gewinn des Jahres 2019?

AUFGABE 18

Der vorsteuerabzugsberechtigte Einzelgewerbetreibende Leonard Paul, der seinen Gewinn nach § 5 EStG ermittelt, hat für einen noch anzuschaffenden Lkw in 2018 einen Investitionsabzugsbetrag von 80.000 € (40 % von 200.000 €) gewinnmindernd in Anspruch genommen. Am 11.11.2019 erwirbt er den Lkw zu einem Preis von netto 220.000 € auf Ziel. Der Lkw hat eine Nutzungsdauer von neun Jahren. Der Steuerpflichtige möchte die Sonderabschreibung nach § 7g EStG im Jahr der Anschaffung voll in Anspruch nehmen. Statistische Konten werden nicht geführt. Paul verzichtet auf die Anwendung des § 7g Abs. 2 Satz 2 EStG.

1. Wie hoch ist der Investitionsabzugsbetrag, der in 2019 dem Gewinn hinzuzurechnen ist?
2. Wie hoch ist die AfA nach § 7 Abs. 1 EStG in 2019?
3. Wie hoch ist die Sonderabschreibung nach § 7g Abs. 5 EStG in 2019?
4. Bilden Sie die Buchungssätze der Anschaffung des Lkws und der Abschreibung in 2019 für eine eigenständige steuerrechtliche Anlagenbuchhaltung.

AUFGABE 19

Zum Betriebsvermögen der X-KG gehört eine Maschine, die im Januar 2016 für 400.000 € angeschafft worden ist. Die Nutzungsdauer beträgt 8 Jahre. Die Maschine wird linear abgeschrieben.
In 2017 ist aufgrund einer dauernden Wertminderung eine außerplanmäßige Abschreibung in Höhe von 200.000 € vorgenommen worden. Der beizulegende Wert der Maschine betrug am 31.12.2017 100.000 €.
In 2019 erfolgt überraschenderweise eine Erhöhung des beizulegenden Wertes auf 240.000 €, weil die Gründe für die vorherige außerplanmäßige Abschreibung weggefallen sind, sodass eine Wertaufholung zwingend erfolgen muss.

1. Wie hoch ist die Zuschreibung, die die X-KG vornehmen muss?
2. Wie lauten die Buchungssätze für die Zuschreibung und die Abschreibung in 2019?
3. Mit welchem Wert ist die Maschine im handelsrechtlichen Jahresabschluss und in der Steuerbilanz zum 31.12.2019 anzusetzen?

AUFGABE 20

Der Gewerbetreibende Kuntz, Mannheim, hat am 02.01.2016 eine Maschine mit Anschaffungskosten in Höhe von 288.000 € gekauft. Die Maschine hat eine betriebsgewöhnliche Nutzungsdauer von 12 Jahren. Der Buchwert in der Steuerbilanz zum 31.12.2019 beträgt 192.000 €. Der Teilwert der Maschine beträgt zu diesem Zeitpunkt unstrittig 80.000 €.

1. Prüfen Sie, ob eine dauerhafte Wertminderung der Maschine im Sinne des Steuerrechts gegeben ist (Hinweis: BMF-Schreiben vom 02.09.2016 IV C 6 - S 2171-b/09/10002).
2. Ermitteln Sie - ausgehend vom steuerrechtlichen Buchwert des 31.12.2018 - den Bilanzansatz der Maschine in der Steuerbilanz zum 31.12.2019 und zum 31.12.2020.

AUFGABE 21

Der Gewerbetreibende Müller, Hamburg, hat am 07.01.2019 ein bebautes Grundstück erworben. Die Anschaffungskosten der auf dem Grundstück stehenden Lagerhalle (Baujahr 2016) betragen 240.000 €. Bei der Berechnung der Abschreibung für den handelsrechtlichen Jahresabschluss geht Müller von einer betriebsgewöhnlichen Nutzungsdauer von 50 Jahren aus und bucht wie folgt:

S 6220 (4830) **Abschreibungen**	H
4.800,00	

S **0235** (0085) **Bebaute Grundstücke**	H
240.000,00	**4.800,00**

Nach dieser Buchung weist der Jahresabschluss einen Gewinn in Höhe von 120.000 € aus.

Ermitteln Sie, ausgehend von dem handelsrechtlichen Ergebnis, den steuerlichen Gewinn.

AUFGABE 22

Der Gewerbetreibende Roffbau, Moers, hat am 07.01.2019 eine Maschine mit Anschaffungskosten in Höhe von 240.000 € gekauft und in der Handelsbilanz mit 30 % degressiv abgeschrieben. Die Maschine hat eine Nutzungsdauer von zehn Jahren. Roffbau erstellt keine Steuerbilanz.

Berechnen Sie den Hinzurechnungsbetrag nach § 60 Abs. 2 EStDV für das Jahr 2019.

Zusammenfassende Erfolgskontrolle

Die Unternehmerin Nicole Kleudgen betreibt in Fürth ein Großhandelsunternehmen. Sie ermittelt ihren Gewinn nach § 5 EStG. Die Umsatzsteuer wird nach vereinbarten Entgelten berechnet. Das Wirtschaftsjahr entspricht dem Kalenderjahr. Frau Kleudgen führt für steuerliche Zwecke eine von der handelsrechtlichen Buchhaltung getrennte Anlagenbuchhaltung.

Sie haben die Aufgabe, bei der Erstellung des Jahresabschlusses sowie der Steuerbilanz der Nicole Kleudgen zum 31.12.2019 mitzuwirken und

1. die folgende vorläufige Saldenbilanz zum 31.12.2019 in Form einer Hauptabschlussübersicht zu ergänzen und ordnungsgemäß fertigzustellen oder den Erfolg über T-Konten zu ermitteln,
2. die sich aus der vorläufigen Saldenbilanz und den Sachverhalten 1 bis 9 ergebenden bzw. von Ihnen für erforderlich gehaltenen Buchungssätze in einer Buchungsliste (für die steuerrechtliche Anlagenbuchhaltung) festzuhalten,
3. die Absetzungen für Abnutzung für die steuerrechtliche Anlagenbuchhaltung so hoch wie möglich vorzunehmen.

Die Sonderabschreibung nach § 7g EStG kann nicht in Anspruch genommen werden.

Abschlussangaben			€
1.	Nicole Kleudgen erwarb im November 2019 ein mit einer Lagerhalle bebautes Grundstück (Bauantrag 1994, Baujahr 1995) in Fürth. Vom Kaufpreis entfielen auf		
	Grund und Boden		120.000,00
	Gebäude		480.000,00
	Außerdem fielen noch Erwerbsnebenkosten in Höhe von an.		26.000,00
	Nicole Kleudgen hat bisher gebucht:		
	0240 (0090) Geschäftsbauten	600.000,00 €	
	6350 (2350) Grundstücksaufwendungen	26.000,00 €	
	1406 (1576) Vorsteuer 19 % (Notar)	800,00 €	
	an		
	1800 (1200) Bank	626.800,00 €	
2.	Die Lagerhalle (Tz. 1) wurde noch im gleichen Monat vom Bauunternehmer Willi Bündgen, Fürth, für		180.000,00
	+ 19 % USt		34.200,00
	umgebaut und erweitert.		
	Nicole Kleudgen hat bisher gebucht:		
	6350 (2350) Grundstücksaufwendungen	180.000,00 €	
	1406 (1576) Vorsteuer 19 %	34.200,00 €	
	an		
	1800 (1200) Bank	214.200,00 €	

		€
3.	Die Bewirtungsaufwendungen wurden im Jahre 2019 auf dem Konto „**6640** (4650) Bewirtungskosten" mit 100 % zuzüglich der Vorsteuer erfasst. Eine Trennung in abzugsfähige und nicht abzugsfähige Betriebsausgaben nach § 4 Abs. 5 Nr. 2 EStG ist noch nicht vorgenommen worden. Außerdem sind in den Bewirtungskosten in Höhe von insgesamt (siehe Konto „**6640** (4650) Bewirtungskosten") Aufwendungen (netto) von enthalten, die als unangemessen anzusehen sind.	2.380,00 600,00
4.	Das Konto „**6500** (4500) Fahrzeugkosten" enthält folgende Beträge: a) Kosten mit Vorsteuerabzug Leasingraten (Mietleasing) Benzin, Öl usw. b) Kosten ohne Vorsteuerabzug Kfz-Versicherung Kfz-Steuer Die private Nutzung beträgt lt. ordnungsgemäß geführtem Fahrtenbuch 30 %.	 15.000,00 7.600,00 2.420,00 580,00
5.	Die Gewerbesteuerrückstellung für den Erhebungszeitraum 2018 betrug Die Gewerbesteuer-Abschlusszahlung 2018 lt. Gewerbesteuerbescheid 2019 betrug Für den Erhebungszeitraum 2019 ist mit einer Gewerbesteuer-Abschlusszahlung von zu rechnen. (Hinweis: Kapitel 9 „Rückstellungen")	11.254,00 10.834,00 9.500,00
6.	Abschreibungen a) **0240** (0090) Geschäftsbauten Die höchstmögliche AfA ist anzusetzen. b) **0690** (0490) Sonstige Betriebs- und Geschäftsausstattung Das Konto enthält eine EDV-Anlage mit Anschaffungskosten in Höhe von Diese Anlage (Nutzungsdauer 5 Jahre) ist im Januar 2018 angeschafft worden. 2018 ist die höchstmögliche AfA angesetzt worden. 2019 ist ebenfalls die höchstmögliche AfA für die Anlage anzusetzen. c) Die Abschreibungen für die übrigen Gegenstände der sonstigen Betriebs- und Geschäftsausstattung sind mit anzusetzen.	8.400,00 15.700,00
7.	Abschluss der Privatkonten	
8.	Abschluss der Umsatzsteuerkonten	
9.	Warenbestand lt. Inventur	90.000,00

	vorläufige Saldenbilanz zum 31.12.2019	
	Soll (€)	Haben (€)
0235 (0085) Bebaute Grundstücke		
0240 (0090) Geschäftsbauten	600.000,00	
0690 (0490) Sonstige Betriebs- und Geschäftsausstattung	130.000,00	
1140 (3980) Bestand Waren	125.000,00	
1200 (1400) Forderungen aLuL	589.200,00	
1406 (1576) Vorsteuer 19 %	38.200,00	
1600 (1000) Kasse	1.940,00	
1800 (1200) Bank	20.375,00	
1900 (0980) Aktive Rechnungsabgrenzung		
2000 (0800) Eigenkapital		699.934,00
2100 (1800) Privatentnahmen	84.000,00	
3030 (0957) Gewerbesteuerrückstellung		
3035 (0956) Gewerbesteuerrückstellung § 4 Abs. 5b EStG		11.254,00
3070 (0970) Sonstige Rückstellungen		
3160 (0640) Verbindlichk. gegenüber Kreditinstituten		169.500,00
3300 (1600) Verbindlichkeiten aLuL		541.730,00
3500 (1700) Sonstige Verbindlichkeiten		103.910,00
3806 (1776) Umsatzsteuer 19 %		57.680,00
4200 (8200) Erlöse		1.456.950,00
4639 (8924) Verwendung von Gegenständen ohne USt (Kfz-Nutzung)		
4645 (8921) Verwendung von Gegenständen 19 % USt (Kfz-Nutzung)		
4660 (8925) Unentgeltliche Erbringung einer sonstigen Leistung 19 % USt		
5200 (3200) Wareneingang	783.700,00	
6000 (4100) Löhne und Gehälter	386.370,00	
6220 (4830) Abschreibungen auf Sachanlagen		
6221 (4831) Abschreibungen auf Gebäude		
6350 (2350) Grundstücksaufwendungen	214.760,00	
6500 (4500) Fahrzeugkosten	25.600,00	
6640 (4650) Bewirtungskosten	2.380,00	
6644 (4654) Nicht abzugsfähige Bewirtungskosten		
6825 (4950) Rechts- und Beratungskosten	7.180,00	
6855 (4970) Nebenkosten des Geldverkehrs	1.800,00	
7100 (2650) Zinserträge		320,00
7320 (2120) Zinsaufwendungen für langfr. Verbindlichk.	11.287,00	
7610 (4320) Gewerbesteuer	19.486,00	
7643 (2283) Erträge aus der Auflösung von GewSt-Rückst.		
	3.041.278,00	3.041.278,00

6.2 Bilanzierung des nicht abnutzbaren Anlagevermögens

6.2.1 Handelsrecht

6.2.1.1 Ansatz

Zum **nicht abnutzbaren Anlagevermögen** gehören insbesondere

- **Grund und Boden**,
- **Beteiligungen** und
- **andere Finanzanlagen**,

wenn sie dazu bestimmt sind, **dauernd** dem Betrieb zu dienen (§ 247 Abs. 2 HGB).

6.2.1.2 Bewertung

Die Vermögensgegenstände des nicht abnutzbaren Anlagevermögens sind grundsätzlich mit den **Anschaffungskosten** anzusetzen.

Herstellungskosten werden praktisch **nicht** anfallen, weil es sich bei den zu bilanzierenden Anlagegütern in der Regel um **erworbene** Vermögensgegenstände handelt. Ausnahmsweise können Herstellungskosten z. B. bei der Gründung einer Gesellschaft, die als Beteiligung den Finanzanlagen zugeordnet wird, entstehen.

Handelsrechtlich müssen **alle** Kaufleute bei Gegenständen des nicht abnutzbaren Anlagevermögens **außerplanmäßige Abschreibungen** auf den niedrigeren beizulegenden Wert vornehmen, **wenn** die **Wertminderung voraussichtlich von Dauer** ist (§ 253 Abs. 3 Satz 5 HGB).

Bei **nur vorübergehender Wertminderung** besteht somit für **alle Kaufleute** ein **Abschreibungsverbot**. Lediglich bei **Finanzanlagen** besteht bei nur vorübergehender Wertminderung ein **Abschreibungswahlrecht** (§ 253 Abs. 3 Satz 6 HGB).

BEISPIEL

Der buchführungspflichtige Großhändler Port, hat vor Jahren ein unbebautes Grundstück mit der Absicht erworben, darauf den Erweiterungsbau einer Lagerhalle zu errichten.
Er hat das Grundstück bisher mit seinen **AK** in Höhe von **160.000 €** bilanziert.
Wegen jetzt beschlossener Sanierungsmaßnahmen der Stadt beträgt der beizulegende Wert dieses Grundstücks nur noch **130.000 €**. Die **Wertminderung ist voraussichtlich von Dauer**.

Da die **Wertminderung** voraussichtlich **dauernd** sein wird, **muss** das Grundstück ab sofort in der Handelsbilanz mit **130.000 €** angesetzt werden (§ 253 Abs. 3 Satz 5 HGB).

Buchungssatz:

Sollkonto	Betrag (€)	Habenkonto
6230 (4840) Außerplanmäßige Abschreibungen	30.000,00	**0215** (0065) Unbebaute Grundstücke

Buchung:

S	**6230** (4840) **Außerplanmäßige Abschreibungen**	H
	30.000,00	

S	**0215** (0065) **Unbebaute Grundstücke**	H
SV	160.000,00	**30.000,00**

Das Konto „**Unbebaute Grundstücke**" weist nun als Saldo den **beizulegenden** Wert von **130.000€** aus.

Entfällt der Grund für die außerplanmäßige Abschreibung, besteht **handelsrechtlich** für **alle Kaufleute** ein **Wertaufholungsgebot** (§ 253 Abs. 5 HGB).

BEISPIEL

Der Willi Maier KG gehört ein **unbebautes Grundstück**, das 1997 für **100.000€** angeschafft worden ist.
In 2017 ist aufgrund einer dauernden Wertminderung eine außerplanmäßige Abschreibung in Höhe von 50.000 € vorgenommen worden.
In 2019 fielen überraschenderweise die Gründe für die vorherige Abschreibung weg.

In 2019 ist die KG **verpflichtet**, eine Wertaufholung (Zuschreibung) vorzunehmen.
Es muss eine Zuschreibung von **50.000€** (100.000 € - 50.000 €) zwingend erfolgen.

Buchungssatz 2019:

Sollkonto	Betrag (€)	Habenkonto
0215 (0065) Unbeb. Grundstücke	50.000,00	**4910** (2710) Erträge aus Zuschreibungen

Buchung 2019:

S	**0215** (0065) **Unbeb. Grundstücke**	H
SV	50.000,00	
	50.000,00	

S	**4910** (2710) **Erträge aus Zuschreibungen des Sachanlagevermögens**	H
		50.000,00

6.2.2 Steuerrechtliche Besonderheiten

Steuerrechtlich sind die nicht abnutzbaren Wirtschaftsgüter des Anlagevermögens mit den **Anschaffungskosten** oder dem an deren Stelle tretenden Wert, vermindert um Abzüge nach § 6b EStG und ähnliche Abzüge (§ 6 Abs. 1 **Nr. 2** EStG) anzusetzen.

B	2	Die Abzüge nach § 6b EStG und ähnliche Abzüge werden im Rahmen der Rücklagen im Abschnitt 10.2, S. 225 ff., näher erläutert.

Ist der **Teilwert** aufgrund einer **voraussichtlich dauernden** Wertminderung **niedriger**, so **kann** dieser **steuerrechtlich** angesetzt werden (§ 6 Abs. 1 Nr. 2 **Satz 2** EStG). Im Gegensatz zum handelsrechtlichen Abschreibungsgebot besteht steuerrechtlich ein **Abschreibungswahlrecht**.
Der **steuerrechtlich** (niedrigere) **Teilwert** entspricht regelmäßig dem **handelsrechtlichen „beizulegenden Wert"** i. S. d. § 253 Abs. 3 Satz 5 HGB.
Für Wirtschaftsgüter des nicht abnutzbaren Anlagevermögens ist grundsätzlich darauf abzustellen, **ob** die **Gründe** für eine niedrigere Bewertung **voraussichtlich anhalten werden** (BMF-Schreiben vom 02.09.2016, IV C 6 - S 2171-b/09/10002, Tz. 11).

Wurde eine **Teilwertabschreibung** zulässigerweise vorgenommen und hat sich der Wert des Wirtschaftsgutes **wieder erhöht**, ist der Steuerpflichtige **verpflichtet**, das Wirtschaftsgut in der **Bilanz** wieder mit dem sich nach § 6 Abs. 1 Nr. 1 Satz 1 EStG ergebenden Wert (i.d.R. mit den **Anschaffungskosten**) anzusetzen. Somit besteht auch steuerrechtlich ein **Wertaufholungsgebot** (§ 6 Abs. 1 Nr. 1 Satz 4 und Nr. 2 Satz 3 EStG). Im Gegensatz zum Handelsrecht kommt es allerdings **nicht** darauf an, ob die konkreten Gründe für die vorherige Teilwertabschreibung weggefallen sind. Auch eine Erhöhung des Teilwerts **aus anderen Gründen** ist als Wertaufholung zu erfassen (BMF-Schreiben vom 02.09.2016, IV C 6 - S 2171-b/09/10002, Tz. 27).

Weiterführende Erläuterungen mit Beispielen zu den Themen Teilwertabschreibung, dauernde Wertminderung und Wertaufholung enthält das BMF-Schreiben vom 02.09.2016, IV C 6 - S 2171-b/09/10002, abrufbar im Internet als Anhang 9 der Online-Version der Amtlichen Handbücher (hier EStH) unter https://amtliche-handbuecher.de/Home/home.html.

6.2.3 Zusammenfassung und Erfolgskontrolle

6.2.3.1 Zusammenfassung

	Handelsrecht	**Steuerrecht**
Zugangsbewertung	Anschaffungs-/ Herstellungskosten (AK/HK)	Anschaffungs-/ Herstellungskosten (AK/HK) ggf. vermindert um Abzüge nach § 6b EStG oder R 6.6 Abs. 1 EStR 2012
Folgebewertung (außerplanmäßige Abschreibung)	Abschreibungs**gebot, aber nur** bei voraussichtlicher dauernder Wertminderung auf den niedrigeren beizulegenden Wert für alle Kaufleute	Abschreibungs**wahlrecht**, aber nur bei voraussichtlicher dauernder Wertminderung auf den niedrigeren Teilwert für buchführende Gewerbetreibende im Sinne des § 5 Abs. 1 Nr. 1 EStG
Wertaufholung	Wertaufholungsgebot	Wertaufholungsgebot
Besonderheiten	Finanzanlagen: Abschreibungswahlrecht auch bei vorübergehender Wertminderung	–

6.2.3.2 Erfolgskontrolle

Wiederholungsfragen

1. Mit welchem Wert sind die Vermögensgegenstände des nicht abnutzbaren Anlagevermögens grundsätzlich anzusetzen?
2. Welcher Bewertungsmaßstab kommt handelsrechtlich außerdem noch bei den Vermögensgegenständen des nicht abnutzbaren Anlagevermögens in Betracht?
3. Mit welchem Wert sind die Wirtschaftsgüter des nicht abnutzbaren Anlagevermögens grundsätzlich steuerrechtlich anzusetzen?
4. Welcher Bewertungsmaßstab kommt steuerrechtlich außerdem noch bei den Wirtschaftsgütern des nicht abnutzbaren Anlagevermögens in Betracht?
5. In welchem Fall müssen Kaufleute bei der Bewertung des nicht abnutzbaren Anlagevermögens den niedrigeren beizulegenden Wert ansetzen?
6. In welchem Fall müssen Steuerpflichtige bei der Bewertung des nicht abnutzbaren Anlagevermögens den niedrigeren Teilwert ansetzen?
7. Was versteht man unter dem Wertaufholungsgebot?

Aufgaben

AUFGABE 1

Der buchführende Großhändler Arend hat vor Jahren ein unbebautes Grundstück gekauft. Dieses Grundstück ist in den bisherigen Bilanzen mit seinen Anschaffungskosten von 60.000 € angesetzt worden.
Ein vereidigter Sachverständiger hat in einem schriftlichen Gutachten den beizulegenden Wert dieses Grundstücks zum Schluss des abgelaufenen Wirtschaftsjahrs mit 70.000 € berechnet.

Mit welchem Wert muss Arend dieses Grundstück in der Handelsbilanz bilanzieren? Begründen Sie Ihre Antwort.

AUFGABE 2

Der buchführende Gewerbetreibende Haller hat festverzinsliche Wertpapiere mit einer Restlaufzeit von vier Jahren, die dazu bestimmt sind, dauernd dem Geschäftsbetrieb zu dienen, zum Wert von 102 % erworben. Die Papiere werden bei Fälligkeit zu 100 % eingelöst. Aufgrund einer nachhaltigen Änderung des Zinsniveaus unterschreitet der Börsenkurs den Einlösebetrag zum Bilanzstichtag auf Dauer und beträgt zum 31.12.2019 nur noch 98 %.

Mit welchem Prozentsatz muss Haller die Wertpapiere zum 31.12.2019 in der Handelsbilanz ansetzen?

AUFGABE 3

Der buchführende Gewerbetreibende Böhmer weist in seiner Vorjahresbilanz ein unbebautes Grundstück mit dessen Anschaffungskosten von 20.000 € aus.
Gegen Ende des laufenden Jahres hat er die Hälfte dieses Grundstücks unter verkehrsüblichen Bedingungen für 8.000 € verkauft. Der Vorgang ist ordnungsgemäß gebucht.
Der Käufer ist bereit, auch den Rest des Grundstücks für den selben Preis zu kaufen. Böhmer konnte sich aber noch nicht entschließen, den Rest des Grundstücks zu verkaufen. Andere Kaufinteressenten gibt es nicht.

1. Mit welchem Wert muss Böhmer das ihm noch gehörende Grundstück in der Handels- und Steuerbilanz ansetzen? Begründen Sie Ihre Antwort.
2. Bilden Sie den erforderlichen Buchungssatz in der handelsrechtlichen Buchführung.

AUFGABE 4

Der Kaufmann Willi Sommer weist in seiner Bilanz des Vorjahres zwei unbebaute Grundstücke aus:

Grundstück A, Lagerplatz	15.000 €,
Grundstück B, Parkplatz	10.000 €.

Beide Grundstücke sind mit den Anschaffungskosten bewertet.

Das als Lagerplatz dienende Grundstück A ist durch Planungsmaßnahmen der Gemeinde zu Bauland geworden. Dadurch ist der Wert auf 25.000 € gestiegen. Ein Interessent hat ihm schriftlich zugesagt, diesen Preis im Falle eines Kaufes zu zahlen.

Für das Grundstück B hat Sommer jetzt den Bescheid erhalten, dass sein Antrag auf Baugenehmigung endgültig abgelehnt ist. Für seinen Betrieb ist das Grundstück nun „wertlos". Ein Makler hat Sommer erklärt, dass er einen Käufer vermitteln kann, der für das Gelände 7.000 € zahlt.

1. Mit welchen Werten sind die beiden Grundstücke in der Handels- und Steuerbilanz anzusetzen? Begründen Sie Ihre Antwort.
2. Bilden Sie den (die) erforderlichen Buchungssatz (Buchungssätze).

AUFGABE 5

Der Hans Opel OHG, Stuttgart, gehört ein unbebautes Grundstück, das im Jahre 2008 für 200.000 € angeschafft wurde. Im Jahre 2012 wurde zulässigerweise eine außerplanmäßige Abschreibung in Höhe von 100.000 € vorgenommen.
Im Jahre 2019 fielen überraschenderweise die Gründe für die außerplanmäßige Abschreibung weg.

Ist die OHG in 2019 verpflichtet handels- oder steuerrechtlich eine Wertaufholung (Zuschreibung) vorzunehmen?

Bilden Sie gegebenenfalls den notwendigen Buchungssatz.

Weitere Aufgaben mit Lösungen finden Sie im **Lösungsbuch** der Buchführung 2. A L

Zusammenfassende Erfolgskontrolle

Die Unternehmerin Helga Fabel betreibt in Gummersbach ein Großhandelsunternehmen. Sie ermittelt ihren Gewinn nach § 5 EStG. Die Umsatzsteuer wird nach vereinbarten Entgelten berechnet. Das Wirtschaftsjahr entspricht dem Kalenderjahr. Frau Fabel führt für steuerliche Zwecke eine von der handelsrechtlichen Buchhaltung getrennte Anlagenbuchhaltung.

Sie haben die Aufgabe, bei der Erstellung des Jahresabschlusses sowie der Steuerbilanz der Helga Fabel zum 31.12.2019 mitzuwirken und

1. die folgende vorläufige Saldenbilanz zum 31.12.2019 in Form einer Hauptabschlussübersicht zu ergänzen und ordnungsgemäß fertigzustellen oder den Erfolg über T-Konten zu ermitteln,
2. die sich aus der vorläufigen Saldenbilanz und den Sachverhalten 1 bis 10 ergebenden bzw. von Ihnen für erforderlich gehaltenen Buchungssätze in einer Buchungsliste (für die steuerrechtliche Anlagenbuchhaltung) festzuhalten,
3. die Absetzungen für Abnutzung für die steuerrechtliche Anlagenbuchhaltung so hoch wie möglich vorzunehmen.

Die Sonderabschreibung nach § 7g EStG kann nicht in Anspruch genommen werden. Es soll der niedrigstmögliche steuerliche Gewinn ermittelt werden.

Abschlussangaben	€
1. Das unbebaute Grundstück (siehe Konto „**0215** (0065) Unbebaute Grundstücke") wurde bisher als betrieblicher Abstellplatz genutzt. Bei einer amtlichen Schätzung wurde der Wert des Abstellplatzes zum 31.12.2019 mit festgestellt. Mit einer Erhöhung dieses Wertes ist voraussichtlich nicht zu rechnen.	30.000,00
2. Das betriebliche Gebäude (siehe Konto „**0240** (0090) Geschäftsbauten") wurde am 10.01.2017 angeschafft. Die Anschaffungskosten für das 1982 fertiggestellte Gebäude haben betragen.	150.000,00
3. Helga Fabel zahlte am 29.10.2019 die Feuerversicherungsprämie für das Geschäftsgebäude in Höhe von und für das zu eigenen Wohnzwecken genutzte Einfamilienhaus in Höhe von jeweils für die Zeit vom 01.10.2019 bis 30.09.2020 durch Banküberweisung. Bisher wurde gebucht: **2100** (1800) Privatentnahmen 3.000 € an **1800** (1200) Bank 3.000 €	2.400,00 600,00

		€
4.	Am 25.10.2019 wurde eine EDV-Anlage für zuzüglich Umsatzsteuer in Höhe von verkauft. Der Buchwert der EDV-Anlage betrug zum Zeitpunkt des Verkaufs Der Verkauf wurde wie folgt gebucht: **1800** (1200) Bank 5.355 € an **4200** (8200) Erlöse 4.500 € **3806** (1776) Umsatzsteuer 19 % 855 €	4.500,00 855,00 2.300,00
5.	Die gesamten Bewirtungskosten in Höhe von (siehe Konto „**6640** (4650) Bewirtungskosten") sind angemessen und werden durch Belege ordnungsgemäß nachgewiesen. Die Bewirtungskosten wurden in 2019 einschließlich der Vorsteuer auf dem Konto **6640** (4650) erfasst. Eine Trennung in abzugsfähige und nicht abzugsfähige Betriebsausgaben nach § 4 Abs. 5 Nr. 2 EStG ist noch nicht vorgenommen worden.	1.666,00
6.	Das Konto „4860 (2750) Grundstückserträge" enthält u. a. die von einem Mieter in 2019 gezahlte Miete für die Zeit vom 01.12.2019 bis 01.02.2020 in Höhe von	1.500,00
7.	Abschreibung Betriebs- und Geschäftsausstattung In dem Betrag von 15.000 € sind die 1.000 € der EDV-Anlage von Tz. 4 nicht enthalten (siehe Konto **6220** (4830) der vorläufigen Saldenbilanz, Seite 144).	15.000,00
8.	Abschluss der Privatkonten	
9.	Abschluss der Umsatzsteuerkonten	
10.	Warenbestand lt. Inventur	85.000,00

	vorläufige Saldenbilanz zum 31.12.2019	
	Soll (€)	Haben (€)
0215 (0065) Unbebaute Grundstücke	40.000,00	
0235 (0085) Bebaute Grundstücke	120.000,00	
0240 (0090) Geschäftsbauten	141.000,00	
0690 (0490) Sonstige Betriebs- und Geschäftsausstattung	110.000,00	
1140 (3980) Bestand Waren	125.000,00	
1200 (1400) Forderungen aLuL	589.200,00	
1406 (1576) Vorsteuer 19 %	38.200,00	
1600 (1000) Kasse	1.958,00	
1800 (1200) Bank	20.375,00	
1900 (0980) Aktive Rechnungsabgrenzung		
2000 (0800) Eigenkapital		280.934,00
2100 (1800) Privatentnahmen	84.000,00	
3030 (0957) Gewerbesteuerrückstellung		
3035 (0956) Gewerbesteuerrückstellung § 4 Abs. 5b EStG		11.254,00
3070 (0970) Sonstige Rückstellungen		
3160 (0640) Verbindlichk. gegenüber Kreditinstituten		169.500,00
3300 (1600) Verbindlichkeiten aLuL		541.730,00
3500 (1700) Sonstige Verbindlichkeiten		103.910,00
3806 (1776) Umsatzsteuer 19 %		57.680,00
3900 (0990) Passive Rechnungsabgrenzung		
4200 (8200) Erlöse		1.436.950,00
4660 (8925) Unentgeltliche Erbringung einer sonstigen Leistung 19 % USt		
4849 (8829) Erlöse aus Verkäufen Sachanl. (bei Buchg.)		
4855 (2315) Anlagenabgänge (RBW bei Buchgewinn)		
4860 (2750) Grundstückserträge		20.000,00
4639 (8924) Verwendung von Gegenständen ohne USt (Kfz-Nutzung)		
4645 (8921) Verwendung von Gegenständen 19 % USt (Kfz-Nutzung)		
5200 (3200) Wareneingang	783.700,00	
6000 (4100) Löhne und Gehälter	386.370,00	
6220 (4830) Abschreibungen auf Sachanlagen	1.000,00	
6221 (4831) Abschreibungen auf Gebäude		
6230 (4840) Außerplanmäßige Abschreibungen		
6350 (2350) Grundstücksaufwendungen	114.760,00	
6500 (4500) Fahrzeugkosten	24.600,00	
6640 (4650) Bewirtungskosten	1.666,00	
6644 (4654) Nicht abzugsfähige Bewirtungskosten		
6825 (4950) Rechts- und Beratungskosten	7.850,00	
6855 (4970) Nebenkosten des Geldverkehrs	1.826,00	
7100 (2650) Zinserträge		320,00
7320 (2120) Zinsaufwendungen für langfr. Verbindlichk.	11.287,00	
7610 (4320) Gewerbesteuer	19.486,00	
7643 (2283) Erträge aus der Auflösung von GewSt-Rückst.		
	2.622.278,00	2.622.278,00

6.3 Anlagenverzeichnis

Das **Anlagenverzeichnis**, auch **Bestandsverzeichnis** oder Anlagenbuchhaltung genannt, ist eine Tabelle bzw. Kartei, aus der die buchmäßige Entwicklung der einzelnen Vermögensgegenstände des Anlagevermögens ersichtlich ist.

Alle Unternehmer sind verpflichtet, ein Anlagenverzeichnis (eine Anlagenkartei) zu führen. Das Anlagenverzeichnis darf nicht verwechselt werden mit dem Anlagengitter (Anlagenspiegel), das nur von **Kapitalgesellschaften** und gleichgestellten Personenhandelsgesellschaften (§ 264a HGB) aufzustellen ist.

Einzelheiten zum Anlagengitter (Anlagenspiegel) wurden bereits im Abschnitt 2.1.2.2.2.2.3 „Anhang", S. 17 ff., erläutert. B 2

6.3.1 Zweck des Anlagenverzeichnisses

Das Anlagenverzeichnis dient der **Erstellung des Jahresabschlusses**. Mit seiner Hilfe wird der Abschluss der Anlagekonten vorbereitet und anschließend durchgeführt.

Kaufleute, die ein **Anlagenverzeichnis** führen, das den im folgenden Abschnitt dargestellten Erfordernissen entspricht, brauchen zum Bilanzstichtag **keine körperliche Bestandsaufnahme** des **Anlagevermögens** durchzuführen.

6.3.2 Aufbau und Inhalt des Anlagenverzeichnisses

In das Anlagenverzeichnis werden **alle** Gegenstände des **Anlagevermögens** aufgenommen, auch die, die bereits voll abgeschrieben sind.

Das gilt **nicht** für **geringwertige Wirtschaftsgüter**, für Wirtschaftsgüter, die in einem **Sammelposten** erfasst werden, und für die mit einem **Festwert** angesetzten Vermögensgegenstände.

Das Anlagenverzeichnis enthält zunächst die **Angaben**, die auch in einem nach § 240 Abs. 1 HGB erstellten Inventar gemacht werden, d.h.

1. die genaue **Bezeichnung des Gegenstandes** und
2. seinen **Bilanzwert** am Bilanzstichtag.

Will sich der Kaufmann die nach **§ 240 Abs. 2 HGB**, §§ 140 und 141 AO erforderliche **jährliche körperliche** Bestandsaufnahme ersparen, so müssen aus dem Anlagenverzeichnis außer den zuvor genannten Angaben noch ersichtlich sein:

1. der **Tag der Anschaffung oder Herstellung** des Gegenstandes,
2. die Höhe der **Anschaffungs- oder Herstellungskosten**,
3. der **Tag des Abgangs** (= Verkauf, Verschrottung, Entnahme).

In der Praxis ist es üblich, auch den Bilanzwert des **vorangegangenen** Bilanzstichtags sowie die **Abschreibung** und die **Grundlagen ihrer Berechnung** in das Verzeichnis aufzunehmen, sodass das Anlagenverzeichnis noch die folgenden Angaben enthält:

1. **Bilanzwert** am **vorangegangenen** Bilanzstichtag,
2. betriebsgewöhnliche Nutzungsdauer (**ND**),
3. **AfA-Art**,
4. **AfA-Satz**,
5. **jährliche AfA**,
6. **AfA des Wirtschaftsjahrs**.

In der Regel werden die Anlagegegenstände im Verzeichnis **kontenweise** zusammengestellt.

Anlagegegenstände der gleichen Art können unter Angabe der Stückzahl im Verzeichnis zusammengefasst werden, wenn sie in demselben Wirtschaftsjahr angeschafft sind, die gleiche Nutzungsdauer und die gleichen Anschaffungskosten haben und nach der gleichen Methode abgeschrieben werden.

Ein Beispiel für ein Anlagenverzeichnis in Tabellenform ist auf der folgenden Seite dargestellt:

Anlagenverzeichnis für die Zeit vom 01.01. bis 31.12.2019

Konto-Nr.	Bezeichnung des Gegenstandes	Ansch.- bzw. H.-tag	AK bzw. HK	ND Jahre	AfA-Art	AfA-%	jährliche AfA	Abgangs-tag	Bilanzwert am 01.01.2019	Zugänge 2019	AfA 2019	Abgänge 2019	Bilanzwert am 31.12.2019
	I. Nichtabn. AV												
	Unbebaute												
0215	Grundstücke												
0065	Bahnhofstr. 3	04.02.10	20.000						20.000				20.000
0235	Bebaute												
0855	Grundstücke												
	Wilhelmstr. 1	07.02.11	60.000						60.000				60.000
	II. Abnutzb. AV												
0240	Geschäftsbau-												
0090	ten Wilhelmstr. 1	03.11.13	640.000	33	lin.	3	19.200		540.800		19.200		521.600
0285	Hofbefestigung												
0112	Wilhelmstr. 1	26.07.19	30.000	10	lin.	10	3.000			30.000	1.500		28.500
0440	Maschinen												
0210	Abfüllmaschine	04.07.15	18.000	10	lin.	10	1.800		11.700		1.800		9.900
	Kühlanlage	06.03.12	42.000	8	lin.	12,5	5.250		6.125		5.250		875
									17.825		7.050		10.775
0520	Pkw												
0320	Pkw Mercedes	08.09.15	38.000	6	lin.	16,6	6.331		16.897		6.331		10.566
0550	Lkw												
0340	Lkw 1	08.10.16	80.000	9	lin.	11,1	8.888	06.11.16	60.002		7.407	52.595	—
	Lkw 2	06.11.19	96.000	9	lin.	11,1	10.666			96.000	1.778		94.222
									60.002	96.000	9.185	52.595	94.222

Das **Anlagenverzeichnis** kann auch in der Form einer **Anlagenkartei** geführt werden.
In diesem Fall wird für jedes Anlagegut bzw. für Anlagegüter gleicher Art, gleicher Nutzungsdauer, gleicher Anschaffungskosten und gleicher Absetzungsmethode eine Karteikarte geführt, aus der die oben genannten Angaben ersichtlich sind.
Der Bilanzansatz ergibt sich aus der Summe der einzelnen Bilanzwerte laut Anlagenkartei.

6.3.3 Erfolgskontrolle

Wiederholungsfragen

1. Was ist das Anlagenverzeichnis?
2. Welchem Zweck dient das Anlagenverzeichnis?
3. Welche Erleichterung genießen buchführende Gewerbetreibende im Hinblick auf die Inventur, wenn sie ein Anlagenverzeichnis führen?
4. Welche Gegenstände werden in das Anlagenverzeichnis aufgenommen?
5. Welche geringwertigen Anlagegüter brauchen nicht in das Anlagenverzeichnis aufgenommen zu werden?
6. Welche Spalten hat ein Anlagenverzeichnis, das in Tabellenform geführt wird? Nennen Sie die Spalten in der Reihenfolge, in der sie angelegt sind.

Aufgaben

Gehen Sie bei den Lösungen der folgenden Aufgaben 1 bis 4 davon aus, dass für **steuerliche Zwecke** eine von der handelsrechtlichen Buchhaltung getrennte Anlagenbuchhaltung geführt wird.

AUFGABE 1

Fertigen Sie nach folgenden Angaben ein Anlagenverzeichnis für die steuerrechtliche Anlagenbuchhaltung für die Zeit vom 01.01. bis 31.12.2019 an:

Konto-Nr.	Bezeichnung des Gegenstandes	Anschaffungstag	AK/HK	ND Jahre	AfA Art	Bilanzwert 01.01.2019
0235	Bebaute Grundstücke					
(0085)	Ringstr. 45	04.07.11	8.500			8.500
0240	Geschäftsbauten					
(0090)	Ringstr. 45	04.07.11	120.000	50	lin.	102.000
0520	Pkw					
(0320)	Pkw 1	01.02.08	12.000	6		1
	Pkw 2	15.06.17	18.000	6	lin.	13.250
	Pkw 3	07.11.19	19.400	6	lin.	
0690	Betriebsausstattung					
(0400)	Farbspritzgerät	04.02.17	2.400	4	lin.	1.250
	Kompressor	18.02.17	5.800	5	lin.	3.577
	Baustellenwagen	14.11.12	4.200	10	lin.	1.610
	Einbrennkabine	20.08.19	15.000	10	lin.	
0650	Büroeinrichtung					
(0420)	Computer	07.03.17	13.500	3	lin.	5.250
	Abstelltisch	07.05.19	1.950	3	lin.	

AUFGABE 2

Konto-Nr.	Bezeichnung des Gegenstandes	Ansch.- bzw. H.-tag	AK bzw. HK	ND Jahre	AfA-Art	AfA-%	jährliche AfA	Abgangs-tag	Bilanzwert am 01.01.2019	Zugänge 2019	AfA 2019	Abgänge 2019	Bilanzwert am 31.12.2019
0240 0090	Gebäude A	2000/01	120.000						28.800				
0241 0091	Gebäude B	2006	100.000						67.500				
0242 0092	Gebäude C	1996	200.000						10.000				
0243 0093	Gebäude D	2018	300.000						299.250				
0244 0094	Gebäude E	2019/10											

1. Das Wirtschaftsgebäude A wurde im Januar 2000 vom Steuerpflichtigen selbst fertiggestellt. Der Bauantrag wurde Anfang 1998 gestellt.
2. Das Gebäude B, das 1920 fertiggestellt worden ist, wurde im Januar 2006 erworben.
3. Das Gebäude C (Wirtschaftsgebäude) hat der Steuerpflichtige selbst errichtet. Der Bauantrag wurde im August 1993 gestellt.
4. Das Gebäude D (Lagerhalle) wurde in 2018 vom Steuerpflichtigen selbst errichtet und am 27.12.2018 fertiggestellt.
5. Der Steuerpflichtige baute in 2019 das Gebäude E (Lagerhalle), das am 11.10.2019 fertiggestellt wurde. Der Bauantrag wurde im Januar 2019 gestellt. Die Handwerkerrechnungen über 60.000 € + 19 % USt sind wie folgt gebucht worden:
   0244 (0094) Gebäude E 60.000 € und **1406** (1576) Vorsteuer 11.400 € an **1800** (1200) Bank 71.400 €.
   Das zum Bau der Lagerhalle erforderliche Material im Wert von 10.000 € hat er dem eigenen Lager entnommen und noch nicht gebucht. Für den Einsatz der eigenen Arbeitskräfte sind Kosten in Höhe von 5.000 € entstanden. Dieser Betrag ist in den Personalkosten enthalten.

Aufgabe:
Ergänzen Sie das für steuerrechtliche Zwecke geführte Anlagenverzeichnis und schließen Sie es ordnungsgemäß ab. Halten Sie die sich aus dem Anlagenverzeichnis und den Sachverhalten ergebenden Buchungen in einer Buchungsliste fest. Die AfA ist so hoch wie möglich vorzunehmen.

AUFGABE 3

Konto-Nr.	Bezeichnung des Gegenstandes	Ansch.- bzw. H.-tag	AK bzw. HK	ND Jahre	AfA-Art	AfA-%	jährliche AfA	Abgangstag	Bilanzwert am 01.01.2019	Zugänge 2019	AfA 2019	Abgänge 2019	Bilanzwert am 31.12.2019
0215 0065	Grundstück A	1984	200.000						200.000				
0216 0066	Grundstück B	1985	30.000						30.000				
0217 0067	Grundstück C	1996	20.000						20.000				
0218 0068	Grundstück D	2019											
0219 0069	Grundstück E	2019											

1. Das Grundstück A ist 4000 qm groß. Der ortsübliche Preis betrug am 31.12.2019 90 €/qm.
2. Das Grundstück B ist 12.000 qm groß. Im März 2019 mussten – zur Verbreiterung des Gehweges – 120 qm dieses Grundstücks an die Stadt abgegeben werden. Der Erstattungsbetrag von 6.000 € wurde privat vereinnahmt.
3. Der Wert des Grundstücks C ist zum 31.12.2019 auf das Doppelte der aktivierten AK gestiegen.
4. Am 27.12.2019 wurde das Grundstück D zum Kaufpreis von 50.000 € auf Ziel erworben. Der Vorgang ist noch nicht gebucht. Die Erwerbsnebenkosten (Notarkosten usw.) in Höhe von 3.500 € sind wie folgt gebucht worden:
   6350 (2350) Grundstücksaufwendungen an **1800** (1200) Bank 3.500 €. Die Vorsteuer ist ordnungsgemäß gebucht.
5. Am 23.04.2019 wurde das Grundstück E zum Kaufpreis von 150.000 € erworben. An Erwerbsnebenkosten sind noch 8.500 € angefallen. In Anrechnung auf den Kaufpreis hat der Steuerpflichtige ein Bankdarlehen von 50.000 € übernommen, sodass an den Verkäufer lediglich 108.500 € zu zahlen waren. Der Vorgang wurde wie folgt gebucht:
   0219 (0069) Grundst. E 100.000 € und **6350** (2350) Grundstücksaufw. 8.500 € an **1800** (1200) Bank 108.500 €.

Aufgabe:

Ergänzen Sie das für steuerrechtliche Zwecke geführte Anlagenverzeichnis und schließen Sie es ordnungsgemäß ab. Halten Sie die sich aus dem Anlagenverzeichnis und den Sachverhalten ergebenden Buchungen in einer Buchungsliste fest. Wenn Sie eine Buchung nicht für erforderlich halten, begründen Sie dies kurz in der Buchungsliste.

AUFGABE 4

Konto-Nr.	Bezeichnung des Gegenstandes	Ansch.- bzw. H.-tag	AK bzw. HK	ND Jahre	AfA-Art	AfA-%	jährliche AfA	Abgangstag	Bilanzwert am 01.01.2019	Zugänge 2019	AfA 2019	Abgänge 2019	Bilanzwert am 31.12.2019
0500 0320	Pkw A	2017	24.000	6	lin.				16.000				
0521 0321	Pkw B	2015/10	54.000	6	lin.				24.750				
0522 0322	Pkw C	2017	25.500	6	lin.				17.000				
0523 0323	Pkw D	2019/07											
0524 0324	Pkw E	2019/10		6									

1. Die AfA für den Pkw A ist lt. Anlagenverzeichnis für 2019 vorzunehmen.
2. Der Pkw B wurde im Oktober 2015 angeschafft und ordnungsgemäß gebucht. Die AfA für den Pkw B ist lt. Anlagenverzeichnis für 2019 vorzunehmen.
3. Der Pkw C wurde am 23.07.2019 für **12.000€** + 19 % USt bar verkauft. Der Vorgang wurde noch nicht gebucht.
4. Der Pkw D wurde im Juli 2019 für **25.000€** + 19 % USt angeschafft und durch Bankscheck bezahlt. Eine Buchung wurde bisher nicht vorgenommen. Die betriebsgewöhnliche Nutzungsdauer des Pkws D beträgt 6 Jahre.
5. Der Pkw E wurde am 17.10.2019 für **30.000€** + 19 % USt angeschafft und durch Bankscheck bezahlt. Eine Buchung wurde bisher nicht vorgenommen. Die Überführungskosten von **400€** wurden über das Konto **6500** (4500) Fahrzeugkosten gebucht. Die Vorsteuer im Zusammenhang mit den Überführungskosten ist ordnungsgemäß gebucht.

Aufgabe:
Ergänzen Sie das für steuerrechtliche Zwecke geführte Anlagenverzeichnis und schließen Sie es ordnungsgemäß ab. Halten Sie die sich aus dem Anlagenverzeichnis und den Sachverhalten ergebenden Buchungen in einer Buchungsliste fest. Die Absetzungen für Abnutzung sind so hoch wie möglich vorzunehmen. Die Sonderabschreibung nach § 7g EStG kann **nicht** in Anspruch genommen werden.

Zusammenfassende Erfolgskontrolle

I. Aufgabe

1. Ergänzen Sie das folgende für steuerrechtliche Zwecke geführte Anlagenverzeichnis und schließen Sie es ordnungsgemäß ab. Für steuerrechtliche Zwecke wird eine von der handelsrechtlichen Buchhaltung getrennte Anlagenbuchhaltung geführt.
2. Halten Sie die sich aus dem Anlagenverzeichnis und dem unten beschriebenen Sachverhalt ergebenden bzw. von Ihnen für erforderlich gehaltenen Buchungen in einer Buchungsliste fest.
3. Wenn Sie eine Buchung nicht für erforderlich halten, begründen Sie dies kurz in der Buchungsliste.
4. Die Absetzungen für Abnutzung sind so hoch wie möglich vorzunehmen. Die Sonderabschreibung nach § 7g EStG kann nicht in Anspruch genommen werden.

II. Sachverhalt

1. Das in 2007 für 45 €/qm gekaufte Grundstück ist am 27.12.2019 für 25 €/qm gegen Bankscheck verkauft worden, nachdem sich herausstellte, dass das Grundstück zur Bebauung nicht zugelassen wurde. Der Verkaufsvorgang ist noch nicht gebucht.
2. Der Wert des 2018 angeschafften bebauten Grundstücks ist zum Bilanzstichtag (31.12.2019) von 20.000 € auf 40.000 € gestiegen. Die Anschaffung ist ordnungsgemäß gebucht.
3. Die Fabrikbauten wurden am 30.05.2019 einschließlich Nebenkosten für 90.000 € erworben. Der Kauf ist ordnungsgemäß gebucht. Die AfA für die 1971 fertiggestellten Bauten wurde noch nicht vorgenommen.
4. Die Geschäftsbauten wurden am 24.10.2019 fertiggestellt und bezogen. Der Bauantrag ist am 20.11.2017 gestellt worden. Die AfA wurde noch nicht vorgenommen.
5. Die AfA für Pkw A ist lt. Anlagenverzeichnis für 2019 vorzunehmen.
6. Der Pkw B wurde am 24.10.2019 für 30.000 € + 5.700 € USt = 35.700 € angeschafft und durch Bankscheck bezahlt. Eine Buchung wurde bisher nicht vorgenommen. Die Überführungskosten in Höhe von 450 € + 85,50 € USt = 535,50 € wurden wie folgt gebucht:

Sollkonto	Betrag (€)	Habenkonto
6500 (4500) Fahrzeugkosten	450,00	**1800** (1200) Bank
1406 (1576) Vorsteuer	85,50	**1800** (1200) Bank

   Die AfA wurde noch nicht vorgenommen.
7. Die Büroeinrichtung A wurde 2014 für 20.000 € angeschafft und am 04.10.2019 für 12.000 € + 2.280 € USt auf Ziel verkauft. Der Verkaufsvorgang ist noch nicht gebucht.
8. Die Büroeinrichtung B, die eine Nutzungsdauer von 13 Jahren hat, wurde am 04.10.2019 für 20.000 € zuzüglich USt angeschafft. Der Kauf ist ordnungsgemäß gebucht. Die AfA wurde noch nicht vorgenommen.

Anlagenverzeichnis für die Zeit vom 01.01. bis 31.12.2019

Konto-Nr.	Bezeichnung des Gegenstandes	Ansch.- bzw. H.-tag	AK bzw. HK	ND Jahre	AfA-Art	AfA-%	jährliche AfA	Abgangstag	Bilanzwert am 01.01.2019	Zugänge 2019	AfA 2019	Abgänge 2019	Bilanzwert am 31.12.2019
	I. Nichtabn. AV												
0215	Unbebaute												
0065	Grundstücke	07.03.07	45.000						45.000				
0235	Bebaute												
0855	Grundstücke	29.05.18	20.000										
	II. Abnutzb. AV												
0250	Fabrikbauten												
0100		29.05.19	90.000		lin.								
0240	Geschäftsbauten												
0090		24.10.19	200.000		lin.								
0520	Pkw												
0320	Pkw A	16.09.17	24.000	6	lin.				18.667				
	Pkw B	22.10.19		6	lin.								
0650	Büroeinrichtung												
0420	A	15.04.14	20.000	10	lin.				10.500				
	B	15.10.19	20.000		lin.								

7 Bilanzierung des Umlaufvermögens

7.1 Allgemein

7.1.1 Handelsrecht

Zum **Umlaufvermögen** gehören alle Vermögensgegenstände, die nicht dem Anlagevermögen zuzuordnen sind (§ 247 Abs. 2 HGB). Dazu gehören Vermögensgegenstände, die zur Veräußerung, Verarbeitung oder zum Verbrauch angeschafft oder hergestellt worden sind, insbesondere Roh-, Hilfs- und Betriebsstoffe, Erzeugnisse und Waren, Kassenbestände.

Vermögensgegenstände des Umlaufvermögens sind im Zeitpunkt der **erstmaligen** Bilanzierung mit den **Anschaffungs- oder Herstellungskosten** anzusetzen (§ 253 Abs. 1 HGB).

Handelsrechtlich sind die Anschaffungs- oder Herstellungskosten grundsätzlich auch in **Folgeperioden** beizubehalten. Eine **Ausnahme** besteht für den Fall, dass sich zum Bilanzstichtag ein **niedriger beizulegender Wert** für den Vermögensgegenstand ergibt.
Unabhängig von der Dauer der Wertminderung ist bei Vermögensgegenständen des Umlaufvermögens handelsrechtlich **zwingend** der niedrigere beizulegende Wert anzusetzen (**strenges Niederstwertprinzip**; § 253 Abs. 4 HGB).

BEISPIEL

Der buchführungspflichtige Thomas Muster hat Waren mit **Anschaffungskosten** von **10.000 €** erworben. Am Bilanzstichtag beträgt der **beizulegende Wert vorübergehend 9.000 €**.

Thomas Muster **muss** in seiner **Handelsbilanz** den niedrigeren beizulegenden Wert von **9.000 €** ansetzen, weil für ihn das **strenge** Niederstwertprinzip gilt.

Sind an einem folgenden Bilanzstichtag die Gründe für die Wertminderung weggefallen (**Wertaufholung**), besteht handelsrechtlich bei Vermögensgegenständen des Umlaufvermögens für **alle** Kaufleute ein **Wertaufholungsgebot** (§ 253 Abs. 5 HGB).

7.1.2 Steuerrechtliche Besonderheiten

Steuerrechtlich ist bei Wirtschaftsgütern des Umlaufvermögens eine **Teilwertabschreibung nur** bei einer **voraussichtlich dauernden Wertminderung** zulässig (§ 6 Abs. 1 Nr. 1 Satz 2 EStG). Im Gegensatz zum handelsrechtlichen Abschreibungsgebot besteht bei einer voraussichtlich dauernden Wertminderung steuerrechtlich ein Abschreibungs**wahlrecht.**
Bei einer vorausichtlich **nicht** dauerhaften Wertminderung besteht steuerrechtlich ein Abschreibungs**verbot**.
Die Wertminderung ist bei Wirtschaftsgütern des Umlaufvermögens **voraussichtlich von Dauer**, wenn sie **bis zum Zeitpunkt der Bilanzaufstellung oder einem früheren Verkaufs- oder Verbrauchszeitpunkt anhält** (BMF-Schreiben vom 02.09.2016, IV C 6 - S 2171-b/09/10002, Tz. 16).
Auch steuerrechtlich besteht ein **Wertaufholungsgebot**. Weiterführende Erläuterungen mit Beispielen zu den Themen Teilwertabschreibung, dauernde Wertminderung und Wertaufholung enthält das BMF-Schreiben vom 02.09.2016, IV C 6 - S 2171-b/09/10002.

BEISPIEL

Sachverhalt wie im Beispiel zuvor mit dem Unterschied, dass die Wertminderung nicht nur am Bilanzstichtag, sondern **bis zum Zeitpunkt der Bilanzaufstellung** besteht.

In der Handelsbilanz ist **zwingend** der niedrigere beizulegende Wert (9.000 €) anzusetzen (§ 253 Abs. 4 HGB). Da die Wertminderung steuerrechtlich **voraussichtlich von Dauer** ist, hat der Gewerbetreibende in der Steuerbilanz ein **Abschreibungswahlrecht**.

7.2 Bilanzierung der Vorräte

7.2.1 Handelsrecht

Vorräte sind grundsätzlich **einzeln** zu bewerten (§ 252 Abs. 1 Nr. 3 HGB). Als Ausnahme zu diesem Grundsatz der Einzelbewertung können unter bestimmten Voraussetzungen **Bewertungsvereinfachungen** in Anspruch genommen werden.

Zu diesen Bewertungsvereinfachungen gehören **handelsrechtlich** (§ 256 HGB):

- die Bewertung mit dem **Festwert** (§ 240 Abs. 3 HGB),
- die Gruppenbewertung mit **gewogenem Durchschnitt** (§ 240 Abs. 4 HGB),
- die Sammelbewertung nach bestimmten **Verbrauchsfolgen** (§ 256 Satz 1 HGB).

Von diesen Bewertungsvereinfachungen wird im Folgenden auf die gängigsten, die Durchschnittsbewertung und die Bewertung nach bestimmten Verbrauchsfolgen, eingegangen.

7.2.1.1 Durchschnittsbewertung

Voraussetzung für die **handelsrechtliche** Bewertung mit dem gewogenen Durchschnitt ist, dass es sich bei den zu bewertenden Vorräten um **gleichartige** Vermögensgegenstände handelt. Vermögensgegenstände sind als **gleichartig** anzusehen, wenn sie der **gleichen Warengattung** angehören **oder** den **gleichen Verwendungszweck** erfüllen. Bei **erheblichen Qualitätsunterschieden** ist **nicht** von gleichartigen Vermögensgegenständen auszugehen. Wesentliche Preisunterschiede sind Anzeichen für erhebliche Qualitätsunterschiede.

Die **Durchschnittsbewertung** ist eine **Bewertung nach dem gewogenen Mittel** der im Laufe des Geschäftsjahrs **erworbenen und** gegebenenfalls zu Beginn des Geschäftsjahrs **vorhandenen** Vermögensgegenstände. Der **Durchschnittswert je Bewertungseinheit** (z.B. €/kg) wird als **gewogenes Mittel** wie folgt festgestellt:

$$\textbf{Durchschnittswert je Bewertungseinheit} = \frac{\text{Vorräte}\textbf{wert}}{\text{Vorräte}\textbf{menge}}$$

BEISPIEL

Ein Gewerbetreibender hat im Geschäftsjahr 2019 folgende gleichartigen Vermögensgegenstände des Vorratsvermögens gebucht:

	Anfangsbestand	5.000 kg	zu 7,00 €	=	35.000 €
+	Zugang 1	5.000 kg	zu 8,00 €	=	40.000 €
+	Zugang 2	10.000 kg	zu 8,50 €	=	85.000 €
+	Zugang 3	5.000 kg	zu 9,00 €	=	45.000 €
=	**Summe**	**25.000 kg**		=	**205.000 €**

Durchschnittswert je Bewertungseinheit = 205.000 € : 25.000 kg = **8,20 €**.
Mit diesem **Wert pro Einheit** wird der **Bestand** am Bilanzstichtag **angesetzt**.

Im Laufe des Geschäftsjahres 2019 sind 22.500 kg verbraucht worden, sodass am Bilanzstichtag (31.12.2019) noch ein **Bestand** von **2.500 kg** (25.000 kg - 22.500 kg) vorhanden ist; es ist nicht feststellbar, aus welcher Lieferung der Bestand stammt.

Bei der **Durchschnittsbewertung** ist der **Bestand** mit **20.500 €** (8,20 €/kg x 2.500 kg) in der Bilanz zum 31.12.2019 **anzusetzen**.

Wie alle Bewertungsvereinfachungen dient die Durchschnittsbewertung der vereinfachten Ermittlung der **Anschaffungskosten**. Um eine evtl. Wertminderung zum Abschlussstichtag festzustellen, ist bei der Durchschnittsbewertung **handelsrechtlich** das **strenge Niederstwertprinzip** zu beachten.

BEISPIEL

Sachverhalt wie im Beispiel zuvor. Am Abschlusstichtag könnten die gleichen Vermögensgegenstände für 8,00 €/kg erworben werden.

Die Waren sind in der Handelsbilanz mit dem unter dem Durchschnittswert (8,20 €) liegenden Wert in Höhe von **8,00 € anzusetzen**, weil das strenge Niederstwertprinzip gilt.

ÜBUNG → 1. Wiederholungsfragen 1 bis 5 (Seite 161),
2. Aufgaben 1 bis 3 (Seiten 161 f.)

7.2.1.2 Bewertung nach bestimmten Verbrauchsfolgen

Handelsrechtlich sind bei **gleichartigen** Gegenständen des Vorratsvermögens Bewertungen **nach bestimmten Verbrauchsfolgen** zulässig, **wenn** sie den **GoB entsprechen** (§ 256 HGB). Die unterstellten Verbrauchsfolgen ergeben sich aus der Art der Lagerung.

Zu den **bestimmten Verbrauchsfolgen** gehören u.a.

1. das **Lifo-Verfahren** und
2. das **Fifo-Verfahren.**

Beim **Lifo-Verfahren** („**l**ast **i**n **f**irst **o**ut") wird unterstellt, dass die **zuletzt beschafften** Vermögensgegenstände **zuerst verbraucht** bzw. veräußert werden.

Beim **Fifo-Verfahren** („**f**irst **i**n **f**irst **o**ut") wird unterstellt, dass die **zuerst beschafften** Vermögensgegenstände **zuerst verbraucht** bzw. veräußert werden. Das **Fifo-Verfahren** ist bei **leicht verderblicher Ware** (Obst, Gemüse) **praxisrelevant**.

BEISPIEL

Sachverhalt wie im Beispiel der Durchschnittsbewertung mit dem Unterschied, dass die Vermögensgegenstände nach dem **Lifo-Verfahren** bewertet werden. Der beizulegende Wert beträgt 8,00 €/kg.

	Anfangsbestand	5.000 kg	zu 7,00 €		
+	Zugang 1	5.000 kg	zu 8,00 €		
+	Zugang 2	10.000 kg	zu 8,50 €		
+	Zugang 3	5.000 kg	zu 9,00 €		
-	Abgänge	22.500 kg			
=	**Summe**	**2.500 kg**	**zu 7,00 €**	=	**17.500 €**

Nach dem **Lifo-Verfahren** ist der Bestand mit 17.500 € (2.500 kg x 7 €/kg) in der Bilanz zum 31.12.2019 anzusetzen.

Auch bei Anwendung des **Lifo-Verfahrens** ist handelsrechtlich das **Niederstwertprinzip** zu beachten (§ 253 Abs. 4 HGB).

Bei **steigenden Preisen** ist das **Lifo-Verfahren** unter der oben genannten Voraussetzung in der Regel anwendbar, weil der Bilanzansatz nach diesem Verfahren stets zu dem niedrigsten Wert erfolgt. Damit bleibt das Niederstwertprinzip gewahrt.

Bei **fallenden Preisen** könnten Bedenken gegen die Anwendung des Lifo-Verfahrens bestehen.

Den Bedenken einer Überbewertung steht jedoch die zwingend erforderliche Abschreibung auf den niedrigeren beizulegenden Wert entgegen (§ 253 Abs. 4 HGB).

ÜBUNG →
1. Wiederholungsfragen 6 bis 8 (Seite 161),
2. Aufgaben 4 und 5 (Seite 162)

7.2.1.3 Aus dem Börsen- oder Marktpreis abgeleiteter Wert bzw. beizulegender Wert

Liegt der Börsen- oder Marktpreis bzw. der beizulegende Wert am Bilanzstichtag unter den Anschaffungs- oder Herstellungskosten, so muss handelsrechtlich dieser Preis - auch bei einer voraussichtlich nur vorübergehenden Wertminderung - angesetzt werden (§ 253 Abs. 4 Satz 1 HGB).

BEISPIEL

Ein buchführender Gewerbetreibender hat Waren für **10.000 €** angeschafft. Der Netto-Einkaufspreis (Börsen- oder Marktpreis) dieser Waren beträgt am Bilanzstichtag **9.000 €**. Die Wertminderung ist **voraussichtlich nicht von Dauer**.

Die Waren sind in der Handelsbilanz mit dem niedrigeren Netto-Einkaufspreis (= niedriger Börsen- oder Marktpreis) in Höhe von **9.000 € anzusetzen**, weil für sie das strenge Niederstwertprinzip gilt.

Bei der Bestimmung des beizulegenden Wertes ist entscheidend, ob der **Beschaffungs- oder der Absatzmarkt** für die jeweiligen Vermögensgegenstände maßgebend ist.

Der **Beschaffungsmarkt** kann z.B. für **Roh-, Hilfs- und Betriebsstoffe** als maßgeblicher Markt angesehen werden. Der **Absatzmarkt** wiederum wird regelmäßig z.B. bei **unfertigen und fertigen Erzeugnissen** der maßgebliche Markt sein.

Bei Vermögensgegenständen, die **weder** dem Beschaffungs- **noch** dem Absatzmarkt eindeutig zugeordnet werden können (z.B. **Handelswaren**), ist der **niedrigere** Wert der beiden Märkte heranzuziehen.

Bestimmung aus der Sicht des Beschaffungsmarktes

Bei der Bestimmung aus Sicht des Beschaffungsmarktes entspricht der **Börsen- oder Marktpreis bzw. der beizulegende Wert** in der Regel den **Wiederbeschaffungskosten am Bilanzstichtag**. Dies gilt auch dann, wenn von einem entsprechenden Rückgang der Verkaufspreise der Vorräte nicht ausgegangen werden muss.

BEISPIEL

Der Schuhwareneinzelhändler Lahr, Bonn, hat am Bilanzstichtag Schuhe auf Lager, deren Einkaufswert wegen eines Modewechsels gesunken ist. Es betragen

die historischen Anschaffungskosten	160 €,
die Wiederbeschaffungskosten vom Bilanzstichtag	150 €.

Der Einzelhändler **muss** die Schuhe mit dem gesunkenen Wert von **150 €** ansetzen.

Buchungssatz:

Sollkonto	Betrag (€)	Habenkonto
5200 (3200) Wareneingang	10,00	**1140** (3980) Bestand Waren

Bestimmung aus der Sicht des Absatzmarktes

Bei der Bestimmung aus Sicht des Absatzmarktes entspricht der **Börsen- oder Marktpreis bzw. der beizulegende Wert** dem voraussichtlich erzielbaren **Veräußerungserlös** nach Abzug des **durchschnittlichen Unternehmergewinns** und des **nach** dem Bilanzstichtag **noch anfallenden betrieblichen Aufwands (Subtraktionsmethode)**.
Der **nach** dem Bilanzstichtag bis zum Zeitpunkt der **Aufstellung der Bilanz noch anfallende betriebliche Aufwand** umfasst u.a. die noch anfallenden **Verwaltungskosten** und **Vertriebskosten**.

BEISPIEL

Der Schuhwareneinzelhändler Lahr, Bonn, hat am Bilanzstichtag Schuhe auf Lager, die er wegen Modewechsels im Verkaufspreis herabsetzen musste. Es betragen

die Anschaffungskosten	160 €,
der ursprüngliche Verkaufspreis (netto)	200 €,
der herabgesetzte, später auch tatsächlich erzielte Verkaufspreis (netto)	170 €,
die **nach** dem Bilanzstichtag noch anfallenden Verwaltungs- und Vertriebskosten	20 €,
der durchschnittliche Unternehmergewinn	10 %.

Der **beizulegende Wert** wird nach der **Subtraktionsmethode** wie folgt ermittelt:

	herabgesetzter, später auch erzielter Verkaufspreis (netto)	170,00 €
-	noch anfallende Verwaltungs- und Vertriebskosten	- 20,00 €
-	durchschnittlicher Gewinn (10 % von 170 €)	- 17,00 €
=	**beizulegender Wert**	**133,00 €**

Um die Schuhe mit dem **beizulegenden Wert** von **133 €** zu bilanzieren, ist eine **außerplanmäßige Abschreibung** von **27 €** (AK 160 € - beizulegender Wert 133 €) erforderlich.

Probe:

	AK	**160,00 €**
+	Verwaltungs- und Vertriebskosten	20,00 €
=	**Selbstkosten**	180,00 €
+	Gewinn (10 % von 170 €)	17,00 €
=	**Verkaufspreis**	**197,00 €**
-	später erzielter Verkaufspreis	- 170,00 €
=	**Teilwertabschreibung**	**27,00 €**

Buchungssatz:

Sollkonto	Betrag (€)	Habenkonto
5200 (3200) Wareneingang	27,00	**1140** (3980) Bestand Waren

Im **Regelfall** kann davon ausgegangen werden, dass der **beizulegende Wert** dem **Betrag** entspricht, der sich nach Kürzung des erzielbaren **Verkaufserlöses** um den **nach dem Bilanzstichtag** noch anfallenden Teil des durchschnittlichen **Rohgewinnaufschlags** ergibt.

B 2 Einzelheiten zum **Rohgewinnaufschlagsatz** erfolgen im Abschnitt 2.3.5 „GuV-Kennzahlen", S. 299 ff.

7.2.2 Steuerliche Besonderheiten

Auch **steuerrechtlich** sind die Bewertung mit dem Festwert (R 5.4 Abs. 3 und 4 EStR 2012) sowie die Durchschnittsbewertung und die Bewertung nach Verbrauchsfolgen grundsätzlich zulässig (R 6.8 Abs. 3 EStR 2012).

Steuerrechtlich muss es sich hierfür um **vertretbare** Wirtschaftsgüter handeln, bei denen die Anschaffungs- oder Herstellungskosten wegen Schwankungen der Einstandspreise im Laufe des Wirtschaftsjahrs im Einzelnen nicht mehr einwandfrei feststellbar sind (R 6.8 Abs. 3 Satz 3 EStR 2012). **Vertretbare** Wirtschaftsgüter sind solche, die im Verkehr nach Maß, Zahl oder Gewicht bestimmt werden.

Bei den Verbrauchsfolgeverfahren ist steuerrechtlich **ausschließlich** das **Lifo-Verfahren** zulässig, **sofern** es sich um **gleichartige** Wirtschaftsgüter handelt (§ 6 Abs. 1 **Nr. 2a** EStG).
Steuerrechtlich darf bei einer voraussichtlich **vorübergehenden Wertminderung** der niedrigere Teilwert **nicht** angesetzt werden.
Der aus dem handelsrechtlichen **Börsen- oder Marktpreis abgeleitete Wert** bzw. **beizulegende Wert** entspricht grundsätzlich dem steuerrechtlichen **Teilwert**.

Soweit es dem Steuerpflichtigen aufgrund der tatsächlichen Gegebenheiten des Betriebs, z. B. wegen Fehlens entsprechender Warenwirtschaftssysteme, **nicht** möglich ist, die für die Ermittlung des Teilwerts nach der **Subtraktionsmethode** notwendigen Daten zugrunde zu legen, ist es nach R 6.8 Abs. 2 Satz 5 EStR 2012 nicht zu beanstanden, wenn der Teilwert nach folgender Formel ermittelt wird (**Formelmethode**):

$$X = \frac{Z}{(1 + Y1) + (Y2 \times W)}$$

Dabei sind:
- **X** der zu suchende Teilwert,
- **Z** der erzielbare Verkaufspreis,
- **Y1** der Durchschnittsunternehmergewinnprozentsatz (bezogen auf die Anschaffungskosten),
- **Y2** der Rohgewinnaufschlagsrest,
- **W** der Prozentsatz an Kosten, der noch **nach** Abzug des durchschnittlichen Unternehmergewinnprozentsatzes vom Rohgewinnaufschlagssatz nach dem Bilanzstichtag anfällt.

BEISPIEL

(H 6.8 EStH)

Bei dem Steuerpflichtigen Richter, Bonn, liegen für die Bewertung eines Warenpostens folgende Daten vor:

Z	=	18.750 €,
Y1	=	12,5 %,
Y2	=	137,5 %,
W	=	60 %.

Der **Teilwert** (X) wird nach der **Formelmethode** wie folgt ermittelt:

$$\text{Teilwert} = \frac{18.750\,€}{(1 + 12{,}5\,\%) + (137{,}5\,\% \times 60\,\%)}$$

$$= \frac{18.750\,€}{(1 + 0{,}125) + (1{,}375 \times 0{,}60)}$$

$$= \frac{18.750\,€}{1{,}125 + 0{,}825} = \underline{\mathbf{9.615{,}38\,€}}$$

Wurde eine **Teilwertabschreibung** zulässigerweise vorgenommen und hat sich der Wert des Wirtschaftsgutes **wieder erhöht**, ist der Steuerpflichtige **verpflichtet**, das Wirtschaftsgut in der **Bilanz** wieder mit dem sich nach § 6 Abs. 1 Nr. 1 Satz 1 EStG ergebenden Wert (i.d.R. mit den **Anschaffungskosten**) anzusetzen. Somit besteht auch steuerrechtlich ein **Wertaufholungsgebot** (§ 6 Abs. 1 Nr. 1 Satz 4 und Nr. 2 Satz 3 EStG). Im Gegensatz zum Handelsrecht kommt es allerdings **nicht** darauf an, ob die konkreten Gründe für die vorherige Teilwertabschreibung weggefallen sind. Auch eine Erhöhung des Teilwerts **aus anderen Gründen** ist als Wertaufholung zu erfassen (BMF-Schreiben vom 02.09.2016, IV C 6 - S 2171-b/09/10002, Tz. 27).

Das folgende Schaubild fasst die unterschiedlichen Methoden zur Bestimmung des Teilwertes gem. R 6.8 EStR 2012 zusammen.

Bestimmung des Teilwertes zum Bilanzstichtag
(R 6.8 EStR 2012)

Beschaffungsmarkt	**Absatzmarkt**
Der **niedrigere Teilwert** entspricht in der Regel den **Wiederbeschaffungskosten** am Bilanzstichtag.	**Subtraktionsmethode** Verkaufserlös - VwK und VtrK - Gewinn = **niedrigerer Teilwert** oder **Formelmethode** $\mathbf{X} = \frac{Z}{(1 + Y1) + (Y2 \times W)}$

ÜBUNG → 1. Wiederholungsfragen 9 bis 13 (Seite 161),
2. Aufgaben 6 und 7 (Seite 162)

7.2.3 Erfolgskontrolle

Wiederholungsfragen

1. Welche Vermögensgegenstände gehören allgemein zum Umlaufvermögen?
2. Welche Vermögensgegenstände gehören im Einzelnen zum Umlaufvermögen? Nennen Sie Beispiele.
3. Mit welchem Wert sind die Vermögensgegenstände des Umlaufvermögens grundsätzlich anzusetzen?
4. Muss bei einer voraussichtlich nur vorübergehenden Wertminderung handelsrechtlich das Umlaufvermögen mit dem niedrigeren beizulegenden Wert angesetzt werden?
5. Wie wird der Durchschnittswert je Bewertungseinheit ermittelt?
6. Was wird beim Lifo-Verfahren unterstellt?
7. Was wird beim Fifo-Verfahren unterstellt?
8. Welches Bewertungsprinzip muss auch beim Lifo-Verfahren beachtet werden?
9. In welchem Fall kann der Steuerpflichtige das Lifo-Verfahren auch steuerrechtlich anwenden?
10. Wie wird der Teilwert aus der Sicht des Beschaffungsmarktes bestimmt?
11. Wie wird der Teilwert aus der Sicht des Absatzmarktes bestimmt?
12. Darf bei einer voraussichtlich nur vorübergehenden Wertminderung steuerrechtlich das Umlaufvermögen mit dem niedrigeren Teilwert angesetzt werden?
13. Muss der gestiegene Teilwert nach einer vorangegangenen Teilwertabschreibung in den Folgejahren angesetzt werden?

Aufgaben

AUFGABE 1

Der Gewerbetreibende A hat im Geschäftsjahr 2019 folgende gleichartige Vermögensgegenstände des Vorratsvermögens gebucht:

Anfangsbestand	am 01.01.2019	14.200 kg	zu 3,20 €/kg,
Zugang	am 27.06.2019	13.000 kg	zu 3,30 €/kg,
Zugang	am 27.12.2019	8.000 kg	zu 3,40 €/kg,
Endbestand	am 31.12.2019	12.000 kg.	

Der Marktpreis am Bilanzstichtag beträgt 3,50 €/kg.
Mit welchem Betrag ist der Endbestand bei der Durchschnittsbewertung in der Handelsbilanz zum 31.12.2019 anzusetzen?
Beim Durchschnittswert je Bewertungseinheit sind vier Stellen hinter dem Komma auszurechnen.

AUFGABE 2

Der Gewerbetreibende B hat im Geschäftsjahr 2019 folgende gleichartige Vermögensgegenstände des Vorratsvermögens gebucht:

Anfangsbestand	10.000 Sack Zement	zu 3,00 €/Sack,
Zugang	10.000 Sack Zement	zu 3,50 €/Sack,
Zugang	10.000 Sack Zement	zu 3,90 €/Sack,
Zugang	10.000 Sack Zement	zu 4,00 €/Sack.

Im Laufe des Geschäftsjahres 2019 sind 30.000 Sack Zement verbraucht worden.
Der Marktpreis am Bilanzstichtag beträgt 3,80 €/Sack.

Mit welchem Betrag ist der Endbestand bei der Durchschnittsbewertung in der Handelsbilanz zum 31.12.2019 anzusetzen?

AUFGABE 3

Der Gewerbetreibende C hat im Geschäftsjahr 2019 folgende gleichartige Vermögensgegenstände des Vorratsvermögens gebucht:

Anfangsbestand	am 01.01.2019	2.000 kg	zu 100 €/kg,
Zugang	am 27.06.2019	1.500 kg	zu 110 €/kg,
Abgang	am 18.07.2019	500 kg,	
Abgang	am 29.08.2019	1.400 kg,	
Zugang	am 19.09.2019	2.000 kg	zu 130 €/kg,
Abgang	am 27.12.2019	600 kg.	

Der Marktpreis am Bilanzstichtag beträgt 140 €/kg.
Mit welchem Betrag ist der Endbestand bei dem gewogenen Durchschnitt in der Handelsbilanz zum 31.12.2019 anzusetzen?
Berechnen Sie die Anschaffungskosten nach dem gleitenden Durchschnitt.
Beim Durchschnittswert je Bewertungseinheit sind vier Stellen hinter dem Komma auszurechnen.

AUFGABE 4

Berechnen Sie den Wert des Endbestandes der Aufgabe 2 nach dem Lifo-Verfahren.

AUFGABE 5

Berechnen Sie den Wert des Endbestandes der Aufgabe 3 nach dem Lifo-Verfahren.

AUFGABE 6

Ermitteln Sie den Teilwert nach der Formelmethode, wenn folgende Daten vorliegen:

Z = 170.000 €,
Y1 = 19,50 %,
Y2 = 75,42 %,
W = 16,67 %.

AUFGABE 7

Wenden Sie § 253 Abs. 4 HGB und § 6 Abs. 1 Nr. 2 EStG an:

Ein Gewerbebetrieb hat im August 2019 Waren mit Anschaffungskosten von 20.000 € angeschafft. Am Bilanzstichtag haben die Waren einen Marktpreis bzw. Teilwert von 18.000 € und am Tag der Bilanzaufstellung (04.05.2020) von 22.000 €. Der mengenmäßige Bestand hat sich im angesprochenen Zeitraum nicht verändert.

Welche Aussagen sind richtig? Kreuzen Sie die richtigen Lösungen an.

(a) Nach dem HGB kann man die Waren mit 22.000 € bilanzieren.

(b) Nach dem HGB kann man die Waren mit 18.000 € bilanzieren.

(c) Nach dem EStG kann man die Waren mit 22.000 € bilanzieren.

(d) Nach dem HGB muss man die Waren mit 20.000 € bilanzieren.

(e) Nach dem EStG muss man die Waren mit 20.000 € bilanzieren.

(f) Nach dem EStG kann man die Waren mit 18.000 € bilanzieren.

(g) In der Handelsbilanz muss man die Waren mit 20.000 € bilanzieren.

(h) In der Handelsbilanz muss man die Waren mit 18.000 € bilanzieren.

7.3 Bilanzierung der Forderungen

7.3.1 Handelsrecht

Forderungen sind Ansprüche auf Leistungen. Sie gehören in der Regel zum **Umlaufvermögen** und sind **handelsrechtlich** grundsätzlich mit den

Anschaffungskosten

anzusetzen (§ 253 Abs. 1 HGB).

Als **Anschaffungskosten** gilt der **Nennwert** der Forderung, d.h. der Betrag einschließlich Umsatzsteuer (= **Bruttorechnungsbetrag**).

Ist der tatsächliche Wert einer Forderung **niedriger** als ihr **Nennwert**, so **muss** handelsrechtlich der **niedrigere Wert** (= **beizulegender Wert**) angesetzt werden (§ 253 Abs. 4 HGB). Für Forderungen gilt - wie bei allen Vermögensgegenständen des Umlaufvermögens - das **strenge Niederstwertprinzip**.

Bei der Bewertung der Forderungen sind die tatsächlichen Verhältnisse **am Bilanzstichtag** maßgebend.

Umstände, die **am Bilanzstichtag** bereits vorliegen, aber erst **nach** diesem Stichtag und vor Aufstellung des Jahresabschlusses bekannt werden (**wertaufhellende Tatsachen**), sind beim Ansatz und der Bewertung in der Bilanz **zwingend zu berücksichtigen**.

BEISPIEL

Der buchführende Gewerbetreibende A erstellt im März 2020 seine Bilanz zum 31.12.2019. Er hat eine Forderung an den Kunden B. Erst jetzt (im März 2020) erfährt er, dass B bereits seit **Dezember 2019** zahlungsunfähig ist.

A **muss** diesen Umstand in seiner Bilanz zum 31.12.2019 **berücksichtigen** und die Forderung mit dem **niedrigeren beizulegenden Wert** ansetzen.

Umstände, die **nach** dem Bilanzstichtag **bis zur** Aufstellung des Jahresabschlusses eintreten (**wertbegründende Tatsachen**), haben auf den Wertansatz in der Bilanz **keinen** Einfluss.

BEISPIEL

Die mittelgroße C GmbH erstellt im **Februar 2020** ihren Jahresabschluss zum **31.12.2019**. Sie hat eine Forderung an den Kunden D. Kunde D ist im **Januar 2020** durch einen Großbrand, gegen dessen Schäden er nicht ausreichend versichert war, **zahlungsunfähig** geworden.

Den Forderungsausfall **darf** die C GmbH in ihrer Bilanz zum **31.12.2019 nicht berücksichtigen**, weil der Verlust erst durch ein in 2020 liegendes Ereignis eingetreten ist. Ist der Forderungsausfall von besonderer Bedeutung für die C GmbH, hat eine Berichterstattung im **Anhang** nach § 285 Nr. 33 HGB (**Nachtragsbericht**)zu erfolgen.

Der **niedrigere beizulegende Wert** einer Forderung lässt sich oft nur im **Schätzungswege** ermitteln.
Die Schätzung muss jedoch objektiv durch die Verhältnisse des Betriebes begründet sein und darf nicht auf bloßer Vermutung oder pessimistischer Beurteilung der künftigen Entwicklung beruhen.

7.3.1.1 Buchmäßige Einteilung der Forderungen

Forderungen werden hinsichtlich ihrer **Bonität** (ihres wirtschaftlichen Werts) unterteilt in

1. **einwandfreie** Forderungen,
2. **zweifelhafte** Forderungen und
3. **uneinbringliche** Forderungen.

Eine **einwandfreie Forderung** liegt vor, wenn davon auszugehen ist, dass der Schuldner bei Fälligkeit zahlt.

Eine **zweifelhafte Forderung** liegt vor, wenn sich der Zahlungseingang als unsicher erweist, z. B. weil bekannt wird, dass der Schuldner seine Zahlungen weitgehend eingestellt hat oder, dass der Schuldner wegen mangelhafter Leistung eine Mängelrüge geltend gemacht hat.

Eine Forderung ist **uneinbringlich**, wenn davon auszugehen ist, dass der Forderungsausfall endgültig feststeht.

Bei einer uneinbringlichen Forderung kann die bereits bei der Einbuchung der Forderung **abgeführte Umsatzsteuer vom Finanzamt zurückgefordert** werden. Für die Beurteilung der Uneinbringlichkeit kann auf umsatzsteuerliche Regelungen zurückgegriffen werden. **Uneinbringlichkeit** im Sinne des § 17 Abs. 2 UStG liegt insbesondere vor, wenn der Schuldner **zahlungsunfähig** ist oder den Forderungen die **Einrede des Einforderungsverzichts** entgegengehalten werden kann oder wenn der Anspruch auf Entrichtung nicht erfüllt wird und bei objektiver Betrachtung damit zu rechnen ist, dass der Leistende die **Entgeltforderung** ganz oder teilweise jedenfalls auf absehbare Zeit rechtlich oder tatsächlich **nicht durchsetzen** kann (Abschn. **17.1** Abs. 5 Satz 2 **UStAE**).
Dies ist z. B. bereits der Fall, wenn ein **Insolvenzverfahren** eröffnet wird.

7.3.1.2 Einzelbewertung

Forderungen sind als Vermögensgegenstände grundsätzlich **einzeln** zu bewerten (§ 252 Abs. 1 Nr. 3 HGB). Bei der **Einzelbewertung** wird jede Forderung einzeln durch Beurteilung der Lage des Kunden am Bilanzstichtag untersucht.

Dabei sind folgende **Werte** anzusetzen:

Forderungsarten	Wertansätze
einwandfreie Forderungen	Anschaffungskosten (Nennwert)
zweifelhafte Forderungen	niedrigerer beizulegender Wert (wahrscheinlicher Wert)
uneinbringliche Forderungen	niedrigerer beizulegender Wert (0 Euro)

Vor dem Bilanzstichtag sind aus Gründen der Klarheit in der Buchführung **zweifelhafte** Forderungen von **einwandfreien** Forderungen zu trennen. Die Trennung erfolgt in der Weise, dass die **einwandfreien** Forderungen beim Eintritt der Zweifelhaftigkeit auf das Konto

1240 (1460) **Zweifelhafte Forderungen**

umgebucht werden.

BEISPIEL 1

Die Forderung an den Kunden A in Höhe von **1.190 €** (1.000 € + 190 € USt) ist Anfang des Jahres 2019 **zweifelhaft** geworden.

Die zweifelhafte Forderung ist aus Gründen der Klarheit von den einwandfreien Forderungen zu trennen.

Buchungssatz bei Eintritt der Zweifelhaftigkeit:

Sollkonto	Betrag (€)	Habenkonto
1240 (1460) Zweifelhafte Forderungen	1.190,00	**1200** (1400) Forderungen aLuL

Buchung bei Eintritt der Zweifelhaftigkeit:

S **1240** (1460) **Zweifelhafte Forderungen** H	
1) **1.190,00**	

S **1200** (1400) **Forderungen aLuL** H	
SV 23.000,00	1) **1.190,00**

Steht zum Bilanzstichtag oder vorher fest, dass die **zweifelhafte** Forderung **uneinbringlich** geworden ist, müssen der **Nettobetrag** der **zweifelhaften** Forderung **voll abgeschrieben** und die **Umsatzsteuer berichtigt** werden.

Die Umsatzsteuer ist zu berichtigen, weil das vereinbarte Entgelt **uneinbringlich** geworden ist (§ 17 Abs. 2 Nr. 1 Satz 1 UStG).

7.3.1.2.1 Direkte Abschreibung

Bei der **direkten** Abschreibung auf Forderungen wird der **tatsächliche** Forderungsverlust auf dem Konto

6930 (2400) **Forderungsverluste** (übliche Höhe)

im Soll gebucht.

In der **GuV** werden die **Forderungsverluste** (übliche Höhe) unter dem Posten „**Sonstige betriebliche Aufwendungen**" ausgewiesen.

BEISPIEL 2

Über das Vermögen des Kunden A wird Ende des Jahres 2019 ein Antrag auf Eröffnung des Insolvenzverfahrens gestellt. Das Amtsgericht teilt uns im Dezember 2019 mit, dass das Insolvenzverfahren des Kunden A mangels Masse nicht eröffnet wurde.

Die **zweifelhafte** Forderung an den Kunden A ist **uneinbringlich** geworden und muss mit dem Nettobetrag von **1.000 €** abgeschrieben werden.
Die **Umsatzsteuer** in Höhe von **190 €** ist zu **berichtigen**.

Buchungssatz:

Sollkonto	Betrag (€)	Habenkonto
6930 (2400) Forderungsverluste	1.000,00	
3806 (1776) Umsatzsteuer 19 %	190,00	
	1.190,00	**1240** (1460) Zweifelhafte Forderungen

Buchung:

S	6930 (2400) Forderungsverluste	H
2)	1.000,00	

S	1240 (1460) Zweifelhafte Forderungen		H
1)	1.190,00	2)	**1.190,00**

S	3806 (1776) Umsatzsteuer 19%	H
2)	190,00	

Soweit Abschreibungen auf Forderungen **unüblich hoch** sind, werden sie auf das Konto

6280 (2430) **Forderungsverluste (soweit unüblich hoch)**

gebucht.

Ein Forderungsverlust ist **unüblich hoch**, wenn der Betrag **10% bis 20%** über den sonst vorzunehmenden Abschreibungen liegt.

Die Erfassung von üblichen und unüblichen Forderungsverlusten auf **getrennten Konten** erfolgt für Zwecke des **Ausweises in der Gewinn- und Verlustrechnung**. Während **üblich hohe Forderungsverluste** unter den sonstigen betrieblichen Aufwendungen gezeigt werden, sind **unüblich hohe Forderungsverluste** unter dem Posten „Abschreibungen auf Vermögensgegenstände des Umlaufvermögens, soweit diese die in der Kapitalgesellschaft üblichen Abschreibungen überschreiten" darzustellen.

Geht **nachträglich** eine Zahlung auf eine Forderung ein, **die bereits** ganz **abgeschrieben** wurde, ist der **spätere Netto-Zahlungseingang** auf dem Konto

4925 (2732) **Erträge aus abgeschriebenen Forderungen**

im **Haben** zu buchen. Die darauf entfallende **USt** wird - wegen des Steuersatzes - auf dem Konto

3845 (1791) **Umsatzsteuer frühere Jahre**

ebenfalls im **Haben** gebucht.

BEISPIEL 3

Auf die in **2004** voll abgeschriebene Forderung einschl. **16% USt** an den Kunden C geht wider Erwarten 2019 ein Betrag von **580€** auf unserem Bankkonto ein.

Der Netto-Zahlungseingang in Höhe von 500€ (580€ : **1,16**) unterliegt der USt und ist entsprechend zu buchen.

Buchungssatz:

Sollkonto	Betrag (€)	Habenkonto
1800 (1200) Bank	580,00	
	500,00	**4925** (2732) Erträge aus abgeschrieb. Forderungen
	80,00	**3845** (1791) USt frühere Jahre

Buchung:

S	**1800** (1200) **Bank**	H
	580,00	

S	**4925** (2732) **Erträge aus abg. Ford.**	H
		500,00

S	**3845** (1791) **USt frühere Jahre**	H
		80,00

Der Unternehmer hat den **nachträglich** steuerpflichtigen Umsatz in seiner **Umsatzsteuer-Voranmeldung 2019** in **Zeile 28** einzutragen:

28	**Steuerpflichtige Umsätze** zu anderen Steuersätzen	**35**	**500**	■	**36**	**80**	**,00**

ÜBUNG → 1. Wiederholungsfragen 1 bis 13 (Seite 177),
2. Aufgaben 1 bis 3 (Seite 178)

7.3.1.2.2 Indirekte Abschreibung

Steht zum Bilanzstichtag noch nicht fest, inwieweit die zweifelhafte Forderung uneinbringlich geworden ist, muss der **Forderungsverlust geschätzt** und **abgeschrieben** werden.

Dabei ist die Abschreibung vom **Nettorechnungsbetrag**, d.h. **ohne** Berücksichtigung der **Umsatzsteuer** zu berechnen.

Der im **vermutlichen** Forderungsausfall enthaltene **Umsatzsteueranteil** darf bei der Abschreibung **nicht abgezogen werden**, denn nach § 17 Abs. 1 letzter Satz UStG ist eine **Berichtigung der Umsatzsteuer** erst in dem Besteuerungszeitraum vorzunehmen, in dem die Änderung der Bemessungsgrundlage **tatsächlich** eingetreten ist.

MERKE → Erst, wenn der Forderungsausfall **endgültig** feststeht, ist die **Umsatzsteuer zu berichtigen.**

Der **geschätzte** Forderungsverlust wird aus Gründen der Klarheit und Übersichtlichkeit in der Buchführung **nicht direkt**, **sondern indirekt abgeschrieben**.
Bei der indirekten Abschreibung wird die Gegenbuchung **nicht direkt** auf dem entsprechenden **Aktivkonto**, sondern auf einem eigens dafür eingerichteten **Passivkonto** vorgenommen.

Bei der indirekten Abschreibung wird der voraussichtliche Forderungsverlust auf dem Konto

6910 (4886) **Abschreibungen auf Umlaufvermögen** (soweit übliche Höhe)

im **Soll** und auf dem Konto

1246 (0998) **Einzelwertberichtigungen auf Forderungen**

im **Haben** gebucht.

Das **Wertberichtigungskonto**, das auch als „**Delkrederekonto**" bezeichnet wird, ist ein **Passivkonto**, das über das Schlussbilanzkonto abgeschlossen wird. In der **Bilanz** ist nur der um die Wertberichtigungen verminderte Forderungsbetrag auszuweisen, weil das handelsrechtliche Gliederungsschema der Bilanz nach § 266 HGB keine Wertberichtigung vorsieht.

BEISPIEL 1

Die zweifelhafte Forderung an den Kunden D in Höhe von **1.190 €** (1.000 € + 190 € USt) ist zum 31.12.2019 (Bilanzstichtag) **voraussichtlich zu 80 % uneinbringlich**.

Die Abschreibung beträgt **800 €** (80 % von 1.000 €). Eine **USt-Berichtigung** darf auf den **voraussichtlichen** Forderungsausfall **nicht** vorgenommen werden.

Buchungssatz zum 31.12.2019:

Sollkonto	Betrag (€)	Habenkonto
6910 (4886) Abschreibungen auf Umlaufvermögen	800,00	**1246** (0998) Einzelwertberichtigungen auf Forderungen

Buchung zum 31.12.2019:

S	**6910** (4886) **Abschreibungen auf Umlaufvermögen**	H
1)	**800,00**	

S	**1246** (0998) **Einzelwertberichtigungen auf Forderungen**	H
	1)	**800,00**

Die **indirekte** Abschreibung auf Forderungen wird **nicht** angewendet, wenn **am Bilanzstichtag** feststeht, dass die zweifelhafte Forderung **uneinbringlich** geworden ist. In diesem Falle wird die zweifelhafte Forderung **direkt** abgeschrieben.

Steht **im neuen Jahr** (2020) nach Eingang aller Zahlungen der Forderungsausfall **endgültig** fest, so ist wie bei der direkten Abschreibung auf Forderungen zu verfahren. Zusätzlich ist noch die Wertberichtigung aufzulösen.

Für die entsprechenden Buchungen empfiehlt sich folgende **Reihenfolge**:

1. Buchen des **Zahlungseingangs**,
2. Buchen der **USt-Berichtigung**,
3. Auflösen der **Wertberichtigung**,
4. Buchen des **Unterschiedsbetrags** zwischen Einzelwertberichtigung und Forderungsverlust.

Der **Unterschiedsbetrag** zwischen Einzelwertberichtigung und Forderungsverlust ist entweder ein **Aufwand** oder ein **Ertrag**.

Ist der **tatsächliche** Forderungsverlust **größer** als die **geschätzte** Einzelwertberichtigung, ergibt sich ein **Aufwand**, der auf dem Konto

6930 (2400) **Forderungsverluste** (übliche Höhe)

erfasst wird.

Ist der **tatsächliche** Forderungsverlust **kleiner** als die **geschätzte** Einzelwertberichtigung, ergibt sich ein **Ertrag**, der auf dem Konto

4925 (2732) **Erträge aus abgeschriebenen Forderungen**

zu erfassen ist.

Hinsichtlich des **geschätzten** Forderungsverlustes und des **tatsächlichen** Forderungsverlustes gibt es **drei Möglichkeiten**, deren buchmäßige Auswirkungen im Folgenden dargestellt und erläutert werden:

1. Der tatsächliche Forderungsverlust **stimmt überein** mit der Einzelwertberichtigung (**Beispiel 2a**).
2. Der tatsächliche Forderungsverlust ist **kleiner** als die Einzelwertberichtigung (**Beispiel 2b**).
3. Der tatsächliche Forderungsverlust ist **größer** als die Einzelwertberichtigung (**Beispiel 2c**).

zu 1. Der Forderungsverlust stimmt überein mit der Einzelwertberichtigung

BEISPIEL 2A

Sachverhalt wie im Beispiel 1 (Seite 168). Nach Abschluss des Insolvenzverfahrens über das Vermögen des Kunden D erhalten wir im neuen Jahr (2020) vom Insolvenzverwalter eine **Abschlusszahlung** durch Banküberweisung in Höhe von **238€**.

Berechnung:

	Forderung (brutto)	1.190,00 €
-	Zahlung (brutto)	- 238,00 €
=	tatsächlicher Forderungsausfall	952,00 €
-	zu berichtigende USt (952 € : 1,19 x 19 %)	- 152,00 €
=	tatsächlicher Forderungsverlust (netto)	**800,00€**

Buchungssatz:

Tz.	Sollkonto	Betrag (€)	Habenkonto
1.	**1800** (1200) Bank	238,00	**1240** (1460) Zweifelhafte Forderungen
2.	**3806** (1776) Umsatzsteuer 19 %	152,00	**1240** (1460) Zweifelhafte Forderungen
3.	**1246** (0998) Einzelwertb. auf F.	800,00	**1240** (1460) Zweifelhafte Forderungen

Buchung:

S	**1800** (1200) **Bank**		H
1)	**238,00**		

S	**3806** (1776) **Umsatzsteuer 19%**		H
2)	**152,00**		

S	**1246** (0998) **Einzelwertberichtigungen auf Forderungen**		H
3)	**800,00**	SV	800,00

S	**1240** (1460) **Zweifelhafte Forder.**		H
SV	1.190,00	1)	**238,00**
		2)	**152,00**
		3)	**800,00**
	1.190,00		1.190,00

zu 2. Der Forderungsverlust ist kleiner als die Einzelwertberichtigung

BEISPIEL 2B

Sachverhalt wie zuvor mit dem Unterschied, dass wir im neuen Jahr (2020) vom Insolvenzverwalter eine **Abschlusszahlung** durch Banküberweisung in Höhe von **714 €** erhalten.

Berechnung:

	Forderung (brutto)	1.190,00 €
-	Zahlung (brutto)	- 714,00 €
=	tatsächlicher Forderungsausfall	476,00 €
-	zu berichtigende USt (476 € : 1,19 x 19 %)	- 76,00 €
=	tatsächlicher Forderungsverlust (netto)	400,00 €
-	bereits bestehende Einzelwertberichtigung (netto)	- 800,00 €
=	**Ertrag** aus abgeschriebener Forderung (netto)	**400,00 €**

Buchungssatz:

Tz.	Sollkonto	Betrag (€)	Habenkonto
1.	**1800** (1200) Bank	714,00	**1240** (1460) Zweifelhafte Forderungen
2.	**3806** (1776) Umsatzsteuer 19 %	76,00	**1240** (1460) Zweifelhafte Forderungen
3.	**1246** (0998) Einzelwertb. auf F.	800,00	**1240** (1460) Zweifelhafte Forderungen
4.	**1240** (1460) Zweifelhafte Ford.	400,00	**4925** (2732) Erträge aus abgeschr. F.

Buchung:

S **1800** (1200) **Bank** H

S		H	
1)	**714,00**		

S **1240** (1460) **Zweifelhafte Forder.** H

S		H	
SV	1.190,00	1)	**714,00**
4)	**400,00**	2)	**76,00**
		3)	**800,00**
	1.590,00		1.590,00

S **3806** (1776) **Umsatzsteuer 19 %** H

S		H	
2)	**76,00**		

1246 (0998) **Einzelwertberichtigungen**
S **auf Forderungen** H

S		H	
3)	**800,00**	SV	800,00

4925 (2732) **Erträge aus abgeschriebenen**
S **Forderungen** H

S		H	
		4)	**400,00**

zu 3. Der Forderungsverlust ist größer als die Einzelwertberichtigung

BEISPIEL 2C

Sachverhalt wie zuvor mit dem Unterschied, dass wir im neuen Jahr (2020) vom Insolvenzverwalter eine **Abschlusszahlung** durch Banküberweisung in Höhe von **119 €** erhalten.

Berechnung:

	Forderung (brutto)	1.190,00 €
-	Zahlung (brutto)	- 119,00 €
=	tatsächlicher Forderungsausfall	1.071,00 €
-	zu berichtigende USt (1.071 € : 1,19 x 19 %)	- 171,00 €
=	tatsächlicher Forderungsverlust (netto)	900,00 €
-	bereits bestehende Einzelwertberichtigung (netto)	- 800,00 €
=	**Aufwand** aus abgeschriebener Forderung (netto)	**100,00 €**

Buchungssatz:

Tz.	Sollkonto	Betrag (€)	Habenkonto
1.	**1800** (1200) Bank	119,00	**1240** (1460) Zweifelhafte Forderungen
2.	**3806** (1776) Umsatzsteuer 19 %	171,00	**1240** (1460) Zweifelhafte Forderungen
3.	**1246** (0998) Einzelwertb. auf F.	800,00	**1240** (1460) Zweifelhafte Forderungen
4.	**6930** (2400) Forderungsverluste	100,00	**1240** (1460) Zweifelhafte Forderungen

Buchung:

S **1800** (1200) **Bank** H

S		H	
1)	**119,00**		

S **1240** (1460) **Zweifelhafte Forder.** H

S		H	
SV	1.190,00	1)	**119,00**
		2)	**171,00**
		3)	**800,00**
		4)	**100,00**
	1.190,00		1.190,00

S **3806** (1776) **Umsatzsteuer 19 %** H

S		H	
2)	**171,00**		

1246 (0998) **Einzelwertberichtigungen**
S **auf Forderungen** H

S		H	
3)	**800,00**	SV	800,00

S **6930** (2400) **Forderungsverluste** H

S		H	
4)	**100,00**		

ÜBUNG →
1. Wiederholungsfragen 14 und 15 (Seite 177),
2. Aufgaben 4 und 5 (Seite 179)

7.3.1.3 Pauschalwertberichtigung

Während Einzelwertberichtigungen für spezielle Forderungsausfälle gebildet werden, berücksichtigen Pauschalwertberichtigungen das **allgemeine Risiko von Forderungsausfällen**.

Bemessungsgrundlage für die Pauschalwertberichtigung sind - wie bei der Einzelwertberichtigung - die **Nettoforderungsbeträge**, d.h. die Forderungsbeträge ohne Umsatzsteuer. Dabei werden Forderungen, die **bereits durch Einzelwertberichtigung** berücksichtigt worden sind, **nicht** in die Bemessungsgrundlage für die Pauschalwertberichtigung **einbezogen**.

Auf die **Bemessungsgrundlage** ist ein geschätzter **Prozentsatz** anzuwenden.

Bei der Schätzung des Prozentsatzes sind die **Erfahrungen der Vergangenheit**, die **Verhältnisse am Bilanzstichtag** und die sich zu diesem Zeitpunkt bereits für die Zukunft abzeichnende **Entwicklung** zu beachten. Durch die Pauschalwertberichtigung werden z.B. folgende **Risiken** erfasst: Ausfallrisiko, Zinsverlust infolge verspäteten Geldeingangs, noch mögliche Inanspruchnahme von Preisnachlässen.

Die bisher von der Finanzverwaltung anerkannte Pauschalwertberichtigung von 1% des nicht einzelwertberichtigten Forderungsbestandes ist entfallen, soweit nicht ausnahmsweise der Nachweis geführt werden kann, dass tatsächlich ein Forderungsausfall in dieser Höhe eintritt.

Bei der **Pauschalwertberichtigung** wird der **voraussichtliche** Forderungsverlust auf dem Konto

6920 (2450) **Einstellung in die Pauschalwertberichtigung zu Forderungen**

im Soll und auf dem Konto

1248 (0996) **Pauschalwertberichtigung auf Forderungen**

im Haben gebucht.

BEISPIEL

Der Gesamtbestand der Forderungen eines in 2019 gegründeten Unternehmens beträgt am 31.12.2019 **119.000€** (100.000 € + 19.000 € USt). Für das allgemeine Ausfallrisiko wird eine Pauschalwertberichtigung von **1%** gebildet.

Berechnung:

1% von 100.000€ = 1.000€

Buchungssatz:

Sollkonto	Betrag (€)	Habenkonto
6920 (2450) Einst. in die Pauschalwertber.	1.000,00	**1248** (0996) Pauschalwertber.

Buchung:

S	**6920** (2450) **Einstellung in die Pauschalwertberichtigung**	H
1.000,00		

S	**1248** (0996) **Pauschalwertberichtigung auf Forderungen**	H
		1.000,00

Stehen **im neuen Jahr** Verluste aus uneinbringlichen Forderungen endgültig fest, können sie

1. zulasten der **Pauschalwertberichtigung** gebucht werden
   oder
2. **direkt** abgeschrieben werden.

Gleichzeitig ist die **Umsatzsteuer zu berichtigen**.

In der Praxis ist es **üblich**, die **tatsächlichen Forderungsverluste** während des Geschäftsjahres **direkt** abzuschreiben.

Werden im Laufe des Jahres die tatsächlichen Forderungsverluste direkt abgeschrieben, ist **am Ende des Jahres** die **Pauschalwertberichtigung** an den veränderten Forderungsbestand des Vorjahres **anzupassen**.

Die **Anpassung** an den veränderten Forderungsbestand erfolgt durch eine **Zuführung** oder **Auflösung** der Pauschalwertberichtigung.

BEISPIEL

Der Gesamtbestand der Forderungen beträgt am 31.12.2019 **238.000€** (200.000€ + 38.000€ USt). Die Forderungsausfälle des Jahres 2019 wurden **direkt** abgeschrieben. Der Pauschalwertberichtigungssatz beträgt wie im Vorjahr **1%**. Die Pauschalwertberichtigung betrug am 31.12.2018 **1.000€**.

Berechnung:

	Pauschalwertberichtigungsstand am 31.12.2019 (1% von 200.000€)	2.000,00€
-	Pauschalwertberichtigungsstand am 31.12.2018	- 1.000,00€
=	**Zuführung** zur Pauschalwertberichtigung	**1.000,00€**

Buchungssatz:

Sollkonto	Betrag (€)	Habenkonto
6920 (2450) Einst. in die Pauschalwertber.	1.000,00	**1248** (0996) Pauschalwertber.

Buchung:

S 6920 (2450) **Einstellung in die Pauschalwertberichtigung H**

S	H
1.000,00	

S 1248 (0996) **Pauschalwertberichtigung auf Forderungen H**

S	H	
	SV	1.000,00
	Zuführung	**1.000,00**

Das Konto **Pauschalwertberichtigung** auf Forderungen weist durch die **Zuführung** den geschätzten Forderungsverlust in Höhe von **2.000€** aus.

Ist die Pauschalwertberichtigung am Ende des Jahres **niedriger** als die des Vorjahres, dann ist **ein Teil** der Pauschalwertberichtigung **aufzulösen** und auf das Konto

4920 (2730) **Erträge aus der Herabsetzung der Pauschalwertberichtigungen zu Forderungen**

zu buchen.

BEISPIEL

Sachverhalt wie zuvor mit dem Unterschied, dass der Gesamtbestand der Forderungen am 31.12.2019 lediglich 71.400 € (60.000 € + 11.400 € USt) beträgt.

Berechnung:

	Pauschalwertberichtigungsstand am 31.12.2019 (1 % von 60.000 €)	600,00 €
-	Pauschalwertberichtigungsstand am 31.12.2018	- 1.000,00 €
=	**Auflösung** der Pauschalwertberichtigung	**400,00 €**

Buchungssatz:

Sollkonto	Betrag (€)	Habenkonto
1248 (0996) Pauschalwertber.	400,00	**4920** (2730) Erträge Pauschalwertber.

Buchung:

1248 (0996) **Pauschalwertberichtigung auf Forderungen**

S		H	
Auflösung	**400,00**	SV	1.000,00

4920 (2730) **Erträge aus Herabsetzung der Pauschalwertberichtigung**

S		H	
			400,00

Das Konto Pauschalwertberichtigung auf Forderungen weist durch die **Auflösung** als **Saldo** den geschätzten Forderungsverlust in Höhe von **600 €** aus.

Wird jeweils nur die **Differenz** zwischen der alten und neuen Pauschalwertberichtigung **zugeführt** oder **aufgelöst**, bezeichnet man dies als „**Anpassungsmethode**".

Daneben gibt es noch die sogenannte „**Auflösungsmethode**". Bei ihr wird die aus dem Vorjahr übernommene **Pauschalwertberichtigung voll aufgelöst**, Forderungsausfälle werden direkt abgeschrieben und am Schluss des Geschäftsjahres **die neu berechnete Pauschalwertberichtigung gebildet**.

Ob die **Anpassungs- oder Auflösungsmethode** angewendet wird, ist für die **Gewinnermittlung unerheblich**; beide Methoden haben dieselbe erfolgsmäßige Auswirkung.

Das **Pauschalwertberichtigungskonto** wird als passives Bestandskonto über das **SBK** abgeschlossen.

Für den **Bilanzausweis** wird die „**Pauschalwertberichtigung auf Forderungen**" mit den „**Forderungen aus Lieferungen und Leistungen**" saldiert.

ÜBUNG →
1. Wiederholungsfragen 16 bis 19 (Seite 177),
2. Aufgaben 6 und 7 (Seite 180)

7.3.1.4 Kombinierte Einzel- und Pauschalwertberichtigung

Die weithin gebräuchliche und steuerlich anerkannte **kombinierte Einzel- und Pauschalwertberichtigung** ist ein Verfahren, bei dem ein Teil der Forderungen **einzeln**, der Rest **pauschal** wertberichtigt wird.

Bei der Berechnung der Pauschalwertberichtigung wird vom **Gesamtbestand der Forderungen** die **Summe der einzelwertberichtigten Forderungen** und die **Summe der uneinbringlichen Forderungen**, soweit sie noch nicht gebucht sind, **abgezogen** und auf den **Restbestand der Forderungen** die **Pauschalwertberichtigung** vorgenommen.

Die **tatsächlichen** Forderungsverluste des **laufenden Jahres** werden **direkt** abgeschrieben. Dabei ist es unerheblich, ob für diese Forderungen eine Wertberichtigung gebildet wurde oder nicht.

BEISPIEL

Die Inventur eines in 2019 gegründeten Unternehmens ergibt Folgendes:

Gesamtbestand der Forderungen am 31.12.2019 (brutto) 119.000,00 €.
In dem Forderungsbestand sind enthalten:

einzelwertberichtigte Forderungen (brutto)	
Kunde A 1.190,00 €, davon fallen vermutlich 60 % aus	
Kunde B 2.380,00 €, davon fallen vermutlich 50 % aus	3.570,00 €
uneinbringliche Forderungen (brutto)	
Kunde C	595,00 €

Auf den **Restbestand der Forderungen** ist eine **pauschale Wertberichtigung** von **1 %** zu bilden.

Berechnung:

	Gesamtbestand der Forderungen (brutto)		119.000,00 €
-	Summe der **einzelwertberichtigten** Forderungen (brutto)		- 3.570,00 €
-	Summe der **uneinbringlichen** Forderungen (brutto)		- 595,00 €
=	pauschal wertzuberichtigende Forderungen (brutto)		114.835,00 €
-	USt		- 18.335 €
=	**Bemessungsgrundlage** der Pauschalwertberichtigung (netto)		96.500,00 €
	Pauschalwertberichtigung (1 % von 96.500 €)		965,00 €
+	**Einzel**wertberichtigungen (netto)		
	Kunde A (60 % von 1.000 €)	600 €	
	Kunde B (50 % von 2.000 €)	1.000 €	1.600,00 €
=	Wertberichtigungen **insgesamt**		**2.565,00 €**

Buchungssatz:

Tz.	Sollkonto	Betrag (€)	Habenkonto
1.	**1240** (1460) Zweifelhafte Ford. **6910** (4886) Abschr. auf UV	1.190,00 600,00	**1200** (1400) Forderungen aLuL **1246** (0998) Einzelwertbericht.
2.	**1240** (1460) Zweifelhafte Ford. **6910** (4886) Abschr. auf UV	2.380,00 1.000,00	**1200** (1400) Forderungen aLuL **1246** (0998) Einzelwertbericht.
3.	**6930** (2400) Forderungsverluste **3806** (1776) Umsatzsteuer 19 %	500,00 95,00 595,00	 **1200** (1400) Forderungen aLuL
4.	**6920** (2450) Einst. PWB	965,00	**1248** (0996) Pauschalwertbericht.

Buchung:

S **1240** (1460) **Zweifelhafte Forder.** H

S		H	
1)	**1.190,00**		
2)	**2.380,00**		

S **1200** (1400) **Forderungen aLuL** H

S		H	
SV	119.000,00	1)	**1.190,00**
		2)	**2.380,00**
		3)	**595,00**

S **6910** (4886) **Abschreibung auf UV** H

S		H	
1)	**600,00**		
2)	**1.000,00**		

S **1246** (0998) **Einzelwertbericht.** H

S		H	
		1)	**600,00**
		2)	**1.000,00**

S **6930** (2400) **Forderungsverluste** H

S		H	
3)	**500,00**		

S **3806** (1776) **Umsatzsteuer 19%** H

S		H	
3)	**95,00**		

S **6920** (2450) **Einstellung in PWB** H

S		H	
4)	**965,00**		

S **1248** (0996) **Pauschalwertbericht.** H

S		H	
		4)	**965,00**

Forderungen in **Fremdwährungen** müssen nach Maßgabe des **§ 256a HGB** in Euro umgerechnet werden. Hat eine Fremdwährungsforderung am Bilanzstichtag eine **Restlaufzeit von bis zu einem Jahr** müssen **auch Kursgewinne ausgewiesen** werden.

BEISPIEL

Ein Unternehmer hat in seinem Forderungsbestand eine offene Rechnung (fällig zu Beginn des Folgejahres) an seinen US-amerikanischen Kunden in Höhe von 200.000 $. Am Tag der Lieferung hatte der US-Dollar einen Kurs von 1 € = 1,20 $ und am Bilanzstichtag von 1 € = 1,10 $. Folgende Bewertung ist vorzunehmen:

Forderung am Tag der Lieferung	166.667 €
Forderung am Bilanzstichtag	181.818 €
Bilanzansatz	181.818 €
Erträge aus Kursgewinnen	**15.151 €**

7.3.2 Steuerrechtliche Besonderheiten

Auch steuerrechtlich erfolgt die Erstbewertung mit den **Anschaffungskosten** (§ 6 Abs. 1 **Nr. 2** EStG). Der für die Folgebewertung maßgebliche steuerrechtliche Teilwert entspricht grundsätzlich dem handelsrechtlichen beizulegenden Wert.

Der **niedrigere Teilwert** kann nur bei einer **voraussichtlich dauernden Wertminderung** angesetzt werden (Abschreibungs**wahlrecht**).

Bei einer vorausichtlich **nicht** dauernden Wertminderung besteht steuerrechtlich ein Abschreibungs**verbot** (§ 6 Abs. 1 Nr. 2 Satz 2 EStG). Eine Forderung ist **dauerhaft** in ihrem Wert **gemindert**, wenn der Gläubiger **voraussichtlich** nur einen **Minderbetrag** erhalten wird. Wurde eine **Teilwertabschreibung** zulässigerweise vorgenommen und hat sich der Wert des Wirtschaftsgutes **wieder erhöht**, ist der Steuerpflichtige **verpflichtet**, das Wirtschaftsgut in der **Bilanz** wieder mit dem sich nach § 6 Abs. 1 Nr. 1 **Satz 1** EStG ergebenden Wert (i.d.R. mit den **Anschaffungskosten**) anzusetzen. Somit besteht auch steuerrechtlich ein **Wertaufholungsgebot** (§ 6 Abs. 1 Nr. 1 Satz 4 und Nr. 2 Satz 3 EStG).

Kursgewinne aus der Währungsumrechnung nach § 256a HGB dürfen steuerrechtlich **nicht** ausgewiesen werden.

ÜBUNG →	1. Wiederholungsfrage 20 (Seite 177), 2. Aufgaben 8 bis 10 (Seite 180 f.)

7.3.3 Erfolgskontrolle

Wiederholungsfragen

1. Was versteht man unter Forderungen?
2. Mit welchem Wert sind Forderungen grundsätzlich anzusetzen?
3. Was gilt als Anschaffungskosten einer Forderung?
4. Mit welchem Wert ist eine Forderung anzusetzen, wenn der Wert der Forderung niedriger ist als ihr Nennwert?
5. Wie kann man Forderungen hinsichtlich ihrer Bonität unterteilen?
6. Was versteht man unter einer einwandfreien Forderung?
7. Was versteht man unter einer zweifelhaften Forderung?
8. Was versteht man unter einer uneinbringlichen Forderung?
9. Was versteht man unter Einzelbewertung von Forderungen?
10. Mit welchem Wert sind einwandfreie Forderungen anzusetzen?
11. Mit welchem Wert sind zweifelhafte Forderungen anzusetzen?
12. Mit welchem Wert sind uneinbringliche Forderungen anzusetzen?
13. Wann ist die Umsatzsteuer bei einem Forderungsausfall zu berichtigen?
14. Wie wird der vermutliche Forderungsverlust bei der indirekten Abschreibung buchmäßig behandelt?
15. Wie wird der endgültige Forderungsverlust bei einer vorhandenen Einzelwertberichtigung buchmäßig behandelt?
16. Was ist die Bemessungsgrundlage für die Pauschalwertberichtigung?
17. Wie wird der vermutliche Forderungsverlust bei der Pauschalwertberichtigung buchmäßig behandelt?
18. Wie wird der endgültige Forderungsverlust bei einer vorhandenen Pauschalwertberichtigung buchmäßig behandelt?
19. Wie wird eine Anpassung der Pauschalwertberichtigung buchmäßig vorgenommen?
20. Welche steuerrechtlichen Besonderheiten bestehen bei Forderungen?

Aufgaben

AUFGABE 1

1. Die Forderung an den Kunden A in Höhe von 2.380 € (2.000 € + 380 € USt) ist Anfang des Jahres 2019 zweifelhaft geworden.
2. Über das Vermögen des Kunden A wird Ende des Jahres 2019 die Eröffnung des Insolvenzverfahrens mangels Masse abgewiesen.

Bilden Sie die erforderlichen Buchungssätze für den handelsrechtlichen Jahresabschluss 2019.

AUFGABE 2

Auf eine in 2006 voll abgeschriebene Forderung an den Kunden B in Höhe von 11.600 € (10.000 € + 1.600 € USt) geht wider Erwarten 2019 ein Betrag von 1.000 € auf unserem Bankkonto ein.

Bilden Sie den erforderlichen Buchungssatz für 2019.

AUFGABE 3

Auszug aus der vorläufigen Saldenbilanz (einschl. 19 % USt) zum 31.12.2019:

Konten-		Soll	Haben
Nr.	Bezeichnung	€	€
1200 (1400)	Forderungen aLuL	119.000,00	
1240 (1460)	Zweifelhafte Forderungen	10.710,00	
3806 (1776)	Umsatzsteuer 19 %		260,00
6930 (2400)	Forderungsverluste		

Der Saldo des Kontos „**1240** (1460) Zweifelhafte Forderungen" setzt sich wie folgt zusammen:

Kunde Müller	1.190,00 €
Kunde Maier	3.570,00 €
Kunde Schmidt	5.950,00 €
	10.710,00 €

Angaben für Nachtragsbuchungen:

1. Von den zweifelhaften Forderung an den Kunden Müller in Höhe von 1.190 € sind am 31.12.2019 476 € auf dem Bankkonto eingegangen. Der Zahlungseingang ist noch nicht gebucht. Der Rest der Forderung ist uneinbringlich.
2. Über das Vermögen des Kunden Maier wurde Ende Dezember 2019 die Eröffnung des Insolvenzverfahrens mangels Masse abgelehnt. Die Forderung an ihn beträgt 3.570 €.
3. Über das Vermögen des Kunden Schmidt wurde im November 2019 das Insolvenzverfahren eröffnet. Die Forderung an ihn beträgt 5.950 €. Im Dezember 2019 teilt der Insolvenzverwalter mit, dass die Insolvenzquote voraussichtlich 60 % beträgt. Der Rest der Forderung ist wohl uneinbringlich.
4. Am 24.12.2019 ist der Kunde Schulz gestorben. Die Forderung an ihn in Höhe von 595 € gilt als verloren.

Bilden Sie die erforderlichen Buchungssätze für den handelsrechtlichen Jahresabschluss 2019.

AUFGABE 4

1. Unser Kunde A hat trotz wiederholter Mahnungen und eines Mahnbescheids unsere Rechnung noch nicht bezahlt. Die Forderung an ihn beträgt 4.760 € (einschl. 19 % USt).
2. Anfang des Jahres 2019 erfahren wir, dass der Kunde A massive Liquiditätsprobleme hat; es muss voraussichtlich mit einem Ausfall von 70 % der Forderung an A gerechnet werden.
3. Am 04.12.2019 erhalten wir vom Kunden A eine Banküberweisung in Höhe von 952 €. Der Rest der Forderung ist uneinbringlich.

Bilden Sie die erforderlichen Buchungssätze für den handelsrechtlichen Jahresabschluss 2019.

AUFGABE 5

Auszug aus der vorläufigen handelsrechtlichen Saldenbilanz (einschl. 19 % USt) zum 31.12.2019:

Konten-		Soll	Haben
Nr.	Bezeichnung	€	€
1246 (0998)	Einzelwertberichtigungen auf Forderungen		1.500,00
1800 (1200)	Bank	5.000,00	
1200 (1400)	Forderungen aLuL	238.000,00	
1240 (1460)	Zweifelhafte Forderungen (Kunde A)	2.380,00	
3806 (1776)	Umsatzsteuer 19 %		
6930 (2400)	Forderungsverluste		
4925 (2732)	Erträge aus abgeschriebenen Forderungen		
6910 (4886)	Abschreibungen auf Umlaufvermögen		

Angaben für Nachtragsbuchungen:

1. Die zweifelhafte Forderung an den Kunden A in Höhe von 2.380 € (2.000 € + 380 € USt) ist in 2018 mit 1.500 € indirekt abgeschrieben worden. Ende Dezember 2019 erhalten wir die Abschlusszahlung durch Banküberweisung in Höhe von 714 €. Der Rest der Forderung ist uneinbringlich. Der Zahlungsvorgang ist noch nicht gebucht.
2. Die Forderung an den Kunden B in Höhe von 7.140 € wurde im November 2019 zweifelhaft.
3. Zum 31.12.2019 sind voraussichtlich 30 % der Forderung an den Kunden B einbringlich.
4. Die Forderung an den Kunden C in Höhe von 595 € ist unerwartet in vollem Umfang uneinbringlich geworden.
5. Die Forderung an den Kunden D in Höhe von 1.190 € ist zweifelhaft geworden; es muss mit einem Ausfall von 40 % gerechnet werden.

Bilden Sie die erforderlichen Buchungssätze für den handelsrechtlichen Jahresabschluss 2019.

AUFGABE 6

Der Gesamtbestand der Forderungen des Unternehmers U betrug zum 31.12.2018 464.000 €. Zu diesen Forderungen besteht eine Pauschalwertberichtigung von 4.000 €.

Der Forderungsbestand zum 31.12.2019 beträgt 535.500 € (einschl. 19 % USt). Es wird mit einem Forderungsausfall von 1 % gerechnet.

Bilden Sie den erforderlichen Buchungssatz für den handelsrechtlichen Jahresabschluss 2019.

AUFGABE 7

Die vorläufige Saldenbilanz des Unternehmers B weist zum 31.12.2019 einen Forderungsbestand in Höhe von 178.500 € (einschl. 19 % USt) und eine Pauschalwertberichtigung auf Forderungen in Höhe von 2.000 € (Übernahme aus 2018) aus.

Der Forderungsbestand soll mit 1 % pauschal wertberichtigt werden.

Bilden Sie den erforderlichen Buchungssatz für den handelsrechtlichen Jahresabschluss 2019.

AUFGABE 8

Auszug aus der vorläufigen handelsrechtlichen Saldenbilanz (einschl. 19 % USt) zum 31.12.2019:

Konten-		Soll	Haben
Nr.	Bezeichnung	€	€
1246 (0998)	Einzelwertberichtigungen auf Forderungen		3.000,00
1248 (0996)	Pauschalwertberichtigung auf Forderungen		3.695,00
1200 (1400)	Forderungen aLuL	416.500,00	
1240 (1460)	Zweifelhafte Forderungen (Kunde A)	7.140,00	
3806 (1776)	Umsatzsteuer 19 %		
6930 (2400)	Forderungsverluste		
4920 (2730)	Erträge PWB		5.750,00
6910 (4886)	Abschreibungen auf Umlaufvermögen		

Angaben für Nachtragsbuchungen:

1. Die zweifelhafte Forderung an den Kunden A in Höhe von 7.140 €, die mit 50 % wertberichtigt worden ist, ist endgültig verloren.
2. Die Forderung an den Kunden B in Höhe von 5.950 € ist zweifelhaft geworden; es muss mit einem Ausfall von 30 % gerechnet werden.
3. Die Forderung an den Kunden C in Höhe von 1.785 € ist in vollem Umfang uneinbringlich geworden.
4. Der Restbestand ist mit 1 % pauschal wertzuberichtigen.

Bilden Sie die entsprechenden Buchungssätze für 2019.

AUFGABE 9

Auszug aus der handelsrechtlichen Summenbilanz (einschl. 19 % USt) zum 31.12.2019:

Konten-Nr.	Kontenbezeichnung	Soll (€)	Haben (€)
1246 (0998)	Einzelwertberichtigungen auf Forderungen		2.000,00
1248 (0996)	Pauschalwertberichtigung auf Forderungen		425,00
1200 (1400)	Forderungen aLuL	107.100,00	71.400,00
1240 (1460)	Zweifelhafte Forderungen (Kunde A)	4.760,00	1.190,00
3806 (1776)	Umsatzsteuer 19 %		
6930 (2400)	Forderungsverluste		
4920 (2730)	Erträge PWB		
6910 (4886)	Abschreibungen auf Umlaufvermögen		

Angaben für Nachtragsbuchungen:

1. Von der zweifelhaften Forderung an den Kunden A in Höhe von 4.760 €, die mit 50 % wertberichtigt worden ist, sind im Dezember 2019 1.190 € auf dem Bankkonto eingegangen. Der Rest der Forderung ist uneinbringlich.
2. Die Forderung an den Kunden B in Höhe von 595 € ist in vollem Umfang uneinbringlich geworden.
3. Die Forderung an den Kunden C in Höhe von 1.190 € ist zweifelhaft geworden; es muss mit einem Ausfall von 40 % gerechnet werden.
4. Der Restbestand der Forderungen ist wie im Vorjahr mit 1 % wertzuberichtigen.

Bilden Sie die erforderlichen Buchungssätze für 2019.

AUFGABE 10

Der Unternehmer Franz Lappas, München, stellt zum 31.12.2019 auf dem Konto „**1200** (1400) Forderungen aLuL" einen Forderungsbestand in Höhe von 522.300 € fest.
Darin sind enthalten die einwandfreie Forderung an den italienischen Unternehmer R. Mosena in Höhe von 22.500 € und die Forderung an den deutschen Unternehmer H. Schmidt in Höhe von 46.410 €. Die Forderung an den Unternehmer Schmidt ist zum 31.12.2019 zweifelhaft geworden.
Herr Lappas schätzt, dass er nur 30 % der Forderung von Herrn Schmidt erhalten wird.

a) Bilden Sie die erforderlichen Buchungssätze bzgl. der Forderung gegenüber H. Schmidt.

Der Unternehmer Franz Lappas, München, rechnet erfahrungsgemäß mit einer Pauschalwertberichtigung von 1 % der einwandfreien Forderungen.
Auf dem Konto „**1248** (0996) Pauschalwertberichtigung auf Forderungen" stehen aus dem Vorjahr 3.435 €.

b) Berechnen und bilden Sie den Buchungssatz für die Pauschalwertberichtigung nach der Anpassungsmethode.
c) Mit welchem Betrag müssen die Forderungen aLuL des Unternehmers Franz Lappas, München, in der Bilanz nach § 266 Abs. 2 HGB ausgewiesen werden?

Weitere Aufgaben mit Lösungen finden Sie im **Lösungsbuch** der Buchführung 2. A L

7.4 Bilanzierung der Wertpapiere des Umlaufvermögens

7.4.1 Handelsrecht

7.4.1.1 Ansatz und erstmalige Bewertung

Wertpapiere des Umlaufvermögens sind Wertpapiere, die dazu bestimmt sind, dem Geschäftsbetrieb des Unternehmens nur vorübergehend - nicht dauernd - zu dienen.

Wertpapiere des Umlaufvermögens sind **handelsrechtlich grundsätzlich** mit den **Anschaffungskosten** anzusetzen.

Zu den **Anschaffungskosten** gehören nicht nur der Kaufpreis (Kurswert), sondern **auch** die **Nebenkosten**, wie Bankprovision und Maklergebühren.

7.4.1.2 Folgebewertung

Ist der aus dem **Börsen- oder Marktpreis** abgeleitete Wert der Wertpapiere des Umlaufvermögens am Bilanzstichtag **niedriger als** die **Anschaffungskosten**, so **muss handelsrechtlich** dieser **niedrigere Wert** angesetzt werden (§ 253 Abs. 4 HGB; **strenges Niederstwertprinzip**).

Wertminderungen werden auf dem Konto

7210 (4875) **Abschreibungen auf Wertpapiere des Umlaufvermögens**

im Soll und auf dem Konto

1510 (1348) **Sonstige Wertpapiere**

im Haben erfasst.

Grundlage für die Ermittlung des aus dem Börsen- oder Marktpreis abgeleiteten Wertes **ist der am Bilanzstichtag notierte Börsenpreis**.

Daneben sind **auch** die **Nebenkosten** zu berücksichtigen, weil der „eigentliche" Kaufpreis aus dem **Kurswert und** den **Nebenkosten** besteht.

BEISPIEL

Wertpapier	Anschaffungszeitpunkt	Bilanzstichtag
Kurswert + Nebenkosten (2 %)	10.000 € 200 €	**9.000 €** **180 €**
= **AK/beizulegender Wert**	**10.200 €**	**9.180 €**
	= Anschaffungskosten	= aus dem Börsenpreis abgeleiteter Wert

7.4.2 Steuerrechtliche Besonderheiten

Wertpapiere des Umlaufvermögens sind **auch steuerrechtlich grundsätzlich** mit den **Anschaffungskosten** anzusetzen.

Steuerrechtlich kann der **niedrigere Teilwert** nur bei einer **voraussichtlich dauernden Wertminderung** angesetzt werden (Abschreibungs**wahlrecht**). Bei einer vorausichtlich **nicht** dauernden Wertminderung besteht steuerrechtlich ein Abschreibungs**verbot** (§ 6 Abs. 1 Nr. 2 Satz 2 EStG).

Eine **voraussichtlich dauernde Wertminderung** liegt bei Wirtschaftsgütern des **Umlaufvermögens** grds. vor, wenn sie

- bis zur Bilanzaufstellung oder
- bis zum früheren Verkauf oder Verbrauch

anhält (BMF-Schreiben vom 02.09.2016, IV C 6 - S 2171-b/09/10002, Tz. 16).

Bei **börsennotierten Aktien** sind lediglich Kursverluste zu berücksichtigen, die am Bilanzstichtag eine **Bagatellgrenze von mehr als 5%** des Kurses zum Erwerbszeitpunkt überschreiten. Kursänderungen **nach** dem Bilanzstichtag und **bis** zum Tag der Bilanzaufstellung gelten als **wertbegründende** Umstände und sind daher **nicht** zu berücksichtigen (BMF-Schreiben vom 02.09.2016, IV C 6 - S 2171-b/09/10002, Tz. 17, 19).

Der steuerrechtliche Teilwert entspricht grundsätzlich dem beizulegenden Wert bzw. dem aus dem Börsen- oder Marktpreis abgeleiteten Wert.

Wertpapiere, deren Rückzahlung zum Nennwert garantiert ist (z.B. Staatsanleihen), dürfen nicht mit einem geringeren Wert als dem Nennwert bilanziert werden.

BEISPIEL

Der buchführende Gewerbetreibende Kühne, Berlin, hält die Aktien A, B und C im Umlaufvermögen. Die Wertpapiere (ohne Rückzahlungsgarantie) weisen seit der Anschaffung bis zum Zeitpunkt der Bilanzaufstellung (28.02.2020) folgende Wertentwicklungen auf:

Wertpapiere	AK	Wert 31.12.2019	Wert 28.02.2020	**Handelsbilanz**	**Steuerbilanz**
A	12.000 €	9.000 €	11.000 €	**9.000 €**	**12.000 oder 9.000 €**
B	12.000 €	11.500 €	10.000 €	**11.500 €**	**12.000 €**
C	12.000 €	13.000 €	14.000 €	**12.000 €**	**12.000 €**

Am Bilanzstichtag 31.12. ist **Wertpapier A** in der Handelsbilanz mit 9.000 € anzusetzen (**strenges Niederstwertprinzip**). In der Steuerbilanz liegt eine **voraussichtlich dauernde Wertminderung** in Höhe von **3.000 € (Wertabweichung > 5 %)** vor; die Werterholung bis zum Zeitpunkt der Bilanzaufstellung ist steuerrechtlich **nicht** zu berücksichtigen. Entsprechend wird Wertpapier A in der Steuerbilanz mit 9.000 € angesetzt **oder** es erfolgt keine Abschreibung (**Wahlrecht**).

Wertpapier B ist in der Handelsbilanz mit 11.500 € anzusetzen. Der weitere Kursverfall stellt ein **wertbegründendes Ereignis** des neuen Wirtschaftsjahres dar. Steuerrechtlich besteht kein Abschreibungswahlrecht, weil keine dauerhafte Wertminderung (**Wertabweichung < 5 %**) vorliegt.

Wertpapier C kann in Handels- und Steuerbilanz höchstens mit den Anschaffungskosten (AK) angesetzt werden (**Realisationsprinzip**, § 252 Abs. 1 Nr. 4 HGB).

7.4.3 Erfolgskontrolle

Wiederholungsfragen

1. Mit welchem Wert sind Wertpapiere des Umlaufvermögens erstmalig zu bilanzieren?
2. Welches handelsrechtliche Wertprinzip gilt für die Wertpapiere des Umlaufvermögens bei der Folgebewertung?
3. Wann besteht steuerrechtlich ein Abschreibungswahlrecht?
4. Wann besteht steuerrechtlich ein Abschreibungsverbot?
5. Wann liegt steuerlich eine voraussichtlich dauernde Wertminderung bei Wirtschaftsgütern des Umlaufvermögens vor?
6. Wie wird der Teilwert ermittelt?

Aufgaben

AUFGABE 1

Ein Gewerbetreibender, der seinen Gewinn nach § 5 EStG ermittelt, besitzt folgende Wertpapiere, die zu seinem Umlaufvermögen gehören. Wertminderungen sind nicht von Dauer. Werterhöhungen resultieren aus dem Wegfall der Gründe für die außerplanmäßigen Abschreibungen/Teilwertabschreibungen. Der garantierte Rückzahlungsbetrag ist jeweils geringer als der Teilwert/Marktpreis am Bilanzstichtag.

Wertpapiere (Nennwert)	AK	letzter Bilanzwert 31.12.2018	Teilwert/Marktpreis 31.12.2019
Anleihen (10.000)	13.300 €	13.300 €	**12.500 €**
Obligationen (30.000)	32.400 €	31.300 €	**31.900 €**
Pfandbriefe (14.000)	15.200 €	14.800 €	**15.500 €**

Mit welchem Wert sind die Wertpapiere zum 31.12.2019 in der Handels- und Steuerbilanz anzusetzen?

AUFGABE 2

Ein Gewerbetreibender, der seinen Gewinn nach § 5 EStG ermittelt, hat in 2019 70 Stück X-Aktien zum Kurs von 115,04 €/ Aktie über seine Bank gekauft. Die Anschaffungsnebenkosten betrugen insgesamt 120,80 €. Die Wertpapiere gehören zu seinem Umlaufvermögen.

Von diesen Aktien hat er im Jahr der Anschaffung 20 Stück zum Kurs von 107,30 € je Stück über seine Bank verkauft. Die Verkaufskosten betrugen 1,5 %.

Die restlichen 50 Aktien befanden sich am 31.12. des Anschaffungsjahres noch in seinem Besitz.

1. Bilden Sie den Buchungssatz für den Kauf der Aktien.
2. Bilden Sie den Buchungssatz für den Verkauf der Aktien. Das Wertpapierkonto wird als reines Bestandskonto geführt.
3. Mit welchem Wert ist der Bestand der Aktien zum Bilanzstichtag (31.12.2019) jeweils in der Handels- und Steuerbilanz anzusetzen, wenn der Kurswert je Aktie zu diesem Zeitpunkt 114,17 € betrug? Bei Aufstellung der Bilanz am 27.03.2020 beträgt der Kurswert 120,80 €.

Zusammenfassende Erfolgskontrolle

Sie haben die Aufgabe, bei der Erstellung der Hauptabschlussübersicht der Kerstin Knopp, die in München ein Großhandelsgeschäft betreibt, mitzuwirken.
Das Unternehmen unterliegt der Regelbesteuerung mit einem Steuersatz von 19 %. Frau Knopp führt für steuerliche Zwecke eine von der handelsrechtlichen Buchhaltung getrennte Anlagenbuchhaltung. § 7g EStG kann nicht geltend gemacht werden. Die Hauptabschlussübersicht (Seite 187) wurde bis zur „vorläufigen Saldenbilanz zum 31.12.2019" erstellt.

Folgende Aufgaben sind zu lösen:

a) Fertigen Sie für die folgenden Abschlussangaben eine Buchungsliste (für die steuerrechtliche Anlagenbuchhaltung) an.
Es sind nur die in der HAÜ angegebenen Konten zu verwenden.

b) Nehmen Sie die notwendigen „Umbuchungen" in der HAÜ vor.

c) Erstellen Sie die „endgültige Saldenbilanz" der HAÜ.

d) Ermitteln Sie den Erfolg über die „Schlussbilanz" und „GuV-Rechnung" der HAÜ.
Der Erfolg kann auch über T-Konten ermittelt werden.

	€
1. Knopp kaufte in 2019 ein an den Betrieb angrenzendes unbebautes Grundstück für	110.000,00
um darauf eine Lagerhalle zu errichten. Der Kaufpreis ist aus privaten Mitteln gezahlt worden. Knopp hat den Vorgang wie folgt gebucht:	

Sollkonto	Betrag (€)	Habenkonto
0215 (0065) Unb. Grundst.	110.000,00	**2100** (1800) Privatentn.

	€
Die auf den Kauf entfallenden Nebenkosten (Notarkosten usw.) von hat Knopp wie folgt gebucht:	8.000,00

Sollkonto	Betrag (€)	Habenkonto
6350 (2350) Grundstücksauf.	8.000,00	**1800** (1200) Bank

	€
2. Das unbebaute Grundstück (Tz. 1) ist 500 qm groß, d. h., der Kaufpreis des Grundstücks hat 220 €/qm betragen (110.000 € : 500 qm). Am 31.12.2019 beträgt der ortsübliche Preis pro qm 250 €. Der Vorgang ist noch nicht berücksichtigt.	
3. Auf die in 2006 voll abgeschriebene Forderung (einschl. 16 % USt) an den Kunden Spranger ging wider Erwarten 2019 ein Betrag von	5.800,00
auf ihrem Bankkonto ein. Knopp hat den Vorgang wie folgt gebucht:	

Sollkonto	Betrag (€)	Habenkonto
1800 (1200) Bank	5.800,00	**1200** (1400) Ford. aLuL

		€
4.	Die Zinsen für die Hypothek von sind vereinbarungsgemäß jeweils zum 31.03. und 30.09. im Voraus zu zahlen. Der Zinssatz beträgt 10 %. Die Banküberweisung des Zinsbetrages zum 27.09.2019 wurde ordnungsgemäß gebucht.	120.000,00
5.	Die tatsächlichen Forderungsausfälle im Laufe des Jahres 2019 wurden direkt abgeschrieben. Für das allgemeine Ausfallrisiko ist am Ende des Jahres 2019 eine Pauschalwertberichtigung - wie im Vorjahr - von 1 % zu bilden. Der Betrag ist auf volle Euro aufzurunden.	
6.	Unter Berücksichtigung der Gewerbesteuer-Vorauszahlungen für 2019 errechnet sich eine Gewerbesteuernachzahlung für 2019 von Hinweis: Kapitel 9 „Rückstellungen", Seite 198 ff.	1.870,00
7.	Knopp überweist im August 2019 vom betrieblichen Bankkonto für die ESt- und KiSt-Abschlusszahlung Der Vorgang wurde wie folgt gebucht:	2.786,00

Sollkonto	Betrag (€)	Habenkonto
7650 (4340) Sonst. Steuern	2.786,00	**1800** (1200) Bank

8.	Abschreibung:	
	a) Geschäftsbauten	8.500,00
	b) Pkw	32.000,00
	c) Geschäftsausstattung	21.000,00
	d) Knopp nimmt zum 31.12.2019 eine Pool-Abschreibung nach § 6 Abs. 2a EStG vor.	
9.	Abschluss des Kontos „**1406** (1576) Vorsteuer 19 %"	
10.	Abschluss des Kontos „**2100** (1800) Privatentnahmen"	
11.	Warenbestand lt. Inventur	180.000,00

Hauptabschlussübersicht zum 31.12.2019

Konto-Nr.	Kontenbezeichnung	Summenbilanz		vorläufige Saldenbilanz
		S	H	
0215 (0065)	Unb. Grundstücke	110.000,00		110.000,00 S
0235 (0085)	Beb. Grundstücke	50.000,00		50.000,00 S
0240 (0090)	Geschäftsbauten	160.400,00		160.400,00 S
0520 (0320)	Pkw	135.200,00		135.200,00 S
0675 (0485)	WG (Sammelposten)	2.900,00		2.900,00 S
0690 (0410)	Geschäftsausst.	83.000,00		83.000,00 S
1140 (3980)	Bestand Waren	170.000,00		170.000,00 S
1200 (1400)	Forderungen aLuL	994.100,00	518.621,00	475.479,00 S
1248 (0996)	Pauschalwertber.		600,00	600,00 H
1406 (1576)	Vorsteuer	281.400,00	280.000,00	1.400,00 S
1600 (1000)	Kasse	43.490,00	37.870,00	5.620,00 S
1800 (1200)	Bank	91.172,00	79.370,00	11.802,00 S
1900 (0980)	Aktive RA			
2000 (0800)	Eigenkapital		626.225,00	626.225,00 H
2100 (1800)	Privatentnahmen	24.000,00	110.000,00	86.000,00 H
3035 (0956)	GewSt-Rückstellung			
3150 (0630)	Verb. geg. Kreditinst.		127.200,00	127.200,00 H
3300 (1600)	Verbindlichk. aLuL	934.800,00	1.044.000,00	109.200,00 H
3500 (1700)	Sonst. Verbindlichk.		14.906,00	14.906,00 H
3730 (1741)	Verb. LSt/KiSt			
3740 (1742)	Verb. i.R.d.s.S.			
3806 (1776)	Umsatzsteuer	96.350,00	103.371,00	7.021,00 H
3845 (1791)	USt frühere Jahre			
4200 (8200)	Erlöse		1.531.565,00	1.531.565,00 H
4855 (2315)	Anlagenabgänge	15.600,00		15.600,00 S
5200 (3200)	Wareneingang	748.500,00		748.500,00 S
6000 (4100)	Löhne und Gehälter	400.000,00		400.000,00 S
6220 (4830)	Abschreib. (gesamt)			
6262 (4860)	Abschreibungen			
6305 (4200)	Raumkosten	49.040,00		49.040,00 S
6350 (2350)	Grundstücksaufw.	16.800,00		16.800,00 S
6500 (4500)	Fahrzeugkosten	22.500,00		22.500,00 S
6920 (2450)	Einstellung PWB			
7100 (2650)	Zinserträge		524,00	524,00 H
7320 (2120)	Zinsaufwendungen	25.000,00		25.000,00 S
7400 (2500)	A.o. Erträge		4.300,00	4.300,00 H
7610 (4320)	Gewerbesteuer	19.300,00		19.300,00 S
7650 (4340)	Sonstige Steuern	5.000,00		5.000,00 S
		4.478.552,00	4.478.552,00	2.507.541,00 S 2.507.541,00 H

8 Bilanzierung der Verbindlichkeiten

8.1 Handelsrecht

8.1.1 Bewertungsvorschriften

Handelsrechtlich sind Verbindlichkeiten mit ihrem **Erfüllungsbetrag** anzusetzen (§ 253 Abs. 1 Satz 2 HGB). Der **Erfüllungsbetrag** ist der Geldbetrag, der zur Tilgung der Verbindlichkeit aufgewendet werden muss. Er entspricht regelmäßig dem Nennwert der Verbindlichkeit.

Nach dem Grundsatz der Vorsicht gilt für die Bewertung der Verbindlichkeiten das **Höchstwertprinzip** (§ 252 Abs. 1 Nr. 4 HGB). Demnach ist eine **Minderung** des Erfüllungsbetrages grundsätzlich **unbeachtlich**. **Erhöht** sich hingegen der Erfüllungsbetrag ist die Verbindlichkeit mit dem **höheren Wert** zu bewerten.

8.1.2 Bewertungsbesonderheiten

8.1.2.1 Fremdwährungsverbindlichkeiten

Fremdwährungsverbindlichkeiten (auch **Valutaverbindlichkeiten** genannt) sind Schulden in ausländischer Währung. Sie sind im Rahmen der **Erstbewertung** mit dem **Geldkurs** zum Zeitpunkt des Entstehens der Verbindlichkeit (z. B. Zeitpunkt der Lieferung oder Leistung) anzusetzen.

BEISPIEL

Der Kfz-Händler Schmidt, Freiburg, kaufte am 18. Dezember 2019 in der Schweiz einen Pkw, um diesen in Deutschland weiterzuverkaufen. Nach dem Kaufvertrag hat Schmidt seine Kaufpreisschuld innerhalb von 30 Tagen zu begleichen. Der Kaufpreis der Lieferung betrug bei Abschluss des Kaufvertrages 36.226,63 CHF (Schweizer Franken).
Der Geldkurs für 1 CHF betrug am 16. Dezember 2019 0,82812 €. Schmidt zahlte noch umgerechnet 400 € Zoll und 5.776 € Einfuhrumsatzsteuer (EUSt) mit Bankscheck.

Schmidt hat eine **Fremdwährungsverbindlichkeit**. Der Wert in € beträgt umgerechnet **30.000 €** (36.226,63 CHF x 0,82812 €/CHF).

Buchungssatz:

Sollkonto	Betrag (€)	Habenkonto
0520 (0320) Pkw	30.000,00	**3500** (1700) Sonstige Verbindlichkeiten
0520 (0320) Pkw	400,00	**1800** (1200) Bank
1433 (1588) EUSt	5.776,00	**1800** (1200) Bank

Buchung:

S	**0520** (0320) **Pkw**	H
	30.000,00	
	400,00	

S	**3500** (1700) **Sonstige Verbindl.**	H
		30.000,00

S	**1433** (1588) **Bezahlte EUSt**	H
	5.776,00	

S	**1800** (1200) **Bank**	H
		6.176,00

Der Erfüllungsbetrag von Fremdwährungsverbindlichkeiten kann sich im Laufe der Zeit durch eine **Schwankung des Umrechnungskurses** der Fremdwährung verändern.
Als maßgeblicher Umrechnungskurs zum Bilanzstichtag (**Folgebewertung**) für Forderungen und Verbindlichkeiten in fremder Währung gilt der **Devisenkassamittelkurs** (§ 256a Satz 1 HGB).

Ist der **Devisenkassamittelkurs** am Bilanzstichtag - im Vergleich zum **Geldkurs** im Entstehungszeitpunkt der Verbindlichkeit - **niedriger**, verringert sich der Erfüllungsbetrag.
Eine **niedrigere Bewertung** als mit dem Ursprungsbetrag ist handelsrechtlich **grundsätzlich** für Verbindlichkeiten **nicht zulässig** (Realisationsprinzip). Eine **Ausnahme** hierzu wurde durch das BilMoG eingeführt. Aus Vereinfachungsgründen ist das Realisationsprinzip bei einer **Restlaufzeit bis zu einem Jahr nicht zu beachten** (§ 256a Satz 2 HGB). Somit werden bei diesen Sachverhalten nicht realisierte Gewinne ausgewiesen.
Das Gleiche gilt für **Forderungen**, sofern der Devisenkassamittelkurs zum Bilanzstichtag **höher** im Vergleich zum Geldkurs bei Entstehung der Forderung ist. Sofern die Forderung eine Restlaufzeit kürzer als ein Jahr am Bilanzstichtag hat, kann in diesen Fällen ausnahmsweise eine Bewertung oberhalb der Anschaffungskosten erfolgen.

Ist der **Devisenkassamittelkurs** am Bilanzstichtag - im Vergleich zum **Geldkurs** im Entstehungszeitpunkt der Verbindlichkeit - **höher**, erhöht sich der Erfüllungsbetrag. Unabhängig von der Restlaufzeit ist die Verbindlichkeit in diesem Falle mit dem höheren Betrag am Bilanzstichtag anzusetzen. Die Bewertung mit dem höheren Devisenkassamittelkurs, der zu einer **höheren** Fremdwährungsverbindlichkeit führt, folgt aus dem **Imparitätsprinzip**. Aus dem für Vermögensgegenstände geltenden Niederstwertprinzip wird insoweit für die Bewertung der Verbindlichkeiten ein **Höchstwertprinzip**.

BEISPIEL

Sachverhalt wie im Beispiel zuvor. Die Kaufpreisverbindlichkeit wurde bis zum Bilanzstichtag noch nicht beglichen. Der Devisenkassamittelkurs ist am **Bilanzstichtag** (31.12.2019) gestiegen und die Verbindlichkeit beträgt umgerechnet **31.000 €**.

Im Januar 2020 wird die Verbindlichkeit unter Berücksichtigung des aktuellen Geldkurses mit 29.000 € durch Banküberweisung beglichen.

Handelsrechtlich ist die Verbindlichkeit zum **31.12.2019** aufgrund des Höchstwertprinzips mit **31.000 €** zu bilanzieren.

Buchungssatz zum 31.12.2019:

Sollkonto	Betrag (€)	Habenkonto
6880 (2150) Aufwendungen aus der Währungsumrechnung	1.000,00	**3500** (1700) Sonst. Verbindlichkeiten

Buchung zum 31.12.2019:

S **6880** (2150) **Aufw. aus Währungsumr.**	H
1.000,00	

S **3500** (1700) **Sonst. Verbindlichk.**	H
	30.000,00
	1.000,00

Buchungssatz bei Zahlung in 2020:

Sollkonto	Betrag (€)	Habenkonto
3500 (1700) Sonstige Verbindlichk.	31.000,00	
	29.000,00	**1800** (1200) Bank
	2.000,00	**4840** (2660) Erträge aus der Währungsu.

Buchung bei Zahlung in 2020:

S	**3500** (1700) **Sonstige Verbindl.**	H
31.000,00	SV	31.000,00

S	**1800** (1200) **Bank**	H
		29.000,00

S	**4840** (2660) **Erträge aus der Währungsumrechnung**	H
		2.000,00

8.1.2.2 Darlehensabgeld

Aufgenommene Darlehen sind mit ihrem **Erfüllungsbetrag** zu passivieren (§ 253 Abs. 1 Satz 2 HGB). Der Erfüllungsbetrag entspricht im Regelfall dem Rückzahlungsbetrag.

In der Praxis kommt es häufig vor, dass der **Ausgabebetrag** eines Darlehens **nicht** mit dem **Rückzahlungsbetrag** übereinstimmt.

Ist der **Ausgabebetrag niedriger** als der **Rückzahlungsbetrag**, bezeichnet man den **Unterschiedsbetrag** als Darlehens**abgeld** (auch als **Disagio** oder **Damnum**).

BEISPIEL

A nimmt zur Finanzierung einer Maschine ein Bankdarlehen über 100.000 € auf.
Die Bank behält bei der Auszahlung 2 % ein und schreibt A 98.000 € auf dessen laufendem Bankkonto gut.

A muss **100.000 €** zurückzahlen. Daher muss A **100.000 €** (= Rückzahlungsbetrag bzw. Erfüllungsbetrag) passivieren. Das Disagio des A beträgt 2.000 €.

Handelsrechtlich darf der **Unterschiedsbetrag zwischen** dem Erfüllungsbetrag und dem niedrigeren Ausgabebetrag als **Rechnungsabgrenzungsposten aktiviert** werden (§ 250 Abs. 3 Satz 1 HGB); er **kann** aber **auch** im Jahr der Darlehensaufnahme **in voller Höhe** als **Aufwand** gebucht werden (**Wahlrecht**).

Bei Ausübung des Aktivierungswahlrechtes wird das **Damnum** auf dem **speziellen Rechnungsabgrenzungskonto**

1940 (0986) **Damnum/Disagio**

aktiviert und über die Laufzeit des Darlehens verteilt.

BEISPIEL

Sachverhalt wie zuvor. A aktiviert das Disagio.

Buchungssatz bei der Darlehensaufnahme:

Sollkonto	Betrag (€)	Habenkonto
1800 (1200) Bank	98.000,00	
1940 (0986) Damnum/Disagio	2.000,00	
	100.000,00	**3150** (0630) Verbindlichkeiten gegenüber Kreditinstituten

Buchung bei der Darlehensaufnahme:

S	**1800** (1200) **Bank**	H
1) **98.000,00**		

S	**3150** (0630) **Verbindlichkeiten gegenüber Kreditinstituten**	H
		1) **100.000,00**

S	**1940** (0986) **Damnum/Disagio**	H
1) **2.000,00**		

Ein **aktivierter Unterschiedsbetrag** ist durch **planmäßige jährliche Abschreibungen** zu tilgen, die auf die gesamte Laufzeit des Darlehens verteilt werden können (§ 250 Abs. 3 Satz 2 HGB).

Hinsichtlich der Abschreibung des aktivierten Rechnungsabgrenzungsposten sind **drei Arten von Darlehen** zu unterscheiden:

1. **Fälligkeitsdarlehen,**
2. **Ratendarlehen,**
3. **Annuitätendarlehen.**

zu 1. Fälligkeitsdarlehen

Unter einem **Fälligkeitsdarlehen** versteht man ein Darlehen, das nach Ablauf der vereinbarten Laufzeit **in einer Summe** zurückzuzahlen ist.

Ein **aktivierter Rechnungsabgrenzungsposten** ist bei einem Fälligkeitsdarlehen **linear** abzuschreiben.

BEISPIEL

Sachverhalt wie zuvor bei A. Das Darlehen, das zum 01.07.2019 aufgenommen wurde, hat eine Laufzeit von 10 Jahren. Nach Ablauf von 10 Jahren ist es in einer Summe zurückzuzahlen.

Die jährlich Abschreibung für das Damnum beträgt **200 €** (2.000 € : 10). Für 2019 beträgt der Aufwand für ein halbes Jahr **100 €** (200 € : 2).

Buchungssatz zum 31.12.2019:

Sollkonto	Betrag (€)	Habenkonto
7324 (2124) Abschreibung auf Disagio	100,00	**1940** (0986) Damnum/Disagio

Buchung zum 31.12.2019:

S	**7324** (2124) **Abschr. auf Disagio**	H
100,00		

S	**1940** (0986) **Damnum/Disagio**	H
2.000,00		**100,00**

zu 2. Ratendarlehen

Unter einem **Ratendarlehen** versteht man ein Darlehen, das in jährlich **gleich bleibenden Raten** getilgt wird.

Da das Damnum zinsähnlicher Aufwand ist, ist es in diesem Fall wirtschaftlich sinnvoll, einen **aktivierten Rechnungsabgrenzungsposten** dem Darlehensstand entsprechend in jährlich gleich bleibend fallenden Beträgen, d.h. **arithmetisch-degressiv** abzuschreiben.

Zur Ermittlung der **Jahres-Abschreibung** wird das **Damnum** mit einem Bruch multipliziert.

Den **Nenner** des Bruches erhält man, indem man die (arithmetische) Reihe der Abschreibungsjahre addiert.

Als **Zähler** des Bruches wird das jeweilige Abschreibungsjahr in umgekehrter Reihenfolge eingesetzt.

BEISPIEL

Sachverhalt wie zuvor bei A mit dem Unterschied, dass das Darlehen in jährlich gleich bleibenden Raten von 10.000 €, beginnend zum 01.07.2020, getilgt wird.

Ermittlung der Abschreibung auf das Damnum für das **1. Jahr** (2019):

2.000 € x $^{10}/_{55}$ = 363,64 €,
rd. **364,00 €**.

Der Bruch von $^{10}/_{55}$ ergibt sich wie folgt:

Zähler: **10** (= Abschreibungsjahr in umgekehrter Reihenfolge)

Nenner: **55** [(1+2+3+4+5+6+7+8+9+10) = 55 = Summe der arithmetischen Reihe der Abschreibungsjahre]

Da das Darlehen zum **01.07.2019** aufgenommen wurde, ist zum **31.12.2019** die **Hälfte** von 364 € = **182 €** auf das Damnum abzuschreiben.

Die Abschreibung auf das Damnum für das **2. Jahr** (2020) beträgt:

2.000 € x $^{9}/_{55}$ = 327,27 €,
rd. **327,00 €**.

zu 3. Annuitätendarlehen

Unter einem **Annuitätendarlehen** versteht man ein Darlehen, bei dem die **jährliche Summe aus Tilgung und Zinsen** (= **Annuität**) gleich groß ist.

Auch in diesem Fall ist es wirtschaftlich sinnvoll, einen aktivierten Rechnungsabgrenzungsposten dem Darlehensstand entsprechend abzuschreiben.

Da der Tilgungsanteil der Annuität sich von Jahr zu Jahr erhöht, wird der Zinsanteil von Jahr zu Jahr kleiner. Der Zinsanteil fällt **geometrisch-degressiv**.

Abschreibungsmaßstab für das Damnum ist das Verhältnis der auf die einzelnen Jahre entfallenden Zinsen zu den Gesamtzinsen.

Die **Jahresabschreibung** auf das aktivierte Damnum wird nach folgender Formel berechnet:

$$\textbf{Jahresabschreibung} = \frac{\textbf{Damnum x Jahreszinsaufwand}}{\textbf{Gesamtzinsaufwand}}$$

BEISPIEL

Sachverhalt wie zuvor bei A mit dem Unterschied, dass das Darlehen ein Annuitätendarlehen ist. Es ist mit 8 % zu verzinsen und in 10 Jahren in jährlichen Raten, beginnend zum 01.07.2020, zu tilgen.
Die jährliche Annuität beträgt 100.000 € x 0,14903 = 14.903 €.
Der Faktor 0,14903 ist einer sog. Annuitätenfaktoren-Tabelle entnommen. Eine solche Tabelle befindet sich z. B. im Wirtschaftsprüfer-Handbuch.
Der Jahreszinsaufwand 2019/2020 (01.07.2019 bis 30.06.2020) beträgt 8.000 € (8 % von 100.000 €). Der Gesamtzinsaufwand beträgt 49.030 € (14.903 € x 10 - 100.000 €).

Die **Jahresabschreibung** 2019/2020 beträgt:

$$\frac{2.000\,€ \times 8.000\,€}{49.030\,€} = 326{,}33\,€, \text{ rd. } \mathbf{326{,}00\,€}.$$

Da das Darlehen zum **01.07.2019** aufgenommen wurde, ist zum **31.12.2019** die **Hälfte** von 326 € = **163 €** auf das Damnum abzuschreiben.

8.2 Steuerrechtliche Besonderheiten

8.2.1 Bewertungsvorschriften

Steuerrechtlich sind Verbindlichkeiten grundsätzlich mit den **Anschaffungskosten** oder ihrem **höheren Teilwert** anzusetzen (§ 6 Abs. 1 Nr. 3 i. V. m. § 6 Abs. 1 **Nr. 2** EStG).
Als **Anschaffungskosten** einer Verbindlichkeit gilt der **Nennwert** (**Erfüllungsbetrag bzw. Rückzahlungsbetrag**) der Verbindlichkeit [H 6.10 (Anschaffungskosten) EStH].

Bei der Bewertung von Verbindlichkeiten besteht **steuerrechtlich grundsätzlich** ein **Abzinsungsgebot**; dabei ist ein Zinssatz von **5,5 %** zu berücksichtigen (§ 6 Abs. 1 Nr. 3 **Satz 1** EStG).
Ausgenommen von der Abzinsung sind Verbindlichkeiten, deren Laufzeit am Bilanzstichtag **weniger als zwölf Monate** beträgt, und Verbindlichkeiten, die **verzinslich** sind oder auf einer **Anzahlung** oder **Vorausleistung** beruhen (§ 6 Abs. 1 Nr. 3 **Satz 2** EStG).

Eine **verzinsliche Verbindlichkeit** liegt vor, wenn ein Zinssatz von **mehr als 0 % vereinbart** ist. Eine Vereinbarung eines Zinssatzes nahe 0 % kann im Einzelfall als missbräuchliche Gestaltung im Sinne des § 42 AO zu beurteilen sein (BMF-Schreiben vom 23.08.1999, BStBl I 1999 S. 818).

8.2.2 Bewertungsbesonderheiten

8.2.2.1 Fremdwährungsverbindlichkeiten

Steuerrechtlich kann der **höhere Teilwert** einer Verbindlichkeit nur dann angesetzt werden, wenn die **Werterhöhung von Dauer** ist. Ist die Werterhöhung **nicht** von Dauer, ist **keine Buchung** vorzunehmen. Eine voraussichtliche dauernde Erhöhung des Kurswertes liegt nur bei einer **nachhaltigen** Erhöhung des Wechselkurses gegenüber dem Kurs bei Entstehung der Verbindlichkeit vor.

Die Änderung ist voraussichtlich nachhaltig, wenn der Steuerpflichtige hiermit am Bilanzstichtag aufgrund objektiver Anzeichen ernsthaft rechnen muss. Dies setzt wiederum voraus, dass aus der Sicht eines sorgfältigen Kaufmanns **mehr Gründe für eine nachhaltige Erhöhung als dagegen** sprechen. Auf den Devisenmärkten übliche Wechselkursschwankungen sind nicht ausreichend (BMF-Schreiben vom 02.09.2016, IV C 6 - S 2171-b/09/10002, Tz. 31 ff.).

Besondere Bestimmungen stellt das Bundesministerium der Finanzen (BMF) für **Verbindlichkeiten des laufenden Geschäftsverkehrs** auf. Ob es sich um Verbindlichkeiten des laufenden Geschäftsverkehrs handelt, ist nach der voraussichtlichen Dauer der Verbindlichkeit und ihrem Zusammenhang mit dem Umlauf- oder Anlagevermögen zu beurteilen. Danach ist eine Verbindlichkeit dem laufenden Geschäftsverkehr zuzuordnen, wenn sie **nicht der Stärkung des dauernden Betriebskapitals** dient. So sind z.B. Verbindlichkeiten, die zur **Anschaffung oder Herstellung von Vermögensgegenständen des Anlagevermögens** verwendet werden, **nicht** als Verbindlichkeiten des laufenden Geschäftsverkehrs zu klassifizieren.

Handelt es sich um eine Verbindlichkeit des laufenden Geschäftsverkehrs, ist eine am Bilanzstichtag eingetretene Kurserhöhung dann als **voraussichtlich dauernd** anzusehen, wenn die **Wechselkurserhöhung bis zum Zeitpunkt der Aufstellung der Handels- oder Steuerbilanz** anhält oder bei vorangegangener Tilgung noch bestand (BMF-Schreiben vom 02.09.2016, IV C 6 - S 2171-b/09/10002, Tz. 34 ff.).

BEISPIEL

Sachverhalt wie im Beispiel auf Seite 189. Der **handelsrechtliche Erfolg** zum Ende des Wirtschaftsjahres am 31.12.2019 beträgt **215.000 €**.

Steuerrechtlich handelt es sich um eine **Verbindlichkeit des laufenden Geschäftsbetriebs**. Die Verbindlichkeit ist zum **31.12.2019** mit den Anschaffungskosten in Höhe von **30.000 €** anzusetzen, weil die **Werterhöhung nicht von Dauer** ist (keine Wechselkurserhöhung im Zeitpunkt der **vor** der Bilanzaufstellung stattgefundenen **Tilgung**). Der **steuerrechtliche Erfolg** ist um 1.000 € **höher** als der handelsrechtliche und lässt sich durch eine **steuerrechtliche Anpassungsrechnung** (siehe Seite 34) wie folgt berechnen:

		€
	handelsrechtlicher Erfolg	215.000
+	ergebnis**erhöhende** steuerrechtliche Unterschiede	
	unterbliebene Erhöhung von Fremdwährungsverbindlichkeiten	+ 1.000
=	**steuerrechtlicher** Erfolg	**216.000**

8.2.2.2 Darlehensabgeld

Aufgenommene Darlehen sind steuerrechtlich mit ihrem **Rückzahlungsbetrag** (Erfüllungsbetrag) zu passivieren [H 6.10 (Anschaffungskosten) EStH].

Steuerrechtlich **muss** der **Unterschiedsbetrag** als **Rechnungsabgrenzungsposten** aktiviert und **auf die Laufzeit** des Darlehens **verteilt** werden [Aktivierungspflicht; H 6.10 (Damnum) EStH].

Bei einem **Annuitäten- wie auch bei einem Ratendarlehen** kann **steuerlich** das zu aktivierende Damnum auch **linear** abgeschrieben werden (BFH-Urteil vom 19.01.1978, BStBl 1978 Teil II S. 262 ff.).

Wirtschaftlich zutreffender ist in beiden Fällen jedoch eine **degressive** Abschreibung. Zur Frage der steuerlichen Zulässigkeit einer degressiven Abschreibung hat der BFH in dem genannten Urteil aus verfahrenstechnischen Gründen nicht Stellung genommen.

Zusammenfassung zu Fremdwährungsverbindlichkeiten:

8.3 Erfolgskontrolle

Wiederholungsfragen

1. Mit welchem Wert sind Verbindlichkeiten handelsrechtlich grundsätzlich anzusetzen?
2. Mit welchem Kurs sind Fremdwährungsforderungen und -verbindlichkeiten am Bilanzstichtag umzurechnen?
3. Unter welcher Voraussetzung sind unrealisierte Fremdwährungsgewinne handelsrechtlich in der GuV zu erfassen?
4. Mit welchem Wert sind Valutaverbindlichkeiten anzusetzen, wenn ihr Kurswert am Bilanzstichtag über den Anschaffungskosten liegt?
5. Was versteht man unter einem Disagio?
6. Mit welchem Wert sind aufgenommene Darlehen zu bilanzieren?
7. Wie kann ein Damnum handelsrechtlich behandelt werden?
8. Wie ist ein aktiviertes Darlehensabgeld buchhalterisch in Folgeperioden zu behandeln?
9. Wie ist ein Damnum steuerrechtlich zu behandeln?
10. Was versteht man unter einem Fälligkeitsdarlehen?
11. Was versteht man unter einem Ratendarlehen?
12. Was versteht man unter einem Annuitätendarlehen?
13. Welche Verbindlichkeiten sind steuerrechtlich abzuzinsen?
14. Mit welchem Zinssatz sind diese Verbindlichkeiten steuerrechtlich abzuzinsen?

Aufgaben

AUFGABE 1

Der buchführende Gewerbetreibende A hat im November 2019 Waren aus den USA für 10.000 Dollar ($) bezogen. Er muss seine Verbindlichkeit in Dollar begleichen.
Bei der Lieferung betrug der Dollarkurs für 1 $ = 0,7336 €. Am Bilanzstichtag (31.12.2019) beträgt der Devisenkassamittelkurs 1 $ auf= 0,7435 € und am Tag der Bilanzaufstellung 1 $ = 0,7555 €.

1. Mit welchem Wert muss die Verbindlichkeit jeweils in der Handels- und Steuerbilanz ausgewiesen werden?
2. Welche Buchung ist zum 31.12.2019 vorzunehmen?

AUFGABE 2

Die buchführende Gewerbetreibende B hat im November 2019 eine Maschine aus den USA für 75.000 Dollar ($) bezogen.
Sie hat über diesen Betrag einen Wechsel akzeptiert. Der Wechsel wird nach neun Monaten fällig. Es gelten folgende Devisenkassamittelkurse für 1 USD ($):

am Liefertag	1 € = 1,4136 USD,
am 31.12. des Lieferjahres	1 € = 1,4237 USD,
am Fälligkeitstag des Wechsels	1 € = 1,4335 USD.

1. Wie lautet der Buchungssatz bei Lieferung der Maschine (ohne EUSt und Anschaffungsnebenkosten)?
2. Welche Buchung ist für Zwecke der Handelsbilanz zum 31.12.2019 vorzunehmen und wie ist steuerrechtlich zu verfahren?
3. Bilden Sie den Buchungssatz bei Einlösung des Wechsels durch die Bank.

AUFGABE 3

Der buchführende Gewerbetreibende C hat zum 01.10.2019 ein Bankdarlehen über 50.000 € zur Finanzierung bestimmter Anlagegüter aufgenommen (Fälligkeitsdarlehen).
Das Darlehen, das mit 7 % zu verzinsen ist, hat eine Laufzeit von acht Jahren und ist am 30.09.2027 in einer Summe zurückzuzahlen; die Zinsen sind jährlich nachschüssig zu zahlen.
Die Bank hat unter Einbehaltung eines Damnums von 3 % den entsprechenden Betrag dem laufenden Bankkonto des C gutgeschrieben.

1. Bilden Sie den Buchungssatz bei Darlehensaufnahme. Handelsbilanz und Steuerbilanz weichen nicht voneinander ab.
2. Bilden Sie die zum 31.12.2019 erforderlichen Buchungssätze (ohne Abschlussbuchungen).
3. Bilden Sie den Buchungssatz für die am 04.10.2020 durch Bank zu überweisenden Zinsen für das erste Darlehensjahr.

AUFGABE 4

Der buchführende Gewerbetreibende D hat zum 01.01.2019 ein Hypothekendarlehen mit einem Rückzahlungsbetrag von 100.000 € bei seiner Bank zur Finanzierung bestimmter Anlagegüter aufgenommen. Die Tilgung erfolgt in zehn gleichen Raten, zahlbar jeweils zum 01.01. Bei der Darlehensauszahlung wurde vereinbarungsgemäß ein Damnum in Höhe von 2 % einbehalten.

Bilden Sie die Buchungssätze für 2019

a) bei der Aufnahme des Darlehens,
b) zur arithmetisch-degressiven Abschreibung des Damnums.

In Handelsbilanz und Steuerbilanz wird gleich verfahren.

AUFGABE 5

Der buchführende Gewerbetreibende E hat zum 01.01.2019 bei seiner Bank ein Ratendarlehen zur Finanzierung bestimmter Anlagegüter aufgenommen. Nennbetrag des Darlehens 100.000 €, Laufzeit: 01.01.2019 bis 31.12.2024, Auszahlung 95 %.

Bilden Sie die Buchungssätze für 2019

a) bei der Aufnahme des Darlehens,
b) zur arithmetisch-degressiven Abschreibung des Damnums.

Handelsbilanz und Steuerbilanz weichen nicht voneinander ab.

AUFGABE 6

Der buchführende Gewerbetreibende F hat zum 01.01.2019 ein Annuitätendarlehen über 150.000 € bei seiner Bank zur Finanzierung bestimmter Anlagegüter aufgenommen. Es ist mit 6 % zu verzinsen und in 15 Jahren, beginnend ab 01.01.2020, in jährlichen Raten zu tilgen. Der Annuitätenfaktor beträgt 0,10296. Die Bank hat ein Damnum von 4.500 € einbehalten und 145.500 € dem laufenden Konto des F gutgeschrieben.

1. Wie viel Euro beträgt die geometrisch-degressive Abschreibung auf das Damnum zum 31.12.2019?
2. Wie hoch ist die Abschreibung zum 31.12.2020?
3. Wie hoch ist die Abschreibung zum 31.12.2019 bei der linearen Methode?
   Handelsbilanz und Steuerbilanz stimmen überein.

AUFGABE 7

Der buchführende Gewerbetreibende G hat zum 31.12.2018 ein zinsloses Darlehen in Höhe von 400.000 € von seinem Schwiegervater erhalten. G finanziert damit eine betriebliche Investition. Das Darlehen ist nach 10 Jahren in einem Betrag zu tilgen.

1. Wie lautet der Bilanzansatz für das Darlehen zum 31.12.2018 und 31.12.2019 in der Handelsbilanz?
2. Wie lauten die jeweiligen Bilanzansätze in den jeweiligen Steuerbilanzen?
3. Bilden Sie die steuerlich notwendigen Buchungssätze.

Weitere Aufgaben mit Lösungen finden Sie im **Lösungsbuch** der Buchführung 2. A | L

9 Rückstellungen

Für **Verpflichtungen**, die zwar **dem Grunde**, aber **nicht** der **Höhe und/oder Fälligkeit** nach feststehen, ist eine **Rückstellung** zu bilden. Dadurch, dass Höhe und/oder Fälligkeit der Verpflichtungen nicht genau bekannt sind, unterscheiden sich die Rückstellungen von den **Verbindlichkeiten**.

B 2 Einzelheiten zum **Begriff** der Rückstellung wurden bereits im Abschnitt 5.1.1.2.2 „Rückstellungen", S. 66 ff., dargestellt und erläutert.

Im Folgenden wird auf die **Buchung** der Rückstellungen sowie die Besonderheiten bei der **Abzinsung** von Rückstellungen eingegangen. Die **Abzinsung** von Rückstellungen ist für alle Rückstellungen mit einer **Restlaufzeit von mehr als einem Jahr verpflichtend** (§ 253 Abs. 2 HGB).

9.1 Handelsrecht

9.1.1 Bildung von Rückstellungen

Rückstellungen werden grundsätzlich zulasten des entsprechenden **Aufwandskontos** gebildet.

Der **Buchungssatz** lautet:

Aufwandskonto an **Rückstellung**.

Der **SKR 04** bzw. der SKR 03 sehen folgende **Rückstellungskonten** vor, die zum Teil noch untergliedert sind:

3000 (0950)	**Rückstellungen für Pensionen und ähnliche Verpflichtungen**,	
3020 (0955)	**Steuerrückstellungen**	
	3030 (0957)	Gewerbesteuerrückstellung,
	3035 (0956)	Gewerbesteuerrückstellung, § 4 Abs. 5b EStG,
	3040 (0963)	Körperschaftsteuerrückstellung,
	3060 (0969)	Rückstellung für latente Steuern,
3070 (0970)	**Sonstige Rückstellungen**.	

BEISPIEL

Die J & L GmbH, Koblenz, rechnet für **2019** mit einer Gewerbesteuer-Nachzahlung von **3.000 €**.

Buchungssatz:

Sollkonto	Betrag (€)	Habenkonto
7610 (4320) Gewerbesteuer	3.000,00	**3035** (0956) GewSt-Rückstellung

Buchung:

S	**7610** (4320) **Gewerbesteuer**	H
3.000,00		

S	**3035** (0956) **GewSt-Rückstellung**	H
		3.000,00

9.1.2 Entwicklung gebildeter Rückstellungen

Im **neuen Jahr** (2020) wird das **Rückstellungskonto** mit dem Saldo des alten Jahres **eröffnet**. Wird der Kaufmann in Anspruch genommen, wird die **Zahlung im neuen Jahr** (2020) zulasten des **Rückstellungskontos** gebucht. Die Inanspruchnahme berührt daher **nicht** das Jahresergebnis.
Soweit der Kaufmann **nicht** in Anspruch genommen wird, erfolgt eine **Auflösung** der Rückstellung. Die Auflösung der Rückstellung stellt einen **sonstigen betrieblichen Ertrag** dar und erhöht das Jahresergebnis. Rückstellungen sind in Folgeperioden aufzulösen, soweit die Gründe hierfür entfallen sind (§ 249 Abs. 2 HGB).

Bei der **Entwicklung der Rückstellung im Folgejahr** sind drei Fälle zu unterscheiden:

1. die **Rückstellung** ist **so hoch wie** die tatsächliche **Zahlung**,
2. die **Rückstellung** ist **höher als** die tatsächliche **Zahlung** und
3. die **Rückstellung** ist **niedriger als** die tatsächliche **Zahlung**.

zu 1. Rückstellung ist so hoch wie die tatsächliche Zahlung

Ist die geschätzte **Rückstellung so hoch wie** die tatsächliche **Zahlung**, so ist der entsprechende Betrag auf das Rückstellungskonto zu buchen. Mit dieser Buchung ist die Rückstellung **in Anspruch genommen** und das Rückstellungskonto ausgeglichen.

BEISPIEL

Die J & L GmbH, Koblenz, leistet **2020** die GewSt-Abschlusszahlung in Höhe von **3.000€** durch Banküberweisung.

Buchungssatz:

Tz.	Sollkonto	Betrag (€)	Habenkonto
1.	**3035** (0956) GewSt-Rückstellung	3.000,00	**1800** (1200) Bank

Buchung:

S	**3035** (0956) **GewSt-Rückstellung**		H
1)	**3.000,00**	SV	3.000,00

S	**1800** (1200) **Bank**		H
		1)	**3.000,00**

zu 2. Rückstellung ist höher als die tatsächliche Zahlung

Ist die geschätzte **Rückstellung höher als** die tatsächliche **Zahlung**, so ist der verbleibende **Rückstellungsbetrag aufzulösen**. Der sich dabei ergebende **Ertrag** ist bei **Nicht-Steuerrückstellungen** auf das **Ertragskonto**

4930 (2735) **Erträge aus der Auflösung von Rückstellungen**

und bei den **Steuerrückstellungen** auf die Konten

7643 (2283)	**Erträge aus der Auflösung von Gewerbesteuerrückstellungen, § 4 Abs. 5b EStG,**
7644 (2284)	**Erträge aus der Auflösung von Gewerbesteuerrückstellungen** oder
7694 (2289)	**Erträge aus der Auflösung von Rückstellungen für sonstige Steuern**

zu buchen.

BEISPIEL

Die J & L GmbH, Koblenz, leistet **2020** die GewSt-Abschlusszahlung in Höhe von **2.800 €** durch Banküberweisung.

Buchungssatz:

Tz.	Sollkonto	Betrag (€)	Habenkonto
1.	**3035** (0956) GewSt-Rückstellung	2.800,00	**1800** (1200) Bank
2.	**3035** (0956) GewSt-Rückstellung	200,00	**7643** (2283) Erträge a. d. Auflösung von GewSt-Rückstellung

Buchung:

S **3035** (0956) **GewSt-Rückstellung** H

S		H	
1)	**2.800,00**	SV	3.000,00
2)	**200,00**		
	3.000,00		3.000,00

S **1800** (1200) **Bank** H

S		H	
		1)	**2.800,00**

7643 (2283) **Erträge aus der Auflösung von**
S **GewSt-R., §4 Abs.5b EStG** H

S		H	
		2)	**200,00**

zu 3. Rückstellung ist niedriger als die tatsächliche Zahlung

Ist die geschätzte Rückstellung niedriger als die tatsächliche **Zahlung**, so ist die Differenz bei Aufwendungen, die **keine Steuern** sind, auf das Konto

6960 (2020) **Periodenfremde Aufwendungen**

und bei Aufwendungen, die **Steuern** sind, auf die Konten

7640 (2280) **Gewerbesteuernachzahlungen Vorjahre** oder
7690 (2285) **Steuernachzahlungen Vorjahre für sonstige Steuern**

zu buchen. Wegen des **Ausweises** in der Gewinn- und Verlustrechnung sind für Aufwendungen, die **Steuern** sind, besondere Konten erforderlich und seit 2008 auch wegen der Nicht-Abzugsfähigkeit bei der **steuerlichen Gewinnermittlung** (§ 4 Abs. 5b EStG).

BEISPIEL

Die J & L GmbH, Koblenz, leistet **2020** die GewSt-Abschlusszahlung in Höhe von 3.300 € durch Banküberweisung.

Buchungssatz:

Tz.	Sollkonto	Betrag (€)	Habenkonto
1.	**3035** (0956) GewSt-Rückstellung	3.000,00	**1800** (1200) Bank
2.	**7640** (2280) GewSt-Nachzahlungen Vorjahre	300,00	**1800** (1200) Bank

Buchung:

S	**3035** (0956) **GewSt-Rückstellung**		H
1)	**3.000,00**	SV	3.000,00

S	**1800** (1200) **Bank**		H
		1)	**3.000,00**
		2)	**300,00**

S	**7640** (2280) **Gewerbesteuernach-zahlungen Vorjahre**		H
2)	**300,00**		

9.1.3 Abzinsung langfristiger Rückstellungen

Rückstellungen mit einer Fälligkeit von **mehr als einem Jahr** sind mit dem **Barwert** des notwendigen Erfüllungsbetrages zu bewerten (§ 253 Abs. 2 Satz 1 HGB).

Die zur Berechnung des Barwertes erforderliche **Abzinsung** erfolgt bei Rückstellungen für **Altersversorgungsverpflichtungen** mit dem der Restlaufzeit entsprechenden durchschnittlichen Marktzinssatz der vergangenen **zehn** Geschäftsjahre. Bei den **langfristigen sonstigen Rückstellungen** erfolgt die Abzinsung mit dem der Restlaufzeit entsprechenden durchschnittlichen Marktzinssatz der vergangenen **sieben** Geschäftsjahre (§ 253 Abs. 2 HGB). Diese Zinssätze werden monatlich durch die **Deutsche Bundesbank** bekannt gegeben. Die Zinssätze können auf den Internetseiten der Deutschen Bundesbank unter www.bundesbank.de abgerufen werden.

Der notwendige Erfüllungsbetrag berücksichtigt **auch zukünftige Kosten- und Preissteigerungen**.

Hinsichtlich der erstmaligen Erfassung einer langfristigen Rückstellung kann zwischen **Netto- und Bruttomethode** unterschieden werden.
Nach der **Nettomethode** wird die Rückstellung im Zeitpunkt der Erfassung mit dem **abgezinsten Betrag** (Barwert) eingebucht.
Nach der **Bruttomethode** erfolgt die Erfassung der Rückstellung in **zwei Schritten**. Zunächst wird die Rückstellung mit dem notwendigen Erfüllungsbetrag (**nicht abgezinst**) erfasst. In einem zweiten Schritt wird im gleichen Zeitpunkt der Rückstellungsbetrag um den **enthaltenen Zinsanteil** gemindert (abgezinst), sodass im Ergebnis die Rückstellung ebenfalls mit dem Barwert erfasst wird.

In der Praxis hat sich die **Netto-Methode durchgesetzt**.

Beide Methoden haben die **gleiche Auswirkung auf das Jahresergebnis**. Allerdings kommt es in Abhängigkeit der gewählten Methode zu einem **unterschiedlichen Ausweis in der Gewinn- und Verlustrechnung**. Bei der Bruttomethode wird ein vergleichsweise höherer sonstiger betrieblicher Aufwand in der Gewinn- und Verlustrechnung gezeigt. Gleichzeitig wird ein Zinsertrag aus der Abzinsung der Rückstellung ausgewiesen. Bei der Nettomethode hingegen wird ein vergleichsweise geringerer sonstiger betrieblicher Aufwand gezeigt. Der Zinsertrag bleibt in diesem Falle unberührt.

Unabhängig von der gewählten Methode bei der erstmaligen Erfassung wird die Rückstellung **in den folgenden Jahresabschlüssen** um den jährlichen Zinsanteil erhöht. Diese **Aufzinsung** der Rückstellung wird als **Zinsaufwand auf dem Konto**

7362 (2144) **Zinsaufwendungen aus der Abzinsung von Rückstellungen**

erfasst.

BEISPIEL

Unternehmen A betreibt seinen Geschäftsbetrieb in angemieteten Räumlichkeiten.
Zum 01.01.2019 wurden Mietereinbauten vorgenommen, die bei Auszug in zehn Jahren zurückgebaut werden müssen. Die Kosten für die Rückbauverpflichtung werden in 2028 auf 30.000€ geschätzt.
Der durchschnittliche Marktzinssatz der vergangenen sieben Jahre soll bei einer Restlaufzeit von 9 Jahren zum 31.12.2019 annahmegemäß 4% betragen. Der Abzinsungsfaktor beträgt bei einer Laufzeit von 9 Jahren 0,7026.

Die Rückbauverpflichtung ist gemäß der Nettomethode zum 31.12.2019 mit dem Barwert in Höhe von 2.107,72€ (30.000€ : 10 x 0,7026) zu erfassen.
Buchungssatz zum 31.12.2019:

Sollkonto	Betrag (€)	Habenkonto
6300 (2300) Sonstige betriebliche Aufw.	2.107,72	**3070** (0970) Sonstige Rückstellungen

Buchung zum 31.12.2019:

S	**6300** (2300) **Sonst. betriebl. Aufw.**	H
	2.107,72	

S	**3070** (0970) **Sonstige Rückstellungen**	H
		2.107,72

Die Rückstellung wird jährlich neu bewertet. Bleibt die Kostenschätzung unverändert, ändern sich jeweils nur der durchschnittliche Marktzinssatz und der Abzinsungsfaktor.

9.2 Steuerrechtliche Besonderheiten

Die nach den **handelsrechtlichen** Grundsätzen ordnungsmäßiger Buchführung gem. § 249 HGB anzusetzenden Rückstellungen **sind auch** in der **steuerrechtlichen** Gewinnermittlung (Steuerbilanz) zu bilden, **soweit** eine betriebliche Veranlassung besteht und steuerrechtliche Sondervorschriften, z.B. § 5 Abs. 2a, 3, 4, 4a, 4b, 6 und § 6a EStG, nicht entgegenstehen (R 5.7 Abs. 1 **Satz 1** EStR 2012).
Obwohl die Gewerbesteuer steuerlich nicht abzugsfähig ist, muss eine etwaige Rückstellung, die sich nach dem HGB ergibt, auch in der Steuerbilanz passiviert werden. Eine dadurch verursachte Gewinnminderung muss außerbilanziell korrigiert werden (R 5.7 Abs. 1 **Satz 2** EStR 2012).

Steuerrechtlich erfolgt eine **Abzinsung** grundsätzlich mit einem Zinssatz von **5,5 %** [§ 6 Abs. 1 Nr. 3a Buchstabe e) EStG]. Für **Pensionsrückstellungen** ist ein Zinssatz von **6 %** anzuwenden (§ 6a Abs. 3 Satz 3 EStG).

Künftige Preis- und Kostensteigerungen sind im Gegensatz zum Handelsrecht bei der Bewertung der Rückstellung steuerrechtlich **nicht** zu berücksichtigen [§ 6 Abs. 1 Nr. 3a Buchstabe f) EStG].

Mit **Ausnahme der Pensionsrückstellungen** darf die Höhe der Rückstellung in der Steuerbilanz den zulässigen Ansatz in der Handelsbilanz **nicht** überschreiten (R 6.11 Abs. 3 Satz 1 EStR 2012). Damit ist der handelsrechtliche Rückstellungsbetrag für die steuerliche Bewertung **maßgeblich**, wenn dieser - mit Ausnahme der Pensionsrückstellungen - **niedriger** ist als der sich nach steuerlicher Bewertung ergebende Betrag.

9.3 Erfolgskontrolle

Wiederholungsfragen

1. Für welche Verpflichtungen sind Rückstellungen zu bilden?
2. Wann sind Rückstellungen aufzulösen?
3. Wie wirkt sich die Bildung einer Rückstellung auf das Jahresergebnis aus?
4. Wie wirkt sich die Inanspruchnahme einer Rückstellung auf das Jahresergebnis aus?
5. Wie wirkt sich die Auflösung einer Rückstellung auf das Jahresergebnis aus?
6. Wann sind Rückstellungen handelsrechtlich abzuzinsen?
7. Mit welchem Zinssatz erfolgt die Ermittlung des Barwertes sonstiger Rückstellungen handelsrechtlich?
8. Mit welchem Zinssatz erfolgt die Ermittlung des Barwertes von Rückstellungen für Altersversorgungsverpflichtungen handelsrechtlich?
9. Mit welchem Zinssatz erfolgt die Ermittlung des Barwertes sonstiger Rückstellungen steuerrechtlich?
10. Mit welchem Zinssatz erfolgt die Ermittlung des Barwertes von Pensionsrückstellungen steuerrechtlich?
11. Welche Methoden bestehen handelsrechtlich zur erstmaligen Erfassung des Barwertes?
12. Wie ist eine langfristige Rückstellung nach der erstmaligen Erfassung handelsrechtlich zu behandeln?

Aufgaben

AUFGABE 1

Bilden Sie die Buchungssätze für folgende Sachverhalte:

1. Wir rechnen für 2019 mit einer Gewerbesteuer-Abschlusszahlung von 4.000 €.
   Die tatsächliche von uns in 2020 durch Banküberweisung geleistete Abschlusszahlung beträgt 3.850 €.
2. Für die gesetzliche Verpflichtung zur Aufstellung des Jahresabschlusses rechnen wir für 2019 mit Abschlusskosten in Höhe von 8.000 €.
3. Wir zahlen jährlich unseren Angestellten nach Feststellung des Jahresabschlusses eine gewinnabhängige, tariflich vereinbarte Gratifikation.
   Für 2019 sollen die Tantiemen 25.000 € betragen.
4. Wir gewähren guten Kunden nachträglich, je nach Geschäftsverlauf, einen Bonus. Für 2019 sehen wir hierfür einen Betrag von 45.000 € vor, den wir in 2020 auch tatsächlich durch Banküberweisung vergüten.
5. Für einen laufenden Prozess rechnen wir für das abgelaufene Wirtschaftsjahr 2019 noch mit Prozesskosten in Höhe von 10.000 €.
6. Wir haben 2019 langjährigen Mitarbeitern eine feste Pensionszusage gegeben.
   Die Pensionszahlungen sind ab dem 65. Lebensjahr an die Mitarbeiter zu leisten.
   Aufgrund eines versicherungsmathematischen Gutachtens ist für 2019 der Pensionsrückstellung ein Betrag von 27.000 € zuzuführen.
7. Wir haben Ende des Jahres 2019 mit der Dachreparatur eines Betriebsgebäudes begonnen. Durch den strengen Wintereinbruch mussten die Reparaturarbeiten unterbrochen werden. Anfang März 2020 werden die Arbeiten wieder aufgenommen und abgeschlossen. Die Gesamtkosten werden auf 25.000 € geschätzt.

8. Wir führen aus Kulanzgründen auch nach Ablauf der Garantiefrist noch Gewährleistungen aus. Die für 2019 noch nachträglich anfallenden Aufwendungen werden mit 8.000 € vorsichtig geschätzt.
9. Wir haben einem Bauunternehmer im November 2019 den Auftrag zur Instandsetzung des Kundenparkplatzes erteilt. Das uns vorliegende Angebot lautet über 15.000 € + 2.850 € USt = 17.850 €.
   Aufgrund schlechter Witterungsverhältnisse werden die Arbeiten erst im März 2020 ausgeführt.

AUFGABE 2

Die Pharma AG, Öhringen, wurde im Dezember 2019 von einem Konkurrenten wegen einer Patentverletzung verklagt. Der Rechtsanwalt der AG prognostiziert, dass die Klage des Konkurrenten erfolgreich und eine Schadensersatzklage in Höhe von 1.000.000 € wahrscheinlich sein wird. Die reinen Prozesskosten werden sich voraussichtlich auf 200.000 € belaufen. Ein Urteil wird erst nach einem recht langen Verfahren in zwei bis drei Jahren erwartet.

Prüfen Sie, inwieweit nach dem Handels- und Steuerrecht eine Rückstellung in den Bilanzen zum 31.12.2019 gebildet werden muss. Der Abzinsungssatz nach § 253 Abs. 2 HGB soll am 31.12.2019 4 % betragen.

AUFGABE 3

Die Murks & Fehlerhaft OHG, Heilbronn, legt folgende Daten vor:

Jahresüberschuss 2019 lt. HGB	120.000,00 €
Hinzurechnungen gem. § 8 GewStG	30.000,00 €
Kürzungen gem. § 9 GewStG	15.500,00 €
Gewerbesteueraufwand (Vorauszahlungen) 2019	10.000,00 €
Hebesatz der Stadt Heilbronn	400 %

Prüfen Sie, ob eine Rückstellung (HGB und/oder EStG) im Jahresabschluss 2019 zu bilden ist. Berechnen Sie ggf. die Höhe der Rückstellung.

AUFGABE 4

Der Bilanzbuchhalter Frieder Frust der Lustig GmbH hat am Bilanzstichtag (31.12.2019) noch 12 Tage Resturlaub für 2019 zu beanspruchen. Für Frieder Frust gelten folgende Daten:

Arbeitstage/Jahr	230 Tage
Bruttogehalt/Monat	3.850,00 €
Arbeitgeberanteil zur Sozialversicherung	750,00 €
Weihnachtsgeld	3.000,00 €

Prüfen Sie, ob eine Rückstellung (HGB und/oder EStG) im Jahresabschluss 2019 zu bilden ist. Berechnen Sie ggf. die Höhe der Rückstellung unter Berücksichtigung von H 6.11 EStR.

AUFGABE 5

Franz Gans e.K., Stuttgart, hat auf einem gepachteten Grundstück im Januar 2018 eine Lagerhalle fertig gestellt. Nach Ablauf des Pachtvertrags am 31.12.2037 muss Franz Gans die Halle abreißen. Die Abbruchkosten werden an den jeweiligen Stichtagen wie folgt geschätzt (die Preissteigerungen sind inflationsbedingt; insoweit könnten sich die Abbruchkosten bis zum 31.12.2037 auf ca. 100.000 € erhöhen):

31.12.2018	70.000,00 €
31.12.2019	74.000,00 €
31.12.2020	78.000,00 €

Der durchschnittliche Marktzinssatz der letzten sieben Jahre soll 2 % betragen.

Prüfen Sie, ob eine Rückstellung (HGB und/oder EStG) im Jahresabschluss 2019 zu bilden ist. Berechnen Sie ggf. die Höhe der Rückstellung.

AUFGABE 6

Peter Müsig, Stuttgart, zahlt an seinen Steuerberater Walter Listig gewöhnlich für die Erstellung des Jahresabschlusses ein Honorar in Höhe von 3.200 € (netto). Für den Jahresabschluss 2019 stellte Listig jedoch 4.000 € in Rechnung, weil Müsig seine Belege absolut ungeordnet übergeben hat und deswegen für den Steuerberater ein höherer Personal- und Zeitaufwand entstand.

Prüfen Sie, ob eine Rückstellung (HGB und/oder EStG) im Jahresabschluss 2019 zu bilden ist. Berechnen Sie ggf. die Höhe der Rückstellung.

AUFGABE 7

Ein Orkan hat am 02.12.2019 die Lagerhalle auf dem Betriebsgelände der Paul Pech OHG, Stuttgart, abgedeckt. Paul Pech beauftragte am 03.12.2019 den Dachdeckermeister Willi Ziegel, Stuttgart, die Reparaturarbeiten durchzuführen. Aufgrund des hohen Arbeitsanfalls kann Ziegel erst am 27.03.2020 mit den Arbeiten beginnen; sie werden am 09.04.2020 beendet. Die Rechnung lautete über 40.000 € zzgl. 19 % USt.

Prüfen Sie, ob eine Rückstellung (HGB und/oder EStG) im Jahresabschluss 2019 zu bilden ist. Berechnen Sie ggf. die Höhe der Rückstellung.

AUFGABE 8

Max Hund, Stuttgart, hat am 01.01.2019 den Betrieb des Bäckermeisters Gerhard Brot gepachtet. U.a. hat er dabei eine 5 Jahre alte Teigmaschine übernommen, die noch eine Restnutzungsdauer von 5 Jahren hat. Max Hund muss bei Pachtende eine gleichartige Maschine zurückgeben.

Mit welchem Wert ist eine Rückstellung in der Steuerbilanz zu bilden? Die abgezinsten Wiederbeschaffungskosten einer solchen Maschine betragen:

31.12.2019	40.000,00 €
31.12.2020	42.000,00 €
31.12.2021	43.000,00 €

AUFGABE 9

Die Lutz & Trutz OHG, Stuttgart bewahrt ihre Geschäftsunterlagen selbst auf. Für die Aufbewahrung der Handels- und Geschäftsbriefe (Aufbewahrungsfrist 6 Jahre) fallen dadurch jährlich 1.200 € Kosten an und für die Handelsbücher (Bilanzen, Inventare etc.; Aufbewahrungsfrist 10 Jahre) jährlich 800 €.

Prüfen Sie, ob eine Rückstellung (HGB und/oder EStG) im Jahresabschluss 2019 zu bilden ist. Berechnen Sie ggf. die Höhe der Rückstellung.

Zusammenfassende Erfolgskontrolle

Sie haben die Aufgabe, bei der Erstellung der Hauptabschlussübersicht der Edith Zimon, die in Koblenz ein Großhandelsgeschäft betreibt, mitzuwirken. Frau Zimon führt für steuerrechtliche Zwecke eine getrennte Anlagenbuchhaltung.
Das Unternehmen unterliegt der Regelbesteuerung mit einem Steuersatz von 19 %.
§ 7g EStG kann nicht geltend gemacht werden. Die Hauptabschlussübersicht wurde bis zur „vorläufigen Saldenbilanz zum 31.12.2019" erstellt.
Folgende Aufgaben sind zu lösen:

a) Fertigen Sie für die folgenden Abschlussangaben eine Buchungsliste (für die steuerrechtliche Anlagenbuchhaltung) an. Es sind nur die in der HAÜ angegebenen Konten zu verwenden.
b) Nehmen Sie die notwendigen „Umbuchungen" in der HAÜ vor.
c) Erstellen Sie die „endgültige Saldenbilanz" der HAÜ.
d) Ermitteln Sie den Erfolg über die „Schlussbilanz" und „GuV-Rechnung" der HAÜ. Der Erfolg kann auch über T-Konten ermittelt werden.

	€
1. Die Hypothekenzinsen in Höhe von	2.500,00
wurden für das IV. Quartal 2019 erst am 22.01.2020 durch Bank überwiesen.	
2. Die Hypothekentilgung in Höhe von	500,00
für das IV. Quartal 2019 wurde ebenfalls am 22.01.2020 durch Bank überwiesen.	
3. Zimon benutzte den betrieblichen Pkw lt. Fahrtenbuch zu 12,5 % für	
Privatfahrten. Die gesamten Kosten für den Pkw betrugen in 2019	8.400,00
Davon entfallen auf Kfz-Steuer	288,00
und auf Kfz-Versicherung	712,00
4. Zimon nahm zum 01.07.2019 ein Darlehen bei ihrer Bank zur	
Finanzierung bestimmter Anlagegüter in Höhe von	50.000,00
auf. Bei der Auszahlung des Darlehens, das am 30.06.2024 in einer Summe zurückzuzahlen ist, wurde ein Damnum von 5 % einbehalten,	
sodass der Steuerpflichtigen	47.500,00
gutgeschrieben wurden.	
Zimon buchte den Vorgang wie folgt:	

Sollkonto	Betrag (€)	Habenkonto
1800 (1200) Bank	47.500,00	
7324 (2124) Abschr. auf D.	2.500,00	
	50.000,00	**3160** (0640) Verbindl.

	€
5. Zimon hat im Dezember 2019 Waren für private Zwecke entnommen.	
Die Wiederbeschaffungskosten am Entnahmetag betrugen	1.800,00
6. a) Zimon kaufte zum 29.11.2019 über ihre Bank 9 %ige Pfandbriefe im Nennwert von 20.000 €, Kurswert 19.600 €, mit laufendem Zinsschein, Zinsfälligkeit jeweils am 1. April und 1. Oktober eines Jahres für das abgelaufene Halbjahr. Die Wertpapiere sind nicht dazu bestimmt, ihrem Betrieb dauernd zu dienen.	

		€
Ihre Bank erteilt ihr folgende Abrechnung:		
Kurswert	19.600 €	
+ Spesen	134 €	
	19.734 €	
+ Stückzinsen (9 % für 60 Tage)	300 €	
= Lastschrift der Bank	20.034 €	20.034,00
b) Der nächste Zinszahlungstermin für diese Wertpapiere ist der 01.04.2020.		
c) Der Kurswert der Pfandbriefe beträgt am 31.12.2019		20.300,00
7. a) Die Gehaltsabrechnung für Dezember 2019 lautet wie folgt:		
Bruttogehälter	11.116,00 €	
- LSt/KiSt/SolZ	- 1.557,00 €	
- Sozialversicherungsbeiträge	- 1.816,20 €	
= Lastschrift der Bank, noch nicht gebucht	7.742,80 €	7.742,80
b) Der Arbeitgeberanteil zur Sozialversicherung, noch nicht abgeführt, beträgt		1.716,20
8. Am 31.12.2019 erhält Zimon eine Bonusgutschrift von ihrem Lieferer über	800,00 €	
+ 19 % USt	152,00 €	952,00
Der Lieferer hat diese Gutschrift mit den laufenden Verbindlichkeiten der Edith Zimon verrechnet.		
9. Der Pauschalwertberichtigungssatz beträgt 2019 - wie im Vorjahr - 1 %.		
10. a) Die festgesetzte Gewerbesteuer-Vorauszahlung für das IV. Quartal 2019 in Höhe von		10.000,00
wurde versehentlich nicht überwiesen.		
Am 16.01.2020 wird die Zahlung zusammen mit dem Säumniszuschlag von		200,00
durch die Bank geleistet.		
b) Die voraussichtliche Gewerbesteuer-Abschlusszahlung 2019 beträgt		4.500,00
11. Abschreibung:		
a) Geschäftsbauten		9.600,00
b) Pkw		18.400,00
c) Geschäftsausstattung		16.000,00
d) Zimon nimmt zum 31.12.2019 eine Pool-Abschreibung nach § 6 Abs. 2a EStG vor.		
12. Abschluss des Kontos „**1406** (1576) Vorsteuer“		
13. Abschluss der Privatkonten		
14. Abschluss des Kontos „**5740** (3740) Erhaltene Boni“		
15. Warenbestand lt. Inventur		23.007,20

Hauptabschlussübersicht zum 31.12.2019

Konto-Nr.	Kontenbezeichnung	vorläufige Saldenbilanz	
		S	H
0235 (0085)	Bebaute Grundstücke	10.000,00	
0240 (0090)	Geschäftsbauten	350.000,00	
0520 (0320)	Pkw	87.000,00	
0675 (0485)	Wirtschaftsgüter (Sammelposten)	2.400,00	
0690 (0410)	Geschäftsausstattung	105.000,00	
1140 (3980)	Bestand Waren	20.000,00	
1200 (1400)	Forderungen aLuL	290.000,00	
1248 (0996)	Pauschalwertberichtigung		3.650,00
1300 (1500)	Sonstige Vermögensgegenstände	15.200,00	
1406 (1576)	Vorsteuer 19 %	19.430,00	
1510 (1348)	Sonstige Wertpapiere		
1511 (1349)	Zinsscheine		
1600 (1000)	Kasse	10.000,00	
1800 (1200)	Bank	38.720,00	
1940 (0986)	Damnum/Disagio		
2000 (0800)	Eigenkapital		122.270,00
2100 (1800)	Privatentnahmen	60.000,00	
3035 (0956)	Gewerbesteuerrückstellung § 4 Abs. 5b EStG		
3160 (0640)	Verbindlichk. gegenüber Kreditinstituten		190.000,00
3300 (1600)	Verbindlichkeiten aLuL		511.400,00
3500 (1700)	Sonstige Verbindlichkeiten		12.720,00
3730 (1741)	Verbindlichkeiten aus LSt/KiSt		
3740 (1742)	Verbindlichkeiten i. R. d. s. S.		
3770 (1750)	Verbindlichkeiten aus Vermögensbildung		
3806 (1776)	Umsatzsteuer 19 %		30.370,00
4200 (8200)	Erlöse		1.598.000,00
4620 (8910)	Entnahme durch den Unternehmer		
4639 (8924)	Verwendung von Gegenständen ohne USt		
4645 (8921)	Verwendung von Gegenständen 19 % USt		
4920 (2730)	Erträge aus Herabsetzung PWB		
5200 (3200)	Wareneingang	1.304.780,00	
5740 (3740)	Erhaltene Boni		23.400,00
6000 (4100)	Löhne und Gehälter	74.750,00	
6110 (4130)	Gesetzliche soziale Aufwendungen	30.000,00	
6220 (4830)	Abschreibungen (gesamt)		
6262 (4860)	Abschreibungen		
6305 (4200)	Raumkosten	23.860,00	
6350 (2350)	Grundstücksaufwendungen	2.480,00	
6430 (4390)	Sonstige Abgaben		
6500 (4500)	Fahrzeugkosten	18.270,00	
6960 (2020)	Periodenfremde Aufwendungen	7.770,00	
7100 (2650)	Zinserträge		
7320 (2120)	Zinsaufwendungen für langfr. Verbindl.		
7324 (2124)	Abschreibung auf Disagio	13.540,00	
7610 (4320)	Gewerbesteuer	8.610,00	
		2.491.810,00	2.491.810,00

10 Bilanzierung des Eigenkapitals

Das Eigenkapital sind jene Mittel, die **von den Eigentümern** des Unternehmens zu dessen Finanzierung zur Verfügung gestellt werden **oder** als **erwirtschafteter Gewinn** im Unternehmen gelassen und nicht ausgeschüttet werden. Buchhalterisch stellt das Eigenkapital die **Differenz** aus dem **Vermögen** und dem **Fremdkapital** dar.

Die Zusammensetzung des Eigenkapitals und damit seine Darstellung ist maßgeblich von der **Rechtsform des Unternehmens** abhängig.
Im Folgenden wird auf die Bilanzierung der Entnahmen und Einlagen, der Rücklagen und der steuerrechtlichen Besonderheiten eingegangen.

10.1 Bilanzierung der Entnahmen und Einlagen

Handelsrechtlich bestehen **keine Bestimmungen** zur Behandlung von Entnahmen und Einlagen. Daher wird im Folgenden die **steuerrechtliche Behandlung** dargestellt, die auch für handelsrechtliche Zwecke angewendet werden kann.

Entnahmen und Einlagen verändern zwar das Betriebsvermögen, dürfen aber in der Regel den betrieblichen Gewinn oder Verlust nicht beeinflussen. Sie sind deshalb bei der **Erfolgsermittlung** durch Betriebsvermögensvergleich dem **Unterschiedsbetrag** zwischen dem Betriebsvermögen am Schluss des Wirtschaftsjahres und dem Betriebsvermögen am Schluss des vorangegangenen Wirtschaftsjahres **hinzuzurechnen** bzw. von ihm **abzuziehen** (§ 4 Abs. 1 EStG).

	Betriebsvermögen am Schluss des Wirtschaftsjahres
	Betriebsvermögen am Schluss des vorangegangenen Wirtschaftsjahres
	Unterschiedsbetrag
+	**Entnahmen**
-	**Einlagen**
=	**Erfolg** (Gewinn/Verlust)

Diese Rechnung zeigt, welche **Bedeutung** die **Bewertung der Entnahmen und Einlagen** für die Gewinnermittlung hat.
Nicht richtig bewertete Entnahmen und Einlagen führen zu einem falschen Erfolg.

10.1.1 Entnahmen

10.1.1.1 Begriff der Entnahme

Entnahmen sind alle Wirtschaftsgüter (Barentnahmen, Waren, Erzeugnisse, Nutzungen und Leistungen), die der Steuerpflichtige dem Betrieb für **sich**, für **seinen Haushalt** oder für **andere betriebsfremde Zwecke** entnommen hat (§ 4 Abs. 1 Satz 2 EStG).

Es lassen sich demnach folgende Entnahmearten unterscheiden:

1. **Geldentnahmen**,
2. **Sachentnahmen** (Waren/Erzeugnisse),
3. **Nutzungsentnahmen** und
4. **Leistungsentnahmen**.

10.1.1.2 Bewertungsvorschriften

Handelsrechtlich gibt es **keine gesetzlichen Bewertungsvorschriften** für Entnahmen.

Steuerrechtlich sind **Entnahmen** grundsätzlich mit dem **Teilwert** anzusetzen (§ 6 Abs. 1 Nr. 4 Satz 1 EStG). Der **Teilwert** kann nur im Wege der **Schätzung** nach den Verhältnissen des **Einzelfalls** ermittelt werden (R 6.7 Satz 1 EStR 2012).
Im Folgenden wird der Teilwertbegriff **speziell** in Bezug auf die **Entnahmearten** dargestellt und erläutert.

B 2 Der **Begriff des Teilwerts** wurde bereits allgemein im Abschnitt 5.2.2.1 „Erstbewertung", S. 83 ff., erläutert.

zu 1. Geldentnahmen

Bei Geldentnahmen entspricht der Teilwert dem **Nennwert** des **Geldbetrages**.

BEISPIEL

Der Einzelhändler U, Köln, entnimmt in 2019 der Geschäftskasse 5.000 € für private Zwecke.

Es liegt eine Geldentnahme vor. Der **Teilwert** der Geldentnahme beträgt **5.000 €**.

zu 2. Sachentnahmen

Sachentnahmen sind - von Ausnahmen abgesehen - auch dann mit dem **Teilwert** zu bewerten, wenn dieser Wert über den Anschaffungs- oder Herstellungskosten liegt.

Mit dem Ansatz des Teilwerts wird **verhindert**, dass **Gewinne unversteuert vom Betriebs**vermögen **in das Privat**vermögen des Steuerpflichtigen **gelangen**.

BEISPIEL

Ein Gewerbetreibender entnimmt in 2019 Waren für seinen Haushalt. Die Anschaffungskosten betrugen 1.000 €. Der Teilwert beträgt im Zeitpunkt der Entnahme 1.200 €.

Der Steuerpflichtige muss die Entnahme mit dem **Teilwert** von **1.200 €** ansetzen.

Wird ein Gegenstand entnommen, der **teilweise privat genutzt** wurde, so ist der **gesamte Unterschiedsbetrag** zwischen dem Teilwert und dem (niedrigeren) Buchwert **steuerpflichtiger Gewinn** [H 4.3 (2-4) Gewinnrealisierung EStH].

BEISPIEL

Ein Gewerbetreibender entnimmt seinem Betrieb einen Pkw, den er bisher zu 30 % privat genutzt hat. Der Buchwert des Pkws beträgt 1.000 €, sein Teilwert 3.000 €.

Die Entnahme muss mit dem **Teilwert** von **3.000 €** angesetzt werden. Der sich dabei ergebende Gewinn (**Entnahmegewinn**) in Höhe von **2.000 €** ist **steuerpflichtig**.

Aus **Vereinfachungsgründen** wird die **Bemessungsgrundlage** für die Entnahme von Gegenständen bei Unternehmen **bestimmter Gewerbezweige** anhand von amtlich festgelegten **Pauschbeträgen** ermittelt.

Diese Regelung dient der **Vereinfachung** und lässt keine Zu- und Abschläge wegen individueller persönlicher Ess- oder Trinkgewohnheiten zu. Auch Krankheit oder Urlaub rechtfertigen **keine Änderung der Pauschbeträge**.

Diese **Pauschbeträge** sind für das **Kalenderjahr 2019** für **unentgeltliche Wertabgaben** (**Sachentnahmen**) im BMF-Schreiben IV A 4 - S 1547/13/10001-06 vom 12.12.2018 (www.bmfschreiben.de) aufgeführt.

Die Pauschbeträge sind **Jahreswerte** für **eine Person**. Für Kinder bis zum vollendeten 2. Lebensjahr entfällt der Ansatz eines Pauschbetrages. Bis zum vollendeten **12. Lebensjahr** ist die **Hälfte** des jeweiligen Wertes anzusetzen. Bei **gemischten Betrieben** (Metzgerei oder Bäckerei mit Lebensmittelangebot oder Gastwirtschaft) ist nur der jeweils **höhere Pauschbetrag** der entsprechenden Gewerbeklasse anzusetzen.

Gewerbezweig	Jahreswert für eine Person ohne Umsatzsteuer in €		
	zu 7 %	zu 19 %	insgesamt
Bäckerei	1.211	404	1.615
Fleischerei	886	860	1.746
Gast- und Speisewirtschaften			
a) mit Abgabe von kalten Speisen	1.120	1.081	2.201
b) mit Abgabe von kalten und warmen Speisen	1.680	1.758	3.438
Getränkeeinzelhandel	105	300	405
Café und Konditorei	1.172	638	1.810
Milch, Milcherzeugnisse, Fettwaren und Eier (Eh.)	586	79	665
Nahrungs- und Genussmittel (Eh.)	1.133	678	1.811
Obst, Gemüse, Südfrüchte und Kartoffeln (Eh.)	274	235	509

BEISPIEL

Die Eheleute U betreiben in **Bonn** ein **Café**. Sie haben einen **10-jährigen Sohn**.
Die Steuerpflichtigen bewerten ihre Sachentnahmen mit den **Pauschbeträgen**.

Die **Bemessungsgrundlage** beträgt für 2019:

	steuerpflichtige Umsätze		
	zu 7 % €	zu 19 % €	insgesamt €
Ehemann	1.172,00	638,00	1.810,00
Ehefrau	1.172,00	638,00	1.810,00
Kind (50 %)	586,00	319,00	905,00
Bemessungsgrundlage für 2019	**2.930,00**	**1.595,00**	**4.525,00**

Will der Steuerpflichtige **niedrigere Beträge** als die Pauschbeträge geltend machen, muss er entsprechende **Nachweise** führen.

zu 3. Nutzungsentnahmen

Bei **Nutzungsentnahmen** entsprechen grundsätzlich die **anteiligen** auf die Nutzungsentnahme entfallenden **Kosten** dem **Teilwert**.

Die auf die private Nutzung eines betrieblichen Kraftfahrzeugs **entfallenden Kosten** können entweder nach der **1 %-Regelung** oder mithilfe eines **Fahrtenbuches** ermittelt werden (§ 6 Abs. 1 **Nr. 4** EStG).

Nach der sog. **1%-Regelung** ist die private Nutzung eines betrieblichen Kraftfahrzeugs, das zu mehr als 50 % betrieblich genutzt wird, für jeden Kalender**monat** mit **1%** des inländischen **Listenpreises** - also mit 12 % pro Jahr - im Zeitpunkt der **Erstzulassung** zuzüglich der Kosten für Sonderausstattungen **einschließlich** der **Umsatzsteuer** anzusetzen (§ 6 Abs. 1 Nr. 4 Satz 2 EStG).

Der **Brutto-Listenpreis** ist auf volle **100 Euro abzurunden**.

BEISPIEL

Zum Betriebsvermögen des selbständigen Rechtsanwalts Kastor Fabel, Stuttgart, der zum Vorsteuerabzug berechtigt ist, gehört ein zu mehr als 50 % betrieblich genutzter Pkw, der auch für **private Fahrten** genutzt wird.
Der **Brutto-Listenpreis** des Kraftfahrzeugs hat im Zeitpunkt der **Erstzulassung 49.114 €** (41.272,27 € + 7.841,73 € USt) betragen.

Rechtsanwalt Fabel pauschaliert den privaten Nutzungsanteil des Pkws nach der **1%-Regelung** für das Kalenderjahr 2019 wie folgt (§ 6 Abs. 1 Nr. 4 **Satz 2** EStG):

Brutto-Listenpreis des Pkws	**49.114 €**
abgerundet auf volle 100 Euro	49.100 €
davon **1 %** = Privatanteil für **einen Monat**	**491 €**
Privatanteil für **ein Jahr** (491 € x 12)	**5.892 €**

Nach dem 31.12.2018 und vor dem 01.01.2022 angeschaffte **Elektro- und Hybridfahrzeuge** werden steuerlich gefördert, indem für solche Fahrzeuge bei Anwendung der 1 %-Methode nur die **Hälfte des Listenpreises** anzusetzen ist. Die steuerliche Belastung halbiert sich **auch bei Anwendung der Fahrtenbuchmethode**.

Gleiches gilt für **Elektro-Fahrräder (E-Bikes)**, **sofern** sie als **Kraftfahrzeuge** zu behandeln sind (z.B. bei einer Motorunterstützung von mehr als 25 km/h), siehe § 6 Abs. 1 Nr. 4 Satz 2 Nr. 2 bis 5 EStG.

Bei nach dem **31.12.2018 und vor dem 01.01.2031** angeschafften Fahrzeugen **ohne** Kohlendioxidemission und einem **Bruttolistenpreis unter 40.000 €** ist die Bemessungsgrundlage des privaten Nutzungsanteils **nur zu einem Viertel** anzusetzen (§ 6 Abs. 1 Nr. 4 Satz 2 **Nr. 3** EStG).

zu 4. Leistungsentnahmen

Ebenso wie Nutzungen kann der Betrieb auch **Leistungen** an die **private Sphäre** abgeben.

Bei **Leistungsentnahmen** werden im Allgemeinen die **Selbstkosten**, die auf die entnommene Leistung entfallen, angesetzt.

Zu den **Selbstkosten** gehören die Fertigungslöhne, Fertigungsgemeinkosten, anteilige Verwaltungsgemeinkosten und ggf. die Kosten des Materialverbrauchs. Der sogenannte Unternehmerlohn bleibt außer Ansatz.

Persönliche Arbeitsleistungen des Unternehmers **für sich privat** stellen **keine Entnahmen** dar, weil sie kein Wirtschaftsgut im Sinne des EStG sind.

ÜBUNG → Wiederholungsfragen 1 bis 6 (Seite 220)

10.1.1.3 Umsatzsteuerliche Behandlung der Entnahmen

Der einkommensteuerliche Entnahme-Begriff deckt sich **nicht** mit dem **umsatzsteuerlichen Begriff** der **unentgeltlichen Leistungen** (unentgeltlichen Wertabgaben). Der Umsatzsteuer unterliegen grundsätzlich nur **bestimmte Entnahmearten**:

Entnahmen (§ 4 Abs. 1 Satz 2 **EStG**)			
Geld- entnahme	**Sach-** entnahme (Waren/Erzeugnisse)	**Nutzungs-** entnahme	**Leistungs-** entnahme
	Entnahme von Gegenständen (§ 1 Abs. 1 Nr. 1 i. V. m. § 3 Abs. 1b Satz 1 Nr. 1 UStG)	**private Nutzung betrieblicher Gegenstände** (§ 1 Abs. 1 Nr. 1 i. V. m. § 3 Abs. 9a Nr. 1 UStG)	**andere unentgeltliche sonstige Leistungen** (§ 1 Abs. 1 Nr. 1 i. V. m. § 3 Abs. 9a Nr. 2 UStG)
	unentgeltliche Leistungen* (§ 3 Abs. 1b Satz 1 Nr. 1 und Abs. 9a Nr. 1 und Nr. 2 **UStG**)		

* **Keine** unentgeltlichen Leistungen liegen bei **laufenden Telefonkosten** vor (Abschn. R 3.4 Abs. 4 Satz 4 UStAE).

BEISPIELE

1. Der Gewerbetreibende A, Bonn, entnimmt im August 2019 aus seiner Geschäftskasse 3.000 € für eine Urlaubsreise.

   Es liegt eine **Geldentnahme** vor, aber **keine** steuerpflichtige **unentgeltliche Leistung** i. S. d. UStG.

2. Der Koblenzer Metzgermeister U entnimmt im August 2019 seinem Geschäft Fleisch für seinen Privathaushalt.

   Es liegt eine **Sachentnahme** vor, die gleichzeitig eine **unentgeltliche Leistung** i. S. d. UStG ist.

3. Der zum Vorsteuerabzug berechtigte Unternehmer U, München, verwendet seinen betrieblichen Pkw lt. Fahrtenbuch zu 30 % für private Zwecke.

   Es liegt eine **Nutzungsentnahme** vor, die gleichzeitig eine **unentgeltliche Leistung** i. S. d. UStG ist.

4. Der Steuerberater U, Mainz, lässt durch seinen Auszubildenden Mathias Meister im Mai 2019 während der Geschäftszeit seinen Jagdhund ausführen.

   Es liegt eine **Leistungsentnahme** vor, die gleichzeitig eine **unentgeltliche Leistung** i. S. d. UStG ist.

ÜBUNG → Wiederholungsfragen 7 und 8 (Seite 220)

10.1.1.4 Buchen der Entnahmen

10.1.1.4.1 Entnahme von Gegenständen

Entnimmt ein **Unternehmer** einen **Gegenstand** aus seinem **Unternehmen** im **Inland** für **Zwecke außerhalb des Unternehmens** (§ 3 Abs. 1b Nr. 1 UStG), so ist der Geschäftsvorfall auf der **Sollseite** des Kontos

2100 (1800) **Privatentnahmen**

zu erfassen.

Liegt bei der Entnahme von Gegenständen gleichzeitig eine **steuerpflichtige unentgeltliche Leistung** vor, erfolgt die **Gegenbuchung** auf dem Ertragskonto

4620 (8910) **Entnahme durch den Unternehmer für Zwecke außerhalb des Unternehmens (Waren) 19 % USt.**

BEISPIEL

Der Einzelhändler U, Koblenz, **entnimmt** im August 2019 aus seinem Geschäft **Waren** für den Privathaushalt. Der **Nettoeinkaufspreis** der Waren, die dem allgemeinen Steuersatz unterliegen, beträgt im Zeitpunkt des Umsatzes (der Entnahme) **500 €**.

Es liegt eine **Entnahme** vor, die **gleichzeitig** eine steuerpflichtige **unentgeltliche Leistung** (Warenentnahme) ist.
Es entsteht **Umsatzsteuer** in Höhe von **95 €** (19 % von 500 €).

Buchungssatz:

Sollkonto	Betrag (€)	Habenkonto
2100 (1800) Privatentnahmen	500,00	**4620** (8910) Entnahme durch den Unternehmer
2100 (1800) Privatentnahmen	95,00	**3806** (1776) Umsatzsteuer 19 %

Buchung:

S	**2100** (1800) **Privatentnahmen**	H
	500,00	
	95,00	

S	**4620** (8910) **Entnahme durch den Unternehmer 19 % USt**	H
		500,00

S	**3806** (1776) **Umsatzsteuer 19 %**	H
		95,00

Das Konto „**2100** (1800) **Privatentnahmen**" wird über das Eigenkapitalkonto abgeschlossen.

10.1.1.4.2 Private Nutzung betrieblicher Gegenstände

Nutzungsentnahmen werden auf der **Sollseite** des Kontos

2100 (1800) **Privatentnahmen**

erfasst.

Die **Gegenbuchungen** erfolgen auf der **Habenseite** der Ertragskonten

4645 (8921)	**Verwendung von Gegenständen für Zwecke außerhalb des Unternehmens 19 % USt (Kfz-Nutzung)**
4646 (8922)	**Verwendung von Gegenständen für Zwecke außerhalb des Unternehmens 19 % USt (Telefon-Nutzung)** und/oder
4638 (8918)	**Verwendung von Gegenständen für Zwecke außerhalb des Unternehmens ohne USt (Telefon-Nutzung)**
4639 (8924)	**Verwendung von Gegenständen für Zwecke außerhalb des Unternehmens ohne USt (Kfz-Nutzung).**

Die umsatzsteuerliche Behandlung betrieblicher Fahrzeuge ist in **Abschnitt 15.23 UStAE** geregelt.

Bei der **1 %-Regelung** ist für die nicht mit Vorsteuer belasteten Kosten ein pauschaler **Abschlag von 20 %** vorzunehmen (Abschn. 15.23 Abs. 5 Nr. 1 a) UStAE).
Bei der **Fahrtenbuchmethode** sind aus der Bemessungsgrundlage solche **Kosten auszuscheiden**, bei denen **kein Vorsteuerabzug** möglich ist (Abschn. 15.23 Abs. 5 Nr. 1 b) UStAE).

BEISPIEL 1

Der Unternehmer U, Koblenz, verwendet seinen betrieblichen Pkw, den er von einem Unternehmer (Kfz-Händler) erworben hat, lt. **Fahrtenbuch zu 30 %** für **private Zwecke**. In 2019 sind für den Pkw folgende Kosten angefallen:

1.	Kosten, bei denen **Vorsteuerabzug** möglich war	**4.000 €**
2.	Kosten, bei denen **kein Vorsteuerabzug** möglich war	2.000 €
	Kosten insgesamt	**6.000 €**

Die **Bemessungsgrundlage** für die **steuerpflichtige unentgeltliche Leistung** beträgt **1.200 €** (30 % von 4.000 €). Es entsteht Umsatzsteuer in Höhe von **228 €** (19 % von 1.200 €).
Die Entnahme der sonstigen Leistung, die **nicht** der Umsatzsteuer unterliegt, beträgt **600 €** (30 % von 2.000 €).

Buchungssatz:

Tz.	Sollkonto	Betrag (€)	Habenkonto
1a)	**2100** (1800) Privatentnahmen	1.200,00	**4645** (8921) Verwendung v. Gegenst. **19 % USt** (Kfz-Nutzung)
	2100 (1800) Privatentnahmen	228,00	**3806** (1776) Umsatzsteuer 19 %
1b)	**2100** (1800) Privatentnahmen	600,00	**4639** (8924) Verwendung v. Gegenst. **ohne USt** (Kfz-Nutzung)

Buchung:

S	**2100** (1800) **Privatentnahmen**		H
1a)	**1.200,00**		
1a)	**228,00**		
1b)	**600,00**		

S	**4645** (8921) **Verwendung von Gegenst. 19% USt (Kfz-Nutzung)**		H
		1a)	**1.200,00**

S	**3806** (1776) **Umsatzsteuer 19%**		H
		1a)	**228,00**

S	**4639** (8924) **Verwendung von Gegenst. ohne USt (Kfz-Nutzung)**		H
		1b)	**600,00**

Bei der privaten **Nutzung** gemischt genutzter Telekommunikationsgeräte gilt der Privatanteil der **laufenden** Telekommunikationskosten von Beginn an nicht für das Unternehmen bestimmt, sodass es sich **nicht** um eine **unentgeltliche Wertabgabe**, sondern um eine **Privatentnahme** handelt.

BEISPIEL

Der Kölner Unternehmer U nutzt sein Geschäftstelefon auch für private Zwecke.
Der private Nutzungsanteil beträgt seit der letzten Außenprüfung 20 %.
Die gesamten Telefonkosten (Grund- und Gesprächsgebühren) haben im August 2019 800,00 € + 152,00 € USt = 952,00 € betragen. Der Gesamtbetrag ist vom betrieblichen Bankkonto abgebucht worden.

Buchungssatz:

Sollkonto	Betrag (€)	Habenkonto
6805 (4920) Telefon	640,00*	
1406 (1576) Vorsteuer 19 %	121,60**	
2100 (1800) Privatentnahmen	190,40***	
	952,00	**1800** (1200) Bank

* 800 € - 160 € (20 % von 800 €) = 640,00 €
** 152 € - 30,40 € (20 % von 152 €) = 121,60 €
*** 160 € + 30,40 € = 190,40 €

Buchung:

S	**6805** (4920) **Telefon**	H
	640,00	

S	**1800** (1200) **Bank**	H
		952,00

S	**1406** (1576) **Vorsteuer 19%**	H
	121,60	

S	**2100** (1800) **Privatentnahmen**	H
	190,40	

ÜBUNG → Aufgaben 1 bis 4 (Seiten 220 f.)

10.1.2 Einlagen

10.1.2.1 Begriff der Einlagen

Einlagen sind alle Wirtschaftsgüter (Bareinlagen und sonstige Wirtschaftsgüter), die der Steuerpflichtige aus seinem privaten Bereich dem Betrieb im Laufe des Wirtschaftsjahres zugeführt hat (§ 4 Abs. 1 Satz 8 EStG).

Als Einlagen kommen **neben Geld und Sachen** - wie bei den Entnahmen - **auch Nutzungen und Leistungen** in Betracht.

BEISPIELE

1. Ein Bauunternehmer verwendet seinen zum Privatvermögen gehörenden Pkw für Geschäftsfahrten.

   Es liegt eine **Nutzungseinlage** vor.

2. Die privat angestellte und entlohnte Hilfe im Haushalt reinigt während der Urlaubszeit der betrieblich angestellten Raumpflegerin die Geschäftsräume.

   Es liegt eine **Leistungseinlage** vor.

10.1.2.2 Bewertungsvorschriften

Handelsrechtlich dürfen Sacheinlagen in Form von einzelnen Vermögensgegenständen **höchstens** mit dem **Zeitwert** angesetzt werden. Dieser **Zeitwert entspricht regelmäßig** dem steuerrechtlichen **Teilwert**.

Einlagen sind **steuerlich** grundsätzlich mit dem **Teilwert** im Zeitpunkt ihrer Zuführung anzusetzen (§ 6 Abs. 1 Nr. 5 EStG).

Ausnahme: Ist das Wirtschaftsgut **innerhalb der letzten drei Jahre** vor dem Zeitpunkt der Zuführung privat angeschafft oder hergestellt worden, ist die Einlage **höchstens** mit den **AK/HK** zu bewerten (§ 6 Abs. 1 Nr. 5 EStG).

BEISPIEL

Ein Unternehmer hat im **Mai 2017 Wertpapiere mit AK von 10.000 €** privat erworben. Der Unternehmer führt die Wertpapiere im **August 2019** dem Betriebsvermögen zu. Der Teilwert der Wertpapiere beträgt im Zeitpunkt der Zuführung **15.000 €**.

Da die Wertpapiere **innerhalb der letzten drei Jahre** vor ihrer Einlage angeschafft worden sind, dürfen steuerrechtlich **höchstens** die AK von **10.000 €** angesetzt werden.

Werden abnutzbare Wirtschaftsgüter eingelegt, die **innerhalb der letzten drei Jahre** vor der Einlage angeschafft oder hergestellt worden sind, so sind die **AK/HK um die AfA** nach § 7 EStG, die erhöhten Absetzungen sowie um etwaige Sonderabschreibungen **zu kürzen**, die auf die Zeit vor ihrer Einbringung entfallen (§ 6 Abs. 1 Nr. 5 EStG; R 6.12 Satz 1 EStR 2012).

BEISPIEL

Ein Unternehmer hat am **04.01.2018** einen Pkw für 10.000 € + 1.900 € USt = **11.900 €** privat angeschafft. Am **01.01.2019** legt er diesen Pkw in das Betriebsvermögen ein.
Der Pkw hat eine betriebsgewöhnliche Nutzungsdauer von 6 Jahren.
Der **Teilwert** des Pkws beträgt im Zeitpunkt der Zuführung **9.950 €**.

Der Pkw ist mit den **fortgeführten AK** anzusetzen.

	Anschaffungskosten 04.01.2018 (brutto)	11.900,00 €
-	AfA: 16 ⅔ % von 11.900 € für 2018	- 1.983,00 €
=	**fortgeführte AK** im Zeitpunkt der Einlage (**01.01.2019**)	**9.917,00 €**

Da die **fortgeführten AK** niedriger sind als der Teilwert, muss die Einlage mit **9.917 €** bewertet werden.

Werden geringwertige Wirtschaftsgüter (**GWG**), deren AK **bereits** im Rahmen der Einkunftsarten 4 bis 7 in voller Höhe **als Werbungskosten abgesetzt** worden sind, **innerhalb von drei Jahren** nach der Anschaffung in ein Betriebsvermögen eingelegt, so werden sie mit **0 Euro** angesetzt [H 6.12 (Geringwertiges Wirtschaftsgut) EStH].

Werden diese GWG **nach Ablauf von drei Jahre**n nach der Anschaffung in ein Betriebsvermögen eingelegt, sind sie ohne Rücksicht auf die frühere Absetzung mit dem **Teilwert** zu bewerten (BFH-Urteil vom 27.01.1994 - IV R 101/92).

Bei Wirtschaftsgütern, die **nach einer Verwendung zur Erzielung von Überschusseinkünften** in ein Betriebsvermögen eingelegt werden, **mindert** sich der Einlagewert um die AfA oder Substanzverringerung, Sonderabschreibungen oder erhöhte Abschreibungen, die bis zum Zeitpunkt der Einlage vorgenommen worden sind, **höchstens** jedoch bis zu den fortgeführten Anschaffungs- oder Herstellungskosten; ist der Einlagewert **niedriger** als dieser Wert, bemisst sich die weitere AfA vom Einlagewert (§ 7 Abs. 1 Satz 5 EStG). Für die **Bemessungsgrundlage** der AfA nach Einlage von zuvor zur Erzielung von Überschusseinkünften genutzten Wirtschaftsgütern zeigt das BMF-Schreiben vom 27.10.2011 (BStBl 2011 I S. 1204 f.) hilfreiche Lösungsvorschläge auf.

ÜBUNG → Wiederholungsfragen 9 bis 14 (Seite 220)

10.1.2.3 Buchen der Einlagen

Der **Einlagewert** ist auf der **Habenseite** des Kontos

2180 (1890) **Privateinlagen**

zu erfassen.

BEISPIEL

Ein Unternehmer legt am **01.01.2019** den **2018** privat angeschafften Pkw in das Betriebsvermögen ein.

Die **fortgeführten AK** des Pkws betragen im Zeitpunkt der Einlage **9.917,00 €** (vgl. Beispiel zuvor).

Buchungssatz:

Sollkonto	Betrag (€)	Habenkonto
0520 (0320) Pkw	9.917,00	**2180** (1890) Privateinlagen

Buchung:

S	0520 (0320) Pkw	H
9.917,00		

S	2180 (1890) Privateinlagen	H
		9.917,00

Das Konto „**2180** (1890) **Privateinlagen**" wird über das **Eigenkapitalkonto** abgeschlossen.

ÜBUNG → Aufgaben 5 bis 7 (Seite 221)

10.1.3 Zusammenfassung und Erfolgskontrolle

10.1.3.1 Zusammenfassung

Entnahmen und Einlagen

Entnahmen	Einlagen
Entnahmen: alle Wertabgaben des Betriebes für betriebsfremde Zwecke: 1. Geldentnahmen 2. Sachentnahmen 3. Nutzungsentnahmen 4. Leistungsentnahmen	**Einlagen:** alle Wertabgaben des Steuerpflichtigen an den Betrieb: 1. Geldeinlagen 2. Sacheinlagen 3. Nutzungseinlagen 4. Leistungseinlagen
Bewertung: grundsätzlich mit dem **Teilwert** **Besonderheit:** Die **anteiligen Kosten** für Privatfahrten mit dem betrieblichen Pkw sind mit der **1%-Regelung** oder mit der **Fahrtenbuchmethode** zu ermitteln (§ 6 Abs. 1 Nr. 4 EStG).	**Bewertung:** grundsätzlich mit dem **Teilwert** **Besonderheit:** Wirtschaftsgüter, die innerhalb von **drei Jahren** vor der Einlage angeschafft oder hergestellt wurden, sind höchstens mit den **AK/HK** bzw. den **fortgeführten AK/HK** anzusetzen.
Bei allen Entnahmen ist deren **Umsatzsteuerpflicht** zu prüfen.	Einlagen unterliegen **nicht** der **Umsatzsteuer**.

10.1.3.2 Erfolgskontrolle

WIEDERHOLUNGSFRAGEN

1. Was versteht man einkommensteuerlich allgemein unter Entnahmen?
2. Welche Entnahmearten werden einkommensteuerlich unterschieden?
3. Mit welchem Wert sind Entnahmen grundsätzlich steuerrechtlich anzusetzen?
4. Was entspricht grundsätzlich dem Teilwert bei Nutzungsentnahmen?
5. Wie kann bei einer privaten Pkw-Nutzung der Wert der Entnahme ermittelt werden?
6. Mit welchem Wert sind Leistungsentnahmen anzusetzen?
7. Welche Entnahmen sind gleichzeitig unentgeltliche Leistungen i.S.d. UStG?
8. Welche Entnahmen sind keine unentgeltlichen Leistungen i.S.d. UStG?
9. Was versteht man einkommensteuerlich unter Einlagen?
10. Welche Wirtschaftsgüter können eingelegt werden?
11. Mit welchem Wert sind Einlagen steuerrechtlich grundsätzlich anzusetzen?
12. In welchem Fall darf die Einlage steuerrechtlich höchstens mit den AK/HK bewertet werden?
13. In welchem Fall sind Einlagen steuerrechtlich mit den fortgeführten AK/HK anzusetzen?
14. In welchem Fall sind Einlagen steuerrechtlich mit 0 Euro anzusetzen?

AUFGABEN

AUFGABE 1

Prüfen Sie, ob in folgenden Fällen eine Entnahme und eine steuerpflichtige unentgeltliche Leistung im Sinne des UStG vorliegen.

1. Der nach dem UStG regelbesteuerte Unternehmer A, Koblenz, entnimmt im September 2019 seinem Unternehmen Waren für private Zwecke.
2. Der Unternehmer B, Bonn, benutzt im Mai 2019 den betrieblichen Pkw lt. Fahrtenbuch zu 30 % für Privatfahrten. Beim Kauf des Pkws wurde der volle Vorsteuerabzug in Anspruch genommen.
3. Der zum Vorsteuerabzug berechtigte Steuerberater C, München, benutzt im Juni 2019 das betriebliche Telefon auch für private Telefongespräche.
4. Der zum Vorsteuerabzug berechtigte Großhändler D, Kiel, überweist am 11.09.2019 vom betrieblichen Bankkonto seine Einkommensteuer-Vorauszahlung.

AUFGABE 2

Malermeister U, Bonn, benutzt 2019 den betrieblichen Pkw, den er in 2019 von einem Unternehmer und damit mit der Berechtigung zum Vorsteuerabzug erworben hat, auch privat. Im Kalenderjahr 2019 sind folgende Kosten für den Pkw angefallen:

Benzin	3.000 €
Kfz-Steuer und Kfz-Versicherung	4.000 €
Absetzung für Abnutzung (AfA)	7.000 €
Kosten insgesamt	14.000 €

Insgesamt wurden mit dem Pkw 40.000 km gefahren. Auf die Privatfahrten entfielen 4.000 km.

Bilden Sie den Buchungssatz.

AUFGABE 3

Zum Betriebsvermögen des selbständigen Steuerberaters U, Mainz, gehört ein zu mehr als 50 % betrieblich genutzter Pkw, der auch für private Zwecke genutzt wird. U hat den Pkw 2018 für 58.881,60 € (einschl. 19 % USt) erworben. Für den Einbau eines Schiebedaches sind noch Kosten in Höhe von 2.320 € (einschl. 19 % USt) angefallen. Der Pkw hat am 31.12.2019 einen Buchwert von 18.466 €.

Ermitteln Sie für 2019 den Privatanteil für ein Jahr nach der 1 %-Regelung und bilden Sie den Buchungssatz.

AUFGABE 4

Die zum Vorsteuerabzug berechtigte Unternehmerin Maria Klein nutzt ihr Geschäftstelefon auch für private Zwecke. Der private Nutzungsanteil beträgt seit der letzten Außenprüfung 10 %. Die gesamten Telefonkosten haben im September 2019 400 € + 76 € USt = 476 € betragen. Der gesamte Rechnungsbetrag ist vom betrieblichen Bankkonto abgebucht worden.

Bilden Sie den Buchungssatz für die Unternehmerin Maria Klein.

AUFGABE 5

Der buchführende Gewerbetreibende Peter Braun hat vor zwei Jahren ein unbebautes Grundstück für 33.000 € privat angeschafft. Das Grundstück wird jetzt ins Betriebsvermögen überführt. Es hat zurzeit einen Teilwert von 36.000 €.

Mit welchem Wert ist die Einlage anzusetzen?

AUFGABE 6

Der buchführende Gewerbetreibende Willi Wagner hat am 02.07.2017 einen Pkw für 20.000 € + 3.800 € USt = 23.800 € privat angeschafft. Am 03.07.2019 legt er diesen Pkw in das Betriebsvermögen ein. Der Pkw hat eine Nutzungsdauer von 6 Jahren. Der Teilwert des Pkws beträgt im Zeitpunkt der Zuführung 18.000 €.

1. Mit welchem Wert ist die Einlage zu bewerten?
2. Bilden Sie den Buchungssatz für diese Einlage.

AUFGABE 7

Arbeitnehmer A ist seit Jahren als Angestellter tätig. Am 01.10.2019 eröffnet er einen Betrieb und erzielt Einkünfte aus Gewerbebetrieb. Bei der Betriebseröffnung wählt er die Gewinnermittlung nach § 5 EStG.
Er legt einen Schreibtisch (AK 2012: 600 €, Teilwert 2019: 200 €) und ein Regal (AK 2017: 400 €, Teilwert 2019: 300 €) in sein Betriebsvermögen ein.
Die AK des Schreibtisches und des Regals hat A bereits in voller Höhe als Werbungskosten im Rahmen seines beruflich genutzten Arbeitszimmers geltend gemacht. Seit 01.10.2019 wird das Arbeitszimmer ausschließlich für seine gewerbliche Tätigkeit genutzt.

Mit welchen Werten sind die Einlagen anzusetzen?

AUFGABE 8

Der buchführende Gewerbetreibende Peter Braun hat einen Personalcomputer, den er vor 6 Jahren für seinen Gewerbebetrieb angeschafft hat, dem angestellten Hausverwalter seiner Wohnhäuser überlassen. Der PC hat einen Teilwert von 100 €. Der Hausverwalter organisiert mithilfe der IT-Technik die Hausabrechnungen.

Beurteilen Sie den Vorgang nach dem EStG und dem UStG.

Zusammenfassende Erfolgskontrolle

Sie haben die Aufgabe, bei der Erstellung der Hauptabschlussübersicht der Kerstin Rapp, die in Düsseldorf ein Großhandelsgeschäft betreibt, mitzuwirken. Frau Rapp führt für steuerliche Zwecke eine getrennte Anlagenbuchhaltung.
Das Unternehmen unterliegt der Regelbesteuerung mit einem Steuersatz von 19 %.
§ 7g EStG kann nicht geltend gemacht werden. Die Hauptabschlussübersicht wurde bis zur „vorläufigen Saldenbilanz zum 31.12.2019" erstellt.

Folgende Aufgaben sind zu lösen:

a) Fertigen Sie für die folgenden Abschlussangaben eine Buchungsliste (für die steuerrechtliche Anlagenbuchhaltung) an. Es sind nur die in der HAÜ angegebenen Konten zu verwenden.
b) Nehmen Sie die notwendigen „Umbuchungen" in der HAÜ vor.
c) Erstellen Sie die „endgültige Saldenbilanz" der HAÜ.
d) Ermitteln Sie den Erfolg über die „Schlussbilanz" und „GuV-Rechnung" der HAÜ. Der Erfolg kann auch über T-Konten ermittelt werden.

	€
1. Die Löhne und Gehälter für Dezember 2019 sind erst am 02.01.2020 ausgerechnet und danach ausgezahlt worden. Die Buchung dieser Personalkosten ist bisher nicht erfolgt.	
Löhne und Gehälter	60.500,00
- LSt/KiSt/SolZ	10.273,00
- Sozialversicherungsbeiträge (AN-Anteil)	11.800,00
= auszuzahlender Betrag (Banküberweisung)	38.427,00
Der Arbeitgeberanteil zur Sozialversicherung in Höhe von ist ebenfalls noch nicht gebucht.	11.600,00
2. Rapp hat lt. Fahrtenbuch 2019 einen betrieblichen Pkw 30.000 km gefahren, davon entfielen 6.000 km auf Privatfahrten. Die gesamten Aufwendungen für diesen Pkw einschließlich der Abschreibung betrugen	14.000,00
davon entfielen auf Kosten, bei denen kein Vorsteuerabzug möglich gewesen ist.	3.000,00
3. Aufgrund der Feststellung der Lohnsteueraußenprüfung im Dezember 2019 ergibt sich für die Jahre 2018 und 2019 eine Lohnsteuer-, Kirchensteuer- und Solidaritätszuschlagnachforderung von insgesamt die vom Arbeitgeber übernommen wird. Die Nachzahlung ist am 31.03.2020 fällig.	8.500,00
4. Die Darlehensverbindlichkeit gegenüber der Bank beträgt zum Bilanzstichtag (31.12.2019) entsprechend der Saldenbestätigung Die Zinsen für das 4. Quartal 2019 sind bei Zahlung im Soll auf dem Konto „**3160** (0640) Verbindlichkeiten gegenüber Kreditinstituten" gebucht worden.	936.750,00

	€
5. Die Bewirtungsaufwendungen wurden im Jahr 2019 auf dem Konto „**6640** (4650) Bewirtungskosten" mit 100 % zuzüglich der Vorsteuer erfasst. Eine Trennung in abzugsfähige und nicht abzugsfähige Betriebsausgaben nach § 4 Abs. 5 Nr. 2 EStG ist noch nicht vorgenommen worden.	
Außerdem sind in den Bewirtungskosten in Höhe von insgesamt	8.687,00
(siehe Konto „**6640** (4650) Bewirtungskosten") Aufwendungen (brutto) von	3.570,00
enthalten, die als unangemessen anzusehen sind.	
6. Das Umsatzsteuerguthaben 2018 über	1.580,00
wurde mit der Einkommensteuervorauszahlung für das 4. Quartal 2019 verrechnet. Eine entsprechende Buchung wurde bisher nicht vorgenommen. Der Betrag von 1.580 € ist in der HAÜ nicht zu erkennen, weil im Laufe des Jahres weitere Beträge auf das Umsatzsteuerkonto gebucht wurden.	
7. Aus dem Warenlager wurden im Oktober 2019 Waren gestohlen. Der Nettoeinkaufspreis der im August 2019 erworbenen Waren betrug	25.000,00
Die Versicherungsgesellschaft hat im Dezember 2019 die volle Regulierung des Schadens schriftlich zugesichert und den Betrag im Januar 2020 überwiesen. Der gesamte Vorgang wurde bisher buchhalterisch noch nicht erfasst.	
8. Der Gesamtbestand der Forderungen aLuL zum 31.12.2019 beträgt einschl. 19 % USt.	577.150,00
Der Kunde Müller ist in Zahlungsschwierigkeiten geraten. Die Forderung gegenüber diesem Kunden beträgt	11.900,00
Es ist mit einem Forderungsausfall von 80 % zu rechnen. Eine entsprechende Einzelwertberichtigung ist zu bilden.	
9. Der Kunde Mayer hat seit dem 24.09.2019 die Zahlungen eingestellt. Die Forderung an ihn in Höhe von	5.950,00
ist uneinbringlich.	
10. Für die einwandfreien Forderungen ist eine Pauschalwertberichtigung von 1 % zu bilden.	
11. Die voraussichtliche Gewerbesteuer-Abschlusszahlung für den Erhebungszeitraum 2019 beträgt	7.325,00
12. Abschreibungen:	
a) Geschäftsbauten	35.200,00
b) Pkw	44.300,00
c) Geschäftsausstattung	20.000,00
13. Abschluss Privatkonto	
14. Abschluss der Umsatzsteuerkonten	
15. Warenbestand lt. Inventur	378.100,00

Hauptabschlussübersicht zum 31.12.2019

	vorläufige Saldenbilanz	
	Soll (€)	Haben (€)
0235 (0085) Bebaute Grundstücke	186.000,00	
0240 (0090) Geschäftsbauten	496.000,00	
0520 (0320) Pkw	105.000,00	
0675 (0485) Wirtschaftsgüter (Sammelposten)		
0690 (0410) Geschäftsausstattung	110.000,00	
1140 (3980) Bestand Waren	380.300,00	
1200 (1400) Forderungen aLuL	577.150,00	
1240 (1460) Zweifelhafte Forderungen		
1246 (0998) Einzelwertberichtigung		
1248 (0996) Pauschalwertberichtigung		4.300,00
1300 (1500) Sonstige Vermögensgegenstände	8.000,00	
1406 (1576) Vorsteuer 19 %	25.781,00	
1510 (1348) Sonstige Wertpapiere		
1600 (1000) Kasse	10.000,00	
1800 (1200) Bank	31.350,00	
2000 (0800) Eigenkapital		222.500,00
2100 (1800) Privatentnahmen	110.000,00	
3035 (0956) Gewerbesteuerrückstellung, § 4 Abs. 5b EStG		
3160 (0640) Verbindlichk. gegenüber Kreditinstituten		918.050,00
3300 (1600) Verbindlichkeiten aLuL		438.700,00
3500 (1700) Sonstige Verbindlichkeiten		92.300,00
3730 (1741) Verbindlichkeiten aus LSt/KiSt		
3740 (1742) Verbindlichkeiten i. R. d. s. S.		
3770 (1750) Verbindlichkeiten aus Vermögensbildung		
3806 (1776) Umsatzsteuer 19 %		46.850,00
3845 (1791) Umsatzsteuer frühere Jahre		
4200 (8200) Erlöse		3.156.000,00
4639 (8924) Verwendung von Gegenständen ohne USt (Kfz-Nutzung)		
4645 (8921) Verwendung von Gegenständen 19 % USt (Kfz-Nutzung)		
4660 (8925) Unentgeltliche Erbringung einer sonstigen Leistung 19 % USt		
5200 (3200) Wareneingang	1.750.000,00	
6000 (4100) Löhne und Gehälter	700.532,00	
6110 (4130) Gesetzliche soziale Aufwendungen	80.200,00	
6220 (4830) Abschreibungen (gesamt)		
6305 (4200) Raumkosten	189.800,00	
6350 (2350) Grundstücksaufwendungen	10.000,00	
6500 (4500) Fahrzeugkosten	40.800,00	
6640 (4650) Bewirtungskosten	8.687,00	
6644 (4654) Nicht abzugsfähige Bewirtungskosten		
6910 (4886) Abschreibungen		
6920 (2450) Einstellung in die Pauschalwertberichtigung		
6930 (2400) Forderungsverluste		
7320 (2120) Zinsaufwendungen	55.200,00	
7610 (4320) Gewerbesteuer	3.900,00	
	4.878.700,00	4.878.700,00

10.2 Rücklagen

10.2.1 Handelsrecht

Rücklagen gehören zum **Eigenkapital**. Sie sind streng von Rückstellungen zu trennen. **Rückstellungen** gehören zum **Fremdkapital**.

Nach der Art ihres Ausweises in der Bilanz unterscheidet man **offene** und **stille** Rücklagen.

10.2.1.1 Offene Rücklagen

Offene Rücklagen werden insbesondere in Bilanzen von **Kapitalgesellschaften** (z. B. AG und GmbH) ausgewiesen.

Die **Rücklagen** werden unterschieden in

1. **Kapitalrücklage** und
2. **Gewinnrücklagen**.

10.2.1.1.1 Kapitalrücklage

Alle **Eigenkapitalteile**, die der Gesellschaft **neben** den Einlagen **von außen** zugeführt werden, sind als **Kapitalrücklage** in der Bilanz auszuweisen.

Als **Kapitalrücklage** sind im Einzelnen auszuweisen (§ 272 **Abs. 2** HGB):

1. der Betrag, der bei Ausgabe von Anteilen einschließlich von Bezugsanteilen über den Nennwert hinaus erzielt wird (**Agio bei Aktienausgabe**);
2. der Betrag, der bei Ausgabe von Schuldverschreibungen für Wandlungsrechte und Optionsrechte zum Erwerb von Anteilen erzielt wird (**Agio bei Wandel-/Optionsanleihen**);
3. der Betrag von Zuzahlungen, die Gesellschafter gegen Gewährung eines Vorzugs für ihre Anteile leisten (**Zuzahlungen von Gesellschaftern für Vorzugsrechte**);
4. der Betrag von anderen Zuzahlungen, die Gesellschafter in das Eigenkapital leisten (**andere Zuzahlungen von Gesellschaftern in das Eigenkapital**).

Die DATEV-Spezialkontenrahmen sehen für **die Kapitalrücklage** die Konten **2920** (0840) bis **2929** (0845) vor.

BEISPIEL

Das **Eigenkapital** der Expansion-AG, Düsseldorf, setzte sich am Bilanzstichtag des letzten Geschäftsjahres wie folgt zusammen:

I.	Gezeichnetes Kapital	500.000 €
II.	**Kapitalrücklage**	10.000 €
III.	**Gewinnrücklagen**	
	1. gesetzliche Rücklage	50.000 €
	2. andere Gewinnrücklagen	10.000 €
IV.	Gewinnvortrag	60.000 €
V.	Jahresüberschuss	70.000 €
	Eigenkapital	**700.000 €**

Die **AG erhöht** ihr „**Gezeichnetes Kapital**" um **200.000 €** (**Nennwert**) auf 700.000 € durch Ausgabe junger (neuer) Aktien.

Für die Ausgabe der jungen Aktien (= **Emission**) schreibt die Bank der AG **300.000 €** (**Ausgabekurswert**) gut.

Das Aufgeld (**Agio bei Aktienausgabe**) in Höhe von **100.000 €** ist der Kapitalrücklage zuzuführen und wie folgt zu buchen:

Buchungssatz:

Sollkonto	Betrag (€)	Habenkonto
1800 (1200) Bank	300.000,00	
	200.000,00	**2900** (0800) Gezeichnetes Kapital
	100.000,00	**2925** (0841) Kapitalrücklage durch Ausgabe von Anteilen über Nennbetrag

Buchung:

S	**1800** (1200) **Bank**	H
300.000,00		

S	**2900** (0800) **Gezeichnetes Kapital**	H
	SV	500.000,00
		200.000,00

S	**2925** (0841) **Kapitalrücklage**	H
	SV	10.000,00
		100.000,00

10.2.1.1.2 Gewinnrücklagen

Als **Gewinnrücklagen** dürfen nur Beträge ausgewiesen werden, die im Geschäftsjahr oder in einem früheren Geschäftsjahr aus dem **Ergebnis** gebildet worden sind (§ 272 **Abs. 3** Satz 1 HGB).

Durch die **Unterscheidung** in **Kapital- und Gewinn**rücklagen werden in der Bilanz die **Quellen** der **Eigenfinanzierung aufgezeigt**.

Zu den **Gewinnrücklagen** gehören im Einzelnen:

1. **gesetzliche Rücklagen**,
2. Rücklage für Anteile an einem herrschenden oder mehrheitlich beteiligten Unternehmen,
3. satzungsmäßige Rücklagen,
4. andere Gewinnrücklagen.

Die DATEV-Spezialkontenrahmen sehen für **Gewinnrücklagen** die Konten **2930** (0846) bis **2969** (0859) vor.

Die buchmäßige und steuerliche Behandlung der Gewinnrücklagen wird exemplarisch am Beispiel der **gesetzlichen Rücklagen** verdeutlicht.

Als Gewinnrücklagen werden die **gesetzlichen Rücklagen** aus dem Gewinn gebildet. **Gesetzliche Rücklagen** sind Rücklagen, die gesetzlich vorgeschrieben sind. So haben z. B. Aktiengesellschaften eine gesetzliche Rücklage zu bilden (§ 150 AktG).

Die gesetzliche Rücklage verstärkt das Eigenkapital und dient dem Gläubigerschutz.

In die **gesetzliche Rücklage** einer AG sind jährlich einzustellen (= aufzunehmen)

der 20. Teil (= **5 %**) des ggf. um einen Verlustvortrag aus dem Vorjahr geminderten **Jahresüberschusses**, bis die gesetzliche Rücklage und die Kapitalrücklage nach § 272 Abs. 2 Nrn. 1 bis 3 HGB den **zehnten** (oder den in der Satzung bestimmten höheren) **Teil des Grundkapitals** erreichen (§ 150 Abs. 2 AktG).

BEISPIEL

Die Handels-AG, Stuttgart, hat ein Grundkapital von **5.000.000 €**. Die **gesetzliche Rücklage** einschl. der Kapitalrücklage nach § 272 Abs. 2 Nrn. 1 bis 3 HGB betrug am Schluss des Vorjahres **300.000 €**. Im abgelaufenen Geschäftsjahr haben die **Erträge 20.000.000 €** und die **Aufwendungen 19.000.000 €** betragen.

Es ist ein **Verlustvortrag** aus dem **Vorjahr** von **200.000 €** vorhanden.

Berechnung der Einstellung in die gesetzliche Rücklage:

	Erträge	20.000.000 €
-	Aufwendungen	- 19.000.000 €
=	Jahresüberschuss	1.000.000 €
-	Verlustvortrag aus dem Vorjahr	- 200.000 €
=	Berechnungsgrundlage	800.000 €
	davon **5%** = Einstellung in die gesetzliche Rücklage	**40.000 €**

Diese **40.000 €** sind in die **gesetzliche Rücklage** einzustellen, da die bisher gebildete gesetzliche Rücklage den zehnten Teil des Grundkapitals noch **nicht** erreicht hat.

Buchungssatz:

Sollkonto	Betrag (€)	Habenkonto
7765 (2496) Einstellung in die gesetzliche Rücklage	40.000,00	**2930** (0846) Gesetzliche Rücklage

Buchung:

S	**7765** (2496) **Einstellung in die gesetzliche Rücklage**	H
	40.000,00	

S	**2930** (0846) **Gesetzliche Rücklage**	H
	SV	300.000,00
		40.000,00

Das Konto „**7765** (2496) Einstellung in die gesetzliche Rücklage" wird über das **GuVK** und das Konto „**2930** (0846) Gesetzliche Rücklage" über das **SBK** abgeschlossen.

Aus dem obigen Beispiel ist zu ersehen, dass die **Einstellung in die gesetzliche Rücklage** kein Aufwand und die **gesetzliche Rücklage** keine Verbindlichkeit (= Fremdkapital) ist.

Die Einstellung erfolgt aus dem **Jahresüberschuss** (= Gewinn) und ist in der Bilanz als **Gewinnrücklage** auszuweisen (§ 272 Abs. 3 HGB).

Alle **Einstellungen** in offene Rücklagen (Kapital- und Gewinnrücklagen) beeinflussen **nicht** die Höhe des **steuerlichen** Gewinns, d.h. die Einstellungen erfolgen aus dem versteuerten Gewinn.

Dementsprechend haben **Auflösungen** von offenen Rücklagen auch **keinen Einfluss** auf die Höhe des **steuerlichen** Gewinns; sie sind **steuerfrei**.

ÜBUNG → 1. Wiederholungsfragen 1 bis 6 (Seite 236),
2. Aufgabe 1 (Seite 237)

10.2.1.2 Stille Rücklagen (Stille Reserven)

Stille Rücklagen (Reserven) sind Rücklagen, die aus der Bilanz **nicht** ersichtlich sind.

Man versteht darunter den **Unterschiedsbetrag** zwischen dem **tatsächlichen Wert** eines Vermögensgegenstandes und seinem **Bilanzwert** (Buchwert).

Stille Reserven entstehen durch **Unterbewertung von Aktivposten** und **Überbewertung von Passivposten**.

Die **Unter- bzw. Überbewertung** kann **zwangsläufig** oder **freiwillig** geschehen.

BEISPIELE

1. Der Gewerbetreibende A hat vor zehn Jahren ein unbebautes Grundstück gekauft. Die Anschaffungskosten haben 50.000 € betragen. Heute hat das Grundstück infolge der allgemeinen Preissteigerung einen Wert von 70.000 €.

   In der Bilanz darf das Grundstück nur mit den AK von 50.000 € angesetzt werden (Realisationsprinzip). Die **zwangsläufig** gebildete **stille Reserve** beträgt **20.000 €**.

2. Der Gewerbetreibende B hat Anfang des Jahres 2017 Wertpapiere des Umlaufvermögens für 15.000 € angeschafft. Am Ende des Jahres 2018 hat er die Wertpapiere nach einer Wertminderung mit dem niedrigeren aus dem Börsenpreis abgeleiteten Wert in Höhe von 12.000 € bilanziert (außerplanmäßige Abschreibung). In 2019 ist der Wert auf 18.000 € gestiegen.

   B muss den Bilanzansatz in 2019 wegen des strikten **Wertaufholungsgebots** bis zur Obergrenze der ursprünglichen Anschaffungskosten (Realisationsprinzip) in Höhe von 15.000 € erhöhen. Die zwangsläufig **stille Reserve** beträgt **3.000 €**.

3. Die Bilanz des Gewerbetreibende C enthält eine Währungsverbindlichkeit mit ihren AK von 50.000 €, deren Restlaufzeit am Bilanzstichtag 18 Monate beträgt. Am Bilanzstichtag beträgt der Erfüllungsbetrag dieser Verbindlichkeit infolge Kursrückgangs nur noch 45.000 €.

   In der Bilanz darf die Verbindlichkeit nicht niedriger als der Erfüllungsbetrag von 50.000 € angesetzt werden (Realisationsprinzip). Die **zwangsläufig** gebildete **stille Reserve** beträgt **5.000 €**.

Wie die Bildung so kann auch die **Auflösung** stiller Reserven **zwangsläufig** beim Ausscheiden des Wirtschaftsgutes aus dem Betriebsvermögen oder **freiwillig** bei zulässiger Höherbewertung geschehen.

BEISPIEL

Sachverhalt wie im Beispiel 1 (Seite 228) mit dem Unterschied, dass A das Grundstück für 70.000 € verkauft.

Die **zwangsläufig** aufgelöste **stille Reserve** beträgt **20.000 €**.

Vorhandene stille Reserven haben zur **Folge**, dass das **Eigenkapital** in der Bilanz **niedriger ausgewiesen** wird, **als es tatsächlich ist**.

Man kann jedoch nicht den vollen Betrag der stillen Reserven dem Eigenkapital zurechnen, sondern nur den um die **Steuern** verminderten Betrag, weil die stillen Reserven bei ihrer Auflösung im Allgemeinen zu versteuern sind.

Wie die Versteuerung hinausgeschoben werden kann, wird im nächsten Abschnitt erläutert.

Zusammenfassung zu Abschnitt 10.2:

Rücklagen

offene Rücklagen

Zu den offenen Rücklagen gehören
1. die **Kapitalrücklage**,
2. die **Gewinnrücklagen**
   2.1 gesetzliche Rücklagen,
   2.2 Rücklage für Anteile an einem herrschenden oder mehrheitlich beteiligten Unternehmen,
   2.3 satzungsmäßige Rücklagen,
   2.4 andere Gewinnrücklagen.

stille Rücklagen

Stille Rücklagen (stille Reserven) können sich ergeben durch
1. **Unterbewertung** von **Aktivposten** und
2. **Überbewertung** von **Passivposten**.

ÜBUNG → Wiederholungsfragen 7 bis 9 (Seite 236)

10.2.2 Steuerrechtliche Besonderheiten

Steuerrechtlich kann die **gewinnerhöhende Auflösung** stiller Rücklagen bei bestimmten Wirtschaftsgütern unter gewissen Voraussetzungen vermieden werden. Zur Vermeidung der steuerrechtlichen Gewinnverwirklichung können in diesen Fällen **Rücklagen** gebildet werden.

Folgende Rücklagen können unterschieden werden:

- die **Rücklage für Ersatzbeschaffung** (R 6.6 Abs. 1 EStR 2012),
- die **Rücklage für Investitionen nach § 6b EStG**.

In diesen Fällen wurde **vor** der Einführung des **Bilanzrechtsmodernisierungsgesetzes** (BilMoG) aufgrund der **umgekehrten Maßgeblichkeit** handelsrechtlich auf der Passivseite ein **Sonderposten mit Rücklageanteil** gebildet (§ 273 HGB a. F.).

Durch das **BilMoG** erfolgte eine **Abschaffung** der **umgekehrten Maßgeblichkeit**. Demnach sind **Sonderposten** mit Rücklageanteil handelsrechtlich **nicht mehr anzusetzen**.

Für **nach altem Recht gebildete Sonderposten** wurde im Handelsrecht ein **Wahlrecht** eingeführt. Diese Posten können in der Handelsbilanz entweder **nach altem Recht fortgeführt oder** ergebnisneutral **zugunsten der Gewinnrücklagen aufgelöst** werden.

Somit können zukünftig z.B. bei einer Grundstücksveräußerung **handelsrechtlich** ein **Ertrag und Ausschüttungspotenzial** erzeugt werden, während dieser Sachverhalt in der **Steuerbilanz ergebnisneutral** durch Bildung einer **Rücklage für Investitionen nach § 6b EStG** abgebildet werden kann.

10.2.2.1 Rücklage für Ersatzbeschaffung

Die steuerliche Gewinnverwirklichung durch Aufdeckung stiller Reserven kann durch die Bildung einer **Rücklage für Ersatzbeschaffung (RfE)** vermieden werden. **Voraussetzung** ist, dass (R 6.6 Abs. 1 Satz 2 EStR 2012):

1. ein **Wirtschaftsgut** des Anlage- oder Umlaufvermögens infolge **höherer Gewalt** (z.B. durch Brand, Überschwemmung, Diebstahl) **oder** infolge oder zur Vermeidung eines **behördlichen Eingriffs** (z.B. durch Enteignung) gegen Entschädigung aus dem Betriebsvermögen **ausscheidet**,
2. innerhalb einer bestimmten Frist ein funktionsgleiches **Ersatzwirtschaftsgut** angeschafft oder hergestellt wird, auf dessen Anschaffungs- oder Herstellungskosten die aufgedeckten stillen Reserven übertragen werden, und
3. das Wirtschaftsgut wegen der Abweichung von der Handelsbilanz in ein besonderes, laufend zu führendes **Verzeichnis** aufgenommen wird (§ 5 Abs. 1 Satz 2 EStG).

Wird für steuerrechtliche Zwecke eine **eigenständige Buchhaltung** geführt, wird die **Rücklage für Ersatzbeschaffung** auf dem Passivkonto

2982 (0932) **Sonderposten mit Rücklageanteil nach EStR R 6.6**

erfasst.

Für die entsprechenden Buchungen empfiehlt sich für **Kapitalgesellschaften** und Personenhandelsgesellschaften **ohne** eine natürliche Person als Vollhafter (z.B. GmbH & Co. KG) folgende **Reihenfolge**:

1. Buchen der **zeitanteiligen AfA** zur Ermittlung des Restbuchwertes,
2. Ausbuchen des **Restbuchwertes** (außerplanmäßige Abschreibung),
3. Buchen des **Zahlungseingangs**,
4. Bildung der **Rücklage für Ersatzbeschaffung**,
5. Buchen der **Anschaffung** (Herstellung) des Ersatzwirtschaftsgutes,
6. **Übertragung der Rücklage als Abschreibung**,
7. **Auflösung der Rücklage für Ersatzbeschaffung**,
8. Buchung der **AfA für das Ersatzwirtschaftsgut**.

BEISPIEL

Eine Maschine der X-GmbH, Bonn, ist im Juli 2019 durch Brand völlig zerstört worden. Die Maschine hatte am 01.01.2019 einen Buchwert von **35.000 €**.

1. Die Maschine wird jährlich mit 10.000 € linear abgeschrieben. Die zeitanteilige AfA beträgt 2019 **5.000 €** (10.000 € x 6/12).
2. Der Restbuchwert der Maschine beträgt **30.000 €** (35.000 € - 5.000 €).
3. Die Maschine war mit 40.000 € versichert. Die Versicherung zahlte am 14.11.2019 **40.000 €** durch Banküberweisung.
4. Am Schluss des Wirtschaftsjahres wird in Höhe der aufgedeckten stillen Reserve eine steuerfreie Rücklage in Höhe von **10.000 €** (40.000 € - 30.000 €) gebildet.

---

5. Die Anschaffung der Ersatzmaschine erfolgt am 15.01.2020. Die X-GmbH bekommt in Rechnung gestellt: Kaufpreis der neuen Maschine 60.000 € + 11.400 € USt = **71.400 €**.
6. Übertragung der Rücklage als Abschreibung in Höhe von **10.000 €**.
7. Auflösung der Rücklage in Höhe von **10.000 €**.
8. Buchen der AfA für das Ersatzwirtschaftsgut zum 31.12.2020 - Die Ersatzmaschine hat eine betriebsgewöhnliche Nutzungsdauer von 10 Jahren.

Die X-GmbH führt für steuerrechtliche Zwecke eine eigenständige Buchhaltung.

Buchungssätze für 2019 und 2020:

Tz.	Sollkonto	Betrag (€)	Habenkonto
1.	**6220** (4830) Abschreibungen	5.000,00	**0440** (0210) Maschinen
2.	**6230** (4840) Außerpl. Abschr.	30.000,00	**0440** (0210) Maschinen
3.	**1800** (1200) Bank	40.000,00	**4830** (2700) Sonst. betr. Erträge
4.	**6925** (2340) Einst. in Sonderp.	10.000,00	**2982** (0932) Sonderp. mit Rückl.
5.	**0440** (0210) Maschinen	60.000,00	**3300** (1600) Verbindlichkeiten aLuL
	1406 (1576) Vorsteuer 19 %	11.400,00	**3300** (1600) Verbindlichkeiten aLuL
6.	**6220** (4830) Abschreibungen	10.000,00	**0440** (0210) Maschinen
7.	**2982** (0932) Sonderposten mit R.	10.000,00	**4935** (2740) Erträge aus der A.
8.	**6220** (4830) Abschreibungen	5.000,00	**0440** (0210) Maschinen

zu Tz. 8. Die AfA für die Ersatzmaschine wird für 2020 wie folgt ermittelt:

	AK Ersatzmaschine	60.000 €
-	Rücklage für Ersatzbeschaffung	- 10.000 €
=	Bemessungsgrundlage	50.000 € x 10 % = **5.000 €**

Buchungen für 2019 und 2020:

2019:

S	**6220** (4830) **Abschreibungen**		H
1)	**5.000,00**		

S	**0440** (0210) **Maschinen**		H
SV	35.000,00	1)	**5.000,00**
		2)	**30.000,00**
	35.000,00		35.000,00

S	**6230** (4840) **Außerpl. Abschreibungen**		H
2)	**30.000,00**		

S	**1800** (1200) **Bank**		H
3)	**40.000,00**		

S	**4830** (2700) **Sonst. betr. Erträge**		H
		3)	**40.000,00**

S	**6925** (2340) **Einstellungen i. Sonderposten mit Rücklageanteil**		H
4)	**10.000,00**		

S	**2982** (0932) **Sonderposten mit Rücklageanteil nach EStR R 6.6**		H
		4)	**10.000,00**

2020:

S	**0440** (0210) **Maschinen**		H
5)	**60.000,00**	6)	**10.000,00**
		8)	**5.000,00**

S	**3300** (1600) **Verbindlichk. aLuL**		H
		5)	**60.000,00**
		5)	**11.400,00**

S	**1406** (1576) **Vorsteuer 19%**		H
5)	**11.400,00**		

S	**4935** (2740) **Erträge aus der Auflösung von Sonderposten**		H
		7)	**10.000,00**

S	**2982** (0932) **Sonderposten mit Rücklageanteil nach EStR R 6.6**		H
7)	**10.000,00**	**SV**	10.000,00

S	**6220** (4830) **Abschreibungen**		H
6)	**10.000,00**		
8)	**5.000,00**		

Eine Rücklage für Ersatzbeschaffung kann **nicht auf unbestimmte Zeit** gebildet werden. Sie ist

- bei einem **beweglichen** Wirtschaftsgut am **Schluss des ersten,**
- bei einem **Grundstück oder Gebäude** am **Schluss des vierten bzw. sechsten**

auf ihre Bildung folgenden Wirtschaftsjahres gewinnerhöhend **aufzulösen**, wenn bis dahin ein Ersatzwirtschaftsgut weder angeschafft oder hergestellt noch bestellt worden ist (R 6.6 Abs. 4 Satz 3 EStR 2012).

Die **Frist** von **vier** oder **sechs** Jahren kann unter bestimmten Voraussetzungen **verlängert** werden (R 6.6 Abs. 4 Satz 5 EStR 2012).

ÜBUNG →	1. Wiederholungsfragen 10 und 11 (Seiten 236 f.), 2. Aufgabe 2 (Seite 237)

10.2.2.2 Rücklage für Investitionen nach §6b EStG

Stille Reserven werden **aufgelöst**, wenn das Wirtschaftsgut aus dem Betriebsvermögen **ausscheidet**.

Der hierbei entstehende **Veräußerungsgewinn** ist grundsätzlich **zu versteuern**.

BEISPIEL

Der Gewerbetreibende A, Köln, der seinen Gewinn nach § 5 EStG ermittelt, ist seit 10 Jahren Eigentümer eines **unbebauten Betriebsgrundstücks**. Der **Buchwert** des Grundstücks beträgt **300.000 €**. Er verkauft das Grundstück 2019 zu einem **Veräußerungspreis** von **600.000 €**.

A hätte einen **Veräußerungsgewinn** von **300.000 €** zu versteuern:

	Veräußerungspreis	600.000 €
-	Buchwert	- 300.000 €
=	**Veräußerungsgewinn**	**300.000 €**

§ 6b EStG dient dem Zweck, Gewinne aus der Veräußerung langlebiger Wirtschaftsgüter des Anlagevermögens **steuerlich zu entlasten**, **wenn** sie wieder **für Investitionen** ähnlicher langlebiger Wirtschaftsgüter verwendet werden.

Die **unmittelbare steuerliche Entlastung** erfolgt dadurch, dass der Steuerpflichtige einen Betrag bis zur Höhe des bei der Veräußerung entstandenen Gewinns von den Anschaffungs- oder Herstellungskosten bestimmter Investitionsgüter (z. B. Grund und Boden sowie Gebäude) abziehen kann (§ 6b **Abs. 1** EStG).

Nimmt ein Steuerpflichtiger den Abzug nach § 6b **Abs. 1** EStG **nicht** unmittelbar im Jahr des Ausscheidens des Wirtschaftsgutes aus dem Betriebsvermögen in Anspruch (z. B. wegen fehlender Neuinvestition), **kann** er im Wirtschaftsjahr der Veräußerung eine den steuerlichen Gewinn mindernde **Rücklage bilden** (§ 6b **Abs. 3** Satz 1 EStG).

Voraussetzungen für die Anwendung der Absätze 1 und 3 des § 6b EStG sind, dass

1. der Steuerpflichtige den **Gewinn nach § 4 Abs. 1 oder § 5 EStG** ermittelt,
2. die **veräußerten Wirtschaftsgüter** im Zeitpunkt der Veräußerung mindestens **sechs Jahre** ununterbrochen **zum Anlagevermögen** einer **inländischen** Betriebsstätte **gehört haben**,
3. die **angeschafften** oder **hergestellten Wirtschaftsgüter** zum **Anlagevermögen** einer **inländischen** Betriebsstätte gehören,
4. der bei der Veräußerung entstandene **Gewinn** bei der Ermittlung des im Inland steuerpflichtigen Gewinns **nicht außer Ansatz bleibt**,
5. der **Abzug nach** § 6b **Abs. 1** EStG und die **Bildung und Auflösung der** Rücklage nach § 6b Abs. 3 EStG in der **Buchführung** verfolgt werden können (§ 6b **Abs. 4** EStG).

10.2.2.2.1 Abzug nach § 6b Abs. 1 EStG

Nach § 6b Abs. 1 EStG kann der Abzug nur in dem Wirtschaftsjahr vorgenommen werden, in dem der begünstigte Gewinn entstanden ist, d.h. im Veräußerungsjahr.

BEISPIEL

Dem Gewerbetreibenden A, Köln, der seinen Gewinn nach **§ 5 EStG** ermittelt, gehört seit **10 Jahren** ein in **Köln** gelegenes **unbebautes Betriebsgrundstück**.
Der **Buchwert** des Grundstücks beträgt am 01.01.2019 **300.000 €**.

1. Am **19.03.2019 verkauft** A das Grundstück für **600.000 €** gegen Bankscheck.
2. Am **19.06.2019 kauft** A ein **neues** Grundstück für **800.000 €** durch Banküberweisung.
3. Der **Veräußerungsgewinn** wird im Veräußerungsjahr (**2019**) nach § 6b **Abs. 1** EStG von den Anschaffungskosten des neuen Grundstücks **abgezogen**.

A führt für steuerrechtliche Zwecke eine eigenständige (Anlagen-)Buchhaltung.

Buchungssatz:

Tz.	Sollkonto	Betrag (€)	Habenkonto
1.	**1800** (1200) Bank **1800** (1200) Bank	300.000,00 300.000,00	**0215** (0065) Unbebaute Grundst. **4900** (2720) Erträge aus dem Abgang von Gegenst. des AV
2.	**0215** (0065) Unbebaut. Grundst.	800.000,00	**1800** (1200) Bank
3.	**6300** (4900) Sonstige betriebl. Aufwendungen	300.000,00	**0215** (0065) Unbebaute Grundst.

Buchung:

S	**1800** (1200) **Bank**		H
1)	300.000,00	2)	800.000,00
1)	300.000,00		

S	**0215** (0065) **Unbebaute Grundstücke**		H
SV	300.000,00	1)	300.000,00
2)	800.000,00	3)	**300.000,00**

S	**6300** (4900) **Sonstige betriebliche Aufwendungen**		H
3)	**300.000,00**		

S	**4900** (2720) **Erträge aus dem Abgang von Gegenständen des AV**		H
		1)	300.000,00

Der Veräußerungsgewinn von 300.000 € wird durch die 3. Buchung „abgezogen".
Er kann sich erst dann auswirken, wenn das **neue** Grundstück, das einen Buchwert von 500.000 € (800.000 € - 300.000 €) hat, zu einem späteren Zeitpunkt verkauft wird.

10.2.2.2.2 Bildung und Auflösung der Rücklage nach § 6b Abs. 3 EStG

Sofern nicht sofort im Jahr der Entstehung des begünstigten Gewinns ein neues Wirtschaftsgut erworben wird, erfolgt die **steuerliche Entlastung** im Rahmen des § 6b **Abs. 3** EStG durch die **Bildung einer Rücklage**.

Die **Rücklage** ist in der Bilanz des Wirtschaftsjahres **zu bilden**, in dem der Veräußerungsgewinn entstanden ist, d.h. **im Veräußerungsjahr**.

Die **Rücklage für Investitionen** nach § 6b **Abs. 3** EStG wird auf dem Konto

2981 (0931) **Sonderposten mit Rücklageanteil nach § 6b EStG**

erfasst.

BEISPIEL

Sachverhalt wie im Beispiel zuvor mit dem **Unterschied**, dass das **neue** Grundstück erst **2020 angeschafft** wird.

Buchungssätze für 2019 und 2020:

Tz.	Sollkonto	Betrag (€)	Habenkonto
1.	**1800** (1200) Bank **1800** (1200) Bank	300.000,00 300.000,00	**0215** (0065) Unbebaute Grundst. **2981** (0931) Sonderposten mit R.
2.	**0215** (0065) Unbebaut. Grundst.	800.000,00	**1800** (1200) Bank
3.	**2981** (0931) Sonderposten mit R.	300.000,00	**0215** (0065) Unbebaute Grundst.

Buchungen für 2019 und 2020:

2019:

S **1800** (1200) **Bank** H

S		H	
1)	300.000,00		
1)	**300.000,00**		

S **0215** (0065) **Unbebaute Grundstücke** H

S		H	
SV	300.000,00	1)	300.000,00

S **2981** (0931) **Sonderposten mit Rücklageanteil nach § 6b EStG** H

S		H	
		1)	**300.000,00**

Der **Veräußerungsgewinn** von 300.000 € wird durch die Bildung der Rücklage **neutralisiert**.

2020:

S **0215** (0065) **Unbebaute Grundstücke** H

S		H	
2)	800.000,00	**3)**	**300.000,00**

S **1800** (1200) **Bank** H

S		H	
		2)	800.000,00

S **2981** (0931) **Sonderposten mit Rücklageanteil nach § 6b EStG** H

S		H	
3)	**300.000,00**	SV	300.000,00

Die **Auflösung der Rücklage** im Anschaffungsjahr (2020) hat zur **Folge**, dass das **neue** Grundstück ebenfalls einen **Buchwert** von **500.000 €** hat.
Der Veräußerungsgewinn kann sich erst auswirken, wenn das **neue** Grundstück zu einem späteren Zeitpunkt verkauft wird.

Die **Reinvestitionsrücklagen** sind spätestens bis zum Ablauf der in § 6b **Abs. 3** EStG bezeichneten **Frist aufzulösen**. Die Frist beträgt grundsätzlich vier Jahre.

Wird die **Rücklage nicht** in der gesetzlich vorgeschriebenen Frist **aufgelöst** oder wird nur ein Teil der Rücklage aufgelöst, ist dem **steuerlichen Gewinn** ein **Gewinnzuschlag** von **6 %** der **nicht übertragenen Rücklage** für jedes **volle** Wirtschaftsjahr hinzuzurechnen.

Die **Hinzurechnung des Gewinnzuschlags** erfolgt **außerhalb der Buchführung**, sodass für den Gewinnzuschlag eine **Buchung entfällt**.

Die **stillen Reserven**, die bei der **Veräußerung** von Wirtschaftsgütern **aufgedeckt werden**, können **nicht beliebig** auf **neue** Wirtschaftsgüter **übertragen werden**.

Welche **Übertragungsmöglichkeiten** der Steuerpflichtige im Einzelnen hat, ergibt sich aus § 6b Abs. 1 EStG:

auf / von	Grund und Boden	Aufwuchs auf Grund und Boden mit ..	Gebäude	Binnenschiffe
Grund und Boden	X		X	
Aufwuchs auf Grund und Boden mit ..	X	X	X	
Gebäude			X	
Binnenschiffe				X

auf / von	Anteile an Kapitalgesellschaften	Bewegliche Wirtschaftsgüter	Gebäude
Anteile an Kapitalgesellschaften max. 500.000 €	X	X	X

Der Gewinn aus der Veräußerung von **Grund und Boden** oder **Gebäuden** ist nur begünstigt, wenn der Veräußerungsgewinn auf derartige Wirtschaftsgüter übertragen wird. Eine Übertragung auf **bewegliche Wirtschaftsgüter** oder **Anteile an Kapitalgesellschaften** ist ausgeschlossen.

Bilanzierende Steuerpflichtige, die **keine Kapitalgesellschaften** sind, können Gewinne aus der **Veräußerung von Anteilen an Kapitalgesellschaften bis zu 500.000 Euro** auf die im Wirtschaftsjahr der Veräußerung oder in den folgenden zwei Wirtschaftsjahren angeschafften Anteile an Kapitalgesellschaften oder abnutzbaren beweglichen Wirtschaftsgüter oder auf die im Wirtschaftsjahr der Veräußerung oder in den folgenden vier Wirtschaftsjahren angeschafften oder hergestellten Gebäude übertragen (§ 6b Abs. 10 EStG).

ÜBUNG →
1. Wiederholungsfragen 12 bis 15 (Seite 237),
2. Aufgabe 3 (Seite 237)

10.3 Erfolgskontrolle

Wiederholungsfragen

1. Was ist der Unterschied zwischen Rücklagen und Rückstellungen?
2. Welche Rücklagearten unterscheidet man nach dem Bilanzausweis?
3. Welche offenen Rücklagen sind insbesondere in Bilanzen von Kapitalgesellschaften zu unterscheiden?
4. Was versteht man unter einer Kapitalrücklage?
5. Was versteht man unter Gewinnrücklagen?
6. In welcher Höhe muss die gesetzliche Rücklage einer AG gebildet werden?
7. Was versteht man unter einer stillen Rücklage?
8. Wodurch entstehen stille Rücklagen?
9. Wodurch werden stille Rücklagen aufgelöst?
10. Welche Posten gehörten z. B. zu den Sonderposten mit Rücklageanteil?

11. Welche Voraussetzungen müssen für die Bildung einer Rücklage für Ersatzbeschaffung nach R 6.6 Abs. 1 EStR 2012 vorliegen?
12. Welchem Zweck dienen die Vorschriften des § 6b EStG?
13. Unter welchen Voraussetzungen kann § 6b EStG in Anspruch genommen werden?
14. Wie erfolgt die steuerliche Entlastung im Rahmen des § 6b Abs. 1 EStG?
15. Wie erfolgt die steuerliche Entlastung im Rahmen des § 6b Abs. 3 EStG?

Aufgaben

AUFGABE 1

Die Santos-AG, Köln, hat ein Grundkapital von 20.000.000 €. Die gesetzliche Rücklage einschließlich der Kapitalrücklage nach § 272 Abs. 2 Nrn. 1 bis 3 HGB beträgt am Schluss des Vorjahres 1.650.000 €.
Im abgelaufenen Geschäftsjahr betrugen die Aufwendungen 67.500.000 €, die Erträge 73.800.000 €. Es ist ein Gewinnvortrag aus dem Vorjahr von 120.000 € vorhanden.

1. Berechnen Sie die Einstellung in die gesetzliche Rücklage.
2. Bilden Sie die Buchungssätze.

AUFGABE 2

Im Oktober 2019 entsteht bei Schweißarbeiten auf dem Gelände der X-GmbH, Bonn, ein Brand, bei dem u.a. eine Werkzeugmaschine völlig zerstört wird.
Die zerstörte Maschine hatte am 01.01.2019 einen Buchwert von 36.400 €.
Bis zum Zeitpunkt der Zerstörung beträgt die Abschreibung 6.400 €.
Die Maschine war mit 65.000 € versichert.
Die Versicherung zahlte im Dezember 2019 eine Entschädigung von 65.000 € durch Banküberweisung.
Die Anschaffung der Ersatzmaschine erfolgt am 13.03.2020 zum Preis von 172.640 € zuzüglich 19 % USt auf Ziel.
Die Ersatzmaschine hat eine betriebsgewöhnliche Nutzungsdauer von 10 Jahren. Die X-GmbH strebt für das Geschäftsjahr 2019 einen möglichst geringen steuerlichen Gewinn an. Die X-GmbH führt für steuerrechtliche Zwecke eine eigenständige (Anlagen-) Buchhaltung.

Bilden Sie die Buchungssätze für 2019 und 2020 für die für steuerrechtliche Zwecke geführte Anlagenbuchhaltung.

AUFGABE 3

Zum Betriebsvermögen des bilanzierenden Gewerbetreibenden Josef Bach, Bonn, gehört seit mehr als sechs Jahren ein unbebautes Grundstück. Der Buchwert dieses Grundstücks betrug am 01.01.2019 200.000 €.
Bach verkaufte dieses Grundstück am 18.04.2019 für 500.000 €. Am 16.07.2020 erwirbt er ein neues unbebautes Grundstück für 800.000 €.
Alle Zahlungen erfolgen über das betriebliche Bankkonto.

Welche Maßnahmen sind notwendig, um die Besteuerung der stillen Reserven hinauszuschieben. Herr Bach führt für steuerrechtliche Zwecke eine eigenständige (Anlagen-) Buchhaltung.
Bilden Sie die notwendigen Buchungssätze für 2019 und 2020 für die für steuerrechtliche Zwecke geführte Anlagenbuchhaltung.

Weitere Aufgaben mit Lösungen finden Sie im **Lösungsbuch** der Buchführung 2. A L

11 Latente Steuern

11.1 Ansatz und Bewertung

Die Bestimmungen für latente Steuern gelten **nur für Kapitalgesellschaften** und ihnen gleichgestellte Personenhandelsgesellschaften (§ 264a HGB) sowie publizitätspflichtige Einzelunternehmen, OHG und KG (§ 5 Abs. 1 Satz 2 PublG).

Kleine Kapitalgesellschaften und ihnen gleichgestellte Personenhandelsgesellschaften sind von diesen Bestimmungen grundsätzlich **befreit** (§ 274a Nr. 4 HGB). Nur im Falle einer künftig zu erwartenden Steuerbelastung besteht für diese Kaufleute eine Pflicht zur Bildung einer Rückstellung für ungewisse Verbindlichkeiten (§ 249 Abs. 1 Satz 1 HGB).

Latente (vom Lateinischen latens = verborgen) Steuern bezeichnen **verborgene Steuervorteile oder Steuerlasten**, die zum Zwecke eines sachgerechten Vermögensausweises in der Handelsbilanz dargestellt werden.
Ursache für latente Steuern sind **Ansatz- und/oder Bewertungsunterschiede** von Vermögensgegenständen, Rechnungsabgrenzungsposten und Schulden **in Handels- und Steuerbilanz**, die sich voraussichtlich **in der Zukunft abbauen** werden (sog. **temporäre Differenzen**). **Permanente Differenzen**, d.h. solche, die sich im Zeitablauf **nicht** abbauen, werden im Rahmen der latenten Steuern **nicht** berücksichtigt.
Diese Ansatz- und/oder Bewertungsunterschiede sind auf die **unterschiedlichen Ziele** des handelsrechtlichen Jahresabschlusses und der Steuerbilanz zurückzuführen. Durch die immer stärker abweichenden Ansatz- und Bewertungsregeln in Handels- und Steuerrecht kommt dem Thema der latenten Steuern eine immer größere Bedeutung zu.

Da sich die durch latente Steuern berücksichtigten Differenzen im Zeitablauf abbauen, spricht man bei latenten Steuern auch von einer **Steuerabgrenzung**. Entsprechend wird zwischen **aktiven und passiven** latenten Steuern unterschieden.

Aktive latente Steuern entstehen bei temporären Differenzen, wenn ein **Aktiv**posten in der Steuerbilanz einen **höheren** Wert hat als in der Handelsbilanz oder ein **Passiv**posten in der Steuerbilanz einen **niedrigeren** Wert hat als in der Handelsbilanz.

BEISPIEL

Die A GmbH nimmt zum 01.01.2019 ein Darlehen mit einer Laufzeit von drei Jahren in Höhe von 100.000 € auf. Der Auszahlungsbetrag beläuft sich auf 97.000 €. Das Disagio in Höhe von 3.000 € wird handelsrechtlich in 2019 in voller Höhe als Aufwand erfasst, d.h., es wird von dem Aktivierungswahlrecht des § 250 Abs. 3 HGB kein Gebrauch gemacht.

Das handelsrechtliche Aktivierungswahlrecht wird steuerrechtlich zur Aktivierungspflicht, d.h., das Disagio ist in der Steuerbilanz als aktiver Rechnungsabgrenzungsposten zu aktivieren und über die Laufzeit des Darlehens aufzulösen.

Jahr	Ansatz Disagio in der Handelsbilanz	Ansatz Disagio in der Steuerbilanz	Differenz Disagio
2019	0 €	2.000 €	2.000 €
2020	0 €	1.000 €	1.000 €
2021	0 €	0 €	0 €

Die unterschiedliche Behandlung in der Handels- und Steuerbilanz führt zu einer temporären Differenz in den Wertansätzen, die sich mit der Auflösung des steuerrechtlichen Rechnungsabgrenzungspostens abbaut. Der Ansatzunterschied führt zum 31.12.2019 zu einer aktiven latenten Steuer, da der Wertansatz des Disagios (als Aktivposten) in der Steuerbilanz (2.000 €) höher ist als der in der Handelsbilanz (0 €).

Passive latente Steuern entstehen bei temporären Differenzen, wenn ein **Aktiv**posten in der Steuerbilanz einen **niedrigeren** Wert hat als in der Handelsbilanz oder ein **Passiv**posten in der Steuerbilanz einen **höheren** Wert als in der Handelsbilanz hat.

BEISPIEL

Die B GmbH aktiviert in ihrer Handelsbilanz ein selbst geschaffenes Patent mit Herstellungskosten von 80.000 € zum 30.06.2019. Die B GmbH schätzt die betriebsgewöhnliche Nutzungsdauer auf 2 Jahre. Entsprechend beträgt die jährliche Abschreibung 40.000 € (80.000 € : 2 Jahre). Die zeitanteilige Abschreibung für sechs Monate in 2019 beläuft sich auf 20.000 € (40.000 € : 12 x 6).
In der Steuerbilanz unterliegen immaterielle Wirtschaftsgüter des Anlagevermögens, die nicht entgeltlich erworben wurden, einem Aktivierungsverbot. Entsprechend erfolgt kein Ansatz in der Steuerbilanz. Die Herstellungskosten stellen in 2019 in der Steuerbilanz in voller Höhe abzugsfähige Betriebsausgaben dar.
Es liegt ein Unterschied im Ansatz eines Vermögensgegenstandes zwischen Handels- und Steuerbilanz vor. Dieser Ansatzunterschied baut sich durch die Abschreibung in der Handelsbilanz zukünftig ab.

Jahr	Ansatz Handelsbilanz	Ansatz Steuerbilanz	Differenz
2019	60.000 €	0 €	60.000 €
2020	20.000 €	0 €	20.000 €
2021	0 €	0 €	0 €

Der Ansatzunterschied führt zum 31.12.2019 zu einer passiven latenten Steuer, da der Wertansatz des Patentes (als Aktivposten) in der Steuerbilanz (0 €) niedriger ist als der in der Handelsbilanz (60.000 €).

Daneben sind **steuerliche Verlustvorträge** bei der Berechnung **aktiver** latenter Steuern in Höhe der innerhalb der nächsten **fünf Jahre** zu erwartenden **Verlustverrechnung** zu berücksichtigen (§ 274 Abs. 1 Satz 4 HGB).

Für **passive** latente Steuern besteht eine Ansatz**pflicht** (§ 274 Abs. 1 Satz 1 HGB). Übersteigen die aktiven latenten Steuern die passiven latenten Steuern, besteht für den **Überschuss der aktiven latenten Steuern** ein Aktivierungs**wahlrecht** (§ 274 Abs. 1 Satz 2 HGB).

Für den Überschuss der bilanzierten **aktiven** latenten Steuern besteht eine **Ausschüttungssperre** (§ 268 Abs. 8 HGB).

Im Falle des Ansatzes **passiver** latenter Steuern sind die latenten **Steuersalden** zum Ende des Geschäftsjahres sowie deren Veränderung im Laufe des Geschäftsjahres im **Anhang** aufzuführen (§ 285 Nr. 30 HGB).

Die **Bewertung** der latenten Steuern erfolgt mit dem **unternehmensindividuellen Steuersatz** im Zeitpunkt des Abbaus der Differenzen (§ 274 Abs. 2 Satz 1 HGB). Es erfolgt **keine Abzinsung**. Die in der Bilanz erfassten latenten Steuern sind entsprechend dem Abbau der temporären Differenzen in der Zukunft **aufzulösen**.

11.2 Bilanzierung latenter Steuern

Für den **Ausweis** der latenten Steuern in der **Bilanz** bestehen **eigenständige Posten**. Vorgesehen ist ein **saldierter Ausweis** unter dem Posten „D. Aktive latente Steuern" (§ 266 Abs. 2 HGB) oder dem Posten „E. Passive latente Steuern" (§ 266 Abs. 3 HGB). **Zulässig** ist aber **auch** eine **unsaldierte Darstellung** (§ 274 Abs. 1 Satz 3 HGB).

Der Ausweis des Aufwands oder Ertrags aus der Veränderung bilanzierter latenter Steuern erfolgt in der **Gewinn- und Verlustrechnung** gesondert unter dem Posten „Steuern vom Einkommen oder Ertrag" (§ 274 Abs. 2 Satz 3 HGB).

11.2.1 Aktive latente Steuern

Aktive latente Steuern werden im Zeitpunkt der **erstmaligen Erfassung** im **Soll** auf dem Konto

1950 (0983) **Aktive latente Steuern**

und im **Haben** auf dem Gegenkonto

7649 (2255) **Erträge aus der Zuführung und Auflösung von latenten Steuern**

gebucht.

BEISPIEL

Sachverhalt wie im Beispiel auf Seite 238. Der Steuersatz der A GmbH beträgt 25 %.

Zum 31.12.2019 beträgt die Differenz im Wertansatz zwischen Handels- und Steuerbilanz 2.000 €. Die zu erfassende aktive latente Steuer beträgt demnach 500 € (2.000 € x 25 %).

Buchungssatz 31.12.2019:

Sollkonto	Betrag (€)	Habenkonto
1950 (0983) Aktive latente Steuern	500,00	**7649** (2255) Erträge aus der Zuführung u. Aufl. von latenten Steuern

Buchung 31.12.2019:

S	**1950** (0983) **Aktive latente Steuern**	H
500,00		

S	**7649** (2255) **Erträge aus der Zuführung u. Aufl. von latenten Steuern**	H
		500,00

Die Auflösung des Bilanzpostens erfolgt über das Konto

7645 (2250) **Aufwendungen aus der Zuführung und Auflösung von latenten Steuern.**

BEISPIEL

Sachverhalt wie im Beispiel zuvor

Zum 31.12.2020 beträgt die Differenz im Wertansatz zwischen der Handels- und Steuerbilanz 1.000 €. Der Bilanzposten der aktiven latenten Steuern beläuft sich daher auf 250 € (1.000 € x 25 %) und ist entsprechend um 250 € aufzulösen (500 € - 250 €).

Buchungssatz 31.12.2020:

Sollkonto	Betrag (€)	Habenkonto
7645 (2250) Aufw. aus der Zuführung u. Aufl. von latenten Steuern	250,00	**1950** (0983) Aktive latente Steuern

Buchung 31.12.2020:

S	**7645** (2250) **Aufwend. aus der Zuführung u. Aufl. von latenten Steuern**	H
	250,00	

S	**1950** (0983) **Aktive latente Steuern**	H
SV	500,00	**250,00**

11.2.2 Passive latente Steuern

Passive latente Steuern werden im Zeitpunkt der **erstmaligen Erfassung** im **Soll** auf dem Konto

7645 (2250) **Aufwendungen aus der Zuführung und Auflösung von latenten Steuern**

und im **Haben** auf dem Gegenkonto

3065 (0968) **Passive latente Steuern**

gebucht.

BEISPIEL

Sachverhalt wie im Beispiel auf Seite 239. Der Steuersatz der B GmbH beträgt 25%.

Zum 31.12.2019 beträgt die Differenz im Wertansatz zwischen der Handels- und Steuerbilanz 60.000 €. Die zu erfassende passive latente Steuer beträgt demnach 15.000 € (60.000 € x 25%).

Buchungssatz 31.12.2019:

Sollkonto	Betrag (€)	Habenkonto
7645 (2250) Aufw. aus der Zuführung u. Aufl. von latenten Steuern	15.000,00	**3065** (0968) Passive latente Steuern

Buchung 31.12.2019:

S	**7645** (2250) **Aufwend. aus der Zuführung u. Aufl. von latenten Steuern**	H
	15.000,00	

S	**3065** (0968) **Passive latente Steuern**	H
		15.000,00

Die Auflösung des Bilanzpostens erfolgt über das Konto

7649 (2255) **Erträge aus der Zuführung und Auflösung von latenten Steuern.**

BEISPIEL

Sachverhalt wie im Beispiel zuvor

Zum 31.12.2020 beträgt die Differenz im Wertansatz zwischen Handels- und Steuerbilanz 20.000 €. Der Bilanzposten der passiven latenten Steuer beläuft sich daher auf 5.000 € (20.000 € x 25 %) und ist entsprechend um 10.000 € aufzulösen (15.000 € - 5.000 €).

Buchungssatz 31.12.2020:

Sollkonto	Betrag (€)	Habenkonto
3065 (0968) Passive latente Steuern	10.00,00	**7649** (2255) Erträge aus der Zuführung u. Aufl. v. latenten Steuern

Buchung 31.12.2020:

S	**3065** (0968) **Passive latente Steuern**	H
10.000,00	SV	15.000,00

S	**7649** (2255) **Erträge aus der Zuführung u. Aufl. von latenten Steuern**	H
		10.000,00

Zusammenfassung zu Abschnitt 11.1:

Die Ursachen für aktive und passive latente Steuern werden wie folgt zusammengefasst:

	aktive latente Steuern	**passive** latente Steuern
Aktivposten	Steuerbilanz > Handelsbilanz	Steuerbilanz < Handelsbilanz
Passivposten	Steuerbilanz < Handelsbilanz	Steuerbilanz > Handelsbilanz
Besonderheit	steuerliche Verlustvorträge in Höhe der in den nächsten fünf Jahren erwarteten Verlustverrechnung	

11.3 Erfolgskontrolle

Wiederholungsfragen

1. Wer muss grundsätzlich latente Steuern bilanzieren?
2. Was bezeichnen latente Steuern?
3. Was sind die Ursachen latenter Steuern?
4. Wodurch entstehen aktive latente Steuern?
5. Wodurch entstehen passive latente Steuern?
6. Wie sind steuerliche Verlustvorträge zu berücksichtigen?
7. Für welche latenten Steuern besteht eine Ansatzpflicht?
8. Für welche latenten Steuern besteht ein Ansatzwahlrecht?
9. Wie sind latente Steuern zu bewerten?
10. Wie sind latente Steuern in der Handelsbilanz auszuweisen?

Aufgaben

AUFGABE 1

Die C GmbH handelt mit Computern. Am 06.12.2019 bestellte die C GmbH 1.000 Computer zum Preis von je 800 €, die am 10.01.2020 geliefert werden. Zum 31.12.2019 ist der Verkaufspreis auf 600 € gesunken. Die Computer werden in 2020 zum Preis von je 600 € verkauft.
Der Steuersatz der C GmbH beträgt 25 %.

1. Wie ist der gesunkene Verkaufspreis im handelsrechtlichen Jahresabschluss zum 31.12.2019 zu erfassen?
2. Wie ist der gesunkene Verkaufspreis in der Steuerbilanz zum 31.12.2019 zu erfassen?
3. Welche latenten Steuern sind im handelsrechtlichen Jahresabschluss zum 31.12.2019 zu erfassen?
4. Wie würden sich diese latenten Steuern in 2020 entwickeln?
5. Buchen Sie die latenten Steuern zum 31.12.2019 und 31.12.2020.

AUFGABE 2

Die D GmbH aktiviert zum 31.12.2019 ein selbst entwickeltes Patent mit Herstellungskosten in Höhe von 400.000 €. Die Nutzungsdauer wird auf zehn Jahre geschätzt.
Der Steuersatz der D GmbH beträgt 25 %.

1. Wie ist das Patent in der Steuerbilanz zum 31.12.2019 zu erfassen?
2. Welche latenten Steuern sind im handelsrechtlichen Jahresabschluss zum 31.12.2019 zu erfassen?
3. Wie würden sich diese latenten Steuern in 2020 entwickeln?
4. Buchen Sie die latenten Steuern zum 31.12.2019 und 31.12.2020.

AUFGABE 3

Die E GmbH hat im Jahre 2019 ein Darlehen auf US-$-Basis aufgenommen. Der Kredit ist am 31.03.2020 fällig. Der Kreditbetrag beläuft sich auf 1.000.000 US-$. Im Zeitpunkt der Kreditaufnahmen war der Kurs 1,11 US-$/€ (0,90 €/$). Die Verbindlichkeit wurde mit 900.000 € passiviert. Zum 31.12.2019 ergibt sich ein Kassamittelkurs in Höhe von 1,25 US-$/€ (0,80 €/$). Der Ertragsteuersatz der GmbH liegt bei 30 %.

Welche Auswirkung hat die unterschiedliche Behandlung der Verbindlichkeit in der Handels- und Steuerbilanz auf den Ansatz latenter Steuern?

12 Gesellschaftsabschlüsse

Im Folgenden werden die Erstellung von Jahresabschlüssen von **Personengesellschaften** (**OHG, KG**) und **Kapitalgesellschaften** (hier nur **GmbH**) sowie **Gewinnverteilungs- und Kapitalentwicklungstabellen** dieser Rechtsformen erläutert.

12.1 Abschluss und Gewinnverteilung bei der OHG

Die **offene Handelsgesellschaft** (**OHG**) ist eine Personengesellschaft, deren Zweck auf den Betrieb eines Handelsgewerbes unter gemeinsamer Firma gerichtet ist, und bei der die **Haftung aller Gesellschafter** gegenüber den Gesellschaftsgläubigern **unbeschränkt** ist (§ 105 HGB).

Die **OHG** ist als Kaufmann (§ 1 Abs. 1 HGB) **buchführungs- und jahresabschlusspflichtig** (§§ 238, 242 HGB).

Der Jahresabschluss (Bilanz und Gewinn- und Verlustrechnung) der OHG ist **von ihren Gesellschaftern**, soweit sie nicht von der Geschäftsführung ausgeschlossen sind, **aufzustellen**.

Bei der Aufstellung des Jahresabschlusses sind die Vorschriften des Handelsrechts und des Steuerrechts zu beachten.

Der **Jahresabschluss** ist von **allen Gesellschaftern** zu unterzeichnen (§ 245 HGB).

Für **jeden Gesellschafter** ist sein **Anteil am Jahresgewinn** (oder Jahresverlust) zu berechnen.

12.1.1 Berechnung der Gewinn- bzw. Verlustanteile

Haben die Gesellschafter in ihrem Gesellschaftsvertrag zur Gewinn- und Verlustverteilung nichts Besonderes vereinbart, sind die **gesetzlichen Bestimmungen des HGB** anzuwenden. Das Gesetz stellt folgende Regeln auf (§ 121 HGB):

1. **Von dem Jahresgewinn** erhält jeder Gesellschafter **zunächst** einen Anteil in Höhe von **4 % seines Kapitalanteils**; reicht der Jahresgewinn hierzu nicht aus, erhält jeder einen entsprechend **niedrigeren Prozentsatz**.
2. **Entnahmen und Einlagen**, die den Kapitalanteil vermindern bzw. erhöhen, **sind bei der Zinsrechnung** nach Nr. 1 **zeitanteilig zu berücksichtigen**.
3. Der **verbleibende Jahresgewinn** ist **nach Köpfen zu verteilen, ebenso ein Verlust** des Geschäftsjahres.

BEISPIEL

A, B und C sind mit folgenden **Kapitalanteilen** an einer OHG beteiligt:

A	175.000 €,
B	160.000 €,
C	155.000 €,
=	490.000 €.

Der **Jahresgewinn 2019** der OHG beträgt **107.800 €**.

Die Gesellschafter haben in 2019 folgende **Entnahmen** vorgenommen bzw. **Einlagen** geleistet:

30.03.2019 Einlage A	15.000 €,
15.05.2019 Entnahme B	20.000 €,
15.08.2019 Entnahme C	10.000 €,
15.11.2019 Einlage C	30.000 €.

Die **Gewinnverteilung** ist **nach den Bestimmungen des HGB** wie folgt vorzunehmen:

Gewinnverteilungstabelle:

Gesell-schafter	Kapital-anteil €	4 % Zins auf Kapitalanteil €	4 % Zins auf Einla-gen und Entnahmen €	Restgewinn (nach Köpfen) €	Gesamt-gewinn €
A	175.000,00	7.000,00	+ 450,00	29.416,67	36.866,67
B	160.000,00	6.400,00	- 500,00	29.416,67	35.316,67
C	155.000,00	6.200,00	- 150,00 + 150,00	29.416,67	35.616,66
	490.000,00	19.600,00	- 50,00	88.250,00	107.800,00

ÜBUNG →
1. Wiederholungsfragen 1 und 2 (Seite 262),
2. Aufgaben 1 bis 4 (Seite 263)

Die Bestimmungen des **§ 121 HGB**, die die Gewinn- und Verlustverteilung regeln, sind - wie alle Bestimmungen, die die Rechtsverhältnisse der Gesellschafter untereinander regeln, - **nachgiebiges Recht**, d.h., sie gelten nur, wenn die Gesellschafter im Gesellschaftervertrag nichts anderes vereinbart haben (§ 109 HGB).

In der Praxis werden von den Gesellschaftern zur Gewinn- und Verlustverteilung häufig Vereinbarungen getroffen, die von der **gesetzlichen** Regelung abweichen.

Die **Gründe** hierfür liegen z.B. in der **unterschiedlichen Arbeitsleistung**, in der **erhöhten Verantwortung** (nicht alle Gesellschafter sind an der Geschäftsführung beteiligt), im **stärkeren Kapitaleinsatz** (die Sacheinlage eines Gesellschafters enthält stille Reserven) und dem **größeren Unternehmerwagnis** der einzelnen Gesellschafter.

Die von den gesetzlichen Regeln **abweichenden Vereinbarungen betreffen sowohl** die **Verzinsung** des Kapitalanteils **als auch** die Verteilung des **Restgewinns**.

Ferner wird oft die Arbeitsleistung der in der Gesellschaft tätigen Gesellschafter durch ein „**Geschäftsführergehalt**" besonders berücksichtigt.

BEISPIEL

G, H und I sind mit folgenden **Kapitalanteilen** an einer OHG beteiligt:

G	300.000 €,
H	200.000 €,
I	100.000 €,
=	**600.000 €.**

Der **Jahresgewinn 2019** der OHG beträgt **230.720 €**.

Entnahmen und Einlagen, die die Kapitalanteile verändern könnten, wurden **nicht** getätigt.

Zur **Gewinn- und Verlustverteilung** ist im **Gesellschaftsvertrag** Folgendes vereinbart:

„1. Der aus der Bilanz sich ergebende Jahresgewinn wird wie folgt verteilt:
   a) Die geschäftsführenden Gesellschafter erhalten die folgenden Jahresgehälter als Vorweggewinn
      Geschäftsführer G 60.000 €,
      Geschäftsführer H 48.000 €,
      Geschäftsführer I 36.000 €.
   b) Danach sind die Kapitalanteile mit 8 % zu verzinsen. Die Verzinsung richtet sich nach dem Stand der Kapitalanteile zum 01.01. des betreffenden Jahres. Veränderungen der Kapitalanteile im Laufe des Geschäftsjahres bleiben unberücksichtigt. Reicht der Jahresgewinn für eine 8 %ige Verzinsung der Kapitalanteile nicht aus, so ist ein entsprechend niedriger Satz anzuwenden.
   c) Der verbleibende Jahresgewinn wird wie folgt verteilt:
      Gesellschafter G 60 %,
      Gesellschafter H 30 %,
      Gesellschafter I 10 %.
2. Ein aus der Bilanz sich ergebender Jahresverlust wird von den Gesellschaftern im Verhältnis ihrer Kapitalanteile getragen."

Die **Gewinnverteilungstabelle 2019** sieht für diese OHG wie folgt aus:

Gesell-schafter	Kapital-anteil €	Vorweggewinn (Jahresgehalt) €	8 % Zins auf Kapitalanteil €	Restgewinn €	Gesamt-gewinn €
G	300.000,00	60.000,00	24.000,00	23.232,00	170.232,00
H	200.000,00	48.000,00	16.000,00	11.616,00	75.616,00
I	100.000,00	36.000,00	8.000,00	3.872,00	47.872,00
	600.000,00	144.000,00	48.000,00	38.720,00	230.720,00

ÜBUNG →
1. Wiederholungsfrage 3 (Seite 262),
2. Aufgabe 5 (Seite 264)

12.1.2 Buchen der Gewinn- bzw. Verlustanteile sowie der Entnahmen und Einlagen

Der einem Gesellschafter zustehende **Anteil am Gewinn wird** – wenn im Gesellschaftsvertrag nichts anderes vereinbart ist – seinem **Kapitalanteil zugeschrieben** (§ 120 Abs. 2 HGB).

Der auf einen Gesellschafter entfallende **Anteil am Verlust wird**, wenn nichts anderes vereinbart ist, von seinem **Kapitalanteil** abgeschrieben (§ 120 Abs. 2 HGB).

Der Kapitalanteil eines Gesellschafters verändert sich, wenn nichts anderes vereinbart ist, außerdem durch **Entnahmen und Einlagen**.

Der **Kapitalanteil** bezeichnet nicht eine Forderung des Gesellschafters an die Gesellschaft bzw. eine Verbindlichkeit der Gesellschaft gegenüber dem Gesellschafter, sondern er ist zunächst eine rein **rechnerische Größe**, die als **Maßstab für** die Gewinnverteilung, die **Berechnung des Auseinandersetzungsguthabens** (bei Auflösung der Gesellschaft) und für die Höhe der zulässigen **Entnahmen** dient.

Soweit der Gesellschaftsvertrag nichts anderes bestimmt, ist **jeder Gesellschafter berechtigt**,

- einen Betrag bis zu **4 % seines** für das vorangegangene Geschäftsjahr festgestellten **Kapitalanteils zu entnehmen**
  und,
- sofern es die Belange der Gesellschaft zulassen, auch die **Auszahlung seines** diesen Betrag übersteigenden **Anteils am Gewinn** des letzten Jahres **zu verlangen** (§ 122 Abs. 1 HGB).

BEISPIEL

P ist mit einem Kapitalanteil von 250.000 € an einer OHG beteiligt. Sein Gewinnanteil 2019 beträgt **75.000 €**.

P kann in 2020, wenn nichts anderes vereinbart ist, zur Bestreitung seines Lebensunterhalts entnehmen:

4 % seines Kapitalanteils (4 % von 250.000 €)	10.000,00 €
und, wenn die Belange der Gesellschaft es zulassen, den **Rest seines Gewinnanteils** (75.000 € - 10.000 €)	65.000,00 €
insgesamt	**75.000,00 €**

Der **Kapitalanteil** der Gesellschafter wird buchmäßig auf dem **Kapitalkonto** im Eigenkapital ausgewiesen.

Für **jeden Gesellschafter** wird ein **eigenes Kapitalkonto** geführt.

Oft wird im Gesellschaftsvertrag vereinbart, dass **neben dem Kapitalkonto** für jeden Gesellschafter ein **Privatkonto** zu führen ist.

Auf dem **Privatkonto** werden die **Gewinnanteile**, die **Entnahmen** und die **Einlagen** der Gesellschafter verrechnet.

BEISPIEL

R, S und T sind mit folgenden **Kapitalanteilen** an einer OHG beteiligt:

R	150.000,00 €
S	130.000,00 €
T	120.000,00 €
	400.000,00 €

Die Gesellschaft führt **neben den Kapitalkonten** für **jeden** Gesellschafter ein **Privatkonto**. Die Privatkonten weisen zum 01.01.2019 folgende Haben-Salden aus:

R	65.780,00 €
S	57.120,00 €
T	70.470,00 €
	193.370,00 €

Die Gesellschafter haben in 2019 zulässigerweise folgende **Entnahmen** getätigt:

R	54.000,00 €
S	53.200,00 €
T	52.800,00 €
	160.000,00 €

Der **Gewinn** 2019 der **OHG** beträgt **182.760 €**. Davon entfallen lt. Gesellschaftsvertrag auf

Gesellschafter	Vorweggewinn €	4 % Zins €	Restgewinn €	Gesamtgewinn €
R	48.000,00	6.000,00	11.380,00	65.380,00
S	48.000,00	5.200,00	6.828,00	60.028,00
T	48.000,00	4.800,00	4.552,00	57.352,00
	144.000,00	16.000,00	22.760,00	**182.760,00**

Vor der **Buchung der Gewinnanteile** sehen die **Privatkonten** der Gesellschafter wie folgt aus:

S	**2101** (1801) **Privatkonto R**		H
Entnahmen	54.000,00	SV	65.780,00

S	**2102** (1802) **Privatkonto S**		H
Entnahmen	53.200,00	SV	57.120,00

S	**2103** (1803) **Privatkonto T**		H
Entnahmen	52.800,00	SV	70.470,00

Buchungssatz für die Gewinnverteilung:

Sollkonto	Betrag (€)	Habenkonto
9999 (9999) GuVK	65.380,00	**2101** (1801) Privatkonto R
9999 (9999) GuVK	60.028,00	**2102** (1802) Privatkonto S
9999 (9999) GuVK	57.352,00	**2103** (1803) Privatkonto T

Nach der **Buchung der Gewinnanteile** zeigen die entsprechenden Konten folgendes Bild:

S	**2101** (1801) **Privatkonto R**		H
Entnahmen	54.000,00	SV	65.780,00
		Gewinnanteil	**65.380,00**

S	**2102** (1802) **Privatkonto S**		H
Entnahmen	53.200,00	SV	57.120,00
		Gewinnanteil	**60.028,00**

S	**2103** (1803) **Privatkonto T**		H
Entnahmen	52.800,00	SV	70.470,00
		Gewinnanteil	**57.352,00**

S	**9999** (9999) **GuVK**		H
Aufwendungen	797.985,00	Erträge	980.745,00
Privatkonto R	65.380,00		
Privatkonto S	60.028,00		
Privatkonto T	57.352,00		
	980.745,00		980.745,00

ÜBUNG →

1. Wiederholungsfragen 4 bis 6 (Seite 262),
2. Aufgaben 6 und 7 (Seite 264)

Vielfach wird der Teil des Gewinnanteils, der vertraglich als „**Gehalt**" verteilt wird, schon im Laufe des Geschäftsjahres in monatlichen Teilbeträgen den geschäftsführenden Gesellschaftern ausgezahlt und **als Aufwand gebucht**.

BEISPIEL

Eine entsprechende vertragliche Vereinbarung könnte z. B. folgenden Wortlaut haben:

§ 7

„Als Vergütung für ihre Tätigkeit erhalten die geschäftsführenden Gesellschafter neben dem ihnen nach § 9 zustehenden Gewinnanteil (Anm.: In § 9 sind die Verzinsung der Kapitalanteile und die Verteilung des restlichen Gewinns geregelt.) ein festes, vorweg über Geschäftskosten zu buchendes Gehalt, das für jeden Gesellschafter monatlich 4.000 € beträgt."

Buchungssatz bei Banküberweisung:

Sollkonto	Betrag (€)	Habenkonto
6020 (4120) Gehälter	4.000,00	**1800** (1200) Bank

Diese Vereinbarung und Art der Buchung ändert nichts daran, dass es sich letztlich um einen **Vorweggewinn** handelt.

BEISPIEL

Sachverhalt wie im Beispiel auf den Seiten 247 ff. mit dem Unterschied, dass den Gesellschaftern im Laufe des Jahres je 48.000 € Gehalt vorweg zulasten des Kontos „Gehälter" durch Banküberweisung vergütet wurden.

	alter handelsrechtlicher Jahresgewinn	182.760,00 €
-	„Gehälter"	- 144.000,00 €
=	neuer handelsrechtlicher Jahresgewinn	**38.760,00 €**

Davon entfallen auf

Gesellschafter	4 % Zins €	Restgewinn €	Gesamtgewinn €
R	6.000,00	11.380,00	17.380,00
S	5.200,00	6.828,00	12.028,00
T	4.800,00	4.552,00	9.352,00
	16.000,00	22.760,00	**38.760,00**

Addiert man zu diesen Gewinnanteilen die bereits vergüteten Gehälter, so erhält man die Gewinnanteile des ersten Beispiels.

Steuerlich sind die den OHG-Gesellschaftern vergüteten **Gehälter keine Betriebsausgaben**.

Sie gehören bei den Gesellschaftern **zu den Einkünften aus Gewerbebetrieb** (§ 15 Abs. 1 **Nr. 2 EStG**).

12.1.3 Abschluss der Gesellschafterkonten

Unter den **Gesellschafterkonten** versteht man die **Kapitalkonten** und **Privatkonten** der Gesellschafter.

Die (festen) Kapitalkonten werden häufig auch „**Kapitalkonten I**"und die (veränderlichen) Privatkonten auch „**Kapitalkonten II**" genannt.

Die Kapitalkonten sind handelsrechtlich Ausdruck der Rechtsverhältnisse der Gesellschafter untereinander.
Sie sind, wenn nichts anderes vereinbart ist, Maßstab z. B. für das Beteiligungsverhältnis, für die Berechnung eines Teils des Gewinnanteils, für die Berechnung der zulässigen Entnahmen und des Auseinandersetzungsguthabens.

Haben die Gesellschafter nichts anderes vereinbart, sind die **Privatkonten über** die **Kapitalkonten** und die **Kapitalkonten über** das **SBK abzuschließen** (§ 120 Abs. 2 HGB).

BEISPIEL

Die vorläufige **Saldenbilanz** einer OHG weist zum 31.12.2019 folgende Salden aus:

	Haben €
2001 (0871) Kapitalkonto A	180.000,00
2002 (0872) Kapitalkonto B	170.000,00
2101 (1801) Privatkonto A	54.780,00
2102 (1802) Privatkonto B	42.130,00

Buchungssatz für den Abschluss der Gesellschafterkonten:

Sollkonto	Betrag (€)	Habenkonto
2101 (1801) Privatkonto A	54.780,00	**2001** (0871) Kapitalkonto
2001 (0871) Kapitalkonto A	234.780,00	**9998** (9998) SBK
2102 (1802) Privatkonto B	42.130,00	**2002** (0872) Kapitalkonto
2002 (0872) Kapitalkonto B	212.130,00	**9998** (9998) SBK

Wird im Gesellschaftsvertrag festgelegt, dass die Kapitalkonten (= **Kapitalkonten I**) in Höhe ihrer ursprünglichen Einlagen **unverändert** bleiben und dass die Gewinnanteile, Verlustanteile, weitere Einlagen und Entnahmen ausschließlich auf Privatkonten (= **Kapitalkonten II**) verrechnet werden, erhalten die Kapitalkonten II handelsbilanzmäßig den Charakter von gewöhnlichen Forderungen und Verbindlichkeiten.

Sie werden dann **nicht über** die **Kapitalkonten** (I) **abgeschlossen**, **sondern über** das **SBK**.

BEISPIEL

Sachverhalt wie im Beispiel zuvor mit dem Unterschied, dass alle Gesellschafterkonten über das **SBK** abgeschlossen werden.
Die Gesellschafterkonten werden als **Kapitalkonto I** und **Kapitalkonto II** geführt: Konto **2101** (1801) = **2011** (0881), Konto **2102** (1802) = **2012** (0882).

Buchungssatz:

Sollkonto	Betrag (€)	Habenkonto
2001 (0871) Kapitalkonto I A	180.000,00	**9998** (9998) SBK
2011 (0881) Kapitalkonto II A	54.780,00	**9998** (9998) SBK
2002 (0872) Kapitalkonto I B	170.000,00	**9998** (9998) SBK
2012 (0882) Kapitalkonto II B	42.130,00	**9998** (9998) SBK

Steuerrechtlich gehören die Kapitalkonten II zum Betriebsvermögen i.S.d. § 4 Abs. 1 EStG, d.h., das Betriebsvermögen i.S.d. § 4 Abs. 1 EStG setzt sich aus den Salden der Kapitalkonten I und II zusammen.

ÜBUNG →
1. Wiederholungsfragen 7 bis 9 (Seite 262),
2. Aufgabe 8 (Seite 264)

12.2 Abschluss und Gewinnverteilung bei der KG

Die **Kommanditgesellschaft** (**KG**) ist eine Personengesellschaft, deren Zweck auf den Betrieb eines Handelsgewerbes unter gemeinsamer Firma gerichtet ist, bei der mindestens ein Gesellschafter (**Komplementär**) unbeschränkt und ein Gesellschafter (**Kommanditist**) mit seiner Einlage beschränkt haftet (§ 161 Abs. 1 HGB).

Die **KG** ist als Kaufmann (§ 1 Abs. 1 HGB) **buchführungs- und jahresabschlusspflichtig** (§§ 238, 242 HGB).

Der **Jahresabschluss** der KG ist grundsätzlich von den geschäftsführenden, also den persönlich haftenden **Gesellschaftern** (= Vollhafter) **aufzustellen**.

Bei der Aufstellung des Jahresabschlusses sind die Vorschriften des Handels- und des Steuerrechts zu beachten.

Der **Jahresabschluss** ist **von allen persönlich haftenden Gesellschaftern** zu unterzeichnen (§ 245 Satz 2 HGB).

Für jeden Gesellschafter ist sein **Anteil am Jahresgewinn bzw. Jahresverlust** zu berechnen.

12.2.1 Berechnung der Gewinn- bzw. Verlustanteile

Wenn die Gesellschafter in ihrem Gesellschaftsvertrag nichts Besonderes vereinbart haben, gelten die gesetzlichen Bestimmungen des HGB.

Nach § 168 HGB ergibt sich Folgendes:

1. Vom Jahresgewinn erhalten Komplementäre und Kommanditisten zunächst einen Anteil in Höhe von **4 % ihrer Kapitalanteile**; reicht der Jahresgewinn hierzu nicht aus, erhält jeder Gesellschafter einen entsprechenden niedrigeren Prozentsatz.
2. **Entnahmen und Einlagen** der Komplementäre, die den Kapitalanteil verändern, sind bei der Zinsrechnung nach Nr. 1 **zeitanteilig zu berücksichtigen**. (Anm.: Kommanditisten sind nicht ohne Weiteres zu Entnahmen und Einlagen berechtigt.)
3. Der verbleibende Jahresgewinn ist in einem **angemessenen Verhältnis** der Anteile zu verteilen, ebenso ein Verlust des Geschäftsjahres.

Im „**angemessenen Verhältnis**" sollen die **persönliche Mitarbeit**, das **Risiko der persönlichen Haftung** und die **Höhe der Einlagen** der Gesellschafter berücksichtigt werden.

Zur Vermeidung von Meinungsverschiedenheiten wird in der Regel im Gesellschaftsvertrag das „angemessene Verhältnis" **zahlenmäßig** festgelegt.

BEISPIEL

V (= Vollhafter) und T (= Teilhafter) sind mit folgenden Kapitalanteilen an einer KG beteiligt:

V	300.000 €,
T	200.000 €,
	500.000 €.

Der Jahresgewinn 2019 der KG beträgt **185.360 €**.

Entnahmen und Einlagen, die die Kapitalanteile verändern könnten, wurden nicht gemacht.

Zur Gewinn- und Verlustverteilung ist im **Gesellschaftsvertrag** Folgendes festgelegt:

„1. Der sich aus der Bilanz ergebende Jahresgewinn wird wie folgt verteilt:
   a) Der Kapitalanteil der Gesellschafter wird zunächst nach dem Stand vom 01.01. mit 6 % verzinst. Reicht der Jahresgewinn hierzu nicht aus, so bestimmen sich die Gewinnanteile nach einem entsprechend niedrigeren Satz.
   b) Von dem verbleibenden Jahresgewinn erhält der persönlich haftende Gesellschafter 50 % vorweg.
   c) Der überschießende Gewinn wird unter die Gesellschafter im Verhältnis ihrer Kapitalanteile verteilt.
2. Ein aus der Bilanz sich ergebender Jahresverlust wird von den Gesellschaftern im Verhältnis ihrer Kapitalanteile getragen."

Die **Gewinnverteilungstabelle 2019** sieht für diese **KG** wie folgt aus:

Gesell-schafter	Kapitalanteil €	6 % Zins €	Vorweggewinn €	Restgewinn €	Gesamtgewinn €
V	300.000	18.000	77.680	46.608	142.288
T	200.000	12.000		31.072	43.072
	500.000	30.000	77.680	77.680	**185.360**

Anstelle des prozentual festgelegten Vorweggewinns werden auch feste „Gehälter" für die geschäftsführenden Gesellschafter vereinbart.

ÜBUNG	1. Wiederholungsfrage 10 (Seite 262), 2. Aufgabe 9 (Seite 264)

12.2.2 Buchen der Gewinn- bzw. Verlustanteile sowie der Entnahmen und Einlagen

Die **Gesellschafterkonten** der **Komplementäre** einer KG entsprechen den Gesellschafterkonten der **OHG-Gesellschafter**.

D.h.: Wenn nichts Besonderes vereinbart ist, wird für jeden Vollhafter ein Kapitalkonto geführt. Auf dieses Kapitalkonto werden der Kapitalanteil, die Gewinn- und Verlustanteile sowie die Entnahmen und Einlagen gebucht:

S	**2001** (0871) **Kapitalkonto Komplementär V**		H
(Verlustanteil) **Entnahmen**		SV	Kapitalanteil **Gewinnanteil** **Einlagen**

Ist etwas Besonderes vereinbart, werden die Gesellschafterkonten diesen Vereinbarungen entsprechend geführt.
Üblich ist, für jeden Komplementär **ein (festes) Kapitalkonto und ein Privatkonto** zu führen:

S	**2001** (0871) **Kapitalkonto** Komplementär V		H
		SV	Kapitalanteil

S	**2101** (1801) **Privatkonto** Komplementär V	H
(Verlustanteil) **Entnahmen**		Gewinnanteil **Einlagen**

Weil die Kapitalanteile der **Kommanditisten** einer KG fest sind, werden in der Regel für die Teilhafter - nach HGB bzw. Vertrag - **zwei Konten** geführt:

ein Konto, auf dem der feste Kapitalanteil ausgewiesen wird (**festes Kapitalkonto**), sowie ein Konto, auf dem die Gewinnanteile gutgeschrieben und die Gewinnauszahlungen belastet werden (**Verbindlichkeitskonto**). Handelsrechtlich erhöhen die Gewinnanteile der Kommanditisten nicht deren Kapitalanteil. Der Gewinnanspruch des Kommanditisten ist eine Verbindlichkeit der KG.

Verlustanteile der Kommanditisten werden dem Kapitalkonto belastet, weil sie deren Kapitalanteil schmälern:

S	**2051** (0901) **Kapitalkonto** Kommanditist T		H
Verlustanteil		SV	Kapitalanteil

S	**3501** (1701) **Verbindlichkeitskonto** Kommanditist T	H
Gewinnauszahlung		Gewinnanteil

Nach Verlustjahren anfallende Gewinnanteile werden dem Kapitalkonto der Kommanditisten solange gutgeschrieben, bis der vertraglich vereinbarte Kapitalanteil wieder erreicht ist.

BEISPIEL

T ist als Kommanditist an einer KG mit einem Kapitalanteil von 250.000 € beteiligt.
Die KG erzielte in 2018 - nach Gewinnjahren - einen **Verlust** von **165.240 €**.
Davon entfielen auf T **34.180 €**.
In 2019 erzielte die KG einen **Gewinn** von **210.450 €**. Davon entfallen auf T **40.710 €**.

Kapitalkonto und **Verbindlichkeitskonto** des T zeigen Ende 2018 und Ende 2019 folgendes Bild:

31.12.2018:

S	**2051** (0901) **Kapitalkonto Kommanditist T**		H
Verlustanteil	34.180,00	SV	250.000

31.12.2019:

S	**2051** (0901) **Kapitalkonto** Kommanditist T		H
		SV	215.820,00
		Teil-Gewinnanteil	34.180,00

S	**3501** (1701) **Verbindlichkeitskonto** Kommanditist T		H
		Rest-Gewinnanteil	6.530,00

Die **Komplementäre** der KG haben - wie die OHG-Gesellschafter - ein **Recht auf Privatentnahme**. Dieses Recht ergibt sich entweder aus dem Gesellschaftsvertrag oder - wenn nichts Besonderes vereinbart ist - aus dem HGB (§ 122 HGB).

Die Entnahmen der **Komplementäre** werden, wenn nur ein Kapitalkonto geführt wird, dem Kapitalkonto, wenn neben dem Kapitalkonto noch ein Privatkonto geführt wird, dem Privatkonto belastet.

Für die **Kommanditisten** gilt etwas anderes. Sie haben nach dem HGB **kein Recht auf Entnahme** (§ 169 Abs. 1 Satz 1 HGB).

Diese gesetzliche Bestimmung ist jedoch nachgiebiges Recht. Im Gesellschaftsvertrag können auch die Kommanditisten zu Privatentnahmen berechtigt werden, was allerdings nicht üblich ist.

Privatentnahmen der Kommanditisten werden in der Regel dem Verbindlichkeitskonto belastet, weil sie als Vorschuss auf den künftigen Gewinnanteil zu betrachten sind.

Hinsichtlich der Buchung von „Gehältern" der geschäftsführenden Komplementäre gilt das zu den Gehältern der OHG-Gesellschafter Gesagte entsprechend.

ÜBUNG →

1. Wiederholungsfragen 11 bis 14 (Seite 262),
2. Aufgaben 10 und 11 (Seite 265)

12.2.3 Abschluss der Gesellschafterkonten

Der Abschluss der Gesellschafterkonten der Komplementäre entspricht dem Abschluss der Gesellschafterkonten der **OHG-Gesellschafter**.

D.h.: Wenn nichts Besonderes vereinbart ist, werden die **Privatkonten** über die **Kapitalkonten** und die **Kapitalkonten** über das **SBK** abgeschlossen.

Ist etwas Besonderes vereinbart, sind die Konten der Komplementäre vertragsgemäß abzuschließen. Üblich ist in diesen Fällen, die festen Kapitalkonten (= Kapitalkonten I) und die Privatkonten als Kapitalkonten II direkt über das SBK abzuschließen.

Das (**feste**) **Kapitalkonto** der **Kommanditisten** und deren **Verbindlichkeitskonto** werden über das **SBK** abgeschlossen.

BEISPIEL

Die Gesellschafterkonten einer KG weisen nach der Gewinnverteilung zum 31.12.2019 folgende Salden aus:

	Haben €
2001 (0871) Kapitalkonto I Komplementär V	350.000,00
2011 (0881) Kapitalkonto II Komplementär V	16.180,00
2051 (0901) Kapitalkonto I Kommanditist T	150.000,00
3501 (1701) Verbindlichkeit Kommanditist T (Gewinnanteil)	31.670,00

Die **Kapitalkonten I** sollen nach dem Gesellschaftsvertrag als unveränderliche Kapitalkonten geführt werden.

Buchungssatz für den Abschluss der Gesellschafterkonten:

Sollkonto	Betrag (€)	Habenkonto
2001 (0871) Kapitalkonto I Komplementär V	350.000,00	**9998** (9998) SBK
2011 (0881) Kapitalkonto II Komplementär V	16.180,00	**9998** (9998) SBK
2051 (0901) Kapitalkonto I Kommanditist T	150.000,00	**9998** (9998) SBK
3501 (1701) Verbindlichkeit Kommanditist T	31.670,00	**9998** (9998) SBK

Steuerrechtlich gehören die Kapitalkonten II auch bei der KG zum Betriebsvermögen im Sinne des § 4 Abs. 1 EStG, d.h., das Betriebsvermögen i.S.d. § 4 Abs. 1 EStG setzt sich aus den Salden der Kapitalkonten I und II zusammen.

ÜBUNG →
1. Wiederholungsfragen 15 und 16 (Seite 262),
2. Aufgaben 12 und 13 (Seite 265)

12.3 Abschluss und Gewinnverteilung bei der GmbH

Die **Gesellschaft mit beschränkter Haftung** (**GmbH**) ist eine **Kapitalgesellschaft**, bei der die **Haftung** der Gesellschafter gegenüber der Gesellschaft auf ihre Kapitaleinlage **beschränkt** ist.

12.3.1 Rechnungslegungsvorschriften

Die **Geschäftsführer** der GmbH haben den **Jahresabschluss** (Bilanz, Gewinn- und Verlustrechnung und Anhang) und den **Lagebericht aufzustellen** (§ 42a GmbHG).
Kleine Kapitalgesellschaften brauchen den **Lagebericht nicht** aufzustellen (§ 264 Abs. 1 Satz 4 HGB).
Über die **Feststellung des Jahresabschlusses** und die **Verwendung des Ergebnisses** bestimmen die **Gesellschafter** (§§ 42a, 46 GmbHG).

In der **Bilanz** einer GmbH ist das **Stammkapital** als **gezeichnetes Kapital** auszuweisen (§ 42 Abs. 1 GmbHG).
Große und mittelgroße GmbHs haben die Posten der Bilanz nach dem Gliederungsschema des § 266 Abs. 2 und 3 HGB auszuweisen.

Kleinste und kleine GmbHs können die Bilanz in **verkürzter Form** aufstellen (§ 266 Abs. 1 Satz 3 HGB).

B 2 Einzelheiten zu den Rechnungslegungsvorschriften einer Kapitalgesellschaft (z.B. GmbH) erfolgten bereits im Abschnitt 2.1.2.2.2, S. 11 ff.

Ein **Posten** der Bilanz, der **keinen Betrag** ausweist, braucht **nicht** aufgeführt zu werden, es sei denn, dass im vorhergehenden Geschäftsjahr unter diesem Posten ein Betrag ausgewiesen wurde (§ 265 Abs. 8 HGB).

B 1 So könnte z.B. die **Gründungsbilanz** der J & L Möbelfabrik GmbH (siehe **Buchführung 1**, 31. Auflage 2019, S. 34) wie folgt aussehen:

Aktiva	Bilanz der J & L Möbelfabrik GmbH zum 31.01.2019		Passiva
A. Anlagevermögen:		**A. Eigenkapital:**	
I. Sachanlagen:		I. Gezeichnetes Kapital	130.000,00
1. Grundstücke und Bauten	110.000,00		
B. Umlaufvermögen:			
I. Kassenbestand	20.000,00		
	130.000,00		130.000,00
16.02.2019 J & L			

Das **gezeichnete Kapital** ist zum **Nennbetrag** anzusetzen (§ 272 Abs. 1 Satz 2 HGB).

Gesellschafter müssen bei Bareinzahlungen nicht den Nennbetrag, sondern lediglich **ein Viertel** davon leisten (§ 7 Abs. 2 GmbHG).

Soweit das **Kapital** von Gesellschaftern **nicht vollständig eingezahlt** worden ist, bestehen **ausstehende Einlagen**.
Die ausstehenden Einlagen sind **zwingend** nach der **Nettomethode** darzustellen.
Nach der Nettomethode sind die **nicht eingeforderten ausstehenden Einlagen offen**, d.h., in einer **Vorspalte** vom gezeichneten Kapital **abzusetzen**. Der sich ergebende **Saldo** aus gezeichnetem Kapital und nicht eingeforderten ausstehenden Einlagen ist als **eingefordertes Kapital** in der **Hauptspalte** der Bilanz auszuweisen (§ 272 Abs. 1 Satz 3 HGB).
Die **eingeforderten ausstehenden Einlagen** sind als **Forderung** im Umlaufvermögen auszuweisen (§ 272 Abs. 1 Satz 3 HGB). Dieser Posten ist eine **Forderung der GmbH** gegenüber den Gesellschaftern auf Einzahlung des gezeichneten Kapitals.

BEISPIEL

Sachverhalt wie im Beispiel zuvor mit dem **Unterschied**, dass das Kapital wie folgt eingezahlt worden ist bzw. eingezahlt werden soll:

Gezeichnetes Kapital	130.000 €,
geleistete Einlagen	50.000 €,
ausstehende Einlagen	80.000 €,
eingeforderte ausstehende Einlagen	20.000 €.

Die **Gründungsbilanz** (Auszug) der **J & L Möbelfabrik GmbH** sieht dann wie folgt aus:

Aktiva		**Bilanz** der **J & L Möbelfabrik GmbH** zum 31.01.2019		**Passiva**
A. Anlagevermögen:		**A. Eigenkapital:**		
B. Umlaufvermögen:		I. Gezeichnetes Kapital	130.000	
II. Forderungen und sonstige Vermögensgegenstände:		- nicht eingeforderte ausstehende Einlage	60.000	
5. Eingefordertes, noch nicht eingezahltes Kapital	**20.000,00**	= Eingefordertes Kapital		70.000,00

Im vorstehenden Beispiel stehen von dem gezeichneten Kapital der GmbH nur 50.000 € zur Verfügung. Auf weitere 80.000 € hat die GmbH einen Anspruch gegen die Gesellschafter J & L. Diesen macht sie aber nur in Höhe von 20.000 € geltend.

Die **ausstehenden Einlagen** werden auf die Konten

2910 (0820) **Ausstehende Einlagen auf das gezeichnete Kapital, nicht eingefordert (Passivausweis, vom gezeichneten Kapital offen abgesetzt)**
und

1298 (0830) **Ausstehende Einlagen auf das gezeichnete Kapital, eingefordert (Forderungen)**

im **Soll** gebucht.
Die **Gegenbuchung** erfolgt im **Haben** auf dem Konto

2900 (0800) **Gezeichnetes Kapital.**

BEISPIEL

Sachverhalt wie im Beispiel zuvor

Buchungssatz:

Sollkonto	Betrag (€)	Habenkonto
2910 (0820) Ausstehende Einlagen, nicht eingefordert	60.000,00	**2900** (0800) Gezeichnetes Kapital
1298 (0830) Ausstehende Einlagen, eingefordert	20.000,00	**2900** (0800) Gezeichnetes Kapital

Buchung:

2910 (0820) **Ausstehende Einlagen auf das gezeichnete Kapital, nicht eingefordert**

S	H
60.000,00	

2900 (0800) **Gezeichnetes Kapital**

S	H
	SV 50.000,00
	60.000,00
	20.000,00

1298 (0830) **Ausstehende Einlagen auf das gezeichnete Kapital, eingefordert**

S	H
20.000,00	

Die Gründung einer sog. Unternehmergesellschaft (UG) ist ohne ein Mindestkapital möglich. Wird bei der Gründung das Gesellschaftskapital von **25.000 Euro unterschritten**, muss die Firma den Zusatz „**Unternehmergesellschaft** (**haftungsbeschränkt**)" oder „**UG** (**haftungsbeschränkt**)" führen (§ 5a Abs. 1 GmbHG).

25 % des Jahresüberschusses müssen jährlich in eine **Rücklage** eingestellt werden, bis das volle Haftungskapital der GmbH erreicht ist (§ 5a Abs. 3 GmbHG).

ÜBUNG →
1. Wiederholungsfragen 17 bis 22 (Seite 262),
2. Aufgabe 14 (Seite 266)

12.3.2 Gewinnausschüttung

Die **Gewinn- und Verlustrechnung** der GmbH ist in **Staffelform** nach dem **Gesamtkostenverfahren** (§ 275 Abs. 2 HGB) oder nach dem **Umsatzkostenverfahren** (§ 275 Abs. 3 HGB) aufzustellen.

Große GmbHs haben die in den Gliederungsschemata des § 275 Abs. 2 oder Abs. 3 HGB genannten Posten in der angegebenen Reihenfolge und gesondert auszuweisen.

B 2 Das **Gliederungsschema** der Gewinn- und Verlustrechnung für **große** Kapitalgesellschaften ist auf Seite 10 dargestellt.

Für **kleinste, kleine und mittelgroße GmbHs** bestehen **Erleichterungen** (§§ 275, 276 HGB).

B 2 Das **Gliederungsschema** der Gewinn- und Verlustrechnung für **kleine** und **mittelgroße** Kapitalgesellschaften ist auf Seite 16 dargestellt.

BEISPIEL

Die **Gewinn- und Verlustrechnung** der **J & L Möbelfabrik GmbH** sieht für die Zeit vom 01.02. bis 31.12.2019 wie folgt aus:

Gewinn- und Verlustrechnung

Nr.	Posten	€	€
1.	Umsatzerlöse		198.000,00
2.	sonstige betriebliche Erträge		34.180,00
3.	Aufwendungen für Ware		75.000,00
4.	Personalaufwand		
	a) Löhne und Gehälter	30.000,00	
	b) soziale Abgaben	15.000,00	45.000,00
5.	Abschreibungen auf Sachanlagen		13.000,00
6.	sonstige betriebliche Aufwendungen		36.300,00
	Betriebsergebnis		**62.880,00**
7.	Zinsen und ähnliche Aufwendungen		300,00
	Finanzergebnis		- 300,00
8.	Steuern vom Einkommen und Ertrag		10.600,00
9.	**Ergebnis nach Steuern**		**51.980,00**
10.	sonstige Steuern		5.000,00
11.	**Jahresüberschuss**		**46.980,00**

Der **Jahresüberschuss** von **46.980 €** ist das **handelsrechtliche** Ergebnis des Jahres 2019 nach § 275 Abs. 2 HGB.

Dieses Ergebnis ist für die Besteuerung **nicht** maßgebend, das zeigt sich z. B. bei dem Posten 8. Danach sind die **Steuern vom Einkommen und Ertrag** (z. B. KSt, GewSt) als Aufwand erfasst. Einkommensteuerrechtlich sind diese Aufwendungen **nicht abzugsfähige Ausgaben/Betriebsausgaben** (§ 12 Nr. 3 EStG/§ 4 Abs. 5b EStG).

Zur Ermittlung des **steuerrechtlichen** Gewinns müssen die **nicht abziehbaren Aufwendungen** dem Jahresüberschuss **hinzugerechnet** werden.

Die Gewinnverteilung ist nach § 29 GmbHG wie folgt vorzunehmen:

	Jahresüberschuss/Jahresfehlbetrag **nach Steuern**		.... €
+	Gewinnvortrag aus Vorjahren		.... €
-	Verlustabzug aus Vorjahren	-	.... €
	Einstellung in die Gewinnrücklage		.... €
=	**Bilanzgewinn**		.... €
-	Verteilung des Bilanzgewinns nach dem Verhältnis der Geschäftsanteile	-	.... €
=	Gewinnvortrag auf das Folgejahr		.... €

BEISPIEL

Die Gesellschafter J und L sind zu je 50 % an der J & L Möbelfabrik GmbH beteiligt.
Lt. Gesellschafterbeschluss werden 6.980 € in die Gewinnrücklage eingestellt und je 20.000 € an die Gesellschafter J und L ausgeschüttet.

Gewinnausschüttung lt. Gesellschafterbeschluss:

	Jahresüberschuss **nach Steuern**	46.980 €
-	Einstellung in die Gewinnrücklage	- 6.980 €
=	**Bilanzgewinn per 31.12.2019**	**40.000 €**
-	Gewinnausschüttung (2 x 20.000 €)	- 40.000 €
=	Gewinnvortrag auf 2020	0 €

Gewinnverteilung auf die Gesellschafter J und L:

		J €	L €	gesamt €
	Brutto-Dividende	20.000	20.000	40.000
-	25 % Kapitalertragsteuer	5.000	5.000	10.000
-	5,5 % Solidaritätszuschlag	275	275	550
=	Netto-Dividende (Banküberweisung)	14.725	14.725	29.450

Der **Jahresüberschuss** des Jahres 2019 (46.980 €) wird in 2020 wie folgt gebucht:

1. Zu Beginn des Geschäftsjahres (2020) wird der Jahresüberschuss (2019) vorgetragen.
2. Im Laufe des Geschäftsjahres (2020) erfolgen die Buchungen nach dem Gesellschafterbeschluss.
3. Im Laufe des Geschäftsjahres (2020) erfolgt die Buchung der Auszahlung an die Gesellschafter.
4. Im Laufe des Geschäftsjahres (2020) erfolgt die Banküberweisung der Kapitalertragsteuer und des Solidaritätszuschlags.

BEISPIEL

Sachverhalt wie im Beispiel zuvor

Buchungssatz (2020):

Tz.	Sollkonto	Betrag (€)	Habenkonto
1.	**9000** (9000) Saldenvorträge	46.980,00	**2970** (0860) Gewinnvortrag vor Verwendung
2.	**2970** (0860) Gewinnvortrag vor Verwendung	46.980,00	
		6.980,00	**2960** (0855) Einstellung in andere Gewinnrücklagen
		40.000,00	**3519** (0755) Verbindlichkeiten geg. Gesellschaftern
3.	**3519** (0755) Verbindlichkeiten geg. Gesellschaftern	40.000,00	
		10.550,00	**3760** (1746) Verbindl. aus Einbeh.
		29.450,00	**1800** (1800) Bank
4.	**3760** (1746) Verbindlichkeiten aus Einbeh.	10.550,00	**1800** (1800) Bank

Buchung (2020):

9000 (9000) **Saldenvorträge**

S		H	
1)	46.980,00		

2970 (0860) **Gewinnvortrag vor Verwendung**

S		H	
2)	46.980,00	1)	46.980,00

2960 (0855) **Einstellung in andere Gewinnrücklagen**

S		H	
		2)	6.980,00

3519 (0755) **Verbindlichk. gegenüber Gesellschaftern**

S		H	
3)	40.000,00	2)	40.000,00

3760 (1746) **Verbindlichk. aus Einbeh. (KapESt u. SolZ)**

S		H	
4)	10.550,00	3)	10.550,00

1800 (1200) **Bank**

S		H	
		3)	29.450,00
		4)	10.550,00

ÜBUNG → 1. Wiederholungsfrage 23 (Seite 262),
2. Aufgabe 15 (Seite 266)

12.4 Erfolgskontrolle

Wiederholungsfragen

1. Wie ist der Gewinn einer OHG zu verteilen, wenn die Gesellschafter keine vom HGB abweichende Gewinnverteilung vereinbart haben?
2. Wie ist der Verlust einer OHG nach § 121 HGB zu verteilen?
3. Dürfen die Gesellschafter einer OHG eine Gewinn- und Verlustverteilung vereinbaren, die von § 121 HGB abweicht? Begründen Sie Ihre Antwort.
4. Wo wird der Kapitalanteil eines OHG-Gesellschafters buchmäßig ausgewiesen?
5. Was wird oft im Gesellschaftsvertrag hinsichtlich der buchmäßigen Behandlung des Gewinnanteils vereinbart?
6. Wie werden in diesem Fall die Entnahmen und Einlagen, die den Kapitalanteil nicht verändern, buchmäßig behandelt?
7. Was versteht man unter den Gesellschafterkonten?
8. Über welche Konten sind die Gesellschafterkonten abzuschließen, wenn nichts Besonderes vereinbart ist?
9. Was kann im Gesellschaftervertrag hinsichtlich des Führens und des Abschlusses der Gesellschafterkonten vereinbart werden?
10. Wie ist die Gewinn- und Verlustverteilung für die KG im § 168 HGB geregelt?
11. Welche Gesellschafterkonten werden für die Komplementäre einer KG geführt?
12. Welche Gesellschafterkonten werden für die Kommanditisten einer KG geführt?
13. Wie ist das Entnahmerecht der Komplementäre einer KG gesetzlich geregelt?
14. Wie ist das Entnahmerecht der Kommanditisten einer KG im HGB geregelt?
15. Wie sind die Gesellschafterkonten der Komplementäre abzuschließen, wenn nichts Besonderes vereinbart ist?
16. Wie sind die Gesellschafterkonten der Kommanditisten abzuschließen, wenn nichts Besonderes vereinbart ist?
17. Wer hat bei der GmbH den Jahresabschluss aufzustellen?
18. Wie bezeichnet man das Stammkapital in der Bilanz einer GmbH?
19. Welchen Anteil des zum Nennbetrag angesetzten gezeichneten Kapitals müssen Gesellschafter einer GmbH bei Bareinzahlung mindestens leisten?
20. Wie sind bei einer GmbH nicht eingeforderte ausstehende Einlagen darzustellen?
21. Wie sind bei einer GmbH eingeforderte ausstehende Einlagen darzustellen?
22. Was bedeutet der Zusatz „Unternehmergesellschaft (haftungsbeschränkt)" oder „UG (haftungsbeschränkt)"?
23. Wie ist die Gewinnaufteilung nach § 29 GmbHG vorzunehmen?

Aufgaben

AUFGABE 1

A, B und C sind mit folgenden Kapitalanteilen an einer OHG beteiligt:

A	145.000 €
B	120.000 €
C	130.000 €
	395.000 €

Der Jahresgewinn 2019 der OHG beträgt 194.800 €. Die Gesellschafter haben in 2019 keine Entnahmen getätigt und keine Einlagen geleistet, die die Kapitalanteile verändert haben.

Erstellen Sie die Gewinnverteilungstabelle. Die Gewinnverteilung erfolgt nach § 121 HGB.

AUFGABE 2

Sachverhalt wie Aufgabe 1 mit dem Unterschied, dass der Jahresgewinn nur 13.825 € beträgt.

Erstellen Sie die Gewinnverteilungstabelle.

AUFGABE 3

Sachverhalt wie Aufgabe 1 mit dem Unterschied, dass ein Jahresverlust von 76.104 € erzielt wurde.

Erstellen Sie die Verteilungstabelle.

AUFGABE 4

D, E und F sind mit folgenden Kapitalanteilen an einer OHG beteiligt:

D	170.000 €
E	185.000 €
F	155.000 €
	510.000 €

Der Jahresgewinn 2019 der OHG beträgt 256.500 €. Folgende Beträge haben die Gesellschafter in 2019 entnommen bzw. eingelegt:

		D	E	F
31.01.2019	Entnahme	4.500 €	1.000 €	6.000 €
31.05.2019	Entnahme	1.000 €	2.000 €	2.000 €
31.08.2019	Entnahme	2.000 €	3.000 €	1.000 €
30.10.2019	Einlage	1.500 €	0 €	3.000 €

Erstellen Sie die Gewinnverteilungstabelle. Die Gewinnverteilung erfolgt nach § 121 HGB. Die Entnahmen und Einlagen sind bei der Verzinsung der Kapitalanteile zeitanteilig zu berücksichtigen.

AUFGABE 5

G, H und I sind mit folgenden Kapitalanteilen an einer OHG beteiligt:

G	200.000 €
H	150.000 €
I	125.000 €
	475.000 €

Der Jahresgewinn 2019 der OHG beträgt 265.870 €. Entnahmen und Einlagen, die die Kapitalanteile verändern könnten, wurden nicht gemacht.
Der Gewinn ist nach dem Gesellschaftsvertrag wie folgt zu verteilen:

a) G und H erhalten ein Jahresgehalt als Vorweggewinn von je 48.000 €; I erhält ein Jahresgehalt von 36.000 €.
b) Die Kapitalanteile sind mit 6 % zu verzinsen.
c) Der restliche Jahresgewinn ist im Verhältnis 3:2:2 zu verteilen.

Erstellen Sie die Gewinnverteilungstabelle für 2019.

AUFGABE 6

Nehmen Sie noch einmal die Aufgabe 4 zur Hand.

a) Tragen Sie die Kapitalanteile auf den Kapitalkonten ein.
b) Richten Sie für jeden Gesellschafter ein Privatkonto ein und tragen Sie alle Entnahmen und Einlagen auf diesen Konten einzeln ein.
c) Richten Sie ein GuVK ein und tragen Sie die Summe der Aufwendungen in Höhe von 1.348.740 € und die Summe der Erträge in Höhe von ? Euro ein.
d) Buchen Sie die Gewinnverteilung nach Ihrer Gewinnverteilungstabelle. Die Gewinnanteile sind auf den Privatkonten zu buchen.

AUFGABE 7

Nehmen Sie noch einmal Ihre Gewinnverteilungstabelle zur Aufgabe 5 zur Hand.

Bilden Sie die Buchungssätze zur Tabelle. Die Gewinnanteile sind auf Privatkonten zu buchen.

AUFGABE 8

1. Bilden Sie die Buchungssätze für den Abschluss der Gesellschafterkonten der Aufgabe 6. Die Gesellschafter haben zum Abschluss der Konten nichts Besonderes vereinbart.
2. Buchen Sie den Abschluss auf den Konten.

AUFGABE 9

A (= Vollhafter) und B (= Teilhafter) sind an einer KG mit folgenden Kapitalanteilen beteiligt:

A	250.000 €
B	150.000 €
	400.000 €

Der Jahresgewinn 2019 der KG beträgt 128.270 €.

Er ist nach dem Gesellschaftervertrag wie folgt zu verteilen:

a) Verzinsung der Kapitalanteile mit 8 %,
b) Vorweggewinn für den Vollhafter: vom verbleibenden Jahresgewinn 40 %,
c) Verteilung des Restgewinns im Verhältnis der Kapitalanteile.

Erstellen Sie die Gewinnverteilungstabelle für 2019.

AUFGABE 10

V (= Komplementär) und T (= Kommanditist) sind an einer KG beteiligt. Die vorläufige Saldenbilanz dieser KG weist zum 31.12.2019 folgende Beträge aus:

	Soll €	Haben €
2001 (0871) Festes Kapitalkonto V		300.000
2051 (0901) Festes Kapitalkonto T		150.000
2011 (0881) Variables Kapitalkonto V	15.000	
3501 (1701) Verbindlichkeit T (Gewinnanteil)		0

Der Jahresgewinn der KG beträgt für 2019 170.200 €. Davon entfallen auf V 121.450 € und auf T 48.750 €.

Bilden Sie die Buchungssätze für die Gewinnverteilung. Die festen Kapitalkonten sollen die Kapitalanteile der Gesellschafter unverändert ausweisen. Das GuVK hat die Konto-Nr. 9999.

AUFGABE 11

1. V (= Komplementär) und T (= Kommanditist) sind an einer KG beteiligt. Die KG hat in 2018 - nachdem sie zuvor nur Gewinne erwirtschaftet hat - einen Verlust von 67.320 € erzielt. Davon entfallen auf V 45.710 € und auf T 21.610 €.
   Bilden Sie die Buchungssätze für 2018. Die Kontennummern entsprechen denen der Aufgabe 10.
2. In 2019 erzielte die KG einen Gewinn von 98.290 €. Davon entfallen auf V 75.230 € und auf T 23.060 €.
   Bilden Sie die Buchungssätze für 2019. Die festen Kapitalkonten sollen in Höhe der ursprünglichen Kapitalanteile ausgewiesen werden.

AUFGABE 12

Sachverhalt wie in Aufgabe 10. Richten Sie die entsprechenden Konten ein.

1. Buchen Sie die Gewinnverteilung.
2. Schließen Sie die Gesellschafterkonten ab.
3. Bilden Sie die Buchungssätze für den Abschluss der Gesellschafterkonten.

Das SBK hat die Konto-Nr. 9998 und das GuVK die Nr. 9999.

AUFGABE 13

Die Gesellschafterkonten einer KG weisen nach der Gewinnverteilung zum 31.12.2019 folgende Salden aus:

	Haben €
2001 (0871) Kapitalkonto Komplementär V	400.000
2101 (1801) Privatkonto Komplementär V	17.170
2051 (0901) Kapitalkonto Kommanditist T	200.000
3501 (1701) Verbindlichkeit T (Gewinnanteil)	27.130

Die Gesellschafter haben zum Abschluss der Gesellschafterkonten nichts Besonderes vereinbart.

Bilden Sie die Buchungssätze für den Abschluss dieser Konten. Das SBK hat die Konto-Nr. 9998.

AUFGABE 14

Das Eigenkapital der X-GmbH setzt sich wie folgt zusammen:

Gezeichnetes Kapital 1.000.000 €,
ausstehendes Kapital 400.000 €,
eingefordertes ausstehendes Kapital 150.000 €.

1. Stellen Sie das Eigenkapital in der Bilanz nach § 272 Abs. 1 HGB dar.
2. Bilden Sie die entsprechenden Buchungssätze.

AUFGABE 15

Der Jahresüberschuss nach Steuern der X & Y GmbH beträgt für 2019 418.560 €.
Die Gesellschafter X und Y sind zu je 50 % an der GmbH beteiligt.
Lt. Gesellschaftsvertrag werden 18.560 € in die Gewinnrücklage eingestellt und der Restgewinn voll ausgeschüttet.

1. Berechnen Sie den steuerrechtlichen Gewinn.
2. Nehmen Sie die Gewinnverteilung für die Gesellschafter X und Y vor.
3. Bilden Sie die entsprechenden Buchungssätze für die Gewinnverteilung. Die Zahlungen erfolgen durch Banküberweisung.

A | L Weitere Prüfungsfälle mit Lösungen finden Sie im **Lösungsbuch** der Buchführung 2.

13 Wechsel der Gewinnermittlungsart

13.1 Gewinnermittlungsarten und Wechselgründe

Das **Einkommensteuergesetz** unterscheidet **drei Gewinnermittlungsarten**:

1. Gewinnermittlung durch **Betriebsvermögensvergleich** (§§ 4 Abs. 1, 5 EStG),
2. Gewinnermittlung durch **Überschussrechnung** (§ 4 Abs. 3 EStG),
3. Gewinnermittlung nach **Durchschnittssätzen** (§ 13a EStG).

Der **Betriebsvermögensvergleich** ist für nach den §§ 140 und 141 AO buchführungspflichtige Steuerpflichtige vorgeschrieben. Entfällt die steuerliche Buchführungspflicht, kann der steuerliche Gewinn durch Überschussrechnung ermittelt werden (Wahlrecht).

Steuerpflichtige, die **nicht** nach den §§ 140 und 141 AO Bücher führen müssen, ermitteln ihren steuerlichen Gewinn grundsätzlich durch **Überschussrechnung**. Sie können freiwillig ihren Gewinn durch Betriebsvermögensvergleich ermitteln (Wahlrecht).

Zu den Arten der steuerlichen Gewinnermittlung vergleiche **Steuerlehre 2**, 40. Auflage 2020, S. 30 ff. S 2

Ein **Wechsel** von der einen zur anderen Gewinnermittlungsart kann **aus folgenden Gründen** erfolgen:

- Aufforderung des Finanzamts aufgrund der Erfüllung der Voraussetzungen der §§ 140, 141 AO,
- freiwilliger Wechsel.

Der **Wechsel** in der Gewinnermittlungsart ist **gesetzlich nicht geregelt**. Auch die EStR enthalten keine abschließenden Regelungen (R 4.6 EStR 2012). Erst die Rechtsprechung hat die im Nachfolgenden dargestellten Grundsätze entwickelt.

13.2 Ergebnisberichtigungen beim Wechsel

Bestimmte Geschäftsvorfälle wirken sich auf den Gewinn oder Verlust der Periode bei den unterschiedlichen Gewinnermittlungsarten **zu unterschiedlichen Zeitpunkten** aus. Dadurch können sich **unterschiedliche Periodenergebnisse** ergeben. Das **Gesamtergebnis** über den Zeitraum der Steuerpflicht (sogenannter Totalgewinn oder -verlust) ist aber bei beiden Gewinnermittlungsarten **identisch**.

BEISPIEL

Lebensmitteleinzelhändler A verkauft am 27.12.2019 Ware auf Ziel zum Preis von 1.000 €. Der Geldeingang erfolgt am 02.01.2020. In Abhängigkeit der angewendeten Gewinnermittlungsart entstehen folgende Erfolgsauswirkungen:

Geschäftsvorfall	Datum	VZ	Erfolgsauswirkung bei **Überschussrechnung**	Erfolgsauswirkung bei **Betriebsvermögens-vergleich**
Lieferung (Verkauf auf Ziel)	27.12.2019	2019	0	1.000
Geldeingang	02.01.2020	2020	1.000	0
Gesamtergebnis			**1.000**	**1.000**

Das Gesamtergebnis des Geschäftsvorfalls beträgt bei beiden Gewinnermittlungsarten 1.000 €. Allerdings entsteht es in unterschiedlichen Veranlagungszeiträumen.

Wenn A seinen Gewinn für steuerliche Zwecke nach § 4 Abs. 3 EStG (**Überschussrechnung**) ermittelt, wird der Umsatz in Höhe von 1.000 € im Veranlagungszeitraum 2020 berücksichtigt. Für ihn gilt das **Zufluss-/Abflussprinzip** (§ 11 EStG).

Ermittelt A hingegen seinen Gewinn für steuerliche Zwecke durch **Betriebsvermögensvergleich** gemäß den §§ 4 Abs. 1, 5 EStG wird der Umsatz im VZ 2019 berücksichtigt. Für A gilt dann der **Grundsatz der periodengerechten Gewinnermittlung** (§ 5 Abs. 1 EStG i. V. m. § 252 Abs. 1 Nr. 5 HGB).

Bei einem Wechsel der Gewinnermittlungsart muss sichergestellt sein, dass das **steuerliche Gesamtergebnis** weiterhin **identisch bleibt**. Hierzu sind gegebenenfalls **Berichtigungen** im Rahmen des Wechsels der Gewinnermittlungsart vorzunehmen. Ohne Berichtigungen besteht die Gefahr, dass bei einem Wechsel der Gewinnermittlungsart bestimmte Sachverhalte **doppelt oder gar nicht erfasst** werden. Dadurch würde das steuerliche Gesamtergebnis durch den Wechsel der Gewinnermittlungsart verändert.

BEISPIEL 1

Sachverhalt wie im Beispiel zuvor. A wechselt zum 01.01.2020 die Gewinnermittlungsart von der Überschussrechnung zum Betriebsvermögensvergleich.

Aus dem Verkauf auf Ziel ergibt sich folgende Ergebnisauswirkung in den VZ 2019 und 2020:

Geschäftsvorfall	Erfolgsauswirkung im VZ 2019 (**Überschussrechnung**)	Erfolgsauswirkung im VZ 2020 (**Betriebsvermögensvergleich**)
Lieferung (Verkauf auf Ziel)		0
Geldeingang	0	
Gesamtergebnis	**0**	**0**

Bei einem Wechsel von der Überschussrechnung zum Betriebsvermögensvergleich würde der Umsatz weder im VZ 2019 noch im VZ 2020 erfasst werden (**Nichterfassung**).

In 2019 ist bei der Überschussrechnung der Zahlungseingang maßgeblich. Dieser erfolgt erst in 2020. Zu diesem Zeitpunkt gilt bereits die Gewinnermittlung durch Betriebsvermögensvergleich. Der Zahlungseingang hat dabei keinen Einfluss auf den Gewinn mehr, er führt lediglich zu einer ergebnisneutralen Bilanzverkürzung.

BEISPIEL 2

Sachverhalt wie im Beispiel zuvor. A wechselt zum 01.01.2020 vom Betriebsvermögensvergleich zur Überschussrechnung.

Geschäftsvorfall	Erfolgsauswirkung im VZ 2019 (**Betriebsvermögensvergleich**)	Erfolgsauswirkung im VZ 2020 (**Überschussrechnung**)
Lieferung (Verkauf auf Ziel)	1.000	
Geldeingang		1.000
Gesamtergebnis	**1.000**	**1.000**

Der Verkauf auf Ziel hat folgende Ergebnisauswirkung in den VZ 2019 und 2020:

Bei einem Wechsel vom Betriebsvermögensvergleich zur Überschussrechnung würde der Umsatz sowohl im VZ 2019 als auch im VZ 2020 erfasst werden (**Doppelerfassung**). In 2019 ist bei der Gewinnermittlung durch Betriebsvermögensvergleich die Entstehung der Forderung durch Lieferung der Ware maßgeblich. Diese erfolgt bereits in 2019. In 2020 gilt die Gewinnermittlung durch Überschussrechnung, bei der der Zahlungseingang maßgeblich ist. Entsprechend kommt es in 2020 erneut zu einer Ergebnisauswirkung aus ein und demselben Sachverhalt.

Um zu vermeiden, dass bei einem Wechsel der Gewinnermittlungsart bestimmte Sachverhalte doppelt oder gar nicht erfasst werden, erfolgt eine **Berichtigung der ersten Gewinnermittlung nach dem Wechsel der Gewinnermittlungsart**. Die Berichtigung erfolgt durch **Hinzurechnungen** oder **Kürzungen**.

BEISPIEL

Sachverhalt wie in den vorangegangenen Beispielen. Folgende Berichtigungen sind vorzunehmen:

Geschäftsvorfall	Wechsel von der Überschussrechnung zum Betriebsvermögensvergleich	Wechsel vom Betriebsvermögensvergleich zur Überschussrechnung
Gesamtergebnis vor Berichtigungen	0	2.000
Hinzurechnungen	**1.000**	0
Kürzungen		**- 1.000**
Gesamtergebnis nach Berichtigungen	**1.000**	**1.000**

Eine Übersicht mit weiteren Beispielen von Korrekturen im Rahmen des Wechsels der Gewinnermittlungsart enthält die Anlage zu R 4.6 EStH.

Der sich aus den Hinzurechnungen und Kürzungen ergebende **Korrekturbetrag** (**Übergangsgewinn oder -verlust**) ist **grundsätzlich im ersten Jahr nach dem Wechsel** zu erfassen. Folgende **Ausnahmen** bestehen:

Wechsel zum Betriebsvermögensvergleich	Der Übergangsgewinn kann auf das Jahr des Übergangs und die beiden folgenden Jahre verteilt werden (R 4.6 Abs. 1 EStR 2012).
Wechsel zur Überschussrechnung	Auf Antrag können einzelne Korrekturen in dem Veranlagungszeitraum vorgenommen werden, in dem sich die Betriebsvorgänge auswirken [H 4.6 (Wechsel zur Einnahmenüberschussrechnung) EStH].

Nach einem Wechsel der Gewinnermittlungsart ist der Steuerpflichtige **drei Jahre** an die neue Gewinnermittlungsart gebunden [H 4.6 (Erneuter Wechsel der Gewinnermittlungsart) EStH].

13.3 Erfolgskontrolle

Wiederholungsfragen

1. Welche Gewinnermittlungsarten kennt das EStG?
2. Aus welchen Gründen kann ein Wechsel der Gewinnermittlungsarten erfolgen?
3. Wie ist der Wechsel der Gewinnermittlungsarten gesetzlich geregelt?
4. Welche Gefahr besteht beim Wechsel der Gewinnermittlungsarten?
5. Wie wird dieser Gefahr begegnet?
6. Wann ist der sich aus den Hinzurechnungen und Kürzungen ergebende Korrekturbetrag (Übergangsgewinn oder -verlust) beim Wechsel der Gewinnermittlungsarten grundsätzlich zu erfassen?
7. Welche Ausnahmen bestehen zu diesem Grundsatz?
8. Wie lange ist der Steuerpflichtige nach einem Wechsel der Gewinnermittlungsarten an die neue Methode gebunden?

Aufgaben

AUFGABE 1

Der Gewerbetreibende Werner Müller, Heilbronn, hat bis zum Jahre 2019 seinen Gewinn nach § 4 Abs. 3 EStG ermittelt. Aufgrund einer entsprechenden Aufforderung des Finanzamtes erstellt er zum 01.01.2020 eine Eröffnungsbilanz, weil er den Gewinn des Veranlagungszeitraums 2020 durch Betriebsvermögensvergleich ermitteln muss.

Im Dezember 2019 hatte Müller Waren im Wert von 10.000 € eingekauft, die er im Januar 2020 verkauft hat.

Welche Berichtigungen ergeben sich aus dem Sachverhalt beim Wechsel der Gewinnermittlungsart?

AUFGABE 2

Der Gewerbetreibende Walter Müsig, Öhringen, hat bisher - zulässigerweise - den Gewinn aus seinem Gewerbebetrieb durch eine Einnahmen-Überschuss-Rechnung (EÜR) gemäß § 4 Abs. 3 EStG ermittelt. Am 01.07.2018 erhielt Walter Müsig vom Finanzamt Öhringen eine Mitteilung, in der er aufgefordert wurde, künftig „Bücher zu führen und aufgrund jährlicher Bestandsaufnahmen Abschlüsse zu machen". Walter Müsig führte zum 01.01.2020 eine Inventur durch und erstellt folgende (vereinfachte) Eröffnungsbilanz:

Aktiva	**Eröffnungsbilanz** zum 01.01.2020		Passiva
Anlagevermögen	300.000	Eigenkapital	306.000
Forderungen aLuL	95.200	Darlehen	100.000
Liquide Mittel	64.800	GewSt-Rückstellung	4.500
Aktive RAP	10.000	Verbindlichkeiten aLuL	59.500
	470.000		**470.000**

Anmerkungen:

1. Die Forderungen aLuL (95.200 €, brutto) resultieren aus Warenverkäufen des Jahres 2019. Die Kunden zahlen die Rechnungen erst im Jahre 2020.
2. Die Verbindlichkeiten aLuL (59.500 €, brutto) stammen aus Wareneinkäufen des Jahres 2019. Die Waren wurden in 2019 alle verkauft, aber erst im Jahre 2020 bezahlt.
3. Die aktiven RAP resultieren aus Mietaufwendungen; Walter Müsig hat die Ladenmiete für das erste Halbjahr 2020 schon am 04.12.2019 bezahlt.

Der Gewinn für das Wirtschaftsjahr 2020, der nach den §§ 4 Abs. 1, 5 EStG ordnungsgemäß ermittelt wurde, beträgt 70.000 €.

Ermitteln Sie die Einkünfte aus Gewerbebetrieb für den VZ 2020.

AUFGABE 3

Der Gewerbetreibende Werner Müller, Heilbronn, hat bis zum Jahre 2018 seinen Gewinn nach § 4 Abs. 3 EStG ermittelt. Aufgrund einer entsprechenden Aufforderung des Finanzamtes erstellt er zum 01.01.2019 eine Eröffnungsbilanz, weil er den Gewinn des Veranlagungszeitraums 2019 durch Betriebsvermögensvergleich ermitteln muss.

Der ordnungsgemäße Gewinn für das Wirtschaftsjahr 2019, der durch den Betriebsvermögensvergleich ermittelt wurde, beträgt 120.000 €, der Übergangsgewinn 30.000 €.

1. Wie hoch ist der Gewinn aus Gewerbebetrieb, den Müller mindestens versteuern muss?
2. Wie hoch ist der Gewinn aus Gewerbebetrieb, den Müller maximal versteuern kann?

B. Betriebswirtschaftliche Auswertung

1 Sachliche Abgrenzung

1.1 Grundbegriffe des betrieblichen Rechnungswesens

Das betriebliche Rechnungswesen umfasst Informationen über die wirtschaftliche Situation des Unternehmens. Um die Aussagekraft der Informationen zu erhöhen, unterscheidet man **vier Begriffspaare**, die die Grundbegriffe des betrieblichen Rechnungswesens darstellen:

1. **Auszahlungen und Einzahlungen** (Liquiditätsrechnung),
2. **Ausgaben und Einnahmen** (erweiterte Liquiditätsrechnung),
3. **Aufwendungen und Erträge** (Erfolgsrechnung),
4. **Kosten und Leistungen** (Kosten- und Leistungsrechnung).

Vom ersten Begriffspaar leitet sich das zweite, vom zweiten Begriffspaar das dritte und vom dritten Begriffspaar das vierte ab. Die **ersten drei** Begriffspaare bilden die Rechnungselemente für die **Buchführung** und den **Jahresabschluss**. Das **vierte** Begriffspaar bildet die Rechnungselemente der **Kosten- und Leistungsrechnung**.

1.1.1 Auszahlungen und Einzahlungen

Bei den Ein- und Auszahlungen handelt es sich um Begriffe des **Zahlungsverkehrs**. Ihre laufende Gegenüberstellung (**Liquiditätsrechnung**) ergibt den jeweils aktuellen Geldbestand eines Unternehmens. Eine zukunftsbezogene Ein- und Auszahlungsrechnung gibt Auskunft über die Fähigkeit eines Unternehmens, Zahlungsüberschüsse, z.B. für mögliche Investitionen, zu erwirtschaften.
Unter **Auszahlungen** versteht man alle **Abnahmen** des **Bestandes an flüssigen** (liquiden) **Mitteln**. Zu dem Bestand an liquiden Mitteln gehören im engeren Sinne der Kassenbestand und die Guthaben bei Kreditinstituten und im weiteren Sinne zusätzlich noch Effekten, Schecks und diskontfähige Besitzwechsel.

BEISPIEL

Die J & L GmbH kauft in 2019 Büromaterial für 1.190 € und zahlt bar.

Es liegt eine **Auszahlung** vor, da der Bestand an liquiden Mitteln (hier Kasse) abnimmt.

Einzahlungen umfassen alle **Erhöhungen** des Bestandes an liquiden Mitteln.

BEISPIEL

Ein Kunde der J & L GmbH begleicht eine Forderung aLuL durch Banküberweisung.

Es liegt eine **Einzahlung** vor, da sich der Bestand an liquiden Mitteln (hier Bank) erhöht.

1.1.2 Ausgaben und Einnahmen

Einnahme- und Ausgaberechnungen umfassen neben dem Zahlungsverkehr **auch Kreditvorgänge**. Dadurch entsteht eine **erweiterte Liquiditätsrechnung**.
Unter **Ausgaben** versteht man alle **Abnahmen** des Bestandes „liquide Mittel zuzüglich Forderungen abzüglich Verbindlichkeiten“.

Dabei können sich - wie das folgende Schaubild zeigt - Auszahlungen und Ausgaben überschneiden:

<table>
<tr><th colspan="2">Auszahlung</th><th></th></tr>
<tr><td>Auszahlung,
ungleich Ausgabe</td><td>Auszahlung,
gleichzeitig Ausgabe</td><td></td></tr>
<tr><td></td><td>Ausgabe,
gleichzeitig Auszahlung</td><td>Ausgabe,
ungleich Auszahlung</td></tr>
<tr><td></td><th colspan="2">Ausgabe</th></tr>
</table>

Auszahlungen, die **nicht** zugleich **Ausgaben** darstellen, liegen bei **Abnahme** des Bestandes an **liquiden Mitteln und unverändertem Bestand „liquide Mittel zuzüglich Forderungen abzüglich Verbindlichkeiten**" vor, d.h., der Auszahlung steht eine Abnahme der Verbindlichkeiten in gleicher Höhe gegenüber.

Es handelt sich dabei regelmäßig um eine **Aktiv-Passiv-Minderung** (vgl. **Buchführung 1**, 31. Auflage 2019, S. 46). B 1

BEISPIEL

Die J & L GmbH begleicht in 2019 eine Verbindlichkeit aLuL in Höhe von 1.190 € durch Banküberweisung.

Es liegt eine **Auszahlung** vor, die **keine Ausgabe** darstellt. Eine Ausgabe liegt nicht vor, da der Bestand „liquide Mittel (- 1.190 €) zuzüglich Forderungen abzüglich Verbindlichkeiten (- 1.190 €)" unverändert bleibt.

Auszahlung und Ausgabe überschneiden sich bei Auszahlungen, die nicht die Forderungen oder Verbindlichkeiten berühren.

BEISPIEL

Die J & L GmbH überweist in 2019 Löhne in Höhe von 15.000 € durch die Bank.

Es liegt eine **Auszahlung** vor, die **gleichzeitig** eine **Ausgabe** ist, da sowohl der Bestand der liquiden Mittel (hier: Bank - 15.000 €), als auch der Bestand „liquide Mittel (- 15.000 €) zuzüglich Forderungen abzüglich Verbindlichkeiten" abnimmt.

Ausgaben, die **nicht** zugleich **Auszahlungen** sind, stammen aus **reinen Kreditgeschäften** und berühren daher den Bestand der liquiden Mittel nicht, wohl aber den Bestand „liquide Mittel zuzüglich Forderungen abzüglich Verbindlichkeiten".

BEISPIEL

Die J & L GmbH kauft in 2019 Rohstoffe für 2.380 € auf Ziel.

Es liegt eine Ausgabe vor, die keine Auszahlung darstellt, da der Bestand der liquiden Mittel nicht berührt wird, der Bestand „liquide Mittel zuzüglich Forderungen abzüglich Verbindlichkeiten (+ 2.380 €)" sich aber verringert.

Alle **Erhöhungen** des Bestandes „liquide Mittel zuzüglich Forderungen abzüglich Verbindlichkeiten" bezeichnet man als **Einnahmen**.

Auch zwischen den Einnahmen und den Einzahlungen ist zu unterscheiden:

Einzahlung		
Einzahlung, ungleich Einnahme	Einzahlung, gleichzeitig Einnahme	
	Einnahme, gleichzeitig Einzahlung	Einnahme, ungleich Einzahlung
	Einnahme	

Bei **Einzahlungen**, die **nicht Einnahmen** entsprechen, handelt es sich um eine **Zunahme** des Bestandes der liquiden Mittel, wobei der Bestand „liquide Mittel zuzüglich Forderungen abzüglich Verbindlichkeiten" **unverändert** bleibt.

B 1 Vorgänge dieser Art stellen einen **Aktiv-Tausch** dar (vgl. **Buchführung 1**, 31. Auflage 2019, S. 43).

BEISPIEL

Ein Kunde der J & L GmbH begleicht in 2019 eine Forderung aLuL in Höhe von 3.570 € durch Banküberweisung.

Es liegt eine **Einzahlung** vor, die **keine Einnahme** ist. Der Bestand der liquiden Mittel nimmt zu (+ 3.570 €), der Bestand „liquide Mittel (+ 3.570 €) zuzüglich Forderungen (– 3.570 €) abzüglich Verbindlichkeiten" bleibt unverändert.

Einzahlungen entsprechen Einnahmen, wenn sie **nicht** Forderungen oder Verbindlichkeiten berühren.

BEISPIEL

Die Bank schreibt der J & L GmbH in 2019 Zinsen in Höhe von 350 € gut.

Es handelt sich um eine **Einzahlung**, die **gleichzeitig** eine **Einnahme** ist, da der Bestand an liquiden Mitteln zunimmt (+ 350 €) und ebenso der Bestand „liquide Mittel (+ 350 €) zuzüglich Forderungen abzüglich Verbindlichkeiten".

Einnahmen, die **keine Einzahlungen** darstellen, entstehen durch Zunahme der Forderungen. Dabei ändert sich lediglich der Bestand „liquide Mittel zuzüglich Forderungen abzüglich Verbindlichkeiten" und die liquiden Mittel bleiben unberührt.

BEISPIEL

Die J & L GmbH verkauft in 2019 Waren für 5.950 € auf Ziel.

Es handelt sich um eine **Einnahme**, die **keine Einzahlung** ist, da die liquiden Mittel unberührt bleiben, der Bestand „liquide Mittel zuzüglich Forderungen (+ 5.950 €) abzüglich Verbindlichkeiten" aber zunimmt.

ÜBUNG → Wiederholungsfragen 1 bis 3 (Seite 284)

1.1.3 Aufwendungen und Erträge

Aufwendungen und Erträge sind die Grundelemente der periodisierten Erfolgsrechnung. Zur **Ermittlung des Periodenerfolgs** sind die Zeitpunkte des **Verbrauchs** von Gütern bzw. der **Entstehung** von Gütern **maßgeblicher** als die Zeitpunkte der Bezahlung von bezogenen Gütern bzw. des **Zahlungserhalts** für gelieferte Güter (auf welche die Ein- und Auszahlungsrechnungen abstellen) und maßgeblicher als die Zeitpunkte des **Bezugs** von Gütern bzw. der **Lieferung** von Gütern (auf welche die Einnahmen- und Ausgabenrechnungen abstellen). Unter **Aufwendungen** versteht man den in Geldeinheiten bewerteten Güterverzehr (Ge- und Verbrauch von Sachgütern und Inanspruchnahme von Dienstleistungen) eines Wirtschaftsjahres und betriebliche Steuern.

BEISPIEL

Die J & L GmbH, deren Wirtschaftsjahr mit dem Kalenderjahr übereinstimmt, betreibt ihre Verwaltung in einer angemieteten Büroetage. Die Miete in Höhe von **12.000 €** wird vierteljährlich im Voraus überwiesen. Die GmbH zahlt die Miete pünktlich zum 05.11.2019 durch Banküberweisung.

Von der Ausgabe in Höhe von **12.000 €** sind lediglich **8.000 € Aufwand** des Jahres 2019. **4.000 €** sind **Aufwand** des Jahres **2020** (siehe Kapitel 4 „Zeitliche Abgrenzung von Aufwendungen und Erträgen", Seiten 44 ff. dieses Buches).

Im Vergleich zwischen Ausgaben und Aufwendungen ergibt sich folgende Unterscheidung:

<table>
<tr><th colspan="2">Ausgabe</th><th></th></tr>
<tr><td>Ausgabe,
ungleich Aufwand</td><td>Ausgabe,
gleichzeitig Aufwand</td><td></td></tr>
<tr><td></td><td>Aufwand,
gleichzeitig Ausgabe</td><td>Aufwand,
ungleich Ausgabe</td></tr>
<tr><td></td><th colspan="2">Aufwand</th></tr>
</table>

Ausgaben, die **kein Aufwand** sind, liegen vor, wenn den Ausgaben **kein Güterverzehr** zugrunde liegt oder die Aufwendungen einem **anderen Wirtschaftsjahr** zuzuordnen sind.

BEISPIELE

1. Ausgaben ohne Güterverzehr:

Die J & L GmbH kauft in 2019 ein Grundstück für 220.000 € durch Banküberweisung.

Bei dem Grundstückspreis handelt es sich um eine **Ausgabe**, da sich der Bestand „liquide Mittel (- 220.000 €) zuzüglich Forderungen abzüglich Verbindlichkeiten" verkleinert. Ein **Aufwand liegt nicht vor**, da das Grundstück nicht „verzehrt" wird und daher keinen Wertverlust erleidet. Diese Ausgabe wird entsprechend auch in späteren Perioden nicht zu Aufwand.
Verzehrt würde es nur dann, wenn es sich um ein zum Abbau von Rohstoffen genutztes Grundstück (z. B. Steinbruch) handeln würde.

2. Aufwand, der zu einem anderen Wirtschaftsjahr gehört:

Die J & L GmbH kauft und zahlt Ende 2019 Rohstoffe, die teilweise in 2019 und teilweise in 2020 verbraucht werden.

Der Teil der Rohstoffe, der in 2020 verbraucht wird, ist am Bilanzstichtag (31.12.2019) **Ausgabe, aber nicht Aufwand**. In 2020 wird diese Ausgabe jedoch zu Aufwand, weil die Rohstoffe dann verbraucht werden.

Ausgaben sind **zugleich Aufwendungen**, wenn die Ausgaben und Aufwendungen denselben Abrechnungszeitraum betreffen.

BEISPIEL

Die J & L GmbH kauft und zahlt 2019 Hilfsstoffe für 1.500 €, die in 2019 auch verbraucht werden.

Die 1.500 € sind **Ausgabe** und **zugleich Aufwand** des Jahres 2019.

Aufwand, der **keine Ausgabe** ist, entsteht, wenn in vorangegangenen Wirtschaftsjahren Ausgaben für Güter, die erst in dem betrachteten Wirtschaftsjahr verzehrt werden, angefallen sind. Es liegt eine **zeitliche Verschiebung** vor, wobei die Ausgabe mindestens im unmittelbar vorangegangenen Wirtschaftsjahr liegt.

BEISPIEL

Die J & L GmbH kauft am 02.01.2019 eine Maschine für 50.000 € + 9.500 € USt durch Banküberweisung. Die Maschine hat eine betriebsgewöhnliche Nutzungsdauer von 10 Jahren und wird jährlich mit 5.000 € linear abgeschrieben.

Die Abschreibung von 5.000 € ist Ausgabe und zugleich Aufwand des Jahres 2019.
Ab 2020 sind die Abschreibungen **Aufwendungen**, die **keine Ausgaben** sind.

Unter **Erträgen** versteht man die in Geldeinheiten bewertete **Gütererstellung** eines Wirtschaftsjahres.

BEISPIEL

Die J & L GmbH hat am Ende des Wirtschaftsjahres 2019 einen Umsatz durch den Verkauf selbst hergestellter Tische in Höhe von 324.886 € erzielt.

Bei dem Umsatz in Höhe von 324.886 € handelt es sich um einen **Ertrag** des Jahres 2019, da die abgesetzten Tische bewertete und erstellte Güter des Jahres 2019 sind.

Ebenso wie die vorangegangenen Begriffe sind auch Einnahmen und Erträge wie folgt schematisch zu unterscheiden:

Einnahme		
Einnahme, ungleich Ertrag	Einnahme, gleichzeitig Ertrag	
	Ertrag, gleichzeitig Einnahme	Ertrag, ungleich Einnahme
	Ertrag	

Ein Unternehmen erzielt **Einnahmen**, die **kein Ertrag** sind, wenn entweder **keine Gütererstellung** vorliegt oder wenn Gütererstellung und Einnahme in **unterschiedliche Wirtschaftsjahre** fallen.

BEISPIELE

1. Ertrag ohne Gütererstellung:

Die J & L GmbH erhält in 2019 von ihren Gesellschaftern eine Eigenkapitaleinzahlung in Höhe von 50.000 € durch Banküberweisung.

Die Eigenkapitaleinzahlung ist eine **Einnahme**, da der Bestand „liquide Mittel (+ 50.000 €) zuzüglich Forderungen abzüglich Verbindlichkeiten" erhöht wird.
Ein **Ertrag** liegt aber **nicht** vor, da das Geld nicht erwirtschaftet (erstellt) wurde, sondern von den Gesellschaftern zufließt.

2. Ertrag, der zu einem anderen Wirtschaftsjahr gehört:

Die J & L GmbH fertigt in 2019 720 Tische im Wert von 259.200 €, von denen im selben Jahr 300 Stück für 108.000 € gegen Banküberweisung abgesetzt werden.
Die restlichen 420 Tische im Wert von 151.200 € werden in 2020 gegen Banküberweisung verkauft.

In **2020 liegt eine Einnahme** über 151.200 € vor, da sich der Bestand „liquide Mittel (+ 151.200 €) zuzüglich Forderungen abzüglich Verbindlichkeiten" erhöht.
In **2020** liegt aber **kein Ertrag** vor, weil die mit 151.200 € bewerteten Tische nicht in 2020, sondern in 2019 hergestellt worden sind.

Die **Einnahmen** eines Unternehmens sind **auch Erträge**, wenn die Einnahmen und die Gütererstellung in dasselbe Wirtschaftsjahr fallen.

BEISPIEL

Sachverhalt wie im Beispiel zuvor

In **2019** liegt eine **Einnahme** über 108.000 € vor, da sich der Bestand „liquide Mittel (+ 108.000 €) zuzüglich Forderungen abzüglich Verbindlichkeiten" erhöht.
Ebenfalls liegt in **2019** ein **Ertrag** vor, da die mit 108.000 € bewerteten und abgesetzten Tische auch in 2019 hergestellt worden sind.

Erträge, die **keine Einnahmen** darstellen, treten ein, wenn die Gütererstellung im dazugehörigen Wirtschaftsjahr nicht mit Absatz verbunden ist.

BEISPIEL

Sachverhalt wie im Beispiel zuvor

Der Wert der in 2019 nicht abgesetzten Tische in Höhe von 151.200 € stellt in 2019 **keine Einnahme** dar, da der Bestand „liquide Mittel zuzüglich Forderungen abzüglich Verbindlichkeiten" unberührt bleibt. Ein **Ertrag** liegt aber in 2019 vor, weil die 420 Tische in 2019 erstellt und mit 151.200 € bewertet worden sind.
In 2020 folgt beim Verkauf der 420 Tische die **Einnahme** auf den Ertrag des Jahres 2019.

Aufwendungen bzw. Erträge müssen **nicht** im Zusammenhang mit dem **Betriebszweck** stehen. In Bezug auf den Betriebszweck ist zwischen Industrie- und Handelsbetrieben zu unterscheiden.
Für **Handels**betriebe besteht der Betriebszweck im Einkauf, der Lagerung und dem Verkauf von Waren, während er beim **Industrie**betrieb durch die Beschaffung von Rohstoffen, deren Weiterverarbeitung und dem Verkauf des gefertigten Produktes gekennzeichnet ist.

Um den **periodengerechten** Erfolg des Unternehmens zu ermitteln, werden am Ende des Wirtschaftsjahres die Aufwendungen den Erträgen gegenübergestellt.
Einen Überschuss der Erträge über die Aufwendungen bezeichnet man als **Gewinn**, einen Überschuss der Aufwendungen über die Erträge als **Verlust**.

	Erträge
-	**Aufwendungen**
	Gewinn bzw. **Verlust**

Die Aufwands- und Ertragsrechnung wird daher auch als **Gewinn- und Verlustrechnung** bezeichnet. Das HGB sieht für die Gewinn- und Verlustrechnung eine Gliederung nach dem **Umsatzkosten-** oder dem **Gesamtkostenverfahren** vor (§ 275 Abs. 2 und Abs. 3 HGB).

B 2 Das **Gliederungsschema** der GuV nach dem Gesamtkostenverfahren für **große** Kapitalgesellschaften ist auf Seite 10 dargestellt.

1.1.4 Kosten und Leistungen

Bisher wurde nicht unterschieden, ob die betrieblich verursachten Aufwendungen und Erträge mit dem eigentlichen **Betriebszweck** zusammenhängen oder nicht.
Die Abgrenzung hinsichtlich des Betriebszwecks hat jedoch große praktische Bedeutung.

Die Abgrenzung der Aufwendungen und Erträge hinsichtlich ihres Zusammenhangs mit dem Betriebszweck nennt man **sachliche Abgrenzung**. Die sachliche Abgrenzung unterscheidet Aufwendungen von Kosten und Erträge von Leistungen.

Unter **Kosten** versteht man den in Geldeinheiten bewerteten ordentlichen (d.h. im Rahmen des üblichen Betriebsablaufs zu erwartenden) Güterverzehr eines Wirtschaftsjahres, der im Zusammenhang mit dem Betriebszweck steht.

Die Merkmale des Kostenbegriffs überschneiden sich teilweise mit denen des Aufwands. Das folgende Schaubild verdeutlicht die Abgrenzung zwischen Aufwand und Kosten:

<table>
<tr><td colspan="2">Aufwand</td><td colspan="2" rowspan="2">Güterverzehr der Erfolgsrechnung (Finanzbuchführung)</td></tr>
<tr><td>neutraler Aufwand
Aufwand,
ungleich Kosten</td><td>Zweckaufwand
Aufwand,
gleichzeitig Kosten</td></tr>
<tr><td rowspan="3">Güterverzehr der Kostenrechnung (Betriebsbuchführung)</td><td rowspan="2">Grundkosten
Kosten,
gleichzeitig Aufwand</td><td colspan="2">kalkulatorische Kosten
Kosten,
ungleich Aufwand</td></tr>
<tr><td>Anderskosten</td><td>Zusatzkosten</td></tr>
<tr><td colspan="3">Kosten</td></tr>
</table>

Unter den **neutralen Aufwand** fallen Aufwendungen, die **nicht** in die Kostenrechnung eingehen. Zu den neutralen Aufwendungen, die keine Kosten darstellen, gehören:

- **betriebsfremde** Aufwendungen,
- **periodenfremde** Aufwendungen,
- **außerordentliche** Aufwendungen und
- **sonstige neutrale** Aufwendungen.

Betriebsfremde Aufwendungen sind Aufwendungen, die mit dem Betriebszweck in keinem Zusammenhang stehen.

BEISPIEL

Die J & L GmbH erleidet einen Verlust aus einem Wertpapierverkauf.

Der Handel mit Wertpapieren ist nicht dem Betriebszweck eines kombinierten Industrie- und Handelsbetriebs zuzurechnen. Daher liegen keine Kosten, sondern **betriebsfremde Aufwendungen** vor.

Periodenfremde Aufwendungen sind Aufwendungen, die zwar mit dem Betriebszweck im Zusammenhang stehen, aber ein anderes Wirtschaftsjahr betreffen. Sie stehen nicht im Zusammenhang mit dem Betriebszweck des laufenden Wirtschaftsjahres.

BEISPIEL

Die J & L GmbH zahlt in 2019 Betriebssteuern für vergangene Jahre.

Die Steuern sind nicht dem Betriebszweck des laufenden Jahres 2019 zuzurechnen und daher **keine Kosten** des Jahres 2019, sondern **periodenfremde Aufwendungen**.

Außerordentliche Aufwendungen sind Aufwendungen, die **ungewöhnlich** sind, **selten vorkommen** und sich in absehbarer Zukunft **nicht wiederholen** werden.

BEISPIELE

Die J & L GmbH erleidet **Verluste** aus dem **Verkauf eines Teilbetriebs**.

Die J & L GmbH erleidet **Verluste** aus dem **Verkauf von Beteiligungen**.

Die J & L GmbH erleidet **Verluste** im Zusammenhang mit der **Stilllegung eines Teilbetriebs**.

Bis zur Einführung des **Bilanzrichtlinie-Umsetzungsgesetzes (BilRUG)** enthielt das HGB in § 277 Abs. 4 HGB a.F. eine gesetzliche **Definition** der außerordentlichen Aufwendungen. Ebenso wurden die außerordentlichen Erträge in der **Gewinn- und Verlustrechnung** gesondert ausgewiesen. Mit dem BilRUG sind die gesetzliche Definition und der gesonderte Ausweis **entfallen**. Nunmehr sind außer**gewöhnliche** Aufwendungen im **Anhang** zu erläutern (§ 285 Nr. 31 HGB). Für **kostenrechnerische Zwecke** kann der Begriff der außerordentlichen Aufwendungen **weiter** gefasst werden als die ursprüngliche handelsrechtliche Definition. Somit können für Zwecke der Kostenrechnung auch außergewöhnliche Forderungsverluste zu den außerordentlichen Aufwendungen gehören.

Sonstige neutrale Aufwendungen sind die übrigen neutralen Aufwendungen, die **nicht** in die Kostenrechnung eingehen, hierzu gehören z.B. bestimmte Grundstücksaufwendungen, Zinsaufwendungen, Diskontaufwendungen, Forderungsverluste.

Zweckaufwand oder Grundkosten sind Aufwendungen der Finanzbuchhaltung, die unverändert in die Kostenrechnung eingehen, z.B. Löhne, Gehälter, Wareneinsatz, Raumkosten, Fahrtkosten, Kosten der Warenabgabe.

Die **kalkulatorischen Kosten**, die keinen Aufwand oder Aufwand in anderer Höhe darstellen, setzen sich aus **Anderskosten** und **Zusatzkosten** zusammen.

Anderskosten sind kalkulatorische Kosten, denen Aufwand in **anderer Höhe** gegenübersteht. Anderskosten entstehen durch eine **unterschiedliche Bewertung** in der Finanzbuchführung und in der Kostenrechnung (Betriebsbuchführung).

BEISPIEL

Die J & L GmbH setzt in der Kostenrechnung für die Vermögensgegenstände des Anlagevermögens andere Abschreibungssätze an als in der Bilanz. Die kumulierten Abschreibungsbeträge liegen in der Kostenrechnung um 14.800 € über denen der Bilanz (**kalkulatorische Abschreibung**).

Dieselbe Wertminderung des Anlagevermögens wird in der Kostenrechnung höher bewertet als in der Bilanz, sodass Anderskosten entstehen. Kalkulatorische Abschreibungen haben die Aufgabe, die **tatsächliche** Wertminderung des Anlagevermögens zu erfassen und als Kosten zu verrechnen.

Die in der **Finanzbuchhaltung** geltend gemachten **bilanziellen Abschreibungen** orientieren sich an den handels- und steuerrechtlichen Vorschriften, die z.B. durch die lineare Abschreibung eine jährlich gleichhohe Wertminderung annehmen, die nicht mit der tatsächlichen Wertminderung des Anlagevermögens übereinstimmen muss. Da die Kostenrechnung keinen gesetzlichen Vorschriften unterliegt, kann jeder Kaufmann eigene, betriebsindividuelle Bewertungen vornehmen.

Zusatzkosten sind kalkulatorische Kosten, denen **kein** Aufwand gegenübersteht, hierzu gehört z.B. der kalkulatorische Unternehmerlohn.

Der **kalkulatorische Unternehmerlohn** wird **nur** bei **Einzelunternehmen und Personengesellschaften** berücksichtigt, weil die mitarbeitenden Inhaber bzw. Gesellschafter keine Gehälter bekommen, die den steuerlichen Gewinn mindern dürfen. Die Zahlungen an sie werden über Privatkonten gebucht. Deshalb wird für **kalkulatorische Zwecke** der Wert der Arbeitskraft der mitarbeitenden Inhaber bzw. Gesellschafter als Unternehmerlohn kalkuliert.

Unter **Leistungen** versteht man die in Geldeinheiten bewertete ordentliche (d.h. im Rahmen des üblichen Betriebsablaufs zu erwartende) Gütererstellung eines Wirtschaftsjahres, die im Zusammenhang mit dem Betriebszweck steht.

Die Merkmale des Leistungsbegriffs überschneiden sich – ebenso wie Kosten und Aufwendungen – teilweise mit denen des Ertrags. Das folgende Schaubild verdeutlicht die Abgrenzung zwischen Leistung und Ertrag:

<table>
<tr><td colspan="2">Ertrag</td><td colspan="2" rowspan="2">Gütererstellung der Erfolgsrechnung (Finanzbuchführung)</td></tr>
<tr><td>neutraler Ertrag
Ertrag,
ungleich Leistung</td><td>Zweckertrag
Ertrag,
gleichzeitig Leistung</td></tr>
<tr><td rowspan="3">Gütererstellung der Kostenrechnung (Betriebsbuchführung)</td><td rowspan="2">Grundleistung
Leistung,
gleichzeitig Ertrag</td><td colspan="2">kalkulatorische Leistung
Leistung,
ungleich Ertrag</td></tr>
<tr><td>Andersleistung</td><td>Zusatzleistung</td></tr>
<tr><td colspan="3">Leistung</td></tr>
</table>

Erträge, die nicht in die Leistungsrechnung eingehen, werden als **neutrale Erträge** bezeichnet. Zu den **neutralen Erträgen**, die keine Leistungen darstellen, gehören:

- **betriebsfremde** Erträge,
- **periodenfremde** Erträge,
- **außerordentliche** Erträge und
- **sonstige neutrale** Erträge.

Betriebsfremde Erträge sind Erträge, die mit dem Betriebszweck in **keinem** Zusammenhang stehen.

BEISPIEL

Die J & L GmbH erzielt in 2019 **Gewinne** aus einem **Wertpapierverkauf**.

Periodenfremde Erträge sind Erträge, die zwar mit dem Betriebszweck im Zusammenhang stehen, aber ein **anderes Wirtschaftsjahr** betreffen.

BEISPIEL

Betriebliche Steuern für frühere Jahre (Vorjahre) werden der J & L GmbH **erstattet**.

Außerordentliche Erträge sind danach alle Erträge, die **ungewöhnlich** sind, **selten vorkommen** und sich in absehbarer Zukunft **nicht wiederholen** werden.

BEISPIELE

Die J & L GmbH erzielt **Gewinne** aus dem **Verkauf eines Teilbetriebs**.

Die J & L GmbH erzielt **Gewinne** aus dem **Verkauf von Beteiligungen**.

Die J & L GmbH erzielt **Sanierungsgewinne** anlässlich eines Vergleichs.

Die J & L GmbH erzielt **Gewinne** aufgrund von **Enteignungen**.

Wie auch bei den außerordentlichen Aufwendungen wurden die gesetzliche Definition und der gesonderte Ausweis in der Gewinn- und Verlustrechnung für außerordentliche Erträge durch das **BilRUG** gestrichen und eine Erläuterungspflicht im Anhang für außer**gewöhnliche** Erträge eingeführt (§ 285 Nr. 31 HGB). Für Zwecke der **Leistungsrechnung** kann die Definition der außerordentlichen Erträge weiter gefasst werden als die ursprüngliche handelsrechtliche Definition.

Sonstige neutrale Erträge sind die übrigen neutralen Erträge, die **nicht** in die Leistungsrechnung eingehen, hierzu gehören z.B. bestimmte Grundstückserträge, Zinserträge, Diskonterträge.

Zweckertrag oder Grundleistungen sind Erträge der Finanzbuchhaltung, die unverändert als Leistungen in die Leistungsrechnung eingehen, hierzu gehören vor allem die Erträge aus den Warenverkäufen (= **Umsatzerlöse**).

Die **kalkulatorischen Leistungen** werden unterteilt in **Andersleistungen** und **Zusatzleistungen**.

Andersleistungen sind kalkulatorische Leistungen, denen Erträge in anderer Höhe gegenüberstehen. Ebenso wie bei den Anderskosten entstehen Andersleistungen durch eine **unterschiedliche Bewertung** in der Bilanz und der Leistungsrechnung. Um den tatsächlichen Erfolg zu ermitteln, dürfen in der freiwilligen Leistungsrechnung die Grundsätze ordnungsgemäßer Buchführung (z.B. der Grundsatz der Vorsicht) durchbrochen werden.

BEISPIEL

Die J & L GmbH bewertet fertige, noch nicht abgesetzte Tische in der Leistungsrechnung mit 34.800 € höher als in der Bilanz.

Zusatzleistungen sind kalkulatorische Leistungen, denen **kein** Ertrag gegenübersteht. Hierzu gehören z.B. Betriebsleistungen, die an Außenstehende **unentgeltlich** abgegeben werden, wie z.B. die kostenlose Abgabe der eingeführten Schulbücher an Lehrer durch Verlage.

Die Gegenüberstellung von Leistungen und Kosten bezeichnet man als **Betriebsergebnis**.

	Leistungen
-	**Kosten**
	Betriebsergebnis (positiv oder negativ)

Die Gegenüberstellung der **neutralen Erträge** und **neutralen Aufwendungen** nennt man **neutrales Ergebnis**.

	neutrale Erträge
-	**neutrale Aufwendungen**
	neutrales Ergebnis (positiv oder negativ)

ÜBUNG → 1. Wiederholungsfragen 4 bis 9 (Seite 284),
2. Aufgabe 1 (Seite 284)

Die Kontenrahmen **SKR 04** und **SKR 03** sehen **nicht** vor, dass die **neutralen Aufwendungen und Erträge** auf einem **speziellen Konto** als **neutrales Ergebnis** erfasst werden, weil die **offizielle** Buchführung dieses Ergebnis nicht kennt. Deshalb werden die **Abgrenzungskonten** der **Kontenklasse 2** des SKR 03 **direkt** über das **Gewinn- und Verlustkonto** abgeschlossen.

Dennoch können die **neutralen Aufwendungen und Erträge** bei DATEV im Rahmen der **B**etriebs**w**irtschaftlichen **A**uswertungen (**BWA**) abgerufen werden, sodass der Unternehmer über folgende Größen und deren Zusammensetzung einen Überblick erhält:

	Leistungen
-	**Kosten**
=	**Betriebsergebnis**
-	**neutrale Aufwendungen**
+	**neutrale Erträge**
=	**Gesamtergebnis**

In der **offiziellen** Buchführung (Finanzbuchführung) wird anhand des Gewinn- und Verlust**kontos** die Gewinn- und Verlust**rechnung** nach **§ 275 HGB** erstellt bzw. abgerufen (vgl. Seite 10). Nach § 275 Abs. 2 HGB (**Gesamtkostenverfahren**) sind die einzelnen Erfolgskomponenten in der folgenden Reihenfolge auszuweisen:

	betriebliche Erträge	(Posten 1 bis 4)
-	betriebliche Aufwendungen	(Posten 5 bis 8)
=	Betriebsergebnis	
+/-	Finanzergebnis	(Posten 9 bis 13)
-	Steuern vom Einkommen und Ertrag	(Posten 14)
=	**Ergebnis nach Steuern**	(Posten 15)
-	Sonstige Steuern	(Posten 16)
=	**Jahresüberschuss / Jahresfehlbetrag**	(Posten 17)

Die Saldogrößen **Betriebsergebnis und Finanzergebnis** sind als Zwischensummen nach § 275 HGB **nicht** vorgeschrieben, können aber **freiwillig** eingefügt werden.

Durch das **BilRUG** wurden die Zwischensumme „**Ergebnis der gewöhnlichen Geschäftstätigkeit**" und der gesonderte Ausweis des **außerordentlichen Ergebnisses** (§ 275 Abs. 2 HGB a. F.) aus dem handelsrechtlichen Gliederungsschema der Gewinn- und Verlustrechnung **gestrichen**.

BEISPIEL

Das Gewinn- und Verlust**konto** des Unternehmers U weist folgende Beträge aus:

S	**GuVK**		H
Periodenfremde Aufwend.	8.600,00	Erlöse	198.000,00
Steuernachzahlungen Vorjahre für sonstige Steuern	5.000,00	betriebsfremde Erträge	12.180,00
Zinsaufwendungen	300,00	Erträge aus der Auflösung von Rückstellungen	12.000,00
Grundstücksaufwendungen	6.000,00		
Forderungsverluste	700,00		
Wareneingang	75.000,00		
Löhne und Gehälter	30.000,00		
gesetzliche soziale Aufw.	15.000,00		
Raumkosten	6.500,00		
Gewerbesteuer	600,00		
Versicherungen	8.000,00		
Abschreibungen auf Sachanlagen	13.000,00		
Porto	500,00		
Telefon	6.000,00		
Eigenkapital (**Gewinn**)	**46.980,00**		
	222.180,00		222.180,00

Unternehmer U erstellt aus dem **GuVK** die Gewinn- und Verlust**rechnung** nach § 275 HGB:

Gewinn- und Verlustrechnung:

Nr.	Posten	€	€
1.	Umsatzerlöse		198.000,00
2.	sonstige betriebliche Erträge		24.180,00
3.	Aufwendungen für Ware		75.000,00
4.	Personalaufwand:		
	a) Löhne und Gehälter	30.000,00	
	b) soziale Abgaben	15.000,00	45.000,00
5.	Abschreibungen auf Sachanlagen		13.000,00
6.	sonstige betriebliche Aufwendungen (8.600 + 6.000 + 700 + 6.500 + 500 + 6.000)		36.300,00
	Betriebsergebnis		**52.880,00**
7.	Zinsen und ähnliche Aufwendungen		300,00
	Finanzergebnis		- 300,00
8.	Steuern vom Einkommen und Ertrag		600,00
9.	**Ergebnis nach Steuern**		**51.980,00**
10.	sonstige Steuern		5.000,00
11.	**Jahresüberschuss**		**46.980,00**

ÜBUNG →
1. Wiederholungsfrage 10 (Seite 284),
2. Aufgaben 2 bis 7 (Seiten 284 ff.)

1.2 Erfolgskontrolle

Wiederholungsfragen

1. Welche vier Begriffspaare unterscheidet man innerhalb des betrieblichen Rechnungswesens?
2. In welche Rechnungen fließen Ein- und Auszahlungen ein?
3. Welche Rechnung gründet auf Einnahmen und Ausgaben?
4. Was versteht man unter Erträgen und wie unterscheiden sie sich von Einnahmen?
5. Was versteht man unter Aufwendungen und wie unterscheiden sie sich von Ausgaben?
6. Was versteht man unter Leistungen?
7. Was versteht man unter neutralen Erträgen?
8. Was versteht man unter Kosten ?
9. Was versteht man unter neutralen Aufwendungen?

Aufgaben

AUFGABE 1

Stellen Sie fest, ob die folgenden Aufwendungen eines Textilgroßhändlers in 2019 betriebsfremde, periodenfremde, außerordentliche, sonstige neutrale Aufwendungen oder Grundkosten sind:

1. Verlust aus dem Verkauf eines Teilbetriebs,
2. Wareneinsatz,
3. Verlust aus Wertpapierverkauf,
4. Bürobedarf,
5. Löhne,
6. Gewerbesteuernachzahlung für das laufende Jahr,
7. Aufwand für eine größere Dachreparatur am Geschäftsgebäude,
8. Gewerbesteuernachzahlung für das Vorjahr,
9. Porto.

AUFGABE 2

Das GuVK des Unternehmers Bernd Schneider weist folgende Beträge aus:

S	GuVK		H
Zinsaufwendungen	12.000,00	Erlöse	3.400.000,00
Anlagenabgänge	30.000,00	Entnahme durch d. Untern.	25.000,00
Wareneingang	1.800.000,00	Zinserträge	6.000,00
Löhne und Gehälter	820.000,00	betriebsfremde Erträge	22.000,00
gesetzliche soziale Aufw.	130.000,00	periodenfremde Erträge	26.000,00
Miete	60.000,00		
Gewerbesteuer	60.000,00		
Kfz-Steuer	30.000,00		
Werbekosten	40.000,00		
Versicherungen	207.000,00		
Abschreibungen	105.000,00		
Eigenkapital (Gewinn)	185.000,00		
	3.479.000,00		3.479.000,00

Erstellen Sie aus dem GuVK die Gewinn- und Verlustrechnung nach § 275 HGB.

AUFGABE 3

Die Ergebnistabelle der Lutz GmbH, Öhringen, für den Monat Oktober 2019 weist folgende Zahlen aus:

Gesamte Aufwendungen	9.165.000 €
Erträge	11.015.000 €
Neutrale Aufwendungen	442.000 €
Neutrale Erträge	255.000 €
Bilanzielle Abschreibungen	600.000 €
Kalkulatorische Abschreibungen	500.000 €

Ermitteln Sie das Betriebsergebnis für den Monat Oktober 2019.

AUFGABE 4

Die Lutz GmbH, Öhringen, hat am 02.01.2019 eine Maschine gekauft. Folgende Daten liegen vor:

Anschaffungskosten	240.000 €
Nutzungsdauer laut amtl. AfA-Tabelle	10 Jahre
Abschreibungsmethode	lineare AfA
Aktuelle Wiederbeschaffungskosten	270.000 €
Betriebsgewöhnliche Nutzungsdauer	15 Jahre

Berechnen Sie die bilanzielle und die kalkulatorische Abschreibung für den Monat Oktober 2019.

AUFGABE 5

Ein Unternehmen hat eine Maschine mit Anschaffungskosten in Höhe von 100.000 € aktiviert und über eine Laufzeit von 10 Jahren linear abgeschrieben. In der Kostenrechnung wurde bei der Berechnung der kalkulatorischen Abschreibung bei gleicher Nutzungsdauer von Wiederbeschaffungskosten in Höhe von 150.000 € ausgegangen. Der Gewinnsteuersatz des Unternehmens beträgt 30 %.

Stellen Sie fest, ob der Finanzierungseffekt der kalkulatorischen Abschreibung ausreicht, um eine Reinvestition vornehmen zu können.

Mit welchen Wiederbeschaffungskosten hätte man rechnen müssen, damit man die Investition über die Abschreibungsfinanzierung hätte vornehmen können?

AUFGABE 6

Kreuzen Sie die richtige Antwort an:

1. Das Betriebsergebnis ergibt sich aus der Gegenüberstellung von Aufwendungen und Leistungen.
2. Periodenfremde Aufwendungen sind neutrale Aufwendungen.
3. Erträge aus der Auflösung von Rückstellungen erhöhen das Betriebsergebnis.

AUFGABE 7

Die Ergebnistabelle der Hoffe GmbH, Sinsheim, für den Monat Oktober 2019 weist folgende Zahlen aus:

Leistungen	1.000.000 €
Kosten	800.000 €
Neutrale Aufwendungen	100.000 €
Gesamtergebnis	250.000 €

Berechnen Sie die Höhe der neutralen Erträge.

2 Auswertung des Jahresabschlusses

Der **Jahresabschluss soll** einen möglichst **sicheren Einblick in** die **Vermögens-, Finanz- und Ertragslage** eines Unternehmens **gewähren**.
Dieser Einblick ist **nicht zu erreichen durch** die **bloße Betrachtung der absoluten Zahlen** des Jahresabschlusses.

Mit einer systematischen **Auswertung des Jahresabschlusses lässt sich die Aussagekraft** der Bilanz und GuV-Rechnung **erhöhen**. Dazu gehören nicht nur die Betrachtung des vorliegenden Jahresabschlusses, sondern wenn möglich auch **Vergleiche** zu **vorangegangenen Jahren** oder **Abschlüssen anderer Betriebe**.
Festgestellte **Entwicklungen** sowie **Größenverhältnisse** zwischen Zahlen können mithilfe von **grafischen Darstellungen** in Form von Kurven-, Säulen oder Kreisdiagrammen **anschaulicher** und **übersichtlicher** gemacht werden.

Für die Auswertung des Jahresabschlusses eignen sich in besonderem Maße **Kennzahlen**. Aufgrund der Vielzahl der möglichen Kennzahlen wird deren Erfolg durch die dem hohen Aufwand entsprechenden Kosten relativiert.
Die wichtigsten **Bilanzkennzahlen** und ihre **grafische Darstellung** werden **anhand der** auf der folgenden Seite abgebildeten **Bilanz** des **Industriebetriebs** in der Rechtsform eines **Einzelunternehmens** näher erläutert.

Zunächst ist es erforderlich, die **Bilanz aufzubereiten**, um aus der Bilanz **Kennzahlen** ableiten zu können.

2.1 Aufbereitung der Bilanz

Bei der **Aufbereitung der Bilanz** werden die Bilanzposten nach bestimmten Merkmalen gegliedert und zusammengefasst.

Anschließend wird die Bilanz nach dem folgenden in der Praxis üblichen **Auswertungsschema** aufbereitet:

Aktiva	Bilanz Passiva
I. Anlagevermögen (AV)	**I. Eigenkapital** (EK)
II. Umlaufvermögen (UV)	**II. Fremdkapital** (FK)
flüssige Mittel	kurzfristiges FK
Forderungen	mittelfristiges FK
übriges Umlaufvermögen	langfristiges FK

Man spricht bei einer in dieser Form **aufbereiteten Bilanz** auch von einer **Strukturbilanz**.

Beispiel einer handelsrechtlich gegliederten Bilanz:

Bilanz zum 31.12.2019

Aktiva	€	€	Passiva	€	€
A. Anlagevermögen			**A. Eigenkapital**		735.000
I. Sachanlagen			**B. Rückstellungen**		
Grundstücke und Bauten	230.000		1. Pensionsrückstellungen	196.000	
Maschinen	65.000		2. sonstige Rückstellungen	14.000	210.000
Betriebs- und Geschäftsausstattung	20.000	315.000	**C. Verbindlichkeiten**		
II. Finanzanlagen			1. Darlehen	154.000	
Beteiligungen		72.000	2. Verbindlichkeiten aLuL	201.000	355.000
Summe Anlagevermögen		387.000			
B. Umlaufvermögen					
I. Vorräte					
Roh-, Hilfs- und Betriebsstoffe	412.000				
II. Forderungen aLuL	395.000				
III. Kassenbestand, Guthaben bei Kreditinstituten	106.000				
Summe Umlaufvermögen		913.000			
Bilanzsumme		1.300.000	Bilanzsumme		1.300.000

2.1.1 Aufbereitung der Aktivseite der Bilanz

Die **Feststellung des Anlagevermögens** ist in der Regel **einfach**, weil das Anlagevermögen in jeder Bilanz gesondert ausgewiesen wird.

Das **Umlaufvermögen** wird in drei Gruppen eingeteilt: **flüssige Mittel**, **Forderungen** und **übriges Umlaufvermögen**.

Zu den **flüssigen Mitteln** gehören Vermögensgegenstände des Umlaufvermögens, **die in Geld bestehen bzw. sofort in Geld umgesetzt werden können** z.B.:

- Kassenbestand,
- Postbankguthaben,
- Bankguthaben,
- Effekten (Wertpapiere, die an der Börse gehandelt werden),
- Schecks,
- diskontfähige Besitzwechsel.

Die **flüssigen Mittel** werden bei der Liquiditätsanalyse als „**Mittel 1. Grades**" bezeichnet.

Forderungen sind alle Vermögensgegenstände des UV, die keine flüssigen Mittel sind, aber **innerhalb der nächsten zwei Monate flüssige Mittel werden**:

- geleistete Anzahlungen,
- Forderungen aLuL,
- Forderungen an Personal,
- Steuerüberzahlungen.

Die **Forderungen** (**und** die **aktiven Rechnungsabgrenzungsposten**) werden bei der Liquiditätsanalyse als „**Mittel 2. Grades**" bezeichnet.

Zum **übrigen Umlaufvermögen** gehören:

- Roh, Hilfs- und Betriebsstoffe,
- unfertige Erzeugnisse,
- fertige Erzeugnisse,
- Waren.

Das **übrige Umlaufvermögen** wird bei der Liquiditätsanalyse als „**Mittel 3. Grades**" bezeichnet.

Bei der Einteilung in die verschiedenen Grade ist nach dem **Prinzip der Vorsicht** vorzugehen, d.h., Mittel, bei denen es fraglich ist, zu welchem Grad sie gehören, sind dem **höheren Grad** zuzuordnen.

2.1.2 Aufbereitung der Passivseite der Bilanz

Zum **Eigenkapital** (**EK**) gehören in der Regel

	das gezeichnete Kapital (bei Kapitalgesellschaften) bzw. das Kapital anderer Rechtsformen
+	die Rücklagen (Kapitalrücklage, Gewinnrücklage)
+/-	der Gewinn- bzw. Verlustvortrag
+	der Jahresüberschuss
=	**Eigenkapital**

Erzielt ein Unternehmen keinen Jahresüberschuss, sondern einen **Jahresfehlbetrag**, so **vermindert** dieser das **Eigenkapital**.

Zum **Fremdkapital** (**FK**) gehören die Verbindlichkeiten (Schulden des Betriebes).

Das Fremdkapital wird in **kurzfristiges**, **mittelfristiges** und **langfristiges FK** eingeteilt.

Zum **kurzfristigen FK** gehören Verbindlichkeiten, die **innerhalb von drei Monaten fällig werden**. Hierzu gehören:

- Bankschulden (z.B. Kontokorrentschulden),
- Verbindlichkeiten aus Lieferungen und Leistungen,
- Schuldwechsel,
- Anzahlungen von Kunden,
- Verbindlichkeiten aus Lohn- und Kirchensteuer,
- Verbindlichkeiten im Rahmen der sozialen Sicherheit,
- Verbindlichkeiten aus Einbehaltungen,
- Umsatzsteuer,
- Rückstellungen (ohne Pensionsrückstellungen).

Die **passiven Rechnungsabgrenzungsposten** werden ebenfalls dem **kurzfristigen FK** zugeordnet.

Zum **mittelfristigen FK** gehören Verbindlichkeiten, die **innerhalb von vier bis zwölf Monaten fällig werden**. Hierzu gehören:

- Bankschulden,
- Schuldwechsel mit einer Laufzeit von mehr als drei Monaten.

Zum **langfristigen FK** gehören Verbindlichkeiten, die **später als nach einem Jahr fällig werden**. Hierzu gehören:

- Rückstellungen (Pensionsrückstellungen),
- Darlehen.

Bei der Einteilung des Fremdkapitals nach der Fristigkeit ist ebenfalls nach dem **Prinzip der Vorsicht** vorzugehen, d.h., Fremdkapital, bei dem es fraglich ist, zu welcher Fristigkeit es gehört, ist der **niedrigeren** Fristigkeit zuzuordnen.

Die **aufbereitete Bilanz** (von Seite 288) zeigt entsprechend dem Auswertungsschema folgendes Bild:

Bilanz zum 31.12.2019

Aktiva	€	**Passiva**	€
I. Anlagevermögen	387.000,00	**I. Eigenkapital**	735.000,00
II. Umlaufvermögen		**II. Fremdkapital**	
flüssige Mittel (Mittel 1. Grades)	106.000,00	**kurzfristiges FK**	215.000,00
Forderungen (Mittel 2. Grades)	395.000,00	**mittelfristiges FK**	0,00
übriges Umlaufvermögen (Mittel 3. Grades)	412.000,00	**langfristiges FK**	350.000,00
	1.300.000,00		1.300.000,00

2.2 Umrechnung der absoluten Zahlen der Bilanz in Prozentzahlen

Um die Bilanz besser beurteilen zu können, werden die **absoluten Zahlen** der aufbereiteten Bilanz **in Prozentzahlen** zur Bilanzsumme umgerechnet. Dabei wird die **Bilanzsumme** gleich **100%** gesetzt.
Die aufbereitete Bilanz in absoluten Zahlen und in Prozentzahlen zeigt folgendes Bild:

Bilanz zum 31.12.2019

Aktiva	TEUR	%	Passiva	TEUR	%
I. Anlagevermögen	387	29,8	**I. Eigenkapital**	735	56,0
II. Umlaufvermögen			**II. Fremdkapital**		
Mittel 1. Grades	106	8,1	**kurzfristiges FK**	215	17,0
Mittel 2. Grades	395	30,4	**mittelfristiges FK**	0	0,0
Mittel 3. Grades	412	31,7	**langfristiges FK**	350	27,0
	1.300	100,0		1.300	100,0

Grafisch veranschaulicht lassen sich Aktiv- und Passivseite wie folgt darstellen:

Aktivseite

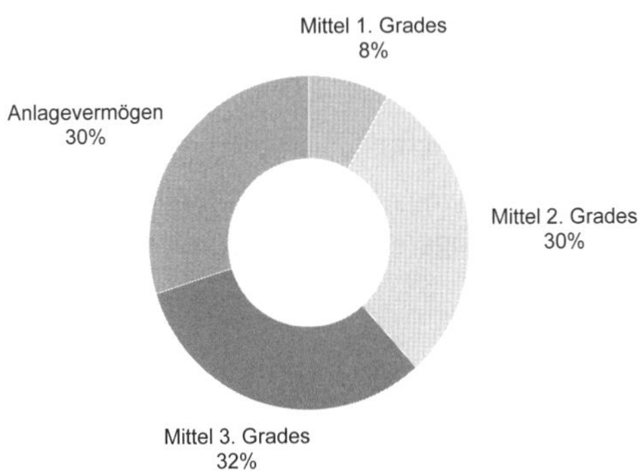

Passivseite

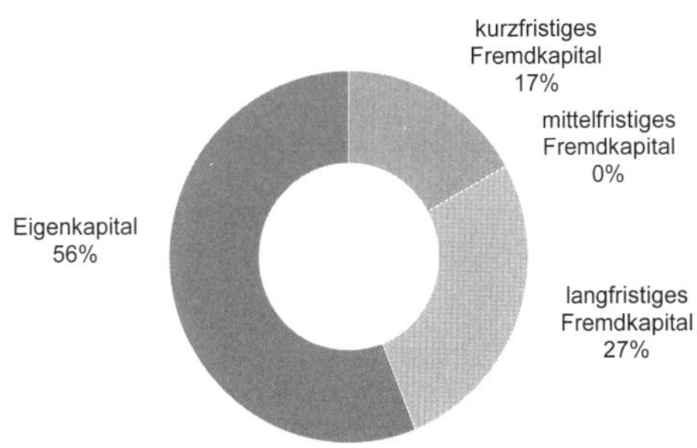

ÜBUNG → 1. Wiederholungsfragen 1 und 2 (Seite 303),
2. Aufgabe 1 (Seite 304)

2.3 Bilanzkennzahlen

Aus einer **aufbereiteten** Bilanz können insbesondere **Kennzahlen** zur

1. **Vermögensstruktur** (Konstitution),
2. **Kapitalstruktur** (Finanzierung),
3. **Investierung** und
4. **Liquidität**

abgeleitet werden.

2.3.1 Kennzahlen zur Vermögensstruktur

Die **Vermögensstruktur (Konstitution)** wird gekennzeichnet durch das prozentuale Verhältnis des Anlagevermögens bzw. Umlaufvermögens zum Gesamtvermögen:

$$\textbf{Anlagenintensität} = \frac{\textbf{Anlagevermögen x 100}}{\textbf{Gesamtvermögen}}$$

$$\textbf{Umlaufintensität} = \frac{\textbf{Umlaufvermögen x 100}}{\textbf{Gesamtvermögen}}$$

Diese Kennzahlen sagen etwas über den **Vermögensaufbau** eines Betriebes aus. Sie geben Auskunft darüber, ob ein Betrieb **anlageintensiv** oder **lohnintensiv** ist.

Ob ein Betrieb anlage- oder lohnintensiv ist, hängt von der **Branche** ab, der ein Betrieb angehört.

Beispielhaft können folgende **Durchschnittswerte** genannt werden:

Branche	**Anlagenintensität**	**Umlaufintensität**
Verkehr (ohne Bahn AG)	69,4 %	30,6 %
Energiewirtschaft	43,3 %	56,7 %
verarbeitendes Gewerbe (ohne Baugewerbe)	37,0 %	63,0 %
Handel	31,3 %	68,7 %
Baugewerbe	8,3 %	91,7 %

Die Aussagekraft der Vermögensstruktur nur **eines** Bilanzstichtages ist relativ gering.

Einen gewissen Aufschluss über den Vermögensaufbau eines Betriebes erhält man dann, wenn man die Entwicklung des Anlage- und Umlaufvermögens über **mehrere** Jahre hinweg verfolgt.

BEISPIEL

Die Anlagen- bzw. Umlaufintensität hat sich in den vergangenen sechs Jahren im Vergleich zum Branchendurchschnitt wie folgt entwickelt:

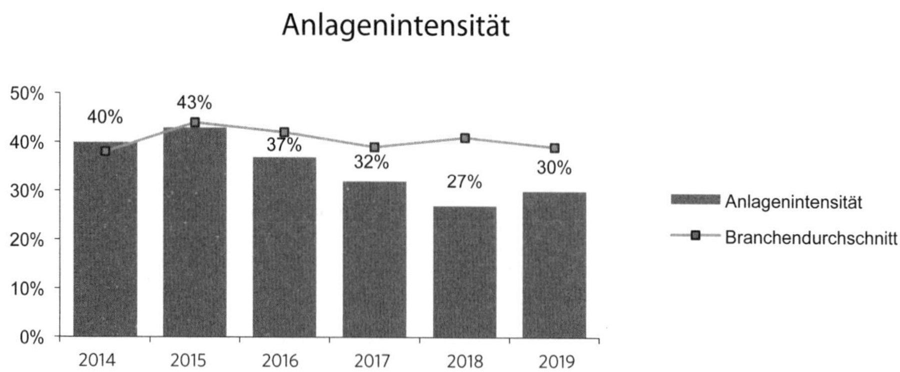

Ein **hohes bzw. niedriges Anlagevermögen** lässt noch nicht den Schluss zu, dass die Vermögensstruktur **gut oder schlecht** ist. Dies kann nur bei **wesentlichen Abweichungen** vom Branchendurchschnitt gesagt werden.

Je höher der Anteil des Anlagevermögens am Gesamtvermögen ist, **umso höher sind die fixen Kosten** (wie z.B. Abschreibungen, Instandhaltungen), die unabhängig von der Beschäftigung anfallen.

Bei **anlageintensiven** Betrieben fallen zwangsläufig **höhere fixe Kosten** an **als bei lohnintensiven** Betrieben. Eine **hohe Fixkostenbelastung wirkt sich besonders bei rückläufiger Beschäftigung nachteilig aus**, sodass in der Regel bei konjunkturellen Abschwächungen **anlageintensive Betriebe weniger anpassungsfähig** sind **als lohnintensive** Betriebe.

BEISPIEL

Aus der Bilanz des Ausgangsbeispiels ergibt sich folgende Vermögensstruktur:

$$\text{Anlagenintensität} = \frac{\text{AV x 100}}{\text{GV}} = \frac{387.000\,€ \text{ x } 100}{1.300.000\,€} = \underline{\mathbf{29{,}8\%}}$$

Das Anlagevermögen müsste nach dem Branchendurchschnitt einen größeren Anteil am Gesamtvermögen ausmachen. Der Branchendurchschnitt der verarbeitenden Industrie beträgt 37 %.

Das Anlagevermögen wäre noch niedriger, wenn es nicht eine Beteiligung von 5,5 % enthielte. Die vom Branchendurchschnitt abweichende Kennzahl des Anlagevermögens kann verschiedene Ursachen haben. So kann z.B. das AV überaltert sein.

$$\text{Umlaufintensität} = \frac{\text{UV x 100}}{\text{GV}} = \frac{913.000\,€ \text{ x } 100}{1.300.000\,€} = \underline{\mathbf{70{,}2\%}}$$

Die Umlaufintensität liegt mit 70,2 % über dem Branchendurchschnitt, der nur 63 % beträgt. Daraus lässt sich schließen, dass die Forderungen und/oder die Vorräte zu hoch sind. Die Gründe hierfür müssten untersucht werden.

2.3.2 Kennzahlen zur Kapitalstruktur

Unter der **Kapitalstruktur** (Finanzierung) versteht man das prozentuale Verhältnis des Eigenkapitals bzw. Fremdkapitals zum Gesamtkapital:

$$\textbf{Eigenkapitalanteil} = \frac{\textbf{Eigenkapital x 100}}{\textbf{Gesamtkapital}}$$

$$\textbf{Fremdkapitalanteil (= Anspannungskoeffizient)} = \frac{\textbf{Fremdkapital x 100}}{\textbf{Gesamtkapital}}$$

Diese Kennzahlen sagen etwas über den **Kapitalaufbau** eines Betriebes aus. Sie geben Auskunft darüber, ob ein Betrieb überwiegend mit Eigenkapital oder mit Fremdkapital arbeitet.

Die Kapitalstruktur eines Betriebes ist wie die Vermögensstruktur von der **Branche** abhängig, der ein Betrieb angehört. Beispielhaft können für einzelne Branchen folgende **Durchschnittswerte** genannt werden:

Branche	Eigenkapitalanteil	Fremdkapitalanteil
Energiewirtschaft	36,6 %	63,4 %
Verkehr (ohne Bahn AG)	32,7 %	67,3 %
verarbeitendes Gewerbe (ohne Baugewerbe)	31,8 %	68,2 %
Handel	23,9 %	76,1 %
Baugewerbe	7,8 %	92,2 %

Die graphische Darstellung erfolgt analog zur Darstellung bei der Vermögensstruktur.

Je höher der Eigenkapitalanteil am Gesamtkapital ist, **umso kreditwürdiger** und **konkurrenzfähiger** ist ein Unternehmen.

BEISPIEL

Aus der Bilanz des Ausgangsbeispiels ergibt sich folgender Eigenkapitalanteil:

$$\text{Eigenkapitalanteil} = \frac{\text{EK x 100}}{\text{GV}} = \frac{735.000\,€ \text{ x } 100}{1.300.000\,€} = \underline{\mathbf{56{,}5\,\%}}$$

Der Eigenkapitalanteil ist besser als im Branchendurchschnitt (= 31,8 %). Der hohe Eigenkapitalanteil des Unternehmens erhöht seine Kreditwürdigkeit und macht es in Krisenzeiten in seiner Preispolitik flexibler.

2.3.3 Kennzahlen zur Investierung

Unter **Investierung** versteht man das Verhältnis zwischen Eigenkapital und Anlagevermögen:

$$\textbf{Investierung} = \frac{\textbf{Eigenkapital}}{\textbf{Anlagevermögen}}$$

Diese Kennzahl sagt etwas über die **Kapitalverwendung** eines Betriebes aus. Sie gibt Auskunft darüber, inwieweit das Anlagevermögen durch Eigenkapital gedeckt ist.

Da das **Anlagevermögen** dazu bestimmt ist, dem Betrieb **dauernd** zu dienen, sollte es möglichst durch **Eigenkapital** gedeckt sein. Zur Deckung des Anlagevermögens kann nicht nur das Eigenkapital, sondern auch das **langfristige** Fremdkapital herangezogen werden.
Wird zur Deckung des Anlagevermögens **nur** das **Eigenkapital** herangezogen, spricht man von der **Anlagendeckung I**.
Wird **neben** dem **Eigenkapital** zusätzlich noch **langfristiges Fremdkapital** berücksichtigt, spricht man von der **Anlagendeckung II**.

$$\textbf{Anlagendeckung I} = \frac{\textbf{Eigenkapital x 100}}{\textbf{Anlagevermögen}}$$

$$\textbf{Anlagendeckung II} = \frac{\textbf{(Eigenkapital + langfr. FK) x 100}}{\textbf{Anlagevermögen}}$$

BEISPIEL

Aus der Bilanz des Ausgangsbeispiels ergeben sich folgende Kennzahlen:

$$\text{Anlagendeckung I} = \frac{735.000\,€ \times 100}{387.000\,€} = \underline{\mathbf{190\,\%}}$$

$$\text{Anlagendeckung II} = \frac{(735.000\,€ + 350.000\,€) \times 100}{387.000\,€} = \underline{\mathbf{280\,\%}}$$

Graphische Darstellung:

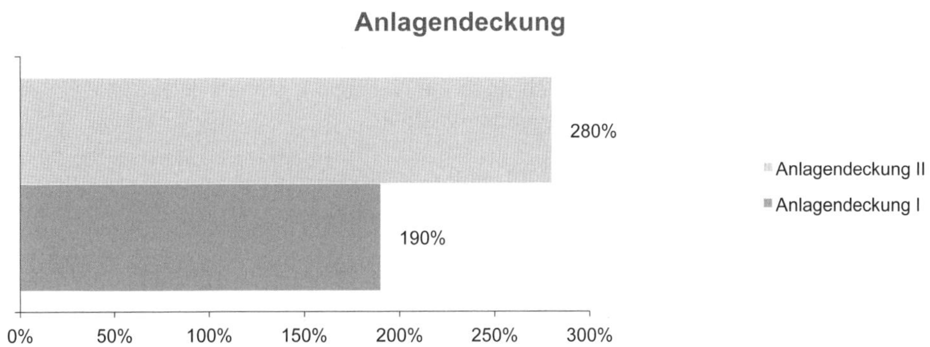

Bei der Anlagendeckung I überdeckt das Eigenkapital das Anlagevermögen um 90 %. Die Anlagendeckung II weist sogar eine Überdeckung des Anlagevermögens um 180 % aus.

2.3.4 Kennzahlen zur Liquidität

Unter der **Liquidität** versteht man die **Zahlungsbereitschaft** einer Unternehmung. Nach der Art der Kennzahlen zur Liquidität unterscheidet man zwischen **statischer** und **dynamischer** Liquidität.
Die **statische Liquidität** spiegelt eine **Momentaufnahme betrieblicher Vermögens- und Kapitalgegenstände** zum Zeitpunkt des Bilanzstichtags wider, während die **dynamische Liquidität** die **strukturelle und betragsmäßige Veränderung** anhand von **Zahlungsströmen** darstellt.

2.3.4.1 Statische Liquidität

Die **statische Liquidität** wird ausgedrückt durch das Verhältnis zwischen den **Mitteln 1., 2. und 3. Grades** und dem **kurzfristigen** Fremdkapital (den kurzfristigen Zahlungsverpflichtungen).
Man unterscheidet die **Liquidität 1., 2. und 3. Grades**.

$$\textbf{Liquidität 1. Grades} = \frac{\textbf{Mittel 1. Grades} \times \textbf{100}}{\textbf{kurzfristiges Fremdkapital}}$$

Das DATEV-Programm bezieht als **Mittel 1. Grades** nur die **Sollsalden** von **Kasse**, **Postbank**, **Bank**, **Wechsel aLuL** und **Schecks** ein.
Als **kurzfristiges Fremdkapital** werden sämtliche **Habensalden** der **Kontenklasse 1** des SKR 03 (ohne Privatkonten) addiert.

Diese Liquidität wird auch als **Barliquidität** bezeichnet, weil bei den Mitteln nur die Barmittel berücksichtigt werden.

BEISPIEL

Aus der Bilanz des Ausgangsbeispiels ergibt sich folgende Liquidität:

$$\text{Liquidität 1. Grades} = \frac{106.000\,€ \times 100}{215.000\,€} = \underline{\mathbf{49\,\%}}$$

Die Liquidität 1. Grades ist unzureichend, weil lediglich 49 % der kurzfristigen Verbindlichkeiten mit Barmitteln beglichen werden können.

Aussagefähiger als die Liquidität 1. Grades ist die **Liquidität 2. Grades**, weil bei ihr neben den Barmitteln noch die kurzfristigen **Forderungen** einbezogen werden, die einem Unternehmen bei Liquiditätsengpässen auch noch zur Verfügung stehen. Diese Mittel werden den kurzfristigen Verbindlichkeiten gegenübergestellt.

$$\textbf{Liquidität 2. Grades} = \frac{\textbf{Mittel 1. und 2. Grades x 100}}{\textbf{kurzfristiges Fremdkapital}}$$

Das DATEV-Programm berechnet als **Mittel 1. und 2. Grades** alle **Sollsalden** der **Kontenklasse 1** des SKR 03 (ohne Privatkonten), d. h., neben den Barmitteln werden auch noch die **Forderungen** berücksichtigt.

Als **kurzfristiges Fremdkapital** werden wiederum alle **Habensalden** der **Kontenklasse 1** des SKR 03 (ohne Privatkonten) addiert.

BEISPIEL

Aus der Bilanz des Ausgangsbeispiels ergibt sich folgende Liquidität:

$$\text{Liquidität 2. Grades} = \frac{501.000\,€ \times 100}{215.000\,€} = \underline{\mathbf{233\,\%}}$$

Die Liquidität 2. Grades ist gut, weil sie eine Überdeckung des kurzfristigen Fremdkapitals durch die Mittel 1. und 2. Grades von 133 % ausweist.

Die **Liquidität 3. Grades** hat in der Praxis nicht die Bedeutung wie die Liquidität 1. und 2. Grades, weil bei diesem Liquiditätsgrad noch die **Vorräte** einbezogen werden, die sich vielfach nur längerfristig in Geld umsetzen lassen.

$$\textbf{Liquidität 3. Grades} = \frac{\textbf{Mittel 1. und 2. und 3. Grades x 100}}{\textbf{kurzfristiges Fremdkapital}}$$

Bei der Liquidität 3. Grades werden als Mittel zusätzlich noch die **Vorräte** berücksichtigt, sodass als **Mittel** das **gesamte Umlaufvermögen** angesetzt wird.

BEISPIEL

Aus der Bilanz des Ausgangsbeispiels ergibt sich folgende Liquidität:

$$\text{Liquidität 3. Grades} = \frac{913.000\,€ \times 100}{215.000\,€} = \underline{\mathbf{425\,\%}}$$

Die Liquidität 3. Grades weist eine Überdeckung des kurzfristigen Fremdkapitals durch das Umlaufvermögen von 325 % aus.

Die Kennzahlen der statischen Liquidität lassen sich graphisch analog zu den Kennzahlen der Investierung darstellen.

Die **Feststellung der Liquidität nur aus der Bilanz** kann aus verschiedenen Gründen **ungenau** sein.

Ein Grund für die Ungenauigkeit ist, dass es sich um eine **statische** (auf einen Stichtag bezogene) Betrachtung handelt, die **keine Fälligkeiten berücksichtigt**.

Bei der Berechnung der bilanzmäßigen **Liquidität 2. Grades** wird davon ausgegangen, dass sich die **Fälligkeiten** der Mittel (z. B. Forderungen aLuL) und des kurzfristigen Fremdkapitals (z. B. Verbindlichkeiten aLuL) im Regelfall **ausgleichen**.

2.3.4.2 Dynamische Liquidität

Im Rahmen der dynamischen Liquidität stellt der **Cashflow** (Geldfluss, Geldzufluss) eine wichtige finanzwirtschaftliche Strömungsgröße dar, die aus der Kritik und dem Zweifel an der Tauglichkeit des Gewinns als Maßstab der Unternehmensanalyse erwachsen ist.
Kritik und Zweifel an der Aussagekraft des Gewinns liegen darin begründet, dass durch **gezielte Bilanzpolitik** der **Gewinnausweis manipuliert** werden kann und als geeignete Beurteilungsmaßstäbe die **Zahlungsströme** herangezogen werden sollten.

In diesem Zusammenhang ist mit dem **Cashflow** eine **Kennziffer** über die in einer Periode **erwirtschafteten Zahlungsmittelüberschüsse** geschaffen worden, die Einblick in die dynamische Liquiditätslage eines Unternehmens geben soll.

Im Allgemeinen versteht man unter dem **Cashflow** den **Saldo** von Erträgen und Aufwendungen, die in der **gleichen Periode** zu Einzahlungen und Auszahlungen (sog. **Ertragseinnahmen** bzw. **Aufwandsausgaben**) führen.

Der Cashflow kann entweder über die **direkte** oder die **indirekte** Methode ermittelt werden. Nach der **direkten Methode** berechnet sich der Cashflow der Periode wie folgt:

	Ertragseinnahmen
-	**Aufwandsausgaben**
=	**Cashflow**

Einer unternehmensexternen Person sind die **Informationen** zur Anwendung der direkten Methode **häufig nicht bekannt**. In diesen Fällen kann der Cashflow nach der indirekten Methode ermittelt werden. Bei der **indirekten Methode** wird der Cashflow durch **Bereinigungen des Jahresüberschusses** wie folgt ermittelt:

	Jahresüberschuss/-fehlbetrag
+	**ausgabeunwirksame Aufwendungen**
-	**einnahmeunwirksame Erträge**
=	**Cashflow**

Zu den **ausgabeunwirksamen Aufwendungen** zählen z. B. die **Abschreibungen auf Anlagevermögen** sowie die **Zunahmen der langfristigen Rückstellungen** (z. B. Pensionsrückstellungen). Die **einnahmeunwirksamen Erträge** umfassen z.B. die **Zuschreibungen bei Vermögensgegenständen des Anlagevermögens** sowie **Abnahmen der langfristigen Rückstellungen**.

Entsprechend wird zur Cashflow-Analyse mit der indirekten Methode das Berechnungsschema häufig wie folgt **vereinfacht**:

	Jahresüberschuss/-fehlbetrag
+/-	**Abschreibungen/Zuschreibungen** auf Anlagevermögen
+/-	**Zunahmen/Abnahmen** der langfristigen Rückstellungen (Pensionsrückstellungen)
=	**Cashflow**

Durch den Cashflow wird die **Ertragskraft** der Unternehmung anhand der **Innenfinanzierungskraft** (bzw. des **Außenfinanzierungsbedarfs**) beurteilt. Dabei versteht man unter der **Innenfinanzierungskraft** (auch Selbstfinanzierungskraft genannt) die **Fähigkeit** eines Unternehmens, finanzwirtschaftliche **Überschüsse zu erwirtschaften**, um

- **Schulden zu tilgen**,
- **Investitionen zu tätigen** und
- **Gewinne auszuschütten**.

Die **finanziellen Möglichkeiten** einer Unternehmung sind **umso größer**, **je höher** der **Cashflow** ist.
Der **Aussagewert** des Cashflows für die finanzielle Lage des Unternehmens wird **verbessert**, wenn man ihn zu bestimmten Größen in Beziehung setzt:

gewünschte Information	Cashflow-Kennzahl
Schuldentilgungskraft	$\frac{\text{Fremdkapital}}{\text{Cashflow}}$
Innenfinanzierungskraft	$\frac{\text{Cashflow}}{\text{Investitionen}}$
Gewinnausschüttungskraft	$\frac{\text{Cashflow}}{\text{Gewinn}}$

Die Aussagekraft der Cashflow-Analyse wird erhöht, sofern das Unternehmen eine **Kapitalflussrechnung** erstellt. Zur Aufstellung einer solchen Rechnung sind **kapitalmarktorientierte** Kapitalgesellschaften in ihrem **Konzernabschluss** verpflichtet (§ 297 Abs. 1 HGB).

Bei der **Kapitalflussrechnung** wird der gesamte Cashflow in drei Kategorien unterteilt:

- Cashflow aus **laufender Geschäftstätigkeit**,
- Cashflow aus **Investitionstätigkeit** und
- Cashflow aus **Finanzierungstätigkeit**.

Der **Cashflow aus laufender Geschäftstätigkeit** wird auch als operativer Cashflow bezeichnet und ist grundsätzlich im Rahmen der betriebswirtschaftlichen Auswertung gemeint, sofern keine Spezifizierung erfolgt.
Der **Cashflow aus Investitionstätigkeit** umfasst Mittelzu- und -abflüsse aus Investitionen bzw. Deinvestitionen (z. B. Kauf bzw. Verkauf eines Gegenstandes des Anlagevermögens).
Der **Cashflow aus Finanzierungstätigkeit** umfasst die Mittelzu- und -abflüsse aus der Veränderung des Eigen- und Fremdkapitals (z. B. Aufnahme oder Tilgung eines Darlehens).

Die Aufstellung einer Kapitalflussrechnung ist auch für **kapitalmarktorientierte** Kapitalgesellschaften, die **keinen** Konzernabschluss aufstellen, verpflichtend (§ 264 Abs. 1 HGB).

ÜBUNG →	1. Wiederholungsfragen 3 bis 15 (Seite 303), 2. Aufgaben 2 und 3 (Seite 304)

2.3.5 GuV-Kennzahlen

Aus der Gewinn- und Verlustrechnung kann eine Vielzahl von Kennzahlen abgeleitet werden.
Die wichtigsten GuV-Kennzahlen werden am Beispiel der folgenden GuV-Rechnung des Industriebetriebs, dessen Bilanzkennzahlen bereits errechnet wurden, näher erläutert.

Gewinn- und Verlustrechnung vom 01.01. bis 31.12.2019

Nr.	Posten	€	€
1.	Umsatzerlöse	795.000,00	
2.	Bestandserhöhungen fertige u. unfertige Erzeugnisse	10.500,00	805.500,00
3.	andere aktivierte Eigenleistungen		19.500,00
4.	sonstige betriebliche Erträge		26.000,00
5.	Aufwendungen für Roh-, Hilfs- und Betriebsstoffe		285.500,00
6.	Löhne und Gehälter		163.800,00
7.	soziale Abgaben		69.400,00
8.	Abschreibungen auf Sachanlagen		14.000,00
9.	sonstige betriebliche Aufwendungen		150.800,00
10.	sonstige Zinsen und ähnliche Erträge		22.500,00
11.	Zinsen und ähnliche Aufwendungen		35.500,00
12.	Steuern vom Einkommen und vom Ertrag		50.000,00
13.	**Ergebnis nach Steuern**		104.500,00
14.	Sonstige Steuern		3.300,00
15.	**Jahresüberschuss**		101.200,00

Grafische Darstellung der **Verteilung der Aufwendungen**:

Die Gewinn- und Verlustrechnung weist unter dem **Posten 5** den „**Materialaufwand**" aus. Setzt man die **Gesamtleistung** (= Umsatzerlöse, Bestandserhöhung und andere aktivierte Eigenleistungen) gleich **100 %**, dann beträgt der **Materialaufwand 34,6 % der Gesamtleistung** (**Materialaufwandsquote**).

Neben der Materialaufwandsquote können auch Kennzahlen für die **anderen Aufwandsarten im Verhältnis zur Gesamtleistung** gebildet werden.
Eine **wichtige Kennzahl** im Rahmen der Aufwendungen ist das Verhältnis zwischen **Personalaufwand und Gesamtleistung**. Im Beispielfall ist die **Gesamtleistung mit 28,3 % Personalaufwand** (Posten 6 und 7) **belastet** (**Personalaufwandsquote**).

Setzt man alle übrigen **Aufwendungen** (ohne Materialaufwand) mit 486.800 € gleich **100 %**, kann man den prozentualen Anteil der **einzelnen Aufwandsarten an diesen Aufwendungen** ermitteln.
Der **Personalaufwand** beträgt mit 233.200 € = **47,9 % dieser Aufwendungen**.
Aus der Gewinn- und Verlustrechnung geht hervor, dass es sich um eine **lohnintensive Fertigung** handelt.
In der gleichen Weise können der prozentuale Anteil der **restlichen Aufwendungen** an den Gesamtaufwendungen festgestellt und die Aufwandsentwicklung beurteilt werden.

Zu einer häufig verwendeten Kennzahl hat sich auch die in der internationalen Finanzanalyse übliche Größe **EBIT** (**E**arnings **B**efore **I**nterest and **T**axes) entwickelt. Zur Berechnung des EBIT werden aus dem Jahresüberschuss bzw. -fehlbetrag die Ertragsteuer- und Zinseffekte herausgerechnet, um so ein operatives Ergebnis (ordentliches Ergebnis vor Zinsen und Steuern) zu erhalten:

	Jahresüberschuss/-fehlbetrag
+/-	Sonstige Steuern
=	**Ergebnis nach Steuern**
+/-	Steuern vom Einkommen und Ertrag
+	Zinsaufwand
-	Zinsertrag
=	**EBIT**

Im vorliegenden Beispiel beträgt das EBIT 167.500 € (101.200 € + 3.300 € + 50.000 € + 35.500 € - 22.500 €).

Das EBIT ermöglicht eine **Vergleichbarkeit** der Ertragskraft aus der operativen Geschäftstätigkeit von Unternehmen mit **unterschiedlich starker Fremdfinanzierung** und unterschiedlichen **steuerlichen Verhältnissen**. Das EBIT ähnelt damit dem handelsrechtlichen Betriebsergebnis.
Neben dem EBIT werden ähnliche Kennzahlen verwendet, die weitere Ergebnisbestandteile eliminieren, um die Vergleichbarkeit von Unternehmenszahlen zu erhöhen, z. B. beim **EBITA** (**E**arnings **B**efore **I**nterest, **T**axes and **A**mortization) oder beim **EBITDA** (**E**arnings **B**efore **I**nterest, **T**axes, **D**epreciation and **A**mortization).

Regelmäßig werden aus diesen Kennzahlen außergewöhnliche Sachverhalte herausgerechnet. Die nach solchen weiteren Eliminierungen entstehenden Kennzahlen werden als „bereinigtes" oder adjusted EBIT, EBITA und EBITDA bezeichnet.

Für Handelsbetriebe ist der Rohgewinnaufschlagsatz eine häufig verwendete GuV-Kennzahl. Der **Rohgewinnaufschlagsatz** wird wie folgt ermittelt:

$$\textbf{Rohgewinnaufschlagsatz} = \frac{\textbf{Rohgewinn x 100}}{\textbf{Wareneinsatz}}$$

Der **Rohgewinn** ist der Unterschiedsbetrag zwischen den Umsatzerlösen und dem Wareneinsatz.

BEISPIEL

Aus der GuV-Rechnung eines Großhandelsbetriebs ergeben sich folgende Werte:

Umsatzerlöse	1.030.000,00 €,
Wareneinsatz	780.000,00 €.

Der **Rohgewinnaufschlagsatz** beträgt:

$$\text{Rohgewinnaufschlagsatz} = \frac{250.000\,€ \times 100}{780.000\,€} = \underline{\mathbf{32{,}05\,\%}}$$

ÜBUNG →
1. Wiederholungsfragen 16 bis 18 (Seite 303),
2. Aufgaben 4 und 5 (Seite 305)

2.3.6 Rentabilität

Aus den Zahlen der **Bilanz** und der **GuV-Rechnung** können Aussagen über die **Rentabilität** gewonnen werden. Unter **Rentabilität** versteht man das prozentuale Verhältnis des **Jahresüberschusses** zum eingesetzten Kapital (Eigenkapital, Gesamtkapital) bzw. zum erzielten **Umsatz**. Entsprechend unterscheidet man zwischen **Kapital**rentabilität und **Umsatz**rentabilität.

2.3.6.1 Kapitalrentabilität

Unter der **Eigenkapitalrentabilität** (Unternehm**er**rentabilität) versteht man das prozentuale Verhältnis des Unternehmergewinns zum Eigenkapital.
Der **Unternehmergewinn** ist der **Jahresüberschuss minus Unternehmerlohn**. Der **Unternehmerlohn** (Lohn, den sich ein Unternehmer für seine Tätigkeit anrechnet) ist **nur bei Einzelunternehmen und Personengesellschaften vom Jahresüberschuss abzuziehen**; bei **juristischen Personen kommt ein Abzug nicht in Betracht**, weil bei ihnen der Unternehmerlohn in Form von Vorstands- und Geschäftsführergehältern den Jahresüberschuss bereits gemindert hat.

Für **Einzelunternehmen und Personengesellschaften** gilt:

$$\textbf{Eigenkapitalrentabilität} = \frac{\textbf{(Jahresüberschuss - Unternehmerlohn) x 100}}{\textbf{Eigenkapital}}$$

Für **juristische Personen** gilt:

$$\textbf{Eigenkapitalrentabilität} = \frac{\textbf{Jahresüberschuss x 100}}{\textbf{Eigenkapital}}$$

Die **Rentabilität des Eigenkapitals** ist dann **ausreichend**, wenn der **landesübliche Zinssatz plus** einer **angemessenen Prämie für das übernommene Risiko** erzielt werden.

BEISPIEL

Setzt man den Unternehmerlohn im Ausgangsbeispiel mit 60.000 € an, ergibt sich aus der Bilanz und GuV-Rechnung folgende **Rentabilität**:

$$\text{Eigenkapitalrentabilität} = \frac{(101.200\,€ - 60.000\,€) \times 100}{(735.000\,€ - 101.200\,€)} = \underline{\textbf{6,5\,\%}}$$

Die Rentabilität ist mit 6,5 % nicht ausreichend, weil der landesübliche Zins nicht erzielt und die Risikoprämie, die in der Regel zwischen 2 und 8 % liegt, nicht erwirtschaftet wurde.

Der **Jahresüberschuss** wird **nicht nur vom Eigenkapital**, sondern vom **Gesamtkapital** erwirtschaftet, d.h. **auch vom Fremdkapital**.

Da es in diesem Fall auf die **Ertragskraft der Unternehmung** ankommt, spricht man von Unternehmungsrentabilität bzw. Gesamtkapitalrentabilität.

Dem **Jahresüberschuss** sind die Fremdkapital**zinsen hinzuzurechnen**, weil die Zinsen, die für das Fremdkapital gezahlt worden sind, den Jahresüberschuss gemindert haben.

Für **Einzelhandelsunternehmungen und Personengesellschaften** gilt:

$$\textbf{Gesamtkapitalrentabilität} = \frac{\textbf{(Jahresüberschuss - Unternehmerlohn + Zinsen) x 100}}{\textbf{Gesamtkapital}}$$

Für **juristische Personen** gilt:

$$\textbf{Gesamtkapitalrentabilität} = \frac{\textbf{(Jahresüberschuss + Zinsen) x 100}}{\textbf{Gesamtkapital}}$$

BEISPIEL

Aus der Bilanz und der GuV-Rechnung des Ausgangsbeispiels ergibt sich bei einem Unternehmerlohn von 60.000 € folgende **Rentabilität**:

$$\text{Gesamtkapitalrentabilität} = \frac{(101.200\,€ - 60.000\,€ + 35.000\,€) \times 100}{(1.300.000\,€ - 101.200\,€)} = \underline{\textbf{6,4\,\%}}$$

Die Gesamtkapitalrentabilität ist wie die Eigenkapitalrentabilität zu niedrig.

2.3.6.2 Umsatzrentabilität

Unter der **Umsatzrentabilität** versteht man das prozentuale Verhältnis zwischen Jahresüberschuss und Umsatz

$$\textbf{Umsatzrentabilität} = \frac{\textbf{Jahresüberschuss x 100}}{\textbf{Umsatz}}$$

BEISPIEL

Aus der GuV-Rechnung des Ausgangsbeispiels ergibt sich folgende Umsatzrentabilität:

$$\text{Umsatzrentabilität} = \frac{101.200\,€ \times 100}{795.000\,€} = \underline{\mathbf{12{,}7\,\%}}$$

Der Einzelunternehmer erzielt pro 100 € Umsatz einen Gewinn von 12,70 €.

ÜBUNG →	1. Wiederholungsfragen 19 bis 21 (Seite 303), 2. Aufgaben 6 bis 8 (Seite 305 ff.)

2.4 Erfolgskontrolle

WIEDERHOLUNGSFRAGEN

1. Wie lässt sich die Aussagekraft des Jahresabschlusses erhöhen?
2. Nach welchem Schema kann die Bilanz aufbereitet werden?
3. Welche Kennzahlen werden insbesondere aus der Bilanz abgeleitet?
4. Wodurch wird die Vermögensstruktur gekennzeichnet?
5. Was versteht man unter der Kapitalstruktur?
6. Was versteht man unter Investierung?
7. Was versteht man unter der Anlagendeckung I?
8. Was versteht man unter der Anlagendeckung II?
9. Was versteht man allgemein unter der Liquidität?
10. Was versteht man unter der Liquidität 1. Grades?
11. Was versteht man unter der Liquidität 2. Grades?
12. Was versteht man unter der Liquidität 3. Grades?
13. Was versteht man allgemein unter dem Cashflow?
14. Mit welchen Methoden lässt sich der Cashflow ermitteln?
15. Wie lautet das vereinfachte Berechnungsschema des Cashflows?
16. Welche Kennzahlen können aus der GuV-Rechnung abgeleitet werden?
17. Was bedeutet EBIT und wie wird diese Kennzahl berechnet?
18. Wie wird der Rohgewinnaufschlagsatz ermittelt?
19. Was versteht man unter der Eigenkapitalrentabilität?
20. Was versteht man unter der Gesamtkapitalrentabilität?
21. Was versteht man unter der Umsatzrentabilität?

Aufgaben

AUFGABE 1

Eine GmbH der verarbeitenden Industrie hat folgende Bilanz zum 31.12.2019 aufgestellt:

Bilanz zum 31.12.2019

AKTIVA	TEUR	TEUR	PASSIVA	TEUR	TEUR
A. Anlagevermögen			**A. Eigenkapital**		
Grundstücke und Bauten	405		Gezeichnetes Kapital	600	
Maschinen	245		Rücklagen	70	
Kraftfahrzeuge	15		Jahresüberschuss**	80	750
sonstige Betriebs- und Geschäftsausstattung	65	730	**B. Rückstellungen*****		240
B. Umlaufvermögen			**C. Verbindlichkeiten**		
Roh-, Hilfs- und Betriebsstoffe	195		Darlehen	150	
unfertige Erzeugnisse	18		Verbindlichkeiten aLuL	190	
fertige Erzeugnisse	80		Verbindlichkeiten aus der Annahme gezogener Wechsel	170	510
Forderungen aLuL	275				
Wechsel aLuL*	115				
Kassenbestand	87	770			
Bilanzsumme		1.500	Bilanzsumme		1.500

* Die ausgewiesenen Wechsel sind diskontfähige Besitzwechsel.

** Der ausgewiesene Jahresüberschuss wird nicht ausgeschüttet.

*** Zu den Rückstellungen gehören keine Pensionsrückstellungen.

1. Bereiten Sie die Bilanz entsprechend dem Auswertungsschema auf.
2. Rechnen Sie die absoluten Zahlen der aufbereiteten Bilanz in Prozentzahlen um.

AUFGABE 2

1. Ermitteln Sie aus der Bilanz der Aufgabe 1 folgende Kennzahlen:
   a) Anlagenintensität,
   b) Umlaufintensität,
   c) Eigenkapitalanteil,
   d) Anspannungskoeffizient,
   e) Anlagendeckung I,
   f) Anlagendeckung II,
   g) Liquidität 1. Grades,
   h) Liquidität 2. Grades.
2. Beurteilen Sie die Vermögens- und Kapitalstruktur des Unternehmens.

AUFGABE 3

Ermitteln und beurteilen Sie aus den Bilanzen 2019 und 2018 und den Gewinn- und Verlustrechnungen 2019 und 2018 der Aufgabe 8 (Seite 306 f.) den vereinfachten Cashflow sowie das EBIT.

AUFGABE 4

Aus der GuV-Rechnung eines Großhandelsbetriebs ergeben sich folgende Werte:

Umsatzerlöse	2.590.800 €,
Wareneinsatz	2.040.000 €.

Berechnen Sie den Rohgewinnaufschlagsatz.

AUFGABE 5

Aus den Unterlagen eines Großhandelsbetriebs liegen folgende Daten vor:

Rohgewinnaufschlagsatz	40 %,
Rohgewinn	120.000 €.

1. Berechnen Sie den Wareneinsatz.
2. Ermitteln Sie die Umsatzerlöse.

AUFGABE 6

Aus dem Jahresabschluss einer GmbH liegen folgende Daten vor:

	2018 €	2019 €
Eigenkapital	160.000	185.000
Fremdkapital	110.000	135.000
Zinsen für Fremdkapital	4.900	7.600
Jahresüberschuss*	26.000	36.000
Umsatzerlöse	590.000	760.000

* Der Jahresüberschuss ist nicht im Eigenkapital enthalten.

1. Berechnen Sie die Eigenkapitalrentabilität für beide Jahre.
2. Berechnen Sie die Gesamtkapitalrentabilität für beide Jahre.
3. Berechnen Sie die Umsatzrentabilität für beide Jahre.
4. Beurteilen Sie die Ertragslage des Unternehmens.

AUFGABE 7

Der Einzelunternehmer Max Huber, München, stellt Ihnen für das Jahr 2019 folgende Zahlen über sein ganzjährig vermietetes Einfamilienhaus zur Verfügung:

Anschaffungskosten einschließlich Nebenkosten 660.000 €,

Finanzierung: 1. Hypothek 90.000 € zu 6 % Zinsen,

2. Hypothek 105.000 € zu 7 % Zinsen.

Die Mieteinnahmen für die Kaltmiete betragen pro qm 15 € monatlich. Die vermietete Wohnfläche beträgt 200 qm. Die Reparaturen und sonstige Kosten einschließlich AfA belaufen sich auf 11.700 €.

Ermitteln Sie die Eigenkapitalrentabilität für das Jahr 2019.

AUFGABE 8

1. Ausgangssituation

Stellen Sie sich vor, Sie würden von einem Mandanten, der die Möglichkeit hat, sich bei einer GmbH der verarbeitenden Industrie finanziell zu engagieren, beauftragt, anhand der Bilanzen 2019 und 2018 und der Gewinn- und Verlustrechnungen 2019 und 2018 ein Urteil über die Vermögens-, Kapital-, Finanz- und Erfolgslage der Unternehmung abzugeben.

2. verfügbares Material

Bilanzen 2019 und 2018 (Angaben in TEUR)

AKTIVA	2019	2018	PASSIVA	2019	2018
A. Anlagevermögen			**A. Eigenkapital**		
I. Sachanlagen	250	200	I. Gezeichnetes Kap.	400	400
II. Finanzanlagen	350	300	II. Kapitalrücklage	100	100
B. Umlaufvermögen			III. Gewinnrücklagen		
			1. gesetzliche Rückl.	40	40
I. Vorräte			2. andere Rückl.	70	50
1. Roh-, Hilfs- und Betriebsstoffe	190	150	IV. Jahresüberschuss	80	140
2. fertige Erzeugnisse	130	130	**B. Rückstellungen**		
			1. Pensionsrückst.	50	0
II. Forderungen			2. Steuerrückst.	20	35
1. Ford. aLuL	90	50	3. sonstige Rückst.	80	65
III. Kassenbestand Guthaben bei Kreditinstituten	230	320	**C. Verbindlichkeiten**		
			1. Verbindl. gegenüber Kreditinstituten	330	200
			2. Verbindl. aLuL	70	120
	1240	1150		1240	1150

Der ausgewiesene Jahresüberschuss wird nicht ausgeschüttet, sondern vorgetragen.

Gewinn- und Verlustrechnungen 2019 und 2018 (Angaben in TEUR)

Nr.	Posten	2019	2018
1.	Umsatzerlöse	3.000	2.600
2.	Aufwendungen für Roh-, Hilfs- und Betriebsstoffe	1.550	1.200
3.	Personalaufwand:		
	a) Löhne und Gehälter	700	650
	b) soziale Abgaben	400	350
4.	Abschreibungen auf Sachanlagen	80	50
5.	sonstige betriebliche Aufwendungen	50	50
6.	Erträge aus Beteiligungen	55	36
7.	Abschreibungen auf Finanzanlagen	100	150
8.	Zinsen und ähnliche Aufwendungen	55	36
9.	Steuern vom Einkommen und Ertrag	40	10
10.	**Ergebnis nach Steuern**	**80**	**140**
11.	**Jahresüberschuss**	**80**	**140**

3. Aufgabe

3.1 Ermitteln (eine Stelle hinter dem Komma) und beurteilen Sie aus den Bilanzen 2019 und 2018 die folgenden Zahlen:

a) Anlagenintensität,
b) Eigenkapitalanteil,
c) Anlagendeckung I,
d) Liquidität 1. Grades,
e) Liquidität 2. Grades.

3.2 Ermitteln (eine Stelle hinter dem Komma) und beurteilen Sie aus der GuVR und den Bilanzen 2019 und 2018 die folgenden Zahlen:

a) Materialaufwand in Relation zur Gesamtleistung,
b) Personalaufwand in Relation zur Gesamtleistung,
c) Eigenkapitalrentabilität,
d) Umsatzrentabilität.

3.3 Fassen Sie die unter 3.1 und 3.2 ermittelten Einzelergebnisse zu einer Gesamtbeurteilung der Unternehmung zusammen.
Welche Maßnahmen würden Sie ergreifen, um die Liquidität der Unternehmung zu verbessern?

3 Verprobung mittels steuerlicher Kennzahlen

Für die sachliche Prüfung der Buchführung werden im Rahmen der steuerlichen **Außenprüfung** (Betriebsprüfung) eine Vielzahl von **Verprobungsmethoden** verwendet.

Mithilfe der Verprobungsmethoden soll eine **überschlägige Berechnung** des erklärten Ergebnisses (z. B. des Umsatzes, des Gewinns) erfolgen.

Nach § 39 BpO werden **Richtsätze** für gleichartige, branchenbezogene Betriebe angewendet, die zur Verprobung oder Schätzung von Umsätzen und Gewinnen bestimmt sind.

Die **Richtsätze** sind für die einzelnen Gewerbeklassen auf der Grundlage von Betriebsergebnissen zahlreicher geprüfter Unternehmen ermittelt worden. Sie gelten nicht für Großbetriebe. Die aktuelle Richtsatzsammlung für das Kalenderjahr 2018 ist unter www.bundesfinanzministerium.de verfügbar.

Richtsätze werden in Prozentsätzen des **wirtschaftlichen Umsatzes** für den **Rohgewinn**, für den **Halbreingewinn** und den **Reingewinn** ermittelt. Beim Rohgewinn wird zwischen Handelsbetrieben (**Rohgewinn I**) und Handwerks- und gemischten Betrieben (**Rohgewinn II**) unterschieden. Bei Handelsbetrieben wird daneben der **Rohgewinnaufschlagsatz** angegeben. Für Handwerks- und gemischte Betriebe wird nachrichtlich ein durchschnittlicher Rohgewinn I verzeichnet, der als Anhaltspunkt für den Waren- und Materialeinsatz dienen soll.

Die **Richtsätze** bestehen aus einem **oberen** und einem **unteren Rahmensatz** sowie einem **Mittelsatz**.

Die **Rahmensätze** tragen den wirtschaftlichen Verhältnissen der Betriebe Rechnung.

Der **Mittelsatz** ist das gewogene Mittel aus den Einzelergebnissen der geprüften Betriebe einer bestimmten Branche.

Der **Reingewinn** wird wie folgt ermittelt:

	Wirtschaftlicher Umsatz
-	Waren-/Materialeinsatz
=	**Rohgewinn I**
-	Einsatz an Fertigungslöhnen
=	**Rohgewinn II**
-	Allgemeine sachliche Betriebsaufwendungen
=	**Halbreingewinn**
-	Besondere sachliche und personelle Betriebsaufwendungen
=	**Reingewinn**

Die **besonderen sachlichen und personellen Betriebsaufwendungen** kommen ausschließlich bei der steuerlichen Gewinnermittlung durch **Einnahmen-Überschuss-Rechnung** (§ 4 Abs. 3 EStG) zur Anwendung.

3.1 Wirtschaftlicher Umsatz

Wirtschaftlicher Umsatz im Sinne der Richtsätze ist die Jahresleistung des Betriebes zu Verkaufspreisen - ohne Umsatzsteuer - abzüglich Preisnachlässen und Forderungsverlusten.

BEISPIEL

Der **wirtschaftliche Umsatz** des Damen- und Herrenfrisörs Walter Schütz, Bonn, beträgt **300.000 €**. Nach der Richtsatzsammlung für das Kalenderjahr 2019 beträgt der **Mittelsatz** für die Ermittlung des **Reingewinns 21 %**.

Der **Reingewinn** beträgt nach dem Mittelsatz **63.000 €** (21 % von 300.000 €).
Ein Außenprüfer kann z. B. bei diesem Ergebnis prüfen, ob der Steuerpflichtige Schütz in seiner Einkommensteuererklärung seinen Gewinn aus Gewerbebetrieb mit etwa 63.000 € angegeben hat.

3.2 Waren-/Materialeinsatz

Der Waren-/Materialeinsatz im Sinne der Richtsätze wird mit den steuerlichen Anschaffungskosten - ohne abziehbare Vorsteuer - unter Abzug der unentgeltlichen Wertabgaben, der Lieferungen i. S. d. § 3 Abs. 1b UStG, der unentgeltlichen Wertabgaben an das Personal und des Waren- und Materialverbrauchs für eigenbetriebliche Zwecke angesetzt.

BEISPIEL

Der Unternehmer Eugen Rapp, Stuttgart, hat für das Wirtschaftsjahr folgende Beträge ermittelt:

Wareneingang		87.000 €,
Anfangsbestand Waren	10.000 €,	
Schlussbestand Waren	5.000 €,	
Bestands**minderung**		5.000 €,
unentgeltliche Wertabgaben		2.000 €.

Der **Waren- und Materialeinsatz** wird wie folgt ermittelt:

	Wareneingang	87.000 €
+	Bestandsminderung	5.000 €
	Wareneinsatz	92.000 €
-	unentgeltliche Wertabgaben	- 2.000 €
=	**Waren-/Materialeinsatz**	**90.000 €**

3.3 Rohgewinn I (Handelsbetriebe)

Der für Handelsbetriebe ermittelte **Rohgewinn I** ist die Differenz zwischen dem wirtschaftlichen Umsatz und dem Waren-/Materialeinsatz:

	wirtschaftlicher Umsatz
-	Waren-/Materialeinsatz
=	**Rohgewinn I**

Die Differenz zwischen dem wirtschaftlichen Umsatz (Umsatzerlös) und dem Waren-/ Materialeinsatz (= **Rohgewinn I**), ausgedrückt **in Prozenten** des **Waren-/Materialeinsatzes**, wird als **Rohgewinnaufschlagsatz** bezeichnet.

$$\textbf{Rohgewinnaufschlagsatz (Kalkulationszuschlag)} = \frac{\textbf{Rohgewinn I x 100}}{\textbf{Waren-/Materialeinsatz}}$$

BEISPIEL

Die Warenkonten des Getränkehändlers Karl Müller, Koblenz, weisen für das Wirtschaftsjahr folgende Salden auf:

Erlöse (Umsatz)	98.000 €,
Wareneingang (Wareneinsatz)	73.500 €.

Der **Rohgewinnaufschlagsatz** beträgt:

$$\text{Rohgewinnaufschlagsatz} = \frac{(98.000\,€ - 73.500\,€) \times 100}{73.500\,€} = \underline{33\tfrac{1}{3}\,\%}$$

Mithilfe des **Rohgewinnaufschlagsatzes** kann man den **Erlös** (Umsatz) bestimmen:

Wareneinsatz	73.500 €
+ **33 ⅓% Rohgewinnaufschlagsatz**	+ **24.500 €**
= **Erlös** (Umsatz)	**98.000 €**

Die Differenz zwischen dem wirtschaftlichen Umsatz (Umsatzerlös) und dem Waren-/ Materialeinsatz (= **Rohgewinn I**), ausgedrückt **in Prozenten** des **wirtschaftlichen Umsatzes** (Umsatzerlöses), wird als **Rohgewinnsatz** bezeichnet.

$$\textbf{Rohgewinnsatz (Handelsspanne)} = \frac{\textbf{Rohgewinn I x 100}}{\textbf{wirtschaftlicher Umsatz}}$$

BEISPIEL

Sachverhalt wie zuvor

Der **Rohgewinnsatz** beträgt:

$$\text{Rohgewinnsatz} = \frac{(98.000\,€ - 73.500\,€) \times 100}{98.000\,€} = \underline{25\,\%}$$

Mithilfe des **Rohgewinnsatzes** kann der Händler – aus der Sicht des Umsatzerlöses – den **Wareneinsatz** bestimmen:

Umsatzerlöse	98.000 €
– **25 % Rohgewinnsatz**	– **24.500 €**
= Wareneinsatz	**73.500 €**

3.4 Rohgewinn II (Handwerks- und gemischte Betriebe)

Bei der Ermittlung des Rohgewinns II für Handwerks- und gemischte Betriebe (Handwerk und Handel) werden vom Rohgewinn I die **Fertigungslöhne abgezogen**.

Die **Fertigungslöhne** sind Löhne, die in Handwerksbetrieben oder in gemischten Betrieben auf den Fertigungsbereich entfallen. Für Berechnungszwecke wird daher zwischen den auf die Fertigung und den andererseits auf die Verwaltung sowie den Vertrieb entfallenden Löhnen und Gehältern unterschieden.

Zu den **Löhnen und Gehältern** gehören die Bruttobezüge (einschließlich aller Sachbezüge). Der **Arbeitgeberanteil zu den Sozialversicherungsbeiträgen** zählt **nicht** zu den Löhnen und Gehältern. Er wird unter den **allgemeinen sachlichen Betriebsaufwendungen** berücksichtigt.

BEISPIEL

Für die J & L GmbH ergibt sich ein Rohgewinn I in Höhe von 320.000 €. Die Fertigungslöhne betragen brutto 130.000 €.

Der Rohgewinn II beträgt:

	Rohgewinn I	320.000 €
-	Einsatz an Fertigungslöhnen	- 130.000 €
=	**Rohgewinn II**	**190.000 €**

3.5 Allgemeine sachliche Betriebsaufwendungen

Zu den allgemeinen sachlichen Betriebsaufwendungen gehören die übrigen bisher nicht berücksichtigten Aufwendungen (Mietaufwendungen, Rechts- und Beratungskosten etc.). Ebenfalls wird hier der Arbeitgeberanteil zu den Sozialversicherungsbeiträgen berücksichtigt.

3.6 Wirtschaftlicher Reingewinn

Wirtschaftlicher Reingewinn ist der Gewinn im Sinne des Einkommensteuergesetzes (EStG).

Der wirtschaftliche Reingewinn kann auch mithilfe des **Reingewinnsatzes** ermittelt werden.

Formelmäßig ist der **Reingewinnsatz** das Verhältnis zwischen dem **Reingewinn** und dem **wirtschaftlichen Umsatz**, ausgedrückt in Prozenten des wirtschaftlichen Umsatzes.

$$\textbf{Reingewinnsatz} = \frac{\textbf{Reingewinn x 100}}{\textbf{wirtschaftlicher Umsatz}}$$

Der **Reingewinnsatz** ist aber auch in der **Richtsatzsammlung** enthalten.

BEISPIEL

Das Baugeschäft Willi und Peter Bündgen, Köln, hat folgende Zahlen ermittelt:

wirtschaftlicher Umsatz	1.000.000 €,
Reingewinnsatz (**Mittelsatz**)	**10 %**.

Der **Reingewinn** beträgt nach der Richtsatzsammlung 100.000 € (10 % von 1.000.000 €). Ein Außenprüfer kann in diesem Falle überprüfen, ob das Baugeschäft den branchenüblichen Gewinn erklärt hat.

3.7 Erfolgskontrolle

Wiederholungsfragen

1. Welche Richtsätze haben beim äußeren Betriebsvergleich große praktische Bedeutung?
2. Wie sind die Richtsätze ermittelt worden?
3. Auf welche Basisgröße werden die Richtsätze angewandt?
4. Was ist wirtschaftlicher Umsatz im Sinne der Richtsätze?
5. Was versteht man unter dem wirtschaftlichen Wareneinsatz?
6. Für wen wird der Rohgewinn I ermittelt?
7. Wie wird der Rohgewinn I ermittelt?
8. Für wen wird der Rohgewinn II ermittelt?
9. Wie wird der Rohgewinn II ermittelt?
10. Was versteht man unter dem Rohgewinnaufschlagsatz?
11. Was versteht man unter dem Rohgewinnsatz?
12. Was versteht man unter dem wirtschaftlichen Reingewinn?
13. Was versteht man unter dem Reingewinnsatz?

Aufgaben

AUFGABE 1

Der Unternehmer A hat folgende Beträge ermittelt:

Wareneingang	95.000 €
Erlöse	108.000 €
Bestandserhöhung	5.000 €

1. Ermitteln Sie den Wareneinsatz.
2. Ermitteln Sie den Rohgewinn.

AUFGABE 2

Aus der Buchführung des Einzelhändlers B liegen u. a. folgende Werte vor:

Wareneinsatz	330.000 €
Erlöse aus Warenverkauf	507.000 €

Der Außenprüfer ist der Meinung, dass für diesen Betrieb ein Rohgewinnaufschlagsatz von 65 % zutreffend sei.

1. Welche Erlöse aus Warenverkauf ermittelt der Außenprüfer, wenn er den Wareneinsatz und den Rohgewinnaufschlagsatz als richtig unterstellt?
2. Welcher Rohgewinnaufschlagsatz ergibt sich aus den Zahlen der Buchführung?

AUFGABE 3

Aus der Buchführung des Einzelhändlers C liegen zum 31.12.2019 (Bilanzstichtag) folgende Nettowerte vor:

Warenanfangsbestand (01.01.2019)	20.000 €
Wareneingänge	250.000 €
Anschaffungsnebenkosten	15.000 €
erhaltene Skonti	7.000 €
Umsatzerlöse	580.000 €
unentgeltliche Wertabgaben	8.000 €
Warenendbestand (31.12.2019)	25.000 €

Ermitteln Sie den wirtschaftlichen Wareneinsatz.

Prüfungsfälle

Prüfungsfall 1

Der Prüfungsfall 1 besteht aus Teil 1 und Teil 2.

Teil 1: Laufende Buchungen und Abschlussbuchungen

Die sich aus den folgenden Geschäftsvorfällen ergebenden bzw. von Ihnen für erforderlich gehaltenen Buchungssätze sind in einer Buchungsliste festzuhalten.

Falls sich aus den Geschäftsvorfällen nichts anderes ergibt, gelten folgende Voraussetzungen:

- Wirtschaftsjahr identisch mit Kalenderjahr,
- Gewinnermittlung nach § 5 EStG,
- Umsatzsteuer: 19 % Besteuerung nach vereinbarten Entgelten, keine Dauerfristverlängerung,
- Berechtigung zum Vorsteuerabzug.
- Notwendige Rechnungen liegen vor und erfüllen die gesetzlichen Voraussetzungen.
- Unternehmer aus Ländern der EU haben und verwenden eine USt-IdNr.
- Lieferschwellen der einzelnen EU-Länder werden beim Versandhandel nicht überschritten.
- Die einzelnen Fallgruppen sind unabhängig voneinander zu behandeln.
- Sollte im Einzelfall keine Buchung erforderlich sein, ist dies kurz in der Buchungsliste zu begründen.
- Bei Abweichungen zwischen handelsrechtlicher und steuerrechtlicher Kontierung ist die steuerrechtliche Kontierung vorzunehmen. Insbesondere wird für steuerrechtliche Zwecke eine getrennte Anlagenbuchhaltung geführt.

1. Der Unternehmer Kurt Metzler, München, schaffte Anfang Oktober 2019 einen Pkw für ausschließlich betriebliche Zwecke an. Er erhielt folgende Rechnung:

	Nettopreis ab Werk	21.000 €
+	Überführungskosten	600 €
+	Sonderausstattung (Klimaanlage, Radio)	4.900 €
		26.500 €
-	Nachlass auf Klimaanlage	- 1.500 €
		25.000 €
+	19 % Umsatzsteuer	4.750 €
		29.750 €

1.1 Buchen Sie den Rechnungseingang Ende Oktober 2019.

1.2 Kurt Metzler zahlte Anfang November 2019 unter Abzug von 3 % Skonto auf den Nettopreis ab Werk per Banküberweisung. Buchen Sie die Zahlung.

1.3 Buchen Sie am Jahresende die maximal mögliche Abschreibung für den Pkw, der eine Nutzungsdauer von 6 Jahren hat.

1.4 Außerdem verkaufte Kurt Metzler im Dezember 2019 einen 4 Jahre alten Lieferwagen für 4.000 € + 760 € USt gegen Barzahlung. Das Kraftfahrzeug wurde zu 100 % betrieblich genutzt. Der Buchwert des Fahrzeugs betrug zum Zeitpunkt des Verkaufs 5.800 €. Buchen Sie den Verkauf.

1.5 Ende Dezember 2019 ließ Metzler den 9 Jahre alten Firmen-Lastwagen abholen und verschrotten. Das Fahrzeug war zu diesem Zeitpunkt bereits vollkommen abgeschrieben. Das Entsorgungsunternehmen kassierte sofort bar 200 € + 38 € USt = 238 €. Buchen Sie den Vorgang.

1.6 Folgende Angaben lagen zum Ende des Geschäftsjahres 2019 vor:

Konto	Soll	Haben
5200 (3200) Wareneingang	100.000 €	10.000 €
1140 (3980) Bestand Waren	10.000 €	
4200 (8200) Erlöse	20.000 €	170.000 €

Der Warenbestand zum 31.12.2019 betrug lt. Inventur 8.000 €. Bilden Sie alle Buchungssätze zum Abschluss des Kontos „1140 (3980) Bestand Waren".

1.7 Für den Unternehmer Kurt Metzler, München, sind folgende Personalbuchungen durchzuführen.

1.7.1 Gehaltsabrechnung für den ledigen, katholischen, kinderlosen Angestellten Franz Huber (40 Jahre alt) für Dezember 2019, die noch zu buchen ist:

	Bruttogehalt	6.000,00 €
+	vwL (vom Arbeitgeber getragen)	20,00 €
=	steuer- und sozialversicherungspflichtiges Gehalt	- 6.020,00 €
-	Lohnsteuer/Kirchensteuer/Solidaritätszuschlag	- 1.760,61 €
-	Sozialversicherungsbeiträge	- 1.008,18 €
-	abzuführende vwL	- 40,00 €
-	ortsübliche Miete für Werkswohnung	- 600,00 €
=	Barauszahlung	2.611,81 €
	Der Arbeitgeberanteil zur Sozialversicherung beträgt	962,90 €.

1.7.2 Bilden Sie die Buchungssätze für die Banküberweisung der einbehaltenen Beträge.

1.8 Der Lagerarbeiter Herbert Reichl erhält Mitte Oktober 2019 einen Lohnvorschuss von 600 € bar ausgezahlt.

1.9 Die Auszubildende Brigitte Heuser erhielt zu ihrem Geburtstag am 16.09.2019 von ihrem Arbeitgeber ein Taschenbuch. Kurt Metzler hat für dieses Buch in der Buchhandlung 19,80 € (brutto) bar bezahlt.

2. Die Elektroeinzelhändlerin Ute Langner, Unterhaching, verzeichnete im Geschäftsjahr 2019 folgende Vorgänge, die zu kontieren sind:

2.1 Um einen kurzfristigen Liquiditätsengpass zu bewältigen, hob Frau Langner im August 2019 von ihrem privaten Bankkonto 15.000 € ab und legte das Geld in die Geschäftskasse.

2.2 Ein Kunde von Frau Langner beglich Ende September 2019 eine offene Rechnung über 6.280 € persönlich und in bar. Ute Langner legte das Geld nicht in die Geschäftskasse, sondern verwendete es für private Zwecke.

2.3 Frau Langner legte im November 2019 ein privat erworbenes unbebautes Grundstück in das Betriebsvermögen ein. Das Grundstück wurde vor zwei Jahren angeschafft. Die Anschaffungskosten betrugen 280.000 €. Der Teilwert betrug zum Zeitpunkt der Zuführung 360.000 €.

2.4 Im Dezember 2019 entnahm Ute Langner aus ihrem Handelswarenlager einen tragbaren TV-Empfänger, den sie ihrer Tochter zu Weihnachten schenkte. Die Ware hatte zum Zeitpunkt der Entnahme im Dezember 2019 einen Nettoeinkaufspreis von 380 €. Als die Ware im Oktober 2019 eingekauft wurde, lag der Nettoeinkaufspreis noch bei 360 €. Der Nettoverkaufspreis des Fernsehgeräts lag im Dezember 2019 bei 430 €.

2.5 Anfang Mai 2019 erwarb Ute Langner für ihr Unternehmen einen Pkw, der auch privat genutzt wird. Die Anschaffungskosten des Fahrzeugs betrugen 70.000 € + 13.300 € USt = 83.300 €. Der Bruttolistenpreis des Herstellers belief sich auf 98.989 €. Auf dem Firmengelände des Vertragshändlers wurde das Kraftfahrzeug vollgetankt. Die Tankrechnung über 100 € + 19 € USt = 119 € wurde sofort bar beglichen.

2.5.1 Buchen Sie den Rechnungseingang für den neuen Pkw.

2.5.2 Buchen Sie die Tankrechnung.

2.5.3 Buchen Sie die Privatnutzung des im Mai 2019 erworbenen Fahrzeugs, wenn Frau Langner kein Fahrtenbuch führt (Monatsbuchung).

3. Der Bauunternehmer Berthold Stoffel, Nürnberg, bewirtete in 2019 Geschäftsfreunde in einem Nobelrestaurant. Die Bewirtungskosten betrugen netto 800 €. Sie sind angemessen und wurden durch einen Beleg nachgewiesen. Buchen Sie die ordnungsgemäße Rechnung, die Stoffel mit der Firmenkreditkarte beglichen hat.

4. Für den Einzelunternehmer Friedrich Fohr aus Fürstenfeldbruck sind für das Geschäftsjahr 2019 die folgenden Geschäftsvorfälle zu buchen:

4.1 Friedrich Fohr erhielt Ende September 2019 folgende Wareneingangsrechnung:

	Warenwert	6.000 €
+	Verpackung	30 €
+	Transportkosten	170 €
		6.200 €
+	19 % USt	1.178 €
	Bruttorechnungspreis	7.378 €

4.2 Fohr beglich Mitte Oktober 2019 die Rechnung aus 4.1 unter Abzug von 2 % Skonto auf den Warenwert per Banküberweisung.

4.3 Barzahlung von 200 Versandkartons 1.000 € + 190 € USt = 1.190 €

4.4 Banküberweisung des Versicherungsbeitrags in Höhe von 238 € an die Intersecurita AG für die Transportversicherung von Warensendungen an Kunden

4.5 Ein Kunde beglich die Rechnung unter Abzug von 2 % Skonto: Bankgutschrift 9.329,60 €.

4.6 Im August 2019 lieferte Friedrich Fohr Waren auf Ziel an einen Kunden in Kanada. Warenwert: 2.700 €, in Rechnung gestellte Luftfracht 300 €

4.7.1 Im Oktober 2019 versendete Fohr Waren im Wert von 1.800 € auf Ziel an eine Privatperson nach Mailand. Warensendungen nach Italien lagen im Jahr 2019 nicht vor.

4.7.2 Aufgrund kleinerer Mängel gewährte Friedrich Fohr seinem Mailänder Kunden einen Preisnachlass von 10 %.

4.7.3 Der Mailänder Kunde überwies im November 2019 durch Bank den Restbetrag.

4.8 Im August 2019 erfuhr Friedrich Fohr, dass der gewerbliche Großabnehmer Paul Breitner e. K. aus Freising zahlungsunfähig geworden war. Eine Forderung an Paul Breitner in Höhe von 71.400 € war uneinbringlich geworden. Das Insolvenzverfahren wurde mangels Masse nicht eröffnet.

4.9 Von der Schwach GmbH, München, wurden 20.000 € durch Bank überwiesen. Die ursprüngliche Rechnung lautete über 47.600 €. Zum letzten Bilanzstichtag wurde wegen bekannt gewordener Liquiditätsprobleme bereits ein Ausfall von 70 % geschätzt. Zum 31.12.2019 war die Forderung uneinbringlich.

5. Großhändler Erwin Schmidt, Augsburg, legt folgende Geschäftsvorfälle vor. Führen Sie die im Jahr 2019 erforderlichen Buchungen durch.

5.1 Am 19.12.2019 überwies Schmidt durch Bank die Mietleasingrate für Januar 2020 für den ausschließlich betrieblich genutzten Lieferwagen in Höhe von 600 € + 114 € USt.

5.2 Erwin Schmidt vermietete in seinem Geschäftsgebäude einen Lagerraum an einen Unternehmer. Die Abrechnung der Lagerraummiete erfolgt vierteljährlich. Am 05.12.2019 schrieb die Bank 9.900 € + 1.881 € USt = 11.781 € für den Zeitraum Dezember 2019 bis Februar 2020 gut.

5.3 Am Bilanzstichtag 31.12.2019 stand die Rechnung für eine im Dezember 2019 durchgeführte Maschinenwartung noch aus. Die Rechnung über 6.000 € + 1.140 € USt = 7.140 € trifft erst am 21.01.2020 ein.

5.4 Am 09.01.2020 geht die Abrechnung über die Gutschrift von Verkaufsprovisionen für das Jahr 2019 über 15.000 € + USt ein. Der Zahlungseingang erfolgt erst im Februar 2020.

Teil 2: Wirtschaftsrechnen

6. Ihnen liegt folgende (verkürzte) Saldenliste einer Hauptabschlussübersicht vor:

Konto	Soll (€)	Haben (€)
0440 (0210) Maschinen	100.000,00	
0520 (0320) Pkw	80.000,00	
0650 (0420) Büroeinrichtung	120.000,00	
1140 (3980) Bestand Waren	15.000,00	
1200 (1400) Forderungen aLuL	23.000,00	
1300 (1500) Sonstige Vermögensgegenstände	1.000,00	
1800 (1200) Bank	15.000,00	
2000 (0870) Eigenkapital		160.000,00
3300 (1600) Verbindlichkeiten aLuL		14.000,00
3560 (1705) Darlehen		180.000,00
4000 (8000) Umsatzerlöse		290.000,00
5200 (3200) Wareneingang	117.000,00	
6000 (4100) Löhne und Gehälter	50.000,00	
6220 (4830) Abschreibungen auf Sachanlagen	30.000,00	
6300 (4900) Sonstige betriebliche Aufwendungen	20.000,00	

6.1 Berechnen Sie die Anlagendeckung I.

6.2 Berechnen Sie die Umsatzrentabilität.

7. Ihr Mandant Hans-Jürgen Wagner hat im Dezember 2019 eine Warenrechnung über 14.000 USD aus den USA erhalten.
Berechnen Sie den Eurobetrag.
Euro-Referenzkurs Dezember 2019: 1 € = 1,1721 USD

Prüfungsfall 2:

I. Aufgabe

Jörg Kruft betreibt in München als Einzelunternehmer ein Baugeschäft. Er ermittelt seinen Gewinn nach § 5 EStG. Seine Umsätze unterliegen dem allgemeinen Steuersatz. Das Wirtschaftsjahr entspricht dem Kalenderjahr.

Er beauftragt Sie mit der Erstellung seiner Bilanz und seiner Gewinn- und Verlustrechnung zum 31.12.2019.

Ihre Aufgabe ist es, anhand des unten beschriebenen Sachverhalts

1. das folgende Anlagenverzeichnis (Seite 322) zu ergänzen und ordnungsgemäß abzuschließen,
2. die sich aus dem Anlagenverzeichnis und dem Sachverhalt ergebenden bzw. von Ihnen für erforderlich gehaltenen Buchungssätze in einer Buchungsliste festzuhalten,
3. die von Ihnen nicht für erforderlich gehaltenen Buchungssätze kurz auf der Buchungsliste zu begründen und
4. die Absetzungen für Abnutzung so hoch wie möglich vorzunehmen.

Bei Abweichungen zwischen handelsrechtlicher und steuerrechtlicher Kontierung ist die steuerrechtliche Kontierung vorzunehmen. Insbesondere wird für steuerrechtliche Zwecke eine getrennte Anlagenbuchhaltung geführt.

Die Sonderabschreibung nach § 7g EStG kann nicht in Anspruch genommen werden. Es soll der niedrigstmögliche steuerrechtliche Gewinn ausgewiesen werden. Die in den Überschriften des Sachverhalts angegebenen Beträge (1. bis 17.) entsprechen den Salden der Saldenbilanz I.

II. Sachverhalt

1. **0215** (0065) Unbebaute Grundstücke 0,00 €

Das bisher gepachtete und als Bauhof genutzte Grundstück hat Jörg Kruft am 11.01.2019 gekauft. Der Kaufpreis für das Grundstück hat 40.000 € betragen.

Die in 2018 für 2019 im Voraus gezahlte Pacht in Höhe von 8.000 € wurde auf den Kaufpreis angerechnet. Kruft hat diesen Betrag in 2018 wie folgt gebucht (vgl. Tz. 12):

1900 (0980) Aktive Rechnungsabgrenzung an
1800 (1200) Bank 8.000,00 €.

Die Restschuld in Höhe von 32.000 € soll jährlich mit 8.000 € getilgt werden.
Bis zum 31.12.2019 wurden keine Zahlungen geleistet, sodass insoweit keine Buchungen vorgenommen wurden. Das Darlehen ist eine verzinsliche Verbindlichkeit. Die Zinsen des Darlehens sind ordnungsgemäß erfasst.

Die Grunderwerbsteuer in Höhe von 1.400 € und die Notariatskosten in Höhe von 800 € + 152 € USt = 952 € hat Kruft aus Privatmitteln gezahlt.
Eine Buchung ist bisher nicht erfolgt.

2. **0235** (0085) Bebaute Grundstücke 60.000 €

Dieses Grundstück ist seit Jahren mit den Anschaffungskosten bilanziert.

3. **0240** (0090) Geschäftsbauten 265.080 €

Das gemischt genutzte Grundstück gehört zu 100 % zum Betriebsvermögen.

a) Das Erdgeschoss (400 qm) ist an einen Lebensmitteleinzelhändler vermietet. Die Miete beträgt 20 € pro qm und ist ortsüblich. Kruft hat nach § 9 UStG auf die Steuerfreiheit verzichtet. Die Dezembermiete 2019 zuzüglich 500 € Nebenkosten ist 2019 durch Bank überwiesen worden.

b) Das 1. Obergeschoss wird von zwei Arbeitnehmern bewohnt. Bei der Lohnabrechnung wurden für die im Haus wohnenden Arbeitnehmer in 2019 je 800 € monatlich als Sachbezug Wohnung einbehalten. Die Miete ist ortsüblich.

Buchungen sind hierüber noch nicht erfolgt.

4. **0520** (0320) Pkw 6.942 €

a) Der alte Audi A 4 wurde beim Kauf des neuen Audi A 6 am 14.11.2019 für 10.400 € + 19 % USt in Zahlung gegeben. Der Kaufpreis des neuen Audi A 6, der nur betrieblich genutzt wird, betrug 42.000 € + 19 % USt. Die Nutzungsdauer des neuen Audi A 6 beträgt 6 Jahre. Die Abrechnung des Kfz-Händlers lautet wie folgt:

	Audi A 6			40.500 €
+	Autoradio			1.100 €
+	Überführungskosten			400 €
				42.000 €
+	19 % USt			7.980 €
				49.980 €
-	Gutschrift Audi A 4	10.400 €		
+	19 % USt	1.976 €	-	12.376 €
				37.604 €

Diese Rechnung ist noch nicht gebucht. Es ist lediglich die in 2019 geleistete Anzahlung in Höhe von 10.000 € auf das Konto **3500** (1700) Sonstige Verbindlichkeiten gebucht worden (vgl. Tz. 10).

b) Im Dezember 2019 hat die Lieferfirma Zinsen in Höhe von insgesamt 1.000 € in Rechnung gestellt. Davon entfallen auf das Jahr 2019 650 €. Auch diese Rechnung ist noch nicht gebucht.

5. **0540** (0350) Lkw 79.246 €

Siehe Anlagenverzeichnis.

6. **0690** (0400) Betriebsausstattung 122.092 €

Alle Vermögensgegenstände der Betriebsausstattung sind am Bilanzstichtag noch vorhanden.

7. **0650** (0420) Büroeinrichtung 3.450 €

Alle Vermögensgegenstände der Büroeinrichtung sind am Bilanzstichtag ebenfalls noch vorhanden.

8. **1200** (1400) Forderungen aLuL einschl. 19 % USt 416.500 €

   a) Die Forderung an die Firma Rudolf aus 2019 in Höhe von 23.800 € ist uneinbringlich.
   b) Die Forderung an die Firma Thomas aus 2019 in Höhe von 35.700 € ist voraussichtlich zu 60 % uneinbringlich.
   c) Nach Abwicklung des Insolvenzverfahrens über den Kunden Günter erhielt Kruft in 2019 vom Insolvenzverwalter die Abschlusszahlung in Höhe von 952 € durch Banküberweisung. Dieser Betrag entspricht einer Insolvenzquote von 10 %.
      Bei Eröffnung des Insolvenzverfahrens in 2019 ist die Forderung abgeschrieben und die USt voll berichtigt worden. Die Banküberweisung ist noch nicht gebucht.
   d) Für den Rest der Forderungen bildet Kruft eine Pauschalwertberichtigung von 1 %.

   Anmerkung: Tz. 14 ist zu beachten.

9. **1240** (1460) Zweifelhafte Forderungen einschl. 19 % USt 21.420 €

   a) Auf die Forderung an die Firma Hans aus 2018 in Höhe von 14.280 € gingen in 2019 10.710 € ein. Der Rest ist uneinbringlich.
   b) Die Forderung an die Firma Rainer aus 2018 in Höhe von 17.850 € ist voraussichtlich zu 30 % uneinbringlich.

   Anmerkung: Tz. 14 ist zu beachten.

10. **3500** (1700) Sonstige Verbindlichkeiten (Soll) 10.000 €

    Gebucht ist die in 2019 geleistete Anzahlung für den Pkw Audi A 6.

11. **1000** (3970) Bestände Roh-, Hilfs- u. Betriebsstoffe 7.300 €

    Zum Bilanzstichtag sind alle Bauvorhaben abgerechnet. Lediglich verschiedene Baumaterialien im Wert von 6.500 € waren am Bilanzstichtag vorhanden.

12. **1900** (0980) Aktive Rechnungsabgrenzung 11.600 €

    Aktiviert sind

    a) die vorausgezahlte Pacht 2019 8.000 €,
    b) das Disagio für das am 31.12.2013 aufgenommene Darlehen 3.600 €.

       Das Disagio betrug 2 % von 300.000 € = 6.000 €. Es ist entsprechend dem Tilgungsfortgang aufzulösen. Das Darlehen wird jährlich zum 31.12. mit 30.000 € getilgt, beginnend ab 31.12.2015.

    Anmerkung: Tz. 1 ist zu beachten.

13. **3150** (0630) Verbindlichkeiten gegenüber Kreditinstituten 150.000 €

    Das hier passivierte Darlehen wurde bei Geschäftseröffnung zur Finanzierung des Anlagevermögens aufgenommen. Die Zinsen in Höhe von 7 % werden dem laufenden Geschäftskonto belastet. Die Zinsen für das 4. Quartal 2019 in Höhe von 3.150 € werden erst am 09.01.2020 dem Bankkonto belastet.

    Eine Buchung ist noch nicht erfolgt.

14. **1246** (0998) Einzelwertberichtigungen 4.800 €

Eine Wertberichtigung ist gebildet worden für
die Forderung Hans in Höhe von 4.800 €.

1248 (0996) Pauschalwertberichtigung 2.400 €

15. **3035** (0956) Gewerbesteuerrückstellung 1.300 €

a) Passiviert ist der Rest der ursprünglichen Gewerbesteuerrückstellung für 2018 von 6.700 €. Die Nachzahlung für 2018 betrug 5.400 €. Dieser Betrag wurde wie folgt gebucht:
3035 (0956) Gewerbesteuerrückstellung an **1800** (1200) Bank 5.400 €.

b) Für 2019 hat Kruft eine Gewerbesteuerrückstellung von 6.700 € berechnet.

16. Im Zeitpunkt der Bilanzerstellung wird mit einem Beitrag für die Berufsgenossenschaft 2019 in Höhe von 15.000 € gerechnet. Ein Bescheid liegt noch nicht vor.

17. Die anteiligen Kosten für die private Telefon-Nutzung haben in 2019 480 € betragen. Der Vorgang ist buchmäßig noch nicht berücksichtigt.
Die Vorsteuer wurde beim Eingang der Telefonrechnungen in 2019 ordnungsgemäß gekürzt (Abschn. 15.2 Abs. 21 Nr. 1 UStAE).

Weitere Aufgaben mit Lösungen finden Sie im **Lösungsbuch** der Buchführung 2. A L

Anlageverzeichnis für die Zeit vom 01.01. bis 31.12.2019

Konto-Nr.	Bezeichnung des Gegenstandes	Ansch.- bzw. H.-tag	AK bzw. HK	ND Jahre	AfA-Art	AfA-%	jährliche AfA	Abgangstag	Bilanzwert 01.01.19	Zugänge 2019	AfA 2019	Abgänge 2019	Bilanzwert 31.12.19
0215	Unbebaute												
0065	Grundstücke												
0235	Bebaute												
0085	Grundstücke	16.07.09	60.000						60.000				
									60.000				
0240	Geschäftsbauten												
0090		15.01.16	282.000	50					265.080				
0520	Pkw												
0320	Audi A 4	15.06.15	24.500	5	lin.				6.942				
	……..												
0540	Lkw												
0350	VW Transporter	17.03.16	12.500	4	lin.				3.646				
	VW Bus	08.09.17	18.000	4	lin.				12.000				
	Mercedes	07.06.18	72.000	5	lin.				63.600				
									79.246				
0690	Betriebsausst.												
0400	Kran	15.01.14	150.000	10	lin.				75.000				
	Radlager	20.03.14	60.000	8	lin.				23.750				
	Raupe	06.05.14	40.000	8	lin.				16.667				
	Bagger	17.01.10	50.000	10	degr.				3.755				
									120.423				
0650	Büroeinrichtung												
0420	2 Sessel	08.01.17	2.150	5	lin.				1.290				
	2 Schreibtische	07.07.18	2.400	5	lin.				2.160				
									3.450				

C. Vergleich zu Abschlüssen nach IFRS

1 Allgemein

Die *International Accounting Standards (IAS)* sind Rechnungslegungsbestimmungen, die vom *International Accounting Standards Committee* (**IASC**) erlassen worden sind. Das IASC war eine privatrechtliche Organisation, die 1973 in London gegründet worden ist. Im Januar 2001 wurde das IASC durch das ebenfalls privatrechtliche *International Accounting Standards Board* (**IASB**) ersetzt.

Aufgabe des IASB ist es, eine **internationale Harmonisierung** der Rechnungslegung zu bewirken. Ziel der weltweiten Harmonisierung ist es, die **Vergleichbarkeit** der Unternehmensberichterstattung an internationalen Kapitalmärkten zu erhöhen. Zu diesem Zweck erarbeitet das IASB in verschiedenen Gremien Rechnungslegungsbestimmungen, die weltweit Akzeptanz erlangen sollen. Die vom IASC erlassenen IAS wurden vom IASB übernommen und sind somit weiterhin gültig. Die vom IASB verabschiedeten Rechnungslegungsbestimmungen heißen *International Financial Reporting Standards* (IFRS). Sprachlich umfasst der Begriff IFRS sämtliche Standards des IASB, d.h. auch die übernommenen IAS.

Das IASB veröffentlichte **bisher 17 IFRS**. Bestehende IFRS wurden teilweise aufgehoben oder überarbeitet, so z.B. im Rahmen der sog. *Improvements to IFRS*. Diese jährlichen Überarbeitungen sollen Konflikte zwischen den einzelnen Bestimmungen lösen sowie Klarstellungen und kleinere redaktionelle Änderungen vornehmen.

Besondere **Bedeutung** haben die IFRS **in Deutschland** zunächst durch das in 1998 verabschiedete **Kapitalaufnahmeerleichterungsgesetz** (KapAEG) erlangt. Mit dem **KapAEG** wurde **§ 292a a.F.** in das HGB eingeführt. § 292a a.F. HGB stellte die Rechtsgrundlage für **kapitalmarktorientierte** Konzerne dar, anstatt eines Konzernabschlusses nach HGB unter bestimmten Voraussetzungen **alternativ** einen Konzernabschluss nach **international anerkannten Normen** aufzustellen (sog. **befreiender Konzernabschluss**). Zu den international anerkannten Normen im Sinne des § 292a a.F. HGB zählten neben den in den USA gültigen US GAAP *(US Generally Accepted Accounting Principles)* die IFRS.

Die Bedeutung der IFRS ist mit der **EU-Verordnung Nr. 1606/2002** vom 19. Juli 2002 sowie der **EU-Verordnung Nr. 1725/2003** wesentlich gestiegen. Danach sind grundsätzlich alle **kapitalmarktorientierten** Unternehmen, die dem Recht eines EU-Mitgliedstaates unterliegen, **verpflichtet**, ihren **Konzernabschluss** in Übereinstimmung mit den IFRS aufzustellen. Diese Regelung galt erstmals für Wirtschaftsjahre, die **nach** dem **31. Dezember 2004** begannen. Aufgrund der Rechtsstellung einer Verordnung sind diese Bestimmungen in den einzelnen Mitgliedsstaaten der EU **unmittelbar geltendes Recht** und bedurften keiner Transformation in nationale Gesetze.

Für **bestimmte** Unternehmen galt eine **Übergangsfrist bis 2007**. Der zeitliche Anwendungsbereich des § 292a a.F. HGB wurde für die Laufzeit dieser Übergangsfrist entsprechend ausgedehnt. Mit Ablauf der Übergangsfrist wurde § 292a a.F. HGB aufgehoben.

Als **kapitalmarktorientiert** im Sinne der Verordnung gelten Unternehmen, die einen geregelten Markt in einem Mitgliedsstaat der EU durch selbst ausgegebene Wertpapiere in Anspruch nehmen. In Deutschland sind ca. 970 Unternehmen von dieser Verpflichtung betroffen.

Der von den betroffenen Unternehmen verpflichtend nach IFRS aufzustellende Konzernabschluss hat **befreiende Wirkung** für die handelsrechtliche Konzernrechnungslegungspflicht, sofern zusätzlich bestimmte Anforderungen des HGB (insbesondere zu Anhang und Lagebericht) beachtet werden. Dies regelt der mit dem durch das am 9. Dezember 2004 im Bundesgesetzblatt veröffentlichte Gesetz zur Einführung internationaler Rechnungslegung und Sicherung der Qualität der Abschlussprüfung [**Bilanzrechtsreformgesetz** (BilReG)] neu in das HGB eingeführte § 315e HGB.

Den **nicht kapitalmarktorientierten** Unternehmen hat der Gesetzgeber das Wahlrecht eröffnet, ihren Konzernabschluss ebenfalls in Übereinstimmung mit den IFRS und den in § 315e Abs. 1 HGB aufgeführten, zusätzlichen handelsrechtlichen Bestimmungen aufzustellen (§ 315e Abs. 3 HGB).

Für den **Einzelabschluss** sieht die EU-Verordnung Nr. 1606/2002 ein Wahlrecht für die einzelnen EU-Länder (sog. **Mitgliedsstaatenwahlrecht**) vor. Nach diesem Wahlrecht können die IFRS von in Deutschland ansässigen Unternehmen freiwillig angewendet werden oder verpflichtend anzuwenden sein. Diese Bestimmung wurde vom Gesetzgeber lediglich mit Bedeutung für die **Offenlegung des Einzelabschlusses** in nationales Recht umgesetzt. Mit dem durch das BilReG in das HGB eingeführten § 325 Abs. 2a kann anstelle des handelsrechtlichen Einzelabschlusses ein Einzelabschluss nach IFRS offengelegt werden. Unternehmen, die von diesem Wahlrecht Gebrauch machen, müssen allerdings für Ausschüttungsbemessungszwecke weiterhin einen handelsrechtlichen Einzelabschluss und für Steuerbemessungszwecke eine Steuerbilanz erstellen.

Vor dem Hintergrund der zunehmenden Bedeutung der IFRS wird im Folgenden eine Einführung in die Regelungen der IFRS gegeben. Dabei handelt es sich lediglich um einen Überblick und keine detaillierte Erläuterung der teilweise komplexen IFRS.

ÜBUNG → Wiederholungsfragen 1 bis 4 (Seite 335)

2 Merkmale der IFRS

Die IFRS werden nicht von einem Gesetzgeber, sondern von der **privatrechtlichen Organisation** des IASB im Rahmen eines **Standardisierungsprozesses** erarbeitet und erlassen. Bei diesem Standardisierungsprozess handelt es sich um einen längerfristigen, formalisierten Entwicklungsprozess, auf den auch die interessierte Öffentlichkeit durch Stellungnahmen Einfluss nehmen kann. Die Entwicklung und Veröffentlichung der einzelnen Bestimmungen erfolgen in **englischer Sprache**. Offizielle Übersetzungen der verabschiedeten Standards werden unter anderem in Deutsch angeboten.

Jeder vom IASB verabschiedete IFRS muss von der EU in die europäische Rechtsordnung übernommen werden *(endorsement)*. Bis zum 31. Dezember 2019 erfolgte diese Übernahme für sämtliche IFRS und IAS mit Ausnahme des IFRS 17 sowie des in 2014 veröffentlichten Standards IFRS 14 („Regulatorische Abgrenzungsposten"). Die EU-Kommission hat im Oktober 2015 bekannt gegeben, dass IFRS 14 nicht in EU-Recht übernommen werden soll. Der aktuelle Stand dieses Übernahmeverfahrens kann auf der Homepage der *European Financial Reporting Advisory Group* (EFRAG) unter www.efrag.org eingesehen werden.

Die verabschiedeten IFRS beziehen sich ausschließlich auf **Inhalt** und **Form** der Unternehmensberichterstattung. Dabei stellen die IFRS keine Anforderungen zur Aufstellung des Abschlusses in einer bestimmten **Währung** oder **Sprache**.
Im Gegensatz zum HGB enthalten die IFRS **keine Bestimmungen** zur **Prüfung** und **Offenlegung**.

Die IFRS gelten grundsätzlich **unabhängig von** der **Rechtsform** und **Größe** des Unternehmens und sind sowohl für den **Einzel-** als auch für den **Konzernabschluss** anwendbar. Einzelne IFRS enthalten konzernspezifische Bestimmungen (z.B. IFRS 10 zu Konzernabschlüssen), beziehen sich auf bestimmte Branchen (z.B. IAS 41 Landwirtschaft) oder gelten nur für börsennotierte Unternehmen (z.B. IFRS 8 Geschäftssegmente).

Die IFRS gelten **losgelöst von steuerrechtlichen Vorschriften**, d.h., eine (umgekehrte) Maßgeblichkeit wie nach deutschem Recht gibt es nicht.

Neben den IFRS bestehen ein **Rahmenkonzept** (framework) sowie Auslegungen zu einzelnen IFRS des Standing Interpretations Committee (SIC), sogenannte **SIC-Interpretationen**.

Im **Rahmenkonzept** sind die **konzeptionellen Grundlagen** der IFRS enthalten. Zu diesen Grundlagen gehören der Zweck der Abschlüsse, zugrunde liegende Annahmen, qualitative Anforderungen, Definitionen der Abschlussposten, Ansatz- und Bewertungsprinzipien sowie Kapital- und Kapitalerhaltungskonzepte.
Das Rahmenkonzept stellt **keinen IFRS** dar. Die in den **einzelnen IFRS** enthaltenen Bestimmungen haben grundsätzlich **Vorrang** vor den Bestimmungen des Rahmenkonzeptes. Das Rahmenkonzept dient dem IASB als Grundlage für die Erarbeitung neuer Standards. Den Anwendern der IFRS dient es als Grundlage zur Auslegung von Sachverhalten, die weder in den IFRS noch den SIC-Interpretationen geregelt sind.

Das IASB hat am **29. März 2018** ein **überarbeitetes** Rahmenkonzept veröffentlicht. Während IASB und SIC die aktualisierte Version ab der Veröffentlichung anwenden, ist die überarbeitete Version für Unternehmen erst **ab 2020 verbindlich anwendbar**. Bis dahin gilt für bilanzierende Unternehmen weiterhin die Fassung aus 2010, die auch auf den folgenden Seiten dargestellt ist. Bei der Überarbeitung standen die Elemente des Abschlusses, die Bewertung, die Berichtseinheit, der Ausweis und die Anhangangaben im Vordergrund. Das **neue** Rahmenkonzept wird **zum Erstanwendungszeitunkt für Unternehmen** in der nächsten, der 32. Auflage der Buchführung 2, vollständig dargestellt.

Die **SIC-Interpretationen** regeln **Einzelfragen**, deren Lösungen nicht direkt aus den IFRS hervorgehen. Daneben erläutern und ergänzen sie die IFRS. Sie haben den gleichen Verbindlichkeitscharakter wie die IFRS. Im Zuge der Umbenennung der IAS in IFRS wurde das SIC in *International Financial Reporting Interpretations Committee (IFRIC)* umbenannt. Entsprechend werden die Auslegungen als IFRIC-Interpretationen bezeichnet.

Der **Aufbau** der IFRS erfolgt nach einzelnen **Themengebieten der Rechnungslegung** bzw. der Unternehmensberichterstattung. Die Standards werden in der Reihenfolge ihrer zeitlichen Entstehung nummeriert. Im Zuge der Überarbeitung einzelner IFRS wurden Inhalte verschiedener Standards zusammengefasst, sodass einzelne Nummern nicht mehr besetzt sind. Um Verwechslungen zu vermeiden, werden diese Nummern nicht wieder vergeben.

Am 9. Juli 2009 hat das IASB den Standard „**IFRS for Small and Medium-Sized Entities (SME)**" veröffentlicht. Dieser IFRS ist an die Bedürfnisse und Möglichkeiten kleiner und mittelgroßer Unternehmen angepasst. Im Gegensatz zu den anderen IFRS, die jeweils einzelne Sachverhalte behandeln, fasst der *IFRS for SME* sämtliche für diese Unternehmen vorgesehenen Regelungen in einem Standard zusammen. Im Vergleich zu den Regelungen der anderen IFRS sind die Bestimmungen vereinfacht und die Angabepflichten deutlich verringert.
Der Standard ist **eigenständig** im Verhältnis zu den übrigen IFRS und soll den nationalen Gesetzgebern die Möglichkeit geben, die Anwendung von *IFRS for SME* - unabhängig von der Anwendungspflicht der übrigen IFRS - zu erlauben bzw. vorzuschreiben. Durch die Anwendung dieses Standards sollen vor allem die Vergleichbarkeit der Abschlüsse und das Vertrauen in die Finanzberichterstattung der betroffenen Unternehmen gesteigert werden.

Das folgende Schaubild gibt einen Überblick über die in der EU **momentan gültigen IFRS**.

IFRS	Titel
IAS 1	Darstellung des Abschlusses
IAS 2	Vorräte
IAS 7	Kapitalflussrechnung
IAS 8	Periodenergebnis, grundl. Fehler u. Änderungen d. Bilanzierungs- u. Bewertungsmethoden
IAS 10	Ereignisse nach dem Bilanzstichtag
IAS 11	Fertigungsaufträge
IAS 12	Ertragsteuern
IAS 16	Sachanlagen
IAS 17	Leasingverhältnisse
IAS 18	Erträge
IAS 19	Leistungen an Arbeitnehmer
IAS 20	Bilanzierung und Darstellung von Zuwendungen der öffentlichen Hand
IAS 21	Auswirkungen von Änderungen der Wechselkurse
IAS 23	Fremdkapitalkosten
IAS 24	Angaben über Beziehungen zu nahe stehenden Unternehmen und Personen
IAS 26	Bilanzierung und Berichterstattung von Altersversorungsplänen
IAS 27	Konzernabschlüsse und Bilanzierung von Anteilen an Tochterunternehmen
IAS 28	Bilanzierung von Anteilen an assoziierten Unternehmen
IAS 29	Rechnungslegung in Hochinflationsländern
IAS 31	Rechnungslegung über Anteile an Joint Ventures
IAS 32	Finanzinstrumente: Angaben und Darstellung
IAS 33	Ergebnis je Aktie
IAS 34	Zwischenberichterstattung
IAS 36	Wertminderung von Vermögensgegenständen
IAS 37	Rückstellungen, Eventualschulden und Eventualforderungen
IAS 38	Immaterielle Vermögenswerte
IAS 39	Finanzinstrumente: Ansatz und Bewertung
IAS 40	Als Finanzinstrumente gehaltene Immobilien
IAS 41	Landwirtschaft
IFRS 1	Erstmalige Anwendung der IFRS
IFRS 2	Anteilsbasierte Vergütung
IFRS 3	Unternehmenszusammenschlüsse
IFRS 4	Versicherungsverträge
IFRS 5	Zur Veräußerung gehaltene, langfr. Vermögenswerte u. aufgegebene Geschäftsbereiche
IFRS 6	Exploration und Evaluierung von mineralischen Ressourcen
IFRS 7	Finanzinstrumente: Angaben
IFRS 8	Geschäftssegmente
IFRS 9	Finanzinstrumente
IFRS 10	Konzernabschlüsse
IFRS 11	Gemeinsame Vereinbarungen
IFRS 12	Angaben zu Beteiligungen an anderen Unternehmen
IFRS 13	Bemessung des beizulegenden Zeitwerts
IFRS 15	Umsatzerlöse aus Kundenverträgen
IFRS 16	Leasingverhältnisse
IFRS 17	*Insurance Contracts*

IFRS 16 ist **erstmals** verpflichtend für Geschäftsjahre anzuwenden, die **am oder nach dem 1. Januar 2019** beginnen. Für die Regelungen des **IFRS 17** ist noch kein Erstanwendungszeitpunkt durch die EFRAG festgelegt worden.

ÜBUNG → Wiederholungsfragen 5 bis 11 (Seite 335)

3 Abschlüsse nach IFRS

3.1 Aufgaben

Die Hauptaufgabe des Abschlusses nach IFRS ist im **Rahmenkonzept** geregelt. Danach hat der IFRS-Abschluss den Adressaten des Abschlusses **Informationen** über die Vermögens-, Finanz- und Ertragslage sowie deren Veränderungen zu liefern. Auf Grundlage dieser Informationen sollen die Adressaten in die Lage versetzt werden, **wirtschaftliche Entscheidungen** zu treffen. Damit verfolgt der Abschluss nach IFRS vor allem eine **Informationsfunktion**. Dieser Aufgabe der Informationsvermittlung wird nach IFRS **größere Bedeutung** beigemessen **als nach HGB**. Besonders die Zahlungsbemessungsfunktion des Einzelabschlusses und das daraus resultierende Prinzip des Gläubigerschutzes schränkt die Informationsvermittlung nach HGB gegenüber der nach IFRS ein.

Das Rahmenkonzept nennt mehrere Gruppen von **Adressaten** des Abschlusses, z.B. Investoren, Arbeitnehmer, Kreditgeber, Lieferanten und Kunden. Dabei wird die Annahme getroffen, dass Informationen, die den Bedürfnissen der **Investoren** genügen, auch überwiegend den Anforderungen der anderen Adressaten gerecht werden.
Als Beispiele für **wirtschaftliche Entscheidungen** nennt das Rahmenkonzept die Entscheidung, Anteile an dem berichterstattenden Unternehmen zu erwerben, zu halten oder zu veräußern.

Neben der Informationsfunktion erfüllen die Abschlüsse nach IFRS auch eine **Rechenschaftsfunktion**, indem die Abschlüsse das Ergebnis des Handelns der Unternehmensführung widerspiegeln.

3.2 Bestandteile

Ein Abschluss nach IFRS setzt sich aus **fünf Bestandteilen** zusammen (IAS 1.10):

- Bilanz *(statement of financial position)*,
- Gesamtergebnisrechnung *(statement of comprehensive income)*,
- Eigenkapitalveränderungsrechnung *(statement of changes in equity)*,
- Kapitalflussrechnung *(cash flow statement)*,
- Anhang *(notes)*.

Die **Gesamtergebnisrechnung** kann entweder in einer oder in zwei Rechnungen dargestellt werden. Neben den Posten der Gewinn- und Verlustrechnung umfasst die Gesamtergebnisrechnung auch direkt im Eigenkapital erfasste Ergebnisbestandteile (z.B. aus Neubewertungen, Währungsdifferenzen etc.).
Bilanz, Gesamtergebnisrechnung sowie Anhang unterscheiden sich nicht wesentlich in ihrer Art und ihren Aufgaben von den Bestandteilen des handelsrechtlichen Abschlusses. Für

Bilanz und **Gesamtergebnisrechnung** enthalten die IFRS im Gegensatz zum Handelsrecht **keine detaillierten Gliederungsvorschriften**, sondern lediglich mindestens auszuweisende Posten. Im **Anhang** sind **umfangreichere Informationen** als nach HGB zu geben.

Die **Eigenkapitalveränderungsrechnung** unterstreicht die Informationsfunktion des Abschlusses nach IFRS. In dieser Rechnung sind bestimmte Eigenkapitalbestandteile sowie ihre Veränderungen im abgelaufenen Geschäftsjahr gesondert auszuweisen.

In der **Kapitalflussrechnung** sind die **Mittelzu- und Mittelabflüsse** des abgelaufenen Geschäftsjahres darzustellen. Zu diesem Zweck werden die Zu- und Abflüsse in **drei Bereiche** aufgeteilt: betriebliche Tätigkeit, Investitionstätigkeit und Finanzierungstätigkeit. **Inhaltlich** entspricht die Kapitalflussrechnung nach IFRS im Wesentlichen derjenigen, die nach **§ 297 Abs. 1 HGB** von börsennotierten Mutterunternehmen im Konzernabschluss darzustellen ist.

Eine dem handelsrechtlichen **Anlagenspiegel** vergleichbare Aufstellung ist nach IFRS im **Anhang** zu machen.

Ein **Lagebericht** ist nach IFRS **nicht verpflichtend** vorgesehen. IAS 1 empfiehlt lediglich, einen Bericht über die Unternehmenslage außerhalb des Abschlusses zu geben. Oftmals sind aber die im handelsrechtlichen Lagebericht geforderten Informationen im **Anhang** nach IFRS darzustellen.

Börsennotierte Unternehmen haben darüber hinaus noch eine **Segmentberichterstattung** aufzustellen. In dieser Rechnung werden die Vermögenswerte und Schulden sowie Aufwendungen und Erträge des Unternehmens einzelnen Segmenten zugeordnet. Die zu berichtenden Segmente basieren auf den für **unternehmensinterne Zwecke** berichteten Geschäftssegmenten (management approach). Die Segmentberichterstattung ist aber **kein eigener Abschlussbestandteil**, sondern von den betroffenen Unternehmen im **Anhang** darzustellen.

ÜBUNG →
1. Wiederholungsfragen 12 bis 23 (Seite 335),
2. Aufgabe 1 (Seite 336)

4 Grundzüge der Bilanzierung nach IFRS

4.1 Allgemein

Die Grundlagen der Bilanzierung enthält überwiegend das **Rahmenkonzept**. Einzelne Grundlagen finden sich darüber hinaus im **IAS 1**. Die Grundlagen unterteilen sich in die den Abschlüssen **zugrunde liegenden Annahmen** und die **qualitativen Anforderungen**, welche die Abschlüsse zu erfüllen haben.

4.2 Zugrunde liegende Annahmen

Zu den zugrunde liegenden Annahmen zählen das Konzept der **Periodenabgrenzung** und das der **Unternehmensfortführung**.
Gemäß dem Konzept der **Periodenabgrenzung** (oder auch der **periodengerechten Erfolgsermittlung**) sind die Auswirkungen von Geschäftsvorfällen in der Periode ergebniswirksam zu erfassen, der sie **wirtschaftlich zuzuordnen** sind. Der Zeitpunkt der Ein- und Auszahlungen ist dabei grundsätzlich nicht entscheidend.
Das Konzept der **Unternehmensfortführung** verlangt, dass bei der Aufstellung des Abschlusses von der Fortführung des Unternehmens auszugehen ist, soweit keine tatsächlichen oder rechtlichen Gegebenheiten dem widersprechen.

Beide Konzepte finden sich auch in den handelsrechtlichen Grundsätzen ordnungsmäßiger Buchführung (GoB). Allerdings wird das Konzept der periodengerechten Erfolgsermittlung nach IFRS nicht so stark wie im Handelsrecht (z.B. durch das aus dem Vorsichtsprinzip abgeleitete Realisationsprinzip) eingeschränkt. Somit kann es nach IFRS im Einzelfall zur früheren Erfassung von Erträgen (z.B. bei der langfristigen Fertigung) kommen.

4.3 Qualitative Anforderungen

Die qualitativen Anforderungen betreffen die im Abschluss zu gebenden Informationen und leiten sich aus der Zielsetzung des Abschlusses nach IFRS ab. Wie die zugrunde liegenden Annahmen sind sie im **Rahmenkonzept** geregelt. Sie stellen **Anforderungen an die Informationen** des Abschlusses dar, damit diese für die Adressaten nützlich sind, um ihre wirtschaftlichen Entscheidungen zu treffen. Das Rahmenkonzept enthält **vier qualitative Anforderungen**:

- Verständlichkeit,
- Relevanz,
- Verlässlichkeit,
- Vergleichbarkeit.

Um die Anforderung der **Verständlichkeit** zu erfüllen, müssen die im Abschluss enthaltenen Informationen von einem sachverständigen Leser des Abschlusses nachvollziehbar sein. Dies entspricht im Wesentlichen der Forderung nach § 238 Abs. 1 HGB.

Die Anforderung der **Relevanz** verlangt, dass nur für die wirtschaftlichen Entscheidungen bedeutende Informationen im Abschluss enthalten sein dürfen. Die Relevanz der Information wird durch ihre Art und ihre **Wesentlichkeit** bestimmt. Eine Information ist gemäß dem Rahmenkonzept als **wesentlich** anzusehen, wenn ihr Weglassen oder ihre fehlerhafte Darstellung die wirtschaftliche Entscheidung der Adressaten beeinflussen würde.

Informationen erfüllen die Anforderung der **Verlässlichkeit**, wenn sie keine wesentlichen Fehler enthalten, frei von verzerrenden Einflüssen sind und sich die Adressaten auf die glaubwürdige Darstellung verlassen können. Die Anforderung der Verlässlichkeit wird durch **fünf Einzelgrundsätze** konkretisiert: glaubwürdige Darstellung, wirtschaftliche Betrachtungsweise, Neutralität, Vorsicht und Vollständigkeit. Dabei kommt dem Prinzip der Vorsicht bei Weitem nicht die Bedeutung zu, die dieses Prinzip im Handelsrecht genießt.

Die Anforderung der **Vergleichbarkeit** fordert, dass durch die gegebenen Informationen sowohl Vergleiche des selben Unternehmens **im Zeitablauf** als auch Vergleiche **mit anderen Unternehmen** möglich sind. In der Anforderung der Vergleichbarkeit ist die Forderung nach **Stetigkeit** in sachlicher und zeitlicher Hinsicht enthalten.

Zur Erfüllung der Anforderungen der Relevanz und der Verlässlichkeit sieht das Rahmenkonzept **drei** sogenannte **einschränkende Bedingungen** vor. Danach hat die Informationsgewährung **zeitnah** zu erfolgen, da ansonsten die Relevanz der Information verloren gehen kann. Daneben müssen bei der Informationsgewährung **Kosten und Nutzen** der Information abgewogen werden. Der Nutzen der Information hat dabei stets größer zu sein als die für die Bereitstellung der Informationen entstehenden Kosten. Zuletzt sind qualitative Anforderungen **ausgewogen** zu berücksichtigen. Diese letzte Bedingung ist vor allem dann von Bedeutung, wenn eine Information nicht allen Anforderungen gleichermaßen gerecht wird. So kann z.B. eine Information zwar relevant, aber nicht verlässlich sein. In diesen Situationen ist zu entscheiden, welcher Anforderung die größere Bedeutung beizumessen ist.

Werden diese qualitativen Anforderungen erfüllt und die Bestimmungen der einzelnen IFRS und SIC- bzw. IFRIC-Interpretationen eingehalten, führt dies grundsätzlich zu einem Abschluss, der ein **den tatsächlichen Verhältnissen entsprechendes Bild der Vermögens-, Finanz- und Ertragslage** darstellt.

Zusammenfassung:

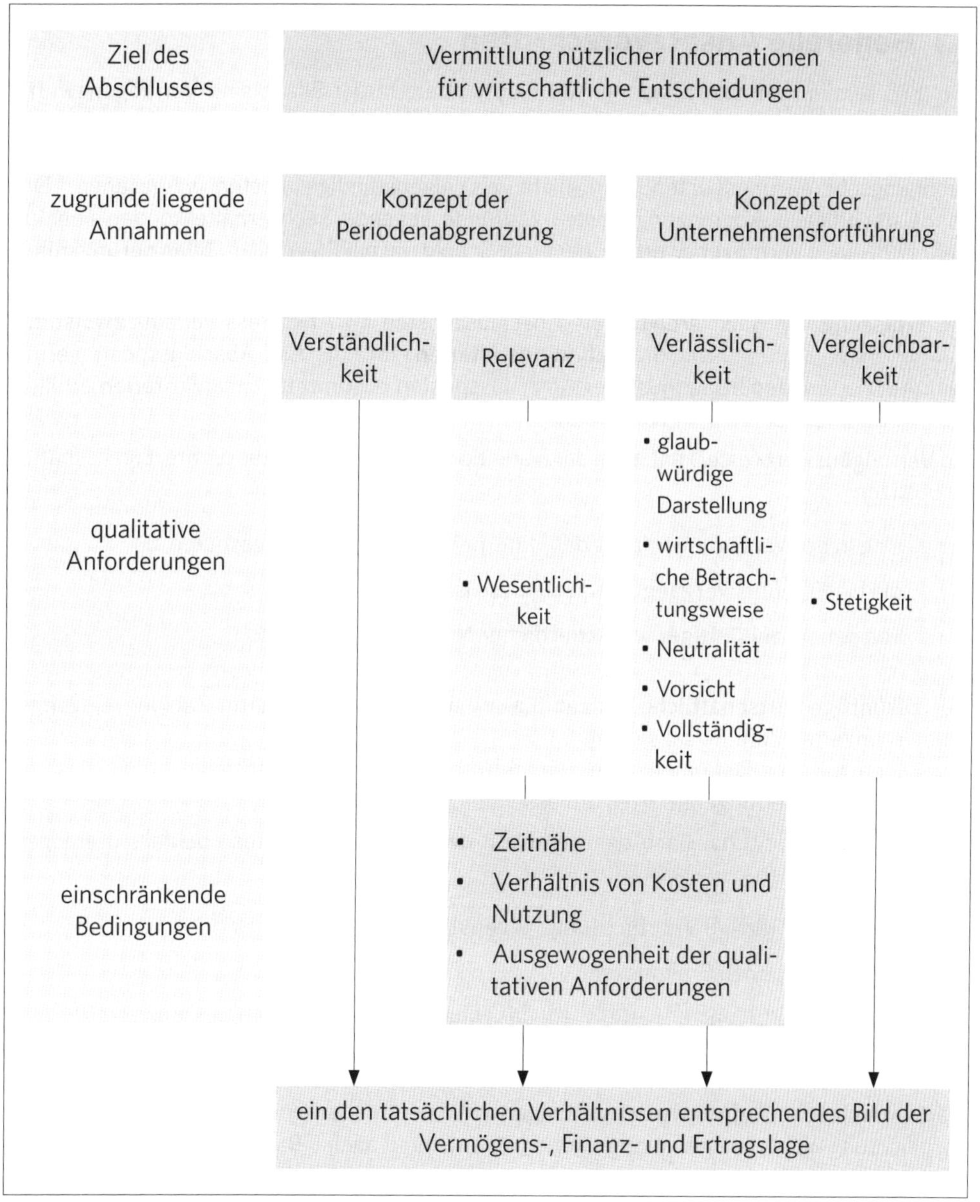

ÜBUNG → Wiederholungsfragen 24 bis 27 (Seite 335)

5 Generelle Ansatz- und Bewertungsvorschriften

5.1 Generelle Ansatzvorschriften

Die IFRS kennen fünf verschiedene Abschlussposten. In der Bilanz sind **Vermögenswerte**, **Schulden** und das **Eigenkapital** zu erfassen. Die Gewinn- und Verlustrechnung enthält die **Aufwendungen** und **Erträge**.
Rechnungsabgrenzungsposten sind nicht als eigenständige Posten vorgesehen. Den handelsrechtlichen Abgrenzungsposten zugrunde liegende Sachverhalte können aber die Definition eines Vermögenswertes oder einer Schuld nach IFRS erfüllen. **Bilanzierungshilfen** oder **Sonderposten mit Rücklageanteil** kennen die IFRS **nicht**.

Die **Erfassung** von Sachverhalten als Abschlussposten im Abschluss verläuft **zweistufig**. Auf der ersten Stufe müssen die **Definitionskriterien** eines der fünf Abschlussposten erfüllt sein. Auf der zweiten Stufe muss der Abschlussposten bestimmte **Ansatzkriterien** erfüllen, um im Abschluss dargestellt zu werden.

Ein **Vermögenswert** (*asset*) hat nach der Definition des Rahmenkonzeptes drei Eigenschaften zu besitzen:

- eine in der **Verfügungsmacht** des Unternehmens stehende Ressource,
- die ein **Ergebnis vergangener Ereignisse** ist und
- von der ein **zukünftiger wirtschaftlicher Nutzen** erwartet wird.

Der **zukünftige wirtschaftliche Nutzen** äußert sich dabei entweder in Zahlungseingängen oder verringerten Zahlungsausgängen.
Verglichen mit der Definition eines handelsrechtlichen Vermögensgegenstandes ist die Definition eines Vermögenswertes umfassender zu verstehen.

Eine **Schuld** *(liability)* hat nach der Definition des Rahmenkonzeptes ebenfalls drei Eigenschaften zu besitzen:

- eine **gegenwärtige Verpflichtung** (gegenüber Dritten),
- aus **vergangenen Ereignissen**,
- von deren Erfüllung erwartet wird, dass aus dem Unternehmen Ressourcen abfließen, die **wirtschaftlichen Nutzen** verkörpern.

Handelsrechtliche **Aufwandsrückstellungen** erfüllen dabei aufgrund der fehlenden Außenverpflichtung **nicht** die Definitionskriterien einer Schuld nach IFRS.

Das **Eigenkapital** *(equity)* ist als **Restgröße** definiert. Es handelt sich um den Restbetrag der Vermögenswerte nach Abzug aller Schulden.

Erträge *(income)* stellen eine Zunahme des wirtschaftlichen Nutzens dar, der nicht auf eine Einlage der Anteilseigner zurückzuführen ist. Die Zunahme des wirtschaftlichen Nutzens äußert sich dabei in Form von Zuflüssen, Erhöhungen von Vermögenswerten oder einer Abnahme von Schulden.

Aufwendungen *(expenses)* stellen eine Abnahme des wirtschaftlichen Nutzens dar, die nicht auf eine Ausschüttung an die Anteilseigner zurückzuführen ist. Die Abnahme äußert sich dabei in Form von Abflüssen, Verringerungen von Vermögenswerten oder einer Erhöhung der Schulden.

Zur **Erfassung** eines Abschlusspostens müssen **zwei Ansatzkriterien** erfüllt sein. Auf der einen Seite muss der zukünftige wirtschaftliche Nutzenzufluss oder Nutzenabfluss **wahrscheinlich** sein. Auf der anderen Seite muss der Nutzen **verlässlich messbar** sein.

5.2 Generelle Bewertungsvorschriften

5.2.1 Allgemein

Das Rahmenkonzept nennt vier Wertmaßstäbe. Dazu gehören die **Anschaffungs- oder Herstellungskosten**, der **Tageswert**, der **Veräußerungswert** und der **Barwert**. Eine Konkretisierung dieser Wertmaßstäbe erfolgt nicht im Rahmenkonzept, sondern in den einzelnen IFRS. Daneben enthalten die einzelnen IFRS **weitere Wertmaßstäbe**.

Die IFRS unterscheiden zwischen **Erst-** und **Folgebewertung**. Die Erstbewertung findet im **Moment des Zugangs** (z.B. bei Vermögenswerten im Moment des Kaufs oder der Herstellung) statt. Die Folgebewertung findet an den **anschließenden Abschlussstichtagen** statt.

5.2.2 Erstbewertung

Vermögenswerte werden bei der Erstbewertung grundsätzlich mit den **Anschaffungs- oder Herstellungskosten** angesetzt.

Die **Anschaffungskosten** umfassen den Kaufpreis zuzüglich Transportkosten und anderen direkt zurechenbaren Nebenkosten, die dazu dienen, den Gegenstand in den betriebsbereiten Zustand zu versetzen. Je nach der Kategorie des Vermögenswertes sind Besonderheiten in Hinblick auf den Umfang der Anschaffungskosten zu beachten. Im Unterschied zum Handelsrecht können im Einzelfall auch **Fremdwährungsdifferenzen** zu den Anschaffungskosten gehören.

Zu den **Herstellungskosten** zählen die Kosten des Herstellungsvorgangs, die Transportkosten sowie sonstige Kosten, die notwendig waren, um den Vermögenswert in den betriebsbereiten Zustand zu versetzen. Folgendes Schaubild verdeutlicht die Unterschiede zum HGB:

	HGB **vor** BiLMoG	HGB **nach** BiLMoG	IFRS
Material**einzelkosten** Fertigungs**einzelkosten** Sonder**einzelkosten** der Fertigung	Pflicht	Pflicht	Pflicht
Material**gemeinkosten** Fertigungs**gemeinkosten**	Wahlrecht	**Pflicht**	**Pflicht**
Verwaltungs**gemeinkosten** (herstellungsbezogen)	Wahlrecht	Wahlrecht	**Pflicht**
Verwaltungs**gemeinkosten** (**nicht** herstellungsbezogen)	Wahlrecht	Wahlrecht	**Verbot**
Fremdkapital**zinsen**	Wahlrecht	Wahlrecht	**Pflicht**
Vertriebs**gemeinkosten**	Verbot	Verbot	Verbot

Während das **HGB vor BilMoG** die Bewertung zu **Einzel- oder Vollkosten** erlaubte, verlangen die **IFRS** grundsätzlich die Bewertung zu **Vollkosten**. Das BilMoG führte zu einer **Annäherung** des HGB an die IFRS.

Für die Bewertung der **Vorräte** können Verbrauchsfolgeverfahren (z.B. Fifo) angewendet werden. Gruppenbewertungen sind unter bestimmten Voraussetzungen möglich. Das Verbrauchsfolgeverfahren **Lifo** ist allerdings **nicht zulässig**. Ebenso ist eine **Festbewertung nicht zulässig**.

Schulden sind grundsätzlich mit dem **Rückzahlungsbetrag** anzusetzen. Bei langfristigen Schulden ist der **Barwert** anzusetzen. Ein Disagio ist dabei über die Laufzeit zu verteilen.

5.2.3 Folgebewertung

Für die Folgebewertung der **Sachanlagen** besteht im Gegensatz zum HGB nach IAS 16 ein Wahlrecht. Danach können die Sachanlagen mit den **fortgeführten Anschaffungs- oder Herstellungskosten** oder einem **Neubewertungsbetrag** angesetzt werden. Dieses Wahlrecht gilt unter bestimmten Voraussetzungen auch für **immaterielle Vermögenswerte**.

Unter den **fortgeführten Anschaffungs- und Herstellungskosten** sind die AK/HK abzüglich der planmäßigen und außerplanmäßigen Abschreibungen zu verstehen. Dabei stehen für die planmäßige Abschreibung die gleichen Verfahren wie nach dem Handelsrecht zur Verfügung. Im Sinne der Informationsfunktion des Abschlusses ist die Abschreibungsmethode zu wählen, die den Verbrauch des wirtschaftlichen Nutzens am besten widerspiegelt.

Der **Neubewertungsbetrag** entspricht dem **beizulegenden Zeitwert** am Tage der Neubewertung abzüglich nachfolgender planmäßiger und außerplanmäßiger Abschreibungen. Bei dem beizulegenden Zeitwert handelt es sich in der Regel um den **Marktwert**. Wird der Buchwert eines Vermögenswertes im Zuge einer Neubewertung erhöht, ist die Differenz zum Buchwert in eine **Neubewertungsrücklage** im Eigenkapital einzustellen. Bei späteren Minderungen des Buchwertes durch Neubewertung ist diese Rücklage zunächst aufzulösen; sollte die für den einzelnen Vermögenswert der Sachanlagen gebildete Rücklage nicht ausreichen, ist die überschreitende Minderung als Abschreibung zu behandeln.

Neben diesem Bewertungswahlrecht ist am Abschlussstichtag die Werthaltigkeit des Buchwertes eines Vermögenswertes der Sachanlagen zu überprüfen, wenn Anhaltspunkte für dessen **Wertminderung** vorliegen. Zur Feststellung einer solchen Wertminderung werden dem Buchwert - vergleichbar zum HGB - Vergleichswerte gegenübergestellt. Ist der Vergleichswert geringer als der Buchwert, so ist auf diesen geringeren Betrag außerplanmäßig abzuschreiben (sog. **Wertminderungsaufwand**). Dies gilt im Gegensatz zum HGB unabhängig davon, ob die Wertminderung voraussichtlich von Dauer oder nur vorübergehend ist. In Abhängigkeit der gewählten Methode der Folgebewertung ist eine eventuell bestehende Neubewertungsrücklage bei der Buchung des Wertminderungsaufwandes zu berücksichtigen. Für die nachfolgenden Geschäftsjahre gilt ein **Wertaufholungsgebot**. An jedem Stichtag ist zu prüfen, ob der erfasste Wertminderungsaufwand weiterhin besteht oder sich gegebenenfalls verringert hat.

Vorräte sind mit dem **niedrigeren Wert** aus **Anschaffungs- oder Herstellungskosten** und **Nettoveräußerungswert** anzusetzen. Der Nettoveräußerungswert ist der geschätzte, im normalen Geschäftsgang erzielbare Verkaufserlös abzüglich der geschätzten Kosten bis zur Fertigstellung und der geschätzten notwendigen Vertriebskosten. Dabei handelt es sich - im Gegensatz zum HGB - um eine ausschließlich absatzmarktorientierte Betrachtung.

ÜBUNG	1. Wiederholungsfragen 28 bis 40 (Seite 335 f.), 2. Aufgaben 2 und 3 (Seite 336 f.)

6 Erfolgskontrolle

Wiederholungsfragen

1. Welche Aufgabe verfolgt das IASB?
2. Wodurch haben die IFRS in Deutschland Bedeutung erlangt?
3. Wie hat sich die Bedeutung der IFRS in Deutschland und Europa entwickelt?
4. Welche Abschlüsse sind seit 2005 verpflichtend nach IFRS aufzustellen?
5. Was regeln die IFRS?
6. Enthalten die IFRS auch Bestimmungen zur Prüfung und Offenlegung?
7. Gilt für die IFRS auch eine (umgekehrte) Maßgeblichkeit zu steuerrechtlichen Vorschriften?
8. Welche Quellen mit Bestimmungen gibt es neben den IFRS?
9. Was enthält das Rahmenkonzept?
10. Was regeln die SIC-Interpretationen?
11. Wie sind die IFRS aufgebaut?
12. Was ist die Hauptaufgabe von Abschlüssen nach IFRS?
13. Die Bedürfnisse welcher Adressaten des Abschlusses werden nach dem Rahmenkonzept besonders berücksichtigt?
14. Nennen Sie ein Beispiel für wirtschaftliche Entscheidungen der Adressaten im Sinne des Rahmenkonzeptes.
15. Aus welchen Bestandteilen setzt sich ein vollständiger Abschluss nach IFRS zusammen?
16. Wodurch unterscheiden sich die Anforderungen an die Bilanz und die Gewinn- und Verlustrechnung nach IFRS von denen nach dem HGB?
17. Wodurch unterscheiden sich die Anforderungen an den Anhang nach IFRS von denen nach dem HGB?
18. Was ist in der Eigenkapitalveränderungsrechnung auszuweisen?
19. Was ist in der Kapitalflussrechnung darzustellen?
20. Besteht nach IFRS die Pflicht einen Lagebericht aufzustellen?
21. Welche Unternehmen haben nach IFRS eine Segmentberichterstattung aufzustellen?
22. Was ist in der Segmentberichterstattung darzustellen?
23. Wonach können die Segmente innerhalb der Segmentberichterstattung abgegrenzt werden?
24. Wo sind die Grundlagen der Bilanzierung nach IFRS enthalten?
25. Welche sind die einem IFRS-Abschluss zugrunde liegenden Annahmen?
26. Welche qualitativen Anforderungen hat ein Abschluss nach IFRS zu erfüllen?
27. Wie wird ein den tatsächlichen Verhältnissen entsprechendes Bild der Vermögens-, Finanz- und Ertragslage nach IFRS grundsätzlich erreicht?
28. Welche Abschlussposten kennen die IFRS? Welche Unterschiede bestehen dabei zum HGB?
29. Wie ist ein Vermögenswert nach IFRS definiert?

30. Wie ist eine Schuld nach IFRS definiert?
31. Welche Ansatzkriterien müssen zur Erfassung in der Bilanz erfüllt sein?
32. Was versteht man nach IFRS unter Erst- und Folgebewertung?
33. Wodurch können sich die Anschaffungskosten nach IFRS von denen nach dem HGB unterscheiden?
34. Wodurch unterscheiden sich die Herstellungskosten nach IFRS von denen nach dem HGB?
35. Welches Wahlrecht kennen die IFRS bei der Folgebewertung der Sachanlagen?
36. Wie setzt sich der Neubewertungsbetrag zusammen?
37. Wie wird bei der Neubewertungsmethode eine Differenz zum Buchwert behandelt?
38. Wie wird die Werthaltigkeit der Abschlussposten nach IFRS überprüft?
39. Wirken sich dauerhafte und vorübergehende Wertminderungen unterschiedlich aus?
40. Was ist der Nettoveräußerungswert?

Aufgaben

AUFGABE 1

Welche der folgenden Aussagen sind richtig? Kreuzen Sie die richtigen Lösungen an. Begründen Sie die nicht richtigen Aussagen.

(a) Die IFRS sind Gesetze, die vom IASB erlassen werden.

(b) Alle kapitalmarktorientierten Unternehmen haben ihren Einzel- und Konzernabschluss nach IFRS aufzustellen.

(c) Ein IFRS-Abschluss umfasst fünf Bestandteile.

(d) Abschlüsse nach IFRS verfolgen vor allem eine Informationsfunktion.

AUFGABE 2

Die Elektronik AG produziert und vertreibt Notebooks. Folgende Kosten wurden je Notebook ermittelt:

Materialeinzelkosten	200,00 €
Fertigungseinzelkosten	80,00 €
Verwaltungsgemeinkosten des Fertigungsbereichs	60,00 €
nicht herstellungsbezogene Verwaltungsgemeinkosten	40,00 €
Vertriebskosten	20,00 €
gesamt	400,00 €

1. Wie hoch sind die Herstellungskosten je Notebook nach IFRS?
2. Wie hoch könnten die handelsrechtlichen Herstellungskosten sein?

AUFGABE 3

Neben Notebooks produziert und vertreibt die Elektronik AG noch weitere Produkte, für die zum 31.12.2019 folgende Werte ermitteln werden:

Produkt	Herstellungskosten €	Wiederbeschaffungskosten €	Verkaufspreis €	verbleibende Vertriebskosten €	durchschnittlicher Gewinn €
Maus	5,00	8,00	10,00	1,00	2,00
Drucker	200,00	180,00	250,00	20,00	40,00
PC	500,00	480,00	550,00	100,00	20,00

1. Mit welchem Wert sind diese Vorräte zum 31.12.2019 nach IFRS anzusetzen?
2. Mit welchem Wert sind diese Vorräte zum 31.12.2019 nach dem HGB anzusetzen?

Anhang 1

Aktuelle Rechtsänderungen – Übersicht

Die folgende Tabelle fasst die in der aktuellen Auflage berücksichtigten Rechtsänderungen nach Themengebieten zusammen und dokumentiert die jeweiligen Quellen.

Berücksichtigte Rechtsänderungen

Kapitel	Thema	Art Änderung	Quelle	Paragraf	Fundstelle
5.2.1.1	Arbeitshilfe zur Aufteilung eines Kaufpreises auf Grund und Boden sowie Gebäude		BMF	§ 255 Abs. 1 HGB	www.bundesfinanzministerium.de
6.1.2.2.1.3	Sonderabschreibung für Wohnungsneubau	Gesetz	BR-Drucksache	§ 7b EStG	BGBl. I 2019, S. 1122; Gesetz zur steuerlichen Förderung des Mietwohnungsneubaus
10.1.1.2	Pauschbeträge für unentgeltliche Wertabgaben (Sachentnahmen)	BMF-Schreiben	BMF	§ 6 Abs. 1 Nr. 4 Satz 1 EStG, § 10 Abs. 4 Nr. 1 UStG, Abschn. 10.6 Abs. 1 Satz 4 UStAE	BMF-Schreiben vom 12. Dezember 2018, IV A 4 - S 1547/13/10001-06
10.1.1.2	Nutzungsentnahmen bei Elektro- und Hybridfahrzeugen und Elektro-Fahrrädern (E-Bikes)	Gesetz	BR-Drucksache	§ 6 EStG	BGBl. I 2018, S. 2338; Gesetz zur Vermeidung von Umsatzsteuerausfällen beim Handel mit Waren im Internet und zur Änderung weiterer steuerlicher Vorschriften (sog. Jahressteuergesetz 2018) BGBl. I 2019, S. 2451; Gesetz zur weiteren steuerlichen Förderung der Elektromobilität und zur Änderung weiterer steuerlicher Vorschriften (sog. Jahressteuergesetz 2019)

DATEV

SKR 04

Bilanz-Posten[2)]	Programm-verbindung[4)] Abschluss-zweck[4)]	0 Anlagevermögenskonten
		KU 0050-0089
Sonstige Aktiva oder *sonstige Passiva*		F 0050 Ausstehende Einlagen auf das Komplementär-Kapital, nicht eingefordert F 0051 -59 Ausstehende Einlagen auf das Komplementär-Kapital, nicht eingefordert[11)14)] F 0060 Ausstehende Einlagen auf das Komplementär-Kapital, eingefordert F 0061 -69 Ausstehende Einlagen auf das Komplementär-Kapital, eingefordert[11)14)] F 0070 Ausstehende Einlagen auf das Kommandit-Kapital, nicht eingefordert F 0071 -79 Ausstehende Einlagen auf das Kommandit-Kapital, nicht eingefordert[11)14)] F 0080 Ausstehende Einlagen auf das Kommandit-Kapital, eingefordert F 0081 -89 Ausstehende Einlagen auf das Kommandit-Kapital, eingefordert[11)14)]
		0090 Rückständige fällige Einzahlungen auf Geschäftsanteile
		R 0095
		Anlagevermögen
		Immaterielle Vermögensgegenstände
Entgeltlich erworbene Konzessionen, gewerbliche Schutzrechte und ähnliche Rechte und Werte sowie Lizenzen an solchen Rechten und Werten		**0100 Entgeltlich erworbene Konzessionen, gewerbliche Schutzrechte und ähnliche Rechte und Werte sowie Lizenzen an solchen Rechten und Werten** 0110 Konzessionen 0120 Gewerbliche Schutzrechte 0130 Ähnliche Rechte und Werte 0135 EDV-Software 0140 Lizenzen an gewerblichen Schutzrechten und ähnlichen Rechten und Werten
Selbst geschaffene gewerbliche Schutzrechte und ähnliche Rechte und Werte	HB	**0143 Selbst geschaffene immaterielle Vermögensgegenstände**
	HB	0144 EDV-Software
	HB	0145 Lizenzen und Franchiseverträge
	HB	0146 Konzessionen und gewerbliche Schutzrechte
	HB	0147 Rezepte, Verfahren, Prototypen
	HB	0148 Immaterielle Vermögensgegenstände in Entwicklung
Geschäfts- oder Firmenwert		**0150 Geschäfts- oder Firmenwert** **0160 Verschmelzungsmehrwert**
Geleistete Anzahlungen		**0170 Geleistete Anzahlungen auf immaterielle Vermögensgegenstände** **0179 Anzahlungen auf Geschäfts- oder Firmenwert**

Bilanz-Posten[2)]	Programm-verbindung[4)] Abschluss-zweck[4)]	0 Anlagevermögenskonten
		Sachanlagen
Grundstücke, grundstücksgleiche Rechte und Bauten einschließlich der Bauten auf fremden Grundstücken		**0200 Grundstücke, grundstücksgleich Rechte und Bauten einschließlich der Bauten auf fremden Grundstücken** 0210 Grundstücksgleiche Rechte ohne Bauten 0215 Unbebaute Grundstücke 0220 Grundstücksgleiche Rechte (Erbbaurecht, Dauerwohnrecht, unbebaute Grundstücke) 0225 Grundstücke mit Substanzverzehr 0229 Grundstücksanteil des häuslichen Arbeitszimmers 0230 Bauten auf eigenen Grundstücken und grundstücksgleichen Rechten 0235 Grundstückswerte eigener bebaut Grundstücke 0240 Geschäftsbauten 0250 Fabrikbauten 0260 Andere Bauten 0270 Garagen 0280 Außenanlagen für Geschäfts-, Fabrik- und andere Bauten 0285 Hof- und Wegebefestigungen 0290 Einrichtungen für Geschäfts-, Fabrik- und andere Bauten 0300 Wohnbauten 0305 Garagen 0310 Außenanlagen 0315 Hof- und Wegebefestigungen 0320 Einrichtungen für Wohnbauten 0329 Gebäudeteil des häuslichen Arbeitszimmers 0330 Bauten auf fremden Grundstücker 0340 Geschäftsbauten 0350 Fabrikbauten 0360 Wohnbauten 0370 Andere Bauten 0380 Garagen 0390 Außenanlagen 0395 Hof- und Wegebefestigungen 0398 Einrichtungen für Geschäfts-, Fabrik-, Wohn- und andere Baute
Technische Anlagen und Maschinen		**0400 Technische Anlagen und Maschinen** 0420 Technische Anlagen 0440 Maschinen 0450 Transportanlagen und Ähnliches 0460 Maschinengebundene Werkzeug 0470 Betriebsvorrichtungen
Andere Anlagen, Betriebs- und Geschäftsausstattung		**0500 Andere Anlagen, Betriebs- und Geschäftsausstattung** 0510 Andere Anlagen 0520 Pkw 0540 Lkw 0560 Sonstige Transportmittel 0620 Werkzeuge 0630 Betriebsausstattung 0635 Geschäftsausstattung 0640 Ladeneinrichtung 0650 Büroeinrichtung 0660 Gerüst- und Schalungsmaterial 0670 Geringwertige Wirtschaftsgüter 0675 Wirtschaftsgüter (Sammelposten 0680 Einbauten in fremde Grundstück 0690 Sonstige Betriebs- und Geschäfts ausstattung

Bilanz-Posten[2]	Programmverbindung[4] Abschlusszweck[4]	0 Anlagevermögenskonten
Geleistete Anzahlungen und Anlagen im Bau		**0700 Geleistete Anzahlungen und Anlagen im Bau** 0705 Anzahlungen auf Grundstücke und grundstücksgleiche Rechte ohne Bauten 0710 Geschäfts-, Fabrik- und andere Bauten im Bau auf eigenen Grundstücken 0720 Anzahlungen auf Geschäfts-, Fabrik- und andere Bauten auf eigenen Grundstücken und grundstücksgleichen Rechten 0725 Wohnbauten im Bau auf eigenen Grundstücken 0735 Anzahlungen auf Wohnbauten auf eigenen Grundstücken und grundstücksgleichen Rechten 0740 Geschäfts-, Fabrik- und andere Bauten im Bau auf fremden Grundstücken 0750 Anzahlungen auf Geschäfts-, Fabrik- und andere Bauten auf fremden Grundstücken 0755 Wohnbauten im Bau auf fremden Grundstücken 0765 Anzahlungen auf Wohnbauten auf fremden Grundstücken 0770 Technische Anlagen und Maschinen im Bau 0780 Anzahlungen auf technische Anlagen und Maschinen 0785 Andere Anlagen, Betriebs- und Geschäftsausstattung im Bau 0795 Anzahlungen auf andere Anlagen, Betriebs- und Geschäftsausstattung
		Finanzanlagen
Anteile an verbundenen Unternehmen		0800 Anteile an verbundenen Unternehmen (Anlagevermögen) 0803 Anteile an verbundenen Unternehmen, Personengesellschaften 0804 Anteile an verbundenen Unternehmen, Kapitalgesellschaften 0805 Anteile an herrschender oder mehrheitlich beteiligter Gesellschaft, Personengesellschaften 0808 Anteile an herrschender oder mehrheitlich beteiligter Gesellschaft, Kapitalgesellschaften 0809 Anteile an herrschender oder mehrheitlich beteiligter Gesellschaft
Ausleihungen an verbundene Unternehmen		0810 Ausleihungen an verbundene Unternehmen 0813 Ausleihungen an verbundene Unternehmen, Personengesellschaften 0814 Ausleihungen an verbundene Unternehmen, Kapitalgesellschaften 0815 Ausleihungen an verbundene Unternehmen, Einzelunternehmen
Beteiligungen		0820 Beteiligungen 0829 Beteiligung einer GmbH & Co. KG an einer Komplementär GmbH 0830 Typisch stille Beteiligungen 0840 Atypisch stille Beteiligungen 0850 Beteiligungen an Kapitalgesellschaften 0860 Beteiligungen an Personengesellschaften
Ausleihungen an Unternehmen, mit denen ein Beteiligungsverhältnis besteht		0880 Ausleihungen an Unternehmen, mit denen ein Beteiligungsverhältnis besteht 0883 Ausleihungen an Unternehmen, mit denen ein Beteiligungsverhältnis besteht, Personengesellschaften 0885 Ausleihungen an Unternehmen, mit denen ein Beteiligungsverhältnis besteht, Kapitalgesellschaften
Wertpapiere des Anlagevermögens		**0900 Wertpapiere des Anlagevermögens** 0910 Wertpapiere mit Gewinnbeteiligungsansprüchen, die dem Teileinkünfteverfahren unterliegen 0920 Festverzinsliche Wertpapiere
Sonstige Ausleihungen		**0930 Sonstige Ausleihungen** 0940 Darlehen 0960 Ausleihungen an Gesellschafter 0961 Ausleihungen an GmbH-Gesellschafter 0962 Ausleihungen an persönlich haftende Gesellschafter 0963 Ausleihungen an Kommanditisten 0964 Ausleihungen an stille Gesellschafter 0970 Ausleihungen an nahe stehende Personen
Genossenschaftsanteile		**0980 Genossenschaftsanteile zum langfristigen Verbleib**
Rückdeckungsansprüche aus Lebensversicherungen		**0990 Rückdeckungsansprüche aus Lebensversicherungen zum langfristigen Verbleib**

Bilanz-Posten[2]	Programmverbindung[4)] Abschlusszweck[4)]	1 Umlaufvermögenskonten
		KU 1000-1179 V 1180-1189 M 1190-1199 KU 1200-1486 V 1487 KU 1488-1899
		Vorräte
Roh-, Hilfs- und Betriebsstoffe		**1000 -39 Roh-, Hilfs- und Betriebsstoffe (Bestand)**
Unfertige Erzeugnisse, unfertige Leistungen		**1040 -49 Unfertige Erzeugnisse, unfertige Leistungen (Bestand)** 1050 -79 Unfertige Erzeugnisse (Bestand) 1080 -89 Unfertige Leistungen (Bestand)
In Ausführung befindliche Bauaufträge		1090 -94 In Ausführung befindliche Bauaufträge
In Arbeit befindliche Aufträge		1095 -99 In Arbeit befindliche Aufträge
Fertige Erzeugnisse und Waren		**1100 -09 Fertige Erzeugnisse und Waren (Bestand)** **1110 -39 Fertige Erzeugnisse (Bestand)** **1140 -79 Waren (Bestand)**
Geleistete Anzahlungen		**1180 Geleistete Anzahlungen auf Vorräte** AV 1181 Geleistete Anzahlungen 7 % Vorsteuer R 1182 -85 AV 1186 Geleistete Anzahlungen 19 % Vorsteuer
Erhaltene Anzahlungen auf Bestellungen		1190 Erhaltene Anzahlungen auf Bestellungen (von Vorräten offen abgesetzt)
		Forderungen und sonstige Vermögensgegenstände
Forderungen aus Lieferungen und Leistungen oder *sonstige Verbindlichkeiten*		**S 1200 Forderungen aus Lieferungen und Leistungen** R 1201 -06 Forderungen aus Lieferungen und Leistungen F 1210 -14 Forderungen aus Lieferungen und Leistungen ohne Kontokorrent
	EÜR	F 1215 Forderungen aus Lieferungen und Leistungen zum allgemeinen Umsatzsteuersatz oder eines Kleinunternehmers (EÜR)[13)]
	EÜR	F 1216 Forderungen aus Lieferungen und Leistungen zum ermäßigten Umsatzsteuersatz (EÜR)[13)]
	EÜR	F 1217 Forderungen aus steuerfreien oder nicht steuerbaren Lieferungen und Leistungen (EÜR)[13)]
	EÜR	F 1218 Forderungen aus Lieferungen und Leistungen nach Durchschnittssätzen gemäß § 24 UStG (EÜR)[13)]
	EÜR	F 1219 Gegenkonto 1215-1218 bei Aufteilung der Forderungen nach Steuersätzen (EÜR)[13)]
Forderungen aus Lieferungen und Leistungen oder *sonstige Verbindlichkeiten*	EÜR	F 1220 Forderungen nach § 11 Abs. 1 Satz 2 EStG für § 4/3 EStG
		F 1221 Forderungen aus Lieferungen und Leistungen ohne Kontokorrent – Restlaufzeit bis 1 Jahr F 1225 – Restlaufzeit größer 1 Jahr F 1230 Wechsel aus Lieferungen und Leistungen F 1231 – Restlaufzeit bis 1 Jahr F 1232 – Restlaufzeit größer 1 Jahr F 1235 Wechsel aus Lieferungen und Leistungen, bundesbankfähig F 1240 Zweifelhafte Forderungen F 1241 – Restlaufzeit bis 1 Jahr F 1245 – Restlaufzeit größer 1 Jahr
Forderungen aus Lieferungen und Leistungen H-Saldo		1246 Einzelwertberichtigungen auf Forderungen mit einer – Restlaufzeit bis 1 Jahr 1247 – Restlaufzeit größer 1 Jahr 1248 Pauschalwertberichtigung auf Forderungen mit einer – Restlaufzeit bis 1 Jahr 1249 – Restlaufzeit größer 1 Jahr
Forderungen aus Lieferungen und Leistungen oder *sonstige Verbindlichkeiten*		F 1250 Forderungen aus Lieferungen und Leistungen gegen Gesellschafter F 1251 – Restlaufzeit bis 1 Jahr F 1255 – Restlaufzeit größer 1 Jahr
Forderungen aus Lieferungen und Leistungen H-Saldo		1258 Gegenkonto zu sonstigen Vermögensgegenständen bei Buchungen über Debitorenkonto
Forderungen aus Lieferungen und Leistungen H-Saldo oder *sonstige Verbindlichkeiten S-Saldo*		1259 Gegenkonto 1221-1229, 1240-1245,1250-1257, 1270-1279, 1290-1297 bei Aufteilung Debitorenkonto
Forderungen gegen verbundene Unternehmen oder *Verbindlichkeiten gegenüber verbundenen Unternehmen*		**1260 Forderungen gegen verbundene Unternehmen** 1261 – Restlaufzeit bis 1 Jahr 1265 – Restlaufzeit größer 1 Jahr 1266 Besitzwechsel gegen verbundene Unternehmen 1267 – Restlaufzeit bis 1 Jahr 1268 – Restlaufzeit größer 1 Jahr 1269 Besitzwechsel gegen verbundene Unternehmen, bundesbankfähig F 1270 Forderungen aus Lieferungen und Leistungen gegen verbundene Unternehmen F 1271 – Restlaufzeit bis 1 Jahr F 1275 – Restlaufzeit größer 1 Jahr
Forderungen gegen verbundene Unternehmen H-Saldo		1276 Wertberichtigungen auf Forderungen gegen verbundene Unternehmen – Restlaufzeit bis 1 Jahr 1277 – Restlaufzeit größer 1 Jahr

Bilanz-Posten[2]	Programmverbindung[4] Abschlusszweck[4]	1 Umlaufvermögenskonten
Forderungen gegen Unternehmen, mit denen ein Beteiligungsverhältnis besteht oder *Verbindlichkeiten gegenüber Unternehmen, mit denen ein Beteiligungsverhältnis besteht*		**1280 Forderungen gegen Unternehmen, mit denen ein Beteiligungsverhältnis besteht** 1281 – Restlaufzeit bis 1 Jahr 1285 – Restlaufzeit größer 1 Jahr 1286 Besitzwechsel gegen Unternehmen, mit denen ein Beteiligungsverhältnis besteht 1287 – Restlaufzeit bis 1 Jahr 1288 – Restlaufzeit größer 1 Jahr 1289 Besitzwechsel gegen Unternehmen, mit denen ein Beteiligungsverhältnis besteht, bundesbankfähig F 1290 Forderungen aus Lieferungen und Leistungen gegen Unternehmen, mit denen ein Beteiligungsverhältnis besteht F 1291 – Restlaufzeit bis 1 Jahr F 1295 – Restlaufzeit größer 1 Jahr
Forderungen gegen Unternehmen, mit denen ein Beteiligungsverhältnis besteht H-Saldo		1296 Wertberichtigungen auf Forderungen gegen Unternehmen, mit denen ein Beteiligungsverhältnis besteht – Restlaufzeit bis 1 Jahr 1297 – Restlaufzeit größer 1 Jahr
Eingeforderte, noch ausstehende Kapitaleinlagen		**1298 Ausstehende Einlagen auf das gezeichnete Kapital, eingefordert (Forderungen, nicht eingeforderte ausstehende Einlagen s. Konto 2910)**
Nachschüsse		**1299 Nachschüsse (Forderungen, Gegenkonto 2929)**
Sonstige Vermögensgegenstände		**1300 Sonstige Vermögensgegenstände** 1301 – Restlaufzeit bis 1 Jahr 1305 – Restlaufzeit größer 1 Jahr 1307 Forderungen gegen GmbH-Gesellschafter 1308 – Restlaufzeit bis 1 Jahr 1309 – Restlaufzeit größer 1 Jahr 1310 Forderungen gegen Vorstandsmitglieder und Geschäftsführer 1311 – Restlaufzeit bis 1 Jahr 1315 – Restlaufzeit größer 1 Jahr 1317 Forderungen gegen persönlich haftende Gesellschafter 1318 – Restlaufzeit bis 1 Jahr 1319 – Restlaufzeit größer 1 Jahr 1320 Forderungen gegen Aufsichtsrats- und Beirats-Mitglieder 1321 – Restlaufzeit bis 1 Jahr 1325 – Restlaufzeit größer 1 Jahr 1327 Forderungen gegen Kommanditisten und atypisch stille Gesellschafter 1328 – Restlaufzeit bis 1 Jahr 1329 – Restlaufzeit größer 1 Jahr 1330 Forderungen gegen sonstige Gesellschafter 1331 – Restlaufzeit bis 1 Jahr 1335 – Restlaufzeit größer 1 Jahr 1337 Forderungen gegen typisch stille Gesellschafter 1338 – Restlaufzeit bis 1 Jahr 1339 – Restlaufzeit größer 1 Jahr

Bilanz-Posten[2]	Programmverbindung[4] Abschlusszweck[4]	1 Umlaufvermögenskonten
Sonstige Vermögensgegenstände		1340 Forderungen gegen Personal aus Lohn- und Gehaltsabrechnung 1341 – Restlaufzeit bis 1 Jahr 1345 – Restlaufzeit größer 1 Jahr 1349 Ansprüche aus betrieblicher Altersversorgung und Pensionsansprüche (Mitunternehmer)[28]
Sonstige Vermögensgegenstände		1350 Kautionen 1351 – Restlaufzeit bis 1 Jahr 1355 – Restlaufzeit größer 1 Jahr 1360 Darlehen 1361 – Restlaufzeit bis 1 Jahr 1365 – Restlaufzeit größer 1 Jahr 1369 Forderungen gegenüber Krankenkassen aus Aufwendungsausgleichsgesetz
Sonstige Vermögensgegenstände oder *sonstige Verbindlichkeiten*		1370 Durchlaufende Posten 1374 Fremdgeld
Sonstige Vermögensgegenstände		1375 Agenturwarenabrechnung
Sonstige Vermögensgegenstände oder *sonstige Verbindlichkeiten*	U U	F 1376 Nachträglich abziehbare Vorsteuer, § 15a Abs. 2 UStG F 1377 Zurückzuzahlende Vorsteuer, § 15a Abs. 2 UStG
Sonstige Vermögensgegenstände		1378 Ansprüche aus Rückdeckungsversicherungen 1380 Vermögensgegenstände zur Erfüllung von Pensionsrückstellungen und ähnlichen Verpflichtungen zum langfristigen Verbleib
Aktiver Unterschiedsbetrag aus der Vermögensverrechnung oder *Rückstellungen für Pensionen und ähnliche Verpflichtungen*	HB	1381 Vermögensgegenstände zur Saldierung mit Pensionsrückstellungen und ähnlichen Verpflichtungen zum langfristigen Verbleib nach § 246 Abs. 2 HGB
Sonstige Vermögensgegenstände		1382 Vermögensgegenstände zur Erfüllung von mit der Altersversorgung vergleichbaren langfristigen Verpflichtungen
Aktiver Unterschiedsbetrag aus Vermögensverrechnung oder *sonstige Rückstellungen*	HB	1383 Vermögensgegenstände zur Saldierung mit der Altersversorgung vergleichbaren langfristigen Verpflichtungen nach § 246 Abs. 2 HGB
Sonstige Vermögensgegenstände		1390 GmbH-Anteile zum kurzfristigen Verbleib 1391 Forderungen gegen Arbeitsgemeinschaften 1393 Genussrechte 1394 Einzahlungsansprüche zu Nebenleistungen oder Zuzahlungen 1395 Genossenschaftsanteile zum kurzfristigen Verbleib

Bilanz-Posten[2]	Programmverbindung[4] Abschlusszweck[4]	1 Umlaufvermögenskonten
Sonstige Vermögensgegenstände oder *sonstige Verbindlichkeiten*	U	F 1396 Nachträglich abziehbare Vorsteuer, § 15a Abs. 1 UStG, bewegliche Wirtschaftsgüter
	U	F 1397 Zurückzuzahlende Vorsteuer, § 15a Abs. 1 UStG, bewegliche Wirtschaftsgüter
	U	F 1398 Nachträglich abziehbare Vorsteuer, § 15a Abs. 1 UStG, unbewegliche Wirtschaftsgüter
	U	F 1399 Zurückzuzahlende Vorsteuer, § 15a Abs. 1 UStG, unbewegliche Wirtschaftsgüter
	U	S 1400 Abziehbare Vorsteuer
	U	S 1401 Abziehbare Vorsteuer 7 %
	U	S 1402 Abziehbare Vorsteuer aus innergemeinschaftlichem Erwerb
		R 1403
	U	S 1404 Abziehbare Vorsteuer aus innergemeinschaftlichem Erwerb 19 %
		R 1405
	U	S 1406 Abziehbare Vorsteuer 19 %
	U	S 1407 Abziehbare Vorsteuer nach § 13b UStG 19 %
	U	S 1408 Abziehbare Vorsteuer nach § 13b UStG
		R 1409
		S 1410 Aufzuteilende Vorsteuer
		S 1411 Aufzuteilende Vorsteuer 7 %
		S 1412 Aufzuteilende Vorsteuer aus innergemeinschaftlichem Erwerb
		S 1413 Aufzuteilende Vorsteuer aus innergemeinschaftlichem Erwerb 19 %
		R 1414 -15
		S 1416 Aufzuteilende Vorsteuer 19 %
		S 1417 Aufzuteilende Vorsteuer nach §§ 13a/13b UStG
		R 1418
		S 1419 Aufzuteilende Vorsteuer nach §§ 13a/13b UStG 19 %
Sonstige Vermögensgegenstände		1420 Forderungen aus Umsatzsteuer-Vorauszahlungen
Sonstige Vermögensgegenstände oder *sonstige Verbindlichkeiten*		1421 Umsatzsteuerforderungen laufendes Jahr
Sonstige Vermögensgegenstände		1422 Umsatzsteuerforderungen Vorjahr
		1425 Umsatzsteuerforderungen frühere Jahre
		1427 Forderungen aus entrichteten Verbrauchsteuern
Sonstige Vermögensgegenstände oder *sonstige Verbindlichkeiten*	U	S 1431 Abziehbare Vorsteuer aus der Auslagerung von Gegenständen aus einem Umsatzsteuerlager
	U	S 1432 Abziehbare Vorsteuer aus innergemeinschaftlichem Erwerb von Neufahrzeugen von Lieferanten ohne USt-Identifikationsnummer
	U	F 1433 Entstandene Einfuhrumsatzsteuer
		S 1434 Vorsteuer in Folgeperiode/im Folgejahr abziehbar
Sonstige Vermögensgegenstände		1435 Forderungen aus Gewerbesteuerüberzahlungen
Sonstige Vermögensgegenstände oder *sonstige Verbindlichkeiten*	U	S 1436 Vorsteuer aus Erwerb als letzter Abnehmer innerhalb eines Dreiecksgeschäfts
Sonstige Vermögensgegenstände		1440 Steuererstattungsansprüche gegenüber anderen Ländern
		1450 Körperschaftsteuerrückforderung
		R 1452 -53
		F 1456 Forderungen an das Finanzamt aus abgeführtem Bauabzugsbetrag
		1457 Forderung gegenüber Bundesagentur für Arbeit
Sonstige Vermögensgegenstände oder *sonstige Verbindlichkeiten*		F 1460 Geldtransit
	EÜR	1480 Gegenkonto Vorsteuer § 4/3 EStG
	EÜR	1481 Auflösung Vorsteuer aus Vorjahr § 4/3 EStG
	EÜR	1482 Vorsteuer aus Investitionen § 4/3 EStG
	EÜR	1483 Gegenkonto für Vorsteuer nach Durchschnittssätzen für § 4 Abs. 3 EStG[13]
	U	F 1484 Vorsteuer nach allgemeinen Durchschnittssätzen UStVA Kz. 63
	EÜR	F 1485 Verrechnungskonto für Gewinnermittlung § 4 Abs. 3 EStG, ergebniswirksam[11]
	EÜR	F 1486 Verrechnungskonto für Gewinnermittlung § 4 Abs. 3 EStG, nicht ergebniswirksam
	EÜR	1487 Wirtschaftsgüter des Umlaufvermögens gemäß § 4 Abs. 3 Satz 4 EStG[13]
		F 1490 Verrechnungskonto Ist-Versteuerung[13]
	EÜR	F 1491 Neutralisierung ertragswirksamer Sachverhalte für § 4 Abs. 3 EStG[1]
Sonstige Verbindlichkeiten S-Saldo		F 1495 Verrechnungskonto erhaltene Anzahlungen bei Buchung über Debitorenkonto
		F 1496 -97
Sonstige Vermögensgegenstände oder *sonstige Verbindlichkeiten*		F 1498 Überleitungskonto Kostenstellen
		Wertpapiere
Anteile an verbundenen Unternehmen		**1500 Anteile an verbundenen Unternehmen (Umlaufvermögen)**
		1504 Anteile an herrschender oder mehrheitlich beteiligter Gesellschaft
Sonstige Wertpapiere		**1510 Sonstige Wertpapiere**
		1520 Finanzwechsel
		1525 Andere Wertpapiere mit unwesentlichen Wertschwankungen
		1530 Wertpapieranlagen im Rahmen der kurzfristigen Finanzdisposition

SKR 04

Bilanz-Posten[2]	Programm-verbindung[4] Abschluss-zweck[4]	1 Umlaufvermögenskonten
		Kassenbestand, Bundesbankguthaben, Guthaben bei Kreditinstituten und Schecks
Kassenbestand, Bundesbankguthaben, Guthaben bei Kreditinstituten und Schecks		**F 1550 Schecks**
		F 1600 Kasse
		F 1610 Nebenkasse 1
		F 1620 Nebenkasse 2
Kassenbestand, Bundesbankguthaben, Guthaben bei Kreditinstituten und Schecks oder *Verbindlichkeiten gegenüber Kreditinstituten*		**F 1700 Bank (Postbank)**
		F 1710 Bank (Postbank 1)
		F 1720 Bank (Postbank 2)
		F 1730 Bank (Postbank 3)
		F 1780 LZB-Guthaben
		F 1790 Bundesbankguthaben
		F 1800 Bank
		F 1810 Bank 1
		F 1820 Bank 2
		F 1830 Bank 3
		F 1840 Bank 4
		F 1850 Bank 5
		R 1889
		1890 Finanzmittelanlagen im Rahmen der kurzfristigen Finanzdisposition (nicht im Finanzmittelfonds enthalten)
		1895 Verbindlichkeiten gegenüber Kreditinstituten (nicht im Finanzmittelfonds enthalten)
		Abgrenzungsposten
Rechnungsabgrenzungsposten		**1900 Aktive Rechnungsabgrenzung**
	SB	1920 Als Aufwand berücksichtigte Zölle und Verbrauchsteuern auf Vorräte
	SB	1930 Als Aufwand berücksichtigte Umsatzsteuer auf Anzahlungen
		1940 Damnum/Disagio
Aktive latente Steuern	HB	**1950 Aktive latente Steuern**

Bilanz-Posten[2]	Programm-verbindung[4] Abschluss-zweck[4]	2 Eigenkapitalkonten/ Fremdkapitalkonten

KU	2000-2308	M	2359[10]
V	2309[10]	KU	2360-2368
KU	2310-2318	M	2369[10]
V	2319[10]	KU	2370-2378
KU	2320-2328	M	2379[10]
V	2329[10]	KU	2380-2388
KU	2330-2338	M	2389[10]
V	2339[10]	KU	2390-2398
KU	2340-2348	M	2399[10]
V	2349[10]	KU	2400-2900
KU	2350-2358	KU	2908-2999

Kapital

Eigenkapital Vollhafter/Einzelunternehmer

F 2000 Festkapital
F 2001 Festkapital[22]
-09
F 2010 Variables Kapital
F 2011 Variables Kapital[22]
-19

Fremdkapital Vollhafter

F 2020 Gesellschafter-Darlehen
F 2021 Gesellschafter-Darlehen[11][14]
-29

Eigenkapital Einzelunternehmer

2030 (zur freien Verfügung)
-49

Eigenkapital Teilhafter

F 2050 Kommandit-Kapital
F 2051 Kommandit-Kapital[11][14]
-59

F 2060 Verlustausgleichskonto
F 2061 Verlustausgleichskonto[11][14]
-69

Fremdkapital Teilhafter

F 2070 Gesellschafter-Darlehen
F 2071 Gesellschafter-Darlehen[11][14]
-79

Eigenkapital (keine Abfrage)

2080 (zur freien Verfügung)[11]
-99

Privat (Eigenkapital) Vollhafter/Einzelunternehmer

F 2100 Privatentnahmen allgemein
F 2101 Privatentnahmen allgemein[22]
-09
F 2110 Privatentnahmen allgemein
F 2111 Privatentnahmen allgemein[22]
-19
F 2120 Privatentnahmen allgemein
F 2121 Privatentnahmen allgemein[22]
-29
F 2130 Unentgeltliche Wertabgaben
F 2131 Unentgeltliche Wertabgaben[22]
-39
F 2140 Unentgeltliche Wertabgaben
F 2141 Unentgeltliche Wertabgaben[22]
-49

Bilanz-Posten[2]	Programmverbindung[4] Abschlusszweck[4]	2 Eigenkapitalkonten/ Fremdkapitalkonten
		F 2150 Privatsteuern
		F 2151-59 Privatsteuern[22]
		F 2160 Privatsteuern
		F 2161-69 Privatsteuern[22]
		F 2170 Privatsteuern
		F 2171-79 Privatsteuern[22]
		F 2180 Privateinlagen
		F 2181-89 Privateinlagen[22]
		F 2190 Privateinlagen
		F 2191-99 Privateinlagen[22]
		F 2200 Sonderausgaben beschränkt abzugsfähig
		F 2201-09 Sonderausgaben beschränkt abzugsfähig[22]
		F 2210 Sonderausgaben beschränkt abzugsfähig
		F 2211-19 Sonderausgaben beschränkt abzugsfähig[22]
		F 2220 Sonderausgaben beschränkt abzugsfähig
		F 2221-29 Sonderausgaben beschränkt abzugsfähig[22]
		F 2230 Sonderausgaben unbeschränkt abzugsfähig
		F 2231-39 Sonderausgaben unbeschränkt abzugsfähig[22]
		F 2240 Sonderausgaben unbeschränkt abzugsfähig
		F 2241-49 Sonderausgaben unbeschränkt abzugsfähig[22]
		F 2250 Zuwendungen, Spenden
		F 2251-59 Zuwendungen, Spenden[22]
		F 2260 Zuwendungen, Spenden
		F 2261-69 Zuwendungen, Spenden[22]
		F 2270 Zuwendungen, Spenden
		F 2271-79 Zuwendungen, Spenden[22]
		F 2280 Außergewöhnliche Belastungen
		F 2281-89 Außergewöhnliche Belastungen[22]
		F 2290 Außergewöhnliche Belastungen
		F 2291-99 Außergewöhnliche Belastungen[22]
		F 2300 Grundstücksaufwand
		F 2301-08 Grundstücksaufwand[22]
		2309 Grundstücksaufwand (Umsatzsteuerschlüssel möglich)[10][22]
		F 2310 Grundstücksaufwand
		F 2311-18 Grundstücksaufwand[22]
		2319 Grundstücksaufwand (Umsatzsteuerschlüssel möglich)[10][22]
		F 2320 Grundstücksaufwand
		F 2321-28 Grundstücksaufwand[22]
		2329 Grundstücksaufwand (Umsatzsteuerschlüssel möglich)[10][22]
		F 2330 Grundstücksaufwand
		F 2331-38 Grundstücksaufwand[22]
		2339 Grundstücksaufwand (Umsatzsteuerschlüssel möglich)[10][22]
		F 2340 Grundstücksaufwand
		F 2341-48 Grundstücksaufwand[22]
		2349 Grundstücksaufwand (Umsatzsteuerschlüssel möglich)[10][22]
		F 2350 Grundstücksertrag
		F 2351-58 Grundstücksertrag[22]
		2359 Grundstücksertrag (Umsatzsteuerschlüssel möglich)[10][22]
		F 2360 Grundstücksertrag
		F 2361-68 Grundstücksertrag[22]
		2369 Grundstücksertrag (Umsatzsteuerschlüssel möglich)[10][22]
		F 2370 Grundstücksertrag
		F 2371-78 Grundstücksertrag[22]
		2379 Grundstücksertrag (Umsatzsteuerschlüssel möglich)[10][22]
		F 2380 Grundstücksertrag
		F 2381-88 Grundstücksertrag[22]
		2389 Grundstücksertrag (Umsatzsteuerschlüssel möglich)[10][22]
		F 2390 Grundstücksertrag
		F 2391-98 Grundstücksertrag[22]
		2399 Grundstücksertrag (Umsatzsteuerschlüssel möglich)[10][22]
		Privat (Fremdkapital) Teilhafter
		F 2500 Privatentnahmen allgemein
		F 2501-09 Privatentnahmen allgemein[11][14]
		F 2510 Privatentnahmen allgemein
		F 2511-19 Privatentnahmen allgemein[11][14]
		F 2520 Privatentnahmen allgemein
		F 2521-29 Privatentnahmen allgemein[11][14]
		F 2530 Unentgeltliche Wertabgaben
		F 2531-39 Unentgeltliche Wertabgaben[11][14]
		F 2540 Unentgeltliche Wertabgaben
		F 2541-49 Unentgeltliche Wertabgaben[11][14]
		F 2550 Privatsteuern
		F 2551-59 Privatsteuern[11][14]
		F 2560 Privatsteuern
		F 2561-69 Privatsteuern[11][14]
		F 2570 Privatsteuern
		F 2571-79 Privatsteuern[11][14]
		F 2580 Privateinlagen
		F 2581-89 Privateinlagen[11][14]
		F 2590 Privateinlagen
		F 2591-99 Privateinlagen[11][14]
		F 2600 Sonderausgaben beschränkt abzugsfähig
		F 2601-09 Sonderausgaben beschränkt abzugsfähig[11][14]
		F 2610 Sonderausgaben beschränkt abzugsfähig
		F 2611-19 Sonderausgaben beschränkt abzugsfähig[11][14]

Bilanz-Posten[2]	Programmverbindung[4] Abschlusszweck[4]	2 Eigenkapitalkonten/ Fremdkapitalkonten
		F 2620 Sonderausgaben beschränkt abzugsfähig
		F 2621 -29 Sonderausgaben beschränkt abzugsfähig[11][14]
		F 2630 Sonderausgaben unbeschränkt abzugsfähig
		F 2631 -39 Sonderausgaben unbeschränkt abzugsfähig[11][14]
		F 2640 Sonderausgaben unbeschränkt abzugsfähig
		F 2641 -49 Sonderausgaben unbeschränkt abzugsfähig[11][14]
		F 2650 Zuwendungen, Spenden
		F 2651 -59 Zuwendungen, Spenden[11][14]
		F 2660 Zuwendungen, Spenden
		F 2661 -69 Zuwendungen, Spenden[11][14]
		F 2670 Zuwendungen, Spenden
		F 2671 -79 Zuwendungen, Spenden[11][14]
		F 2680 Außergewöhnliche Belastungen
		F 2681 -89 Außergewöhnliche Belastungen[11][14]
		F 2690 Außergewöhnliche Belastungen
		F 2691 -99 Außergewöhnliche Belastungen[11][14]
		F 2700 Grundstücksaufwand
		F 2701 -09 Grundstücksaufwand[11][14]
		F 2710 Grundstücksaufwand
		F 2711 -19 Grundstücksaufwand[11][14]
		F 2720 Grundstücksaufwand
		F 2721 -29 Grundstücksaufwand[11][14]
		F 2730 Grundstücksaufwand
		F 2731 -39 Grundstücksaufwand[11][14]
		F 2740 Grundstücksaufwand
		F 2741 -49 Grundstücksaufwand[11][14]
		F 2750 Grundstücksertrag
		F 2751 -59 Grundstücksertrag[11][14]
		F 2760 Grundstücksertrag
		F 2761 -69 Grundstücksertrag[11][14]
		F 2770 Grundstücksertrag
		F 2771 -79 Grundstücksertrag[11][14]
		F 2780 Grundstücksertrag
		F 2781 -89 Grundstücksertrag[11][14]
		F 2790 Grundstücksertrag
		F 2791 -99 Grundstücksertrag[11][14]
		Gezeichnetes Kapital
Gezeichnetes Kapital	K	**2900 Gezeichnetes Kapital[17]**
	K	2901 Geschäftsguthaben der verbleibenden Mitglieder
	K	2902 Geschäftsguthaben der ausscheidenden Mitglieder
	K	2903 Geschäftsguthaben aus gekündigten Geschäftsanteilen
	K	2906 Rückständige fällige Einzahlungen auf Geschäftsanteile, vermerkt

Bilanz-Posten[2]	Programmverbindung[4] Abschlusszweck[4]	2 Eigenkapitalkonten/ Fremdkapitalkonten
		2907 Gegenkonto Rückständige fällige Einzahlungen auf Geschäftsanteile, vermerkt
Gezeichnetes Kapital	K	2908 Kapitalerhöhung aus Gesellschaftsmitteln
Eigene Anteile	K	2909 Erworbene eigene Anteile
Nicht eingeforderte ausstehende Einlagen		2910 Ausstehende Einlagen auf das gezeichnete Kapital, nicht eingefordert (Passivausweis, vom gezeichneten Kapital offen abgesetzt; eingeforderte ausstehende Einlagen s. Konto 1298)
		Kapitalrücklage
Kapitalrücklage	K	**2920 Kapitalrücklage[17]**
	K	2925 Kapitalrücklage durch Ausgabe von Anteilen über Nennbetrag[17]
	K	2926 Kapitalrücklage durch Ausgabe von Schuldverschreibungen für Wandlungsrechte und Optionsrechte zum Erwerb von Anteilen[17]
	K	2927 Kapitalrücklage durch Zuzahlungen gegen Gewährung eines Vorzugs für Anteile[17]
	K	2928 Kapitalrücklage durch Zuzahlungen in das Eigenkapital[17]
	K	2929 Nachschusskapital (Gegenkonto 1299)[17]
		Gewinnrücklagen
Gesetzliche Rücklage	K	**2930 Gesetzliche Rücklage[17]**
Rücklage für Anteile an einem herrschenden oder mehrheitlich beteiligten Unternehmen		2935 Rücklage für Anteile an einem herrschenden oder mehrheitlich beteiligten Unternehmen
	K	2937 Andere Ergebnisrücklagen
Satzungsmäßige Rücklagen	K	**2950 Satzungsmäßige Rücklagen[17]**
		F 2959 Gesamthänderisch gebundene Rücklagen (mit Aufteilung für Kapitalkontenentwicklung)[26]
Andere Gewinnrücklagen	K	**2960 Andere Gewinnrücklagen[17]**
	K	2961 Andere Gewinnrücklagen aus dem Erwerb eigener Anteile
	K	2962 Eigenkapitalanteil von Wertaufholungen[17]
	K HBÜ	2963 Gewinnrücklagen aus den Übergangsvorschriften BilMoG
	K HBÜ	2964 Gewinnrücklagen aus den Übergangsvorschriften BilMoG (Zuschreibung Sachanlagevermögen)
	K HBÜ	2965 Gewinnrücklagen aus den Übergangsvorschriften BilMoG (Zuschreibung Finanzanlagevermögen)
	K HBÜ	2966 Gewinnrücklagen aus den Übergangsvorschriften BilMoG (Auflösung der Sonderposten mit Rücklageanteil)

Bilanz-Posten[2]	Programmverbindung[4] Abschlusszweck[4]	2 Eigenkapitalkonten/ Fremdkapitalkonten
Andere Gewinnrücklagen	K HBÜ	2967 Latente Steuern (Gewinnrücklage Haben) aus erfolgsneutralen Verrechnungen
	K HBÜ	2968 Latente Steuern (Gewinnrücklage Soll) aus erfolgsneutralen Verrechnungen
	K HBÜ	2969 Rechnungsabgrenzungsposten (Gewinnrücklage Soll) aus erfolgsneutralen Verrechnungen
		Gewinnvortrag/Verlustvortrag vor Verwendung
Gewinnvortrag oder *Verlustvortrag*	K	2970 Gewinnvortrag vor Verwendung[17]
		F 2975 Gewinnvortrag vor Verwendung (mit Aufteilung für Kapitalkontenentwicklung)[26]
		F 2977 Verlustvortrag vor Verwendung (mit Aufteilung für Kapitalkontenentwicklung)[26]
Gewinnvortrag oder *Verlustvortrag*	K	2978 Verlustvortrag vor Verwendung[17]
		R 2979
		Sonderposten mit Rücklageanteil
Sonderposten mit Rücklageanteil		2980 Sonderposten mit Rücklageanteil, steuerfreie Rücklagen[6]
		2981 Sonderposten mit Rücklageanteil nach § 6b EStG
	SB	2982 Sonderposten mit Rücklageanteil nach EStR R 6.6
	SB	2988 Rücklage für Zuschüsse
		R 2989
	SB	2990 Sonderposten mit Rücklageanteil, Sonderabschreibungen[6]
		R 2993
	SB	2995 Ausgleichsposten bei Entnahmen § 4g EStG
	SB	2997 Sonderposten mit Rücklageanteil § 7g Abs. 5 EStG
Sonderposten für Zuschüsse und Zulagen	HB	2999 Sonderposten für Zuschüsse und Zulagen

Bilanz-Posten[2]	Programmverbindung[4] Abschlusszweck[4]	3 Fremdkapitalkonten
		KU 3000-3069 KU 3079-3084 M 3250-3299 KU 3300-3899
		Rückstellungen
Rückstellungen für Pensionen und ähnliche Verpflichtungen		**3000 Rückstellungen für Pensionen und ähnliche Verpflichtungen**
		3005 Rückstellungen für Pensionen und ähnliche Verpflichtungen gegenüber Gesellschaftern oder nahestehenden Personen (10 % Beteiligung am Kapital)
Rückstellungen für Pensionen und ähnliche Verpflichtungen oder *Aktiver Unterschiedsbetrag aus der Vermögensverrechnung*	HB	3009 Rückstellungen für Pensionen und ähnliche Verpflichtungen zur Saldierung mit Vermögensgegenständen zum langfristigen Verbleib nach § 246 Abs. 2 HGB
Rückstellungen für Pensionen und ähnliche Verpflichtungen		3010 Rückstellungen für Direktzusagen
		3011 Rückstellungen für Zuschussverpflichtungen für Pensionskassen und Lebensversicherungen
		3015 Rückstellungen für pensionsähnliche Verpflichtungen
Steuerrückstellungen		**3020 Steuerrückstellungen**
		R 3030
		3035 Gewerbesteuerrückstellung, § 4 Abs. 5b EStG
		3040 Körperschaftsteuerrückstellung
		3050 Steuerrückstellung aus Steuerstundung (BStBK)
	HB	3060 Rückstellung für latente Steuern
Passive latente Steuern	HB	3065 Passive latente Steuern
Sonstige Rückstellungen		**3070 Sonstige Rückstellungen**
		3074 Rückstellungen für Personalkosten
		3075 Rückstellungen für unterlassene Aufwendungen für Instandhaltung, Nachholung in den ersten drei Monaten
		3076 Rückstellungen für mit der Altersversorgung vergleichbare langfristige Verpflichtungen zum langfristigen Verbleib
Sonstige Rückstellungen oder *Aktiver Unterschiedsbetrag aus der Vermögensverrechnung*	HB	3077 Rückstellungen für mit der Altersversorgung vergleichbare langfristige Verpflichtungen zur Saldierung mit Vermögensgegenständen zum langfristigen Verbleib nach § 246 Abs. 2 HGB
Sonstige Rückstellungen		3079 Urlaubsrückstellungen
		3085 Rückstellungen für Abraum- und Abfallbeseitigung
		3090 Rückstellungen für Gewährleistungen (Gegenkonto 6790)
	HB	3092 Rückstellungen für drohende Verluste aus schwebenden Geschäften
		3095 Rückstellungen für Abschluss- und Prüfungskosten
		3096 Rückstellungen zur Erfüllung der Aufbewahrungspflichten

Bilanz-Posten[2]	Programmverbindung[4] Abschlusszweck[4]	3 Fremdkapitalkonten
Sonstige Rückstellungen	HBÜ	3098 Aufwandsrückstellungen gemäß § 249 Abs. 2 HGB a. F.
		3099 Rückstellungen für Umweltschutz
		Verbindlichkeiten
Anleihen		**3100 Anleihen**, nicht konvertibel
		3101 – Restlaufzeit bis 1 Jahr
		3105 – Restlaufzeit 1 bis 5 Jahre
		3110 – Restlaufzeit größer 5 Jahre
		3120 Anleihen, konvertibel
		3121 – Restlaufzeit bis 1 Jahr
		3125 – Restlaufzeit 1 bis 5 Jahre
		3130 – Restlaufzeit größer 5 Jahre
Verbindlichkeiten gegenüber Kreditinstituten oder *Kassenbestand, Bundesbankguthaben, Guthaben bei Kreditinstituten und Schecks*		**3150 Verbindlichkeiten gegenüber Kreditinstituten**
		3151 – Restlaufzeit bis 1 Jahr
		3160 – Restlaufzeit 1 bis 5 Jahre
		3170 – Restlaufzeit größer 5 Jahre
		3180 Verbindlichkeiten gegenüber Kreditinstituten aus Teilzahlungsverträgen
		3181 – Restlaufzeit bis 1 Jahr
		3190 – Restlaufzeit 1 bis 5 Jahre
		3200 – Restlaufzeit größer 5 Jahre
		3210 -48 (frei, in Bilanz kein Restlaufzeitvermerk)
Verbindlichkeiten gegenüber Kreditinstituten		3249 Gegenkonto 3150-3209 bei Aufteilung der Konten 3210-3248
Erhaltene Anzahlungen auf Bestellungen		**3250 Erhaltene Anzahlungen auf Bestellungen (Verbindlichkeiten)**
	U	AM 3260 Erhaltene, versteuerte Anzahlungen 7 % USt (Verbindlichkeiten)
		R 3261 -64
		R 3270 -71
	U	AM 3272 Erhaltene, versteuerte Anzahlungen 19 % USt (Verbindlichkeiten)
		R 3273 -74
		3280 Erhaltene Anzahlungen – Restlaufzeit bis 1 Jahr
		3284 – Restlaufzeit 1 bis 5 Jahre
		3285 – Restlaufzeit größer 5 Jahre
Verbindlichkeiten aus Lieferungen und Leistungen oder *sonstige Vermögensgegenstände*		**S 3300 Verbindlichkeiten aus Lieferungen und Leistungen**
		R 3301 -03 Verbindlichkeiten aus Lieferungen und Leistungen
	EÜR	F 3305 Verbindlichkeiten aus Lieferungen und Leistungen zum allgemeinen Umsatzsteuersatz (EÜR)[13]
	EÜR	F 3306 Verbindlichkeiten aus Lieferungen und Leistungen zum ermäßigten Umsatzsteuersatz (EÜR)[13]
	EÜR	F 3307 Verbindlichkeiten aus Lieferungen und Leistungen ohne Vorsteuer (EÜR)[13]
	EÜR	F 3309 Gegenkonto 3305-3307 bei Aufteilung der Verbindlichkeiten nach Steuersätzen (EÜR)[13]
		F 3310 -33 Verbindlichkeiten aus Lieferungen und Leistungen ohne Kontokorrent

Bilanz-Posten[2]	Programmverbindung[4] Abschlusszweck[4]	3 Fremdkapitalkonten
Verbindlichkeiten aus Lieferungen und Leistungen oder *sonstige Vermögensgegenstände*	EÜR	F 3334 Verbindlichkeiten aus Lieferungen und Leistungen für Investitionen für § 4/3 EStG
		F 3335 Verbindlichkeiten aus Lieferungen und Leistungen ohne Kontokorrent – Restlaufzeit bis 1 Jahr
		F 3337 – Restlaufzeit 1 bis 5 Jahre
		F 3338 – Restlaufzeit größer 5 Jahre
		F 3340 Verbindlichkeiten aus Lieferungen und Leistungen gegenüber Gesellschaftern
		F 3341 – Restlaufzeit bis 1 Jahr
		F 3345 – Restlaufzeit 1 bis 5 Jahre
		F 3348 – Restlaufzeit größer 5 Jahre
Verbindlichkeiten aus Lieferungen und Leistungen S-Saldo oder *sonstige Vermögensgegenstände H-Saldo*		3349 Gegenkonto 3335-3348, 3420-3449, 3470-3499 bei Aufteilung Kreditorenkonto
Verbindlichkeiten aus der Annahme gezogener Wechsel und aus der Ausstellung eigener Wechsel		**F 3350 Wechselverbindlichkeiten**
		F 3351 – Restlaufzeit bis 1 Jahr
		F 3380 – Restlaufzeit 1 bis 5 Jahre
		F 3390 – Restlaufzeit größer 5 Jahre
Verbindlichkeiten gegenüber verbundenen Unternehmen oder *Forderungen gegen verbundene Unternehmen*		**3400 Verbindlichkeiten gegenüber verbundenen Unternehmen**
		3401 – Restlaufzeit bis 1 Jahr
		3405 – Restlaufzeit 1 bis 5 Jahre
		3410 – Restlaufzeit größer 5 Jahre
		F 3420 Verbindlichkeiten aus Lieferungen und Leistungen gegenüber verbundenen Unternehmen
		F 3421 – Restlaufzeit bis 1 Jahr
		F 3425 – Restlaufzeit 1 bis 5 Jahre
		F 3430 – Restlaufzeit größer 5 Jahre
Verbindlichkeiten gegenüber Unternehmen, mit denen ein Beteiligungsverhältnis besteht oder *Forderungen gegen Unternehmen, mit denen ein Beteiligungsverhältnis besteht*		**3450 Verbindlichkeiten gegenüber Unternehmen, mit denen ein Beteiligungsverhältnis besteht**
		3451 – Restlaufzeit bis 1 Jahr
		3455 – Restlaufzeit 1 bis 5 Jahre
		3460 – Restlaufzeit größer 5 Jahre
		F 3470 Verbindlichkeiten aus Lieferungen und Leistungen gegenüber Unternehmen, mit denen ein Beteiligungsverhältnis besteht
		F 3471 – Restlaufzeit bis 1 Jahr
		F 3475 – Restlaufzeit 1 bis 5 Jahre
		F 3480 – Restlaufzeit größer 5 Jahre
Sonstige Verbindlichkeiten		**3500 Sonstige Verbindlichkeiten**
		3501 – Restlaufzeit bis 1 Jahr
		3504 – Restlaufzeit 1 bis 5 Jahre
		3507 – Restlaufzeit größer 5 Jahre
	EÜR	3509 Sonstige Verbindlichkeiten nach § 11 Abs. 2 Satz 2 EStG für § 4 Abs. 3 EStG
		3510 Verbindlichkeiten gegenüber Gesellschaftern
		3511 – Restlaufzeit bis 1 Jahr
		3514 – Restlaufzeit 1 bis 5 Jahre
		3517 – Restlaufzeit größer 5 Jahre
		3519 Verbindlichkeiten gegenüber Gesellschaftern für offene Ausschüttungen

SKR 04

Bilanz-Posten[2]	Programmverbindung[4] Abschlusszweck[4]	3 Fremdkapitalkonten
Sonstige Verbindlichkeiten		3520 Darlehen typisch stiller Gesellschafter 3521 – Restlaufzeit bis 1 Jahr 3524 – Restlaufzeit 1 bis 5 Jahre 3527 – Restlaufzeit größer 5 Jahre 3530 Darlehen atypisch stiller Gesellschafter 3531 – Restlaufzeit bis 1 Jahr 3534 – Restlaufzeit 1 bis 5 Jahre 3537 – Restlaufzeit größer 5 Jahre 3540 Partiarische Darlehen 3541 – Restlaufzeit bis 1 Jahr 3544 – Restlaufzeit 1 bis 5 Jahre 3547 – Restlaufzeit größer 5 Jahre 3550 Erhaltene Kautionen 3551 – Restlaufzeit bis 1 Jahr 3554 – Restlaufzeit 1 bis 5 Jahre 3557 – Restlaufzeit größer 5 Jahre 3560 Darlehen 3561 – Restlaufzeit bis 1 Jahr 3564 – Restlaufzeit 1 bis 5 Jahre 3567 – Restlaufzeit größer 5 Jahre 3570 -98 (frei, in Bilanz kein Restlaufzeitvermerk) 3599 Gegenkonto 3500-3569 und 3640-3658 bei Aufteilung der Konten 3570-3598 3600 Agenturwarenabrechnungen 3610 Kreditkartenabrechnung 3611 Verbindlichkeiten gegenüber Arbeitsgemeinschaften
	EÜR	3612 Neutralisierung aufwandswirksamer Sachverhalte für § 4 Abs. 3 EStG[1]
	EÜR	3613 Ergebnisneutrale Sachverhalte für § 4 Abs. 3 EStG[1]
Sonstige Vermögensgegenstände oder *sonstige Verbindlichkeiten*		3620 Gewinnverfügungskonto stille Gesellschafter 3630 Sonstige Verrechnungskonten (Interimskonto)
		3635 Sonstige Verbindlichkeiten aus genossenschaftlicher Rückvergütung
Sonstige Verbindlichkeiten		3640 Verbindlichkeiten gegenüber GmbH-Gesellschaftern 3641 – Restlaufzeit bis 1 Jahr 3642 – Restlaufzeit 1 bis 5 Jahre 3643 – Restlaufzeit größer 5 Jahre 3645 Verbindlichkeiten gegenüber persönlich haftenden Gesellschaftern 3646 – Restlaufzeit bis 1 Jahr 3647 – Restlaufzeit 1 bis 5 Jahre 3648 – Restlaufzeit größer 5 Jahre 3650 Verbindlichkeiten gegenüber Kommanditisten 3651 – Restlaufzeit bis 1 Jahr 3652 – Restlaufzeit 1 bis 5 Jahre 3653 – Restlaufzeit größer 5 Jahre 3655 Verbindlichkeiten gegenüber stillen Gesellschaftern 3656 – Restlaufzeit bis 1 Jahr 3657 – Restlaufzeit 1 bis 5 Jahre 3658 – Restlaufzeit größer 5 Jahre
Sonstige Vermögensgegenstände H-Saldo		3695 Verrechnungskonto geleistete Anzahlungen bei Buchung über Kreditorenkonto

Bilanz-Posten[2]	Programmverbindung[4] Abschlusszweck[4]	3 Fremdkapitalkonten
Sonstige Verbindlichkeiten		3700 Verbindlichkeiten aus Steuern und Abgaben 3701 – Restlaufzeit bis 1 Jahr 3710 – Restlaufzeit 1 bis 5 Jahre 3715 – Restlaufzeit größer 5 Jahre 3720 Verbindlichkeiten aus Lohn und Gehalt 3725 Verbindlichkeiten für Einbehaltungen von Arbeitnehmern 3726 Verbindlichkeiten an das Finanzamt aus abzuführendem Bauabzugsbetrag
Sonstige Verbindlichkeiten oder *sonstige Vermögensgegenstände*		3730 Verbindlichkeiten aus Lohn- und Kirchensteuer 3740 Verbindlichkeiten im Rahmen der sozialen Sicherheit 3741 – Restlaufzeit bis 1 Jahr 3750 – Restlaufzeit 1 bis 5 Jahre 3755 – Restlaufzeit größer 5 Jahre 3759 Voraussichtliche Beitragsschuld gegenüber den Sozialversicherungsträgern
Sonstige Verbindlichkeiten		3760 Verbindlichkeiten aus Einbehaltungen (KapESt und SolZ, KiSt auf KapESt) für offene Ausschüttungen 3761 Verbindlichkeiten für Verbrauchsteuern 3770 Verbindlichkeiten aus Vermögensbildung 3771 – Restlaufzeit bis 1 Jahr 3780 – Restlaufzeit 1 bis 5 Jahre 3785 – Restlaufzeit größer 5 Jahre 3786 Ausgegebene Geschenkgutscheine
Sonstige Verbindlichkeiten oder *sonstige Vermögensgegenstände*		**3790 Lohn- und Gehaltsverrechnungskonto**
	EÜR	3791 Lohn- und Gehaltsverrechnung § 11 Abs. 2 EStG für § 4 Abs. 3 EStG
Sonstige Verbindlichkeiten	EÜR	3796 Verbindlichkeiten im Rahmen der sozialen Sicherheit (für § 4/3 EStG)
		S 3798 Umsatzsteuer aus im anderen EU-Land steuerpflichtigen elektronischen Dienstleistungen 3799 Steuerzahlungen aus im anderen EU-Land steuerpflichtigen elektronischen Dienstleistungen an kleine einzige Anlaufstelle (KEA/MOSS)
Sonstige Verbindlichkeiten oder *sonstige Vermögensgegenstände*		S 3800 Umsatzsteuer S 3801 Umsatzsteuer 7 % S 3802 Umsatzsteuer aus innergemeinschaftlichem Erwerb R 3803 S 3804 Umsatzsteuer aus innergemeinschaftlichem Erwerb 19 % R 3805 S 3806 Umsatzsteuer 19 % S 3807 Umsatzsteuer aus im Inland steuerpflichtigen EU-Lieferungen S 3808 Umsatzsteuer aus im Inland steuerpflichtigen EU-Lieferungen 19 % S 3809 Umsatzsteuer aus innergemeinschaftlichem Erwerb ohne Vorsteuerabzug

Bilanz-Posten[2]	Programm-verbindung[4] Abschluss-zweck[4]	3 Fremdkapitalkonten
Steuerrückstellungen oder *sonstige Vermögensgegenstände*		S 3810 Umsatzsteuer nicht fällig
	U	S 3811 Umsatzsteuer nicht fällig 7 %
		S 3812 Umsatzsteuer nicht fällig aus im Inland steuerpflichtigen EU-Lieferungen
		R 3813
	U	S 3814 Umsatzsteuer nicht fällig aus im Inland steuerpflichtigen EU-Lieferungen 19 %
		R 3815
	U	S 3816 Umsatzsteuer nicht fällig 19 %
Sonstige Verbindlichkeiten		S 3817 Umsatzsteuer aus im anderen EU-Land steuerpflichtigen Lieferungen
		S 3818 Umsatzsteuer aus im anderen EU-Land steuerpflichtigen sonstigen Leistungen/Werklieferungen
Sonstige Verbindlichkeiten oder *sonstige Vermögensgegenstände*		S 3819 Umsatzsteuer aus Erwerb als letzter Abnehmer innerhalb eines Dreiecksgeschäfts
	U	F 3820 Umsatzsteuer-Vorauszahlungen
	U	F 3830 Umsatzsteuer-Vorauszahlungen 1/11
		R 3831
	U	F 3832 Nachsteuer, UStVA Kz. 65
		R 3833
	U	S 3834 Umsatzsteuer aus innergemeinschaftlichem Erwerb von Neufahrzeugen von Lieferanten ohne Umsatzsteuer-Identifikationsnummer
		S 3835 Umsatzsteuer nach § 13b UStG
		R 3836
		S 3837 Umsatzsteuer nach § 13b UStG 19 %
		R 3838
		S 3839 Umsatzsteuer aus der Auslagerung von Gegenständen aus einem Umsatzsteuerlager
		3840 Umsatzsteuer laufendes Jahr
		3841 Umsatzsteuer Vorjahr
		3845 Umsatzsteuer frühere Jahre
		3850 Einfuhrumsatzsteuer aufgeschoben bis ...
	U	F 3851 In Rechnung unrichtig oder unberechtigt ausgewiesene Steuerbeträge, UStVA Kz. 69
Sonstige Verbindlichkeiten		3854 Steuerzahlungen an andere Länder
		3860 Verbindlichkeiten aus Umsatzsteuer-Vorauszahlungen
Sonstige Verbindlichkeiten oder *sonstige Vermögensgegenstände*		S 3865 Umsatzsteuer in Folgeperiode fällig (§§ 13 Abs. 1 Nr. 6, 13b Abs. 2 UStG)
		Rechnungsabgrenzungsposten
Rechnungsabgrenzungsposten		**3900 Passive Rechnungsabgrenzung**
Sonstige Passiva oder *sonstige Aktiva*		3950 Abgrenzung unterjährig pauschal gebuchter Abschreibungen für BWA

GuV-Posten[2]	Programm-verbindung[4] Abschluss-zweck[4]	4 Betriebliche Erträge
		M 4000-4136
		KU 4137-4138
		M 4139-4604
		KU 4605
		M 4606-4618
		KU 4619
		M 4620-4636
		KU 4637-4639
		M 4640-4658
		KU 4659
		M 4660-4678
		KU 4679
		M 4680-4688
		KU 4689-4699
		M 4700-4799
		KU 4800-4829
		M 4830-4837
		KU 4838
		M 4839
		KU 4840
		M 4841-4842
		KU 4843
		M 4844-4845
		KU 4846-4847
		M 4848-4854
		KU 4855-4859
		M 4860-4926
		KU 4927-4929
		V 4932-4934
		KU 4935-4939
		M 4940-4948
		KU 4949
		M 4950-4959
		Umsatzerlöse
Umsatzerlöse		4000 Umsatzerlöse
		-99 (Zur freien Verfügung)
	U	AM 4100 Steuerfreie Umsätze § 4 Nr. 8 ff.
		-04 UStG
	U	AM 4105 Steuerfreie Umsätze nach § 4 Nr. 12 UStG (Vermietung und Verpachtung)
	U	AM 4110 Sonstige steuerfreie Umsätze Inland
	U	AM 4120 Steuerfreie Umsätze § 4 Nr. 1a UStG
	U	AM 4125 Steuerfreie innergemeinschaftliche Lieferungen § 4 Nr. 1b UStG
	U	AM 4130 Lieferungen des ersten Abnehmers bei innergemeinschaftlichen Dreiecksgeschäften § 25b Abs. 2 UStG
	U	AM 4135 Steuerfreie innergemeinschaftliche Lieferungen von Neufahrzeugen an Abnehmer ohne Umsatzsteuer-Identifikationsnummer
	U	AM 4136 Umsatzerlöse nach §§ 25 und 25a UStG 19 % USt
		R 4137
		4138 Umsatzerlöse nach §§ 25 und 25a UStG ohne USt
	U	AM 4139 Umsatzerlöse aus Reiseleistungen § 25 Abs. 2 UStG, steuerfrei
	U	AM 4140 Steuerfreie Umsätze Offshore etc.
	U	AM 4150 Sonstige steuerfreie Umsätze (z. B. § 4 Nr. 2-7 UStG)
	U	AM 4160 Steuerfreie Umsätze ohne Vorsteuerabzug zum Gesamtumsatz gehörend, § 4 UStG
	U	AM 4165 Steuerfreie Umsätze ohne Vorsteuerabzug zum Gesamtumsatz gehörend
		4180 Erlöse, die mit den Durchschnittssätzen des § 24 UStG versteuert werden
		R 4182
		-83
	U	4185 Erlöse als Kleinunternehmer i. S. d. § 19 Abs. 1 UStG
	U	AM 4186 Erlöse aus Geldspielautomaten 19 % USt
		R 4187
		-88
		4200 Erlöse
	U	AM 4300 Erlöse 7 % USt
		-09
	U	AM 4310 Erlöse aus im Inland steuerpflich-
		-14 tigen EU-Lieferungen 7 % USt

GuV-Posten[2]	Programmverbindung[4] Abschlusszweck[4]		4 Betriebliche Erträge
Umsatzerlöse	U	AM 4315 -19	Erlöse aus im Inland steuerpflichtigen EU-Lieferungen 19 % USt
		4320 -29	Erlöse aus im anderen EU-Land steuerpflichtigen Lieferungen[3]
		R 4330	
	U	4331	Erlöse aus im anderen EU-Land steuerpflichtigen elektronischen Dienstleistungen[5]
		R 4332 -34	
	U	AM 4335	Erlöse aus Lieferungen von Mobilfunkgeräten, Tablet-Computern, Spielekonsolen und integrierten Schaltkreisen, für die der Leistungsempfänger die Umsatzsteuer nach § 13b UStG schuldet
	U	AM 4336	Erlöse aus im anderen EU-Land steuerpflichtigen sonstigen Leistungen, für die der Leistungsempfänger die Umsatzsteuer schuldet
	U	AM 4337	Erlöse aus Leistungen, für die der Leistungsempfänger die Umsatzsteuer nach § 13b UStG schuldet
	U	AM 4338	Erlöse aus im Drittland steuerbaren Leistungen, im Inland nicht steuerbare Umsätze
	U	AM 4339	Erlöse aus im anderen EU-Land steuerbaren Leistungen, im Inland nicht steuerbare Umsätze
	U	AM 4340 -49	Erlöse 16 % USt
	U	AM 4400 -09	Erlöse 19 % USt
	U	AM 4410	Erlöse 19 % USt
		R 4411 -48	
	U	AM 4449	Erlöse aus im Inland steuerpflichtigen elektronischen Dienstleistungen 19 % USt[1]
		4499	Nebenerlöse (Bezug zu Materialaufwand)
			Konten für die Verbuchung von Sonderbetriebseinnahmen
		4500	Sonderbetriebseinnahmen, Tätigkeitsvergütung[28]
		4501	Sonderbetriebseinnahmen, Miet-/Pachteinnahmen[28]
		4502	Sonderbetriebseinnahmen, Zinseinnahmen[28]
		4503	Sonderbetriebseinnahmen, Haftungsvergütung[28]
		4504	Sonderbetriebseinnahmen, Pensionszahlungen[28]
		4505	Sonderbetriebseinnahmen, sonstige Sonderbetriebseinnahmen[28]
Umsatzerlöse		4510	Erlöse Abfallverwertung
		4520	Erlöse Leergut
		4560	Provisionsumsätze
		R 4561 -63	
	U	AM 4564	Provisionsumsätze, steuerfrei (§ 4 Nr. 8 ff. UStG)
	U	AM 4565	Provisionsumsätze, steuerfrei (§ 4 Nr. 5 UStG)
	U	AM 4566	Provisionsumsätze 7 % USt
		R 4567 -68	
	U	AM 4569	Provisionsumsätze 19 % USt

GuV-Posten[2]	Programmverbindung[4] Abschlusszweck[4]		4 Betriebliche Erträge
Umsatzerlöse		4570	Sonstige Erträge aus Provisionen, Lizenzen und Patenten
		R 4571 -73	
	U	AM 4574	Sonstige Erträge aus Provisionen, Lizenzen und Patenten, steuerfrei § 4 Nr. 8 ff. UStG
	U	AM 4575	Sonstige Erträge aus Provisionen, Lizenzen und Patenten, steuerfrei § 4 Nr. 5 UStG
	U	AM 4576	Sonstige Erträge aus Provisionen, Lizenzen und Patenten, 7 % USt
		R 4577 -78	
	U	AM 4579	Sonstige Erträge aus Provisionen, Lizenzen und Patenten, 19 % USt
			Statistische Konten EÜR[15]
	EÜR	4580	Statistisches Konto Erlöse zum allgemeinen Umsatzsteuersatz (EÜR)[13][15]
	EÜR	4581	Statistisches Konto Erlöse zum ermäßigten Umsatzsteuersatz (EÜR)[13][15]
	EÜR	4582	Statistisches Konto Erlöse steuerfrei und nicht steuerbar (EÜR)[13][15]
	EÜR	4589	Gegenkonto 4580-4582 bei Aufteilung der Erlöse nach Steuersätzen (EÜR)[13]
Sonstige betriebliche Erträge		4600	Unentgeltliche Wertabgaben
		4605	Entnahme von Gegenständen ohne USt
		R 4608 -09	
	U	AM 4610 -16	Entnahme durch Unternehmer für Zwecke außerhalb des Unternehmens (Waren) 7 % USt
		R 4617 -18	
		4619	Entnahme durch Unternehmer für Zwecke außerhalb des Unternehmens (Waren) ohne USt
	U	AM 4620 -26	Entnahme durch Unternehmer für Zwecke außerhalb des Unternehmens (Waren) 19 % USt
		R 4627 -29	
	U	AM 4630 -36	Verwendung von Gegenständen für Zwecke außerhalb des Unternehmens 7 % USt
		4637	Verwendung von Gegenständen für Zwecke außerhalb des Unternehmens ohne USt
		4638	Verwendung von Gegenständen für Zwecke außerhalb des Unternehmens ohne USt (Telefon-Nutzung)
		4639	Verwendung von Gegenständen für Zwecke außerhalb des Unternehmens ohne USt (Kfz-Nutzung)
	U	AM 4640 -44	Verwendung von Gegenständen für Zwecke außerhalb des Unternehmens 19 % USt
	U	AM 4645	Verwendung von Gegenständen für Zwecke außerhalb des Unternehmens 19 % USt (Kfz-Nutzung)
	U	AM 4646	Verwendung von Gegenständen für Zwecke außerhalb des Unternehmens 19 % USt (Telefon-Nutzung)

GuV-Posten[2]	Programmverbindung[4] Abschlusszweck[4]	4 Betriebliche Erträge
Sonstige betriebliche Erträge		R 4647 -49
	U	AM 4650 -56 Unentgeltliche Erbringung einer sonstigen Leistung 7 % USt
		R 4657 -58
		4659 Unentgeltliche Erbringung einer sonstigen Leistung ohne USt
	U	AM 4660 -66 Unentgeltliche Erbringung einer sonstigen Leistung 19 % USt
		R 4667 -69
	U	AM 4670 -76 Unentgeltliche Zuwendung von Waren 7 % USt
		R 4677 -78
		4679 Unentgeltliche Zuwendung von Waren ohne USt
	U	AM 4680 -84 Unentgeltliche Zuwendung von Waren 19 % USt
		R 4685
	U	AM 4686 -87 Unentgeltliche Zuwendung von Gegenständen 19 % USt
		R 4688
		4689 Unentgeltliche Zuwendung von Gegenständen ohne USt
Umsatzerlöse		4690 Nicht steuerbare Umsätze (Innenumsätze)
		4695 Umsatzsteuervergütungen, z. B. nach § 24 UStG
		4699 Direkt mit dem Umsatz verbundene Steuern
		4700 Erlösschmälerungen
	U	AM 4701 Erlösschmälerungen für steuerfreie Umsätze nach § 4 Nr. 8 ff. UStG
	U	AM 4702 Erlösschmälerungen für steuerfreie Umsätze nach § 4 Nr. 2-7 UStG
	U	AM 4703 Erlösschmälerungen für sonstige steuerfreie Umsätze ohne Vorsteuerabzug
	U	AM 4704 Erlösschmälerungen für sonstige steuerfreie Umsätze mit Vorsteuerabzug
	U	AM 4705 Erlösschmälerungen aus steuerfreien Umsätzen § 4 Nr. 1a UStG
	U	AM 4706 Erlösschmälerungen für steuerfreie innergemeinschaftliche Dreiecksgeschäfte nach § 25b Abs. 2, 4 UStG
	U	AM 4710 -11 Erlösschmälerungen 7 % USt
		R 4712 -19
	U	AM 4720 -21 Erlösschmälerungen 19 % USt
		R 4722 -23
	U	AM 4724 Erlösschmälerungen aus steuerfreien innergemeinschaftlichen Lieferungen
	U	AM 4725 Erlösschmälerungen aus im Inland steuerpflichtigen EU-Lieferungen 7 % USt
	U	AM 4726 Erlösschmälerungen aus im Inland steuerpflichtigen EU-Lieferungen 19 % USt
		4727 Erlösschmälerungen aus im anderen EU-Land steuerpflichtigen Lieferungen[3]

GuV-Posten[2]	Programmverbindung[4] Abschlusszweck[4]	4 Betriebliche Erträge
Umsatzerlöse		R 4728 -29
		S 4730 Gewährte Skonti
	U	S/AM 4731 Gewährte Skonti 7 % USt
		R 4732 -35
	U	S/AM 4736 Gewährte Skonti 19 % USt
		R 4737
	U	S/AM 4738 Gewährte Skonti aus Lieferungen von Mobilfunkgeräten etc., für die der Leistungsempfänger die Umsatzsteuer nach § 13b Abs. 2 Nr. 10 UStG schuldet[8]
	U	S/AM 4741 Gewährte Skonti aus Leistungen, für die der Leistungsempfänger die Umsatzsteuer nach § 13b UStG schuldet
	U	S/AM 4742 Gewährte Skonti aus Erlösen aus im anderen EU-Land steuerpflichtigen sonstigen Leistungen, für die der Leistungsempfänger die Umsatzsteuer schuldet
	U	S/AM 4743 Gewährte Skonti aus steuerfreien innergemeinschaftlichen Lieferungen § 4 Nr. 1b UStG
		R 4744
		S 4745 Gewährte Skonti aus im Inland steuerpflichtigen EU-Lieferungen
	U	S/AM 4746 Gewährte Skonti aus im Inland steuerpflichtigen EU-Lieferungen 7 % USt
		R 4747
	U	S/AM 4748 Gewährte Skonti aus im Inland steuerpflichtigen EU-Lieferungen 19 % USt
		R 4749
	U	AM 4750 -51 Gewährte Boni 7 % USt
		R 4752 -59
	U	AM 4760 -61 Gewährte Boni 19 % USt
		R 4762 -68
		4769 Gewährte Boni
		4770 Gewährte Rabatte
	U	AM 4780 -81 Gewährte Rabatte 7 % USt
		R 4782 -89
	U	AM 4790 -91 Gewährte Rabatte 19 % USt
		R 4792 -99
		Erhöhung oder Verminderung des Bestands an fertigen und unfertigen Erzeugnissen
Erhöhung des Bestands an fertigen und unfertigen Erzeugnissen oder *Verminderung des Bestands an fertigen und unfertigen Erzeugnissen*		4800 Bestandsveränderungen - fertige Erzeugnisse
		4810 Bestandsveränderungen - unfertige Erzeugnisse
		4815 Bestandsveränderungen - unfertige Leistungen

GuV-Posten[2]	Programmverbindung[4] Abschlusszweck[4]	4	Betriebliche Erträge
Erhöhung des Bestands in Ausführung befindlicher Bauaufträge oder *Verminderung des Bestands in Ausführung befindlicher Bauaufträge*		4816	Bestandsveränderungen in Ausführung befindlicher Bauaufträge
Erhöhung des Bestands in Arbeit befindlicher Aufträge oder *Verminderung des Bestands in Arbeit befindlicher Aufträge*		4818	Bestandsveränderungen in Arbeit befindlicher Aufträge
			Andere aktivierte Eigenleistungen
Andere aktivierte Eigenleistungen		**4820**	**Andere aktivierte Eigenleistungen**
	G K	4824	Aktivierte Eigenleistungen (den Herstellungskosten zurechenbare Fremdkapitalzinsen)
	HB	4825	Aktivierte Eigenleistungen zur Erstellung von selbst geschaffenen immateriellen Vermögensgegenständen
			Sonstige betriebliche Erträge
Sonstige betriebliche Erträge		4830	Sonstige betriebliche Erträge
		4832	Sonstige betriebliche Erträge von verbundenen Unternehmen
Umsatzerlöse		4833	Andere Nebenerlöse
Sonstige betriebliche Erträge	U	AM 4834	Sonstige Erträge betrieblich und regelmäßig 16 % USt
		4835	Sonstige Erträge betrieblich und regelmäßig
	U	AM 4836	Sonstige Erträge betrieblich und regelmäßig 19 % USt
		4837	Sonstige Erträge betriebsfremd und regelmäßig
		4838	Erstattete Vorsteuer anderer Länder
		4839	Sonstige Erträge unregelmäßig
		4840	Erträge aus der Währungsumrechnung
	U	AM 4841	Sonstige Erträge betrieblich und regelmäßig, steuerfrei § 4 Nr. 8 ff. UStG
	U	AM 4842	Sonstige betriebliche Erträge steuerfrei z. B. § 4 Nr. 2-7 UStG
		4843	Erträge aus Bewertung Finanzmittelfonds
	U	AM 4844	Erlöse aus Verkäufen Sachanlagevermögen steuerfrei § 4 Nr. 1a UStG (bei Buchgewinn)
	U	AM 4845	Erlöse aus Verkäufen Sachanlagevermögen 19 % USt (bei Buchgewinn)
		R 4846	
		4847	Erträge aus der Währungsumrechnung (nicht § 256a HGB)
	U	AM 4848	Erlöse aus Verkäufen Sachanlagevermögen steuerfrei § 4 Nr. 1b UStG (bei Buchgewinn)
		4849	Erlöse aus Verkäufen Sachanlagevermögen (bei Buchgewinn)

GuV-Posten[2]	Programmverbindung[4] Abschlusszweck[4]	4	Betriebliche Erträge
Sonstige betriebliche Erträge		4850	Erlöse aus Verkäufen immaterieller Vermögensgegenstände (bei Buchgewinn)
		4851	Erlöse aus Verkäufen Finanzanlagen (bei Buchgewinn)
	G K	4852	Erlöse aus Verkäufen Finanzanlagen § 3 Nr. 40 EStG/§ 8b Abs. 2 KStG (bei Buchgewinn)[9]
		4855	Anlagenabgänge Sachanlagen (Restbuchwert bei Buchgewinn)
		4856	Anlagenabgänge immaterielle Vermögensgegenstände (Restbuchwert bei Buchgewinn)
		4857	Anlagenabgänge Finanzanlagen (Restbuchwert bei Buchgewinn)
	G K	4858	Anlagenabgänge Finanzanlagen § 3 Nr. 40 EStG/§ 8b Abs. 2 KStG (Restbuchwert bei Buchgewinn)[9]
Umsatzerlöse		4860	Grundstückserträge
	U	AM 4861	Erlöse aus Vermietung und Verpachtung, umsatzsteuerfrei § 4 Nr. 12 UStG
	U	AM 4862	Erlöse aus Vermietung und Verpachtung 19 % USt
		R 4863 -64	
Sonstige betriebliche Erträge	U EÜR	AM 4865	Erlöse aus Verkäufen von Wirtschaftsgütern des Umlaufvermögens 19 % USt für § 4 Abs. 3 Satz 4 EStG[13]
	U EÜR	AM 4866	Erlöse aus Verkäufen von Wirtschaftsgütern des Umlaufvermögens, umsatzsteuerfrei § 4 Nr. 8 ff. UStG i. V. m. § 4 Abs. 3 Satz 4 EStG[13]
	U G K EÜR	AM 4867	Erlöse aus Verkäufen von Wirtschaftsgütern des Umlaufvermögens, umsatzsteuerfrei § 4 Nr. 8 ff. UStG i. V. m. § 4 Abs. 3 Satz 4 EStG, § 3 Nr. 40 EStG/§ 8b Abs. 2 KStG[9][13]
	EÜR	4869	Erlöse aus Verkäufen von Wirtschaftsgütern des Umlaufvermögens nach § 4 Abs. 3 Satz 4 EStG[13]
		4900	Erträge aus dem Abgang von Gegenständen des Anlagevermögens
	G K	4901	Erträge aus der Veräußerung von Anteilen an Kapitalgesellschaften (Finanzanlagevermögen) § 3 Nr. 40 EStG/§ 8b Abs. 2 KStG[9]
		4905	Erträge aus dem Abgang von Gegenständen des Umlaufvermögens außer Vorräte
	G K	4906	Erträge aus dem Abgang von Gegenständen des Umlaufvermögens (außer Vorräte) § 3 Nr. 40 EStG/§ 8b Abs. 2 KStG[9]
		4910	Erträge aus Zuschreibungen des Sachanlagevermögens
		4911	Erträge aus Zuschreibungen des immateriellen Anlagevermögens
		4912	Erträge aus Zuschreibungen des Finanzanlagevermögens
	G K	4913	Erträge aus Zuschreibungen des Finanzanlagevermögens § 3 Nr. 40 EStG/§ 8b Abs. 3 Satz 8 KStG[9]
	G K	4914	Erträge aus Zuschreibungen § 3 Nr. 40 EStG/§ 8b Abs. 2 KStG[9]
		4915	Erträge aus Zuschreibungen des Umlaufvermögens (außer Vorräte)

GuV-Posten[2]	Programmverbindung[4] Abschlusszweck[4]	4 Betriebliche Erträge
Sonstige betriebliche Erträge	G K	4916 Erträge aus Zuschreibungen des Umlaufvermögens § 3 Nr. 40 EStG/§ 8b Abs. 3 Satz 8 KStG[9]
		4920 Erträge aus der Herabsetzung der Pauschalwertberichtigung auf Forderungen
		4923 Erträge aus der Herabsetzung der Einzelwertberichtigung auf Forderungen
		4925 Erträge aus abgeschriebenen Forderungen
		4927 Erträge aus der Auflösung einer steuerlichen Rücklage nach § 6b Abs. 3 EStG
		4928 Erträge aus der Auflösung einer steuerlichen Rücklage nach § 6b Abs. 10 EStG
	SB	4929 Erträge aus der Auflösung der Rücklage für Ersatzbeschaffung R 6.6 EStR
		4930 Erträge aus der Auflösung von Rückstellungen
		4932 Erträge aus der Herabsetzung von Verbindlichkeiten
		4935 Erträge aus der Auflösung einer steuerlichen Rücklage
		R 4936
	SB	4937 Erträge aus der Auflösung steuerrechtlicher Sonderabschreibungen
	SB	4938 Erträge aus der Auflösung einer steuerlichen Rücklage nach § 4g EStG
		R 4939
		4940 Verrechnete sonstige Sachbezüge (keine Waren)
	U	AM 4941 Sachbezüge 7 % USt (Waren)
		R 4942 -44
	U	AM 4945 Sachbezüge 19 % USt (Waren)
		4946 Verrechnete sonstige Sachbezüge
	U	AM 4947 Verrechnete sonstige Sachbezüge aus Kfz-Gestellung 19 % USt
	U	AM 4948 Verrechnete sonstige Sachbezüge 19 % USt
		4949 Verrechnete sonstige Sachbezüge ohne Umsatzsteuer
		4960 Periodenfremde Erträge
		4970 Versicherungsentschädigungen und Schadenersatzleistungen
		4972 Erstattungen Aufwendungsausgleichsgesetz
		4975 Investitionszuschüsse (steuerpflichtig)
	G K	4980 Investitionszulagen (steuerfrei)
	G K	4981 Steuerfreie Erträge aus der Auflösung von steuerlichen Rücklagen
	G K	4982 Sonstige steuerfreie Betriebseinnahmen
		4987 Erträge aus der Aktivierung unentgeltlich erworbener Vermögensgegenstände
		4989 Kostenerstattungen, Rückvergütungen und Gutschriften für frühere Jahre
Umsatzerlöse		4992 Erträge aus Verwaltungskostenumlagen

GuV-Posten[2]	Programmverbindung[4] Abschlusszweck[4]	5 Betriebliche Aufwendungen
		V 5000-5348 KU 5349 V 5350-5599 V 5700-5859 KU 5860-5899 V 5900-5906 KU 5907-5909 V 5910-5999
		Material- und Stoffverbrauch
Aufwendungen für Roh-, Hilfs- und Betriebsstoffe und für bezogene Waren		5000 -99 Aufwendungen für Roh-, Hilfs- und Betriebsstoffe und für bezogene Waren
		Materialaufwand
		5100 Einkauf Roh-, Hilfs- und Betriebsstoffe
		AV 5110 -19 Einkauf Roh-, Hilfs- und Betriebsstoffe 7 % Vorsteuer
		R 5120 -29
		AV 5130 -39 Einkauf Roh-, Hilfs- und Betriebsstoffe 19 % Vorsteuer
		R 5140 -59
	U	AV 5160 Einkauf Roh-, Hilfs- und Betriebsstoffe, innergemeinschaftlicher Erwerb 7 % Vorsteuer und 7 % Umsatzsteuer
		R 5161
	U	AV 5162 -63 Einkauf Roh-, Hilfs- und Betriebsstoffe, innergemeinschaftlicher Erwerb 19 % Vorsteuer und 19 % Umsatzsteuer
		R 5164 -65
	U	AV 5166 Einkauf Roh-, Hilfs- und Betriebsstoffe, innergemeinschaftlicher Erwerb ohne Vorsteuer und 7 % Umsatzsteuer
	U	AV 5167 Einkauf Roh-, Hilfs- und Betriebsstoffe, innergemeinschaftlicher Erwerb ohne Vorsteuer und 19 % Umsatzsteuer
		R 5168 -69
		AV 5170 Einkauf Roh-, Hilfs- und Betriebsstoffe 5,5 % Vorsteuer
		AV 5171 Einkauf Roh-, Hilfs- und Betriebsstoffe 10,7 % Vorsteuer
		R 5172 -74
	U	AV 5175 Einkauf Roh-, Hilfs- und Betriebsstoffe aus einem USt-Lager § 13a UStG 7 % Vorsteuer und 7 % Umsatzsteuer
	U	AV 5176 Einkauf Roh-, Hilfs- und Betriebsstoffe aus einem USt-Lager § 13a UStG 19 % Vorsteuer und 19 % Umsatzsteuer
		R 5177 -88
	U	AV 5189 Erwerb Roh-, Hilfs- und Betriebsstoffe als letzter Abnehmer innerhalb Dreiecksgeschäft 19 % Vorsteuer und 19 % Umsatzsteuer
		5190 Energiestoffe (Fertigung)
		AV 5191 Energiestoffe (Fertigung) 7 % Vorsteuer
		AV 5192 Energiestoffe (Fertigung) 19 % Vorsteuer
		R 5193 -98

GuV-Posten[2]	Programmverbindung[4] Abschlusszweck[4]	5 Betriebliche Aufwendungen	
Aufwendungen für Roh-, Hilfs- und Betriebsstoffe und für bezogene Waren		**5200**	**Wareneingang**
		AV 5300 -09	Wareneingang 7 % Vorsteuer
		R 5310 -48	
		5349	Wareneingang ohne Vorsteuerabzug
		AV 5400 -09	Wareneingang 19 % Vorsteuer
		R 5410 -19	
	U	AV 5420 -24	Innergemeinschaftlicher Erwerb 7 % Vorsteuer und 7 % Umsatzsteuer
	U	AV 5425 -29	Innergemeinschaftlicher Erwerb 19 % Vorsteuer und 19 % Umsatzsteuer
	U	AV 5430	Innergemeinschaftlicher Erwerb ohne Vorsteuerabzug 7 % Umsatzsteuer
		R 5431 -34	
	U	AV 5435	Innergemeinschaftlicher Erwerb ohne Vorsteuerabzug und 19 % Umsatzsteuer
		R 5436 -39	
	U	AV 5440	Innergemeinschaftlicher Erwerb von Neufahrzeugen von Lieferanten ohne Umsatzsteuer-Identifikationsnummer 19 % Vorsteuer und 19 % Umsatzsteuer
		R 5441 -49	
		R 5500 -04	
		AV 5505 -09	Wareneingang 5,5 % Vorsteuer
		R 5510 -39	
		AV 5540 -49	Wareneingang 10,7 % Vorsteuer
	U	AV 5550	Steuerfreier innergemeinschaftlicher Erwerb
		5551	Wareneingang im Drittland steuerbar
		5552	Erwerb 1. Abnehmer innerhalb eines Dreiecksgeschäftes
	U	AV 5553	Erwerb Waren als letzter Abnehmer innerhalb Dreiecksgeschäft 19 % Vorsteuer und 19 % Umsatzsteuer
		R 5554 -57	
		5558	Wareneingang im anderen EU-Land steuerbar
		5559	Steuerfreie Einfuhren
	U	AV 5560	Waren aus einem Umsatzsteuerlager, § 13a UStG 7 % Vorsteuer und 7 % Umsatzsteuer
		R 5561 -64	
	U	AV 5565	Waren aus einem Umsatzsteuerlager, § 13a UStG 19 % Vorsteuer und 19 % Umsatzsteuer
		R 5566 -69	
		5600 -09	Nicht abziehbare Vorsteuer
		5610 -19	Nicht abziehbare Vorsteuer 7 %

GuV-Posten[2]	Programmverbindung[4] Abschlusszweck[4]	5 Betriebliche Aufwendungen	
Aufwendungen für Roh-, Hilfs- und Betriebsstoffe und für bezogene Waren		R 5650 -59	
		5660 -69	Nicht abziehbare Vorsteuer 19 %
		5700	Nachlässe
		5701	Nachlässe aus Einkauf Roh-, Hilfs- und Betriebsstoffe
		AV 5710 -11	Nachlässe 7 % Vorsteuer
		R 5712 -13	
		AV 5714	Nachlässe aus Einkauf Roh-, Hilfs- und Betriebsstoffe 7 % Vorsteuer
		AV 5715	Nachlässe aus Einkauf Roh-, Hilfs- und Betriebsstoffe 19 % Vorsteuer
		R 5716	
	U	AV 5717	Nachlässe aus Einkauf Roh-, Hilfs- und Betriebsstoffe, innergemeinschaftlicher Erwerb 7 % Vorsteuer und 7 % Umsatzsteuer
	U	AV 5718	Nachlässe aus Einkauf Roh-, Hilfs- und Betriebsstoffe, innergemeinschaftlicher Erwerb 19 % Vorsteuer und 19 % Umsatzsteuer
		R 5719	
		AV 5720	Nachlässe 19 % Vorsteuer
		R 5722 -23	
	U	AV 5724	Nachlässe aus innergemeinschaftlichem Erwerb 7 % Vorsteuer und 7 % Umsatzsteuer
	U	AV 5725	Nachlässe aus innergemeinschaftlichem Erwerb 19 % Vorsteuer und 19 % Umsatzsteuer
		R 5726 -29	
		S/AV 5730	Erhaltene Skonti
		S/AV 5731	Erhaltene Skonti 7 % Vorsteuer
		R 5732	
		S/AV 5733	Erhaltene Skonti aus Einkauf Roh-, Hilfs- und Betriebsstoffe
		S/AV 5734	Erhaltene Skonti aus Einkauf Roh-, Hilfs- und Betriebsstoffe 7 % Vorsteuer
		R 5735	
		S/AV 5736	Erhaltene Skonti 19 % Vorsteuer
		R 5737	
		S/AV 5738	Erhaltene Skonti aus Einkauf Roh-, Hilfs- und Betriebsstoffe 19 % Vorsteuer
		R 5739 -40	
	U	S/AV 5741	Erhaltene Skonti aus Einkauf Roh-, Hilfs- und Betriebsstoffe aus steuerpflichtigem innergemeinschaftlichem Erwerb 19 % Vorsteuer und 19 % Umsatzsteuer
		R 5742	
	U	S/AV 5743	Erhaltene Skonti aus Einkauf Roh-, Hilfs- und Betriebsstoffe aus steuerpflichtigem innergemeinschaftlichem Erwerb 7 % Vorsteuer und 7 % Umsatzsteuer

GuV-Posten[2]	Programmverbindung[4] Abschlusszweck[4]	5 Betriebliche Aufwendungen
Aufwendungen für Roh-, Hilfs- und Betriebsstoffe und für bezogene Waren		S/AV 5744 Erhaltene Skonti aus Einkauf Roh-, Hilfs- und Betriebsstoffe aus steuerpflichtigem innergemeinschaftlichem Erwerb
		S/AV 5745 Erhaltene Skonti aus steuerpflichtigem innergemeinschaftlichem Erwerb
	U	S/AV 5746 Erhaltene Skonti aus steuerpflichtigem innergemeinschaftlichem Erwerb 7 % Vorsteuer und 7 % Umsatzsteuer
		R 5747
	U	S/AV 5748 Erhaltene Skonti aus steuerpflichtigem innergemeinschaftlichem Erwerb 19 % Vorsteuer und 19 % Umsatzsteuer
		R 5749
		AV 5750 -51 Erhaltene Boni 7 % Vorsteuer
		R 5752
		5753 Erhaltene Boni aus Einkauf Roh-, Hilfs- und Betriebsstoffe
		AV 5754 Erhaltene Boni aus Einkauf Roh-, Hilfs- und Betriebsstoffe 7 % Vorsteuer
		AV 5755 Erhaltene Boni aus Einkauf Roh-, Hilfs- und Betriebsstoffe 19 % Vorsteuer
		R 5756 -59
		AV 5760 -61 Erhaltene Boni 19 % Vorsteuer
		R 5762 -68
		5769 Erhaltene Boni
		5770 Erhaltene Rabatte
		AV 5780 -81 Erhaltene Rabatte 7 % Vorsteuer
		R 5782
		5783 Erhaltene Rabatte aus Einkauf Roh-, Hilfs- und Betriebsstoffe
		AV 5784 Erhaltene Rabatte aus Einkauf Roh-, Hilfs- und Betriebsstoffe 7 % Vorsteuer
		AV 5785 Erhaltene Rabatte aus Einkauf Roh-, Hilfs- und Betriebsstoffe 19 % Vorsteuer
		R 5786 -87
		S/AV 5788 Erhaltene Skonti aus Einkauf Roh-, Hilfs- und Betriebsstoffe 10,7 % Vorsteuer
		R 5789
		AV 5790 -91 Erhaltene Rabatte 19 % Vorsteuer
	U	AV 5792 Erhaltene Skonti aus Erwerb Roh-, Hilfs- und Betriebsstoffe als letzter Abnehmer innerhalb Dreiecksgeschäft 19 % Vorsteuer und 19 % Umsatzsteuer
	U	AV 5793 Erhaltene Skonti aus Erwerb Waren als letzter Abnehmer innerhalb Dreiecksgeschäft 19 % Vorsteuer und 19 % Umsatzsteuer
		S/AV 5794 Erhaltene Skonti 5,5 % Vorsteuer
		R 5795
		S/AV 5796 Erhaltene Skonti 10,7 % Vorsteuer
		R 5797
Aufwendungen für Roh-, Hilfs- und Betriebsstoffe und für bezogene Waren		S/AV 5798 Erhaltene Skonti aus Einkauf Roh-, Hilfs- und Betriebsstoffe 5,5 % Vorsteuer
		R 5799
		5800 Bezugsnebenkosten
		5820 Leergut
		5840 Zölle und Einfuhrabgaben
		5860 Verrechnete Stoffkosten (Gegenkonto 5000-99)
		5880 Bestandsveränderungen Roh-, Hilfs- und Betriebsstoffe sowie bezogene Waren
		5881 Bestandsveränderungen Waren
		5885 Bestandsveränderungen Roh-, Hilfs- und Betriebsstoffe
		Aufwendungen für bezogene Leistungen
Aufwendungen für bezogene Leistungen		5900 Fremdleistungen
		AV 5906 Fremdleistungen 19 % Vorsteuer
		R 5907
		AV 5908 Fremdleistungen 7 % Vorsteuer
		5909 Fremdleistungen ohne Vorsteuer
		Umsätze, für die als Leistungsempfänger die Steuer nach § 13b UStG geschuldet wird
	U	AV 5910 Bauleistungen eines im Inland ansässigen Unternehmers 7 % Vorsteuer und 7 % Umsatzsteuer
		R 5911 -12
	U	AV 5913 Sonstige Leistungen eines im anderen EU-Land ansässigen Unternehmers 7 % Vorsteuer und 7 % Umsatzsteuer
		R 5914
	U	AV 5915 Leistungen eines im Ausland ansässigen Unternehmers 7 % Vorsteuer und 7 % Umsatzsteuer
		R 5916 -19
	U	AV 5920 -21 Bauleistungen eines im Inland ansässigen Unternehmers 19 % Vorsteuer und 19 % Umsatzsteuer
		R 5922
	U	AV 5923 Sonstige Leistungen eines im anderen EU-Land ansässigen Unternehmers 19 % Vorsteuer und 19 % Umsatzsteuer
		R 5924
	U	AV 5925 -26 Leistungen eines im Ausland ansässigen Unternehmers 19 % Vorsteuer und 19 % Umsatzsteuer
		R 5927 -29
	U	AV 5930 Bauleistungen eines im Inland ansässigen Unternehmers ohne Vorsteuer und 7 % Umsatzsteuer
		R 5931 -32
	U	AV 5933 Sonstige Leistungen eines im anderen EU-Land ansässigen Unternehmers ohne Vorsteuer und 7 % Umsatzsteuer
		R 5934
	U	AV 5935 Leistungen eines im Ausland ansässigen Unternehmers ohne Vorsteuer und 7 % Umsatzsteuer

SKR 04

GuV-Posten[2)]	Programmverbindung[4)] Abschlusszweck[4)]	5 Betriebliche Aufwendungen
Aufwendungen für bezogene Leistungen		R 5936 -39
	U	AV 5940 -41 Bauleistungen eines im Inland ansässigen Unternehmers ohne Vorsteuer und 19 % Umsatzsteuer
		R 5942
	U	AV 5943 Sonstige Leistungen eines im anderen EU-Land ansässigen Unternehmers ohne Vorsteuer und 19 % Umsatzsteuer
		R 5944
	U	AV 5945 -46 Leistungen eines im Ausland ansässigen Unternehmers ohne Vorsteuer und 19 % Umsatzsteuer
		R 5947 -49
		S/AV 5950 Erhaltene Skonti aus Leistungen, für die als Leistungsempfänger die Steuer nach § 13b UStG geschuldet wird
	U	S/AV 5951 Erhaltene Skonti aus Leistungen, für die als Leistungsempfänger die Steuer nach § 13b UStG geschuldet wird 19 % Vorsteuer und 19 % Umsatzsteuer
		R 5952
		S/AV 5953 Erhaltene Skonti aus Leistungen, für die als Leistungsempfänger die Steuer nach § 13b UStG geschuldet wird ohne Vorsteuer aber mit Umsatzsteuer
	U	S/AV 5954 Erhaltene Skonti aus Leistungen, für die als Leistungsempfänger die Steuer nach § 13b UStG geschuldet wird ohne Vorsteuer, mit 19 % Umsatzsteuer
		R 5955 -59
		5960 Leistungen nach § 13b UStG mit Vorsteuerabzug[21)]
		5965 Leistungen nach § 13b UStG ohne Vorsteuerabzug[21)]
	G K	5970 Fremdleistungen (Miet- und Pachtzinsen bewegliche Wirtschaftsgüter)
	G K	5975 Fremdleistungen (Miet- und Pachtzinsen unbewegliche Wirtschaftsgüter)
	G K	5980 Fremdleistungen (Entgelte für Rechte und Lizenzen)
	G	5985 Fremdleistungen (Vergütungen für die Überlassung von Wirtschaftsgütern - mit Sonderbetriebseinnahme korrespondierend)

GuV-Posten[2)]	Programmverbindung[4)] Abschlusszweck[4)]	6 Betriebliche Aufwendungen
		V 6250-6259 M 6280-6299 V 6300-6389 V 6450-6853 V 6855-6859 M 6884-6894 KU 6895-6899 M 6930-6939
		Personalaufwand
Löhne und Gehälter		**6000 Löhne und Gehälter**
		6010 Löhne
		6020 Gehälter
		6024 Geschäftsführergehälter der GmbH-Gesellschafter
	K	6026 Tantiemen Gesellschafter-Geschäftsführer
		6027 Geschäftsführergehälter
	G	6028 Vergütungen an angestellte Mitunternehmer § 15 EStG (mit Sonderbetriebseinnahme korrespondierend)
	K	6029 Tantiemen Arbeitnehmer
		6030 Aushilfslöhne
		6035 Löhne für Minijobs
		6036 Pauschale Steuern für Minijobber
		6037 Pauschale Steuern für Gesellschafter-Geschäftsführer
	G	6038 Pauschale Steuern für angestellte Mitunternehmer § 15 EStG (mit Sonderbetriebseinnahme korrespondierend)
		6039 Pauschale Steuern für Arbeitnehmer
		6040 Pauschale Steuer für Aushilfen
		6045 Bedienungsgelder
		6050 Ehegattengehalt
		6060 Freiwillige soziale Aufwendungen, lohnsteuerpflichtig
		6066 Freiwillige Zuwendungen an Minijobber
		6067 Freiwillige Zuwendungen an Gesellschafter-Geschäftsführer
	G	6068 Freiwillige Zuwendungen an angestellte Mitunternehmer § 15 EStG (mit Sonderbetriebseinnahme korrespondierend)
		6069 Pauschale Steuer auf sonstige Bezüge (z. B. Fahrtkostenzuschüsse)
		6070 Krankengeldzuschüsse
		6071 Sachzuwendungen und Dienstleistungen an Minijobber
		6072 Sachzuwendungen und Dienstleistungen an Arbeitnehmer
		6073 Sachzuwendungen und Dienstleistungen an Gesellschafter-Geschäftsführer
	G	6074 Sachzuwendungen und Dienstleistungen an angestellte Mitunternehmer § 15 EStG (mit Sonderbetriebseinnahme korrespondierend)
		6075 Zuschüsse der Agenturen für Arbeit (Haben)
		6076 Aufwendungen aus der Veränderung von Urlaubsrückstellungen
		6077 Aufwendungen aus der Veränderung von Urlaubsrückstellungen für Gesellschafter-Geschäftsführer

GuV-Posten[2)]	Programmverbindung[4)] Abschlusszweck[4)]	6 Betriebliche Aufwendungen
Löhne und Gehälter	G	6078 Aufwendungen aus der Veränderung von Urlaubsrückstellungen für angestellte Mitunternehmer § 15 EStG (mit Sonderbetriebseinnahme korrespondierend)
		6079 Aufwendungen aus der Veränderung von Urlaubsrückstellungen für Minijobber
		6080 Vermögenswirksame Leistungen
		6090 Fahrtkostenerstattung Wohnung/ Arbeitsstätte
Soziale Abgaben und Aufwendungen für Altersversorgung und für Unterstützung		**6100 Soziale Abgaben und Aufwendungen für Altersversorgung und für Unterstützung**
		6110 Gesetzliche soziale Aufwendungen
	G	6118 Gesetzliche soziale Aufwendungen für Mitunternehmer § 15 EStG (mit Sonderbetriebseinnahme korrespondierend)
		6120 Beiträge zur Berufsgenossenschaft
		6130 Freiwillige soziale Aufwendungen, lohnsteuerfrei
		6140 Aufwendungen für Altersversorgung
		6147 Pauschale Steuer auf sonstige Bezüge (z. B. Direktversicherungen)
	G	6148 Aufwendungen für Altersversorgung für Mitunternehmer § 15 EStG (mit Sonderbetriebseinnahme korrespondierend)
		6149 Aufwendungen für Altersversorgung für Gesellschafter-Geschäftsführer
		6150 Versorgungskassen
		6160 Aufwendungen für Unterstützung
		6170 Sonstige soziale Abgaben
		6171 Soziale Abgaben für Minijobber
		Abschreibungen auf immaterielle Vermögensgegenstände des Anlagevermögens und Sachanlagen
Abschreibungen auf immaterielle Vermögensgegenstände des Anlagevermögens und Sachanlagen		6200 Abschreibungen auf immaterielle Vermögensgegenstände
	HB	6201 Abschreibungen auf selbst geschaffene immaterielle Vermögensgegenstände
		6205 Abschreibungen auf den Geschäfts- oder Firmenwert
		6209 Außerplanmäßige Abschreibungen auf den Geschäfts- oder Firmenwert
		6210 Außerplanmäßige Abschreibungen auf immaterielle Vermögensgegenstände
	HB	6211 Außerplanmäßige Abschreibungen auf selbst geschaffene immaterielle Vermögensgegenstände
		6220 Abschreibungen auf Sachanlagen (ohne AfA auf Kfz und Gebäude)
		6221 Abschreibungen auf Gebäude
		6222 Abschreibungen auf Kfz
		6223 Abschreibungen auf Gebäudeteil des häuslichen Arbeitszimmers
		6230 Außerplanmäßige Abschreibungen auf Sachanlagen
		6231 Absetzung für außergewöhnliche technische und wirtschaftliche Abnutzung der Gebäude

GuV-Posten[2)]	Programmverbindung[4)] Abschlusszweck[4)]	6 Betriebliche Aufwendungen
Abschreibungen auf immaterielle Vermögensgegenstände des Anlagevermögens und Sachanlagen		6232 Absetzung für außergewöhnliche technische und wirtschaftliche Abnutzung des Kfz
		6233 Absetzung für außergewöhnliche technische und wirtschaftliche Abnutzung sonstiger Wirtschaftsgüter
	SB	6240 Abschreibungen auf Sachanlagen auf Grund steuerlicher Sondervorschriften
	SB	6241 Sonderabschreibungen nach § 7g Abs. 5 EStG (ohne Kfz)
	SB	6242 Sonderabschreibungen nach § 7g Abs. 5 EStG (für Kfz)
	SB	6243 Kürzung der Anschaffungs- oder Herstellungskosten gemäß § 7g Abs. 2 EStG (ohne Kfz)
	SB	6244 Kürzung der Anschaffungs- oder Herstellungskosten gemäß § 7g Abs. 2 EStG (für Kfz)
		6250 Kaufleasing
		6260 Sofortabschreibungen geringwertiger Wirtschaftsgüter
		6262 Abschreibungen auf aktivierte, geringwertige Wirtschaftsgüter
		6264 Abschreibungen auf den Sammelposten Wirtschaftsgüter
		6266 Außerplanmäßige Abschreibungen auf aktivierte, geringwertige Wirtschaftsgüter
		R 6268
		Abschreibungen auf Vermögensgegenstände des Umlaufvermögens, soweit diese die in der Kapitalgesellschaft üblichen Abschreibungen überschreiten
Abschreibungen auf Vermögensgegenstände des Umlaufvermögens, soweit diese die in der Kapitalgesellschaft üblichen Abschreibungen überschreiten		6270 Abschreibungen auf sonstige Vermögensgegenstände des Umlaufvermögens (soweit unüblich hoch)
		6272 Abschreibungen auf Umlaufvermögen, steuerrechtlich bedingt (soweit unüblich hoch)
		6278 Abschreibungen auf Roh-, Hilfs- und Betriebsstoffe/Waren (soweit unüblich hoch)
		6279 Abschreibungen auf fertige und unfertige Erzeugnisse (soweit unüblich hoch)
		6280 Forderungsverluste (soweit unüblich hoch)
	U	AM 6281 Forderungsverluste 7 % USt (soweit unüblich hoch)
		R 6282 -85
	U	AM 6286 Forderungsverluste 19 % USt (soweit unüblich hoch)
		R 6287 -88
	G K	6290 Abschreibungen auf Forderungen gegenüber Kapitalgesellschaften, an denen eine Beteiligung besteht (soweit unüblich hoch), § 3c EStG/ § 8b Abs. 3 KStG
	K	6291 Abschreibungen auf Forderungen gegenüber Gesellschaftern und nahe stehenden Personen (soweit unüblich hoch), § 8b Abs. 3 KStG

GuV-Posten[2]	Programmverbindung[4] Abschlusszweck[4]	6 Betriebliche Aufwendungen
Sonstige betriebliche Aufwendungen		**Sonstige betriebliche Aufwendungen**
		6300 Sonstige betriebliche Aufwendungen
		6302 Interimskonto für Aufwendungen in einem anderen Land, bei denen eine Vorsteuervergütung möglich ist
		6303 Fremdleistungen/Fremdarbeiten
		6304 Sonstige Aufwendungen betrieblich und regelmäßig
		6305 Raumkosten
	G K	6310 Miete (unbewegliche Wirtschaftsgüter)
		6312 Miete/Aufwendungen für doppelte Haushaltsführung Unternehmer
	K	6313 Vergütungen an Gesellschafter für die miet- oder pachtweise Überlassung ihrer unbeweglichen Wirtschaftsgüter
	G	6314 Vergütungen an Mitunternehmer für die mietweise Überlassung ihrer unbeweglichen Wirtschaftsgüter § 15 EStG (mit Sonderbetriebseinnahme korrespondierend)
	G K	6315 Pacht (unbewegliche Wirtschaftsgüter)
	G K	6316 Leasing (unbewegliche Wirtschaftsgüter)
	G K	6317 Aufwendungen für gemietete oder gepachtete unbewegliche Wirtschaftsgüter, die gewerbesteuerlich hinzuzurechnen sind
		6318 Miet- und Pachtnebenkosten, die gewerbesteuerlich nicht hinzuzurechnen sind
	G	6319 Vergütungen an Mitunternehmer für die pachtweise Überlassung ihrer unbeweglichen Wirtschaftsgüter § 15 EStG (mit Sonderbetriebseinnahme korrespondierend)
		6320 Heizung
		6325 Gas, Strom, Wasser
		6330 Reinigung
		6335 Instandhaltung betrieblicher Räume
		6340 Abgaben für betrieblich genutzten Grundbesitz
		6345 Sonstige Raumkosten
		6348 Aufwendungen für ein häusliches Arbeitszimmer (abziehbarer Anteil)
	G	6349 Aufwendungen für ein häusliches Arbeitszimmer (nicht abziehbarer Anteil)
		6350 Grundstücksaufwendungen, betrieblich
		6352 Sonstige Grundstücksaufwendungen (neutral)
	G K	6390 Zuwendungen, Spenden, steuerlich nicht abziehbar
	G K	6391 Zuwendungen, Spenden für wissenschaftliche und kulturelle Zwecke
	G K	6392 Zuwendungen, Spenden für mildtätige Zwecke
	G K	6393 Zuwendungen, Spenden für kirchliche, religiöse und gemeinnützige Zwecke
Sonstige betriebliche Aufwendungen	G K	6394 Zuwendungen, Spenden an politische Parteien
	G K	6395 Zuwendungen, Spenden in das zu erhaltende Vermögen (Vermögensstock) einer Stiftung für gemeinnützige Zwecke
		R 6396
	G K	6397 Zuwendungen, Spenden in das zu erhaltende Vermögen (Vermögensstock) einer Stiftung für kirchliche, religiöse und gemeinnützige Zwecke
	G K	6398 Zuwendungen, Spenden an Stiftungen in das zu erhaltende Vermögen (Vermögensstock) für wissenschaftliche, mildtätige, kulturelle Zwecke
		6400 Versicherungen
		6405 Versicherungen für Gebäude
		6410 Netto-Prämie für Rückdeckung künftiger Versorgungsleistungen
		6420 Beiträge
		6430 Sonstige Abgaben
		6436 Steuerlich abzugsfähige Verspätungszuschläge und Zwangsgelder
	G K	6437 Steuerlich nicht abzugsfähige Verspätungszuschläge und Zwangsgelder
		6440 Ausgleichsabgabe i. S. d. Schwerbehindertengesetzes
		6450 Reparaturen und Instandhaltung von Bauten
		6460 Reparaturen und Instandhaltung von technischen Anlagen und Maschinen
		6470 Reparaturen und Instandhaltung von anderen Anlagen und Betriebs- und Geschäftsausstattung
		6475 Zuführung zu Aufwandsrückstellungen
		6485 Reparaturen und Instandhaltung von anderen Anlagen
		6490 Sonstige Reparaturen und Instandhaltung
		6495 Wartungskosten für Hard- und Software
	G K	6498 Mietleasing bewegliche Wirtschaftsgüter für technische Anlagen und Maschinen
		6500 Fahrzeugkosten[18]
		6520 Kfz-Versicherungen
		6530 Laufende Kfz-Betriebskosten
		6540 Kfz-Reparaturen
	G K	6550 Garagenmiete
	G K	6560 Mietleasing Kfz
		6570 Sonstige Kfz-Kosten
		6580 Mautgebühren
		6590 Kfz-Kosten für betrieblich genutzte zum Privatvermögen gehörende Kraftfahrzeuge
		6595 Fremdfahrzeugkosten
		6600 Werbekosten
		6605 Streuartikel

GuV-Posten[2]	Programmverbindung[4] Abschlusszweck[4]	6 Betriebliche Aufwendungen
Sonstige betriebliche Aufwendungen		6610 Geschenke abzugsfähig ohne § 37b EStG
		6611 Geschenke abzugsfähig mit § 37b EStG
		6612 Pauschale Steuern für Geschenke und Zugaben abzugsfähig
	G K	6620 Geschenke nicht abzugsfähig ohne § 37b EStG
	G K	6621 Geschenke nicht abzugsfähig mit § 37b EStG
	G K	6622 Pauschale Steuern für Geschenke und Zuwendungen nicht abzugsfähig
		6625 Geschenke ausschließlich betrieblich genutzt
		6629 Zugaben mit § 37b EStG
		6630 Repräsentationskosten
		6640 Bewirtungskosten
		6641 Sonstige eingeschränkt abziehbare Betriebsausgaben (abziehbarer Anteil)
	G K	6642 Sonstige eingeschränkt abziehbare Betriebsausgaben (nicht abziehbarer Anteil)
		6643 Aufmerksamkeiten
	G K	6644 Nicht abzugsfähige Bewirtungskosten
	G K	6645 Nicht abzugsfähige Betriebsausgaben aus Werbe- und Repräsentationskosten
		6650 Reisekosten Arbeitnehmer
		6660 Reisekosten Arbeitnehmer Übernachtungsaufwand
		6663 Reisekosten Arbeitnehmer Fahrtkosten
		6664 Reisekosten Arbeitnehmer Verpflegungsmehraufwand
		R 6665
		6668 Kilometergelderstattung Arbeitnehmer
		6670 Reisekosten Unternehmer[18]
	G	6672 Reisekosten Unternehmer (nicht abziehbarer Anteil)
		6673 Reisekosten Unternehmer Fahrtkosten
		6674 Reisekosten Unternehmer Verpflegungsmehraufwand
		6680 Reisekosten Unternehmer Übernachtungsaufwand und Reisenebenkosten
		R 6685 -86
		6688 Fahrten zwischen Wohnung und Betriebsstätte und Familienheimfahrten (abziehbarer Anteil)
	G	6689 Fahrten zwischen Wohnung und Betriebsstätte und Familienheimfahrten (nicht abziehbarer Anteil)
		6690 Fahrten zwischen Wohnung und Betriebsstätte und Familienheimfahrten (Haben)
		6691 Verpflegungsmehraufwendungen im Rahmen der doppelten Haushaltsführung Unternehmer
		6700 Kosten der Warenabgabe
		6710 Verpackungsmaterial
		6740 Ausgangsfrachten
		6760 Transportversicherungen
		6770 Verkaufsprovisionen
		6780 Fremdarbeiten (Vertrieb)
		6790 Aufwand für Gewährleistung

GuV-Posten[2]	Programmverbindung[4] Abschlusszweck[4]	6 Betriebliche Aufwendungen
Sonstige betriebliche Aufwendungen		6800 Porto
		6805 Telefon
		6810 Telefax und Internetkosten
		6815 Bürobedarf
		6820 Zeitschriften, Bücher (Fachliteratur)
		6821 Fortbildungskosten
		6822 Freiwillige Sozialleistungen
	G	6823 Vergütungen an Mitunternehmer § 15 EStG (mit Sonderbetriebseinnahme korrespondierend)
	G	6824 Haftungsvergütung an Mitunternehmer § 15 EStG (mit Sonderbetriebseinnahme korrespondierend)
		6825 Rechts- und Beratungskosten
		6827 Abschluss- und Prüfungskosten
		6830 Buchführungskosten
	K	6833 Vergütungen an Gesellschafter für die miet- oder pachtweise Überlassung ihrer beweglichen Wirtschaftsgüter
	G	6834 Vergütungen an Mitunternehmer für die miet- oder pachtweise Überlassung ihrer beweglichen Wirtschaftsgüter § 15 EStG (mit Sonderbetriebseinnahme korrespondierend)
	G K	6835 Mieten für Einrichtungen (bewegliche Wirtschaftsgüter)
	G K	6836 Pacht (bewegliche Wirtschaftsgüter)
	G K	6837 Aufwendungen für die zeitlich befristete Überlassung von Rechten (Lizenzen, Konzessionen)
	G K	6838 Aufwendungen für gemietete oder gepachtete bewegliche Wirtschaftsgüter, die gewerbesteuerlich hinzuzurechnen sind
	G K	6840 Mietleasing bewegliche Wirtschaftsgüter für Betriebs- und Geschäftsausstattung
		6845 Werkzeuge und Kleingeräte
		6850 Sonstiger Betriebsbedarf
		6854 Genossenschaftliche Rückvergütung an Mitglieder
Sonstige betriebliche Aufwendungen		6855 Nebenkosten des Geldverkehrs
	G K	6856 Aufwendungen aus Anteilen an Kapitalgesellschaften §§ 3 Nr. 40, 3c EStG/§ 8b Abs. 1 und 4 KStG[9][16]
	G K	6857 Veräußerungskosten § 3 Nr. 40 EStG/§ 8b Abs. 2 KStG
		6859 Aufwendungen für Abraum- und Abfallbeseitigung
		6860 Nicht abziehbare Vorsteuer
		6865 Nicht abziehbare Vorsteuer 7 %
		6871 Nicht abziehbare Vorsteuer 19 %
	K	6875 Nicht abziehbare Hälfte der Aufsichtsratsvergütungen
		6876 Abziehbare Aufsichtsratsvergütungen
		6880 Aufwendungen aus der Währungsumrechnung
		6881 Aufwendungen aus der Währungsumrechnung (nicht § 256a HGB)
		6883 Aufwendungen aus Bewertung Finanzmittelfonds
	U	AM 6884 Erlöse aus Verkäufen Sachanlagevermögen steuerfrei § 4 Nr. 1a UStG (bei Buchverlust)

GuV-Posten[2]	Programmverbindung[4] Abschlusszweck[4]		6 Betriebliche Aufwendungen
Sonstige betriebliche Aufwendungen	U	AM 6885	Erlöse aus Verkäufen Sachanlagevermögen 19 % USt (bei Buchverlust)
		R 6886 -87	
	U	AM 6888	Erlöse aus Verkäufen Sachanlagevermögen steuerfrei § 4 Nr. 1b UStG (bei Buchverlust)
		6889	Erlöse aus Verkäufen Sachanlagevermögen (bei Buchverlust)
		6890	Erlöse aus Verkäufen immaterieller Vermögensgegenstände (bei Buchverlust)
		6891	Erlöse aus Verkäufen Finanzanlagen (bei Buchverlust)
	G K	6892	Erlöse aus Verkäufen Finanzanlagen § 3 Nr. 40 EStG/§ 8b Abs. 3 KStG (bei Buchverlust)[9]
		6895	Anlagenabgänge Sachanlagen (Restbuchwert bei Buchverlust)
		6896	Anlagenabgänge immaterielle Vermögensgegenstände (Restbuchwert bei Buchverlust)
		6897	Anlagenabgänge Finanzanlagen (Restbuchwert bei Buchverlust)
	G K	6898	Anlagenabgänge Finanzanlagen § 3 Nr. 40 EStG/§ 8b Abs. 3 KStG (Restbuchwert bei Buchverlust)[9]
		6900	Verluste aus dem Abgang von Gegenständen des Anlagevermögens
	G K	6903	Verluste aus der Veräußerung von Anteilen an Kapitalgesellschaften (Finanzanlagevermögen) § 3 Nr. 40 EStG/§ 8b Abs. 3 KStG[9]
		6905	Verluste aus dem Abgang von Gegenständen des Umlaufvermögens außer Vorräte
	G K	6906	Verluste aus dem Abgang von Gegenständen des Umlaufvermögens (außer Vorräte) § 3 Nr. 40 EStG/§ 8b Abs. 3 KStG[9]
	EÜR	6907	Abgang von Wirtschaftsgütern des Umlaufvermögens nach § 4 Abs. 3 Satz 4 EStG[13]
	G K EÜR	6908	Abgang von Wirtschaftsgütern des Umlaufvermögens § 3 Nr. 40 EStG/§ 8b Abs. 3 KStG nach § 4 Abs. 3 Satz 4 EStG[9][13]
		6910	Abschreibungen auf Umlaufvermögen außer Vorräte und Wertpapiere des Umlaufvermögens (übliche Höhe)
		6912	Abschreibungen auf Umlaufvermögen außer Vorräte und Wertpapiere des Umlaufvermögens, steuerrechtlich bedingt (übliche Höhe)
		6918	Aufwendungen aus dem Erwerb eigener Anteile
		6920	Einstellung in die Pauschalwertberichtigung auf Forderungen
	SB	6922	Einstellungen in die steuerliche Rücklage nach § 6b Abs. 3 EStG
		6923	Einstellung in die Einzelwertberichtigung auf Forderungen
	SB	6924	Einstellungen in die steuerliche Rücklage nach § 6b Abs. 10 EStG

GuV-Posten[2]	Programmverbindung[4] Abschlusszweck[4]		6 Betriebliche Aufwendungen
Sonstige betriebliche Aufwendungen	SB	6927	Einstellungen in steuerliche Rücklagen
	SB	6928	Einstellungen in die Rücklage für Ersatzbeschaffung nach R 6.6 EStR
	SB	6929	Einstellungen in die steuerliche Rücklage nach § 4g EStG
		6930	Forderungsverluste (übliche Höhe)
	U	AM 6931	Forderungsverluste 7 % USt (übliche Höhe)
	U	AM 6932	Forderungsverluste aus steuerfreien EU-Lieferungen (übliche Höhe)
	U	AM 6933	Forderungsverluste aus im Inland steuerpflichtigen EU-Lieferungen 7 % USt (übliche Höhe)
		R 6934 -35	
	U	AM 6936	Forderungsverluste 19 % USt (übliche Höhe)
		R 6937	
	U	AM 6938	Forderungsverluste aus im Inland steuerpflichtigen EU-Lieferungen 19 % USt (übliche Höhe)
		R 6939	
		6960	Periodenfremde Aufwendungen
		6967	Sonstige Aufwendungen betriebsfremd und regelmäßig
	G K	6968	Sonstige nicht abziehbare Aufwendungen
		6969	Sonstige Aufwendungen unregelmäßig
			Kalkulatorische Kosten
		6970	Kalkulatorischer Unternehmerlohn
		6972	Kalkulatorische Miete/Pacht
		6974	Kalkulatorische Zinsen
		6976	Kalkulatorische Abschreibungen
		6978	Kalkulatorische Wagnisse
		6979	Kalkulatorischer Lohn für unentgeltliche Mitarbeiter
		6980	Verrechneter kalkulatorischer Unternehmerlohn
		6982	Verrechnete kalkulatorische Miete/Pacht
		6984	Verrechnete kalkulatorische Zinsen
		6986	Verrechnete kalkulatorische Abschreibungen
		6988	Verrechnete kalkulatorische Wagnisse
		6989	Verrechneter kalkulatorischer Lohn für unentgeltliche Mitarbeiter
			Kosten bei Anwendung des Umsatzkostenverfahrens
		6990	Herstellungskosten
		6992	Verwaltungskosten
		6994	Vertriebskosten
		6999	Gegenkonto 6990-6998

GuV-Posten[2]	Programmverbindung[4] Abschlusszweck[4]	7 Weitere Erträge und Aufwendungen
		KU 7685-7689 KU 7705 KU 7725 KU 7751 KU 7781 V 7800-7899
		Erträge aus Beteiligungen
Erträge aus Beteiligungen		7000 Erträge aus Beteiligungen
	G K	7004 Erträge aus Beteiligungen an Personengesellschaften (verbundene Unternehmen), § 9 GewStG bzw. § 18 EStG[23]
	G K	7005 Erträge aus Anteilen an Kapitalgesellschaften (Beteiligung) § 3 Nr. 40 EStG/§ 8b Abs. 1 KStG[9]
	G K	7006 Erträge aus Anteilen an Kapitalgesellschaften (verbundene Unternehmen) § 3 Nr. 40 EStG/ § 8b Abs. 1 KStG[9]
	G K	7008 Gewinnanteile aus gewerblichen und selbständigen Mitunternehmerschaften, § 9 GewStG bzw. § 18 EStG[23]
		7009 Erträge aus Beteiligungen an verbundenen Unternehmen
		Erträge aus anderen Wertpapieren und Ausleihungen des Finanzanlagevermögens
Erträge aus anderen Wertpapieren und Ausleihungen des Finanzanlagevermögens		7010 Erträge aus anderen Wertpapieren und Ausleihungen des Finanzanlagevermögens
		7011 Erträge aus Ausleihungen des Finanzanlagevermögens
		7012 Erträge aus Ausleihungen des Finanzanlagevermögens an verbundenen Unternehmen
		7013 Erträge aus Anteilen an Personengesellschaften (Finanzanlagevermögen)
	G K	7014 Erträge aus Anteilen an Kapitalgesellschaften (Finanzanlagevermögen) § 3 Nr. 40 EStG/ § 8b Abs. 1 und 4 KStG[9]
	G K	7015 Erträge aus Anteilen an Kapitalgesellschaften (verbundene Unternehmen) § 3 Nr. 40 EStG/ § 8b Abs. 1 KStG[9]
		7016 Erträge aus Anteilen an Personengesellschaften (verbundene Unternehmen)
		7017 Erträge aus anderen Wertpapieren des Finanzanlagevermögens an Kapitalgesellschaften (verbundene Unternehmen)
		7018 Erträge aus anderen Wertpapieren des Finanzanlagevermögens an Personengesellschaften (verbundene Unternehmen)
		7019 Erträge aus anderen Wertpapieren und Ausleihungen des Finanzanlagevermögens aus verbundenen Unternehmen
		7020 Zins- und Dividendenerträge
		7030 Erhaltene Ausgleichszahlungen (als außenstehender Aktionär)

GuV-Posten[2]	Programmverbindung[4] Abschlusszweck[4]	7 Weitere Erträge und Aufwendungen
		Sonstige Zinsen und ähnliche Erträge
Sonstige Zinsen und ähnliche Erträge		7100 Sonstige Zinsen und ähnliche Erträge
		R 7102
	G K	7103 Erträge aus Anteilen an Kapitalgesellschaften (Umlaufvermögen) § 3 Nr. 40 EStG/§ 8b Abs. 1 und 4 KStG[9]
	G K	7104 Erträge aus Anteilen an Kapitalgesellschaften (verbundene Unternehmen) § 3 Nr. 40 EStG/ § 8b Abs. 1 KStG[9]
		7105 Zinserträge § 233a AO, steuerpflichtig
	K	7106 Zinserträge § 233a AO, steuerfrei (Anlage A KSt)
	G K	7107 Zinserträge § 233a AO, § 4 Abs. 5b EStG, steuerfrei
		7109 Sonstige Zinsen und ähnliche Erträge aus verbundenen Unternehmen
		7110 Sonstige Zinserträge
		7115 Erträge aus anderen Wertpapieren und Ausleihungen des Umlaufvermögens
		7119 Sonstige Zinserträge aus verbundenen Unternehmen
		7120 Zinsähnliche Erträge
	K	7128 Zinsertrag aus vorzeitiger Rückzahlung des Körperschaftsteuer-Erhöhungsbetrags § 38 KStG
		7129 Zinsähnliche Erträge aus verbundenen Unternehmen
		7130 Diskonterträge
		7139 Diskonterträge aus verbundenen Unternehmen
	G K	7140 Steuerfreie Zinserträge aus der Abzinsung von Rückstellungen
		7141 Zinserträge aus der Abzinsung von Verbindlichkeiten
		7142 Zinserträge aus der Abzinsung von Rückstellungen
		7143 Zinserträge aus der Abzinsung von Pensionsrückstellungen und ähnlichen/vergleichbaren Verpflichtungen
Sonstige Zinsen und ähnliche Erträge oder *Zinsen und ähnliche Aufwendungen*	HB	7144 Zinserträge aus der Abzinsung von Pensionsrückstellungen und ähnlichen/vergleichbaren Verpflichtungen zur Verrechnung nach § 246 Abs. 2 HGB
	HB	7145 Erträge aus Vermögensgegenständen zur Verrechnung nach § 246 Abs. 2 HGB
		Erträge aus Verlustübernahme und auf Grund einer Gewinngemeinschaft, eines Gewinn- oder Teilgewinnabführungsvertrags erhaltene Gewinne
Erträge aus Verlustübernahme	K	7190 Erträge aus Verlustübernahme
Auf Grund einer Gewinngemeinschaft, eines Gewinn- oder Teilgewinnabführungsvertrags erhaltene Gewinne		7192 Erhaltene Gewinne auf Grund einer Gewinngemeinschaft
	G K	7194 Erhaltene Gewinne auf Grund eines Gewinn- oder Teilgewinnabführungsvertrags

SKR 04

GuV-Posten[2]	Programmverbindung[4] Abschlusszweck[4]	7 Weitere Erträge und Aufwendungen
		Abschreibungen auf Finanzanlagen und auf Wertpapiere des Umlaufvermögens
Abschreibungen auf Finanzanlagen und auf Wertpapiere des Umlaufvermögens		7200 Abschreibungen auf Finanzanlagen (dauerhaft)
	HB	7201 Abschreibungen auf Finanzanlagen (nicht dauerhaft)
	G K	7204 Abschreibungen auf Finanzanlagen § 3 Nr. 40 EStG/§ 8b Abs. 3 KStG (dauerhaft)[9]
		7207 Abschreibungen auf Finanzanlagen - verbundene Unternehmen
	G K	7208 Aufwendungen auf Grund von Verlustanteilen an gewerblichen und selbständigen Mitunternehmerschaften, § 8 GewStG bzw. § 18 EStG[23]
		7210 Abschreibungen auf Wertpapiere des Umlaufvermögens
	G K	7214 Abschreibungen auf Wertpapiere des Umlaufvermögens § 3 Nr. 40 EStG/§ 8b Abs. 3 KStG[9]
		7217 Abschreibungen auf Wertpapiere des Umlaufvermögens - verbundene Unternehmen
	SB	7250 Abschreibungen auf Finanzanlagen auf Grund § 6b EStG-Rücklage
	G K SB	7255 Abschreibungen auf Finanzanlagen auf Grund § 6b EStG-Rücklage, § 3 Nr. 40 EStG/§ 8b Abs. 3 KStG[9]
		Zinsen und ähnliche Aufwendungen
Zinsen und ähnliche Aufwendungen	G K	7300 Zinsen und ähnliche Aufwendungen
	G K	7302 Steuerlich nicht abzugsfähige andere Nebenleistungen zu Steuern § 4 Abs. 5b EStG
		7303 Steuerlich abzugsfähige andere Nebenleistungen zu Steuern
	G K	7304 Steuerlich nicht abzugsfähige andere Nebenleistungen zu Steuern
	G K	7305 Zinsaufwendungen § 233a AO abzugsfähig
	G K	7306 Zinsaufwendungen §§ 234 bis 237 AO nicht abzugsfähig
	K	7307 Zinsen aus Abzinsung des Körperschaftsteuer-Erhöhungsbetrags § 38 KStG
	G K	7308 Zinsaufwendungen § 233a AO nicht abzugsfähig
	G K	7309 Zinsaufwendungen an verbundene Unternehmen
	G K	7310 Zinsaufwendungen für kurzfristige Verbindlichkeiten
	G K	7311 Zinsaufwendungen §§ 234 bis 237 AO abzugsfähig
	G	7313 Nicht abzugsfähige Schuldzinsen gemäß § 4 Abs. 4a EStG (Hinzurechnungsbetrag)
	K	7316 Zinsen für Gesellschafterdarlehen
	K	7317 Zinsen an Gesellschafter mit einer Beteiligung von mehr als 25 % bzw. diesen nahe stehende Personen

GuV-Posten[2]	Programmverbindung[4] Abschlusszweck[4]	7 Weitere Erträge und Aufwendungen
Zinsen und ähnliche Aufwendungen	G K	7318 Zinsen auf Kontokorrentkonten
	G K	7319 Zinsaufwendungen für kurzfristige Verbindlichkeiten an verbundene Unternehmen
	G K	7320 Zinsaufwendungen für langfristige Verbindlichkeiten
	G K	7323 Abschreibungen auf Disagio zur Finanzierung
	G K	7324 Abschreibungen auf Disagio zur Finanzierung des Anlagevermögens
	G K	7325 Zinsaufwendungen für Gebäude, die zum Betriebsvermögen gehören
	G K	7326 Zinsen zur Finanzierung des Anlagevermögens
	G K	7327 Renten und dauernde Lasten
	G	7328 Zinsaufwendungen für Kapitalüberlassung durch Mitunternehmer § 15 EStG (mit Sonderbetriebseinnahme korrespondierend)
	G K	7329 Zinsaufwendungen für langfristige Verbindlichkeiten an verbundene Unternehmen
		7330 Zinsähnliche Aufwendungen
		7339 Zinsähnliche Aufwendungen an verbundene Unternehmen
	G K	7340 Diskontaufwendungen
	G K	7349 Diskontaufwendungen an verbundene Unternehmen
	G K	7350 Zinsen und ähnliche Aufwendungen §§ 3 Nr. 40, 3c EStG/§ 8b Abs. 1 und 4 KStG[9][16]
	G K	7351 Zinsen und ähnliche Aufwendungen an verbundene Unternehmen §§ 3 Nr. 40, 3c EStG/§ 8b Abs. 1 KStG[9][16]
		7355 Kreditprovisionen und Verwaltungskostenbeiträge
		7360 Zinsanteil der Zuführungen zu Pensionsrückstellungen
		7361 Zinsaufwendungen aus der Abzinsung von Verbindlichkeiten
		7362 Zinsaufwendungen aus der Abzinsung von Rückstellungen
		7363 Zinsaufwendungen aus der Abzinsung von Pensionsrückstellungen und ähnlichen/vergleichbaren Verpflichtungen
Zinsen und ähnliche Aufwendungen oder *sonstige Zinsen und ähnliche Erträge*	HB	7364 Zinsaufwendungen aus der Abzinsung von Pensionsrückstellungen und ähnlichen/vergleichbaren Verpflichtungen zur Verrechnung nach § 246 Abs. 2 HGB
	HB	7365 Aufwendungen aus Vermögensgegenständen zur Verrechnung nach § 246 Abs. 2 HGB
Zinsen und ähnliche Aufwendungen	G K	7366 Steuerlich nicht abzugsfähige Zinsaufwendungen aus der Abzinsung von Rückstellungen

GuV-Posten[2]	Programmverbindung[4] Abschlusszweck[4]	7 Weitere Erträge und Aufwendungen
		Aufwendungen aus Verlustübernahme und auf Grund einer Gewinngemeinschaft, eines Gewinn- oder Teilgewinnabführungsvertrags abgeführte Gewinne
Aufwendungen aus Verlustübernahme	G K	7390 Aufwendungen aus Verlustübernahme
Auf Grund einer Gewinngemeinschaft, eines Gewinn- oder Teilgewinnabführungsvertrags abgeführte Gewinne		7392 Abgeführte Gewinne auf Grund einer Gewinngemeinschaft
	K	7394 Abgeführte Gewinne auf Grund eines Gewinn- oder Teilgewinnabführungsvertrags
Auf Grund einer Gewinngemeinschaft, eines Gewinn- oder Teilgewinnabführungsvertrags abgeführte Gewinne oder *Erträge aus Verlustübernahme*	G K	7399 Abgeführte Gewinnanteile (Soll)/ ausgeglichene Verlustanteile (Haben) bei stiller Gesellschaft § 8 GewStG
		Sonstige betriebliche Erträge
Sonstige betriebliche Erträge		R 7400
		-01
		R 7450
	K	7451 Erträge durch Verschmelzung und Umwandlung
		R 7452
		-53
		7454 Gewinn aus der Veräußerung oder der Aufgabe von Geschäftsaktivitäten nach Steuern
		Erträge aus der Anwendung von Übergangsvorschriften i. S. d. BilMoG
	HBÜ	7460 Erträge aus der Anwendung von Übergangsvorschriften
		R 7461
		-63
	HBÜ	7464 Erträge aus der Anwendung von Übergangsvorschriften (latente Steuern)

GuV-Posten[2]	Programmverbindung[4] Abschlusszweck[4]	7 Weitere Erträge und Aufwendungen
		Sonstige betriebliche Aufwendungen
Sonstige betriebliche Aufwendungen		R 7500
		R 7501
		R 7550
	K	7551 Verluste durch Verschmelzung und Umwandlung
		7552 Verluste durch außergewöhnliche Schadensfälle
		7553 Aufwendungen für Restrukturierungs- und Sanierungsmaßnahmen
		7554 Verluste aus der Veräußerung oder der Aufgabe von Geschäftsaktivitäten nach Steuern
		Aufwendungen aus der Anwendung von Übergangsvorschriften i. S. d. BilMoG
	HBÜ	7560 Aufwendungen aus der Anwendung von Übergangsvorschriften
	HBÜ	7561 Aufwendungen aus der Anwendung von Übergangsvorschriften (Pensionsrückstellungen)
		R 7562
	HBÜ	7563 Aufwendungen aus der Anwendung von Übergangsvorschriften (Latente Steuern)
		Steuern vom Einkommen und Ertrag
Steuern vom Einkommen und Ertrag	K	7600 Körperschaftsteuer
	K	7603 Körperschaftsteuer für Vorjahre
	K	7604 Körperschaftsteuererstattungen für Vorjahre
	K	7607 Solidaritätszuschlagerstattungen für Vorjahre
	K	7608 Solidaritätszuschlag
	K	7609 Solidaritätszuschlag für Vorjahre
	G K	7610 Gewerbesteuer
	G K	7630 Kapitalertragsteuer 25 %
	G K	7633 Anrechenbarer Solidaritätszuschlag auf Kapitalertragsteuer 25 %
	G K	7638 Ausländische Steuer auf im Inland steuerfreie DBA-Einkünfte
	G K	7639 Anrechnung/Abzug ausländischer Quellensteuer
		R 7640
	G K	7641 Gewerbesteuernachzahlungen und Gewerbesteuererstattungen für Vorjahre, § 4 Abs. 5b EStG
		R 7642
	G K	7643 Erträge aus der Auflösung von Gewerbesteuerrückstellungen, § 4 Abs. 5b EStG
		R 7644
	G K HB	7645 Aufwendungen aus der Zuführung und Auflösung von latenten Steuern
	G K	7646 Aufwendungen aus der Zuführung zu Steuerrückstellungen für Steuerstundung (BStBK)
	G K	7648 Erträge aus der Auflösung von Steuerrückstellungen für Steuerstundung (BStBK)
	G K HB	7649 Erträge aus der Zuführung und Auflösung von latenten Steuern

GuV-Posten[2]	Programmverbindung[4] Abschlusszweck[4]	7 Weitere Erträge und Aufwendungen
		Sonstige Steuern
Sonstige Steuern		7650 Sonstige Betriebssteuern
		7675 Verbrauchsteuer (sonstige Steuern)
		7678 Ökosteuer
		7680 Grundsteuer
		7685 Kfz-Steuer
		7690 Steuernachzahlungen Vorjahre für sonstige Steuern
		7692 Steuererstattungen Vorjahre für sonstige Steuern
		7694 Erträge aus der Auflösung von Rückstellungen für sonstige Steuern
Gewinnvortrag oder *Verlustvortrag*		**7700 Gewinnvortrag nach Verwendung**
		F 7705 Gewinnvortrag nach Verwendung (mit Aufteilung für Kapitalkontenentwicklung)[26]
Gewinnvortrag oder *Verlustvortrag*		**7720 Verlustvortrag nach Verwendung**
		F 7725 Verlustvortrag nach Verwendung (mit Aufteilung für Kapitalkontenentwicklung)[26]
Entnahmen aus der Kapitalrücklage		**7730 Entnahmen aus der Kapitalrücklage**
		Entnahmen aus Gewinnrücklagen
Entnahmen aus Gewinnrücklagen aus der gesetzlichen Rücklage		**7735 Entnahmen aus der gesetzlichen Rücklage**
Entnahmen aus Gewinnrücklagen aus der Rücklage für Anteile an einem herrschenden oder mehrheitlich beteiligten Unternehmen		**7740 Entnahmen aus dem Ausgleichsposten für aktivierte eigene Anteile**
		7743 Entnahmen aus der Rücklage für Anteile an einem herrschenden oder mehrheitlich beteiligten Unternehmen
		7744 Entnahmen aus anderen Ergebnisrücklagen
Entnahmen aus Gewinnrücklagen aus satzungsmäßigen Rücklagen		**7745 Entnahmen aus satzungsmäßigen Rücklagen**
Entnahmen aus Gewinnrücklagen aus anderen Gewinnrücklagen		**7750 Entnahmen aus anderen Gewinnrücklagen**
		F 7751 Entnahmen aus gesamthänderisch gebundenen Rücklagen (mit Aufteilung für Kapitalkontenentwicklung)[26]
Ertrag aus Kapitalherabsetzung	K	**7755 Erträge aus Kapitalherabsetzung**

GuV-Posten[2]	Programmverbindung[4] Abschlusszweck[4]	7 Weitere Erträge und Aufwendungen
Einstellung in die Kapitalrücklage nach den Vorschriften über die vereinfachte Kapitalherabsetzung		**7760 Einstellungen in die Kapitalrücklage nach den Vorschriften über die vereinfachte Kapitalherabsetzung**
		Einstellungen in Gewinnrücklagen
Einstellungen in Gewinnrücklagen in die gesetzliche Rücklage		**7765 Einstellungen in die gesetzliche Rücklage**
Einstellungen in Gewinnrücklagen in die Rücklage für Anteile an einem herrschenden oder mehrheitlich beteiligten Unternehmen		**7770 Einstellungen in den Ausgleichsposten für aktivierte eigene Anteile**
		7773 Einstellungen in die Rücklage für Anteile an einem herrschenden oder mehrheitlich beteiligten Unternehmen
Einstellungen in Gewinnrücklagen in satzungsmäßige Rücklagen		**7775 Einstellungen in satzungsmäßige Rücklagen**
Einstellungen in Gewinnrücklagen in andere Gewinnrücklagen		**7780 Einstellungen in andere Gewinnrücklagen**
		F 7781 Einstellungen in gesamthänderisch gebundene Rücklagen (mit Aufteilung für Kapitalkontenentwicklung)[26]
		7785 Einstellungen in andere Ergebnisrücklagen
Ausschüttung		**7790 Vorabausschüttung**
		R 7795
Sonstige betriebliche Aufwendungen		7800 -99 (zur freien Verfügung)
		R 7900 (reserviertes Konto)

GuV-Posten[2]	Programmverbindung[4] Abschlusszweck[4]	8	Bilanz-Posten[2]	Programmverbindung[4] Abschlusszweck[4]	9 Vortrags-, Kapital-, Korrektur- und statistische Konten
Sonstige betriebliche Aufwendungen		**8000 -8999 Zur freien Verfügung**			KU 9000-9998
					Vortragskonten
					S 9000 Saldenvorträge, Sachkonten
					F 9001 -07 Saldenvorträge, Sachkonten
					S 9008 Saldenvorträge, Debitoren
					S 9009 Saldenvorträge, Kreditoren
					R 9060
					R 9069
					F 9070 Offene Posten aus 2000
					F 9071 Offene Posten aus 2001
					F 9072 Offene Posten aus 2002
					F 9073 Offene Posten aus 2003
					F 9074 Offene Posten aus 2004
					F 9075 Offene Posten aus 2005
					F 9076 Offene Posten aus 2006
					F 9077 Offene Posten aus 2007
					F 9078 Offene Posten aus 2008
					F 9079 Offene Posten aus 2009
					F 9080 Offene Posten aus 2010
					F 9081 Offene Posten aus 2011
					F 9082 Offene Posten aus 2012
					F 9083 Offene Posten aus 2013
					F 9084 Offene Posten aus 2014
					F 9085 Offene Posten aus 2015
					F 9086 Offene Posten aus 2016
					F 9087 Offene Posten aus 2017
					F 9088 Offene Posten aus 2018
					F 9089 Offene Posten aus 2019[1]
					F 9090 Summenvortragskonto
					R 9091 -98
					Statistische Konten für Betriebswirtschaftliche Auswertungen (BWA)
					F 9101 Verkaufstage
					F 9102 Anzahl der Barkunden
					F 9103 Beschäftigte Personen
					F 9104 Unbezahlte Personen
					F 9105 Verkaufskräfte
					F 9106 Geschäftsraum qm
					F 9107 Verkaufsraum qm
					F 9116 Anzahl Rechnungen
					F 9117 Anzahl Kreditkunden monatlich
					F 9118 Anzahl Kreditkunden aufgelaufen
					9120 Erweiterungsinvestitionen
					F 9130 -31 [7]
					9135 Auftragseingang im Geschäftsjahr
					9140 Auftragsbestand
					Variables Kapital Teilhafter
					F 9141 Variables Kapital TH[26]
					F 9142 Variables Kapital - Anteil Teilhafter[26]
					Sammelposten anrechenbare Privatsteuern
					9143 Privatsteuern Kapitalertragsteuer (Sammelposten)[1]
					9144 Privatsteuern Solidaritätszuschlag (Sammelposten)[1]
					9145 Privatsteuern Kirchensteuer (Sammelposten)[1]

Bilanz-Posten[2]	Programmverbindung[4] Abschlusszweck[4]	9 Vortrags-, Kapital-, Korrektur- und statistische Konten
		Kapitaländerungen durch Übertragung einer § 6b EStG Rücklage
	SB	F 9146 Variables Kapital Vollhafter - Übertragung einer § 6b EStG-Rücklage[26]
	SB	F 9147 Variables Kapital Teilhafter - Übertragung einer § 6b EStG-Rücklage[26]
		R 9148 -49
		Andere Kapitalkontenanpassungen: Vollhafter
		F 9150 Festkapital - andere Kapitalkontenanpassungen VH[26]
		F 9151 Variables Kapital - andere Kapitalkontenanpassungen VH[26]
		F 9152 Verlust-/Vortragskonto - andere Kapitalkontenanpassungen VH[26]
		F 9153 Kapitalkonto III - andere Kapitalkontenanpassungen VH[26]
		F 9154 Ausstehende Einlagen auf das Komplementär-Kapital, nicht eingefordert - andere Kapitalkontenanpassungen VH[26]
		F 9155 Verrechnungskonto für Einzahlungsverpflichtungen - andere Kapitalkontenanpassungen VH[26]
		R 9156
		Anrechenbare Privatsteuern Vollhafter, Eigenkapital
		F 9157 Privatsteuern Kapitalertragsteuer (VH)[1][26]
		F 9158 Privatsteuern Solidaritätszuschlag (VH)[1][26]
		F 9159 Privatsteuern Kirchensteuer (VH)[1][26]
		Andere Kapitalkontenanpassungen: Teilhafter
		F 9160 Kommandit-Kapital - andere Kapitalkontenanpassungen TH[26]
		F 9161 Variables Kapital - andere Kapitalkontenanpassungen TH[26]
		F 9162 Verlustausgleichskonto - andere Kapitalkontenanpassungen TH[26]
		F 9163 Kapitalkonto III - andere Kapitalkontenanpassungen TH[26]
		F 9164 Ausstehende Einlagen auf das Kommandit-Kapital, nicht eingefordert - andere Kapitalkontenanpassungen TH[26]
		F 9165 Verrechnungskonto für Einzahlungsverpflichtungen - andere Kapitalkontenanpassungen TH[26]
		R 9166
		Anrechenbare Privatsteuern Teilhafter, Eigenkapital
		F 9167 Privatsteuern Kapitalertragsteuer (TH), EK[1][26]
		F 9168 Privatsteuern Solidaritätszuschlag (TH), EK[1][26]
		F 9169 Privatsteuern Kirchensteuer (TH), EK[1][26]

Bilanz-Posten[2]	Programmverbindung[4] Abschlusszweck[4]	9 Vortrags-, Kapital-, Korrektur- und statistische Konten
		Umbuchungen auf andere Kapitalkonten: Vollhafter
		F 9170 Festkapital - Umbuchungen VH[26]
		F 9171 Variables Kapital - Umbuchungen VH[26]
		F 9172 Verlust-/Vortragskonto - Umbuchungen VH[26]
		F 9173 Kapitalkonto III - Umbuchungen VH[26]
		F 9174 Ausstehende Einlagen auf das Komplementär-Kapital, nicht eingefordert - Umbuchungen VH[26]
		F 9175 Verrechnungskonto für Einzahlungsverpflichtungen - Umbuchungen VH[26]
		R 9176 -79
		Umbuchungen auf andere Kapitalkonten: Teilhafter
		F 9180 Kommandit-Kapital - Umbuchungen TH[26]
		F 9181 Variables Kapital - Umbuchungen TH[26]
		F 9182 Verlustausgleichskonto - Umbuchungen TH[26]
		F 9183 Kapitalkonto III - Umbuchungen TH[26]
		F 9184 Ausstehende Einlagen auf das Kommandit-Kapital, nicht eingefordert - Umbuchungen TH[26]
		F 9185 Verrechnungskonto für Einzahlungsverpflichtungen - Umbuchungen TH[26]
		Anrechenbare Privatsteuern Teilhafter, Fremdkapital
		F 9186 Privatsteuern Kapitalertragsteuer (TH), FK[1][26]
		F 9187 Privatsteuern Solidaritätszuschlag (TH), FK[1][26]
		F 9188 Privatsteuern Kirchensteuer (TH), FK[1][26]
		9189 Verrechnungskonto für Umbuchungen zwischen Gesellschafter-Eigenkapitalkonten[26]
		Gegenkonten zu Statistischen Konten für Betriebswirtschaftliche Auswertungen
		F 9190 Gegenkonto für statistische Mengeneinheiten Konten 9101-9107 und Konten 9116-9118
		9199 Gegenkonto zu Konten 9120, 9135-9140
		Statistische Konten für den Kennziffernteil der Bilanz
		F 9200 Beschäftigte Personen
		F 9201 -08 [7]
		F 9209 Gegenkonto zu 9200
		9210 Produktive Löhne
		9219 Gegenkonto zu 9210

Bilanz-Posten[2)]	Programmverbindung[4)] Abschlusszweck[4)]	9 Vortrags-, Kapital-, Korrektur- und statistische Konten
		Statistische Konten zur informativen Angabe des gezeichneten Kapitals in anderer Währung
Gezeichnetes Kapital in DM	HB	F 9220 Gezeichnetes Kapital in DM (Art. 42 Abs. 3 S. 1 EGHGB)
Gezeichnetes Kapital in Euro	HB	F 9221 Gezeichnetes Kapital in Euro (Art. 42 Abs. 3 S. 2 EGHGB)
	HB	F 9229 Gegenkonto zu 9220-9221
		R 9230
		R 9232
		R 9234
		R 9239
		Statistische Konten für die Kapitalflussrechnung
		9240 Investitionsverbindlichkeiten bei den Leistungsverbindlichkeiten
		9241 Investitionsverbindlichkeiten aus Sachanlagekäufen bei Leistungsverbindlichkeiten
		9242 Investitionsverbindlichkeiten aus Käufen von immateriellen Vermögensgegenständen bei Leistungsverbindlichkeiten
		9243 Investitionsverbindlichkeiten aus Käufen von Finanzanlagen bei Leistungsverbindlichkeiten
		9244 Gegenkonto zu Konto 9240-43
		9245 Forderungen aus Sachanlageverkäufen bei sonstigen Vermögensgegenständen
		9246 Forderungen aus Verkäufen immaterieller Vermögensgegenstände bei sonstigen Vermögensgegenständen
		9247 Forderungen aus Verkäufen von Finanzanlagen bei sonstigen Vermögensgegenständen
		9249 Gegenkonto zu Konto 9245-47
		R 9250
		R 9255
		R 9259
		Aufgliederung der Rückstellungen für die Programme der Wirtschaftsberatung
		9260 Kurzfristige Rückstellungen
		9262 Mittelfristige Rückstellungen
		9264 Langfristige Rückstellungen, außer Pensionen
		9269 Gegenkonto zu Konten 9260-9268
		Statistische Konten für in der Bilanz auszuweisende Haftungsverhältnisse
		9270 Gegenkonto zu 9271-9279 (Soll-Buchung)
		9271 Verbindlichkeiten aus der Begebung und Übertragung von Wechseln
		9272 Verbindlichkeiten aus der Begebung und Übertragung von Wechseln gegenüber verbundenen/assoziierten Unternehmen
		9273 Verbindlichkeiten aus Bürgschaften, Wechsel- und Scheckbürgschaften
		9274 Verbindlichkeiten aus Bürgschaften, Wechsel- und Scheckbürgschaften gegenüber verbundenen/assoziierten Unternehmen
		9275 Verbindlichkeiten aus Gewährleistungsverträgen
		9276 Verbindlichkeiten aus Gewährleistungsverträgen gegenüber verbundenen/assoziierten Unternehmen
		9277 Haftung aus der Bestellung von Sicherheiten für fremde Verbindlichkeiten
		9278 Haftung aus der Bestellung von Sicherheiten für fremde Verbindlichkeiten gegenüber verbundenen/assoziierten Unternehmen
		9279 Verpflichtungen aus Treuhandvermögen
		Statistische Konten für die im Anhang anzugebenden sonstigen finanziellen Verpflichtungen
		9280 Gegenkonto zu 9281-9284
		9281 Verpflichtungen aus Miet- und Leasingverträgen
		9282 Verpflichtungen aus Miet- und Leasingverträgen gegenüber verbundenen Unternehmen
		9283 Andere Verpflichtungen gemäß § 285 Nr. 3a HGB
		9284 Andere Verpflichtungen gemäß § 285 Nr. 3a HGB gegenüber verbundenen Unternehmen
		Unterschiedsbetrag aus der Abzinsung von Altersversorgungsverpflichtungen nach § 253 Abs. 6 HGB
	HB	9285 Unterschiedsbetrag aus der Abzinsung von Altersversorgungsverpflichtungen nach § 253 Abs. 6 HGB (Haben)
	HB	9286 Gegenkonto zu 9285
		Statistische Konten für § 4 Abs. 3 EStG
	EÜR	9287 Zinsen bei Buchungen über Debitoren bei § 4 Abs. 3 EStG[13)]
	EÜR	9288 Mahngebühren bei Buchungen über Debitoren bei § 4 Abs. 3 EStG[13)]
	EÜR	9289 Gegenkonto zu 9287 und 9288[13)]
		9290 Statistisches Konto steuerfreie Auslagen
		9291 Gegenkonto zu 9290
		9292 Statistisches Konto Fremdgeld
		9293 Gegenkonto zu 9292
Einlagen stiller Gesellschafter	G K	9295 Einlagen stiller Gesellschafter
Steuerrechtlicher Ausgleichsposten	SB	9297 Steuerrechtlicher Ausgleichsposten

Bilanz-Posten[2]	Programmverbindung[4] Abschlusszweck[4]	Konto	9 Vortrags-, Kapital-, Korrektur- und statistische Konten
		F 9300-20	[7]
		F 9326-43	[7]
		F 9346-49	[7]
		F 9357-60	[7]
		F 9365-67	[7]
		F 9371-72	[7]
		9390-94	(Zur freien Verfügung)[24]
		F 9395-99	(Zur freien Verfügung)[7]
			Privat Teilhafter (Eigenkapital, für Verrechnung mit Kapitalkonto III - Konto 9840-9849)
		F 9400	Privatentnahmen allgemein
		F 9401-09	Privatentnahmen allgemein[11][14]
		F 9410	Privatsteuern
		F 9411-19	Privatsteuern[11][14]
		F 9420	Sonderausgaben beschränkt abzugsfähig
		F 9421-29	Sonderausgaben beschränkt abzugsfähig[11][14]
		F 9430	Sonderausgaben unbeschränkt abzugsfähig
		F 9431-39	Sonderausgaben unbeschränkt abzugsfähig[11][14]
		F 9440	Zuwendungen, Spenden
		F 9441-49	Zuwendungen, Spenden[11][14]
		F 9450	Außergewöhnliche Belastungen
		F 9451-59	Außergewöhnliche Belastungen[11][14]
		F 9460	Grundstücksaufwand
		F 9461-69	Grundstücksaufwand[11][14]
		F 9470	Grundstücksertrag
		F 9471-79	Grundstücksertrag[11][14]
		F 9480	Unentgeltliche Wertabgaben
		F 9481-89	Unentgeltliche Wertabgaben[11][14]
		F 9490	Privateinlagen
		F 9491-99	Privateinlagen[11][14]
			Statistische Konten für die Kapitalkontenentwicklung
		F 9500	Anteil für Konto 2000 Vollhafter
		F 9501-09	Anteil für Konto 2001-09 Vollhafter[11][14]
		F 9510	Anteil für Konto 2010 Vollhafter
		F 9511-19	Anteil für Konto 2011-19 Vollhafter[11][14]
	HB	F 9520	Anteil für Konto 2020 Vollhafter
	HB	F 9521-29	Anteil für Konto 2021-29 Vollhafter[11][14]
		F 9530	Anteil für Konto 9810 Vollhafter
		F 9531-39	Anteil für Konto 9811-19 Vollhafter[11][14]
		F 9540	Anteil für Konto 0060 Vollhafter
		F 9541-49	Anteil für Konto 0061-69 Vollhafter[11][14]
		F 9550	Anteil für Konto 2050 Teilhafter
		F 9551-59	Anteil für Konto 2051-59 Teilhafter[11][14]
		F 9560	Anteil für Konto 2060 Teilhafter
		F 9561-69	Anteil für Konto 2061-69 Teilhafter[11][14]
	HB	F 9570	Anteil für Konto 2070 Teilhafter
	HB	F 9571-79	Anteil für Konto 2071-79 Teilhafter[11][14]
		F 9580	Anteil für Konto 9820 Vollhafter
		F 9581-89	Anteil für Konto 9821-29 Vollhafter[11][14]
		F 9590	Anteil für Konto 0080 Teilhafter
		F 9591-99	Anteil für Konto 0081-89 Teilhafter[11][14]
		F 9600	Name des Gesellschafters Vollhafter
		F 9601-09	Name des Gesellschafters Vollhafter[11][14]
		F 9610	Tätigkeitsvergütung Vollhafter
		F 9611-19	Tätigkeitsvergütung Vollhafter[11][14]
		F 9620	Tantieme Vollhafter
		F 9621-29	Tantieme Vollhafter[11][14]
		F 9630	Darlehensverzinsung Vollhafter
		F 9631-39	Darlehensverzinsung Vollhafter[11][14]
		F 9640	Gebrauchsüberlassung Vollhafter
		F 9641-49	Gebrauchsüberlassung Vollhafter[11][14]
		F 9650	Sonstige Vergütungen Vollhafter
		F 9651-59	Sonstige Vergütungen Vollhafter[11][14]
		F 9660	Sonstige Vergütungen Vollhafter
		F 9661-69	Sonstige Vergütungen Vollhafter[11][14]
		F 9670	Sonstige Vergütungen Vollhafter
		F 9671-79	Sonstige Vergütungen Vollhafter[11][14]
		F 9680	Sonstige Vergütungen Vollhafter
		F 9681-89	Sonstige Vergütungen Vollhafter[11][14]
		F 9690	Restanteil Vollhafter
		F 9691-99	Restanteil Vollhafter[11][14]
		F 9700	Name des Gesellschafters Teilhafter
		F 9701-09	Name des Gesellschafters Teilhafter[11][14]
		F 9710	Tätigkeitsvergütung Teilhafter
		F 9711-19	Tätigkeitsvergütung Teilhafter[11][14]
		F 9720	Tantieme Teilhafter
		F 9721-29	Tantieme Teilhafter[11][14]
		F 9730	Darlehensverzinsung Teilhafter
		F 9731-39	Darlehensverzinsung Teilhafter[11][14]
		F 9740	Gebrauchsüberlassung Teilhafter
		F 9741-49	Gebrauchsüberlassung Teilhafter[11][14]
		F 9750	Sonstige Vergütungen Teilhafter
		F 9751-59	Sonstige Vergütungen Teilhafter[11][14]
		F 9760	Sonstige Vergütungen Teilhafter
		F 9761-69	Sonstige Vergütungen Teilhafter[11][14]
		F 9770	Sonstige Vergütungen Teilhafter
		F 9771-79	Sonstige Vergütungen Teilhafter[11][14]

Bilanz-Posten[2]	Programmverbindung[4] Abschlusszweck[4]	9 Vortrags-, Kapital-, Korrektur- und statistische Konten
		F 9780 Anteil für Konto 9840 Teilhafter
		F 9781 -89 Anteil für Konto 9841-49 Teilhafter[11,14]
		F 9790 Restanteil Teilhafter
		F 9791 -99 Restanteil Teilhafter[11,14]
		F 9800 Abstimmsummenkonto für den Import von Buchungssätzen
		Rücklagen, Gewinn-, Verlustvortrag
		F 9802 Gesamthänderisch gebundene Rücklagen - andere Kapitalkontenanpassungen[26]
		F 9803 Gewinnvortrag/Verlustvortrag - andere Kapitalkontenanpassungen[26]
		F 9804 Gesamthänderisch gebundene Rücklagen - Umbuchungen[26]
		F 9805 Gewinnvortrag/Verlustvortrag - Umbuchungen[26]
		Statistische Anteile an den Posten Jahresüberschuss/ -fehlbetrag bzw. Bilanzgewinn/ -verlust
	SB	F 9806 Zuzurechnender Anteil am Jahresüberschuss/Jahresfehlbetrag - je Gesellschafter[26]
	SB	F 9807 Zuzurechnender Anteil am Bilanzgewinn/Bilanzverlust - je Gesellschafter[26]
	SB	F 9808 Gegenkonto für zuzurechnenden Anteil am Jahresüberschuss/ Jahresfehlbetrag[26]
	SB	F 9809 Gegenkonto für zuzurechnenden Anteil am Bilanzgewinn/Bilanzverlust[26]
		Kapital Personenhandelsgesellschaft Vollhafter
		F 9810 Kapitalkonto III
		F 9811 -19 Kapitalkonto III[11,14]
		F 9820 Verlust-/Vortragskonto
		F 9821 -29 Verlust-/Vortragskonto[11,14]
		F 9830 Verrechnungskonto für Einzahlungsverpflichtungen
		F 9831 -39 Verrechnungskonto für Einzahlungsverpflichtungen[11,14]
		Kapital Personenhandelsgesellschaft Teilhafter
		F 9840 Kapitalkonto III
		F 9841 -49 Kapitalkonto III[11,14]
		F 9850 Verrechnungskonto für Einzahlungsverpflichtungen
		F 9851 -59 Verrechnungskonto für Einzahlungsverpflichtungen[11,14]
		Einzahlungsverpflichtungen im Bereich der Forderungen
		F 9860 Einzahlungsverpflichtungen persönlich haftender Gesellschafter
		F 9861 -69 Einzahlungsverpflichtungen persönlich haftender Gesellschafter[11,14]
		F 9870 Einzahlungsverpflichtungen Kommanditisten
		F 9871 -79 Einzahlungsverpflichtungen Kommanditisten[11,14]

Bilanz-Posten[2]	Programmverbindung[4] Abschlusszweck[4]	9 Vortrags-, Kapital-, Korrektur- und statistische Konten
		Ausgleichsposten für aktivierte eigene Anteile und Bilanzierungshilfen
		9880 Ausgleichsposten für aktivierte eigene Anteile
		R 9882
		Nicht durch Vermögenseinlagen gedeckte Entnahmen
		F 9883 Nicht durch Vermögenseinlagen gedeckte Entnahmen persönlich haftender Gesellschafter
		F 9884 Nicht durch Vermögenseinlagen gedeckte Entnahmen Kommanditisten
		Verrechnungskonto für nicht durch Vermögenseinlagen gedeckte Entnahmen
		F 9885 Verrechnungskonto für nicht durch Vermögenseinlagen gedeckte Entnahmen persönlich haftender Gesellschafter
		F 9886 Verrechnungskonto für nicht durch Vermögenseinlagen gedeckte Entnahmen Kommanditisten
		Steueraufwand der Gesellschafter
		9887 Steueraufwand der Gesellschafter
		9889 Gegenkonto zu 9887
		Statistische Konten für Gewinnzuschlag
	SB	9890 Statistisches Konto für den Gewinnzuschlag nach §§ 6b, 6c EStG (Haben)
	G K SB	9891 Statistisches Konto für den Gewinnzuschlag nach §§ 6b, 6c EStG (Soll) - Gegenkonto zu 9890
		Veränderung der gesamthänderisch gebundenen Rücklagen (Einlagen/Entnahmen)
		F 9892 Veränderung der gesamthänderisch gebundenen Rücklagen (Einlagen/Entnahmen)[26]
		Vorsteuer-/Umsatzsteuerkonten zur Korrektur der Forderungen/Verbindlichkeiten (EÜR)
	EÜR	9893 Umsatzsteuer in den Forderungen zum allgemeinen Umsatzsteuersatz (EÜR)[13]
	EÜR	9894 Umsatzsteuer in den Forderungen zum ermäßigten Umsatzsteuersatz (EÜR)[13]
	EÜR	9895 Gegenkonto 9893-9894 für die Aufteilung der Umsatzsteuer (EÜR)[13]
	EÜR	9896 Vorsteuer in den Verbindlichkeiten zum allgemeinen Umsatzsteuersatz (EÜR)[13]
	EÜR	9897 Vorsteuer in den Verbindlichkeiten zum ermäßigten Umsatzsteuersatz (EÜR)[13]
	EÜR	9899 Gegenkonto 9896-9897 für die Aufteilung der Vorsteuer (EÜR)[13]

Bilanz-Posten[2]	Programmverbindung[4] Abschlusszweck[4]	9 Vortrags-, Kapital-, Korrektur- und statistische Konten
		Statistische Konten zu § 4 (4a) EStG
	EÜR	9910 Gegenkonto zur Minderung der Entnahmen § 4 (4a) EStG
	EÜR	9911 Minderung der Entnahmen § 4 (4a) EStG (Haben)
	EÜR	9912 Erhöhung der Entnahmen § 4 (4a) EStG
	EÜR	9913 Gegenkonto zur Erhöhung der Entnahmen § 4 (4a) EStG (Haben)
		Statistische Konten für den außerhalb der Bilanz zu berücksichtigenden Investitionsabzugsbetrag nach § 7g EStG
	G K SB	9916 Hinzurechnung Investitionsabzugsbetrag § 7g Abs. 2 EStG aus dem 2. vorangegangenen Wirtschaftsjahr, außerbilanziell (Haben)
	G K SB	9917 Hinzurechnung Investitionsabzugsbetrag § 7g Abs. 2 EStG aus dem 3. vorangegangenen Wirtschaftsjahr, außerbilanziell (Haben)
	SB	9918 Rückgängigmachung Investitionsabzugsbetrag § 7g Abs. 3, 4 EStG im 2. vorangegangenen Wirtschaftsjahr
	K SB	9919 Rückgängigmachung Investitionsabzugsbetrag § 7g Abs. 3, 4 EStG im 3. vorangegangenen Wirtschaftsjahr
		Konten zu Bewertungskorrekturen
Forderungen aus Lieferungen und Leistungen		9960 Bewertungskorrektur zu Forderungen aus Lieferungen und Leistungen
Sonstige Verbindlichkeiten		9961 Bewertungskorrektur zu sonstigen Verbindlichkeiten
Kassenbestand, Bundesbankguthaben, Guthaben bei Kreditinstituten und Schecks		9962 Bewertungskorrektur zu Guthaben bei Kreditinstituten
Verbindlichkeiten gegenüber Kreditinstituten		9963 Bewertungskorrektur zu Verbindlichkeiten gegenüber Kreditinstituten
Verbindlichkeiten aus Lieferungen und Leistungen		9964 Bewertungskorrektur zu Verbindlichkeiten aus Lieferungen und Leistungen
Sonstige Vermögensgegenstände		9965 Bewertungskorrektur zu sonstigen Vermögensgegenständen
		Statistische Konten für den außerhalb der Bilanz zu berücksichtigenden Investitionsabzugsbetrag nach § 7g EStG
	G K SB	9970 Investitionsabzugsbetrag § 7g Abs. 1 EStG, außerbilanziell (Soll)
	SB	9971 Investitionsabzugsbetrag § 7g Abs. 1 EStG, außerbilanziell (Haben) - Gegenkonto zu 9970
	G K SB	9972 Hinzurechnung Investitionsabzugsbetrag § 7g Abs. 2 EStG aus dem vorangegangenen Wirtschaftsjahr, außerbilanziell (Haben)
	SB	9973 Hinzurechnung Investitionsabzugsbetrag § 7g Abs. 2 EStG aus den vorangegangenen Wirtschaftsjahren, außerbilanziell (Soll) - Gegenkonto zu 9972, 9916, 9917
	SB	9974 Rückgängigmachung Investitionsabzugsbetrag § 7g Abs. 3, 4 EStG im vorangegangenen Wirtschaftsjahr
	SB	9975 Rückgängigmachung Investitionsabzugsbetrag § 7g Abs. 3, 4 EStG in den vorangegangenen Wirtschaftsjahren - Gegenkonto zu 9974, 9918, 9919
		Statistische Konten für die Zinsschranke § 4h EStG/§ 8a KStG
	G SB	9976 Nicht abzugsfähige Zinsaufwendungen gemäß § 4h EStG (Haben)
	SB	9977 Nicht abzugsfähige Zinsaufwendungen gemäß § 4h EStG (Soll) - Gegenkonto zu 9976
	G SB	9978 Abziehbare Zinsaufwendungen aus Vorjahren gemäß § 4h EStG (Soll)
	SB	9979 Abziehbare Zinsaufwendungen aus Vorjahren gemäß § 4h EStG (Haben) - Gegenkonto zu 9978
		Statistische Konten für den GuV-Ausweis in „Gutschrift bzw. Belastung auf Verbindlichkeitskonten" bei den Zuordnungstabellen für PersHG nach KapCoRiLiG
		9980 Anteil Belastung auf Verbindlichkeitskonten
		9981 Verrechnungskonto für Anteil Belastung auf Verbindlichkeitskonten
		9982 Anteil Gutschrift auf Verbindlichkeitskonten
		9983 Verrechnungskonto für Anteil Gutschrift auf Verbindlichkeitskonten

Bilanz-Posten[2]	Programmverbindung[4] Abschlusszweck[4]	9 Vortrags-, Kapital-, Korrektur- und statistische Konten
		Statistische Konten für die Gewinnkorrektur nach § 60 Abs. 2 EStDV
	G K HB	9984 Gewinnkorrektur nach § 60 Abs. 2 EStDV - Erhöhung handelsrechtliches Ergebnis durch Habenbuchung - Minderung handelsrechtliches Ergebnis durch Sollbuchung
	HB	9985 Gegenkonto zu 9984
		Statistische Konten für Korrekturbuchungen in der Überleitungsrechnung
		9986 Ergebnisverteilung auf Fremdkapital
		9987 Bilanzberichtigung
		9989 Gegenkonto zu 9986-9988
		Statistische Konten für außergewöhnliche und aperiodische Geschäftsvorfälle für Anhangsangabe nach § 285 Nr. 31 und Nr. 32 HGB
		9990 Erträge von außergewöhnlicher Größenordnung oder Bedeutung
		9991 Erträge (aperiodisch)
		9992 Erträge von außergewöhnlicher Größenordnung oder Bedeutung (aperiodisch)
		9993 Aufwendungen von außergewöhnlicher Größenordnung oder Bedeutung
		9994 Aufwendungen (aperiodisch)
		9995 Aufwendungen von außergewöhnlicher Größenordnung oder Bedeutung (aperiodisch)
		9998 Gegenkonto zu 9990-9997
		Personenkonten
Sollsalden: Forderungen aus Lieferungen und Leistungen *Habensalden: Sonstige Verbindlichkeiten*		10000 -69999 = Debitoren
Habensalden: Verbindlichkeiten aus Lieferungen und Leistungen *Sollsalden: Sonstige Vermögensgegenstände*		70000 -99999 = Kreditoren

Erläuterungen zu den Kontenfunktionen:

Zusatzfunktionen (über einer Kontenklasse)**:**

KU Keine Errechnung der Umsatzsteuer möglich
V Zusatzfunktion „Vorsteuer"
M Zusatzfunktion „Umsatzsteuer"

Hauptfunktionen (vor einem Konto)

AV Automatische Errechnung der Vorsteuer
AM Automatische Errechnung der Umsatzsteuer
S Sammelkonten
F Konten mit allgemeiner Funktion
R Diese Konten dürfen erst dann bebucht werden, wenn ihnen eine andere Funktion zugeteilt wurde.

Hinweise zu den Konten sind durch Fußnoten gekennzeichnet:

1) Konto für das Buchungsjahr 2019 neu eingeführt.

2) Bilanz- und GuV-Posten große Kapitalgesellschaft GuV-Gesamtkostenverfahren Tabelle S4004.

3) Diese Konten können mit BU-Schlüssel 10 bebucht werden. Das EU-Land und der ausländische Steuersatz werden über das EU-Fenster eingegeben.

4) Kontenbezogene Kennzeichnung der Programmverbindung in Rechnungswesen-Programmen zu Umsatzsteuererklärung (U), Gewerbesteuer (G) und Körperschaftsteuer (K).
Da bei Erstellung des SKR-Formulars die Steuererklärungsformulare noch nicht vorlagen, können sich Abweichungen zwischen den in der Programmverbindung berücksichtigten Konten und den Programmverbindungskennzeichen ergeben.
Abschlusszweck:
HBÜ Diese Konten sollten ausschließlich für die Handelsbilanz zur Anwendung von BilMoG-Übergangsvorschriften gebucht werden.
HB Diese Konten sollten ausschließlich für die Handelsbilanz gebucht werden.
SB Diese Konten sollten ausschließlich für die Steuerbilanz gebucht werden.
EÜR Diese Konten sollten ausschließlich für die Gewinnermittlung nach § 4 Abs. 3 EStG gebucht werden.

5) Dieses Konto kann mit BU-Schlüssel 44 bebucht werden. Das EU-Land und der ausländische Steuersatz werden über das EU-Fenster eingegeben.

6) Das Konto gilt als Hauptkonto für Sachverhalte, die in diesen Kontenbereichen nicht als spezieller Sachverhalt auf Einzelkonten dargestellt sind.

7) Diese Konten werden für die BWA-Form 10 sowie Branchen-BWA-Formen mit statistischen Mengeneinheiten bebucht und wurden mit der Umrechnungssperre, Funktion 18000, belegt.

8) Kontenbeschriftung in 2019 geändert.

9) An der Schnittstelle zu GewSt werden ab VAZ 2009 die Erträge zu 40 % als steuerfrei und die Aufwendungen zu 40 % als nicht abziehbar behandelt. An der Schnittstelle zur KSt werden die Erträge zu 100 % als steuerfrei und die Aufwendungen zu 100 % als nicht abziehbar behandelt.
Siehe §§ 3 Nr. 40, 3c EStG, § 8b KStG.

10) Diese Konten haben ab Buchungsjahr 2005 nicht mehr die Zusatzfunktion KU. Bitte verwenden Sie diese Konten nur noch in Verbindung mit einem Gegenkonto mit Geldkontenfunktion.

11) Das Konto wird nur noch für Auswertungen mit Vorjahresvergleich benötigt und wird im folgenden Jahr gelöscht.

12) frei

13) Das Konto wurde für die Gewinnermittlung nach § 4 Abs. 3 EStG eingeführt.
Nach § 60 Abs. 4 EStDV ist bei einer Gewinnermittlung nach § 4 Abs. 3 EStG der Steuererklärung ein amtlich vorgeschriebener Vordruck beizufügen, Einnahmenüberschussrechnung -EÜR-.

14) Ab dem Buchungsjahr 2019 dürfen die Konten nicht mehr bebucht werden. Mehr Infos dazu finden Sie im Dokument 1000273.

15) Das Konto wurde zur Aufteilung nach Steuersätzen am Jahresende eingerichtet und sollte unterjährig nicht bebucht werden. Beachten Sie die Buchungsregeln im Dokument 0906057.

16) Das Konto wird in KSt nur bei Organgesellschaften berücksichtigt.

17) Das Konto wird in Körperschaftsteuer ausschließlich in die Positionen „Eigen-/Nennkapital zum Schluss des vorangegangenen Wirtschaftsjahres" übernommen.

18) Da das EÜR-Formular einen differenzierten Ausweis der Reisekosten und Fahrzeugkosten fordert, darf dieses Konto von EÜR-Anwendern nicht genutzt werden.
19) frei
20) frei
21) Diese Konten können mit BU-Schlüssel 94 (Konto mit Vorsteuerabzug) bzw. mit BU-Schlüssel 95 (Konto ohne Vorsteuerabzug) gebucht werden. Der Tatbestand des § 13b UStG ist anschließend zu erfassen.
22) Ab dem Buchungsjahr 2019 dürfen die Konten nur noch für Einzelunternehmer verwendet werden. Mehr Infos dazu finden Sie im Dokument 1000273.
23) Diese Konten fließen im EÜR-Formular in die Zeile Ergebnisanteile aus Beteiligungen an Personengesellschaften.
24) Diese Konten werden für die BWA-Formen der Branchenlösung bebucht.
25) frei
26) Dieses Konto können Sie nur für die neue Kapitalkontenentwicklung nutzen. Mehr Infos dazu finden Sie im Dokument 1080582.
27) frei
28) Das Konto wird in Bilanz/GuV nur in den Zuordnungstabellen für Sonderbilanzen abgefragt.

Eine Übersicht aller Steuer-/Buchungsschlüssel erhalten Sie im Rechnungswesen-Programm über die Tastenkombination **Umschalt + F3** im Feld **BU/Gegenkonto** in der Buchungszeile. Weitere Informationen finden Sie im Dokument 9231347 in der Info-Datenbank.

Bedeutung der Steuerschlüssel:

1 Umsatzsteuerfrei (mit Vorsteuerabzug)
2 Umsatzsteuer 7 %
3 Umsatzsteuer 19 %
4 gesperrt
5 Umsatzsteuer 16 %
6 gesperrt
7 Vorsteuer 16 %
8 Vorsteuer 7 %
9 Vorsteuer 19 %

Bedeutung der Berichtigungsschlüssel:

1 Steuerschlüssel bei Buchungen mit einem EU-Tatbestand ab Buchungsjahr 1993
4 Aufhebung der Automatik
5 Individueller Umsatzsteuer-Schlüssel
9 Aufzuteilende Vorsteuer

Bedeutung der Steuerschlüssel bei Buchungen mit einem EU-Tatbestand (6. und 7. Stelle des Gegenkontos):

10	nicht steuerbarer Umsatz in Deutschland (Steuerpflicht im anderen EU-Land)			
11	Umsatzsteuerfrei (mit Vorsteuerabzug)			
12	Umsatzsteuer	7 %		
13	Umsatzsteuer	19 %		
15	Umsatzsteuer	16 %		
17	Umsatzsteuer	16 %	Vorsteuer	16 %
18	Umsatzsteuer	7 %	Vorsteuer	7 %
19	Umsatzsteuer	19 %	Vorsteuer	19 %

Bedeutung der Steuerschlüssel 91/92/94/95 und 46 (6. und 7. Stelle des Gegenkontos)

Umsatzsteuerschlüssel für die Verbuchung von Umsätzen, für die der Leistungsempfänger die Steuer nach § 13b UStG schuldet.

Bedeutung der Steuerschlüssel beim Leistungsempfänger:

91 7 % Vorsteuer und 7 % Umsatzsteuer
92 ohne Vorsteuer und 7 % Umsatzsteuer
94 19 % Vorsteuer und 19 % Umsatzsteuer
95 ohne Vorsteuer und 19 % Umsatzsteuer

Die Unterscheidung der verschiedenen Sachverhalte nach § 13b UStG erfolgt nach Eingabe des Steuerschlüssels direkt bei der Erfassung des Buchungssatzes.
Hier erfolgt auch die Eingabe, falls Sie ab Buchungsjahr 2007 noch die Steuerrechnung mit 16 % benötigen.

Beim Leistenden:

46 Ausweis Kennzahl 60 oder 68 der UStVA

Bedeutung des Steuerschlüssels 47

Umsatzsteuerschlüssel für die Verbuchung von Erlösen aus im anderen EU-Land steuerpflichtigen sonstigen Leistungen, für die der Leistungsempfänger die Umsatzsteuer schuldet.

47 Ausweis ZM und Kennzahl 21 der UStVA

Bedeutung des Steuerschlüssels 44

Umsatzsteuerschlüssel für die Verbuchung von im anderen EU-Land steuerpflichtigen elektronischen Dienstleistungen.

44 Ausweis MOSS und Kennzahl 45 der UStVA

Erläuterungen zur Kennzeichnung von Konten für die Programmverbindung zwischen Rechnungswesen-Programmen und Steuerprogrammen:

Die Erweiterung des Standardkontenrahmens um zusätzliche Konten und besondere Kennzeichen verbessert weiter die Integration der DATEV-Programme und erleichtert die Arbeit für Anwender von Rechnungswesen-Programmen, die gleichzeitig DATEV-Steuerprogramme nutzen. Steuerliche Belange können bereits während des Kontierens stärker berücksichtigt werden.

In der Spalte Programmverbindung werden die Konten gekennzeichnet, die über die Schnittstelle in Rechnungswesen-Programmen an das entsprechende Steuerprogramm Umsatzsteuererklärung (U), Gewerbesteuer (G) und Körperschaftsteuer (K) weitergegeben und an entsprechender Stelle der Steuerberechnung zu Grunde gelegt werden.

Die Kennzeichnung „G" und „K" an Standardkonten umfasst für die Weitergabe an Gewerbesteuer und Körperschaftsteuer auch die nachfolgenden Konten bis zum nächsten standardmäßig belegten Konto.

Die Kennzeichnung "U" an Standardkonten steht für die Weitergabe an das Programm Umsatzsteuererklärung. Kontenbereiche werden nur weitergegeben, wenn sie im Standardkontenrahmen ausgewiesen sind (z. B. AM 4300-09).

Nicht gekennzeichnet sind solche Konten, die lediglich eine rechnerische Hilfsfunktion im steuerlichen Sinne ausüben wie Löhne und Gehälter sowie Umsätze für die Berechnung des zulässigen Spendenabzugs im Rahmen von Gewerbesteuer und Körperschaftsteuer.

Abgebildet wird mit den Kennzeichen die Programmverbindung, nicht der steuerliche Ursprung. Die Gewerbesteuer-Berechnung für Körperschaften ist in das Produkt Körperschaftsteuer integriert. Daher ist an Konten mit gewerbesteuerlichem Merkmal auch ein „K" für diese Programmverbindung zu finden.

DATEV-Kontenrahmen nach dem Bilanzrichtlinie-Umsetzungsgesetz
Standardkontenrahmen - Prozessgliederungsprinzip (SKR 03)
Gültig für 2019

DATEV

Bilanz-Posten[2]	Programm-verbindung[4] Abschluss-zweck[4]	0 Anlage- und Kapitalkonten
		KU 0600-0800 KU 0809 KU 0819-0963 KU 0968-0969 KU 0987-0989 KU 0996-0999
		R 0001
		0005 Rückständige fällige Einzahlungen auf Geschäftsanteile
		Immaterielle Vermögensgegenstände
Entgeltlich erworbene Konzessionen, gewerbliche Schutzrechte und ähnliche Rechte und Werte sowie Lizenzen an solchen Rechten und Werten		**0010 Entgeltlich erworbene Konzessionen, gewerbliche Schutzrechte und ähnliche Rechte und Werte sowie Lizenzen an solchen Rechten und Werten** 0015 Konzessionen 0020 Gewerbliche Schutzrechte 0025 Ähnliche Rechte und Werte 0027 EDV-Software 0030 Lizenzen an gewerblichen Schutzrechten und ähnlichen Rechten und Werten
Geschäfts- oder Firmenwert		**0035 Geschäfts- oder Firmenwert**
Geleistete Anzahlungen		**0038 Anzahlungen auf Geschäfts- oder Firmenwert** **0039 Geleistete Anzahlungen auf immaterielle Vermögensgegenstände**
Geschäfts- oder Firmenwert		**0040 Verschmelzungsmehrwert**
Selbst geschaffene gewerbliche Schutzrechte und ähnliche Rechte und Werte	HB HB HB HB HB HB	**0043 Selbst geschaffene immaterielle Vermögensgegenstände** 0044 EDV-Software 0045 Lizenzen und Franchiseverträge 0046 Konzessionen und gewerbliche Schutzrechte 0047 Rezepte, Verfahren, Prototypen 0048 Immaterielle Vermögensgegenstände in Entwicklung
		Sachanlagen
Grundstücke, grundstücksgleiche Rechte und Bauten einschließlich der Bauten auf fremden Grundstücken		**0050 Grundstücke, grundstücksgleiche Rechte und Bauten einschließlich der Bauten auf fremden Grundstücken** 0059 Grundstücksanteil des häuslichen Arbeitszimmers **0060 Grundstücksgleiche Rechte ohne Bauten** 0065 Unbebaute Grundstücke 0070 Grundstücksgleiche Rechte (Erbbaurecht, Dauerwohnrecht, unbebaute Grundstücke) 0075 Grundstücke mit Substanzverzehr
Geleistete Anzahlungen und Anlagen im Bau		0079 Anzahlungen auf Grundstücke und grundstücksgleiche Rechte ohne Bauten

Bilanz-Posten[2]	Programm-verbindung[4] Abschluss-zweck[4]	0 Anlage- und Kapitalkonten
Grundstücke, grundstücksgleiche Rechte und Bauten einschließlich der Bauten auf fremden Grundstücken		**0080 Bauten auf eigenen Grundstücken und grundstücksgleichen Rechten** 0085 Grundstückswerte eigener bebauter Grundstücke 0090 Geschäftsbauten 0100 Fabrikbauten 0110 Garagen 0111 Außenanlagen für Geschäfts-, Fabrik- und andere Bauten 0112 Hof- und Wegebefestigungen 0113 Einrichtungen für Geschäfts-, Fabrik- und andere Bauten 0115 Andere Bauten
Geleistete Anzahlungen und Anlagen im Bau		0120 Geschäfts-, Fabrik- und andere Bauten im Bau auf eigenen Grundstücken 0129 Anzahlungen auf Geschäfts-, Fabrik- und andere Bauten auf eigenen Grundstücken und grundstücksgleichen Rechten
Grundstücke, grundstücksgleiche Rechte und Bauten einschließlich der Bauten auf fremden Grundstücken		0140 Wohnbauten 0145 Garagen 0146 Außenanlagen 0147 Hof- und Wegebefestigungen 0148 Einrichtungen für Wohnbauten 0149 Gebäudeteil des häuslichen Arbeitszimmers
Geleistete Anzahlungen und Anlagen im Bau		0150 Wohnbauten im Bau auf eigenen Grundstücken 0159 Anzahlungen auf Wohnbauten auf eigenen Grundstücken und grundstücksgleichen Rechten
Grundstücke, grundstücksgleiche Rechte und Bauten einschließlich der Bauten auf fremden Grundstücken		**0160 Bauten auf fremden Grundstücken** 0165 Geschäftsbauten 0170 Fabrikbauten 0175 Garagen 0176 Außenanlagen 0177 Hof- und Wegebefestigungen 0178 Einrichtungen für Geschäfts-, Fabrik-, Wohn- und andere Bauten 0179 Andere Bauten
Geleistete Anzahlungen und Anlagen im Bau		0180 Geschäfts-, Fabrik- und andere Bauten im Bau auf fremden Grundstücken 0189 Anzahlungen auf Geschäfts-, Fabrik- und andere Bauten auf fremden Grundstücken
Grundstücke, grundstücksgleiche Rechte und Bauten einschließlich der Bauten auf fremden Grundstücken		0190 Wohnbauten 0191 Garagen 0192 Außenanlagen 0193 Hof- und Wegebefestigungen 0194 Einrichtungen für Wohnbauten
Geleistete Anzahlungen und Anlagen im Bau		0195 Wohnbauten im Bau auf fremden Grundstücken 0199 Anzahlungen auf Wohnbauten auf fremden Grundstücken

Bilanz-Posten[2]	Programmverbindung[4] Abschlusszweck[4]	0 Anlage- und Kapitalkonten
Technische Anlagen und Maschinen		**0200 Technische Anlagen und Maschinen** 0210 Maschinen 0220 Maschinengebundene Werkzeuge 0240 Technische Anlagen 0260 Transportanlagen und Ähnliches 0280 Betriebsvorrichtungen
Geleistete Anzahlungen und Anlagen im Bau		0290 Technische Anlagen und Maschinen im Bau 0299 Anzahlungen auf technische Anlagen und Maschinen
Andere Anlagen, Betriebs- und Geschäftsausstattung		**0300 Andere Anlagen, Betriebs- und Geschäftsausstattung** 0310 Andere Anlagen 0320 Pkw 0350 Lkw 0380 Sonstige Transportmittel 0400 Betriebsausstattung 0410 Geschäftsausstattung 0420 Büroeinrichtung 0430 Ladeneinrichtung 0440 Werkzeuge 0450 Einbauten in fremde Grundstücke 0460 Gerüst- und Schalungsmaterial 0480 Geringwertige Wirtschaftsgüter 0485 Wirtschaftsgüter (Sammelposten) 0490 Sonstige Betriebs- und Geschäftsausstattung
Geleistete Anzahlungen und Anlagen im Bau		0498 Andere Anlagen, Betriebs- und Geschäftsausstattung im Bau 0499 Anzahlungen auf andere Anlagen, Betriebs- und Geschäftsausstattung
		Finanzanlagen
Anteile an verbundenen Unternehmen		0500 Anteile an verbundenen Unternehmen (Anlagevermögen) 0501 Anteile an verbundenen Unternehmen, Personengesellschaften 0502 Anteile an verbundenen Unternehmen, Kapitalgesellschaften 0503 Anteile an herrschender oder mehrheitlich beteiligter Gesellschaft, Kapitalgesellschaften 0504 Anteile an herrschender oder mehrheitlich beteiligter Gesellschaft
Ausleihungen an verbundene Unternehmen		0505 Ausleihungen an verbundene Unternehmen 0506 Ausleihungen an verbundene Unternehmen, Personengesellschaften 0507 Ausleihungen an verbundene Unternehmen, Kapitalgesellschaften 0508 Ausleihungen an verbundene Unternehmen, Einzelunternehmen
Anteile an verbundenen Unternehmen		0509 Anteile an herrschender oder mehrheitlich beteiligter Gesellschaft, Personengesellschaften
Beteiligungen		0510 Beteiligungen 0513 Typisch stille Beteiligungen 0516 Atypisch stille Beteiligungen 0517 Beteiligungen an Kapitalgesellschaften 0518 Beteiligungen an Personengesellschaften 0519 Beteiligung einer GmbH & Co. KG an einer Komplementär GmbH

Bilanz-Posten[2]	Programmverbindung[4] Abschlusszweck[4]	0 Anlage- und Kapitalkonten
Ausleihungen an Unternehmen, mit denen ein Beteiligungsverhältnis besteht		0520 Ausleihungen an Unternehmen, mit denen ein Beteiligungsverhältnis besteht 0523 Ausleihungen an Unternehmen, mit denen ein Beteiligungsverhältnis besteht, Personengesellschaften 0524 Ausleihungen an Unternehmen, mit denen ein Beteiligungsverhältnis besteht, Kapitalgesellschaften
Wertpapiere des Anlagevermögens		**0525 Wertpapiere des Anlagevermögens** 0530 Wertpapiere mit Gewinnbeteiligungsansprüchen, die dem Teileinkünfteverfahren unterliegen 0535 Festverzinsliche Wertpapiere
Sonstige Ausleihungen		**0540 Sonstige Ausleihungen** 0550 Darlehen
Genossenschaftsanteile		**0570 Genossenschaftsanteile zum langfristigen Verbleib**
Sonstige Ausleihungen		0580 Ausleihungen an Gesellschafter 0582 Ausleihungen an GmbH-Gesellschafter 0583 Ausleihungen an stille Gesellschafter 0584 Ausleihungen an persönlich haftende Gesellschafter 0586 Ausleihungen an Kommanditisten 0590 Ausleihungen an nahe stehende Personen
Rückdeckungsansprüche aus Lebensversicherungen		**0595 Rückdeckungsansprüche aus Lebensversicherungen zum langfristigen Verbleib**
		Verbindlichkeiten
Anleihen		**0600 Anleihen** nicht konvertibel 0601 - Restlaufzeit bis 1 Jahr 0605 - Restlaufzeit 1 bis 5 Jahre 0610 - Restlaufzeit größer 5 Jahre 0615 Anleihen konvertibel 0616 - Restlaufzeit bis 1 Jahr 0620 - Restlaufzeit 1 bis 5 Jahre 0625 - Restlaufzeit größer 5 Jahre
Verbindlichkeiten gegenüber Kreditinstituten oder *Kassenbestand, Bundesbankguthaben, Guthaben bei Kreditinstituten und Schecks*		**0630 Verbindlichkeiten gegenüber Kreditinstituten** 0631 - Restlaufzeit bis 1 Jahr 0640 - Restlaufzeit 1 bis 5 Jahre 0650 - Restlaufzeit größer 5 Jahre 0660 Verbindlichkeiten gegenüber Kreditinstituten aus Teilzahlungsverträgen 0661 - Restlaufzeit bis 1 Jahr 0670 - Restlaufzeit 1 bis 5 Jahre 0680 - Restlaufzeit größer 5 Jahre 0690 -98 (frei, in Bilanz kein Restlaufzeitvermerk)
Verbindlichkeiten gegenüber Kreditinstituten		0699 Gegenkonto 0630-0689 bei Aufteilung der Konten 0690-0698

Bilanz-Posten[2]	Programmverbindung[4] Abschlusszweck[4]	0 Anlage- und Kapitalkonten
Verbindlichkeiten gegenüber verbundenen Unternehmen oder *Forderungen gegen verbundene Unternehmen*		**0700 Verbindlichkeiten gegenüber verbundenen Unternehmen** 0701 - Restlaufzeit bis 1 Jahr 0705 - Restlaufzeit 1 bis 5 Jahre 0710 - Restlaufzeit größer 5 Jahre
Verbindlichkeiten gegenüber Unternehmen, mit denen ein Beteiligungsverhältnis besteht oder *Forderungen gegen Unternehmen, mit denen ein Beteiligungsverhältnis besteht*		**0715 Verbindlichkeiten gegenüber Unternehmen, mit denen ein Beteiligungsverhältnis besteht** 0716 - Restlaufzeit bis 1 Jahr 0720 - Restlaufzeit 1 bis 5 Jahre 0725 - Restlaufzeit größer 5 Jahre
Sonstige Verbindlichkeiten		**0730 Verbindlichkeiten gegenüber Gesellschaftern** 0731 - Restlaufzeit bis 1 Jahr 0740 - Restlaufzeit 1 bis 5 Jahre 0750 - Restlaufzeit größer 5 Jahre 0755 Verbindlichkeiten gegenüber Gesellschaftern für offene Ausschüttungen 0760 Darlehen typisch stiller Gesellschafter 0761 - Restlaufzeit bis 1 Jahr 0764 - Restlaufzeit 1 bis 5 Jahre 0767 - Restlaufzeit größer 5 Jahre 0770 Darlehen atypisch stiller Gesellschafter 0771 - Restlaufzeit bis 1 Jahr 0774 - Restlaufzeit 1 bis 5 Jahre 0777 - Restlaufzeit größer 5 Jahre 0780 Partiarische Darlehen 0781 - Restlaufzeit bis 1 Jahr 0784 - Restlaufzeit 1 bis 5 Jahre 0787 - Restlaufzeit größer 5 Jahre 0790 -98 (frei, in Bilanz kein Restlaufzeitvermerk) 0799 Gegenkonto 0730-0789 und 1665-1678 und 1695-1698 bei Aufteilung der Konten 0790-0798
		Kapital Kapitalgesellschaft
Gezeichnetes Kapital	K	**0800 Gezeichnetes Kapital[17]**
Gezeichnetes Kapital	K	0809 Kapitalerhöhung aus Gesellschaftsmitteln
	K	0810 Geschäftsguthaben der verbleibenden Mitglieder
	K	0811 Geschäftsguthaben der ausscheidenden Mitglieder
	K	0812 Geschäftsguthaben aus gekündigten Geschäftsanteilen
	K	0813 Rückständige fällige Einzahlungen auf Geschäftsanteile, vermerkt
		0815 Gegenkonto Rückständige fällige Einzahlungen auf Geschäftsanteile, vermerkt

Bilanz-Posten[2]	Programmverbindung[4] Abschlusszweck[4]	0 Anlage- und Kapitalkonten
Eigene Anteile	K	0819 Erworbene eigene Anteile
Nicht eingeforderte ausstehende Einlagen		0820 -29 Ausstehende Einlagen auf das gezeichnete Kapital, nicht eingefordert (Passivausweis, vom gezeichneten Kapital offen abgesetzt; eingeforderte ausstehende Einlagen s. Konten 0830-0838)
Eingeforderte, noch ausstehende Kapitaleinlagen		0830 -38 Ausstehende Einlagen auf das gezeichnete Kapital, eingefordert (Forderungen, nicht eingeforderte ausstehende Einlagen s. Konten 0820-0829)
Nachschüsse		0839 Nachschüsse (Forderungen, Gegenkonto 0845)
		Kapitalrücklage
Kapitalrücklage	K	**0840 Kapitalrücklage[17]**
	K	0841 Kapitalrücklage durch Ausgabe von Anteilen über Nennbetrag[17]
	K	0842 Kapitalrücklage durch Ausgabe von Schuldverschreibungen für Wandlungsrechte und Optionsrechte zum Erwerb von Anteilen[17]
	K	0843 Kapitalrücklage durch Zuzahlungen gegen Gewährung eines Vorzugs für Anteile[17]
	K	0844 Kapitalrücklage durch andere Zuzahlungen in das Eigenkapital[17]
	K	0845 Nachschusskapital (Gegenkonto 0839)[17]
		Gewinnrücklagen
Gesetzliche Rücklage	K	**0846 Gesetzliche Rücklage[17]**
Andere Gewinnrücklagen	K	0848 Andere Gewinnrücklagen aus dem Erwerb eigener Anteile
Rücklage für Anteile an einem herrschenden oder mehrheitlich beteiligten Unternehmen		0849 Rücklage für Anteile an einem herrschenden oder mehrheitlich beteiligten Unternehmen
Satzungsmäßige Rücklagen	K	**0851 Satzungsmäßige Rücklagen[17]**
	K	0852 Andere Ergebnisrücklagen
Andere Gewinnrücklagen	K HBÜ	**0853 Gewinnrücklagen aus den Übergangsvorschriften BilMoG**
	K HBÜ	0854 Gewinnrücklagen aus den Übergangsvorschriften BilMoG (Zuschreibung Sachanlagevermögen)
	K	**0855 Andere Gewinnrücklagen[17]**
	K	0856 Eigenkapitalanteil von Wertaufholungen[17]
	K HBÜ	0857 Gewinnrücklagen aus den Übergangsvorschriften BilMoG (Zuschreibung Finanzanlagevermögen)

Bilanz-Posten[2]	Programmverbindung[4] Abschlusszweck[4]	0 Anlage- und Kapitalkonten
Andere Gewinnrücklagen	K HBÜ	0858 Gewinnrücklagen aus den Übergangsvorschriften BilMoG (Auflösung der Sonderposten mit Rücklageanteil)
	K HBÜ	0859 Latente Steuern (Gewinnrücklage Haben) aus erfolgsneutralen Verrechnungen
Gewinnvortrag o. *Verlustvortrag*	K	**0860 Gewinnvortrag vor Verwendung**[17]
		F 0865 Gewinnvortrag vor Verwendung (mit Aufteilung für Kapitalkontenentwicklung)[26]
		F 0867 Verlustvortrag vor Verwendung (mit Aufteilung für Kapitalkontenentwicklung)[26]
Gewinnvortrag o. *Verlustvortrag*	K	**0868 Verlustvortrag vor Verwendung**[17]
		R 0869
		Kapital
		Eigenkapital Vollhafter/Einzelunternehmer
		F 0870 Festkapital
		F 0871 Festkapital[22] -79
		F 0880 Variables Kapital
		F 0881 Variables Kapital[22] -89
		Fremdkapital Vollhafter
		F 0890 Gesellschafter-Darlehen
		F 0891 Gesellschafter-Darlehen[11,14] -99
		Eigenkapital Teilhafter
		F 0900 Kommandit-Kapital
		F 0901 Kommandit-Kapital[11,14] -09
		F 0910 Verlustausgleichskonto
		F 0911 Verlustausgleichskonto[11,14] -19
		Fremdkapital Teilhafter
		F 0920 Gesellschafter-Darlehen
		F 0921 Gesellschafter-Darlehen[11,14] -29
		Sonderposten mit Rücklageanteil
Sonderposten mit Rücklageanteil		0930 Sonderposten mit Rücklageanteil, steuerfreie Rücklagen[6]
		0931 Sonderposten mit Rücklageanteil nach § 6b EStG
	SB	0932 Sonderposten mit Rücklageanteil nach EStR R 6.6
		R 0939
	SB	0940 Sonderposten mit Rücklageanteil, Sonderabschreibungen[6]
		R 0943
	SB	0945 Ausgleichsposten bei Entnahmen § 4g EStG
	SB	0946 Rücklage für Zuschüsse
	SB	0947 Sonderposten mit Rücklageanteil § 7g Abs. 5 EStG
Sonderposten für Zuschüsse und Zulagen	HB	0949 Sonderposten für Zuschüsse und Zulagen

Bilanz-Posten[2]	Programmverbindung[4] Abschlusszweck[4]	0 Anlage- und Kapitalkonten
		Rückstellungen
Rückstellungen für Pensionen und ähnliche Verpflichtungen		**0950 Rückstellungen für Pensionen und ähnliche Verpflichtungen**
Rückstellungen für Pensionen und ähnliche Verpflichtungen oder *Aktiver Unterschiedsbetrag aus der Vermögensverrechnung*	HB	0951 Rückstellungen für Pensionen und ähnliche Verpflichtungen zur Saldierung mit Vermögensgegenständen zum langfristigen Verbleib nach § 246 Abs. 2 HGB
Rückstellungen für Pensionen und ähnliche Verpflichtungen		0952 Rückstellungen für Pensionen und ähnliche Verpflichtungen gegenüber Gesellschaftern oder nahestehenden Personen (10 % Beteiligung am Kapital)
		0953 Rückstellungen für Direktzusagen
		0954 Rückstellungen für Zuschussverpflichtungen für Pensionskassen und Lebensversicherungen
Steuerrückstellungen		**0955 Steuerrückstellungen**
		0956 Gewerbesteuerrückstellung, § 4 Abs. 5b EStG
		R 0957
Sonstige Rückstellungen		0961 Urlaubsrückstellungen
Steuerrückstellungen		0962 Steuerrückstellung aus Steuerstundung (BStBK)
		0963 Körperschaftsteuerrückstellung
Sonstige Rückstellungen		0964 Rückstellungen für mit der Altersversorgung vergleichbare langfristige Verpflichtungen zum langfristigen Verbleib
		0965 Rückstellungen für Personalkosten
		0966 Rückstellungen zur Erfüllung der Aufbewahrungspflichten
Sonstige Rückstellungen oder *Aktiver Unterschiedsbetrag aus der Vermögensverrechnung*	HB	0967 Rückstellungen für mit der Altersversorgung vergleichbare langfristige Verpflichtungen zur Saldierung mit Vermögensgegenständen zum langfristigen Verbleib nach § 246 Abs. 2 HGB
Passive latente Steuern	HB	0968 Passive latente Steuern
Steuerrückstellungen	HB	0969 Rückstellung für latente Steuern

Bilanz-Posten[2]	Programmverbindung[4] Abschlusszweck[4]	0 Anlage- und Kapitalkonten
Sonstige Rückstellungen		0970 Sonstige Rückstellungen 0971 Rückstellungen für unterlassene Aufwendungen für Instandhaltung, Nachholung in den ersten drei Monaten 0973 Rückstellungen für Abraum- und Abfallbeseitigung 0974 Rückstellungen für Gewährleistungen (Gegenkonto 4790)
	HB	0976 Rückstellungen für drohende Verluste aus schwebenden Geschäften 0977 Rückstellungen für Abschluss- und Prüfungskosten
	HBÜ	0978 Aufwandsrückstellungen gemäß § 249 Abs. 2 HGB a. F. 0979 Rückstellungen für Umweltschutz
		Abgrenzungsposten
Rechnungsabgrenzungsposten (Aktiva)		**0980 Aktive Rechnungsabgrenzung**
Aktive latente Steuern	HB	0983 Aktive latente Steuern
Rechnungsabgrenzungsposten (Aktiva)	SB	0984 Als Aufwand berücksichtigte Zölle und Verbrauchsteuern auf Vorräte
	SB	0985 Als Aufwand berücksichtigte Umsatzsteuer auf Anzahlungen 0986 Damnum/Disagio
Andere Gewinnrücklagen	K HBÜ	0987 Rechnungsabgrenzungsposten (Gewinnrücklage Soll) aus erfolgsneutralen Verrechnungen
	K HBÜ	0988 Latente Steuern (Gewinnrücklage Soll) aus erfolgsneutralen Verrechnungen
		F 0989 Gesamthänderisch gebundene Rücklagen (mit Aufteilung für Kapitalkontenentwicklung)[26]
Rechnungsabgrenzungsposten (Passiva)		**0990 Passive Rechnungsabgrenzung**
Sonstige Aktiva oder *sonstige Passiva*		0992 Abgrenzungen unterjährig pauschal gebuchter Abschreibungen für BWA
Forderungen aus Lieferungen und Leistungen H-Saldo		0996 Pauschalwertberichtigung auf Forderungen - Restlaufzeit bis zu 1 Jahr 0997 - Restlaufzeit größer 1 Jahr 0998 Einzelwertberichtigungen auf Forderungen - Restlaufzeit bis zu 1 Jahr 0999 - Restlaufzeit größer 1 Jahr

Bilanz-Posten[2]	Programmverbindung[4] Abschlusszweck[4]	1 Finanz- und Privatkonten
		KU 1000-1371 V 1372 KU 1373-1509 V 1510-1518 KU 1519-1709 M 1710-1724 KU 1725-1868 V 1869[10] KU 1870-1878 M 1879[10] KU 1880-1999
		Kassenbestand, Bundesbank- und Postbankguthaben, Guthaben bei Kreditinstituten und Schecks
Kassenbestand, Bundesbankguthaben, Guthaben bei Kreditinstituten und Schecks		**F 1000 Kasse** F 1010 Nebenkasse 1 F 1020 Nebenkasse 2
Kassenbestand, Bundesbankguthaben, Guthaben bei Kreditinstituten und Schecks oder *Verbindlichkeiten gegenüber Kreditinstituten*		**F 1100 Bank (Postbank)** F 1110 Bank (Postbank 1) F 1120 Bank (Postbank 2) F 1130 Bank (Postbank 3) F 1190 LZB-Guthaben F 1195 Bundesbankguthaben **F 1200 Bank** F 1210 Bank 1 F 1220 Bank 2 F 1230 Bank 3 F 1240 Bank 4 F 1250 Bank 5 R 1289 1290 Finanzmittelanlagen im Rahmen der kurzfristigen Finanzdisposition (nicht im Finanzmittelfonds enthalten) 1295 Verbindlichkeiten gegenüber Kreditinstituten (nicht im Finanzmittelfonds enthalten)
Forderungen aus Lieferungen und Leistungen oder *sonstige Verbindlichkeiten*		F 1300 Wechsel aus Lieferungen und Leistungen F 1301 - Restlaufzeit bis 1 Jahr F 1302 - Restlaufzeit größer 1 Jahr F 1305 Wechsel aus Lieferungen und Leistungen, bundesbankfähig
Forderungen gegen verbundene Unternehmen oder *Verbindlichkeiten gegenüber verbundenen Unternehmen*		1310 Besitzwechsel gegen verbundene Unternehmen 1311 - Restlaufzeit bis 1 Jahr 1312 - Restlaufzeit größer 1 Jahr 1315 Besitzwechsel gegen verbundene Unternehmen, bundesbankfähig
Forderungen gegenüber Unternehmen, mit denen ein Beteiligungsverhältnis besteht oder *Verbindlichkeiten gegenüber Unternehmen, mit denen ein Beteiligungsverhältnis besteht*		1320 Besitzwechsel gegen Unternehmen, mit denen ein Beteiligungsverhältnis besteht 1321 - Restlaufzeit bis 1 Jahr 1322 - Restlaufzeit größer 1 Jahr 1325 Besitzwechsel gegen Unternehmen, mit denen ein Beteiligungsverhältnis besteht, bundesbankfähig

Bilanz-Posten[2]	Programmverbindung[4] Abschlusszweck[4]	1 Finanz- und Privatkonten
Sonstige Wertpapiere		1327 Finanzwechsel 1329 Andere Wertpapiere mit unwesentlichen Wertschwankungen
Kassenbestand, Bundesbankguthaben, Guthaben bei Kreditinstituten und Schecks		**F 1330 Schecks**
		Wertpapiere
Anteile an verbundenen Unternehmen		**1340 Anteile an verbundenen Unternehmen (Umlaufvermögen)** **1344 Anteile an herrschender oder mit Mehrheit beteiligter Gesellschaft**
Sonstige Wertpapiere		**1348 Sonstige Wertpapiere** 1349 Wertpapieranlagen im Rahmen der kurzfristigen Finanzdisposition
		Forderungen und sonstige Vermögensgegenstände
Sonstige Vermögensgegenstände		1350 GmbH-Anteile zum kurzfristigen Verbleib 1352 Genossenschaftsanteile zum kurzfristigen Verbleib 1353 Vermögensgegenstände zur Erfüllung von mit der Altersversorgung vergleichbaren langfristigen Verpflichtungen
Aktiver Unterschiedsbetrag aus der Vermögensverrechnung oder *sonstige Rückstellungen*	HB	1354 Vermögensgegenstände zur Saldierung mit der Altersversorgung vergleichbaren langfristigen Verpflichtungen nach § 246 Abs. 2 HGB
Sonstige Vermögensgegenstände		1355 Ansprüche aus Rückdeckungsversicherungen 1356 Vermögensgegenstände zur Erfüllung von Pensionsrückstellungen und ähnlichen Verpflichtungen zum langfristigen Verbleib
Aktiver Unterschiedsbetrag aus der Vermögensverrechnung oder *Rückstellungen für Pensionen und ähnliche Verpflichtungen*	HB	1357 Vermögensgegenstände zur Saldierung mit Pensionsrückstellungen und ähnlichen Verpflichtungen zum langfristigen Verbleib nach § 246 Abs. 2 HGB F 1358 -59
Sonstige Vermögensgegenstände oder *sonstige Verbindlichkeiten*		F 1360 Geldtransit
	EÜR	F 1370 Verrechnungskonto für Gewinnermittlung § 4 Abs. 3 EStG, ergebniswirksam[11]
	EÜR	F 1371 Verrechnungskonto für Gewinnermittlung § 4 Abs. 3 EStG, nicht ergebniswirksam
	EÜR	1372 Wirtschaftsgüter des Umlaufvermögens gemäß § 4 Abs. 3 Satz 4 EStG
Sonstige Vermögensgegenstände		1373 Forderungen gegen Kommanditisten und atypisch stille Gesellschafter 1374 - Restlaufzeit bis 1 Jahr 1375 - Restlaufzeit größer 1 Jahr 1376 Forderungen gegen typisch stille Gesellschafter 1377 - Restlaufzeit bis 1 Jahr 1378 - Restlaufzeit größer 1 Jahr
		R 1379
Sonstige Vermögensgegenstände oder *sonstige Verbindlichkeiten*		F 1380 Überleitungskonto Kostenstelle
Sonstige Vermögensgegenstände		1381 Forderungen gegen GmbH-Gesellschafter 1382 - Restlaufzeit bis 1 Jahr 1383 - Restlaufzeit größer 1 Jahr 1385 Forderungen gegen persönlich haftende Gesellschafter 1386 - Restlaufzeit bis 1 Jahr 1387 - Restlaufzeit größer 1 Jahr
		1389 Ansprüche aus betrieblicher Altersversorgung und Pensionsansprüche (Mitunternehmer)[28]
Sonstige Vermögensgegenstände oder *sonstige Verbindlichkeiten*		F 1390 Verrechnungskonto Ist-Versteuerung[13]
	EÜR	F 1391 Neutralisierung ertragswirksamer Sachverhalte für § 4 Abs. 3 EStG[1]
Forderungen aus Lieferungen und Leistungen oder *sonstige Verbindlichkeiten*		**S 1400 Forderungen aus Lieferungen und Leistungen** R 1401 -06 Forderungen aus Lieferungen und Leistungen F 1410 -44 Forderungen aus Lieferungen und Leistungen ohne Kontokorrent
	EÜR	F 1445 Forderungen aus Lieferungen und Leistungen zum allgemeinen Umsatzsteuersatz oder eines Kleinunternehmers (EÜR)[13]
	EÜR	F 1446 Forderungen aus Lieferungen und Leistungen zum ermäßigten Umsatzsteuersatz (EÜR)[13]
	EÜR	F 1447 Forderungen aus steuerfreien oder nicht steuerbaren Lieferungen und Leistungen (EÜR)[13]
	EÜR	F 1448 Forderungen aus Lieferungen und Leistungen nach Durchschnittssätzen gemäß § 24 UStG (EÜR)[13]
	EÜR	F 1449 Gegenkonto 1445-1448 bei Aufteilung der Forderungen nach Steuersätzen (EÜR)[13]
	EÜR	F 1450 Forderungen nach § 11 Abs. 1 Satz 2 EStG für § 4/3 EStG
		F 1451 Forderungen aus Lieferungen und Leistungen ohne Kontokorrent - Restlaufzeit bis 1 Jahr F 1455 - Restlaufzeit größer 1 Jahr F 1460 Zweifelhafte Forderungen F 1461 - Restlaufzeit bis 1 Jahr F 1465 - Restlaufzeit größer 1 Jahr

Bilanz-Posten[2)]	Programmverbindung[4)] Abschlusszweck[4)]	1 Finanz- und Privatkonten
Forderungen gegen verbundene Unternehmen oder *Verbindlichkeiten gegenüber verbundenen Unternehmen*		F 1470 Forderungen aus Lieferungen und Leistungen gegen verbundene Unternehmen F 1471 - Restlaufzeit bis 1 Jahr F 1475 - Restlaufzeit größer 1 Jahr
Forderungen gegen verbundene Unternehmen H-Saldo		1478 Wertberichtigungen auf Forderungen gegen verbundene Unternehmen - Restlaufzeit bis 1 Jahr 1479 - Restlaufzeit größer 1 Jahr
Forderungen gegen Unternehmen, mit denen ein Beteiligungsverhältnis besteht oder *Verbindlichkeiten gegenüber Unternehmen, mit denen ein Beteiligungsverhältnis besteht*		F 1480 Forderungen aus Lieferungen und Leistungen gegen Unternehmen, mit denen ein Beteiligungsverhältnis besteht F 1481 - Restlaufzeit bis 1 Jahr F 1485 - Restlaufzeit größer 1 Jahr
Forderungen gegen Unternehmen, mit denen ein Beteiligungsverhältnis besteht H-Saldo		1488 Wertberichtigungen auf Forderungen gegen Unternehmen, mit denen ein Beteiligungsverhältnis besteht - Restlaufzeit bis 1 Jahr 1489 - Restlaufzeit größer 1 Jahr
Forderungen aus Lieferungen und Leistungen oder *sonstige Verbindlichkeiten*		F 1490 Forderungen aus Lieferungen und Leistungen gegen Gesellschafter F 1491 - Restlaufzeit bis 1 Jahr F 1495 - Restlaufzeit größer 1 Jahr
Forderungen aus Lieferungen und Leistungen H-Saldo		1498 Gegenkonto zu sonstigen Vermögensgegenständen bei Buchungen über Debitorenkonto
Forderungen aus Lieferungen und Leistungen H-Saldo oder *sonstige Verbindlichkeiten S-Saldo*		1499 Gegenkonto 1451-1497 bei Aufteilung Debitorenkonto
Sonstige Vermögensgegenstände		**1500 Sonstige Vermögensgegenstände** 1501 - Restlaufzeit bis 1 Jahr 1502 - Restlaufzeit größer 1 Jahr 1503 Forderungen gegen Vorstandsmitglieder und Geschäftsführer - Restlaufzeit bis 1 Jahr 1504 - Restlaufzeit größer 1 Jahr 1505 Forderungen gegen Aufsichtsrats- und Beiratsmitglieder - Restlaufzeit bis 1 Jahr 1506 - Restlaufzeit größer 1 Jahr 1507 Forderungen gegen sonstige Gesellschafter - Restlaufzeit bis 1 Jahr 1508 - Restlaufzeit größer 1 Jahr

Bilanz-Posten[2)]	Programmverbindung[4)] Abschlusszweck[4)]	1 Finanz- und Privatkonten
Geleistete Anzahlungen		**1510 Geleistete Anzahlungen auf Vorräte** AV 1511 Geleistete Anzahlungen, 7 % Vorsteuer R 1512 -17 AV 1518 Geleistete Anzahlungen, 19 % Vorsteuer
Sonstige Vermögensgegenstände		1519 Forderungen gegen Arbeitsgemeinschaften 1520 Forderungen gegenüber Krankenkassen aus Aufwendungsausgleichsgesetz 1521 Agenturwarenabrechnung 1522 Genussrechte 1524 Einzahlungsansprüche zu Nebenleistungen oder Zuzahlungen 1525 Kautionen 1526 - Restlaufzeit bis 1 Jahr 1527 - Restlaufzeit größer 1 Jahr
Sonstige Vermögensgegenstände oder *sonstige Verbindlichkeiten*	U U	F 1528 Nachträglich abziehbare Vorsteuer, § 15a Abs. 2 UStG F 1529 Zurückzuzahlende Vorsteuer, § 15a Abs. 2 UStG
Sonstige Vermögensgegenstände		1530 Forderungen gegen Personal aus Lohn- und Gehaltsabrechnung 1531 - Restlaufzeit bis 1 Jahr 1537 - Restlaufzeit größer 1 Jahr R 1538 -39 1540 Forderungen aus Gewerbesteuerüberzahlungen 1542 Steuererstattungsansprüche gegenüber anderen Ländern F 1543 Forderungen an das Finanzamt aus abgeführtem Bauabzugsbetrag 1544 Forderung gegenüber Bundesagentur für Arbeit 1545 Forderungen aus Umsatzsteuer-Vorauszahlungen 1546 Umsatzsteuerforderungen Vorjahr 1547 Forderungen aus entrichteten Verbrauchsteuern
Sonstige Vermögensgegenstände oder *sonstige Verbindlichkeiten*		S 1548 Vorsteuer in Folgeperiode/im Folgejahr abziehbar
Sonstige Vermögensgegenstände		1549 Körperschaftsteuerrückforderung 1550 Darlehen 1551 - Restlaufzeit bis 1 Jahr 1555 - Restlaufzeit größer 1 Jahr

Bilanz-Posten[2]	Programmverbindung[4] Abschlusszweck[4]	1 Finanz- und Privatkonten
Sonstige Vermögensgegenstände oder *sonstige Verbindlichkeiten*	U	F 1556 Nachträglich abziehbare Vorsteuer, § 15a Abs. 1 UStG, bewegliche Wirtschaftsgüter
	U	F 1557 Zurückzuzahlende Vorsteuer, § 15a Abs. 1 UStG, bewegliche Wirtschaftsgüter
	U	F 1558 Nachträglich abziehbare Vorsteuer, § 15a Abs. 1 UStG, unbewegliche Wirtschaftsgüter
	U	F 1559 Zurückzuzahlende Vorsteuer, § 15a Abs. 1 UStG, unbewegliche Wirtschaftsgüter
		S 1560 Aufzuteilende Vorsteuer
		S 1561 Aufzuteilende Vorsteuer 7 %
		S 1562 Aufzuteilende Vorsteuer aus innergemeinschaftlichem Erwerb
		S 1563 Aufzuteilende Vorsteuer aus innergemeinschaftlichem Erwerb 19 %
		R 1564 -65
		S 1566 Aufzuteilende Vorsteuer 19 %
		S 1567 Aufzuteilende Vorsteuer nach §§ 13a/13b UStG
		R 1568
		S 1569 Aufzuteilende Vorsteuer nach §§ 13a/13b UStG 19 %
	U	S 1570 Abziehbare Vorsteuer
	U	S 1571 Abziehbare Vorsteuer 7 %
	U	S 1572 Abziehbare Vorsteuer aus innergemeinschaftlichem Erwerb
	U	S 1573 Vorsteuer aus Erwerb als letzter Abnehmer innerhalb eines Dreiecksgeschäfts
	U	S 1574 Abziehbare Vorsteuer aus innergemeinschaftlichem Erwerb 19 %
		R 1575
	U	S 1576 Abziehbare Vorsteuer 19 %
	U	S 1577 Abziehbare Vorsteuer nach § 13b UStG 19 %
	U	S 1578 Abziehbare Vorsteuer nach § 13b UStG
		R 1579
	EÜR	1580 Gegenkonto Vorsteuer § 4/3 EStG
	EÜR	1581 Auflösung Vorsteuer aus Vorjahr § 4/3 EStG
	EÜR	1582 Vorsteuer aus Investitionen § 4/3 EStG
	EÜR	1583 Gegenkonto für Vorsteuer nach Durchschnittssätzen für § 4 Abs. 3 EStG[13]
	U	S 1584 Abziehbare Vorsteuer aus innergemeinschaftlichem Erwerb von Neufahrzeugen von Lieferanten ohne USt-Id-Nr.
	U	S 1585 Abziehbare Vorsteuer aus der Auslagerung von Gegenständen aus einem Umsatzsteuerlager
	U	F 1587 Vorsteuer nach allgemeinen Durchschnittssätzen UStVA Kz. 63
	U	F 1588 Entstandene Einfuhrumsatzsteuer
		R 1589
		1590 Durchlaufende Posten
		1592 Fremdgeld
Sonstige Verbindlichkeiten S-Saldo		F 1593 Verrechnungskonto erhaltene Anzahlungen bei Buchung über Debitorenkonto

Bilanz-Posten[2]	Programmverbindung[4] Abschlusszweck[4]	1 Finanz- und Privatkonten
Forderungen gegen verbundene Unternehmen oder *Verbindlichkeiten gegenüber verbundenen Unternehmen*		**1594 Forderungen gegen verbundene Unternehmen**
		1595 - Restlaufzeit bis 1 Jahr
		1596 - Restlaufzeit größer 1 Jahr
Forderungen gegen Unternehmen, mit denen ein Beteiligungsverhältnis besteht oder *Verbindlichkeiten gegenüber Unternehmen, mit denen ein Beteiligungsverhältnis besteht*		1597 Forderungen gegen Unternehmen, mit denen ein Beteiligungsverhältnis besteht
		1598 - Restlaufzeit bis 1 Jahr
		1599 - Restlaufzeit größer 1 Jahr
		Verbindlichkeiten
Verbindlichkeiten aus Lieferungen und Leistungen oder *sonstige Vermögensgegenstände*		**S 1600 Verbindlichkeiten aus Lieferungen und Leistungen**
		R 1601 -03 Verbindlichkeiten aus Lieferungen und Leistungen
	EÜR	F 1605 Verbindlichkeiten aus Lieferungen und Leistungen zum allgemeinen Umsatzsteuersatz (EÜR)[13]
	EÜR	F 1606 Verbindlichkeiten aus Lieferungen und Leistungen zum ermäßigten Umsatzsteuersatz (EÜR)[13]
	EÜR	F 1607 Verbindlichkeiten aus Lieferungen und Leistungen ohne Vorsteuer (EÜR)[13]
	EÜR	F 1609 Gegenkonto 1605-1607 bei Aufteilung der Verbindlichkeiten nach Steuersätzen (EÜR)[13]
		F 1610 -23 Verbindlichkeiten aus Lieferungen und Leistungen ohne Kontokorrent
	EÜR	F 1624 Verbindlichkeiten aus Lieferungen und Leistungen für Investitionen für § 4/3 EStG
		F 1625 Verbindlichkeiten aus Lieferungen und Leistungen ohne Kontokorrent - Restlaufzeit bis 1 Jahr
		F 1626 - Restlaufzeit 1 bis 5 Jahre
		F 1628 - Restlaufzeit größer 5 Jahre
Verbindlichkeiten gegenüber verbundenen Unternehmen oder *Forderungen gegen verbundene Unternehmen*		F 1630 Verbindlichkeiten aus Lieferungen und Leistungen gegenüber verbundenen Unternehmen
		F 1631 - Restlaufzeit bis 1 Jahr
		F 1635 - Restlaufzeit 1 bis 5 Jahre
		F 1638 - Restlaufzeit größer 5 Jahre
Verbindlichkeiten gegenüber Unternehmen, mit denen ein Beteiligungsverhältnis besteht oder *Forderungen gegen Unternehmen, mit denen ein Beteiligungsverhältnis besteht*		F 1640 Verbindlichkeiten aus Lieferungen und Leistungen gegenüber Unternehmen, mit denen ein Beteiligungsverhältnis besteht
		F 1641 - Restlaufzeit bis 1 Jahr
		F 1645 - Restlaufzeit 1 bis 5 Jahre
		F 1648 - Restlaufzeit größer 5 Jahre

Bilanz-Posten[2]	Programmverbindung[4] Abschlusszweck[4]	1 Finanz- und Privatkonten
Verbindlichkeiten aus Lieferungen und Leistungen oder *sonstige Vermögensgegenstände*		F 1650 Verbindlichkeiten aus Lieferungen und Leistungen gegenüber Gesellschaftern
		F 1651 - Restlaufzeit bis 1 Jahr
		F 1655 - Restlaufzeit 1 bis 5 Jahre
		F 1658 - Restlaufzeit größer 5 Jahre
Verbindlichkeiten aus Lieferungen und Leistungen S-Saldo oder *sonstige Vermögensgegenstände H-Saldo*		1659 Gegenkonto 1625-1658 bei Aufteilung Kreditorenkonto
Verbindlichkeiten aus der Annahme gezogener Wechsel und aus der Ausstellung eigener Wechsel		**F 1660 Wechselverbindlichkeiten**
		F 1661 - Restlaufzeit bis 1 Jahr
		F 1662 - Restlaufzeit 1 bis 5 Jahre
		F 1663 - Restlaufzeit größer 5 Jahre
Sonstige Verbindlichkeiten		1665 Verbindlichkeiten gegenüber GmbH-Gesellschaftern
		1666 - Restlaufzeit bis 1 Jahr
		1667 - Restlaufzeit 1 bis 5 Jahre
		1668 - Restlaufzeit größer 5 Jahre
		1670 Verbindlichkeiten gegenüber persönlich haftenden Gesellschaftern
		1671 - Restlaufzeit bis 1 Jahr
		1672 - Restlaufzeit 1 bis 5 Jahre
		1673 - Restlaufzeit größer 5 Jahre
		1675 Verbindlichkeiten gegenüber Kommanditisten
		1676 - Restlaufzeit bis 1 Jahr
		1677 - Restlaufzeit 1 bis 5 Jahre
		1678 - Restlaufzeit größer 5 Jahre
		1691 Verbindlichkeiten gegenüber Arbeitsgemeinschaften
	EÜR	1692 Neutralisierung aufwandswirksamer Sachverhalte für § 4 Abs. 3 EStG[1]
	EÜR	1693 Ergebnisneutrale Sachverhalte für § 4 Abs. 3 EStG[1]
Sonstige Verbindlichkeiten		1695 Verbindlichkeiten gegenüber stillen Gesellschaftern
		1696 - Restlaufzeit bis 1 Jahr
		1697 - Restlaufzeit 1 bis 5 Jahre
		1698 - Restlaufzeit größer 5 Jahre
		1700 Sonstige Verbindlichkeiten
		1701 - Restlaufzeit bis 1 Jahr
		1702 - Restlaufzeit 1 bis 5 Jahre
		1703 - Restlaufzeit größer 5 Jahre
	EÜR	1704 Sonstige Verbindlichkeiten nach § 11 Abs. 2 Satz 2 EStG für § 4/3 EStG
		1705 Darlehen
		1706 - Restlaufzeit bis 1 Jahr
		1707 - Restlaufzeit 1 bis 5 Jahre
		1708 - Restlaufzeit größer 5 Jahre
Sonstige Verbindlichkeiten oder *sonstige Vermögensgegenstände*		1709 Gewinnverfügungskonto stille Gesellschafter

Bilanz-Posten[2]	Programmverbindung[4] Abschlusszweck[4]	1 Finanz- und Privatkonten
Erhaltene Anzahlungen auf Bestellungen (Passiva)		**1710 Erhaltene Anzahlungen auf Bestellungen (Verbindlichkeiten)**
	U	AM 1711 Erhaltene, versteuerte Anzahlungen 7 % USt (Verbindlichkeiten)
		R 1712 -17
	U	AM 1718 Erhaltene, versteuerte Anzahlungen 19 % USt (Verbindlichkeiten)
		1719 Erhaltene Anzahlungen - Restlaufzeit bis 1 Jahr
		1720 - Restlaufzeit 1 bis 5 Jahre
		1721 - Restlaufzeit größer 5 Jahre
Erhaltene Anzahlungen auf Bestellungen (Aktiva)		1722 Erhaltene Anzahlungen auf Bestellungen (von Vorräten offen abgesetzt)
Sonstige Verbindlichkeiten oder *sonstige Vermögensgegenstände*		S 1725 Umsatzsteuer in Folgeperiode fällig (§§ 13 Abs. 1 Nr. 6, 13b Abs. 2 UStG)
Sonstige Verbindlichkeiten		S 1728 Umsatzsteuer aus im anderen EU-Land steuerpflichtigen elektronischen Dienstleistungen
		1729 Steuerzahlungen aus im anderen EU-Land steuerpflichtigen elektronischen Dienstleistungen an kleine einzige Anlaufstelle (KEA/MOSS)
		1730 Kreditkartenabrechnung
		1731 Agenturwarenabrechnung
		1732 Erhaltene Kautionen
		1733 - Restlaufzeit bis 1 Jahr
		1734 - Restlaufzeit 1 bis 5 Jahre
		1735 - Restlaufzeit größer 5 Jahre
		1736 Verbindlichkeiten aus Steuern und Abgaben
		1737 - Restlaufzeit bis 1 Jahr
		1738 - Restlaufzeit 1 bis 5 Jahre
		1739 - Restlaufzeit größer 5 Jahre
		1740 Verbindlichkeiten aus Lohn und Gehalt
Sonstige Verbindlichkeiten oder *sonstige Vermögensgegenstände*		1741 Verbindlichkeiten aus Lohn- und Kirchensteuer
		1742 Verbindlichkeiten im Rahmen der sozialen Sicherheit
		1743 - Restlaufzeit bis 1 Jahr
		1744 - Restlaufzeit 1 bis 5 Jahre
		1745 - Restlaufzeit größer 5 Jahre
Sonstige Verbindlichkeiten		1746 Verbindlichkeiten aus Einbehaltungen (KapESt und SolZ, KiSt auf KapESt) für offene Ausschüttungen
		1747 Verbindlichkeiten für Verbrauchsteuern
		1748 Verbindlichkeiten für Einbehaltungen von Arbeitnehmern
		1749 Verbindlichkeiten an das Finanzamt aus abzuführendem Bauabzugsbetrag
		1750 Verbindlichkeiten aus Vermögensbildung
		1751 - Restlaufzeit bis 1 Jahr
		1752 - Restlaufzeit 1 bis 5 Jahre
		1753 - Restlaufzeit größer 5 Jahre
		1754 Steuerzahlungen an andere Länder

SKR 03

Bilanz-Posten[2]	Programmverbindung[4] Abschlusszweck[4]	1 Finanz- und Privatkonten
Sonstige Verbindlichkeiten oder *sonstige Vermögensgegenstände*		**1755 Lohn- und Gehaltsverrechnung**
	EÜR	1756 Lohn- und Gehaltsverrechnung § 11 Abs. 2 EStG für § 4/3 EStG
		1758 Sonstige Verbindlichkeiten aus genossenschaftlicher Rückvergütung
Sonstige Verbindlichkeiten oder *sonstige Vermögensgegenstände*		1759 Voraussichtliche Beitragsschuld gegenüber den Sozialversicherungsträgern
Steuerrückstellungen oder *sonstige Vermögensgegenstände*		S 1760 Umsatzsteuer nicht fällig
	U	S 1761 Umsatzsteuer nicht fällig 7 %
		S 1762 Umsatzsteuer nicht fällig aus im Inland steuerpflichtigen EU-Lieferungen
		R 1763
	U	S 1764 Umsatzsteuer nicht fällig aus im Inland steuerpflichtigen EU-Lieferungen 19 %
		R 1765
	U	S 1766 Umsatzsteuer nicht fällig 19 %
Sonstige Verbindlichkeiten		S 1767 Umsatzsteuer aus im anderen EU-Land steuerpflichtigen Lieferungen
		S 1768 Umsatzsteuer aus im anderen EU-Land steuerpflichtigen sonstigen Leistungen/Werklieferungen
Sonstige Verbindlichkeiten oder *sonstige Vermögensgegenstände*		S 1769 Umsatzsteuer aus der Auslagerung von Gegenständen aus einem Umsatzsteuerlager
		S 1770 Umsatzsteuer
		S 1771 Umsatzsteuer 7 %
		S 1772 Umsatzsteuer aus innergemeinschaftlichem Erwerb
		R 1773
		S 1774 Umsatzsteuer aus innergemeinschaftlichem Erwerb 19 %
		R 1775
		S 1776 Umsatzsteuer 19 %
		S 1777 Umsatzsteuer aus im Inland steuerpflichtigen EU-Lieferungen
		S 1778 Umsatzsteuer aus im Inland steuerpflichtigen EU-Lieferungen 19 %
		S 1779 Umsatzsteuer aus innergemeinschaftlichem Erwerb ohne Vorsteuerabzug
	U	F 1780 Umsatzsteuer-Vorauszahlungen
	U	F 1781 Umsatzsteuer-Vorauszahlungen 1/11
	U	F 1782 Nachsteuer, UStVA Kz. 65
	U	F 1783 In Rechnung unrichtig oder unberechtigt ausgewiesene Steuerbeträge, UStVA Kz. 69
	U	S 1784 Umsatzsteuer aus innergemeinschaftlichem Erwerb von Neufahrzeugen von Lieferanten ohne Umsatzsteuer-Identifikationsnummer
		S 1785 Umsatzsteuer nach § 13b UStG
		R 1786
		S 1787 Umsatzsteuer nach § 13b UStG 19 %
		1788 Einfuhrumsatzsteuer aufgeschoben bis ...
		1789 Umsatzsteuer laufendes Jahr

Bilanz-Posten[2]	Programmverbindung[4] Abschlusszweck[4]	1 Finanz- und Privatkonten
Sonstige Verbindlichkeiten oder *sonstige Vermögensgegenstände*		1790 Umsatzsteuer Vorjahr
		1791 Umsatzsteuer frühere Jahre
Sonstige Vermögensgegenstände oder *sonstige Verbindlichkeiten*		1792 Sonstige Verrechnungskonten (Interimskonten)
Sonstige Vermögensgegenstände H-Saldo		1793 Verrechnungskonto geleistete Anzahlungen bei Buchung über Kreditorenkonto
Sonstige Verbindlichkeiten oder *sonstige Vermögensgegenstände*		S 1794 Umsatzsteuer aus Erwerb als letzter Abnehmer innerhalb eines Dreiecksgeschäfts
Sonstige Verbindlichkeiten	EÜR	1795 Verbindlichkeiten im Rahmen der sozialen Sicherheit (für § 4/3 EStG)
		1796 Ausgegebene Geschenkgutscheine
		1797 Verbindlichkeiten aus Umsatzsteuer-Vorauszahlungen
		F 1799
		Privat (Eigenkapital) Vollhafter/Einzelunternehmer
		F 1800 Privatentnahmen allgemein
		F 1801 -09 Privatentnahmen allgemein[22]
		F 1810 Privatsteuern
		F 1811 -19 Privatsteuern[22]
		F 1820 Sonderausgaben beschränkt abzugsfähig
		F 1821 -29 Sonderausgaben beschränkt abzugsfähig[22]
		F 1830 Sonderausgaben unbeschränkt abzugsfähig
		F 1831 -39 Sonderausgaben unbeschränkt abzugsfähig[22]
		F 1840 Zuwendungen, Spenden
		F 1841 -49 Zuwendungen, Spenden[22]
		F 1850 Außergewöhnliche Belastungen
		F 1851 -59 Außergewöhnliche Belastungen[22]
		F 1860 Grundstücksaufwand
		F 1861 -68 Grundstücksaufwand[22]
		1869 Grundstücksaufwand (Umsatzsteuerschlüssel möglich)[10,22]
		F 1870 Grundstücksertrag
		F 1871 -78 Grundstücksertrag[22]
		1879 Grundstücksertrag (Umsatzsteuerschlüssel möglich)[10,22]
		F 1880 Unentgeltliche Wertabgaben
		F 1881 -89 Unentgeltliche Wertabgaben[22]
		F 1890 Privateinlagen
		F 1891 -99 Privateinlagen[22]

Bilanz-Posten[2]	Programmverbindung[4] Abschlusszweck[4]	1 Finanz- und Privatkonten
		Privat (Fremdkapital) Teilhafter
		F 1900 Privatentnahmen allgemein
		F 1901 -09 Privatentnahmen allgemein[11][14]
		F 1910 Privatsteuern
		F 1911 -19 Privatsteuern[11][14]
		F 1920 Sonderausgaben beschränkt abzugsfähig
		F 1921 -29 Sonderausgaben beschränkt abzugsfähig[11][14]
		F 1930 Sonderausgaben unbeschränkt abzugsfähig
		F 1931 -39 Sonderausgaben unbeschränkt abzugsfähig[11][14]
		F 1940 Zuwendungen, Spenden
		F 1941 -49 Zuwendungen, Spenden[11][14]
		F 1950 Außergewöhnliche Belastungen
		F 1951 -59 Außergewöhnliche Belastungen[11][14]
		F 1960 Grundstücksaufwand
		F 1961 -69 Grundstücksaufwand[11][14]
		F 1970 Grundstücksertrag
		F 1971 -79 Grundstücksertrag[11][14]
		F 1980 Unentgeltliche Wertabgaben
		F 1981 -89 Unentgeltliche Wertabgaben[11][14]
		F 1990 Privateinlagen
		F 1991 -99 Privateinlagen[11][14]

GuV-Posten[2]	Programmverbindung[4] Abschlusszweck[4]	2 Abgrenzungskonten
		KU 2310-2319
		V 2350-2374
		M 2400-2409
		M 2430-2449
		KU 2481
		KU 2660-2669
		M 2707-2712
		M 2715
		M 2720-2722
		M 2725-2726
		KU 2727-2729
		M 2732-2734
		V 2736
		KU 2737-2741
		M 2750-2752
		KU 2841
		KU 2865
		KU 2867
		Sonstige betriebliche Aufwendungen
Sonstige betriebliche Aufwendungen		R 2000
		R 2001
	K	2004 Verluste durch Verschmelzung und Umwandlung
		R 2005
		2006 Verluste durch außergewöhnliche Schadensfälle
		2007 Aufwendungen für Restrukturierungs- und Sanierungsmaßnahmen
		2008 Verluste aus der Veräußerung oder der Aufgabe von Geschäftsaktivitäten nach Steuern
		Betriebsfremde und periodenfremde Aufwendungen
		2010 Betriebsfremde Aufwendungen
		2020 Periodenfremde Aufwendungen
		Aufwendungen aus der Anwendung von Übergangsvorschriften i. S. d. BilMoG
	HBÜ	2090 Aufwendungen aus der Anwendung von Übergangsvorschriften
	HBÜ	2091 Aufwendungen aus der Anwendung von Übergangsvorschriften (Pensionsrückstellungen)
		R 2092
	HBÜ	2094 Aufwendungen aus der Anwendung von Übergangsvorschriften (Latente Steuern)
		Zinsen und ähnliche Aufwendungen
Zinsen und ähnliche Aufwendungen	G K	**2100 Zinsen und ähnliche Aufwendungen**
	G K	2102 Steuerlich nicht abzugsfähige andere Nebenleistungen zu Steuern § 4 Abs. 5b EStG
		2103 Steuerlich abzugsfähige andere Nebenleistungen zu Steuern
	G K	2104 Steuerlich nicht abzugsfähige andere Nebenleistungen zu Steuern

GuV-Posten[2]	Programmverbindung[4] Abschlusszweck[4]	2 Abgrenzungskonten
Zinsen und ähnliche Aufwendungen	G K	2105 Zinsaufwendungen § 233a AO nicht abzugsfähig
	K	2106 Zinsen aus Abzinsung des Körperschaftsteuer-Erhöhungsbetrages § 38 KStG
	G K	2107 Zinsaufwendungen § 233a AO abzugsfähig
	G K	2108 Zinsaufwendungen §§ 234 bis 237 AO nicht abzugsfähig
	G K	2109 Zinsaufwendungen an verbundene Unternehmen
	G K	2110 Zinsaufwendungen für kurzfristige Verbindlichkeiten
	G K	2111 Zinsaufwendungen §§ 234 bis 237 AO abzugsfähig
	G	2113 Nicht abzugsfähige Schuldzinsen gemäß § 4 Abs. 4a EStG (Hinzurechnungsbetrag)
	K	2114 Zinsen für Gesellschafterdarlehen
	G K	2115 Zinsen und ähnliche Aufwendungen §§ 3 Nr. 40, 3c EStG/§ 8b Abs. 1 und 4 KStG[9][16]
	G K	2116 Zinsen und ähnliche Aufwendungen an verbundene Unternehmen §§ 3 Nr. 40, 3c EStG/§ 8b Abs. 1 KStG[9][16]
	K	2117 Zinsen an Gesellschafter mit einer Beteiligung von mehr als 25 % bzw. diesen nahe stehende Personen
	G K	2118 Zinsen auf Kontokorrentkonten
	G K	2119 Zinsaufwendungen für kurzfristige Verbindlichkeiten an verbundene Unternehmen
	G K	2120 Zinsaufwendungen für langfristige Verbindlichkeiten
	G K	2123 Abschreibungen auf Disagio/Damnum zur Finanzierung
	G K	2124 Abschreibungen auf Disagio/Damnum zur Finanzierung des Anlagevermögens
	G K	2125 Zinsaufwendungen für Gebäude, die zum Betriebsvermögen gehören
	G K	2126 Zinsen zur Finanzierung des Anlagevermögens
	G K	2127 Renten und dauernde Lasten
	G	2128 Zinsaufwendungen für Kapitalüberlassung durch Mitunternehmer § 15 EStG (mit Sonderbetriebseinnahme korrespondierend)
	G K	2129 Zinsaufwendungen für langfristige Verbindlichkeiten an verbundene Unternehmen
	G K	2130 Diskontaufwendungen
	G K	2139 Diskontaufwendungen an verbundene Unternehmen
		2140 Zinsähnliche Aufwendungen
		2141 Kreditprovisionen und Verwaltungskostenbeiträge
		2142 Zinsanteil der Zuführungen zu Pensionsrückstellungen
		2143 Zinsaufwendungen aus der Abzinsung von Verbindlichkeiten
		2144 Zinsaufwendungen aus der Abzinsung von Rückstellungen
		2145 Zinsaufwendungen aus der Abzinsung von Pensionsrückstellungen und ähnlichen/vergleichbaren Verpflichtungen

GuV-Posten[2]	Programmverbindung[4] Abschlusszweck[4]	2 Abgrenzungskonten
Zinsen und ähnliche Aufwendungen oder *Sonstige Zinsen und ähnliche Erträge*	HB	2146 Zinsaufwendungen aus der Abzinsung von Pensionsrückstellungen und ähnlichen/vergleichbaren Verpflichtungen zur Verrechnung nach § 246 Abs. 2 HGB
	HB	2147 Aufwendungen aus Vermögensgegenständen zur Verrechnung nach § 246 Abs. 2 HGB
Zinsen und ähnliche Aufwendungen	G K	2148 Steuerlich nicht abzugsfähige Zinsaufwendungen aus der Abzinsung von Rückstellungen
		2149 Zinsähnliche Aufwendungen an verbundene Unternehmen
Sonstige betriebliche Aufwendungen		2150 Aufwendungen aus der Währungsumrechnung
		2151 Aufwendungen aus der Währungsumrechnung (nicht § 256a HGB)
		2166 Aufwendungen aus Bewertung Finanzmittelfonds
		2170 Nicht abziehbare Vorsteuer
		2171 Nicht abziehbare Vorsteuer 7 %
		R 2174 -75
		2176 Nicht abziehbare Vorsteuer 19 %
		Steuern vom Einkommen und Ertrag
Steuern vom Einkommen und Ertrag	K	2200 Körperschaftsteuer
	K	2203 Körperschaftsteuer für Vorjahre
	K	2204 Körperschaftsteuererstattungen für Vorjahre
	K	2208 Solidaritätszuschlag
	K	2209 Solidaritätszuschlag für Vorjahre
	K	2210 Solidaritätszuschlagerstattungen für Vorjahre
	G K	2213 Kapitalertragsteuer 25 %
	G K	2216 Anrechenbarer Solidaritätszuschlag auf Kapitalertragsteuer 25 %
	G K	2218 Ausländische Steuer auf im Inland steuerfreie DBA-Einkünfte
	G K	2219 Anrechnung/Abzug ausländische Quellensteuer
	G K HB	2250 Aufwendungen aus der Zuführung und Auflösung von latenten Steuern
	G K HB	2255 Erträge aus der Zuführung und Auflösung von latenten Steuern
	G K	2260 Aufwendungen aus der Zuführung zu Steuerrückstellungen für Steuerstundung (BStBK)
	G K	2265 Erträge aus der Auflösung von Steuerrückstellungen für Steuerstundung (BStBK)
		R 2280
	G K	2281 Gewerbesteuernachzahlungen und Gewerbesteuererstattungen für Vorjahre, § 4 Abs. 5b EStG
		R 2282
	G K	2283 Erträge aus der Auflösung von Gewerbesteuerrückstellungen, § 4 Abs. 5b EStG
		R 2284

GuV-Posten[2]	Programmverbindung[4] Abschlusszweck[4]	2 Abgrenzungskonten
Sonstige Steuern		2285 Steuernachzahlungen Vorjahre für sonstige Steuern
		2287 Steuererstattungen Vorjahre für sonstige Steuern
		2289 Erträge aus der Auflösung von Rückstellungen für sonstige Steuern
		Sonstige Aufwendungen
Sonstige betriebliche Aufwendungen		**2300 Sonstige Aufwendungen**
		2307 Sonstige Aufwendungen betriebsfremd und regelmäßig
	G K	2308 Sonstige nicht abziehbare Aufwendungen
		2309 Sonstige Aufwendungen unregelmäßig
		2310 Anlagenabgänge Sachanlagen (Restbuchwert bei Buchverlust)
		2311 Anlagenabgänge immaterielle Vermögensgegenstände (Restbuchwert bei Buchverlust)
		2312 Anlagenabgänge Finanzanlagen (Restbuchwert bei Buchverlust)
	G K	2313 Anlagenabgänge Finanzanlagen § 3 Nr. 40 EStG/§ 8b Abs. 3 KStG (Restbuchwert bei Buchverlust)[9]
Sonstige betriebliche Erträge		2315 Anlagenabgänge Sachanlagen (Restbuchwert bei Buchgewinn)
		2316 Anlagenabgänge immaterielle Vermögensgegenstände (Restbuchwert bei Buchgewinn)
		2317 Anlagenabgänge Finanzanlagen (Restbuchwert bei Buchgewinn)
	G K	2318 Anlagenabgänge Finanzanlagen § 3 Nr. 40 EStG/§ 8b Abs. 2 KStG (Restbuchwert bei Buchgewinn)[9]
Sonstige betriebliche Aufwendungen		2320 Verluste aus dem Abgang von Gegenständen des Anlagevermögens
	G K	2323 Verluste aus der Veräußerung von Anteilen an Kapitalgesellschaften (Finanzanlagevermögen) § 3 Nr. 40 EStG/§ 8b Abs. 3 KStG[9]
		2325 Verluste aus dem Abgang von Gegenständen des Umlaufvermögens (außer Vorräte)
	G K	2326 Verluste aus dem Abgang von Gegenständen des Umlaufvermögens (außer Vorräte) § 3 Nr. 40 EStG/§ 8b Abs. 3 KStG[9]
	EÜR	2327 Abgang von Wirtschaftsgütern des Umlaufvermögens nach § 4 Abs. 3 Satz 4 EStG[13]
	G K EÜR	2328 Abgang von Wirtschaftsgütern des Umlaufvermögens § 3 Nr. 40 EStG/§ 8b Abs. 3 KStG nach § 4 Abs. 3 Satz 4 EStG[9][13]
	SB	2339 Einstellungen in die steuerliche Rücklage nach § 4g EStG
	SB	2342 Einstellungen in die steuerliche Rücklage nach § 6b Abs. 3 EStG
	SB	2343 Einstellungen in die steuerliche Rücklage nach § 6b Abs. 10 EStG
	SB	2344 Einstellungen in die Rücklage für Ersatzbeschaffung nach R 6.6 EStR
	SB	2345 Einstellungen in steuerliche Rücklagen
		2347 Aufwendungen aus dem Erwerb eigener Anteile
		2350 Sonstige Grundstücksaufwendungen (neutral)

GuV-Posten[2]	Programmverbindung[4] Abschlusszweck[4]	2 Abgrenzungskonten
Sonstige Steuern		2375 Grundsteuer
Sonstige betriebliche Aufwendungen	G K	2380 Zuwendungen, Spenden, steuerlich nicht abziehbar
	G K	2381 Zuwendungen, Spenden für wissenschaftliche und kulturelle Zwecke
	G K	2382 Zuwendungen, Spenden für mildtätige Zwecke
	G K	2383 Zuwendungen, Spenden für kirchliche, religiöse und gemeinnützige Zwecke
	G K	2384 Zuwendungen, Spenden an politische Parteien
	K	2385 Nicht abziehbare Hälfte der Aufsichtsratsvergütungen
		2386 Abziehbare Aufsichtsratsvergütungen
	G K	2387 Zuwendungen, Spenden in das zu erhaltende Vermögen (Vermögensstock) einer Stiftung für gemeinnützige Zwecke
		R 2388
	G K	2389 Zuwendungen, Spenden in das zu erhaltende Vermögen (Vermögensstock) einer Stiftung für kirchliche, religiöse und gemeinnützige Zwecke
	G K	2390 Zuwendungen, Spenden an Stiftungen in das zu erhaltende Vermögen (Vermögensstock) für wissenschaftliche, mildtätige, kulturelle Zwecke
		2400 Forderungsverluste (übliche Höhe)
	U	AM 2401 Forderungsverluste 7 % USt (übliche Höhe)
	U	AM 2402 Forderungsverluste aus steuerfreien EU-Lieferungen (übliche Höhe)
	U	AM 2403 Forderungsverluste aus im Inland steuerpflichtigen EU-Lieferungen 7 % USt (übliche Höhe)
		R 2404 -05
	U	AM 2406 Forderungsverluste 19 % USt (übliche Höhe)
		R 2407
	U	AM 2408 Forderungsverluste aus im Inland steuerpflichtigen EU-Lieferungen 19 % USt (übliche Höhe)
		R 2409
Abschreibungen auf Vermögensgegenstände des Umlaufvermögens, soweit diese die in der Kapitalgesellschaft üblichen Abschreibungen überschreiten		2430 Forderungsverluste, unüblich hoch
	U	AM 2431 Forderungsverluste 7 % USt (soweit unüblich hoch)
		R 2432 -35
	U	AM 2436 Forderungsverluste 19 % USt (soweit unüblich hoch)
		R 2437 -38
	G K	2440 Abschreibungen auf Forderungen gegenüber Kapitalgesellschaften, an denen eine Beteiligung besteht (soweit unüblich hoch), § 3c EStG/ § 8b Abs. 3 KStG
	K	2441 Abschreibungen auf Forderungen gegenüber Gesellschaftern und nahe stehenden Personen (soweit unüblich hoch), § 8b Abs. 3 KStG

GuV-Posten[2)]	Programmverbindung[4)] Abschlusszweck[4)]	2 Abgrenzungskonten
Sonstige betriebliche Aufwendungen		2450 Einstellungen in die Pauschalwertberichtigung auf Forderungen
		2451 Einstellungen in die Einzelwertberichtigung auf Forderungen
Einstellungen in Gewinnrücklagen in die Rücklage für Anteile an einem herrschenden oder mehrheitlich beteiligten Unternehmen		2480 Einstellungen in die Rücklage für Anteile an einem herrschenden oder mehrheitlich beteiligten Unternehmen
		F 2481 Einstellungen in gesamthänderisch gebundene Rücklagen (mit Aufteilung für Kapitalkontenentwicklung)[26)]
		2485 Einstellungen in andere Ergebnisrücklagen
Aufwendungen aus Verlustübernahme	G K	2490 Aufwendungen aus Verlustübernahme
Auf Grund einer Gewinngemeinschaft, eines Gewinn- oder Teilgewinnabführungsvertrags abgeführte Gewinne		2492 Abgeführte Gewinne auf Grund einer Gewinngemeinschaft
Auf Grund einer Gewinngemeinschaft, eines Gewinn- oder Teilgewinnabführungsvertrags abgeführte Gewinne oder *Erträge aus Verlustübernahme*	G K	2493 Abgeführte Gewinnanteile (Soll)/ausgeglichene Verlustanteile (Haben) bei stiller Gesellschaft § 8 GewStG
Auf Grund einer Gewinngemeinschaft, eines Gewinn- oder Teilgewinnabführungsvertrags abgeführte Gewinne	K	2494 Abgeführte Gewinne auf Grund eines Gewinn- oder Teilgewinnabführungsvertrags
Einstellung in die Kapitalrücklage nach den Vorschriften über die vereinfachte Kapitalherabsetzung		2495 Einstellungen in die Kapitalrücklage nach den Vorschriften über die vereinfachte Kapitalherabsetzung
Einstellungen in Gewinnrücklagen in die gesetzliche Rücklage		2496 Einstellungen in die gesetzliche Rücklage

GuV-Posten[2)]	Programmverbindung[4)] Abschlusszweck[4)]	2 Abgrenzungskonten
Einstellungen in Gewinnrücklagen in satzungsmäßige Rücklagen		2497 Einstellungen in satzungsmäßige Rücklagen
Einstellungen in Gewinnrücklagen in die Rücklage für Anteile an einem herrschenden oder mehrheitlich beteiligten Unternehmen		2498 Einstellungen in den Ausgleichsposten für aktivierte eigene Anteile
Einstellungen in Gewinnrücklagen in andere Gewinnrücklagen		2499 Einstellungen in andere Gewinnrücklagen
		Sonstige betriebliche Erträge
Sonstige betriebliche Erträge		R 2500
		R 2501
	K	2504 Erträge durch Verschmelzung und Umwandlung
		R 2505 -07
		2508 Gewinn aus der Veräußerung oder der Aufgabe von Geschäftsaktivitäten nach Steuern
		Betriebsfremde und periodenfremde Erträge
		2510 Sonstige betriebsfremde Erträge
		2520 Periodenfremde Erträge
		Erträge aus der Anwendung von Übergangsvorschriften i. S. d. BilMoG
	HBÜ	2590 Erträge aus der Anwendung von Übergangsvorschriften
		R 2591 -93
	HBÜ	2594 Erträge aus der Anwendung von Übergangsvorschriften (latente Steuern)
		Zinserträge
Erträge aus Beteiligungen		2600 Erträge aus Beteiligungen
	G K	2603 Erträge aus Beteiligungen an Personengesellschaften (verbundene Unternehmen), § 9 GewStG bzw. § 18 EStG[23)]
	G K	2615 Erträge aus Anteilen an Kapitalgesellschaften (Beteiligung) § 3 Nr. 40 EStG/§ 8b Abs. 1 KStG[9)]
	G K	2616 Erträge aus Anteilen an Kapitalgesellschaften (verbundene Unternehmen) § 3 Nr. 40 EStG/§ 8b Abs. 1 KStG[9)]
	G K	2618 Gewinnanteile aus gewerblichen und selbständigen Mitunternehmerschaften, § 9 GewStG bzw. § 18 EStG[23)]
		2619 Erträge aus Beteiligungen an verbundenen Unternehmen

GuV-Posten[2]	Programmverbindung[4] Abschlusszweck[4]	2 Abgrenzungskonten
Erträge aus anderen Wertpapieren und Ausleihungen des Finanzanlagevermögens		2620 Erträge aus anderen Wertpapieren und Ausleihungen des Finanzanlagevermögens
		2621 Erträge aus Ausleihungen des Finanzanlagevermögens
		2622 Erträge aus Ausleihungen des Finanzanlagevermögens an verbundenen Unternehmen
		2623 Erträge aus Anteilen an Personengesellschaften (Finanzanlagevermögen)
	G K	2625 Erträge aus Anteilen an Kapitalgesellschaften (Finanzanlagevermögen) § 3 Nr. 40 EStG/§ 8b Abs. 1 und 4 KStG[9]
	G K	2626 Erträge aus Anteilen an Kapitalgesellschaften (verbundene Unternehmen) § 3 Nr. 40 EStG/§ 8b Abs. 1 KStG[9]
		2640 Zins- und Dividendenerträge
		2641 Erhaltene Ausgleichszahlungen (als außenstehender Aktionär)
		2646 Erträge aus Anteilen an Personengesellschaften (verbundene Unternehmen)
		2647 Erträge aus anderen Wertpapieren des Finanzanlagevermögens an Kapitalgesellschaften (verbundene Unternehmen)
		2648 Erträge aus anderen Wertpapieren des Finanzanlagevermögens an Personengesellschaften (verbundene Unternehmen)
		2649 Erträge aus anderen Wertpapieren und Ausleihungen des Finanzanlagevermögens aus verbundenen Unternehmen
Sonstige Zinsen und ähnliche Erträge		**2650 Sonstige Zinsen und ähnliche Erträge**
		R 2652
	G K	2653 Zinserträge § 233a AO, § 4 Abs. 5b EStG, steuerfrei
		2654 Erträge aus anderen Wertpapieren und Ausleihungen des Umlaufvermögens
	G K	2655 Erträge aus Anteilen an Kapitalgesellschaften (Umlaufvermögen) § 3 Nr. 40 EStG/§ 8b Abs. 1 und 4 KStG[9]
	G K	2656 Erträge aus Anteilen an Kapitalgesellschaften (verbundene Unternehmen) § 3 Nr. 40 EStG/§ 8b Abs. 1 KStG[9]
		2657 Zinserträge § 233a AO, steuerpflichtig
	K	2658 Zinserträge § 233a AO, steuerfrei (Anlage A KSt)
		2659 Sonstige Zinsen und ähnliche Erträge aus verbundenen Unternehmen
Sonstige betriebliche Erträge		2660 Erträge aus der Währungsumrechnung
		2661 Erträge aus der Währungsumrechnung (nicht § 256a HGB)
		2666 Erträge aus Bewertung Finanzmittelfonds

GuV-Posten[2]	Programmverbindung[4] Abschlusszweck[4]	2 Abgrenzungskonten
Sonstige Zinsen und ähnliche Erträge		2670 Diskonterträge
		2679 Diskonterträge aus verbundenen Unternehmen
		2680 Zinsähnliche Erträge
	G K	2682 Steuerfreie Zinserträge aus der Abzinsung von Rückstellungen
		2683 Zinserträge aus der Abzinsung von Verbindlichkeiten
		2684 Zinserträge aus der Abzinsung von Rückstellungen
		2685 Zinserträge aus der Abzinsung von Pensionsrückstellungen und ähnlichen/vergleichbaren Verpflichtungen
Sonstige Zinsen und ähnliche Erträge oder *Zinsen und ähnliche Aufwendungen*	HB	2686 Zinserträge aus der Abzinsung von Pensionsrückstellungen und ähnlichen/vergleichbaren Verpflichtungen zur Verrechnung nach § 246 Abs. 2 HGB
	HB	2687 Erträge aus Vermögensgegenständen zur Verrechnung nach § 246 Abs. 2 HGB
Sonstige Zinsen und ähnliche Erträge	K	2688 Zinsertrag aus vorzeitiger Rückzahlung des Körperschaftsteuer-Erhöhungsbetrages § 38 KStG
		2689 Zinsähnliche Erträge aus verbundenen Unternehmen
		Sonstige Erträge
Sonstige betriebliche Erträge		**2700 Andere betriebs- und/oder periodenfremde (neutrale) sonstige Erträge**
		2705 Sonstige betriebliche und regelmäßige Erträge (neutral)
		2707 Sonstige Erträge betriebsfremd und regelmäßig
		2709 Sonstige Erträge unregelmäßig
		2710 Erträge aus Zuschreibungen des Sachanlagevermögens
		2711 Erträge aus Zuschreibungen des immateriellen Anlagevermögens
		2712 Erträge aus Zuschreibungen des Finanzanlagevermögens
	G K	2713 Erträge aus Zuschreibungen des Finanzanlagevermögens § 3 Nr. 40 EStG/§ 8b Abs. 3 Satz 8 KStG[9]
	G K	2714 Erträge aus Zuschreibungen § 3 Nr. 40 EStG/§ 8b Abs. 2 KStG[9]
		2715 Erträge aus Zuschreibungen des Umlaufvermögens (außer Vorräte)
	G K	2716 Erträge aus Zuschreibungen des Umlaufvermögens § 3 Nr. 40 EStG/§ 8b Abs. 3 Satz 8 KStG[9]
		2720 Erträge aus dem Abgang von Gegenständen des Anlagevermögens
	G K	2723 Erträge aus der Veräußerung von Anteilen an Kapitalgesellschaften (Finanzanlagevermögen) § 3 Nr. 40 EStG/§ 8b Abs. 2 KStG[9]
		2725 Erträge aus dem Abgang von Gegenständen des Umlaufvermögens (außer Vorräte)
	G K	2726 Erträge aus dem Abgang von Gegenständen des Umlaufvermögens (außer Vorräte) § 3 Nr. 40 EStG/§ 8b Abs. 2 KStG[9]
		2727 Erträge aus der Auflösung einer steuerlichen Rücklage nach § 6b Abs. 3 EStG
		2728 Erträge aus der Auflösung einer steuerlichen Rücklage nach § 6b Abs. 10 EStG

GuV-Posten[2)]	Programmverbindung[4)] Abschlusszweck[4)]	2 Abgrenzungskonten
Sonstige betriebliche Erträge	SB	2729 Erträge aus der Auflösung der Rücklage für Ersatzbeschaffung R 6.6 EStR
		2730 Erträge aus der Herabsetzung der Pauschalwertberichtigung auf Forderungen
		2731 Erträge aus der Herabsetzung der Einzelwertberichtigung auf Forderungen
		2732 Erträge aus abgeschriebenen Forderungen
		2735 Erträge aus der Auflösung von Rückstellungen
		2736 Erträge aus der Herabsetzung von Verbindlichkeiten
	SB	2737 Erträge aus der Auflösung einer steuerlichen Rücklage nach § 4g EStG
		R 2738 -39
		2740 Erträge aus der Auflösung einer steuerlichen Rücklage
	SB	2741 Erträge aus der Auflösung steuerrechtlicher Sonderabschreibungen
		2742 Versicherungsentschädigungen und Schadenersatzleistungen
		2743 Investitionszuschüsse (steuerpflichtig)
	G K	2744 Investitionszulagen (steuerfrei)
Ertrag aus Kapitalherabsetzung	K	2745 Erträge aus Kapitalherabsetzung
Sonstige betriebliche Erträge	G K	2746 Steuerfreie Erträge aus der Auflösung von steuerlichen Rücklagen
	G K	2747 Sonstige steuerfreie Betriebseinnahmen
		2749 Erstattungen Aufwendungsausgleichsgesetz
Umsatzerlöse		2750 Grundstückserträge
	U	AM 2751 Erlöse aus Vermietung und Verpachtung, umsatzsteuerfrei § 4 Nr. 12 UStG
	U	AM 2752 Erlöse aus Vermietung und Verpachtung 19 % USt
		R 2753 -54
Sonstige betriebliche Erträge		2760 Erträge aus der Aktivierung unentgeltlich erworbener Vermögensgegenstände
		2762 Kostenerstattungen, Rückvergütungen und Gutschriften für frühere Jahre
Umsatzerlöse		2764 Erträge aus Verwaltungskostenumlage
Erträge aus Verlustübernahme	K	2790 Erträge aus Verlustübernahme
Auf Grund einer Gewinngemeinschaft, eines Gewinn- oder Teilgewinnabführungsvertrags erhaltene Gewinne		2792 Erhaltene Gewinne auf Grund einer Gewinngemeinschaft
	G K	2794 Erhaltene Gewinne auf Grund eines Gewinn- oder Teilgewinnabführungsvertrags
Entnahmen aus der Kapitalrücklage		2795 Entnahmen aus der Kapitalrücklage

GuV-Posten[2)]	Programmverbindung[4)] Abschlusszweck[4)]	2 Abgrenzungskonten
Entnahmen aus Gewinnrücklagen aus der gesetzlichen Rücklage		2796 Entnahmen aus der gesetzlichen Rücklage
Entnahmen aus Gewinnrücklagen aus satzungsmäßigen Rücklagen		2797 Entnahmen aus satzungsmäßigen Rücklagen
Entnahmen aus Gewinnrücklagen aus der Rücklage für Anteile an einem herrschenden oder mehrheitlich beteiligten Unternehmen		2798 Entnahmen aus dem Ausgleichsposten für aktivierte eigene Anteile
Entnahmen aus Gewinnrücklagen aus anderen Gewinnrücklagen		2799 Entnahmen aus anderen Gewinnrücklagen
Entnahmen aus Gewinnrücklagen aus der Rücklage für Anteile an einem herrschenden oder mehrheitlich beteiligten Unternehmen		2840 Entnahmen aus der Rücklage für Anteile an einem herrschenden oder mehrheitlich beteiligten Unternehmen
		F 2841 Entnahmen aus gesamthänderisch gebundenen Rücklagen (mit Aufteilung für Kapitalkontenentwicklung)[26)]
		2850 Entnahmen aus anderen Ergebnisrücklagen
Gewinnvortrag oder *Verlustvortrag*		**2860 Gewinnvortrag nach Verwendung**
		F 2865 Gewinnvortrag nach Verwendung (mit Aufteilung für Kapitalkontenentwicklung)[26)]
		F 2867 Verlustvortrag nach Verwendung (mit Aufteilung für Kapitalkontenentwicklung)[26)]
Gewinnvortrag oder *Verlustvortrag*		**2868 Verlustvortrag nach Verwendung**
		R 2869
Ausschüttung		2870 Vorabausschüttung

GuV-Posten[2]	Programmverbindung[4] Abschlusszweck[4]	2 Abgrenzungskonten	Bilanz-/GuV-Posten[2]	Programmverbindung[4] Abschlusszweck[4]	3 Wareneingangs- und Bestandskonten
		Verrechnete kalkulatorische Kosten			V 3000-3106 KU 3107 V 3108-3348 KU 3349 V 3350-3599 V 3700-3949 KU 3950-3999
Sonstige betriebliche Aufwendungen		2890 Verrechneter kalkulatorischer Unternehmerlohn			**Materialaufwand**
		2891 Verrechnete kalkulatorische Miete und Pacht	Aufwendungen für Roh-, Hilfs- und Betriebsstoffe und für bezogene Waren		3000 Roh-, Hilfs- und Betriebsstoffe
		2892 Verrechnete kalkulatorische Zinsen			AV 3010-19 Einkauf Roh-, Hilfs- und Betriebsstoffe 7 % Vorsteuer
		2893 Verrechnete kalkulatorische Abschreibungen			R 3020-29
		2894 Verrechnete kalkulatorische Wagnisse			AV 3030-39 Einkauf Roh-, Hilfs- und Betriebsstoffe 19 % Vorsteuer
		2895 Verrechneter kalkulatorischer Lohn für unentgeltliche Mitarbeiter			R 3040-59
		R 2900		U	AV 3060 Einkauf Roh-, Hilfs- und Betriebsstoffe, innergemeinschaftlicher Erwerb 7 % Vorsteuer und 7 % Umsatzsteuer
					R 3061
				U	AV 3062-63 Einkauf Roh-, Hilfs- und Betriebsstoffe, innergemeinschaftlicher Erwerb 19 % Vorsteuer und 19 % Umsatzsteuer
					R 3064-65
				U	AV 3066 Einkauf Roh-, Hilfs- und Betriebsstoffe, innergemeinschaftlicher Erwerb ohne Vorsteuer und 7 % Umsatzsteuer
				U	AV 3067 Einkauf Roh-, Hilfs- und Betriebsstoffe, innergemeinschaftlicher Erwerb ohne Vorsteuer und 19 % Umsatzsteuer
					R 3068-69
					AV 3070 Einkauf Roh-, Hilfs- und Betriebsstoffe 5,5 % Vorsteuer
					AV 3071 Einkauf Roh-, Hilfs- und Betriebsstoffe 10,7 % Vorsteuer
					R 3072-74
				U	AV 3075 Einkauf Roh-, Hilfs- und Betriebsstoffe aus einem USt-Lager § 13a UStG 7 % Vorsteuer und 7 % Umsatzsteuer
				U	AV 3076 Einkauf Roh-, Hilfs- und Betriebsstoffe aus einem USt-Lager § 13a UStG 19 % Vorsteuer und 19 % Umsatzsteuer
					R 3077-88
				U	AV 3089 Erwerb Roh-, Hilfs- und Betriebsstoffe als letzter Abnehmer innerhalb Dreiecksgeschäft 19 % Vorsteuer und 19 % Umsatzsteuer
					3090 Energiestoffe (Fertigung)
					AV 3091 Energiestoffe (Fertigung) 7 % Vorsteuer
					AV 3092 Energiestoffe (Fertigung) 19 % Vorsteuer
					R 3093-98

Bilanz-/GuV-Posten[2)]	Programmverbindung[4)] Abschlusszweck[4)]	3 Wareneingangs- und Bestandskonten	
Aufwendungen für bezogene Leistungen		**3100**	**Fremdleistungen**
		AV 3106	Fremdleistungen 19 % Vorsteuer
		R 3107	
		AV 3108	Fremdleistungen 7 % Vorsteuer
		3109	Fremdleistungen ohne Vorsteuer
			Umsätze, für die als Leistungsempfänger die Steuer nach § 13b UStG geschuldet wird
	U	AV 3110	Bauleistungen eines im Inland ansässigen Unternehmers 7 % Vorsteuer und 7 % Umsatzsteuer
		R 3111 -12	
	U	AV 3113	Sonstige Leistungen eines im anderen EU-Land ansässigen Unternehmers 7 % Vorsteuer und 7 % Umsatzsteuer
		R 3114	
	U	AV 3115	Leistungen eines im Ausland ansässigen Unternehmers 7 % Vorsteuer und 7 % Umsatzsteuer
		R 3116 -19	
	U	AV 3120 -21	Bauleistungen eines im Inland ansässigen Unternehmers 19 % Vorsteuer und 19 % Umsatzsteuer
		R 3122	
	U	AV 3123	Sonstige Leistungen eines im anderen EU-Land ansässigen Unternehmers 19 % Vorsteuer und 19 % Umsatzsteuer
		R 3124	
	U	AV 3125 -26	Leistungen eines im Ausland ansässigen Unternehmers 19 % Vorsteuer und 19 % Umsatzsteuer
		R 3127 -29	
	U	AV 3130	Bauleistungen eines im Inland ansässigen Unternehmers ohne Vorsteuer und 7 % Umsatzsteuer
		R 3131 -32	
	U	AV 3133	Sonstige Leistungen eines im anderen EU-Land ansässigen Unternehmers ohne Vorsteuer und 7 % Umsatzsteuer
		R 3134	
	U	AV 3135	Leistungen eines im Ausland ansässigen Unternehmers ohne Vorsteuer und 7 % Umsatzsteuer
		R 3136 -39	
	U	AV 3140 -41	Bauleistungen eines im Inland ansässigen Unternehmers ohne Vorsteuer und 19 % Umsatzsteuer
		R 3142	
	U	AV 3143	Sonstige Leistungen eines im anderen EU-Land ansässigen Unternehmers ohne Vorsteuer und 19 % Umsatzsteuer
		R 3144	
	U	AV 3145 -46	Leistungen eines im Ausland ansässigen Unternehmers ohne Vorsteuer und 19 % Umsatzsteuer
		R 3147 -49	

Bilanz-/GuV-Posten[2)]	Programmverbindung[4)] Abschlusszweck[4)]	3 Wareneingangs- und Bestandskonten	
Aufwendungen für bezogene Leistungen		S/AV 3150	Erhaltene Skonti aus Leistungen, für die als Leistungsempfänger die Steuer nach § 13b UStG geschuldet wird
	U	S/AV 3151	Erhaltene Skonti aus Leistungen, für die als Leistungsempfänger die Steuer nach § 13b UStG geschuldet wird 19 % Vorsteuer und 19 % Umsatzsteuer
		R 3152	
		S/AV 3153	Erhaltene Skonti aus Leistungen, für die als Leistungsempfänger die Steuer nach § 13b UStG geschuldet wird ohne Vorsteuer aber mit Umsatzsteuer
	U	S/AV 3154	Erhaltene Skonti aus Leistungen, für die als Leistungsempfänger die Steuer nach § 13b UStG geschuldet wird ohne Vorsteuer, mit 19 % Umsatzsteuer
		R 3155 -59	
		3160	Leistungen nach § 13b UStG mit Vorsteuerabzug[21)]
		3165	Leistungen nach § 13b UStG ohne Vorsteuerabzug[21)]
	G K	3170	Fremdleistungen (Miet- und Pachtzinsen bewegliche Wirtschaftsgüter)
	G K	3175	Fremdleistungen (Miet- und Pachtzinsen unbewegliche Wirtschaftsgüter)
	G K	3180	Fremdleistungen (Entgelte für Rechte und Lizenzen)
	G	3185	Fremdleistungen (Vergütungen für die Überlassung von Wirtschaftsgütern - mit Sonderbetriebseinnahme korrespondierend)
Aufwendungen für Roh-, Hilfs- und Betriebsstoffe und für bezogene Waren		**3200**	**Wareneingang**
		AV 3300 -09	Wareneingang 7 % Vorsteuer
		R 3310 -48	
		3349	Wareneingang ohne Vorsteuerabzug
		AV 3400 -09	Wareneingang 19 % Vorsteuer
		R 3410 -19	
	U	AV 3420 -24	Innergemeinschaftlicher Erwerb 7 % Vorsteuer und 7 % Umsatzsteuer
	U	AV 3425 -29	Innergemeinschaftlicher Erwerb 19 % Vorsteuer und 19 % Umsatzsteuer
	U	AV 3430	Innergemeinschaftlicher Erwerb ohne Vorsteuer und 7 % Umsatzsteuer
		R 3431 -34	
	U	AV 3435	Innergemeinschaftlicher Erwerb ohne Vorsteuer und 19 % Umsatzsteuer
		R 3436 -39	
	U	AV 3440	Innergemeinschaftlicher Erwerb von Neufahrzeugen von Lieferanten ohne USt-Id-Nr. 19 % Vorsteuer und 19 % Umsatzsteuer
		R 3441 -49	
		R 3500 -04	

Bilanz-/GuV-Posten[2]	Programmverbindung[4] Abschlusszweck[4]	3 Wareneingangs- und Bestandskonten
Aufwendungen für Roh-, Hilfs- und Betriebsstoffe und für bezogene Waren		AV 3505 Wareneingang 5,5 % Vorsteuer
		-09
		R 3510
		-39
		AV 3540 Wareneingang 10,7 % Vorsteuer
		-49
	U	AV 3550 Steuerfreier innergemeinschaftlicher Erwerb
		3551 Wareneingang im Drittland steuerbar
		3552 Erwerb 1. Abnehmer innerhalb eines Dreiecksgeschäftes
	U	AV 3553 Erwerb Waren als letzter Abnehmer innerhalb Dreiecksgeschäft 19 % Vorsteuer und 19 % Umsatzsteuer
		R 3554
		-57
		3558 Wareneingang im anderen EU-Land steuerbar
		3559 Steuerfreie Einfuhren
	U	AV 3560 Waren aus einem Umsatzsteuerlager, § 13a UStG 7 % Vorsteuer und 7 % Umsatzsteuer
		R 3561
		-64
	U	AV 3565 Waren aus einem Umsatzsteuerlager, § 13a UStG 19 % Vorsteuer und 19 % Umsatzsteuer
		R 3566
		-69
		3600 Nicht abziehbare Vorsteuer
		-09
		3610 Nicht abziehbare Vorsteuer 7 %
		-19
		R 3620
		-29
		R 3650
		-59
		3660 Nicht abziehbare Vorsteuer 19 %
		-69
		3700 Nachlässe
		3701 Nachlässe aus Einkauf Roh-, Hilfs- und Betriebsstoffe
		AV 3710 Nachlässe 7 % Vorsteuer
		-11
		R 3712
		-13
		AV 3714 Nachlässe aus Einkauf Roh-, Hilfs- und Betriebsstoffe 7 % Vorsteuer
		AV 3715 Nachlässe aus Einkauf Roh-, Hilfs- und Betriebsstoffe 19 % Vorsteuer
		R 3716
	U	AV 3717 Nachlässe aus Einkauf Roh-, Hilfs- und Betriebsstoffe, innergemeinschaftlicher Erwerb 7 % Vorsteuer und 7 % Umsatzsteuer
	U	AV 3718 Nachlässe aus Einkauf Roh-, Hilfs- und Betriebsstoffe, innergemeinschaftlicher Erwerb 19 % Vorsteuer und 19 % Umsatzsteuer
		R 3719
		AV 3720 Nachlässe 19 % Vorsteuer
		-21
		R 3722
		-23
	U	AV 3724 Nachlässe aus innergemeinschaftlichem Erwerb 7 % Vorsteuer und 7 % Umsatzsteuer
	U	AV 3725 Nachlässe aus innergemeinschaftlichem Erwerb 19 % Vorsteuer und 19 % Umsatzsteuer
		R 3726
		-29
Aufwendungen für Roh-, Hilfs- und Betriebsstoffe und für bezogene Waren		S/AV 3730 Erhaltene Skonti
		S/AV 3731 Erhaltene Skonti 7 % Vorsteuer
		R 3732
		S/AV 3733 Erhaltene Skonti aus Einkauf Roh-, Hilfs- und Betriebsstoffe
		S/AV 3734 Erhaltene Skonti aus Einkauf Roh-, Hilfs- und Betriebsstoffe 7 % Vorsteuer
		R 3735
		S/AV 3736 Erhaltene Skonti 19 % Vorsteuer
		R 3737
		S/AV 3738 Erhaltene Skonti aus Einkauf Roh-, Hilfs- und Betriebsstoffe 19 % Vorsteuer
		R 3739
		-40
	U	S/AV 3741 Erhaltene Skonti aus Einkauf Roh-, Hilfs- und Betriebsstoffe aus steuerpflichtigem innergemeinschaftlichem Erwerb 19 % Vorsteuer und 19 % Umsatzsteuer
		R 3742
	U	S/AV 3743 Erhaltene Skonti aus Einkauf Roh-, Hilfs- und Betriebsstoffe aus steuerpflichtigem innergemeinschaftlichem Erwerb 7 % Vorsteuer und 7 % Umsatzsteuer
		S/AV 3744 Erhaltene Skonti aus Einkauf Roh-, Hilfs- und Betriebsstoffe aus steuerpflichtigem innergemeinschaftlichem Erwerb
		S/AV 3745 Erhaltene Skonti aus steuerpflichtigem innergemeinschaftlichem Erwerb
	U	S/AV 3746 Erhaltene Skonti aus steuerpflichtigem innergemeinschaftlichem Erwerb 7 % Vorsteuer und 7 % Umsatzsteuer
		R 3747
	U	S/AV 3748 Erhaltene Skonti aus steuerpflichtigem innergemeinschaftlichem Erwerb 19 % Vorsteuer und 19 % Umsatzsteuer
		R 3749
		AV 3750 Erhaltene Boni 7 % Vorsteuer
		-51
		R 3752
		3753 Erhaltene Boni aus Einkauf Roh-, Hilfs- und Betriebsstoffe
		AV 3754 Erhaltene Boni aus Einkauf Roh-, Hilfs- und Betriebsstoffe 7 % Vorsteuer
		AV 3755 Erhaltene Boni aus Einkauf Roh-, Hilfs- und Betriebsstoffe 19 % Vorsteuer
		R 3756
		-59
		AV 3760 Erhaltene Boni 19 % Vorsteuer
		-61
		R 3762
		-68
		3769 Erhaltene Boni
		3770 Erhaltene Rabatte
		AV 3780 Erhaltene Rabatte 7 % Vorsteuer
		-81
		R 3782

Bilanz-/GuV-Posten[2]	Programmverbindung[4] Abschlusszweck[4]		3 Wareneingangs- und Bestandskonten
Aufwendungen für Roh-, Hilfs- und Betriebsstoffe und für bezogene Waren		3783	Erhaltene Rabatte aus Einkauf Roh-, Hilfs- und Betriebsstoffe
		AV 3784	Erhaltene Rabatte aus Einkauf Roh-, Hilfs- und Betriebsstoffe 7 % Vorsteuer
		AV 3785	Erhaltene Rabatte aus Einkauf Roh-, Hilfs- und Betriebsstoffe 19 % Vorsteuer
		R 3786 -87	
		S/AV 3788	Erhaltene Skonti aus Einkauf Roh-, Hilfs- und Betriebsstoffe 10,7 % Vorsteuer
		R 3789	
		AV 3790 -91	Erhaltene Rabatte 19 % Vorsteuer
	U	AV 3792	Erhaltene Skonti aus Erwerb Roh-, Hilfs- und Betriebsstoffe als letzter Abnehmer innerhalb Dreiecksgeschäft 19 % Vorsteuer und 19 % Umsatzsteuer
	U	AV 3793	Erhaltene Skonti aus Erwerb Waren als letzter Abnehmer innerhalb Dreiecksgeschäft 19 % Vorsteuer und 19 % Umsatzsteuer
		S/AV 3794	Erhaltene Skonti 5,5 % Vorsteuer
		R 3795	
		S/AV 3796	Erhaltene Skonti 10,7 % Vorsteuer
		R 3797	
		S/AV 3798	Erhaltene Skonti aus Einkauf Roh-, Hilfs- und Betriebsstoffe 5,5 % Vorsteuer
		R 3799	
		3800	Bezugsnebenkosten
		3830	Leergut
		3850	Zölle und Einfuhrabgaben
		3950 -54	Bestandsveränderungen Waren
		3955 -59	Bestandsveränderungen Roh-, Hilfs- und Betriebsstoffe
		3960 -69	Bestandsveränderungen Roh-, Hilfs- und Betriebsstoffe sowie bezogene Waren
			Bestand an Vorräten
Roh-, Hilfs- und Betriebsstoffe		3970 -79	Roh-, Hilfs- und Betriebsstoffe (Bestand)
Fertige Erzeugnisse und Waren		3980 -89	Waren (Bestand)
			Verrechnete Stoffkosten
Aufwendungen für Roh-, Hilfs- und Betriebsstoffe und für bezogene Waren		3990 -99	Verrechnete Stoffkosten (Gegenkonto zu 4000-99)

GuV-Posten[2]	Programmverbindung[4] Abschlusszweck[4]		4 Betriebliche Aufwendungen
			V 4000-4099 V 4200-4299 V 4400-4509 KU 4510-4519 V 4520-4819 V 4900-4983 V 4985-4989
			Material- und Stoffverbrauch
Aufwendungen für Roh-, Hilfs- und Betriebsstoffe und für bezogene Waren		4000 -99	Material- und Stoffverbrauch
			Personalaufwendungen
Löhne und Gehälter		4100	Löhne und Gehälter
		4110	Löhne
		4120	Gehälter
		4124	Geschäftsführergehälter der GmbH-Gesellschafter
		4125	Ehegattengehalt
	K	4126	Tantiemen Gesellschafter-Geschäftsführer
		4127	Geschäftsführergehälter
	G	4128	Vergütungen an angestellte Mitunternehmer § 15 EStG (mit Sonderbetriebseinnahme korrespondierend)
	K	4129	Tantiemen Arbeitnehmer
Soziale Abgaben und Aufwendungen für Altersversorgung und für Unterstützung		4130	Gesetzliche soziale Aufwendungen
	G	4137	Gesetzliche soziale Aufwendungen für Mitunternehmer § 15 EStG (mit Sonderbetriebseinnahme korrespondierend)
		4138	Beiträge zur Berufsgenossenschaft
Sonstige betriebliche Aufwendungen		4139	Ausgleichsabgabe i. S. d. Schwerbehindertengesetzes
Soziale Abgaben und Aufwendungen für Altersversorgung und für Unterstützung		4140	Freiwillige soziale Aufwendungen, lohnsteuerfrei
		4141	Sonstige soziale Abgaben
		4144	Soziale Abgaben für Minijobber
Löhne und Gehälter		4145	Freiwillige soziale Aufwendungen, lohnsteuerpflichtig
		4146	Freiwillige Zuwendungen an Minijobber
		4147	Freiwillige Zuwendungen an Gesellschafter-Geschäftsführer
	G	4148	Freiwillige Zuwendungen an angestellte Mitunternehmer § 15 EStG (mit Sonderbetriebseinnahme korrespondierend)
		4149	Pauschale Steuer auf sonstige Bezüge (z. B. Fahrtkostenzuschüsse)
		4150	Krankengeldzuschüsse
		4151	Sachzuwendungen und Dienstleistungen an Minijobber
		4152	Sachzuwendungen und Dienstleistungen an Arbeitnehmer
		4153	Sachzuwendungen und Dienstleistungen an Gesellschafter-Geschäftsführer

GuV-Posten[2]	Programmverbindung[4] Abschlusszweck[4]	4	Betriebliche Aufwendungen
Löhne und Gehälter	G	4154	Sachzuwendungen und Dienstleistungen an angestellte Mitunternehmer § 15 EStG (mit Sonderbetriebseinnahme korrespondierend)
		4155	Zuschüsse der Agenturen für Arbeit (Haben)
		4156	Aufwendungen aus der Veränderung von Urlaubsrückstellungen
		4157	Aufwendungen aus der Veränderung von Urlaubsrückstellungen für Gesellschafter-Geschäftsführer
	G	4158	Aufwendungen aus der Veränderung von Urlaubsrückstellungen für angestellte Mitunternehmer § 15 EStG (mit Sonderbetriebseinnahme korrespondierend)
		4159	Aufwendungen aus der Veränderung von Urlaubsrückstellungen für Minijobber
Soziale Abgaben und Aufwendungen für Altersversorgung und für Unterstützung		4160	Versorgungskassen
		4165	Aufwendungen für Altersversorgung
		4166	Aufwendungen für Altersversorgung für Gesellschafter-Geschäftsführer
		4167	Pauschale Steuer auf sonstige Bezüge (z. B. Direktversicherungen)
	G	4168	Aufwendungen für Altersversorgung für Mitunternehmer § 15 EStG (mit Sonderbetriebseinnahme korrespondierend)
		4169	Aufwendungen für Unterstützung
Löhne und Gehälter		4170	Vermögenswirksame Leistungen
		4175	Fahrtkostenerstattung - Wohnung/Arbeitsstätte
		4180	Bedienungsgelder
		4190	Aushilfslöhne
		4194	Pauschale Steuern für Minijobber
		4195	Löhne für Minijobs
		4196	Pauschale Steuern für Gesellschafter-Geschäftsführer
	G	4197	Pauschale Steuern für angestellte Mitunternehmer § 15 EStG (mit Sonderbetriebseinnahme korrespondierend)
		4198	Pauschale Steuern für Arbeitnehmer
		4199	Pauschale Steuer für Aushilfen
			Sonstige betriebliche Aufwendungen und Abschreibungen
Sonstige betriebliche Aufwendungen		4200	Raumkosten
	G K	4210	Miete (unbewegliche Wirtschaftsgüter)
	G K	4211	Aufwendungen für gemietete oder gepachtete unbewegliche Wirtschaftsgüter, die gewerbesteuerlich hinzuzurechnen sind
		4212	Miete/Aufwendungen für doppelte Haushaltsführung Unternehmer
	G K	4215	Leasing (unbewegliche Wirtschaftsgüter)
	G	4219	Vergütungen an Mitunternehmer für die mietweise Überlassung ihrer unbeweglichen Wirtschaftsgüter § 15 EStG (mit Sonderbetriebseinnahme korrespondierend)
	G K	4220	Pacht (unbewegliche Wirtschaftsgüter)
	K	4222	Vergütungen an Gesellschafter für die miet- oder pachtweise Überlassung ihrer unbeweglichen Wirtschaftsgüter
Sonstige betriebliche Aufwendungen		4228	Miet- und Pachtnebenkosten, die gewerbesteuerlich nicht hinzuzurechnen sind
	G	4229	Vergütungen an Mitunternehmer für die pachtweise Überlassung ihrer unbeweglichen Wirtschaftsgüter § 15 EStG (mit Sonderbetriebseinnahme korrespondierend)
		4230	Heizung
		4240	Gas, Strom, Wasser
		4250	Reinigung
		4260	Instandhaltung betrieblicher Räume
		4270	Abgaben für betrieblich genutzten Grundbesitz
		4280	Sonstige Raumkosten
		4288	Aufwendungen für ein häusliches Arbeitszimmer (abziehbarer Anteil)
	G	4289	Aufwendungen für ein häusliches Arbeitszimmer (nicht abziehbarer Anteil)
		4290	Grundstücksaufwendungen betrieblich
		4300	Nicht abziehbare Vorsteuer
		4301	Nicht abziehbare Vorsteuer 7 %
		R 4304 -05	
		4306	Nicht abziehbare Vorsteuer 19 %
Steuern vom Einkommen und Ertrag	G K	4320	Gewerbesteuer
Sonstige Steuern		4340	Sonstige Betriebssteuern
		4350	Verbrauchsteuer (sonstige Steuern)
		4355	Ökosteuer
Sonstige betriebliche Aufwendungen		4360	Versicherungen
		4366	Versicherungen für Gebäude
		4370	Netto-Prämie für Rückdeckung künftiger Versorgungsleistungen
		4380	Beiträge
		4390	Sonstige Abgaben
		4396	Steuerlich abzugsfähige Verspätungszuschläge und Zwangsgelder
	G K	4397	Steuerlich nicht abzugsfähige Verspätungszuschläge und Zwangsgelder
		4400 -99	(zur freien Verfügung)
		4500	Fahrzeugkosten[18]
Sonstige Steuern		4510	Kfz-Steuer
Sonstige betriebliche Aufwendungen		4520	Kfz-Versicherungen
		4530	Laufende Kfz-Betriebskosten
		4540	Kfz-Reparaturen
	G K	4550	Garagenmiete
		4560	Mautgebühren
	G K	4570	Mietleasing Kfz
		4580	Sonstige Kfz-Kosten
		4590	Kfz-Kosten für betrieblich genutzte zum Privatvermögen gehörende Kraftfahrzeuge
		4595	Fremdfahrzeugkosten
		4600	Werbekosten
		4605	Streuartikel
		4630	Geschenke abzugsfähig ohne § 37b EStG
		4631	Geschenke abzugsfähig mit § 37b EStG
		4632	Pauschale Steuern für Geschenke und Zugaben abzugsfähig

GuV-Posten[2)]	Programmverbindung[4)] Abschlusszweck[4)]	4 Betriebliche Aufwendungen
Sonstige betriebliche Aufwendungen	G K	4635 Geschenke nicht abzugsfähig ohne § 37b EStG
	G K	4636 Geschenke nicht abzugsfähig mit § 37b EStG
	G K	4637 Pauschale Steuern für Geschenke und Zuwendungen nicht abzugsfähig
		4638 Geschenke ausschließlich betrieblich genutzt
		4639 Zugaben mit § 37b EStG
		4640 Repräsentationskosten
		4650 Bewirtungskosten
		4651 Sonstige eingeschränkt abziehbare Betriebsausgaben (abziehbarer Anteil)
	G K	4652 Sonstige eingeschränkt abziehbare Betriebsausgaben (nicht abziehbarer Anteil)
		4653 Aufmerksamkeiten
	G K	4654 Nicht abzugsfähige Bewirtungskosten
	G K	4655 Nicht abzugsfähige Betriebsausgaben aus Werbe- und Repräsentationskosten
		4660 Reisekosten Arbeitnehmer
		4663 Reisekosten Arbeitnehmer Fahrtkosten
		4664 Reisekosten Arbeitnehmer Verpflegungsmehraufwand
		4666 Reisekosten Arbeitnehmer Übernachtungsaufwand
		R 4667
		4668 Kilometergelderstattung Arbeitnehmer
		4670 Reisekosten Unternehmer[18)]
	G	4672 Reisekosten Unternehmer (nicht abziehbarer Anteil)
		4673 Reisekosten Unternehmer Fahrtkosten
		4674 Reisekosten Unternehmer Verpflegungsmehraufwand
		R 4675
		4676 Reisekosten Unternehmer Übernachtungsaufwand und Reisenebenkosten
		R 4677
		4678 Fahrten zwischen Wohnung und Betriebsstätte und Familienheimfahrten (abziehbarer Anteil)
	G	4679 Fahrten zwischen Wohnung und Betriebsstätte und Familienheimfahrten (nicht abziehbarer Anteil)
		4680 Fahrten zwischen Wohnung und Betriebsstätte und Familienheimfahrten (Haben)
		4681 Verpflegungsmehraufwendungen im Rahmen der doppelten Haushaltsführung Unternehmer
		R 4685
		4700 Kosten der Warenabgabe
		4710 Verpackungsmaterial
		4730 Ausgangsfrachten
		4750 Transportversicherungen
		4760 Verkaufsprovisionen
		4780 Fremdarbeiten (Vertrieb)
		4790 Aufwand für Gewährleistungen
		4800 Reparaturen und Instandhaltungen von technischen Anlagen und Maschinen
		4801 Reparaturen und Instandhaltung von Bauten

GuV-Posten[2)]	Programmverbindung[4)] Abschlusszweck[4)]	4 Betriebliche Aufwendungen
Sonstige betriebliche Aufwendungen		4805 Reparaturen und Instandhaltungen von anderen Anlagen und Betriebs- und Geschäftsausstattung
		4806 Wartungskosten für Hard- und Software
		4808 Zuführung zu Aufwandsrückstellungen
		4809 Sonstige Reparaturen und Instandhaltungen
	G K	4810 Mietleasing bewegliche Wirtschaftsgüter für technische Anlagen und Maschinen
Abschreibungen auf immaterielle Vermögensgegenstände des Anlagevermögens und Sachanlagen		4815 Kaufleasing
		R 4820
		4822 Abschreibungen auf immaterielle Vermögensgegenstände
	HB	4823 Abschreibungen auf selbst geschaffene immaterielle Vermögensgegenstände
		4824 Abschreibungen auf den Geschäfts- oder Firmenwert
		4825 Außerplanmäßige Abschreibungen auf den Geschäfts- oder Firmenwert
		4826 Außerplanmäßige Abschreibungen auf immaterielle Vermögensgegenstände
	HB	4827 Außerplanmäßige Abschreibungen auf selbst geschaffene immaterielle Vermögensgegenstände
		4830 Abschreibungen auf Sachanlagen (ohne AfA auf Kfz und Gebäude)
		4831 Abschreibungen auf Gebäude
		4832 Abschreibungen auf Kfz
		4833 Abschreibungen auf Gebäudeanteil des häuslichen Arbeitszimmers
		4840 Außerplanmäßige Abschreibungen auf Sachanlagen
		4841 Absetzung für außergewöhnliche technische und wirtschaftliche Abnutzung der Gebäude
		4842 Absetzung für außergewöhnliche technische und wirtschaftliche Abnutzung des Kfz
		4843 Absetzung für außergewöhnliche technische und wirtschaftliche Abnutzung sonstiger Wirtschaftsgüter
	SB	4850 Abschreibungen auf Sachanlagen auf Grund steuerlicher Sondervorschriften
	SB	4851 Sonderabschreibungen nach § 7g Abs. 5 EStG (ohne Kfz)
	SB	4852 Sonderabschreibungen nach § 7g Abs. 5 EStG (für Kfz)
	SB	4853 Kürzung der Anschaffungs- oder Herstellungskosten gemäß § 7g Abs. 2 EStG (ohne Kfz)
	SB	4854 Kürzung der Anschaffungs- oder Herstellungskosten gemäß § 7g Abs. 2 EStG (für Kfz)
		4855 Sofortabschreibung geringwertiger Wirtschaftsgüter
		4860 Abschreibungen auf aktivierte, geringwertige Wirtschaftsgüter
		4862 Abschreibungen auf den Sammelposten Wirtschaftsgüter
		4865 Außerplanmäßige Abschreibungen auf aktivierte, geringwertige Wirtschaftsgüter

GuV-Posten[2]	Programmverbindung[4] Abschlusszweck[4]	4 Betriebliche Aufwendungen
Abschreibungen auf Finanzanlagen und auf Wertpapiere des Umlaufvermögens	HB	4866 Abschreibungen auf Finanzanlagen (nicht dauerhaft)
		4870 Abschreibungen auf Finanzanlagen (dauerhaft)
	G K	4871 Abschreibungen auf Finanzanlagen § 3 Nr. 40 EStG/§ 8b Abs. 3 KStG (dauerhaft)[9]
	G K	4872 Aufwendungen auf Grund von Verlustanteilen an gewerblichen und selbständigen Mitunternehmerschaften, § 8 GewStG bzw. § 18 EStG[23]
	G K SB	4873 Abschreibungen auf Finanzanlagen auf Grund § 6b EStG-Rücklage, § 3 Nr. 40 EStG/§ 8b Abs. 3 KStG[9]
	SB	4874 Abschreibungen auf Finanzanlagen auf Grund § 6b EStG-Rücklage
		4875 Abschreibungen auf Wertpapiere des Umlaufvermögens
	G K	4876 Abschreibungen auf Wertpapiere des Umlaufvermögens § 3 Nr. 40 EStG/§ 8b Abs. 3 KStG[9]
		4877 Abschreibungen auf Finanzanlagen - verbundene Unternehmen
		4878 Abschreibungen auf Wertpapiere des Umlaufvermögens - verbundene Unternehmen
Abschreibungen auf Vermögensgegenstände des Umlaufvermögens, soweit diese die in der Kapitalgesellschaft üblichen Abschreibungen überschreiten		4880 Abschreibungen auf sonstige Vermögensgegenstände des Umlaufvermögens (soweit unübliche Höhe)
		4882 Abschreibungen auf Umlaufvermögen, steuerrechtlich bedingt (soweit unübliche Höhe)
Sonstige betriebliche Aufwendungen		4886 Abschreibungen auf Umlaufvermögen außer Vorräte und Wertpapiere des Umlaufvermögens (übliche Höhe)
		4887 Abschreibungen auf Umlaufvermögen außer Vorräte und Wertpapiere des Umlaufvermögens, steuerrechtlich bedingt (übliche Höhe)
Abschreibungen auf Vermögensgegenstände des Umlaufvermögens, soweit diese die in der Kapitalgesellschaft üblichen Abschreibungen überschreiten		4892 Abschreibungen auf Roh-, Hilfs- und Betriebsstoffe/Waren (soweit unübliche Höhe)
		4893 Abschreibungen auf fertige und unfertige Erzeugnisse (soweit unübliche Höhe)
Sonstige betriebliche Aufwendungen		4900 Sonstige betriebliche Aufwendungen
		4902 Interimskonto für Aufwendungen in einem anderen Land, bei denen eine Vorsteuervergütung möglich ist
		4905 Sonstige Aufwendungen betrieblich und regelmäßig
		4909 Fremdleistungen/Fremdarbeiten
		4910 Porto
		4920 Telefon
		4925 Telefax und Internetkosten

GuV-Posten[2]	Programmverbindung[4] Abschlusszweck[4]	4 Betriebliche Aufwendungen
Sonstige betriebliche Aufwendungen		4930 Bürobedarf
		4940 Zeitschriften, Bücher (Fachliteratur)
		4945 Fortbildungskosten
		4946 Freiwillige Sozialleistungen
	G	4948 Vergütungen an Mitunternehmer § 15 EStG (mit Sonderbetriebseinnahme korrespondierend)
	G	4949 Haftungsvergütung an Mitunternehmer § 15 EStG (mit Sonderbetriebseinnahme korrespondierend)
		4950 Rechts- und Beratungskosten
		4955 Buchführungskosten
		4957 Abschluss- und Prüfungskosten
	K	4958 Vergütungen an Gesellschafter für die miet- oder pachtweise Überlassung ihrer beweglichen Wirtschaftsgüter
	G	4959 Vergütungen an Mitunternehmer für die miet- oder pachtweise Überlassung ihrer beweglichen Wirtschaftsgüter § 15 EStG (mit Sonderbetriebseinnahme korrespondierend)
	G K	4960 Mieten für Einrichtungen (bewegliche Wirtschaftsgüter)
	G K	4961 Pacht (bewegliche Wirtschaftsgüter)
	G K	4963 Aufwendungen für gemietete oder gepachtete bewegliche Wirtschaftsgüter, die gewerbesteuerlich hinzuzurechnen sind
	G K	4964 Aufwendungen für die zeitlich befristete Überlassung von Rechten (Lizenzen, Konzessionen)
	G K	4965 Mietleasing bewegliche Wirtschaftsgüter für Betriebs- und Geschäftsausstattung
		4969 Aufwendungen für Abraum- und Abfallbeseitigung
		4970 Nebenkosten des Geldverkehrs
	G K	4975 Aufwendungen aus Anteilen an Kapitalgesellschaften §§ 3 Nr. 40, 3c EStG/§ 8b Abs. 1 und 4 KStG[9][16]
	G K	4976 Veräußerungskosten § 3 Nr. 40 EStG/§ 8b Abs. 2 KStG
		4980 Sonstiger Betriebsbedarf
		4984 Genossenschaftliche Rückvergütung an Mitglieder
Sonstige betriebliche Aufwendungen		4985 Werkzeuge und Kleingeräte
		Kalkulatorische Kosten
Sonstige betriebliche Aufwendungen		4990 Kalkulatorischer Unternehmerlohn
		4991 Kalkulatorische Miete und Pacht
		4992 Kalkulatorische Zinsen
		4993 Kalkulatorische Abschreibungen
		4994 Kalkulatorische Wagnisse
		4995 Kalkulatorischer Lohn für unentgeltliche Mitarbeiter
		Kosten bei Anwendung des Umsatzkostenverfahrens
Sonstige betriebliche Aufwendungen		4996 Herstellungskosten
		4997 Verwaltungskosten
		4998 Vertriebskosten
		4999 Gegenkonto 4996-4998

GuV-Posten[2]	Programm-verbindung[4] Abschluss-zweck[4]	5
Sonstige betriebliche Aufwendungen		**5000 -5999**

GuV-Posten[2]	Programm-verbindung[4] Abschluss-zweck[4]	6
Sonstige betriebliche Aufwendungen		**6000 -6999**

Bilanz-Posten[2]	Programm-verbindung[4] Abschluss-zweck[4]	7 Bestände an Erzeugnissen
		KU 7000-7999
Unfertige Erzeugnisse, unfertige Leistungen		**7000 Unfertige Erzeugnisse, unfertige Leistungen (Bestand)** 7050 Unfertige Erzeugnisse (Bestand) 7080 Unfertige Leistungen (Bestand)
In Ausführung befindliche Bauaufträge		7090 In Ausführung befindliche Bauaufträge
In Arbeit befindliche Aufträge		7095 In Arbeit befindliche Aufträge
Fertige Erzeugnisse und Waren		**7100 Fertige Erzeugnisse und Waren (Bestand)** 7110 Fertige Erzeugnisse (Bestand) 7140 Waren (Bestand)

GuV-Posten[2]	Programm-verbindung[4] Abschluss-zweck[4]	8 Erlöskonten
		M 8000-8191 KU 8192-8193 M 8194-8603 KU 8604 M 8605-8613 KU 8614 M 8615-8904 KU 8905-8906 M 8907-8917 KU 8918-8919 M 8920-8923 KU 8924 M 8925-8928 KU 8929 M 8930-8938 KU 8939 M 8940-8948 KU 8949-8999
		Umsatzerlöse
Umsatzerlöse		8000 -99 Umsatzerlöse (Zur freien Verfügung)
	U	AM 8100 -04 Steuerfreie Umsätze § 4 Nr. 8 ff. UStG
	U	AM 8105 Steuerfreie Umsätze nach § 4 Nr. 12 UStG (Vermietung und Verpachtung)
	U	AM 8110 Sonstige steuerfreie Umsätze Inland
	U	AM 8120 Steuerfreie Umsätze § 4 Nr. 1a UStG
	U	AM 8125 Steuerfreie innergemeinschaftliche Lieferungen § 4 Nr. 1b UStG
		R 8128
	U	AM 8130 Lieferungen des ersten Abnehmers bei innergemeinschaftlichen Dreiecksgeschäften § 25b Abs. 2 UStG
	U	AM 8135 Steuerfreie innergemeinschaftliche Lieferungen von Neufahrzeugen an Abnehmer ohne USt-Id-Nr.
	U	AM 8140 Steuerfreie Umsätze Offshore usw.
	U	AM 8150 Sonstige steuerfreie Umsätze (z. B. § 4 Nr. 2-7 UStG)
	U	AM 8160 Steuerfreie Umsätze ohne Vorsteuerabzug zum Gesamtumsatz gehörend, § 4 UStG
	U	AM 8165 Steuerfreie Umsätze ohne Vorsteuerabzug zum Gesamtumsatz gehörend
		8190 Erlöse, die mit den Durchschnittssätzen des § 24 UStG versteuert werden
	U	AM 8191 Umsatzerlöse nach §§ 25 und 25a UStG 19 % USt
		R 8192
		8193 Umsatzerlöse nach §§ 25 und 25a UStG ohne USt
	U	AM 8194 Umsatzerlöse aus Reiseleistungen § 25 Abs. 2 UStG, steuerfrei
	U	8195 Erlöse als Kleinunternehmer i. S. d. § 19 Abs. 1 UStG
	U	AM 8196 Erlöse aus Geldspielautomaten 19 % USt
		R 8197 -98
		8200 Erlöse
	U	AM 8300 -09 Erlöse 7 % USt
	U	AM 8310 -14 Erlöse aus im Inland steuerpflichtigen EU-Lieferungen 7 % USt
	U	AM 8315 -19 Erlöse aus im Inland steuerpflichtigen EU-Lieferungen 19 % USt

GuV-Posten[2]	Programmverbindung[4] Abschlusszweck[4]	8 Erlöskonten	
Umsatzerlöse		8320 -29	Erlöse aus im anderen EU-Land steuerpflichtigen Lieferungen[3]
		R 8330	
	U	8331	Erlöse aus im anderen EU-Land steuerpflichtigen elektronischen Dienstleistungen[5]
		R 8332 -34	
	U	AM 8335	Erlöse aus Lieferungen von Mobilfunkgeräten, Tablet-Computern, Spielekonsolen und integrierten Schaltkreisen, für die der Leistungsempfänger die Umsatzsteuer nach § 13b UStG schuldet
	U	AM 8336	Erlöse aus im anderen EU-Land steuerpflichtigen sonstigen Leistungen, für die der Leistungsempfänger die Umsatzsteuer schuldet
	U	AM 8337	Erlöse aus Leistungen, für die der Leistungsempfänger die Umsatzsteuer nach § 13b UStG schuldet
	U	AM 8338	Erlöse aus im Drittland steuerbaren Leistungen, im Inland nicht steuerbare Umsätze
	U	AM 8339	Erlöse aus im anderen EU-Land steuerbaren Leistungen, im Inland nicht steuerbare Umsätze
	U	AM 8340 -49	Erlöse 16 % USt
	U	AM 8400 -09	Erlöse 19 % USt
	U	AM 8410	Erlöse 19 % USt
		R 8411 -48	
	U	AM 8449	Erlöse aus im Inland steuerpflichtigen elektronischen Dienstleistungen 19 % USt[1]
		8499	Nebenerlöse (Bezug zu Materialaufwand)
			Konten für die Verbuchung von Sonderbetriebseinnahmen
		8500	Sonderbetriebseinnahmen, Tätigkeitsvergütung[28]
		8501	Sonderbetriebseinnahmen, Miet-/Pachteinnahmen[28]
		8502	Sonderbetriebseinnahmen, Zinseinnahmen[28]
		8503	Sonderbetriebseinnahmen, Haftungsvergütung[28]
		8504	Sonderbetriebseinnahmen, Pensionszahlungen[28]
		8505	Sonderbetriebseinnahmen, sonstige Sonderbetriebseinnahmen[28]
Umsatzerlöse		8510	Provisionsumsätze
		R 8511 -13	
	U	AM 8514	Provisionsumsätze, steuerfrei § 4 Nr. 8 ff. UStG
	U	AM 8515	Provisionsumsätze, steuerfrei § 4 Nr. 5 UStG
	U	AM 8516	Provisionsumsätze 7 % USt
		R 8517 -18	
	U	AM 8519	Provisionsumsätze 19 % USt
		8520	Erlöse Abfallverwertung
		8540	Erlöse Leergut
		8570	Sonstige Erträge aus Provisionen, Lizenzen und Patenten
Umsatzerlöse		R 8571 -73	
	U	AM 8574	Sonstige Erträge aus Provisionen, Lizenzen und Patenten, steuerfrei § 4 Nr. 8 ff. UStG
	U	AM 8575	Sonstige Erträge aus Provisionen, Lizenzen und Patenten, steuerfrei § 4 Nr. 5 UStG
	U	AM 8576	Sonstige Erträge aus Provisionen, Lizenzen und Patenten, 7 % USt
		R 8577 -78	
	U	AM 8579	Sonstige Erträge aus Provisionen, Lizenzen und Patenten, 19 % USt
			Statistische Konten EÜR[15]
	EÜR	8580	Statistisches Konto Erlöse zum allgemeinen Umsatzsteuersatz (EÜR)[13][15]
	EÜR	8581	Statistisches Konto Erlöse zum ermäßigten Umsatzsteuersatz (EÜR)[13][15]
	EÜR	8582	Statistisches Konto Erlöse steuerfrei und nicht steuerbar (EÜR)[13][15]
	EÜR	8589	Gegenkonto 8580-8582 bei Aufteilung der Erlöse nach Steuersätzen (EÜR)[13]
Sonstige betriebliche Erträge		8590	Verrechnete sonstige Sachbezüge (keine Waren)
	U	AM 8591	Sachbezüge 7 % USt (Waren)
		R 8594	
	U	AM 8595	Sachbezüge 19 % USt (Waren)
		R 8596 -97	
		8600	Sonstige Erlöse betrieblich und regelmäßig
		8603	Sonstige betriebliche Erträge
		8604	Erstattete Vorsteuer anderer Länder
		8605	Sonstige Erträge betrieblich und regelmäßig
		8606	Sonstige betriebliche Erträge von verbundenen Unternehmen
Umsatzerlöse		8607	Andere Nebenerlöse
Sonstige betriebliche Erträge	U	AM 8609	Sonstige Erträge betrieblich und regelmäßig, steuerfrei § 4 Nr. 8 ff. UStG
		8610	Verrechnete sonstige Sachbezüge
	U	AM 8611	Verrechnete sonstige Sachbezüge aus Kfz-Gestellung 19 % USt
		R 8612	
	U	AM 8613	Verrechnete sonstige Sachbezüge 19 % USt
		8614	Verrechnete sonstige Sachbezüge ohne Umsatzsteuer
	U	AM 8625 -29	Sonstige betriebliche Erträge, steuerfrei z. B. § 4 Nr. 2-7 UStG
	U	AM 8630 -34	Sonstige Erträge betrieblich und regelmäßig 7 % USt
		R 8635 -39	
	U	AM 8640 -44	Sonstige Erträge betrieblich und regelmäßig 19 % USt
		R 8645 -48	
	U	AM 8649	Sonstige Erträge betrieblich und regelmäßig 16 % USt

GuV-Posten[2]	Programmverbindung[4] Abschlusszweck[4]	8 Erlöskonten
Sonstige Zinsen und ähnliche Erträge		8650 Erlöse Zinsen und Diskontspesen
		8660 Erlöse Zinsen und Diskontspesen aus verbundenen Unternehmen
Umsatzerlöse		8700 Erlösschmälerungen
	U	AM 8701 Erlösschmälerungen für steuerfreie Umsätze nach § 4 Nr. 8 ff. UStG
	U	AM 8702 Erlösschmälerungen für steuerfreie Umsätze nach § 4 Nr. 2-7 UStG
	U	AM 8703 Erlösschmälerungen für sonstige steuerfreie Umsätze ohne Vorsteuerabzug
	U	AM 8704 Erlösschmälerungen für sonstige steuerfreie Umsätze mit Vorsteuerabzug
	U	AM 8705 Erlösschmälerungen aus steuerfreien Umsätzen § 4 Nr. 1a UStG
	U	AM 8706 Erlösschmälerungen für steuerfreie innergemeinschaftliche Dreiecksgeschäfte nach § 25b Abs. 2, 4 UStG
	U	AM 8710 Erlösschmälerungen 7 % USt
		-11
		R 8712
		-19
	U	AM 8720 Erlösschmälerungen 19 % USt
		-21
		R 8722
		-23
	U	AM 8724 Erlösschmälerungen aus steuerfreien innergemeinschaftlichen Lieferungen
	U	AM 8725 Erlösschmälerungen aus im Inland steuerpflichtigen EU-Lieferungen 7 % USt
	U	AM 8726 Erlösschmälerungen aus im Inland steuerpflichtigen EU-Lieferungen 19 % USt
		8727 Erlösschmälerungen aus im anderen EU-Land steuerpflichtigen Lieferungen[3]
		R 8728
		-29
		S 8730 Gewährte Skonti
	U	S/AM 8731 Gewährte Skonti 7 % USt
		R 8732
		-35
	U	S/AM 8736 Gewährte Skonti 19 % USt
		R 8737
	U	S/AM 8738 Gewährte Skonti aus Lieferungen von Mobilfunkgeräten etc., für die der Leistungsempfänger die Umsatzsteuer nach § 13b Abs. 2 Nr. 10 UStG schuldet[8]
	U	S/AM 8741 Gewährte Skonti aus Leistungen, für die der Leistungsempfänger die Umsatzsteuer nach § 13b UStG schuldet
	U	S/AM 8742 Gewährte Skonti aus Erlösen aus im anderen EU-Land steuerpflichtigen sonstigen Leistungen, für die der Leistungsempfänger die Umsatzsteuer schuldet
	U	S/AM 8743 Gewährte Skonti aus steuerfreien innergemeinschaftlichen Lieferungen § 4 Nr. 1b UStG
		R 8744
		S 8745 Gewährte Skonti aus im Inland steuerpflichtigen EU-Lieferungen
	U	S/AM 8746 Gewährte Skonti aus im Inland steuerpflichtigen EU-Lieferungen 7 % USt
Umsatzerlöse		R 8747
	U	S/AM 8748 Gewährte Skonti aus im Inland steuerpflichtigen EU-Lieferungen 19 % USt
		R 8749
	U	AM 8750 Gewährte Boni 7 % USt
		-51
		R 8752
		-59
	U	AM 8760 Gewährte Boni 19 % USt
		-61
		R 8762
		-68
		8769 Gewährte Boni
		8770 Gewährte Rabatte
	U	AM 8780 Gewährte Rabatte 7 % USt
		-81
		R 8782
		-89
	U	AM 8790 Gewährte Rabatte 19 % USt
		-91
		R 8792
		-99
Sonstige betriebliche Aufwendungen		8800 Erlöse aus Verkäufen Sachanlagevermögen (bei Buchverlust)
	U	AM 8801 -06 Erlöse aus Verkäufen Sachanlagevermögen 19 % USt (bei Buchverlust)
	U	AM 8807 Erlöse aus Verkäufen Sachanlagevermögen steuerfrei § 4 Nr. 1a UStG (bei Buchverlust)
	U	AM 8808 Erlöse aus Verkäufen Sachanlagevermögen steuerfrei § 4 Nr. 1b UStG (bei Buchverlust)
		R 8809
		-16
		8817 Erlöse aus Verkäufen immaterieller Vermögensgegenstände (bei Buchverlust)
		8818 Erlöse aus Verkäufen Finanzanlagen (bei Buchverlust)
	G K	8819 Erlöse aus Verkäufen Finanzanlagen § 3 Nr. 40 EStG/§ 8b Abs. 3 KStG (bei Buchverlust)[9]
Sonstige betriebliche Erträge	U	AM 8820 -25 Erlöse aus Verkäufen Sachanlagevermögen 19 % USt (bei Buchgewinn)
		R 8826
	U	AM 8827 Erlöse aus Verkäufen Sachanlagevermögen steuerfrei § 4 Nr. 1a UStG (bei Buchgewinn)
	U	AM 8828 Erlöse aus Verkäufen Sachanlagevermögen steuerfrei § 4 Nr. 1b UStG (bei Buchgewinn)
		8829 Erlöse aus Verkäufen Sachanlagevermögen (bei Buchgewinn)
		R 8830
		-36
		8837 Erlöse aus Verkäufen immaterieller Vermögensgegenstände (bei Buchgewinn)
		8838 Erlöse aus Verkäufen Finanzanlagen (bei Buchgewinn)
	G K	8839 Erlöse aus Verkäufen Finanzanlagen § 3 Nr. 40 EStG/§ 8b Abs. 2 KStG (bei Buchgewinn)[9]
	U EÜR	AM 8850 Erlöse aus Verkäufen von Wirtschaftsgütern des Umlaufvermögens 19 % USt für § 4 Abs. 3 Satz 4 EStG[13]

GuV-Posten[2]	Programmverbindung[4] Abschlusszweck[4]	8 Erlöskonten
Sonstige betriebliche Erträge	U EÜR	AM 8851 Erlöse aus Verkäufen von Wirtschaftsgütern des Umlaufvermögens, umsatzsteuerfrei § 4 Nr. 8 ff. UStG i. V. m. § 4 Abs. 3 Satz 4 EStG[13]
	U G K EÜR	AM 8852 Erlöse aus Verkäufen von Wirtschaftsgütern des Umlaufvermögens, umsatzsteuerfrei § 4 Nr. 8 ff. UStG i. V. m. § 4 Abs. 3 Satz 4 EStG, § 3 Nr. 40 EStG/§ 8b Abs. 2 KStG[9][13]
	EÜR	8853 Erlöse aus Verkäufen von Wirtschaftsgütern des Umlaufvermögens nach § 4 Abs. 3 Satz 4 EStG[13]
		8900 Unentgeltliche Wertabgaben
		8905 Entnahme von Gegenständen ohne USt
		8906 Verwendung von Gegenständen für Zwecke außerhalb des Unternehmens ohne USt
		R 8908 -09
	U	AM 8910 -13 Entnahme durch den Unternehmer für Zwecke außerhalb des Unternehmens (Waren) 19 % USt
		R 8914
	U	AM 8915 -17 Entnahme durch den Unternehmer für Zwecke außerhalb des Unternehmens (Waren) 7 % USt
		8918 Verwendung von Gegenständen für Zwecke außerhalb des Unternehmens ohne USt (Telefon-Nutzung)
		8919 Entnahme durch den Unternehmer für Zwecke außerhalb des Unternehmens (Waren) ohne USt
	U	AM 8920 Verwendung von Gegenständen für Zwecke außerhalb des Unternehmens 19 % USt
	U	AM 8921 Verwendung von Gegenständen für Zwecke außerhalb des Unternehmens 19 % USt (Kfz-Nutzung)
	U	AM 8922 Verwendung von Gegenständen für Zwecke außerhalb des Unternehmens 19 % USt (Telefon-Nutzung)
		R 8923
		8924 Verwendung von Gegenständen für Zwecke außerhalb des Unternehmens ohne USt (Kfz-Nutzung)
	U	AM 8925 -27 Unentgeltliche Erbringung einer sonstigen Leistung 19 % USt
		R 8928
		8929 Unentgeltliche Erbringung einer sonstigen Leistung ohne USt
	U	AM 8930 -31 Verwendung von Gegenständen für Zwecke außerhalb des Unternehmens 7 % USt
	U	AM 8932 -33 Unentgeltliche Erbringung einer sonstigen Leistung 7 % USt
		R 8934
	U	AM 8935 -37 Unentgeltliche Zuwendung von Gegenständen 19 % USt
		R 8938
		8939 Unentgeltliche Zuwendung von Gegenständen ohne USt
	U	AM 8940 -43 Unentgeltliche Zuwendung von Waren 19 % USt
		R 8944

GuV-Posten[2]	Programmverbindung[4] Abschlusszweck[4]	8 Erlöskonten
Sonstige betriebliche Erträge	U	AM 8945 -47 Unentgeltliche Zuwendung von Waren 7 % USt
		R 8948
		8949 Unentgeltliche Zuwendung von Waren ohne USt
Umsatzerlöse		8950 Nicht steuerbare Umsätze (Innenumsätze)
		8955 Umsatzsteuervergütungen, z. B. nach § 24 UStG
		8959 Direkt mit dem Umsatz verbundene Steuern
Erhöhung des Bestands an fertigen und unfertigen Erzeugnissen oder *Verminderung des Bestands an fertigen und unfertigen Erzeugnissen*		**8960 Bestandsveränderungen - unfertige Erzeugnisse**
		8970 Bestandsveränderungen - unfertige Leistungen
Erhöhung des Bestands in Ausführung befindlicher Bauaufträge oder *Verminderung des Bestands in Ausführung befindlicher Bauaufträge*		**8975 Bestandsveränderungen - in Ausführung befindliche Bauaufträge**
Erhöhung des Bestands in Arbeit befindlicher Aufträge oder *Verminderung des Bestands in Arbeit befindlicher Aufträge*		**8977 Bestandsveränderungen - in Arbeit befindliche Aufträge**
Erhöhung des Bestands an fertigen und unfertigen Erzeugnissen oder *Verminderung des Bestands an fertigen und unfertigen Erzeugnissen*		**8980 Bestandsveränderungen - fertige Erzeugnisse**
Andere aktivierte Eigenleistungen		**8990 Andere aktivierte Eigenleistungen**
	G K	8994 Aktivierte Eigenleistungen (den Herstellungskosten zurechenbare Fremdkapitalzinsen)
	HB	8995 Aktivierte Eigenleistungen zur Erstellung von selbst geschaffenen immateriellen Vermögensgegenständen

SKR 03

Bilanz-Posten[2]	Programmverbindung[4] Abschlusszweck[4]	9 Vortrags-, Kapital-, Korrektur- und statistische Konten
		KU 9000-9998
		Vortragskonten
		S 9000 Saldenvorträge, Sachkonten
		F 9001 -07 Saldenvorträge, Sachkonten
		S 9008 Saldenvorträge, Debitoren
		S 9009 Saldenvorträge, Kreditoren
		R 9060
		R 9069
		F 9070 Offene Posten aus 2000
		F 9071 Offene Posten aus 2001
		F 9072 Offene Posten aus 2002
		F 9073 Offene Posten aus 2003
		F 9074 Offene Posten aus 2004
		F 9075 Offene Posten aus 2005
		F 9076 Offene Posten aus 2006
		F 9077 Offene Posten aus 2007
		F 9078 Offene Posten aus 2008
		F 9079 Offene Posten aus 2009
		F 9080 Offene Posten aus 2010
		F 9081 Offene Posten aus 2011
		F 9082 Offene Posten aus 2012
		F 9083 Offene Posten aus 2013
		F 9084 Offene Posten aus 2014
		F 9085 Offene Posten aus 2015
		F 9086 Offene Posten aus 2016
		F 9087 Offene Posten aus 2017
		F 9088 Offene Posten aus 2018
		F 9089 Offene Posten aus 2019[1]
		F 9090 Summenvortragskonto
		R 9091 -98
		Statistische Konten für Betriebswirtschaftliche Auswertungen (BWA)
		F 9101 Verkaufstage
		F 9102 Anzahl der Barkunden
		F 9103 Beschäftigte Personen
		F 9104 Unbezahlte Personen
		F 9105 Verkaufskräfte
		F 9106 Geschäftsraum qm
		F 9107 Verkaufsraum qm
		F 9116 Anzahl Rechnungen
		F 9117 Anzahl Kreditkunden monatlich
		F 9118 Anzahl Kreditkunden aufgelaufen
		9120 Erweiterungsinvestitionen
		F 9130 -31 [7]
		9135 Auftragseingang im Geschäftsjahr
		9140 Auftragsbestand
		Variables Kapital Teilhafter
		F 9141 Variables Kapital TH[26]
		F 9142 Variables Kapital - Anteil Teilhafter[26]
		Sammelposten anrechenbare Privatsteuern
		9143 Privatsteuern Kapitalertragsteuer (Sammelposten)[1]
		9144 Privatsteuern Solidaritätszuschlag (Sammelposten)[1]
		9145 Privatsteuern Kirchensteuer (Sammelposten)[1]

Bilanz-Posten[2]	Programmverbindung[4] Abschlusszweck[4]	9 Vortrags-, Kapital-, Korrektur- und statistische Konten
		Kapitaländerungen durch Übertragung einer § 6b EStG Rücklage
	SB	F 9146 Variables Kapital Vollhafter - Übertragung einer § 6b EStG-Rücklage[26]
	SB	F 9147 Variables Kapital Teilhafter - Übertragung einer § 6b EStG-Rücklage[26]
		R 9148 - 49
		Andere Kapitalkontenanpassungen: Vollhafter
		F 9150 Festkapital - andere Kapitalkontenanpassungen VH[26]
		F 9151 Variables Kapital - andere Kapitalkontenanpassungen VH[26]
		F 9152 Verlust-/Vortragskonto - andere Kapitalkontenanpassungen VH[26]
		F 9153 Kapitalkonto III - andere Kapitalkontenanpassungen VH[26]
		F 9154 Ausstehende Einlagen auf das Komplementär-Kapital, nicht eingefordert - andere Kapitalkontenanpassungen VH[26]
		F 9155 Verrechnungskonto für Einzahlungsverpflichtungen - andere Kapitalkontenanpassungen VH[26]
		R 9156
		Anrechenbare Privatsteuern Vollhafter, Eigenkapital
		F 9157 Privatsteuern Kapitalertragsteuer (VH)[1][26]
		F 9158 Privatsteuern Solidaritätszuschlag (VH)[1][26]
		F 9159 Privatsteuern Kirchensteuer (VH)[1][26]
		Andere Kapitalkontenanpassungen: Teilhafter
		F 9160 Kommandit-Kapital - andere Kapitalkontenanpassungen TH[26]
		F 9161 Variables Kapital - andere Kapitalkontenanpassungen TH[26]
		F 9162 Verlustausgleichskonto - andere Kapitalkontenanpassungen TH[26]
		F 9163 Kapitalkonto III - andere Kapitalkontenanpassungen TH[26]
		F 9164 Ausstehende Einlagen auf das Kommandit-Kapital, nicht eingefordert - andere Kapitalkontenanpassungen TH[26]
		F 9165 Verrechnungskonto für Einzahlungsverpflichtungen - andere Kapitalkontenanpassungen TH[26]
		R 9166
		Anrechenbare Privatsteuern Teilhafter, Eigenkapital
		F 9167 Privatsteuern Kapitalertragsteuer (TH), EK[1][26]
		F 9168 Privatsteuern Solidaritätszuschlag (TH), EK[1][26]
		F 9169 Privatsteuern Kirchensteuer (TH), EK[1][26]
		Umbuchungen auf andere Kapitalkonten: Vollhafter
		F 9170 Festkapital - Umbuchungen VH[26]
		F 9171 Variables Kapital - Umbuchungen VH[26]
		F 9172 Verlust-/Vortragskonto - Umbuchungen VH[26]
		F 9173 Kapitalkonto III - Umbuchungen VH[26]

Bilanz-Posten[2]	Programm-verbindung[4] Abschluss-zweck[4]	9 Vortrags-, Kapital-, Korrektur- und statistische Konten
		F 9174 Ausstehende Einlagen auf das Komplementär-Kapital, nicht eingefordert - Umbuchungen VH[26]
		F 9175 Verrechnungskonto für Einzahlungsverpflichtungen - Umbuchungen VH[26]
		R 9176 - 79
		Umbuchungen auf andere Kapitalkonten: Teilhafter
		F 9180 Kommandit-Kapital - Umbuchungen TH[26]
		F 9181 Variables Kapital - Umbuchungen TH[26]
		F 9182 Verlustausgleichskonto - Umbuchungen TH[26]
		F 9183 Kapitalkonto III - Umbuchungen TH[26]
		F 9184 Ausstehende Einlagen auf das Kommandit-Kapital, nicht eingefordert - Umbuchungen TH[26]
		F 9185 Verrechnungskonto für Einzahlungsverpflichtungen - Umbuchungen TH[26]
		Anrechenbare Privatsteuern Teilhafter, Fremdkapital
		F 9186 Privatsteuern Kapitalertragsteuer (TH), FK[1)26)]
		F 9187 Privatsteuern Solidaritätszuschlag (TH), FK[1)26)]
		F 9188 Privatsteuern Kirchensteuer (TH), FK[1)26)]
		9189 Verrechnungskonto für Umbuchungen zwischen Gesellschafter-Eigenkapitalkonten[26]
		Gegenkonten zu statistischen Konten für Betriebswirtschaftliche Auswertungen
		F 9190 Gegenkonto für statistische Mengeneinheiten Konten 9101-9107 und Konten 9116-9118
		9199 Gegenkonto zu Konten 9120, 9135-9140
		Statistische Konten für den Kennziffernteil der Bilanz
		F 9200 Beschäftigte Personen
		F 9201 -08 [7]
		F 9209 Gegenkonto zu 9200
		9210 Produktive Löhne
		9219 Gegenkonto zu 9210
		Statistische Konten zur informativen Angabe des gezeichneten Kapitals in anderer Währung
Gezeichnetes Kapital in DM	HB	F 9220 Gezeichnetes Kapital in DM (Art. 42 Abs. 3 S. 1 EGHGB)
Gezeichnetes Kapital in Euro	HB	F 9221 Gezeichnetes Kapital in Euro (Art. 42 Abs. 3 S. 2 EGHGB)
	HB	F 9229 Gegenkonto zu 9220-9221
		R 9230
		R 9232
		R 9234
		R 9239

Bilanz-Posten[2]	Programm-verbindung[4] Abschluss-zweck[4]	9 Vortrags-, Kapital-, Korrektur- und statistische Konten
		Statistische Konten für die Kapitalflussrechnung
		9240 Investitionsverbindlichkeiten bei den Leistungsverbindlichkeiten
		9241 Investitionsverbindlichkeiten aus Sachanlagekäufen bei Leistungsverbindlichkeiten
		9242 Investitionsverbindlichkeiten aus Käufen von immateriellen Vermögensgegenständen bei Leistungsverbindlichkeiten
		9243 Investitionsverbindlichkeiten aus Käufen von Finanzanlagen bei Leistungsverbindlichkeiten
		9244 Gegenkonto zu Konten 9240-9243
		9245 Forderungen aus Sachanlageverkäufen bei sonstigen Vermögensgegenständen
		9246 Forderungen aus Verkäufen immaterieller Vermögensgegenstände bei sonstigen Vermögensgegenständen
		9247 Forderungen aus Verkäufen von Finanzanlagen bei sonstigen Vermögensgegenständen
		9249 Gegenkonto zu Konten 9245-9247
		R 9250
		R 9255
		R 9259
		Aufgliederung der Rückstellungen für die Programme der Wirtschaftsberatung
		9260 Kurzfristige Rückstellungen
		9262 Mittelfristige Rückstellungen
		9264 Langfristige Rückstellungen, außer Pensionen
		9269 Gegenkonto zu Konten 9260-9268
		Statistische Konten für in der Bilanz auszuweisende Haftungsverhältnisse
		9270 Gegenkonto zu 9271-9279 (Soll-Buchung)
		9271 Verbindlichkeiten aus der Begebung und Übertragung von Wechseln
		9272 Verbindlichkeiten aus der Begebung und Übertragung von Wechseln gegenüber verbundenen/assoziierten Unternehmen
		9273 Verbindlichkeiten aus Bürgschaften, Wechsel- und Scheckbürgschaften
		9274 Verbindlichkeiten aus Bürgschaften, Wechsel- und Scheckbürgschaften gegenüber verbundenen/assoziierten Unternehmen
		9275 Verbindlichkeiten aus Gewährleistungsverträgen
		9276 Verbindlichkeiten aus Gewährleistungsverträgen gegenüber verbundenen/assoziierten Unternehmen
		9277 Haftung aus der Bestellung von Sicherheiten für fremde Verbindlichkeiten
		9278 Haftung aus der Bestellung von Sicherheiten für fremde Verbindlichkeiten gegenüber verbundenen/assoziierten Unternehmen
		9279 Verpflichtungen aus Treuhandvermögen

Bilanz-Posten[2]	Programmverbindung[4] Abschlusszweck[4]	9 Vortrags-, Kapital-, Korrektur- und statistische Konten
		Statistische Konten für die im Anhang anzugebenden sonstigen finanziellen Verpflichtungen
		9280 Gegenkonto zu 9281-9284
		9281 Verpflichtungen aus Miet- und Leasingverträgen
		9282 Verpflichtungen aus Miet- und Leasingverträgen gegenüber verbundenen Unternehmen
		9283 Andere Verpflichtungen gem. § 285 Nr. 3a HGB
		9284 Andere Verpflichtungen gem. § 285 Nr. 3a HGB gegenüber verbundenen Unternehmen
		Unterschiedsbetrag aus der Abzinsung von Altersversorgungsverpflichtungen nach § 253 Abs. 6 HGB
	HB	9285 Unterschiedsbetrag aus der Abzinsung von Altersversorgungsverpflichtungen nach § 253 Abs. 6 HGB (Haben)
	HB	9286 Gegenkonto zu 9285
		Statistische Konten für § 4 Abs. 3 EStG
	EÜR	9287 Zinsen bei Buchungen über Debitoren bei § 4 Abs. 3 EStG[13]
	EÜR	9288 Mahngebühren bei Buchungen über Debitoren bei § 4 Abs. 3 EStG[13]
	EÜR	9289 Gegenkonto zu 9287 und 9288[13]
		9290 Statistisches Konto steuerfreie Auslagen
		9291 Gegenkonto zu 9290
		9292 Statistisches Konto Fremdgeld
		9293 Gegenkonto zu 9292
Einlagen stiller Gesellschafter	G K	9295 Einlagen stiller Gesellschafter
Steuerrechtlicher Ausgleichsposten	SB	9297 Steuerrechtlicher Ausgleichsposten
		F 9300 -20 [7]
		F 9326 -43 [7]
		F 9346 -49 [7]
		F 9357 -60 [7]
		F 9365 -67 [7]
		F 9371 -72 [7]
		9390 -94 (Zur freien Verfügung)[24]
		F 9395 -99 (Zur freien Verfügung)[7]
		Privat Teilhafter (Eigenkapital, für Verrechnung mit Kapitalkonto III - Konto 9840-9849)
		F 9400 Privatentnahmen allgemein
		F 9401 -09 Privatentnahmen allgemein[11][14]
		F 9410 Privatsteuern
		F 9411 -19 Privatsteuern[11][14]

Bilanz-Posten[2]	Programmverbindung[4] Abschlusszweck[4]	9 Vortrags-, Kapital-, Korrektur- und statistische Konten
		F 9420 Sonderausgaben beschränkt abzugsfähig
		F 9421 -29 Sonderausgaben beschränkt abzugsfähig[11][14]
		F 9430 Sonderausgaben unbeschränkt abzugsfähig
		F 9431 -39 Sonderausgaben unbeschränkt abzugsfähig[11][14]
		F 9440 Zuwendungen, Spenden
		F 9441 -49 Zuwendungen, Spenden[11][14]
		F 9450 Außergewöhnliche Belastungen
		F 9451 -59 Außergewöhnliche Belastungen[11][14]
		F 9460 Grundstücksaufwand
		F 9461 -69 Grundstücksaufwand[11][14]
		F 9470 Grundstücksertrag
		F 9471 -79 Grundstücksertrag[11][14]
		F 9480 Unentgeltliche Wertabgaben
		F 9481 -89 Unentgeltliche Wertabgaben[11][14]
		F 9490 Privateinlagen
		F 9491 -99 Privateinlagen[11][14]
		Statistische Konten für die Kapitalkontenentwicklung
		F 9500 Anteil für Konto 0900 Teilhafter
		F 9501 -09 Anteil für Konto 0901-09 Teilhafter[11][14]
		F 9510 Anteil für Konto 0910 Teilhafter
		F 9511 -19 Anteil für Konto 0911-19 Teilhafter[11][14]
	HB	F 9520 Anteil für Konto 0920 Teilhafter
	HB	F 9521 -29 Anteil für Konto 0921-29 Teilhafter[11][14]
		F 9530 Anteil für Konto 9950 Teilhafter
		F 9531 -39 Anteil für Konto 9951-59 Teilhafter[11][14]
		F 9540 Anteil für Konto 9930 Vollhafter
		F 9541 -49 Anteil für Konto 9931-39 Vollhafter[11][14]
		F 9550 Anteil für Konto 9810 Vollhafter
		F 9551 -59 Anteil für Konto 9811-19 Vollhafter[11][14]
		F 9560 Anteil für Konto 9820 Vollhafter
		F 9561 -69 Anteil für Konto 9821-29 Vollhafter[11][14]
		F 9570 Anteil für Konto 0870 Vollhafter
		F 9571 -79 Anteil für Konto 0871-79 Vollhafter[11][14]
		F 9580 Anteil für Konto 0880 Vollhafter
		F 9581 -89 Anteil für Konto 0881-89 Vollhafter[11][14]
	HB	F 9590 Anteil für Konto 0890 Vollhafter
	HB	F 9591 -99 Anteil für Konto 0891-99 Vollhafter[11][14]
		F 9600 Name des Gesellschafters Vollhafter
		F 9601 -09 Name des Gesellschafters Vollhafter[11][14]
		F 9610 Tätigkeitsvergütung Vollhafter
		F 9611 -19 Tätigkeitsvergütung Vollhafter[11][14]
		F 9620 Tantieme Vollhafter
		F 9621 -29 Tantieme Vollhafter[11][14]
		F 9630 Darlehensverzinsung Vollhafter
		F 9631 -39 Darlehensverzinsung Vollhafter[11][14]

Bilanz-Posten[2]	Programmverbindung[4] Abschlusszweck[4]	Konto	9 Vortrags-, Kapital-, Korrektur- und statistische Konten
		F 9640	Gebrauchsüberlassung Vollhafter
		F 9641-49	Gebrauchsüberlassung Vollhafter[11][14]
		F 9650	Sonstige Vergütungen Vollhafter
		F 9651-59	Sonstige Vergütungen Vollhafter[11][14]
		F 9660	Sonstige Vergütungen Vollhafter
		F 9661-69	Sonstige Vergütungen Vollhafter[11][14]
		F 9670	Sonstige Vergütungen Vollhafter
		F 9671-79	Sonstige Vergütungen Vollhafter[11][14]
		F 9680	Sonstige Vergütungen Vollhafter
		F 9681-89	Sonstige Vergütungen Vollhafter[11][14]
		F 9690	Restanteil Vollhafter
		F 9691-99	Restanteil Vollhafter[11][14]
		F 9700	Name des Gesellschafters Teilhafter
		F 9701-09	Name des Gesellschafters Teilhafter[11][14]
		F 9710	Tätigkeitsvergütung Teilhafter
		F 9711-19	Tätigkeitsvergütung Teilhafter[11][14]
		F 9720	Tantieme Teilhafter
		F 9721-29	Tantieme Teilhafter[11][14]
		F 9730	Darlehensverzinsung Teilhafter
		F 9731-39	Darlehensverzinsung Teilhafter[11][14]
		F 9740	Gebrauchsüberlassung Teilhafter
		F 9741-49	Gebrauchsüberlassung Teilhafter[11][14]
		F 9750	Sonstige Vergütungen Teilhafter
		F 9751-59	Sonstige Vergütungen Teilhafter[11][14]
		F 9760	Sonstige Vergütungen Teilhafter
		F 9761-69	Sonstige Vergütungen Teilhafter[11][14]
		F 9770	Sonstige Vergütungen Teilhafter
		F 9771-79	Sonstige Vergütungen Teilhafter[11][14]
		F 9780	Anteil für Konto 9840 Teilhafter
		F 9781-89	Anteil für Konto 9841-49 Teilhafter[11][14]
		F 9790	Restanteil Teilhafter
		F 9791-99	Restanteil Teilhafter[11][14]
		F 9800	Abstimmsummenkonto für den Import von Buchungssätzen
			Rücklagen, Gewinn-, Verlustvortrag
		F 9802	Gesamthänderisch gebundene Rücklagen - andere Kapitalkontenanpassungen[26]
		F 9803	Gewinnvortrag/Verlustvortrag - andere Kapitalkontenanpassungen[26]
		F 9804	Gesamthänderisch gebundene Rücklagen - Umbuchungen[26]
		F 9805	Gewinnvortrag/Verlustvortrag - Umbuchungen[26]
			Statistische Anteile an den Posten Jahresüberschuss/-fehlbetrag bzw. Bilanzgewinn/-verlust
	SB	F 9806	Zuzurechnender Anteil am Jahresüberschuss/Jahresfehlbetrag - je Gesellschafter[26]
	SB	F 9807	Zuzurechnender Anteil am Bilanzgewinn/Bilanzverlust - je Gesellschafter[26]
	SB	F 9808	Gegenkonto für zuzurechnenden Anteil am Jahresüberschuss/Jahresfehlbetrag[26]
	SB	F 9809	Gegenkonto für zuzurechnenden Anteil am Bilanzgewinn/Bilanzverlust[26]
			Kapital Personenhandelsgesellschaft Vollhafter
		F 9810	Kapitalkonto III
		F 9811-19	Kapitalkonto III[11][14]
		F 9820	Verlust-/Vortragskonto
		F 9821-29	Verlust-/Vortragskonto[11][14]
		F 9830	Verrechnungskonto für Einzahlungsverpflichtungen
		F 9831-39	Verrechnungskonto für Einzahlungsverpflichtungen[11][14]
			Kapital Personenhandelsgesellschaft Teilhafter
		F 9840	Kapitalkonto III
		F 9841-49	Kapitalkonto III[11][14]
		F 9850	Verrechnungskonto für Einzahlungsverpflichtungen
		F 9851-59	Verrechnungskonto für Einzahlungsverpflichtungen[11][14]
			Einzahlungsverpflichtungen im Bereich der Forderungen
		F 9860	Einzahlungsverpflichtungen persönlich haftender Gesellschafter
		F 9861-69	Einzahlungsverpflichtungen persönlich haftender Gesellschafter[11][14]
		F 9870	Einzahlungsverpflichtungen Kommanditisten
		F 9871-79	Einzahlungsverpflichtungen Kommanditisten[11][14]
			Ausgleichsposten für aktivierte eigene Anteile und Bilanzierungshilfen
		9880	Ausgleichsposten für aktivierte eigene Anteile
		R 9882	
			Nicht durch Vermögenseinlagen gedeckte Entnahmen
		F 9883	Nicht durch Vermögenseinlagen gedeckte Entnahmen persönlich haftender Gesellschafter
		F 9884	Nicht durch Vermögenseinlagen gedeckte Entnahmen Kommanditisten
			Verrechnungskonto für nicht durch Vermögenseinlagen gedeckte Entnahmen
		F 9885	Verrechnungskonto für nicht durch Vermögenseinlagen gedeckte Entnahmen persönlich haftender Gesellschafter
		F 9886	Verrechnungskonto für nicht durch Vermögenseinlagen gedeckte Entnahmen Kommanditisten
			Steueraufwand der Gesellschafter
		9887	Steueraufwand der Gesellschafter
		9889	Gegenkonto zu 9887

Bilanz-Posten[2]	Programmverbindung[4] Abschlusszweck[4]	9 Vortrags-, Kapital-, Korrektur- und statistische Konten
		Statistische Konten für Gewinnzuschlag
	SB	9890 Statistisches Konto für den Gewinnzuschlag nach §§ 6b, 6c EStG (Haben)
	G K SB	9891 Statistisches Konto für den Gewinnzuschlag nach §§ 6b, 6c EStG (Soll) - Gegenkonto zu 9890
		Veränderung der gesamthänderisch gebundenen Rücklagen (Einlagen/Entnahmen)
		F 9892 Veränderung der gesamthänderisch gebundenen Rücklagen (Einlagen/Entnahmen[26])
		Vorsteuer-/Umsatzsteuerkonten zur Korrektur der Forderungen/Verbindlichkeiten (EÜR)
	EÜR	9893 Umsatzsteuer in den Forderungen zum allgemeinen Umsatzsteuersatz (EÜR)[13]
	EÜR	9894 Umsatzsteuer in den Forderungen zum ermäßigten Umsatzsteuersatz (EÜR)[13]
	EÜR	9895 Gegenkonto 9893-9894 für die Aufteilung der Umsatzsteuer (EÜR)[13]
	EÜR	9896 Vorsteuer in den Verbindlichkeiten zum allgemeinen Umsatzsteuersatz (EÜR)[13]
	EÜR	9897 Vorsteuer in den Verbindlichkeiten zum ermäßigten Umsatzsteuersatz (EÜR)[13]
	EÜR	9899 Gegenkonto 9896-9897 für die Aufteilung der Vorsteuer (EÜR)[13]
		Statistische Konten zu § 4 (4a) EStG
	EÜR	9910 Gegenkonto zur Minderung der Entnahmen § 4 (4a) EStG
	EÜR	9911 Minderung der Entnahmen § 4 (4a) EStG (Haben)
	EÜR	9912 Erhöhung der Entnahmen § 4 (4a) EStG
	EÜR	9913 Gegenkonto zur Erhöhung der Entnahmen § 4 (4a) EStG (Haben)
		Statistische Konten für den außerhalb der Bilanz zu berücksichtigenden Investitionsabzugsbetrag nach § 7g EStG
	G K SB	9916 Hinzurechnung Investitionsabzugsbetrag § 7g Abs. 2 EStG aus dem 2. vorangegangenen Wirtschaftsjahr, außerbilanziell (Haben)
	G K SB	9917 Hinzurechnung Investitionsabzugsbetrag § 7g Abs. 2 EStG aus dem 3. vorangegangenen Wirtschaftsjahr, außerbilanziell (Haben)
	SB	9918 Rückgängigmachung Investitionsabzugsbetrag § 7g Abs. 3, 4 EStG im 2. vorangegangenen Wirtschaftsjahr
	K SB	9919 Rückgängigmachung Investitionsabzugsbetrag § 7g Abs. 3, 4 EStG im 3. vorangegangenen Wirtschaftsjahr

Bilanz-Posten[2]	Programmverbindung[4] Abschlusszweck[4]	9 Vortrags-, Kapital-, Korrektur- und statistische Konten
		Ausstehende Einlagen
		F 9920 Ausstehende Einlagen auf das Komplementär-Kapital, nicht eingefordert
		F 9921 -29 Ausstehende Einlagen auf das Komplementär-Kapital, nicht eingefordert[11)14]
		F 9930 Ausstehende Einlagen auf das Komplementär-Kapital, eingefordert
		F 9931 -39 Ausstehende Einlagen auf das Komplementär-Kapital, eingefordert[11)14]
		F 9940 Ausstehende Einlagen auf das Kommandit-Kapital, nicht eingefordert
		F 9941 -49 Ausstehende Einlagen auf das Kommandit-Kapital, nicht eingefordert[11)14]
		F 9950 Ausstehende Einlagen auf das Kommandit-Kapital, eingefordert
		F 9951 -59 Ausstehende Einlagen auf das Kommandit-Kapital, eingefordert[11)14]
		Konten zu Bewertungskorrekturen
Forderungen aus Lieferungen und Leistungen		9960 Bewertungskorrektur zu Forderungen aus Lieferungen und Leistungen
Sonstige Verbindlichkeiten		9961 Bewertungskorrektur zu sonstigen Verbindlichkeiten
Kassenbestand, Bundesbankguthaben, Guthaben bei Kreditinstituten und Schecks		9962 Bewertungskorrektur zu Guthaben bei Kreditinstituten
Verbindlichkeiten gegenüber Kreditinstituten		9963 Bewertungskorrektur zu Verbindlichkeiten gegenüber Kreditinstituten
Verbindlichkeiten aus Lieferungen und Leistungen		9964 Bewertungskorrektur zu Verbindlichkeiten aus Lieferungen und Leistungen
Sonstige Vermögensgegenstände		9965 Bewertungskorrektur zu sonstigen Vermögensgegenständen
		Statistische Konten für den außerhalb der Bilanz zu berücksichtigenden Investitionsabzugsbetrag nach § 7g EStG
	G K SB	9970 Investitionsabzugsbetrag § 7g Abs. 1 EStG, außerbilanziell (Soll)
	SB	9971 Investitionsabzugsbetrag § 7g Abs. 1 EStG, außerbilanziell (Haben) - Gegenkonto zu 9970
	G K SB	9972 Hinzurechnung Investitionsabzugsbetrag § 7g Abs. 2 EStG aus dem vorangegangenen Wirtschaftsjahr, außerbilanziell (Haben)

Bilanz-Posten[2]	Programmverbindung[4] Abschlusszweck[4]	9 Vortrags-, Kapital-, Korrektur- und statistische Konten
	SB	9973 Hinzurechnung Investitionsabzugsbetrag § 7g Abs. 2 EStG aus den vorangegangenen Wirtschaftsjahren, außerbilanziell (Soll) - Gegenkonto zu 9972, 9916, 9917
	SB	9974 Rückgängigmachung Investitionsabzugsbetrag § 7g Abs. 3, 4 EStG im vorangegangenen Wirtschaftsjahr
	SB	9975 Rückgängigmachung Investitionsabzugsbetrag § 7g Abs. 3, 4 EStG in den vorangegangenen Wirtschaftsjahren - Gegenkonto zu 9974, 9918, 9919
		Statistische Konten für die Zinsschranke § 4h EStG/§ 8a KStG
	G SB	9976 Nicht abzugsfähige Zinsaufwendungen gemäß § 4h EStG (Haben)
	SB	9977 Nicht abzugsfähige Zinsaufwendungen gemäß § 4h EStG (Soll) - Gegenkonto zu 9976
	G SB	9978 Abziehbare Zinsaufwendungen aus Vorjahren gemäß § 4h EStG (Soll)
	SB	9979 Abziehbare Zinsaufwendungen aus Vorjahren gemäß § 4h EStG (Haben) - Gegenkonto zu 9978
		Statistische Konten für den GuV-Ausweis in „Gutschrift bzw. Belastung auf Verbindlichkeitskonten" bei den Zuordnungstabellen für PersHG nach KapCoRiLiG
		9980 Anteil Belastung auf Verbindlichkeitskonten
		9981 Verrechnungskonto für Anteil Belastung auf Verbindlichkeitskonten
		9982 Anteil Gutschrift auf Verbindlichkeitskonten
		9983 Verrechnungskonto für Anteil Gutschrift auf Verbindlichkeitskonten
		Statistische Konten für die Gewinnkorrektur nach § 60 Abs. 2 EStDV
	G K HB	9984 Gewinnkorrektur nach § 60 Abs. 2 EStDV - Erhöhung handelsrechtliches Ergebnis durch Habenbuchung - Minderung handelsrechtliches Ergebnis durch Sollbuchung
	HB	9985 Gegenkonto zu 9984
		Statistische Konten für Korrekturbuchungen in der Überleitungsrechnung
		9986 Ergebnisverteilung auf Fremdkapital
		9987 Bilanzberichtigung
		9989 Gegenkonto zu 9986-9988

Bilanz-Posten[2]	Programmverbindung[4] Abschlusszweck[4]	9 Vortrags-, Kapital-, Korrektur- und statistische Konten
		Statistische Konten für außergewöhnliche und aperiodische Geschäftsvorfälle für Anhangsangabe nach § 285 Nr. 31 und Nr. 32 HGB
		9990 Erträge von außergewöhnlicher Größenordnung oder Bedeutung
		9991 Erträge (aperiodisch)
		9992 Erträge von außergewöhnlicher Größenordnung oder Bedeutung (aperiodisch)
		9993 Aufwendungen von außergewöhnlicher Größenordnung oder Bedeutung
		9994 Aufwendungen (aperiodisch)
		9995 Aufwendungen von außergewöhnlicher Größenordnung oder Bedeutung (aperiodisch)
		9998 Gegenkonto zu 9990-9997
		Personenkonten
Sollsalden: Forderungen aus Lieferungen und Leistungen *Habensalden: Sonstige Verbindlichkeiten*		10000 -69999 Debitoren
Habensalden: Verbindlichkeiten aus Lieferungen und Leistungen *Sollsalden: Sonstige Vermögensgegenstände*		70000 -99999 Kreditoren

SKR 03

Erläuterungen zu den Kontenfunktionen:
Zusatzfunktionen (über einer Kontenklasse):

KU Keine Errechnung der Umsatzsteuer möglich
V Zusatzfunktion „Vorsteuer"
M Zusatzfunktion „Umsatzsteuer"

Hauptfunktionen (vor einem Konto)

AV Automatische Errechnung der Vorsteuer
AM Automatische Errechnung der Umsatzsteuer
S Sammelkonten
F Konten mit allgemeiner Funktion
R Diese Konten dürfen erst dann bebucht werden, wenn ihnen eine andere Funktion zugeteilt wurde.

Hinweise zu den Konten sind durch Fußnoten gekennzeichnet:

1) Konto für das Buchungsjahr 2019 neu eingeführt.
2) Bilanz- und GuV-Posten große Kapitalgesellschaft GuV-Gesamtkostenverfahren Tabelle S4003.
3) Diese Konten können mit BU-Schlüssel 10 bebucht werden. Das EU-Land und der ausländische Steuersatz werden über das EU-Fenster eingegeben.
4) Kontenbezogene Kennzeichnung der Programmverbindung in Rechnungswesen-Programmen zu Umsatzsteuererklärung (U), Gewerbesteuer (G) und Körperschaftsteuer (K).
Da bei Erstellung des SKR-Formulars die Steuererklärungsformulare noch nicht vorlagen, können sich Abweichungen zwischen den in der Programmverbindung berücksichtigten Konten und den Programmverbindungskennzeichen ergeben.
Abschlusszweck:
HBÜ Diese Konten sollten ausschließlich für die Handelsbilanz zur Anwendung von BilMoG-Übergangsvorschriften gebucht werden.
HB Diese Konten sollten ausschließlich für die Handelsbilanz gebucht werden.
SB Diese Konten sollten ausschließlich für die Steuerbilanz gebucht werden.
EÜR Diese Konten sollten ausschließlich für die Gewinnermittlung nach § 4 Abs. 3 EStG gebucht werden.
5) Dieses Konto kann mit BU-Schlüssel 44 bebucht werden. Das EU-Land und der ausländische Steuersatz werden über das EU-Fenster eingegeben.
6) Das Konto gilt als Hauptkonto für Sachverhalte, die in diesen Kontenbereichen nicht als spezieller Sachverhalt auf Einzelkonten dargestellt sind.
7) Diese Konten werden für die BWA-Form 10 sowie Branchen-BWA-Formen mit statistischen Mengeneinheiten bebucht und wurden mit der Umrechnungssperre, Funktion 18000, belegt.
8) Kontenbeschriftung in 2019 geändert.
9) An der Schnittstelle zu GewSt werden ab VAZ 2009 die Erträge zu 40 % als steuerfrei und die Aufwendungen zu 40 % als nicht abziehbar behandelt. An der Schnittstelle zur KSt werden die Erträge zu 100 % als steuerfrei und die Aufwendungen zu 100 % als nicht abziehbar behandelt.
Siehe §§ 3 Nr. 40, 3c EStG, § 8b KStG.
10) Diese Konten haben ab Buchungsjahr 2005 nicht mehr die Zusatzfunktion KU. Bitte verwenden Sie diese Konten nur noch in Verbindung mit einem Gegenkonto mit Geldkontenfunktion.
11) Das Konto wird nur noch für Auswertungen mit Vorjahresvergleich benötigt und wird im folgenden Jahr gelöscht.
12) frei
13) Das Konto wurde für die Gewinnermittlung nach § 4 Abs. 3 EStG eingeführt.
Nach § 60 Abs. 4 EStDV ist bei einer Gewinnermittlung nach § 4 Abs. 3 EStG der Steuererklärung ein amtlich vorgeschriebener Vordruck beizufügen, Einnahmenüberschussrechnung -EÜR-.
14) Ab dem Buchungsjahr 2019 dürfen die Konten nicht mehr bebucht werden. Mehr Infos dazu finden Sie im Dokument 1000273.
15) Das Konto wurde zur Aufteilung nach Steuersätzen am Jahresende eingerichtet und sollte unterjährig nicht bebucht werden. Beachten Sie die Buchungsregeln im Dokument 0906057.
16) Das Konto wird in KSt nur bei Organgesellschaften berücksichtigt.
17) Das Konto wird in Körperschaftsteuer ausschließlich in die Positionen „Eigen-/Nennkapital zum Schluss des vorangegangenen Wirtschaftsjahres" übernommen.
18) Da das EÜR-Formular einen differenzierten Ausweis der Reisekosten und Fahrzeugkosten fordert, darf dieses Konto von EÜR-Anwendern nicht genutzt werden.
19) frei
20) frei
21) Diese Konten können mit BU-Schlüssel 94 (Konto mit Vorsteuerabzug) bzw. mit BU-Schlüssel 95 (Konto ohne Vorsteuerabzug) gebucht werden. Der Tatbestand des § 13b UStG ist anschließend zu erfassen.
22) Ab dem Buchungsjahr 2019 dürfen die Konten nur noch für Einzelunternehmer verwendet werden. Mehr Infos dazu finden Sie im Dokument 1000273.
23) Diese Konten fließen im EÜR-Formular in die Zeile Ergebnisanteile aus Beteiligungen an Personengesellschaften.
24) Diese Konten werden für die BWA-Formen der Branchenlösung gebucht.
25) frei
26) Dieses Konto können Sie nur für die neue Kapitalkontenentwicklung nutzen. Mehr Infos dazu finden Sie im Dokument 1080582.
27) frei
28) Das Konto wird in Bilanz/GuV nur in den Zuordnungstabellen für Sonderbilanzen abgefragt.
29) frei

Eine Übersicht aller Steuer-/Buchungsschlüssel erhalten Sie im Rechnungswesen-Programm über die Tastenkombination **Umschalt + F3** im Feld **BU/Gegenkonto** in der Buchungszeile. Weitere Informationen finden Sie im Dokument 9231347 in der Info-Datenbank.

Bedeutung der Steuerschlüssel:

1 Umsatzsteuerfrei (mit Vorsteuerabzug)
2 Umsatzsteuer 7 %
3 Umsatzsteuer 19 %
4 gesperrt
5 Umsatzsteuer 16 %
6 gesperrt
7 Vorsteuer 16 %
8 Vorsteuer 7 %
9 Vorsteuer 19 %

Bedeutung der Berichtigungsschlüssel:

1 Steuerschlüssel bei Buchungen mit einem EU-Tatbestand ab Buchungsjahr 1993
4 Aufhebung der Automatik
5 Individueller Umsatzsteuer-Schlüssel
9 Aufzuteilende Vorsteuer

Bedeutung der Steuerschlüssel bei Buchungen mit einem EU-Tatbestand (6. und 7. Stelle des Gegenkontos):

10 nicht steuerbarer Umsatz in Deutschland (Steuerpflicht im anderen EU-Land)
11 Umsatzsteuerfrei (mit Vorsteuerabzug)
12 Umsatzsteuer 7 %
13 Umsatzsteuer 19 %
15 Umsatzsteuer 16 %
17 Umsatzsteuer 16 % Vorsteuer 16 %
19 Umsatzsteuer 19 % Vorsteuer 19 %

Bedeutung der Steuerschlüssel 91/92/94/95 und 46 (6. und 7. Stelle des Gegenkontos)

Umsatzsteuerschlüssel für die Verbuchung von Umsätzen, für die der Leistungsempfänger die Steuer nach § 13b UStG schuldet.

Bedeutung der Steuerschlüssel beim Leistungsempfänger:
91 7 % Vorsteuer und 7 % Umsatzsteuer
92 ohne Vorsteuer und 7 % Umsatzsteuer
94 19 % Vorsteuer und 19 % Umsatzsteuer
95 ohne Vorsteuer und 19 % Umsatzsteuer

Die Unterscheidung der verschiedenen Sachverhalte nach § 13b UStG erfolgt nach Eingabe des Steuerschlüssels direkt bei der Erfassung des Buchungssatzes. Hier erfolgt auch die Eingabe, falls Sie ab Buchungsjahr 2007 noch die Steuerrechnung mit 16 % benötigen.

Beim Leistenden:

46 Ausweis Kennzahl 60 oder 68 der UStVA

Bedeutung des Steuerschlüssels 47

Umsatzsteuerschlüssel für die Verbuchung von Erlösen aus im anderen EU-Land steuerpflichtigen sonstigen Leistungen, für die der Leistungsempfänger die Umsatzsteuer schuldet.

47 Ausweis ZM und Kennzahl 21 der UStVA

Bedeutung des Steuerschlüssels 44

Umsatzsteuerschlüssel für die Verbuchung von im anderen EU-Land steuerpflichtigen elektronischen Dienstleistungen.

44 Ausweis MOSS und Kennzahl 45 der UStVA

Erläuterungen zur Kennzeichnung von Konten für die Programmverbindung zwischen Rechnungswesen-Programmen und Steuerprogrammen:

Die Erweiterung des Standardkontenrahmens um zusätzliche Konten und besondere Kennzeichen verbessert weiter die Integration der DATEV-Programme und erleichtert die Arbeit für Anwender von Rechnungswesen-Programmen, die gleichzeitig DATEV-Steuerprogramme nutzen. Steuerliche Belange können bereits während des Kontierens stärker berücksichtigt werden.

In der Spalte Programmverbindung werden die Konten gekennzeichnet, die über die Schnittstelle in Rechnungswesen-Programmen an das entsprechende Steuerprogramm Umsatzsteuererklärung (U), Gewerbesteuer (G) und Körperschaftsteuer (K) weitergegeben und an entsprechender Stelle der Steuerberechnung zu Grunde gelegt werden.

Die Kennzeichnung „G" und „K" an Standardkonten umfasst für die Weitergabe an Gewerbesteuer und Körperschaftsteuer auch die nachfolgenden Konten bis zum nächsten standardmäßig belegten Konto. Die Kennzeichnung "U" an Standardkonten steht für die Weitergabe an das Programm Umsatzsteuererklärung. Kontenbereiche werden nur weitergegeben, wenn sie im Standardkontenrahmen ausgewiesen sind (z. B. AM 8400-09).

Nicht gekennzeichnet sind solche Konten, die lediglich eine rechnerische Hilfsfunktion im steuerlichen Sinne ausüben wie Löhne und Gehälter sowie Umsätze für die Berechnung des zulässigen Spendenabzugs im Rahmen von Gewerbesteuer und Körperschaftsteuer.

Abgebildet wird mit den Kennzeichen die Programmverbindung, nicht der steuerliche Ursprung. Die Gewerbesteuer-Berechnung für Körperschaften ist in das Produkt Körperschaftsteuer integriert. Daher ist an Konten mit gewerbesteuerlichem Merkmal auch ein „K" für diese Programmverbindung zu finden.

A

Abgrenzung 41 ff., 69, 72, 272, 275, 278
abnutzbare Wirtschaftsgüter 217
Abschluss 1 ff., 7, 20, 40 f., 63 f., 71, 135, 143, 145, 169, 186, 188, 207, 223, 244, 250 f., 255 f., 264 f., 314, 327, 329 f., 332, 335 f.
Abschlussarbeiten 34 ff., 63
Abschlüsse nach IFRS 327, 336
abschlussvorbereitende Buchungen 35, 37, 39, 40 f., 43
Absetzungen für Abnutzungen (AfA) 40, 64, 84 f., 93, 95, 98 ff., 104, 108 ff., 124 ff., 135, 146 ff., 217 f., 220, 230 f., 286
- degressive Absetzungen bei Gebäuden 108
- degressive AfA bei beweglichen Anlagegütern 113
- Leistungs-AfA 115
- lineare Absetzung
  - auf immaterielle Gegenstände 10
  - bei beweglichen Anlagegütern 103, 113, 128 f.
  - beim entgeltlich erworbenen Geschäfts- oder Firmenwert 94
- lineare AfA 84, 95, 109, 113, 118, 120 f., 127 f.
- lineare Gebäude-AfA 108
Absetzungen für außergewöhnliche Abnutzungen (AfaA) 125
Abzinsungsgebot 83, 193
AfA-Tabelle 98
Agio 225 f.
Aktiva 8
Aktive Rechnungsabgrenzung 44 ff., 63, 136, 144, 318, 320
Anderskosten 278 ff.
Andersleistungen 281
Anhang 5 f., 13, 17 ff., 22 f., 29 f., 87, 94, 111 f., 256, 324, 328, 335
Anlagendeckung I. und II. 294, 317
Anlagenintensität 292 f., 304, 307
Anlagenspiegel 18, 145, 328
Anlagenverzeichnis 35, 145 ff., 318 f.
Anlagevermögen 7 f., 14 f., 18 f., 33, 36, 40 f., 65, 80 ff., 85, 90 f., 101, 124, 137, 154, 194, 233, 256 f., 287 f., 290 ff.
Annuität 192 f.
Anpassungsmethode 174, 181
Anschaffungskosten 18, 65, 73 ff., 78, 80, 84 ff., 93 ff., 102, 109 f., 113 f., 117, 124, 129 ff. 140 ff., 146, 148, 154 ff., 162 ff., 177, 182 f., 189, 193 ff., 210, 218, 228, 234, 286, 305, 309, 315, 318, 333
Anschaffungsnebenkosten 41, 73 ff., 81, 84, 86, 88, 184, 196, 312
Anspannungskoeffizient 293, 304
antizipative Rechnungsabgrenzungsposten 52, 55
aufgelaufene Zinsen 52
Auflösungsmethode 174
Aufstellungsfristen 174
Aufstellungspflicht 23
Aufwendungen 9 f., 16 f., 25, 27, 30, 33 f., 40 ff., 69 ff., 76 ff., 81, 85, 92, 135, 165 f., 189, 200, 208, 222 ff., 227, 234, 237, 240 f., 249, 259 f., 264, 272, 275, ff., 297
Ausgaben 27, 46 f., 78, 259, 272 f., 275 f., 284
außergewöhnliche
- Aufwendungen 16, 279
- Erträge 16, 281
- Posten 17
außerplanmäßige Abschreibungen 82, 137
Ausweis 27, 85, 201, 240
Auszahlungen 81, 272 f., 284, 297, 329

B

Barwert 78 f., 83, 86 f., 201 f., 333 f.
begrenzt zulässige stille Reserve 228 f.
beizulegender Wert 123, 154, 157 f., 163 f., 182
Bestätigungsvermerk 21
bestimmte Zeit 46 f., 50
betriebsfremde Aufwendungen 278
betriebsfremde Erträge 280
Betriebsvermögen 34, 72, 86, 108 f., 112, 116, 125, 133, 209 f., 212, 217 f., 221, 228, 230, 233, 237, 251, 255, 315, 319
Betriebsvermögensvergleich 267
bewegliche abnutzbare Anlagegüter 101
Bewertung 26 ff., 33, 39, 65, 73, 76, 81, 83, 137, 139 f., 155 f., 159, 163, 182, 188 f., 193, 195, 202, 209, 219, 238 f., 279, 281, 333
- abnutzbares Anlagevermögen 91
- Entnahmen und Einlagen 34, 209, 219, 244 ff., 252 f., 262 ff.
- Forderungen 163 f., 172 ff., 180 f., 223, 274, 320
- nicht abnutzbares Anlagevermögen 137, 139 f.
- Umlaufvermögen 80, 16, 81, 81, 82, 84, 87, 154, 161, 163, 166, 182, 183, 184, 10, 10
- Verbindlichkeiten 71, 188 f., 273
- Vorräte 39, 155, 157, 334
- Wertpapiere 182, 217
- Umlaufvermögen.. 10, 16, 80 f., 84, 87, 154, 161, 163, 166, 182 ff.

Bewertungsgrundsätze 154
Bilanzgliederung 8, 29
Bilanzierung .... 26, 65, 91 f., 126, 137, 154 f., 163, 182, 188, 209, 240, 326, 329, 335
Bilanzierungshilfe 70, 86
Bilanzierungswahlrecht 86
Bilanzkennzahlen 287, 291, 299
Bilanzrechtsmodernisierungsgesetz (BilMoG) .... 2, 25, 27 ff., 66 f., 70, 76, 78, 94, 138, 189, 238, 299
Bilanzrichtlinie-Umsetzungsgesetz .... 4 f., 9 ff., 12, 16 f., 19 f.
Börsenpreis 81, 182, 228
Buchungskreislauf .... 41 f.
Bürokratieentlastungsgesetz 7

C

Cashflow .... 297 ff., 303 f.
Cashflow-Kennzahl 304
Computer 98, 148, 243
Corporate Governance Kodex 22

D

Damnum .... 46, 74, 190 ff., 206, 208
Darlehen 62, 88, 190 ff., 206, 238, 243, 288, 290, 304, 317 f., 320
- Annuitätendarlehen .... 191 ff., 197
- Fälligkeitsdarlehen 191, 196
- Rentendarlehen 191, 196
Darlehensabgeld 190, 194
dauernde Wertminderung .... 125, 183 f.
degressiver AfA-Satz .... 113 f.
derivativer Firmenwert 94
direkte Abschreibung 165
Disagio .... 69 ff., 190 ff., 195 f., 208, 238, 320
Drittes Buch des HGB .... 4 f., 29
Durchschnittsbewertung 155, 156, 159, 161

E

EBIT .... 300 f., 303 f.
EBITA 301
EBITDA 301
Eigenkapital .... 7 f., 14 f., 63, 65, 69, 71, 85 f., 116, 136, 144, 187, 208 f., 224 f., 227, 229, 256 f., 266, 283, 285, 287 ff., 301 ff., 317
Eigenkapitalanteil .... 293 f., 304, 307
1 %-Regelung 212, 215, 219, 221
Einheitsbilanz .... 28 ff.
Einlage .... 72, 217 ff., 245, 251, 257, 263, 332
Einnahmen .... 27, 49 f., 58, 272, 274 ff., 284
einwandfreie Forderungen 164, 177
Einzahlungen 272, 274, 297
Einzelabschluss .... 1 ff., 324
Einzelbewertung 24, 26, 105, 155, 164, 177
Einzelkosten .... 76 f., 86
Einzelwertberichtigungen.. 167 ff., 175, 179 ff., 320
Emission 226
Entnahme .... 27, 72, 145, 208 ff., 213 ff., 220, 245, 263 f., 285
Ergebnis nach Steuern .... 10, 16, 259, 282 f., 299 f., 306, 339
Erinnerungswert 91, 114
Erstbewertung 73, 83, 87, 126, 177, 188, 210, 333
Erträge .... 9 f., 16, 25, 27, 30, 33 f., 40 f., 44, 55, 123 f., 136, 138, 144, 166 ff., 170, 174, 179 ff., 190, 199 f., 208, 227, 231 f., 234, 237, 240 ff., 249, 259, 264, 272, 275 ff.
erweiterter Jahresabschluss 18
Euro-Referenzkurs 317

F

Fahrtenbuchmethode 215, 219
fertiggestellt .... 108 f., 112, 131, 149, 152
Fertigungseinzelkosten 76, 89, 333, 336
Festbewertung 26, 334
Fifo-Verfahren 156, 161
Firmenwert .... 14, 70, 82, 92, 94 ff., 123, 127 ff.
flüssige Mittel .... 287 ff.
Folgebewertung .... 80, 83 f., 87, 126, 177, 182, 184, 189, 333 f.
Forderungen .... 14 f., 19, 30, 33, 35, 41, 53, 136, 144, 163 ff., 187, 189, 208, 223 f., 257 f., 272 ff., 277, 287 ff., 293, 296 f., 304, 306, 320
Formelmethode .... 159 f., 162
fortgeführte AK/HK 126
Fortschreibung 37, 38
Fremdkapital .... 19, 69 f., 77, 209, 225, 227, 287, 289, 290 f., 293 ff., 298, 302, 305
- kurzfristiges Fremdkapital .... 295 f.
- langfristiges Fremdkapital 294
- mittelfristiges Fremdkapital .... 287, 289 ff.
Fremdwährungsverbindlichkeiten .... 188 f., 193 ff.
Fristen .... 7, 11, 22 f., 33

G

Gebäude .... 75 f., 78, 88, 96 f., 100, 108 ff., 125 ff., 131, 134, 136, 142, 144, 149, 233
Gebäudearten 111
Geldentnahmen .... 209 f., 219

Gemeinkosten ... 77, 86
geringwertige Wirtschaftsgüter ... 101 f., 105, 118, 127, 145, 218
Gesamtergebnis ... 282
Gesamtkostenverfahren ... 9 f., 16 f., 31, 258 f.
Geschäftsjahr (Begriff) ... 59
Geschäftswert ... 9 f., 16 f., 31, 258 f.
Gesellschaft mit beschränkter Haftung (GmbH) ... 256
Gesellschaftsabschlüsse ... 69, 244
Gewinn ... 5 f., 9 ff., 13, 16 ff., 24 ff., 29, 31, 34, 40, 42, 63, 69, 85 ff., 103, 116 f., 119, 126, 130 ff., 142, 158, 160, 166, 177, 183 f., 200 f., 209 f., 228, 233 ff., 240, 244 ff., 251 f., 256, 258 f., 262, 264 ff., 277 f., 280, 282 ff., 289, 298 ff., 303 f., 306, 308, 310 f., 318
Gewinnermittlung ... 267
- durch Betriebsvermögensvergleich ... 267
Gewinnermittlungsmethoden ... 267
Gewinnrücklagen ... 14 f., 69, 225 f., 228 ff., 236, 261 f., 306
Gewinn- und Verlustrechnung ... 5 f., 9 ff., 13, 16 ff., 24 f., 29, 31, 40, 85, 166, 200 f., 240, 244, 258 f., 278, 282, 284 f., 299 f.
Gewinnverteilung ... 244 ff., 251, 255 f., 259 ff.
- GmbH ... 5, 12 f., 18, 27, 31 f., 65 ff., 79 f., 87 f., 90, 93, 96 f., 113, 130, 132, 163, 198 ff., 225, 230 f., 237 ff., 256 ff., 262, 266, 272 ff., 279, 281, 285 f., 304 ff., 316
- KG ... 5, 12 f., 69, 80, 124, 133, 138, 230, 238, 244, 251 ff., 262, 264 f.
- OHG ... 5, 11, ff., 42, 141, 238, 244 ff., 250, 253 ff., 262 ff.
Größenklasse ... 21 f.
Grundkosten ... 278 f., 285
Grundleistungen ... 281
Grundsatz der
- Bilanzidentität ... 26
- Einzelbewertung ... 26, 105, 155
- Fortführung der Unternehmenstätigkeit ... 26
- Klarheit und Übersichtlichkeit ... 24
- periodengerechten Aufwands- und Ertragsabgrenzung ... 27, 44
- Richtigkeit und Willkürfreiheit ... 24, 26
- Stetigkeit der Bewertungsmethoden ... 28
- Vollständigkeit ... 25, 65, 70
- Vorsicht ... 26, 188, 281
Grundsätze ordnungsmäßiger Buchführung (GoB) ... 2, 20 f., 23 f., 33, 85
Gruppenbewertung ... 26, 155
GuV-Kennzahlen ... 158, 299

H

Handelsbilanz ... 29, 42, 44, 59, 65, 73, 92, 96, 105, 122, 127 ff., 133, 137, 140, 154, 156 f., 162, 183, 196 f., 238 f., 242
Handelsspanne ... 310
Herstellungskosten ... 65, 73, 76 ff., 80, 82 ff., 91, 96, 101 ff., 108 ff., 115 ff., 137, 139, 145, 154, 157, 159, 210, 218, 230, 233, 239, 243, 333 f., 336, 126
Höchstwertprinzip ... 27, 188, 189

I

IAS ... 92, 323 ff., 334
IASB ... 323 ff., 335 f.
IASC ... 323
IFRS ... 1, 4, 92, 323 ff., 332 ff.
immaterielle Wirtschaftsgüter ... 95, 126
Imparitätsprinzip ... 24, 26 f., 105, 189
indirekte Abschreibung ... 168
Inventur ... 26, 35 ff., 42 f., 64, 135, 143, 148, 175, 186, 207, 223, 314
Investierung ... 291, 294, 297, 303
Investitionsabzugsbeträge ... 115 ff., 126, 132
Istbesteuerung ... 58

J

Jahresabschluss ... 1 f., 5 f., 11, 13, 17 ff., 29 ff., 42, 130, 133, 163, 178 ff., 243 f., 251, 256, 262 f., 272, 284
Jahresfehlbetrag ... 10, 14 ff., 259
Jahresüberschuss ... 7, 10, 14 ff., 69, 87, 90, 95, 228, 259 ff., 266, 283 f., 289, 297 ff.

K

Kalkulationszuschlag ... 309
kalkulatorische Kosten ... 278 ff.
kalkulatorische Leistungen ... 281
Kapitalgesellschaften ... 2, 5 ff., 12 ff., 29 f., 32 f., 69, 73, 85 f., 145, 225, 230, 236, 244, 256, 258 f.
- große ... 9, 12, 258, 16, 20, 29, 30, 10
- kleine ... 12, 29
- mittelgroße ... 12 f., 16, 18, 29, 258
Kapitalrentabilität ... 301
Kapitalrücklage ... 14 f., 225 ff., 229, 236 f., 289, 306
Kapitalstruktur ... 291, 293 f., 303 f.
Kleinstkapitalgesellschaften ... 12 f., 15, 17, 19, 21
Kommanditgesellschaft ... 251
Konzernabschluss ... 1 ff., 21, 298 f., 323 ff.

Kosten ... 40, 57, 64, 74, 76 ff., 83, 86, 88 f., 131, 135,149, 159, 201 f., 206, 212, 215, 219 f., 272, 278 ff., 287, 293, 305, 321, 330 ff., 336

L

Lagebericht ... 5 f., 13, 19 f., 22 f., 25, 29 f., 163, 256, 324, 328
latente Steuern ... 14 f., 70, 198, 238 ff.
Leistungs-AfA ... 115
Leistungsentnahmen ... 209, 212, 219, 220
Lifo-Verfahren ... 156, 159, 161 f.
linearer AfA-Betrag ... 114
linearer AfA-Satz ... 114
Liquidität ... 19, 115, 291, 295 ff., 303 f., 307
Liquiditätsrechnung ... 272

M

Marktpreis ... 79 ff., 157, 159, 161 f., 182 ff.
Maßgeblichkeitsgrundsatz ... 71
Materialaufwand ... 16, 10, 300
Materialeinzelkosten ... 76, 89, 333, 336
Materialgemeinkosten ... 77, 89, 333
MicroBilG ... 12
Mindest-Istbesteuerung ... 58
Mittel
- 1. Grades ... 289 ff., 295
- 2. Grades ... 289 ff.
- 3. Grades ... 289 ff.

N

neutrales Ergebnis ... 282
nicht abnutzbare Wirtschaftsgüter ... 71, 72, 87, 95, 101 ff., 113 f., 118 f., 126 f., 138 ff., 145, 159, 209, 217 f., 220, 233, 235 f.
nicht realisierte
- Gewinne ... 189
- Verluste ... 27
Niederstwertprinzip ... 27, 81 f., 154, 156 f., 163, 177, 182 f., 156
Nutzungsentnahmen ... 209, 212, 215, 219 f.

O

offene Handelsgesellschaft ... 244
Offenlegungsfristen ... 7
Offenlegungspflichten ... 11, 21 ff.
originärer Firmenwert ... 94

P

Passiva ... 8
Pauschalwertberichtigung ... 172 ff., 180 f., 186, 223 f., 208, 320
periodenfremde Erträge ... 16 f., 279 ff., 283, 285
permanente Inventur ... 36 f.
Pool ... 64, 103, 186, 207
Praxiswert ... 96
pro-rata-temporis ... 99
Prüfungsfälle ... 266, 313
Prüfungspflichten ... 20 f.

R

Realisationsprinzip 24, 26 f., 33, 183, 189, 228, 329
Rechnungsabgrenzungsposten ... 7, 14 f., 25, 44 ff., 55 f., 59 f., 65, 69 ff., 85, 190 ff., 194, 238, 289
Reingewinnsatz ... 310 f.
Rentabilität ... 19, 301 f.
Richtsätze ... 308 f., 311
Rohergebnis ... 10, 16
Rohgewinnaufschlagsatz ... 158, 301, 303, 305, 308 ff.
Rohgewinnsatz ... 37 f., 42 f., 310 f.
Rücklagen ... 14, 138, 209, 22 ff., 236, 289, 304
- Gewinnrücklagen ... 14 f., 69, 225 ff., 236, 261, 306
- Kapitalrücklage ... 14 f., 225 ff., 236 f., 289, 306
- stille Rücklagen ... 225
Rückrechnung ... 38 f.
Rückstellungen ... 7, 14 f., 66 ff., 78, 83, 86, 135 f., 144, 186, 198 ff., 225, 236, 288, 290, 297 f., 304 f.
Rückzahlungsbetrag ... 190, 193 f., 197, 334

S

Sachentnahmen ... 209 ff., 219
sachliche Abgrenzung ... 278
Saldierungsverbot ... 24 f.
Sammelposten ... 63, 103 ff., 127, 145, 187, 208
Schuld ... 332, 336
Selbständige Nutzungsfähigkeit ... 102
Software ... 92 f., 95, 102, 127
Sollbesteuerung ... 58
Sonderabschreibungen nach § 7g EStG ... 115
Sondereinzelkosten der Fertigung ... 76, 333

Sonderposten mit Rücklageanteil 70, 230, 234, 236, 332
sonstige Verbindlichkeiten 14, 55
sonstige Vermögensgegenstände 14, 52
staffeldegressive AfA 109
Steuerbilanz ... 1 ff., 28, 30, 35, 44, 59, 71 f., 83, 87, 89, 109, 116, 128 ff., 141 f., 183 f., 194 ff., 239, 195, 230, 238, 239, 240, 241, 242, 243
Stichprobeninventur 35, 39, 42
Stichtaginventur .... 35 ff., 42
Subtraktionsmethode .... 157 ff.

T

Teilwert . 83, f., 87, 90, 124, 126, 133, 138 f., 159 ff., 177, 183 f., 193, 195, 210, 212, 217 ff.
Teilwertabschreibung 84, 124 f., 139, 154, 160, 177
Teilwertvermutungen .... 83 f.
transitorische Aktiva .... 14 f., 45 f., 256 f., 287 f.
transitorische Passiva 256
Trivialprogramme 102, 108

U

Übergangsgewinn 270
Übergangsverlust 270
Überschussrechnung nach § 4 Abs. 3 267
umgekehrter Maßgeblichkeitsgrundsatz 71
Umlaufintensität .... 292 f., 304
Umlaufvermögen .... 7 f., 14 f., 65, 80 ff., 154, 161, 163, 167 f., 179 ff., 256 f., 287 ff., 296 f.
Umsatzkostenverfahren 9, 16, 258
Umsatzrentabilität 301, 303, 305, 307, 317
unbewegliche Wirtschaftsgüter (keine Gebäude oder Gebäudeteile) 108
unentgeltliche Leistung .... 213 ff., 220
Unternehmergesellschaft (UG) 258
US GAAP 323

V

Valutaverbindlichkeiten 188, 195
Verbindlichkeiten .... 7 ff., 14 f., 18 f., 27, 33, 44, 54 f., 57, 60, 63, 66 ff., 73, 78, 83, 86, 106, 118, 121, 130 f., 136, 144, 188 f., 191 ff., 198, 205, 207 f., 222, 224, 231, 238, 251, 261, 272 ff., 277, 288 ff., 296
Vergleichswerte .... 80 ff., 334
Vermögensgegenstand .... 51, 58, 65 f., 70, 73, 77, 81 f., 86, 91 ff., 99, 154
Vermögensgegenstände 8
Vermögensstruktur .... 291 ff., 303
Vermögenswert .... 332 ff.
Verprobung 308
Vertriebskosten .... 77, 158, 334, 336 f.
Verzeichnis 146
Vollständigkeitsgebot 25, 65, 70
voraussichtlich dauernde Wertminderung 122, 124, 138, 154, 177, 183
Vorräte .... 14 f., 39, 59, 155, 157, 288, 293, 296, 306, 326, 334, 337

W

Wachstumsbeschleunigungsgesetz 101
Währungsverbindlichkeit 228
Wareneinsatz .... 37 ff., 279, 285, 301, 305, 308 ff.
Wechsel 8
Wechsel der Gewinnermittlungsart 267
wertaufhellende Tatsachen 25, 163
Wertaufholungsgebot .... 82, 84, 123, 125, 128, 138 ff., 154, 160, 177
Wertberichtigung .... 25, 167 f., 175, 321
Wertpapiere ..... 8, 10, 12, 14 ff., 52, 79, 140, 206 f., 182 ff., 204 f., 208, 217, 228
Wiederbeschaffungskosten 84, 157, 160, 206, 286, 337
wirtschaftliches Eigentum 66
wirtschaftlicher Reingewinn 308
wirtschaftlicher Rohgewinn .... 308 ff.
wirtschaftlicher Umsatz .... 308 ff.
wirtschaftlicher Wareneinsatz .... 308 f.
Wirtschaftsgebäude .... 108 f., 111 f.
Wirtschaftsjahr (Begriff) 59

Z

zeitanteilig .... 96 f., 99, 109 f., 112, 244, 263 f.
zeitliche Abgrenzung von Aufwendungen und Erträgen .... 43 f.
zeitverschobene Inventur .... 35 ff., 43
Zusatzkosten .... 278 ff.
Zusatzleistungen 281
Zuschreibung .... 82, 123 f., 126, 133, 138, 141
Zweckaufwand .... 278 f.
Zweckertrag .... 280 f.
zweifelhafte Forderung .... 164 f., 167 f., 179 f.

Bornhofen

Die Lehrbücher

Steuerlehre 1
Allgemeines Steuerrecht, Abgabenordnung, Umsatzsteuer

Steuerlehre 2
Einkommensteuer, Körperschaftsteuer, Gewerbesteuer,
Bewertungsgesetz und Erbschaftsteuer

Buchführung 1
Grundlagen der Buchführung für Industrie- und Handelsbetriebe

Buchführung 2
Abschlüsse nach Handels- und Steuerrecht,
Betriebswirtschaftliche Auswertung, Vergleich mit IFRS

Die Lösungsbücher

Zu jedem Lehrbuch ist ein passendes Lösungsbuch mit zusätzlichen **Prüfungsaufgaben und Lösungen** erhältlich.

Bornhofen

Das Konzept

Aktualität, Praxisbezug und eine ausgefeilte pädagogische Aufbereitung der Inhalte kennzeichnen die Werke von Bornhofen. Die **Zweibändigkeit** und die **Vernetzung** zwischen den Steuerlehre- und Buchführungsbüchern bei ständig aktueller Rechtslage gewährleisten das sichere Verständnis der beiden Sachgebiete als auch ihres wechselseitigen Zusammenhangs. Aufgaben verschiedener Schwierigkeitsgrade bringen die notwendige Sicherheit bei der Umsetzung des erlernten Wissens.

Der Veröffentlichungsrhythmus

Buchführung 1 und Steuerlehre 1 erscheinen der **laufenden** Rechtslage angepasst stets im Juni eines jeden Kalenderjahres. Buchführung 2 und Steuerlehre 2 erscheinen mit dem **vollständigen** Rechtsstand des Vorjahres stets im **Februar** eines jeden Kalenderjahres. Gleichzeitig werden Ausblicke für das laufende Jahr geboten.

Auf www.springer-gabler.de/bornhofen erhalten Lehrer und Dozenten jeweils auf der Seite zum Buch unter „Zusätzliche Informationen" ausgewählte Schaubilder als Gratis-Download. Dort werden auch Aktualisierungen, Berichtigungen und Verbesserungsvorschläge veröffentlicht.

Die Autoren und das Team

Die inhaltliche und methodische Darstellung von *StD, Dipl.-Hdl. Manfred Bornhofen* und *WP, StB, CPA, Dipl.-Kfm. Martin C. Bornhofen* ist wesentlich geprägt durch ihre praktischen Erfahrungen in der Wirtschaft und ihre langjährigen Lehr- und Prüfungstätigkeiten.

Manfred Bornhofen, Begründer der Bornhofen-Edition, gehörte zu den wenigen Autoren, die Gabler zu seinem 75-Jahre-Jubiläum 2004 für seine besonderen Leistungen als Autor mit dem Gabler-Award eigens ausgezeichnet hat.

StD, Dipl.-Kfm. Jürgen Kaipf unterrichtet angehende Steuerfachangestellte in den Fächern Steuerlehre und Rechnungswesen. An der Dualen Hochschule Baden-Württemberg ist er als Dozent tätig.

StR'in, Dipl.-Finw., Dipl.-Hdl. Simone Meyer ist nach ihrem dualen Studium bei der Finanzverwaltung und dem anschließenden Studium der Wirtschaftspädagogik im Schuldienst als Steuerfachlehrerin tätig. Daneben wirkt sie bei der regionalen Lehrerfortbildung mit.

Dipl.-Ök. Karin Nickenig ist seit vielen Jahren freiberufliche Dozentin der Wirtschaftswissenschaften mit Schwerpunkt Rechnungswesen und Steuern.

Ihr Bonus als Käufer dieses Buches

Als Käufer dieses Buches können Sie kostenlos das eBook zum Buch nutzen. Sie können es dauerhaft in Ihrem persönlichen, digitalen Bücherregal auf **springer.com** speichern oder auf Ihren PC/Tablet/eReader downloaden.

Gehen Sie bitte wie folgt vor:

1. Gehen Sie zu **springer.com/shop** und suchen Sie das vorliegende Buch (am schnellsten über die Eingabe der eISBN).
2. Legen Sie es in den Warenkorb und klicken Sie dann auf: **zum Einkaufswagen/zur Kasse.**
3. Geben Sie den untenstehenden Coupon ein. In der Bestellübersicht wird damit das eBook mit 0 Euro ausgewiesen, ist also kostenlos für Sie.
4. Gehen Sie weiter **zur Kasse** und schließen den Vorgang ab.
5. Sie können das eBook nun downloaden und auf einem Gerät Ihrer Wahl lesen. Das eBook bleibt dauerhaft in Ihrem digitalen Bücherregal gespeichert.

EBOOK INSIDE

eISBN: 978-3-658-28257-8

Ihr persönlicher Coupon: p3XQNEy8DZKHQwe

Sollte der Coupon fehlen oder nicht funktionieren, senden Sie uns bitte eine E-Mail mit dem Betreff: **eBook inside** an **customerservice@springer.com**.